Lacan redivivus

Campo Freudiano no Brasil

Coleção dirigida por Judith (*in memoriam*) e Jacques-Alain Miller

Assessoria brasileira: Angelina Harari

Jacques-Alain Miller e Christiane Alberti (Orgs.)

Lacan redivivus

Tradução:
Teresinha N. Meirelles do Prado (coord.)
Vera Avellar Ribeiro
Gustavo Menezes
Camila Popadiuk

ZAHAR

Grafia atualizada segundo o Acordo Ortográfico da Língua Portuguesa de 1990, que entrou em vigor no Brasil em 2009.

Título original
Lacan redivivus (Ornicar? Hors-série 2021)

Capa
Violaine Cadinot

Preparação
Ângela Ramalho Vianna
Cláudio Figueiredo

Revisão técnica
Angelina Harari

Revisão
Angela das Neves
Adriana Bairrada

Dados Internacionais de Catalogação na Publicação (CIP)
(Câmara Brasileira do Livro, SP, Brasil)

Lacan redivivus / Jacques-Alain Miller e Christiane Alberti (orgs.) ; tradução Teresinha N. Meirelles do Prado... [et al.]. — 1ª ed. — Rio de Janeiro : Zahar, 2022.

Título original : Lacan redivivus (Ornicar? Hors-série 2021).
Outros tradutores: Vera Avellar Ribeiro, Gustavo Menezes, Camila Popadiuk.
Bibliografia.
ISBN 978-65-5979-092-0

1. Correspondências 2. Lacan, Jacques, 1901-1981 – Crítica e interpretação 3. Manuscritos I. Miller, Jacques-Alain. II. Alberti, Christiane.

22-130561 CDD: 150.195

Índice para catálogo sistemático:
1. Lacan, Jacques : Psicanálise 150.195

Eliete Marques da Silva — Bibliotecária — CRB-8/9380

[2022]

EDITORA SCHWARCZ S.A.
Praça Floriano, 19, sala 3001 — Cinelândia
20031-050 — Rio de Janeiro — RJ
Telefone: (21) 3993-7510
www.companhiadasletras.com.br
www.blogdacompanhia.com.br
facebook.com/editorazahar
instagram.com/editorazahar
twitter.com/editorazahar

Quando eu estiver morto,
seja guardião da minha tumba,
gafanhoto!

HAIKAI DE Issa

Sumário

Prefácio

Christiane Alberti

"O corpo, ele deveria assombrá-los mais."[1] Foi com esta frase inquietante do Seminário *Mais, ainda* que encontrei Lacan. Foi em 1980, ainda na universidade, por ocasião de um primeiro curso de psicanálise. Ela me pegou. Não imaginava que deixaria em mim uma impressão tão forte. Tinha ouvido o nome de Lacan antes, no último ano do ensino médio, em um curso sobre *O anti-Édipo*, de Gilles Deleuze e Félix Guattari.

Era um tempo em que a juventude, herdeira do Maio de 68, queria mudar o mundo, mas me lembro especialmente dos anfiteatros lotados, nos quais os estudantes se espremiam para assistir aos Seminários de Lacan. Suas fórmulas irreverentes nos confundiam ao mesmo tempo que nos fisgavam, de tanto que sua enunciação contrastava com a monotonia do discurso universitário. Seu texto, no entanto, considerado difícil, dava-nos a sensação de que tinha sido escrito para nós. Lacan se dirigia a nós, nos dava um lugar. Suas palavras vibravam com a "linguagem concreta [...] que as pessoas falam".[2] Saboreávamos, sem saber, a tese de Lacan segundo a qual só existe a linguagem corrente.

Assim se prolongava o que Lacan transmitiu oralmente, por um discurso que tornou a psicanálise desejável para a juventude dos anos 1950. Cada um podia se encontrar e se reconhecer nele. Cada um podia se ver dotado de um inconsciente.

---

1. J. Lacan, *O Seminário*, livro 20: *Mais, ainda*. Texto estabelecido por J.-A. Miller. Rio de Janeiro: Zahar, 1975, p. 149.
2. J. Lacan, "Acerca de uma estrutura como imisção de uma alteridade prévia a um sujeito qualquer" (Conferência de Baltimore, 1966). *Opção Lacaniana*, nº 71, p. 12, ago. 2017.

Foi, portanto, através de seus textos, de sua doutrina, que inicialmente conheci a incidência do desejo de Lacan. Eu encontrava ali uma fluência incessante que me encantava, um estilo fulgurante. Intermitências entre transparência e opacidade. Complexidade e simplicidade.

Nessa época, ainda era possível assistir ao Seminário de Lacan. Infelizmente eu nunca vi nem ouvi Lacan diretamente. Permaneceu como uma possibilidade.

Por ocasião do quadragésimo aniversário da morte de Lacan, *Ornicar?* — que nasceu sob sua égide e editou seu *Seminário* — fez ressoar sua fala ainda hoje viva.

Que homenagem faríamos a Lacan, o psicanalista cujo renome mundial não foi superado, aquele que ainda é considerado um dos grandes pensadores da segunda metade do século XX na França?

Seria o caso de retraçar a história de seu ensino ou de explorar a de sua vida, tomando-se esta como suscetível de esclarecer aquela? Não, pois podemos aplicar a Lacan o que ele mesmo formula a respeito de Sade: "O rigor de seu pensamento passa para a lógica de sua vida".[3] Conforme afirma Jacques-Alain Miller, a transferência com o ensino de Lacan — ainda tão vivaz quarenta anos depois de sua morte — demonstra que é esse o caso. O próprio texto de Lacan o despojou da narrativa biográfica, pois ele não conta nada, mas escreve a lógica de uma vida.

Há outra prioridade: celebrar — e não comemorar — o homem Lacan. Esse foi o desejo de J.-A. Miller, que coordenou o trabalho de todos aqueles que fizeram parte da confecção da presente obra. É preciso dar a Lacan uma figura diferente daquela que imperou — especialmente por causa da imagem calamitosa divulgada pela biografia histórica de Elisabeth Roudinesco, que pincela superficialmente o retrato de um excêntrico ávido por poder e dinheiro. Os vários testemunhos[4] e arquivos reunidos neste

---

3. J. Lacan, "Kant com Sade". In: *Escritos*. Rio de Janeiro: Zahar, 1998, p. 789.
4. Os manuscritos e as cartas de Lacan vêm dos documentos deixados por ele, que começaram a ser categorizados sob a coordenação de J.-A. Miller. Direitos reservados para as cartas dos correspondentes de Lacan.

volume dão vida a um Lacan bem mais complexo, bem distante daquele retrato e bem mais autêntico. É importante abordar o que foi o homem. Não a hagiografia, mas a narrativa do que ele foi para seus próximos — o pai, o avô, o sogro, o amigo, o amante —, para seus analisantes e para alguns que tiveram a sorte de cruzar o seu caminho.

A equipe de *Ornicar?* quis compor um volume extenso, que retificasse essa reputação controversa e apresentasse ao público um Lacan transformado em si mesmo por meio de outros testemunhos, que não o metamorfoseassem em santo de vitral mas mesmo assim o *desdiabolizassem*.

Um número especial sem exegeses eruditas da doutrina, dedicado a dar-lhe vida, ao qual J.-A. Miller deu o título: *Lacan redivivus*.

A decisão foi tomada por considerar que a causa desta obra seria bem servida por testemunhos pessoais. Durante a realização do volume, descobrimos um Lacan que não conhecíamos. Autorizando-me um olhar apaixonado, escolho livremente alguns fragmentos.

Juventude. Como alguém se torna Jacques Lacan? Não se supõe facilmente uma infância e uma juventude dos grandes homens. Ao ler a carta, tão afetuosa, que seu professor do colégio Stanislas lhe dirige, é impossível não dizer: Lacan era assim aos doze anos. Obstinado no trabalho, dotado de uma personalidade que o distinguia. "Reclamamos de sua diplomacia para passar ao largo do regulamento": esta observação do diretor do colégio evoca muito do que vários testemunhos reconhecerão mais tarde como o caráter determinado e admirável do desejo de Lacan. Um desejo sem desvios, que nada pode deter, ultrapassando os limites e as normas. Mas essa determinação não o priva da atenção dada àqueles que o cercam. Não ceder quanto ao seu desejo e ao mesmo tempo levar em conta a dimensão do outro. Diplomacia instintiva que encontramos no modo quase angelical com que conduz as entrevistas nas apresentações clínicas, conforme atestam as que foram reproduzidas neste volume: uma delicadeza que se abstém da moralidade, do sermão e da melhor piedade, uma disponibilidade integral ao sintoma do outro.

Revolução lenta. Há muito o que refletir sobre a noção de "revoluções lentas" que o jovem Lacan avaliza em uma carta a seu pai. Pois seu julgamento é seguro, e não imputável somente ao entusiasmo que convém à revolta da juventude. *Lentas* quer dizer "maduramente preparadas e condizentes com as realidades". Sua distância declarada em relação às utopias não é simples opinião, mas pode ser lida como consequência de um ato moral. Não podemos deixar de pensar aqui no texto "A psiquiatria inglesa e a guerra", no qual Lacan oporá os franceses aos ingleses, o desconhecimento das realidades, os refúgios imaginários de uns e o pragmatismo dos outros, a "forma de irrealidade"[5] pela qual os franceses haviam vivido a guerra, em uma relação verdadeira com o real característica dos britânicos.

Família. Das cartas às pessoas próximas, seu pai, seu irmão, tão tocantes, aprendemos muita coisa. Ao mesmo tempo que detesta "a 'tradi' retrógrada", Lacan se importa em respeitar a "tradição", abordada como o que caminhou nas profundezas do gosto. Certamente ele toma distância em relação às convenções e às conveniências, permanecendo, contudo, fiel aos significantes dos quais é herdeiro, respeitoso da ordem simbólica, em virtude de uma posição claramente enunciada, cujo desafio ultrapassa de longe a sua pessoa. Deve-se tomar isso como uma lição, uma orientação para a clínica, para a prática: não é necessário se desligar dos significantes que nos falaram, do cadinho dos laços familiares, pois essa continuidade é constitutiva de nosso ser. A família na sua função metafórica, para além do pai. A família sem familiarismo.

Surpresas. O leitor de *Ornicar?* certamente conhece a dívida de Lacan para com Lévi-Strauss, mas descobrirá aqui o testemunho da afeição deste por Lacan e da admiração pela sua obra. E se Foucault raramente menciona o nome de Lacan em seus ditos e escritos, não se deve deixar de destacar que ele leu Lacan como "um daqueles que, hoje, é preciso, absolutamente, compreender".

---

5. J. Lacan, "A psiquiatria inglesa e a guerra". In: *Outros escritos*. Rio de Janeiro: Zahar, 2003, p. 106.

Enfurecido. É como Lacan qualifica a si mesmo nos momentos de efervescência da sua pesquisa ou durante suas interlocuções intelectuais. Aqui podemos imaginar Lacan incitando seus interlocutores incansavelmente, dia e noite, por telegrama, por correio pneumático, por telefone... quando se trata de avançar nas referências que nutrem seu ensino. A impaciência que às vezes o dominava dava a medida do desejo que o animava. Desejo e não servidão, nem paixão cega pelo saber. Lacan nunca cede, em nome de quê? De suas escolhas. E não em razão da glória, do poder, ou ainda de "exaltar um senhor". Ele nunca trai aquilo que mais lhe importa. Lacan nos torna sensíveis à estrutura disto que ele chama, em oposição, de *"ceder de seu desejo"*,[6] que inclui sempre a dimensão da traição, tal como ele destaca em *A ética da psicanálise.* Ou o sujeito trai a si mesmo, ou tolera que alguém decepcione sua expectativa. A traição em questão deve ser tomada no sentido etimológico de abandonar: toda vez que está em jogo renunciar ao real em proveito das ilusões, do álibi do bem do outro ou dos objetos.

A carta de Jacques Lacan para Ferdinand Alquié esclarece que a via do desejo, para além da falta de objeto, é, nesse sentido, jornada do ser que se opõe à morte:

> Alguma coisa está no fundo de nós, algo que, conosco, mas quase a nosso despeito, cresce e amadurece, vive de nós, mas nos faz triunfar muitas vezes sobre a morte [...]. No entanto, isso que está em nós e que nos possui não pode sobressair e triunfar enquanto a ele estiver ligado o que o torna impuro: nada menos do que nós mesmos — o nós mesmos odiável, nossa particularidade, nossos acidentes individuais, nosso proveito.
>
> Um único modo de ascetismo me parece dever fazer frente a isso: triturar nossos desejos contra seu objeto, fazer fracassar nossa ambição por meio da própria desordem que ela engendra em nós.

Nessa carta admirável, Lacan convida a segui-lo e faz uma advertência. Estamos em 1929. Quantos não cederão? Pergunta Lacan. "Calculem-se". Antecipação lúcida dos anos sombrios que se seguirão.

6. J. Lacan, *O Seminário,* livro 7: *A ética da psicanálise.* Rio de Janeiro: Zahar, 2008, p. 375.

Apartismo. Ao eu odioso Lacan opõe o "em ti mais do que tu". Separado de sua particularidade, ele próprio encarna uma espécie de "ascetismo", uma singularidade cintilante, evidente para todos. Lacan não se deixa capturar por sua *persona*. É esse o traço que domina, para além de sua diversidade, os testemunhos pessoais aqui recolhidos, e que Catherine Millot nomeou tão bem: *apartismo*.[7] Acaso ele não esclarece essas descrições contrastantes de um Lacan às vezes distante, retraído, admirável, que suscita, se não medo, pelo menos uma tensão; outras vezes inteiramente presente para o outro, tão próximo e tão amoroso, simplificando as relações ao máximo? A autenticidade é mais de uma vez destacada como o que caracteriza a recordação marcante que ele deixou entre aqueles que o encontraram. Para além dos ternos coloridos e notáveis do personagem e do que dava a ver, Lacan fazia passar, contrariamente, o que se deposita a partir da ruptura das formas e dos semblantes: a marca singular que supera a vida. Demonstração em ato que, por mais insignificante que seja o brasão "que o fogo de um encontro imprimiu" sobre o sujeito,[8] continua sendo a única dignidade humana que vale a pena. Para que seu ensino continuasse a trilhar seu caminho, consideramos que era importante para o futuro trazer esse Lacan de volta à vida.

7. C. Millot, *La Vie avec Lacan*. Paris: Gallimard, 2016, p. 27.
8. Cf. J. Lacan, "Juventude de Gide ou a carta do desejo". In: *Escritos*, op. cit., p. 768.

Manuscritos de Jacques Lacan

O caderninho dos sonhos, 1934

26 nov. 1934 — (Segunda-feira)

Neste livro marcado com o selo de uma das grandes obsessões da humanidade, escreverei, a partir de hoje, o diário de minha aventura de liberação psicanalítica.

Esta noite, longo sonho do qual apenas a última cena me é acessível no momento em que acordo (por volta das 8h). Depois dos temas evocados do aquário, descubro dentro do meu prepúcio a presença de um pequeno polvo: eu o arranco (primeiro as patas). Minha glande finamente escarificada pelo bico do bicho deixa esguichar o sangue que borrifa com finas gotinhas uma calça e um jaquetão muito leves e novos que estou vestindo. Mais exatamente, constato primeiro que uma parte da pele de meu prepúcio adere à minha glande, como se colada pelos exsudatos da lesão. Eu ~~parto me~~ me desloco embaraçado em meu caminhar pelo apreço que concedo à parte lesada de meu indivíduo. Surge Rouart, que intervém: não posso deixar isso assim. Bem brutalmente, ele descola o prepúcio da glande, deixando à mostra as delicadas escarificações e arrastando precisamente os finos respingos sobre o traje fino e novo. ~~Estou em~~ *Il n'y* [*a*] (Não h[á]) nenhuma dor. Mas estou desolado diante do pensamento de que nunca se poderá limpar bem esse traje novo. (Não terei outro por algum tempo).

Acordo, e procuro em um estado nitidamente para-hipnótico completar só aquilo de que me lembro e compreender esse sonho.

A significação castrativa do sonho me aparece [anulada?].

Reflexão dita ontem à noite ~~jantando com~~ à Malou enquanto jantamos — satisfação oral da gana — na Crémaillière, que minha análise não progrediu até agora senão por meus atos vitais; meu casamento, por exemplo (deslumbramento sentido por minha escolha — mesmo amorosa). — Suposição surgida de que, talvez por esta realização que vivo neste instante de meu próprio casamento ("há 3 dias!" diz Malou), minha análise vá dar uma acelerada.

O traje está identificado — é o traje das últimas férias, as que partilhei entre essas duas mulheres M.T. e O. Eu não pude tolerar, justificando-me muitas vezes por essa postura de "malandro feliz" (fórmula derivada de uma conversa com M.T.).

M.T. simbolizando, a partir do dia em que eu não a amo [mais], a proibição de me abandonar totalmente, de gostar de falar de maneira precisa (não de fazer amor) com outras mulheres: aliás, primitivamente, e foi isto que pensei primeiro, a proibição cristã de *t[ou]t* (todo) exercício da carne fora do casamento talvez tenha sido a causa de eu me manter perto de M.T. Essa proibição continua pesando sobre mim e desempenha seu papel no meu engajamento *d[an]s* (no) casamento, no meu atual comportamento dentro deste. Autenticidade do desdém experimentado para com Sw.W. (?) A extraordinária ambivalência de minha atitude para com Olesia. A proibição (medo experimentado) à beira de uma realização já presente talvez na mente de minhas parceiras, a Válvula Vermelha que não ouso abrir por medo do sangue. Minha atitude desvirilizada neste quarto entre os outros 2. Meu sono pesado sobre o qual O. vela e [estupidamente?] toma suas resoluções.

Anton Lang
Prolog.
Passion-Spiel
1930
Oberammergau

Meus choros à noite ou segunda-feira quando ela ameaça me deixar. Minha alegria de me liberar, meu ódio por ter sido forçado, esses choros: um dia encontrar M.T. [sobre o para-lama do?] carro.

Por que Rouart? Ele nos levou de carro na véspera até a casa de Lagache. Seu dedo enfaixado por uma bainha preta. Falei desse dedo que só o fogo impede de germinar, tão forte que lhe cresce uma 4ª falange — ele falou da situação do carro do qual só se tem o gozo, como se ele mesmo o conhecesse.

Inconvenientes próprios: complexo do carro. Meu carro "histérico", logo irei encontrá-lo.

Endossarei então a responsabilidade de possuí-lo (enorme, o que não fiz antes): significativa dependência aceita.

Sinto então fisicamente uma amputação a ½ [*ileg.*] do antebraço direito (escrevo hoje pela 1ª vez no caderninho, depois de tê-lo desejado por muito tempo).

Encontro uma parte precedente do sonho. A tartaruga desenhada com traços amplos, cada vez mais dotada de uma fisionomia, depois completada quanto à sua couraça ventral de escama. Quem deve vesti-la *d*[*an*]*s* (no) sonho?

Não é Malou? — eu destravo essa couraça pelas costas. "É pelas costas que os astutos a abrem." Perto da cabeça, isso se rasga um pouco obliquamente. Um dorso nu sai dali. e escorrega para fora. Ainda Malou?

Evocação da tartaruga de pescoço comprido e com múltiplas patas alaranjadas imitando uma espécie de avestruz marinho.

Associo a tartaruga a M.T. Minha expressão hostil: tartaruga — o corpete que desabotoa pelas costas. Eu vi M.T. ontem devido a uma crise muito provav[elmente] comicial sobrevinda a seu filho. Ela me pagou 150 francos devidos por sua mãe.

Malou a sucederia *d*[*an*]*s* (em) uma certa função castrativa. Mas não proibida pela natureza [*ileg.*] que me separou de M.T.

Volto a dormir:

sonho até o amanhecer.

Realizações sádicas com Mal[ou]. Evocação ontem de mulheres com belos seios, bela pele, cara feia — [J.C.?], F. P.

Ao despertar, minha mulher me fala do aspecto infantil que apresento quando durmo. De fato, ontem dormi ao lado dela lendo. Ela estava menstruada e me masturbou. Persistência da ereção após o gozo masturbatório.

Ela observa enquanto durmo a frequência de um ruído de sucção. Ela me diz: "São homens como você que as mulheres devem martirizar (escaldar) durante o sono delas" — homens muito malvados, no estado de vigília, infantis e confiantes em seu sono. Ela não sabe por que me disse isso, horror encontrado nessa evocação.

Papel do instante histórico de minha análise onde [cheguei?] [*ileg.*] de psicanálise.

Após a sessão com Loew[enstein]. O polvo: pênis, vagina. Enigma? Não esquecer a camisinha. A estrela-do-mar de meu poema.

A tartaruga — como símbolo da bacia onde se imagina e de onde se imagina o órgão (as tartaruguinhas da minha infância) — como símbolo das mulheres — ~~bacia rígida~~ tronco rígido — bacias, "placas" (segundo as formas de Malou) Valentine, e através dela talvez M.T. A bacia de Mal[ou] sua doença que a imobiliza deitada de costas como a tartaruga revirada (desde sábado ela saiu da doença, recuperou sua mobilidade)

— como símbolo do ser humano escondido sob sua roupa — o horror da nudez — o homem cristão. A gana — como símbolo do narcisismo e do retorno. O meu.

A tartaruga berço-marinho (minhas falas amorosas a Mal[ou] sobre suas ancas.)

Sonho ontem contado por Mal[ou].

Em um apart[amento] que é a um só tempo o meu e o da tia Valentine. Ela tem o dissabor de aperceber-se da autoridade — estranhamente marcada por um enigmático criado de quarto com o nome de Leveau (é a um só tempo Royan e aqui). As cenas *d*[*an*]*s* (na) rua, um burrinho fazendo [avanços?] em uma cadela (o que define ao mesmo tempo seu tamanho e suas maneiras) — torna-se de repente tomado por um frenesi erétil. Ele esfrega a barriga no chão — Muito fofo. Ele corre pela rua enraivecido — Mal[ou] se refugia atrás de mim para me seguir. Abrem-lhe depressa (um amigo de Leveau) a porta do jardim de Royan. Ela ali se refugia. Em seguida ela extrai delicadamente do orifício (duplo) de sua traqueia com o controle do espelho — uma alga que tendo ali se metido corria o risco de o obstruir.

Significação oral do fim do sonho. O burro (que banca o burro para ter o som da véspera) — = eu. Ela o admite: unir por meio de Leveau (*t*[*ou*]*t* (todo) meu lado [proscrito?])

Ela me fala dos [shorts?] desse Leveau. Mulheres [de] Montparnasse. *D*[*on*]*t* (Das quais) [P… M…] de quem se disse que ela era sobrinha de sua mãe (o que me permite dizer-lhe que aqui tia Valentine simboliza sua mãe): essa mãe é Marie-Thé. Bonnart, ou antes Paule Bryan-Garfield. (As reflexões sobre a escrita de Paule Bryan "ex[*ileg.*]" ([*ileg.*] populares e assinando Paul). Observo-lhe que ela também tem uma escrita miúda e se identifica com Sylvain.

Neste 2 de dez. de 1934. Esta noite, sonho: em seguida aos episódios esquecidos, uma mulher que me parece ter a posição de ser minha mulher, Malou (é provável, mas apenas provável), coloca-se em condições de me conseguir 100 a 150 000 fr. por uma complacência um tanto escabrosa por X. Aproveito isso para me irritar violentamente, iniciar meu rompimento. Meus pais esbravejam em minha direção, bastante contraditoriamente ao que no meu sonho suponho ser sua atitude real, e a minha. De repente, dou-me conta de que tenho que romper e que será muito agradável aproveitar disso para fazer amor com esta mulher que de repente se torna Ol. e satisfazer os desejos perversos que lhe estão ligados. A pessoa que vejo então e com quem vou satisfazê-los (esses desejos) é meu segredo, então Ol. [*ileg.*]. Não me lembro mais da sequência, e me parece não haver mais do que esse abandono às tendências no sonho. Talvez meu quarto da rua Montparnasse esteja ali.

Ao despertar, associações: o papel que a alusão a Ol. pôde desempenhar pelo fato de que seu tio teria lhe oferecido um dote. A atitude ambivalente que isso me inspirou e a recusa, apesar do que numa época anterior me parecia uma quantia de dinheiro que eu poderia exigir para me deixar levar por um tal projeto.

O horror do casamento experimentado em relação a ela significava o horror de um dom definitivo, de uma fixação. Eu o aceito cada vez + agora. As fantasias que por um instante foram desencadeadas de todas as perversidades possíveis com ela (o Hostel) episódio único de uma fantasia sacrílega. De fato, parte incontestável do horror físico por seus defeitos físicos. Por que o conflito "superior" me marca e corre o risco de me fazer negligenciar essa motivação instintiva, elementar.

É uma aventura extraordinária a da conquista de uma mulher.

Por que me representá-la como perseguida contra minha vontade e falar sobre o momento do sim no casamento.

Ontem à noite, discussão com ela durante a qual aparece ~~o valor de perturbação~~ o quão teoricamente grande parece a potência de perturbação da análise nas regulações afetivas eternas do homem. O homem não pode + aceitar como preconceitos, dogmas, o que aparece como simples determinações de alguns mecanismos afetivos. Mas observo-lhe que: o debate não poderia ser colocado para nós a essa altura. Ele nos faria perder nossa faculdade de progredir no nível do concreto que tocamos realmente. Nossa própria impotência prática nos protege das angústias da potência demasiado g[ran]de, e se a alcançássemos as resistências do homem saberiam bem se defender.

Definição da análise eterna (supondo o complexo familiar destruído ~~social~~ por uma evolução social). Revelar até onde vai o conhecimento inconsciente do homem.

A prevalência de Freud sobre Janet — toda nisto. Freud viu que o motor era sexual (*t[ou]te* (toda) a dinâmica se assenta nisso). Isso deixa intacta a questão do estrutural.

Evocação do mistério: o negativo absoluto. O inapreensível instinto. O avesso da realidade. O instinto de morte.

O espírito como tendência de morte, segundo o pensamento de Klages. Mas ressalto que atualmente os analistas trabalham para a normalização social. Cito o exemplo de Y. — ideias de suicídio após o suicídio do irmão. Papel ameaçador da mãe responsável para ele pelo primeiro suicídio. Negação permanente dos amores *d*[*on*]*t* (dos) quais ele vive. E *affirmat*[*ion*] (afirmação) permanente de uma afeição conjugal que não passa de ódio e desdém. Face benfazeja da visão do mal.

O instinto é o mal? Para além do bem e do mal. O amor, o dom: "total enigma" segundo a fórmula de Odier.

Esta tarde meu anseio por uma pintura obscena, o despertar das forças eróticas. O horror das "santas pilecas". A pintura obsanta, (São Jerônimo, de Georges de La Tour), muito me [*ileg.*] liberação atual, minhas ~~artificial~~ dores, piedade de mim mesmo esta manhã indo buscar lagostins em vez da lagosta [Ther(mi) dor?] da qual estou com vontade.

Descrição material

Caderninho medindo 10,5 x 14,5 cm, capa de camurça marrom indicando "Oberammergau / Passion 1930" em letras douradas. Apenas as primeiras dezessete páginas estão escritas. Elas estão transcritas aqui.

Nomes próprios mencionados

A primeira esposa de Jacques Lacan, Marie-Louise Blondin, é designada por seu diminutivo: Malou (abreviado Mal.). O casamento deles foi celebrado em 29 de janeiro de 1934. Seu irmão, Sylvain Blondin, é amigo de Lacan, conheceram-se durante os estudos de medicina. Ele é mencionado aqui em uma passagem que também faz referência a Paule Brian-Garfield (1892--1965), primeira cirurgiã francesa, que exerceu essa função em Sainte-Anne.

As duas amantes evocadas por Jacques Lacan em seu caderninho são Marie Thérèse Bergerot (M.T.), a quem ele dedicou sua tese, e Olesia Sienkiewicz (O. ou Ol.), segunda esposa de Pierre Drieu la Rochelle, que a deixou em 1931. Lacan rompeu com ela em 1933.

Entre os psiquiatras e psicanalistas mencionados: Rudolf Loewenstein, judeu russo analisando de Hanns Sachs. Ele sai de Berlim e se instala na França em 1925 com o apoio de Freud. Didata, é com ele que Lacan inicia uma análise em 1932, ao passo que ele teria feito sua análise de controle com Charles Odier. O caderninho também menciona Julien Rouart, Daniel Lagache e, a título de referências intelectuais, Pierre Janet, que em 1890 assumiu a direção do laboratório de psicologia da clínica neuropsiquiátrica da Salpêtrière, assim como Ludwig Klages, filósofo e grafólogo, autor em particular de *L'Esprit antagoniste de l'âme*.

Oberammergau
Passion 1930

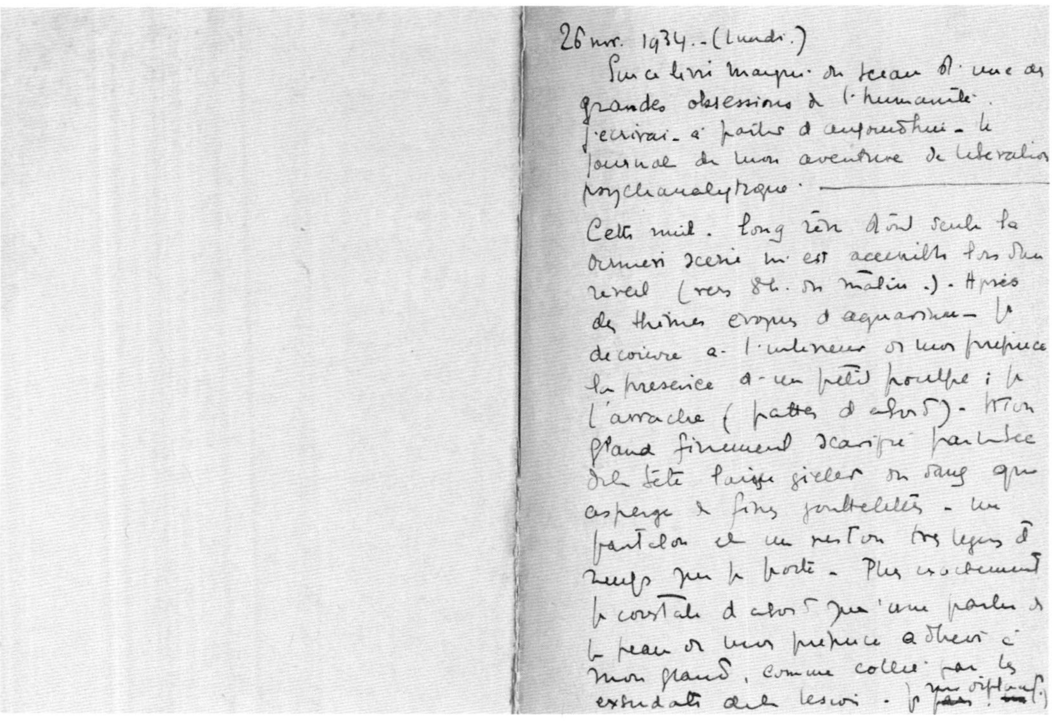

26 nov. 1934. – (Lundi.)

Sur ce livre marqué du sceau d'une des grandes obsessions de l'humanité, j'écrirai à partir d'aujourd'hui le journal de mon aventure de libération psychanalytique. ——

Cette nuit. Long rêve dont seule la dernière scène m'est accessible lors du réveil (vers 8h. du matin.). Après des thèmes érotiques d'aquarium, je découvre à l'intérieur de mon prépuce la présence d'un petit poulpe ; je l'arrache (pattes d'abord). Mon gland finement scarifié par la tête laisse gicler du sang qui asperge de fines gouttelettes un pantalon et un veston très légers que je porte. Plus exactement je constate d'abord qu'une partie de la peau de mon prépuce adhère à mon gland, comme collée par les exsudats d'une lésion. [illegible] embarrassé d'aller me marcher par les changements que je accorde à la partie basse de ma maison – Survient Rouart qui intervient : je ne puis laisser cela ainsi. Avec brutalement il décolle la pièce de plâtre – mettant à nu les plus dégoûtantes saletés et entraînant précisément les plus salissures sur le costume fin et neuf. ~~Je suis~~ Il n'y a aucune douleur. Mais je suis désolé à la pensée qu'on ne pourra jamais bien nettoyer ce costume neuf. (Je n'en aurai pas d'autre d'ici quelque temps)

Je me réveille et cherche dans un état nettement para-hypnotique à compléter cela ~~dont~~ dont seul je me souviens et à comprendre ce rêve.

La signification castratrice du rêve m'apparaît aussitôt. Rapprochement avec ~~en dînant avec~~ à

satisfaction orale de rêve

Malon (en dînant) et la crémaillère. que mon analyse n'avait pas provoqué jusqu'ici d'action sur mes actes vitaux ; mon mariage par exemple (éventuellement repenti de mon choix – amoureux.) – Supposition que veut être du fait de cette réalisation que je vis pour l'instant de mon mariage rien ("depuis 8 jours" ! dit Malon) mon analyse va démarrer.

Le costume est identifié avec le costume des dernières vacances, celles que j'ai partagées entre les deux femmes M.T. et O. Je n'ai pu tolérer un instant plusieurs fois cette posture d'heureux coquin (formule tirée d'une conversation avec M.T.)

M.T. symbolisant à partir de l'interdiction (ou je ne l'aime +.) d'amour à la abandonner totalement, d'aimer à plein (mon de faire l'amour avec d'autres femmes = d'ailleurs ... il n'est clair que j'ai

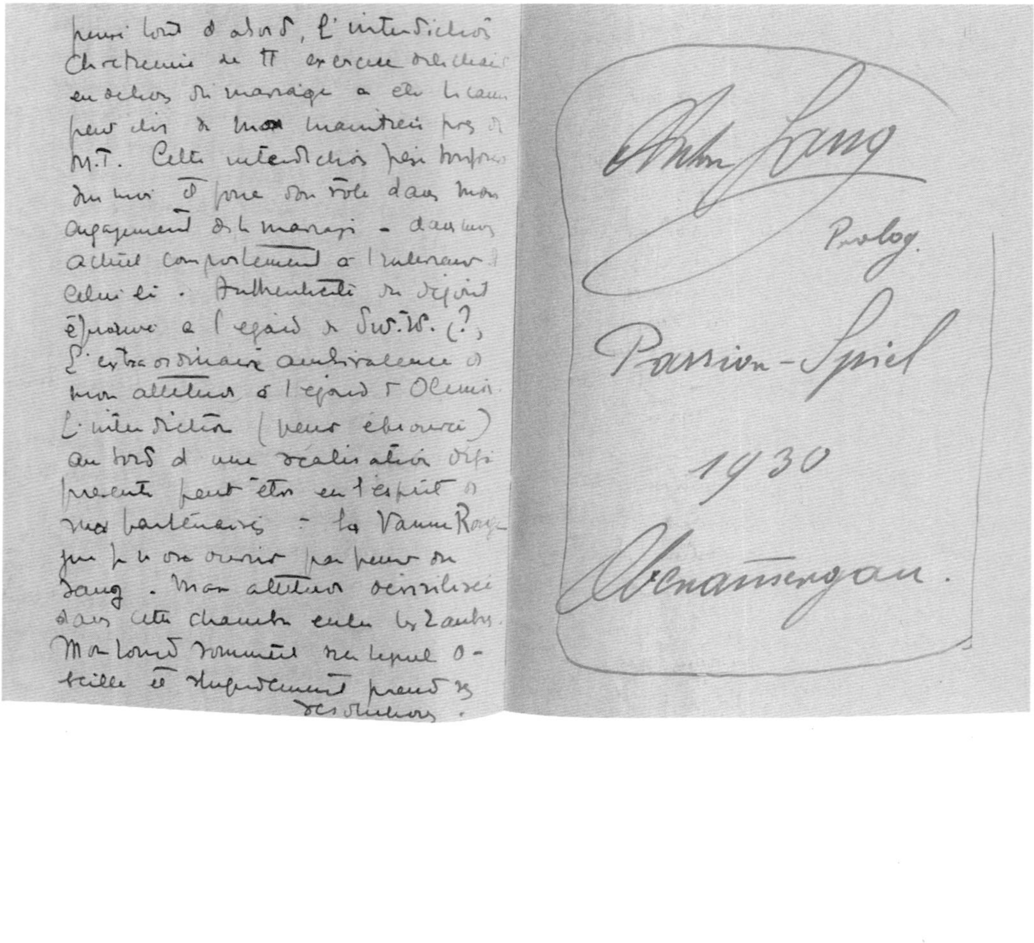
Anton Lang
Prolog
Passion-Spiel
1930
Oberammergau.

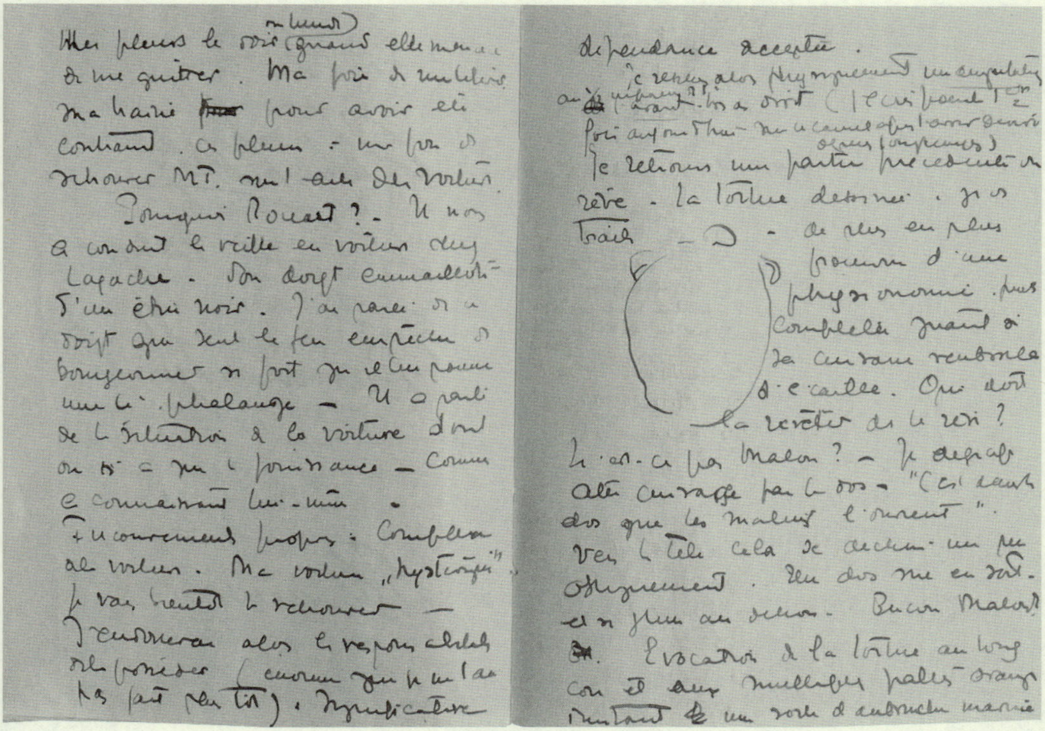

[illegible] pleurs le soir (quand elle menace de me quitter. Ma joie de [illegible] ma haine pour avoir été content. [illegible] retrouver M.T. [illegible] des voitures.

Pourquoi Roussel? – Il nous a conduit la veille en voiture chez Lapache. Son doigt [illegible] d'un étui noir. J'ai pensé [illegible] doigt que seul le feu empêche de bourgeonner si fort qu'il lui pousse une [illegible] phalange – Il a parlé de l'[illegible] de la voiture dont on [illegible] puissance – comme [illegible] connaissant lui-même.

[illegible] propos: [illegible] voiture. Ma voiture „mystérieuse". Je vais bientôt la retrouver – [illegible] alors la responsabilité [illegible] posséder ([illegible]). Signification

dépendance acceptée.

Je retrouve alors [illegible] ([illegible] fois aujourd'hui [illegible])

Je retrouve une partie précédente du rêve. La tortue dessinée. [illegible] traits – de plus en plus [illegible] d'une physionomie. [illegible] complète quand [illegible] s'écaille. Qui doit la révéler dans le rêve? N'est-ce pas Malon? – [illegible] "C'est dans le dos que les malins [illegible]". Vers la tête cela se [illegible] un peu [illegible]. Bien Malon! [illegible]. Évocation de la tortue au long cou et aux [illegible] [illegible] une sorte d'[illegible]

J'avoue la lettre à M.T. —
mon expression hostile à lettre.
le corps qui peu se déboutonne dans
ce dos. J'ai vu M.T. hier pour
une crise très probablement convulsive
nerveuse. son fils. Elle m'a
payé 40 fr. plus pas de merci.
Malgré les recevant de une certaine forme
castration — mais non [illegible] par la
je dors à nouveau : } nature malheureuse qui m'a [illegible]
très peu jusqu'au.
Réalisations sadiques avec Mal. —
Évocation hier soir de femmes aux
blancs seins. à la belle peau. le
lait. Thé — J. C. — F. P.

Ma femme me fait un récit de
l'aspect enfantin que je présente
quand je dors. J'ai dormi en effet
près auprès de elle [illegible]. Elle avait
[illegible] et m'avait masturbé —
Persistance de l'érection après la

pour manœuvre masturbatoire. —
Elle remarque tandis que je dors la
présence d'un bruit de succion.
Elle me dit. « Ce sont des ~~[illegible]~~
hommes comme toi que des femmes
doivent martyriser (chouchouter)
pendant leur sommeil. » — des
hommes très méchants à l'état de
veille — enfantins et confiants
dans leur sommeil — Elle ne sait
pourquoi elle m'a dit cela —
horreur ressentie — cette
évocation.

Rêve de l'instant historique de mon analyse
avec le [illegible] la faculté de
psychanalyse —

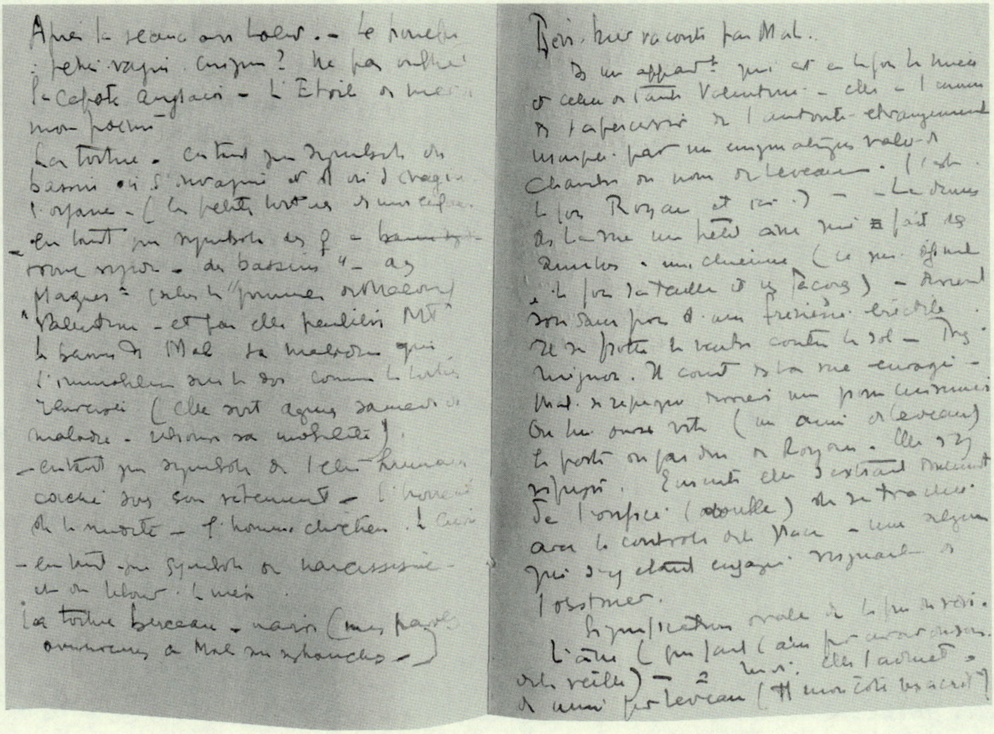

Elle me parle des insultes de ce Lévesque (?) de femmes Montparnasse. Dit Pelsa (?) Mokross. Dont on a dit qu'elle était la nièce de sa mère (ce qui me permet d'entendre que [illegible] Valentine [illegible] sa mère !) : Cela vient de Marie-Thé Rommant ou plutôt Paule Bryan-Garfield. (Ses réflexions sur l'écriture de Paule Bryan : exutoire (?) [illegible] et répondant [illegible]) Je lui fais remarquer que elle aussi a une petite écriture et [illegible] à Sylvain –

Ce 2 déc. 1934. Cette nuit, rêve : A la suite d'échanges [illegible]. une femme qui me semble avoir la position d'être ma femme – ~~sorte~~ Malon (?) – (c'est probable mais seulement probable). Je me mets en position de me procurer 100 – 150.000 fr. par une complaisance quelque peu scabreuse pour X. – J'en profite pour m'en aller violemment, amorcer une rupture – Mes parents interprètent dans mon sens – assez contradictoirement à ce que dans mon rêve je suppose être leur attitude réelle. et la mienne – Pendant (?) je m'avise qu'il me faut rompre et que il serait très agréable de profiter de cela pour en venir à faire l'amour avec cette femme qui devient soudain Ol. et [illegible] les [illegible] qui lui sont liés – la personne que je vois alors et avec qui [illegible] (ce dernier) est ma sœur – [illegible] Ol. [illegible] – Je ne me souviens plus exactement. Et il ne me semble que il y ait plus que cet abandon (?) à ses tendances dans le rêve [illegible] Montparnasse y est. elle –

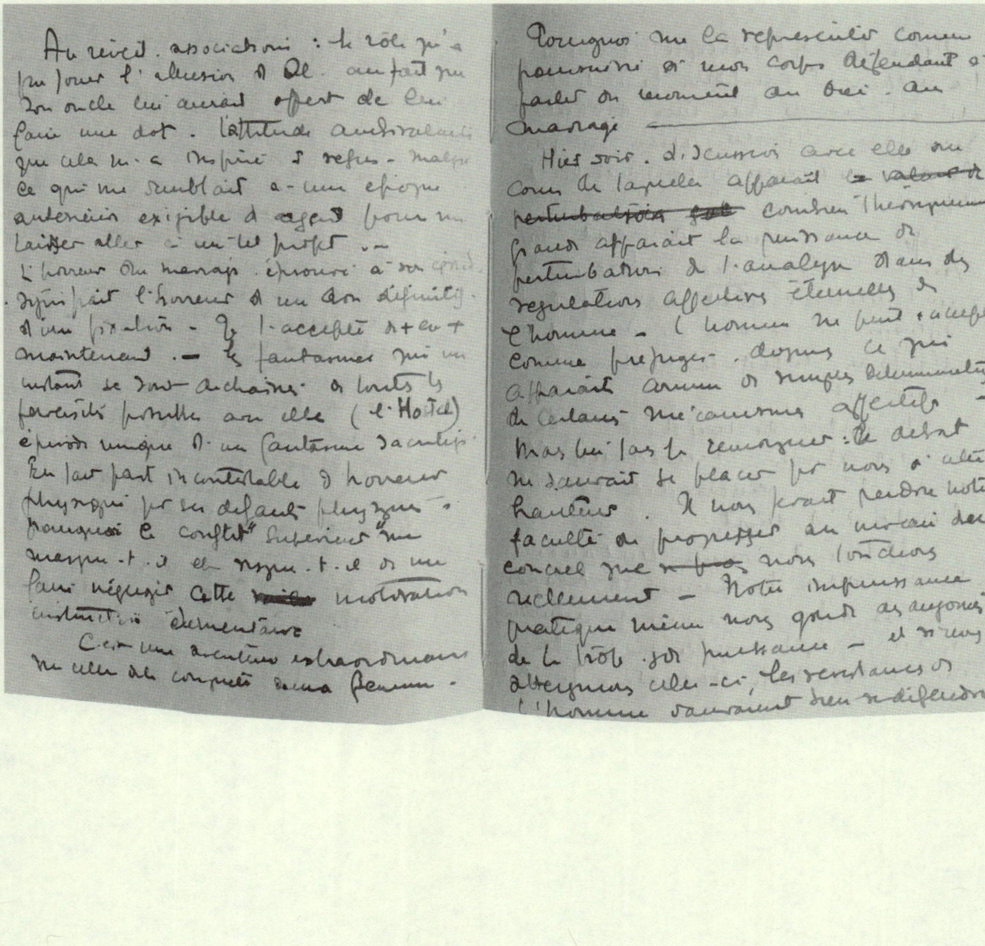

Au réveil, associations : le rôle qu'a pu jouer l'allusion de Bl. au fait que son oncle lui aurait offert de lui faire une dot. L'attitude ambivalente que cela m'a inspiré de refus — malgré ce qui me semblait à une époque antérieure exigible d'argent pour me laisser aller à un tel projet —
L'horreur du mariage éprouvé à son cond. signifiait l'horreur d'un don définitif d'une fixation — Je l'accepte de tout maintenant. — Les fantasmes qui me retenaient se sont déchaînés et toutes les perversités possibles avec elle (l'Hôtel) épisode unique d'un fantasme d'acuité. En tout part incontestable de horreur physique par ses défauts physiques — pourquoi le conflit supérieur me marque-t-il et risque-t-il de me faire négliger cette motivation instinctive élémentaire.
C'est une aventure extraordinaire que celle de la conquête d'une femme.

Pourquoi me la représenter comme poursuivie de nos corps défendant à partir du moment où il s'agit du mariage ——

Hier soir, discussion avec elle au cours de laquelle apparaît combien théoriquement grand apparaît la puissance de perturbation de l'analyse dans des régulations affectives éternelles de l'homme. L'homme ne peut accepter comme préjugés ce qui apparaît comme des simples déterminations de certains mécanismes affectifs — Mais lui faisant remarquer : le débat ne saurait se placer pour nous à cette hauteur. Il nous ferait perdre notre faculté de progresser au niveau des concrets que nous touchons réellement — Notre impuissance pratique même nous garde de [illegible] de la trop grande puissance — et si nous atteignons celle-ci, les tendances de l'homme sauraient bien se défendre

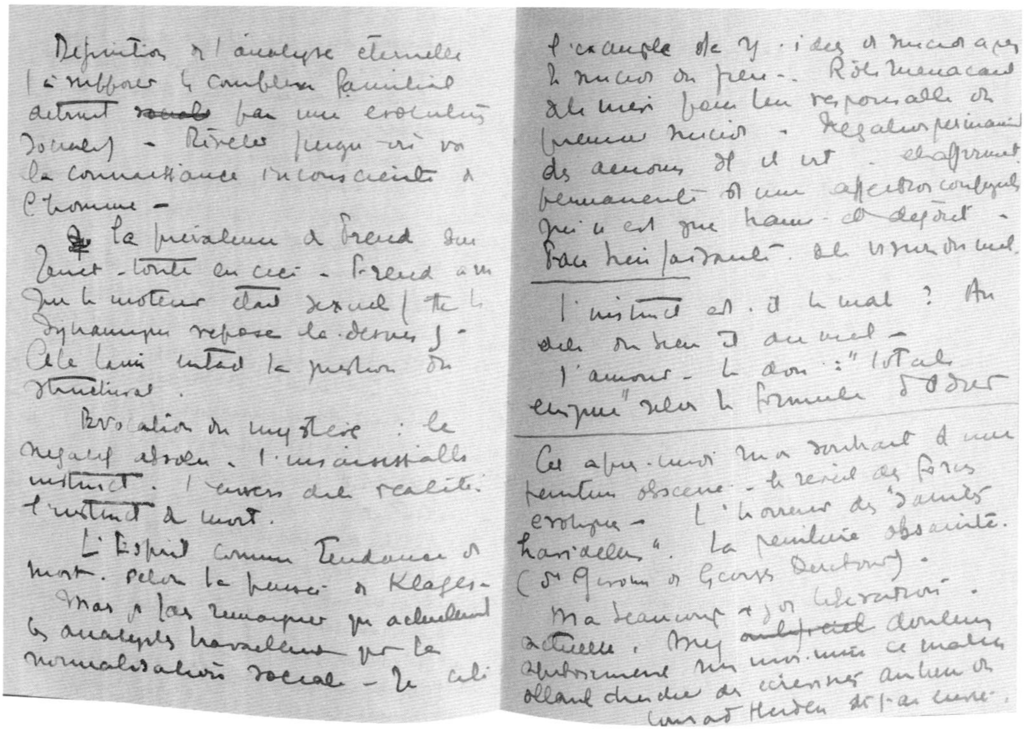
Définition de l'analyse éternelle [illegible] les complexes familiaux détruits ~~sociale~~ par une évolution sociale – Rivière jusqu'ici de la connaissance inconsciente de l'homme –

La priorité de Freud sur Janet – toute en ceci – Freud a vu que le moteur était sexuel (et la dynamique repose là-dessus) – Cela laissait intacte la question du structural.

Évocation du mystère : le négatif absolu. l'insaisissable instinct. l'envers de la réalité. l'instinct de mort.

L'Esprit comme Tendance de mort. selon la pensée de Klages –

Mais je fais remarquer que actuellement les analystes travaillent pour la normalisation sociale – Je cite

l'exemple de Y. idées de suicide après le suicide du père –. Rôle menaçant de la mère pour le responsable du premier suicide. Négation permanente des amours de cet être – [illegible] permanente de une affection conjugale qui n'est que haine – le départ – [illegible] [illegible] du mal.

---

l'instinct est-il le mal ? Au delà du bien et du mal –

l'amour – le don : "total et [illegible]" selon la formule de [illegible]

Cet après-midi m'a donné le souhait de une peinture obscène – le réveil des forces érotiques – L'horreur des "saintes nitouches". La peinture obscène. ([illegible] et Georges Duthuit) –

M'a beaucoup [illegible] libération. [illegible] douleur actuelle. [illegible] ce matin allant chercher des cigarettes au lieu de [illegible] Conrad Heiden [illegible]

INTRODUCTION: de la difficulté du sérieux en notre matière

Bien des fois j'ai recommencé cet ouvrage.

C'est qu'il doit être de mon discours comme c'envers.

[illegible], c'est depuis treize ans un enseignement oral où j'ai bâti temps par temps un appareil, destiné à ce que le psychanalyste se retrouve dans son expérience.

Mais en raison de ce dont il s'agit, chacun de mes auditeurs s'y trouve mis en question.

Quand ces auditeurs sont des psychanalystes, voire des sujets [illegible] psychanalyse [illegible] didactique, ce que produisent mes paroles ressemble exactement à ces fils qui pendent interrompus [illegible] dessin brouillé dont on ne [illegible] pathétique qu'à retourner la tapisserie [illegible]

Ces fils [illegible] pour tous [illegible] la chance [illegible] de psychanalyse, j'y pense autant et plus qu'au dessin [illegible] l'endroit; c'est [illegible] une doctrine qui s'est trouvée retenir [illegible] audience [illegible] du tout destinée.

Ainsi [illegible] peu commune, [illegible] formation du disciple qu'à devoir accommoder un nouveau chemin de la pensée, je puis, chaque fois que ce chemin je le reprends, me dire le recommencer.

Mise en question du psychanalyste. Le psychanalyste, au singulier et sous l'article défini, c'est le niveau où me répond chacun de mes auditeurs pour autant qu'il n'est pas de doctrine de la psychanalyse qui ne mette en question le psychanalyste.

JACQUES LACAN

Questionamento do psicanalista

Texto inédito, inacabado, apresentando-se sob a forma de um manuscrito datilografado, trazendo correções manuscritas de Lacan. É composto de duas partes: uma introdução seguida de quatro capítulos, intitulados de II a V, sendo as páginas numeradas em sequência de 1 a 95; um último capítulo, numerado de 1 a 44 e intitulado C, não traz nenhuma correção manuscrita, e nele um certo número de frases permanecem incompreensíveis (cerca de dez).

Notas de rodapé: reproduzem comentários manuscritos acrescentados por Jacques Lacan.

Datação: Jacques-Alain Miller considera esse texto anterior ao Seminário Os quatro conceitos fundamentais da psicanálise, *devendo ser datado da segunda metade de 1963. Lacan o pesquisou para sustentar seu* Seminário 11. *Reconhecemos também passagens retomadas no* Seminário 12. *Parece tratar-se de uma tentativa de dar uma forma sintética ao seu ensino dos dez anos anteriores, tentativa empreendida em seguida à sua saída da IPA e abandonada em prol da preparação dos* Escritos.

INTRODUÇÃO
Da dificuldade do sério em nossa matéria

Muitas vezes recomecei esta obra.

É que ela deve ser como o avesso de meu discurso. Há treze anos, esse discurso tem sido um ensino oral onde construí, tempo por tempo, um aparelho feito para que o psicanalista se encontre em sua experiência.

Como se trata nesse discurso do inconsciente freudiano, não há um de meus ouvintes que não o experimente como seu próprio pôr-se em questão.

Quando esses ouvintes são psicanalistas, ou seja, sujeitos no passe daquilo que é chamado de uma psicanálise didática, esse discurso para eles os reenoda aos fios que pendem interrompidos no desenho turvo e patético que só se descobre revirando o tear no qual uma tapeçaria permanece ainda atada.

Esses fios retomados são para todos a chance de sua práxis a advir e penso nisso tanto e mais do que no desenho que perpetro no local: é, a saber, uma doutrina que, por sua atualidade, foi mantida por uma audiência para a qual eu não a havia de forma alguma destinado.

Assim, a condição pouco comum de que um novo caminho do pensamento deva ser traçado a partir de seus efeitos suspensos obriga-me a recomeçar esse caminho a cada vez que volto a ele.

Questionamento *do* psicanalista. *O* psicanalista, no singular e com o artigo definido, é o lugar de onde me responde cada um de meus ouvintes, uma vez que não há doutrina da psicanálise que não o desafie a alcançá-la, justamente por sua aposta.

Primeiramente eu, mas apenas daquilo que, ao testemunhar como psicanalista, ofereço ao meu questionamento.

Para dizer a verdade, é preciso ainda que esse testemunho me retorne daquele a quem o endereço, para que *o* psicanalista, que é como seu efeito de queda, se separe.

Passado o tempo dessa operação, admitindo que ela tenha ocorrido, *o* psicanalista entra em seu futuro do presente composto: "Ele terá sido" questionado.

Mas pode ocorrer que ele já fosse *um* psicanalista, o que é outra coisa. Outra coisa que não se move de onde se mantém fora de todo questionamento, de ser reconhecido por aqueles que não têm a menor ideia disso.

Que não se exclame: um psicanalista se reconhece mais essencialmente por ter ao menos um psicanalisado que, como paciente, só pode questionar a capacidade de seu psicanalista à medida de sua intervenção, isto é, só depois.

Com relação ao reconhecimento que o psicanalista recebe de seus pares, mostraremos que é do tipo que exclui nosso questionamento.

O questionamento que consideramos como constituinte *do* psicanalista, nada tem a ver com a ordenação que *um* psicanalista recebe, ou seja, com a formação com que a segunda se cobre não tem outra finalidade admitida senão a de afastar o primeiro.

O questionamento *do* psicanalista é, portanto, nosso objeto. Mas não questionamos nenhum psicanalista.

Além do fato de que isso nos colocaria em uma posição falsa, a sua própria visada seria vã.

A experiência durou o suficiente para que todo mundo veja essa sua face, que diz respeito à própria posição de *um* psicanalista permanecer fora de questão nas críticas à psicanálise que se desviam e erram seu alvo. Seu próprio descrédito o infla de importância. Não apenas ele passa por isso intacto, como também tira daí o proveito para desculpar camuflagens apologéticas pela incapacidade do adversário, quando é ele quem precisa do álibi.

Tudo acontece como se lhe agradecêssemos por ocupar tão mal o seu lugar e como se isso fizesse crescer o sentimento do poder que ele detém.

A coisa é verdadeira na opinião pública. É impressionante que ela o seja também na ciência.

Na opinião pública, que baste assinalar o emprego corrente do termo psicanálise para designar toda detecção, em um campo de conduta que pode ser qualquer um, motivos ultrapassam o que ali pode ser alegado como intenção.

Notar-se-á que podemos evitar definir a qual sujeito isso é imputado: o que seria aqui prematuro.

O uso não se constrange ao articulá-lo. Ele diz: "Psicanálise do Mercado Comum", "Psicanálise da Alsácia-Lorena", "Psicanálise do liberalismo", reunindo sob esse termo uma forma de contestação para a qual o psicanalista contribuiu muito menos do que o marxista. O escritor não se exime assim a fazer disso mérito da própria prática que, por vezes, considera como não advinda em seu campo próprio.

Mas, na ciência, ou no setor das chamadas ciências humanas, a situação não é menos digna de nota, não apenas porque nela a questão de saber se a psicanálise é uma ciência não está decidida, mas sobretudo pela recusa de que a psicanálise é acusada por finalmente decidir. A psicanálise não tem direito de cidadania [*droit de cité*], mas, perdoem este *joke*, o psicanalista tem todos os direitos de ser citado [*cité*].

Digamos que a psicanálise goze ali de uma extraterritorialidade, muito apreciada por aqueles que só se mexem para nela se abrigar, mas menos suportável por aqueles que, por se questionarem, sentem-na como o efeito de um desdém deferente.

Ora, é justamente disso que se ocupa a organização internacional da qual um psicanalista deriva sua autoridade: ela não é feita para ocultar essa situação do público, mas de seus próprios filiados.

Pensar-se-á, aqui, que os psicanalistas conseguiram aquilo em que falhou o movimento de Mendelssohn quando os judeus foram emancipados: a manutenção efetiva de uma sinagoga na função de aliviar cada um dos riscos de ter que defender, com seu próprio gênio, seu status.

E talvez seja também por isso que os judeus se sintam confortáveis na comunidade psicanalítica.

Que tal precedente do contraste de seu sucesso seja aqui evocado dá o que pensar, quando se trata de uma profissão que não é uma profissão de fé, na qual não se entra por nascimento e que é tão laica quanto possível em todos os seus meandros.

Pensa-se em uma verdade que seria de certa forma colocada em estado de suspensão religiosa, na conjunção de uma ocultação e de um ritual. Falsa aparência, sem dúvida, mas reforçada por esse aspecto mendelssohniano da psicanálise, que se traduz no fato de que toda referência seja boa para os psicanalistas a fim de se fazer valer na ciência: biológica, psicológica, até mesmo sociológica, tudo ali é preferido ao argumento de uma razão propriamente psicanalítica.

As luzes das quais se valem são sempre as luzes dos outros, como se fizessem pouco caso das suas.

Ora, se a psicanálise traz uma luz, essa luz é de uma natureza que não é indiferente em nenhum sentido a esse recolhimento [*mise à l'ombre*] e que, ao se fazer valer como bem comum, protesta contra seu desvio para fins que podemos considerar privados.

O fato mesmo dessa prevaricação nos parece acumular sobre o psicanalista o fardo da virada mais urgente na aventura filosófica. A pior corrupção é mais um testemunho de que o melhor está nela.

É preciso ainda decidir aqui o que é a filosofia, a fim de repelir o mal-entendido com o qual alguns se armam para ignorar nosso questionamento. O corte assim operado também não é repudiado por aqueles que verdadeiramente nos ouvem.

Nós o introduzimos pelo fato de que Freud se refira tão facilmente, não sem enigma, aos aforismos que nos são legados disjuntos da aurora grega da filosofia, ao passo que, em contraste, ele repudia, se necessário contra a evidência e a verdade atestada, qualquer relação mantida com o que da filosofia moderna lhe seria imputado como fonte ou fio condutor de seu pensamento.

Essas duas medidas descartam a possibilidade de atribuir a segunda a um cientificismo sombrio e até à necessidade de manejar a enfatuação praticante. Pois então, por que duas medidas? Deve-se também buscar sua razão não no oportunismo, mas em uma afinidade íntima com sua doutrina.

Por que não se deve buscar a demarcação da escola de pensamento na filosofia dos professores?

Há certamente uma fronteira a ser traçada, entre a ação pública da filosofia antiga, e o que sua enfeudação na "universidade dos estudos", desde o surgimento dessa função protegida pelo Império e depois pelo Estado, introduziu de ficção em seu ensino.

O mesmo se aplica ao século que é chamado o do gênio. É nitidamente por ser estranha a qualquer "Sorbonne" que a filosofia dá origem à ciência. Depois, entre Leibniz e Kant, ela atravessa novamente uma fronteira, que a coloca a serviço dos príncipes, cuja impropriedade é demonstrada por todo o século XIX.

Se, em nosso século, ela parece mais à vontade nessa posição de estar a serviço de dois senhores, pode-se ver que em muitos casos isso deve chegar ao cômico.

Para dizer a verdade, ninguém duvida que a filosofia esteja [*ileg.*] em outro lugar, a saber, neste lugar do político que Platão lhe destinava e que ela finalmente alcançou.

É assim que a *intelligentsia* de nosso tempo terá se empenhado em reconhecê-la, por mais inesperada que ela seja nas figuras que vão desde a ação do terror até a imagem do Pai dos povos.

Nesse contexto, a psicanálise não estar a título de nenhuma cátedra — pois, desde Freud, professor sem cátedra, não há professor de psicanálise[1] — é uma barreira que a deixa a algum alcance do sério.

Atravessada de fato essa barreira, ela não se reduziria ao silfo da hermenêutica? Não é a nenhuma transparência, mas sim à sua opacidade, que pretendemos trazer de volta sua práxis.

Para fazer a teoria dessa práxis, ocorre-nos mencionar o que em filosofia é chamado de um sistema, mas para situar o que o distingue dela: uso daquilo que o sistema testemunha como não cumprimento com a verdade, e que também não é supérfluo para a aflição especulativa em que se recruta o comum dos candidatos analistas.

A psicanálise é um elo nesta cadeia que mantém o fogo obscuro da história, a liberdade e a luz, e um conector de um alcance singular para nos remeter às origens do pensamento, ou seja, ao erro de cálculo desde sempre perceptível na tradição filosófica pelo escândalo da resistência que a "natureza do homem" lhe opõe e pelos mitos com que ela pretende moderar esse escândalo.

Esses mitos, por mais ultrajados que tenham sido por vinte séculos de jogos do circo cristão, mantêm, no entanto, sua dominação privada. Eles povoam, na condição de bonecos de cera maquiados, esse museu Grévin constituído no ensino acadêmico pela psicologia geral; eles também não deixam de ter relação com uma "vida psíquica" com a qual interferem para, à maneira da [sagração?] bem conhecida, temperarem, por outro lado, a desordem que ali alimentam.

1. Isso não exclui suas vantagens cumulativas para alguns professores.

O que se poderia ocasionalmente localizar ali de uma experiência é sem importância por não se abrir para nenhum campo unificável, sendo os cortes de real aos quais esses mitos se reportam tão heterogêneos quanto as tradições das quais se originam.

A psicologia pode tomar emprestados campos diferentes, roupagens retificadas, mas ela é sempre relapsa simplesmente por lhe faltar corpo.

Tal é o crédito que ela reserva a um sentimento do eu [*moi*], cuja coisa mais difundida do mundo, por ser aquela do homem da civilização, é que ele acredita ter nele imediatamente o princípio de sua identidade.

Isso chegou a tal ponto que nem mesmo o humanista pode imaginar que não tenha sido sempre assim, e especialmente com aqueles antigos em quem ele continua a confiar para a medida do natural. Com isso, comete mais de um erro de leitura em relação a eles.

A retificação desse erro se impôs por causa de contemporâneos menos civilizados que manifestaram que esse sentimento do eu [*moi*] não tem para eles o mesmo privilégio. Então nosso homem lhes atribuiu o índice da mentalidade pré-lógica, da qual, no entanto, neste exato instante, ele mesmo é o exemplo manifesto.

Tal é o quinhão cotidiano de uma psicologia cujo domínio é, de todo modo, feito de bricabraques.

Ciência da opinião, é também para esse destino que ela se dirige hoje em dia, quando noções como a de nível de aspiração o testemunham tanto quanto os métodos que ela organiza sob o tema da pesquisa de opinião. Disso resulta uma espécie de astrologia que fabricaria seus próprios signos celestes. O mesmo, não sem recursos, quanto a fornecer certas ficções mais adequadas a novos avatares da exploração do homem: como o estrangulamento que orienta o emprego, cujo sucesso irá criar uma nova categoria de subdesenvolvidos (para colocar aqui o amável atributo que a economia moderna ousou), mas também insurreições nas quais curiosamente revelar-se-á o ser da liberdade.

O psicanalista pode ter que dar conta desse folclore, pois deve manter-se no nível das miragens que o sustentam. Mas ele é capaz de ir até a estrutura que motiva essas miragens. E uma boa fase de despersonalização em sua psicanálise pode até mesmo servir para convencê-lo, aqui, do falso semblante.

É assim que a psicanálise nos Estados Unidos autoriza a garatuja freudiana de idealizações sociais, decididas ao nível dos estudos de mercado, e mesmo dos comitês políticos (cf. *Tempos Modernos*).

E até mesmo a sabedoria do nosso amigo Alexander chega a ajeitar a libido do freudismo para não valer senão como o excedente da energia investida na manutenção da qualidade de vida do cidadão. Por meio disso, a ideologia behaviorista, batizando-se para a ocasião de molar (sem dúvida para compensar o peso que lhe falta), acrescenta a si mesma alguma significatividade. E os círculos esnobes de Nova York, reservando seu maior desprezo para um mesmo povo de autóctones que nunca ouviram daquilo, inaugura com os mistérios do *autonomous ego* uma gag da qual é preciso dizer que podemos saudar o trio[2] que soube, a partir de um rosto de gesso, produzir a entidade bufona como sendo a última palavra da pesquisa de Freud.

No entanto, o acontecimento prova que o psicanalista está ausente em algum lugar da experiência que ele é encarregado de instituir.

Sem dúvida é aquele contexto em que Freud previra que ele seria submerso: o do *American way of life* e de sua expansão menos esperada. Modo de servidão qualificado como *human relation*, ele oferece ao psicanalista uma posição de superioridade demasiado confortável para que um grupo ainda mais seguro de si do que heteróctone não tenha cedido aos seus lucros ao lhe prestar ajuda.

Fechados os parênteses, digamos que o psicanalista só pode se pôr em questão no nível do erro de cálculo radical, cujo alcance psicológico não é senão o resultado.

---

2. Avaliar-se-á a responsabilidade desses amáveis *clowns* ao saber que um deles — que conhecemos bem durante sua passagem pelo filtro francês no muito lúcido êxodo ao qual a comunidade psicanalítica alemã teve que proceder diante do flagelo hitleriano — não encontrou nada melhor (confiança dada ao seu analista) do que se inscrever na Croix-de-Feu do coronel de La Roque, uma formação política cuja base era mais ou menos equivalente aos assinantes de gás.

E é por isso que ele só mantém seu lugar pelo ajuste do sujeito no momento ótimo para detectar esse erro.

Veremos, no Capítulo III, como esse momento pode ser articulado.

Aqui se põe o ferrolho somente para impedir que, dessa falha essencial da experiência humana a que ele deu início sob o nome de inconsciente, ou dessa função do sentido que ele deve encarnar para que a experiência reencontre seu caminho, ele não volte a cair, restituindo-o consigo mesmo, no engano ao qual ela só demanda voltar.

Nem por isso o questionamento do psicanalista se resolveu, pois ele começa para além desse momento.

E ainda que possa acontecer de ele se perguntar se pode mesmo considerar-se um ser concluído, ou pela utilização de uma fabricação, ideia, método, práxis e status, que não foi sequer capaz de perceber a face de seu criador para animar-se com ela.

Pois como afastar aqui por mais tempo a figura enigmática desse pequeno-burguês, que o gueto, por sua linhagem, anima ainda com sua proximidade, e que por isso é grande senhor, contudo não sem fraqueza, mesquinho nos negócios de dívida, interessado em honrarias, chauvinista em tempo de guerra como um simples Bergson, chegando ao ponto de ser esnobado pela mínima saia principesca? Indiscutivelmente, a acolhida dada aqui à indiscrição está na origem do que nos foi entregue (aliás expurgado) de um documento-chave (as cartas a Fliess).

Não, como foi dito, uma autoanálise, mas uma psicanálise por correspondência.

Sem esse documento, saberíamos somente que não recorremos senão ao gênio para explicar que um homem tenha propriamente inaugurado o acesso do discurso ao desejo abrindo no sonho sua via real; que para além e quase ao mesmo tempo ele conceba o mito (esse termo a considerar será elaborado pela etnologia mais moderna) do assassinato do primeiro Pai para selar esse desejo à Lei; que ele cubra o intervalo aqui colocado com uma obra científica, prodigiosa em imensidão e trabalho, uma vez que ele forja a um só tempo seu objeto, seu campo, seu instrumento e seu método, não o guiando nisso outro controle senão ele mesmo.

Acrescentemos a isso a virtude literária, que não se deve apenas ao fato de que nem uma única frase ali é ridícula, pois nenhum encaminhamento envelheceu, mas a uma ressonância cujo mistério é que, ao revestir o fato o máximo possível, os termos que ela introduz, metafóricos, revelam-se inesgotáveis pelo comentário.

Ponto a ser atribuído à natureza linguística cujos fenômenos em questão demonstramos.

Assim como soubemos, desses termos, recuperar o verdor das rejeições de significância que ali ficavam em reserva.

Como não ver que o fenômeno "artístico" do estilo, em Freud, tão contrário às disciplinas de redação na qual o formaram seus anos de laboratório, faz parte de um problema que a aderência a seus termos completa e em que sua posteridade se reconhece, sem parecer interrogar-se sobre o que esse fenômeno tem de incrível.

Podemos dizer o quanto vai longe o traçado dos lineamentos dessa obra nas cartas a Fliess, e assim ver com clareza o elo de sua criação com o estreitar obstinado do enigma de seu desejo que Freud, então, persegue.

É surpreendente que ninguém tenha pensado que a transferência suposta nessa referência a um médico um tanto mistagogo seja aplicada à explicação da implementação médica da experiência, quando Freud indica suficientemente sua repugnância original à função terapêutica, e quando são legíveis os sinais de que a experiência levada adiante com Breuer poderia ter mudado bruscamente de direção, limitando, na melhor das hipóteses, o *chimney sweeping* a um método de tratamento reservado às histéricas, ou até mesmo, como sabemos que Breuer tendia para isso, permanecendo para sempre não publicado.

O que a própria obra deve, em seu realce de estilo, ao fato de que a psicanálise de Freud tenha sido feita por escrito? Talvez seja o que é esclarecido por um fato surpreendente: a acreditarmos nos autores que tiveram acesso à correspondência, uma vez que a submeteram ao arbitrário de sua censura, Fliess não pôde saber muito mais do que nós sobre o que aconteceu, em última instância, com o desejo de Freud.

Reticência evidente cada vez que ele menciona o complexo de Édipo — e de onde, ao juntar os caminhos por onde ele nos conduz, vemos que numa decifração dos sonhos (*Traumdeutung*), metade dos quais seus, as dobras que ele dispõe com a arte da vestimenta de sua vontade de potência deixam vazio o lugar onde se mantém o desejo que dilacera ou sustenta, nada sabemos disso, uma existência marcada por um amor conjugal impecável.

Mais do que tropeçar com seu hagiógrafo na irreverência, demasiado repentina para não parecer motivada, da palavra *uxorieux*, do inglês, é melhor saber a porta que, com um gesto magistral, Freud fecha na nossa cara: a da fantasia fundamental cujo papel é por nós interrogado no final da psicanálise, que põe em questão o psicanalista que nela se forma.

Sem dúvida, esse umbigo da psicanálise é o ponto metafísico que deixamos em suspenso com a primeira lição do nosso décimo primeiro ano de Seminário e com o título *Nomes-do-Pai*, sob o qual o anunciamos, por ter tido de rescindi-lo em protesto contra uma iniciativa provinda de Chicago. Imaginamos o executivo que assumiu esse risco, não tão mal-informado, a não ser que fosse movido apenas pelo prestígio, longínquo, mas ainda cotado, de meio-quarteirão da Sorbonne.

Essa conjuntura nos parece completar o que nos autoriza a falar das dificuldades encontradas pela formação do psicanalista.

Em uma proposição mais extensa, seria preciso partir de um balanço do que a psicanálise sustentou daquilo que Freud prometeu a si mesmo.

Nesse contexto, não seria inútil constatar a nulidade de sua relação com a biologia, não menos do que sua recusa em se valer da menor informação desta, o que é saboroso dado o estado que de bom grado se faz da antecipação de Freud sobre a biologização futura do tratamento das neuroses, a cada vez que o doutrinário nela não pode ser entendido.

Mais impressionante ainda é o total absenteísmo para com uma fisiologia dos aparelhos sexuais, que deixamos que se virem com seus meios, porque se a ignora tranquilamente, uma vez que está implicado no princípio da experiência psicanalítica que o trabalho científico deve nela estar entravado, o que é evidente pelas proibições incidindo sobre todo conhecimento — ele se vale unicamente da objetividade —, onde o desejo sexual pode estar interessado.

O resultado é manifesto: os enormes vazios que aí se demarcam — sobre o gozo feminino, por exemplo — permaneceram intactos, mesmo no terreno apenas da descrição psicológica.

É de outra ordem que o "O que quer uma mulher?" não seja o ponto em que Freud permaneceu preso ao dizer de uma parva cujo testemunho é garantido pelo fato de que ela não tenha podido inventá-lo.

Mas, voltando ao fio das nossas perguntas indiscretas, seria impensável que a análise tivesse contribuído para a erotologia?

Ora, devemos a ela a mínima precisão sobre a prática sexual, além dos efeitos nocivos considerados como adquiridos desde Freud, mas sequer aprofundados, do *coïtus interruptus*? Já vimos alguma vez ela ter se interessado pelo *coïtus reservatus*, sobre o qual, no entanto, deveria ter uma palavra a dizer?

Ela sem dúvida não inveja a glória dos tratados educativos desse gênero, que aliás se tornaram impermeáveis à nossa perda das tradições das quais eles nos são legados e cujo mal-entendido, por ser o lucro de uma edição especial, não nos excita mais. Contudo, ela se vê em condições de prodigalizar as regras do casamento perfeito?

Essa reserva, por sua parte, indica seguramente um justo sentido do seu campo próprio, mas ela mereceria, então, que dela se tirassem as consequências e que se fixassem os limites que permitiriam, talvez, fixar aqueles que verdadeiramente fazem fronteira.

Uma parte do nosso esforço consistiu em mostrar ali onde seu campo pode ser estabelecido em uma determinada classificação científica, de tal modo que ela pode se estabelecer a partir do movimento atual da ciência.

Se seu campo próprio é de fato aquele que dizemos ao situá-la na relação do "homem" com o significante (colocamos o homem entre aspas, porque um rigor maior o substitui pelo sujeito) — o que parece uma opinião moderada que considera simplesmente a sua prática —, está claro que nesse campo o progresso lhe é indicado pelas ciências em relação às quais ela se revela na posição de predecessora,[3] mas por ter ela mesma desconhecido o seu sentido.

3. Predecessora doravante ultrapassada, a reboque.

Se esse balanço científico permanece então muito mirrado, talvez não seja fora de propósito chamar a psicanálise para operar sobre essa inibição. Salvador, levanta-te a ti mesmo para fora do buraco.

Em contrapartida, vê-se claramente, e de imediato, o que a ética e o pensamento perderiam se a psicanálise estivesse ausente do nosso mundo.

Que lugar é esse que ela ocupa para que, ao abrir o último livro, a Sorbonne a receba de braços tão abertos quanto à tese de Bergson — é verdade que ainda não promissora, pelo que se sabe —, e se possa nitidamente taxar a impudência que ali se espalha, ali onde ela desliza para o concreto, de pura mentira? Exemplos. [*segue um espaço em branco*]

O QUE ELE PRECISA SER PARA QUE SEJA ALI, naquilo que é chamado tão indevidamente quanto pode ser, nesse caso, de metafísica, que se aloja o que ela é capaz de contradizer para manter indubitavelmente sua mola?

Digamos que ele é um campo ao qual esse título estava reservado até então, e onde a psicanálise introduz a decisão científica.

No entanto, quanta confusão e manifestações de timidez! Sem dúvida, seu poder é mirrado em nosso tempo se comparado ao das Igrejas, cujo brilho deixaria petrificado o homem das Luzes se ele voltasse entre nós. Mas a linguagem desta é bem-sucedida quando se trata dos problemas mais prementes de nossa época: tal como aquele prenhe para elas do direito de nascer, sobre o qual a psicanálise talvez tivesse uma palavra a situar, quando sozinha ela pode testemunhar a relação constante do destino de um ser com o desejo que presidiu à sua vinda ao mundo.

E talvez um dia — almejamos que ela seja capaz disso — a psicanálise venha a ser o abrigo onde o médico poderá se resguardar [*remparder*] das exigências de uma saúde social, que só poderá levá-lo a uma eugenia inevitável.

É pelo fato de a ciência ser desconhecida, ciência cujo silêncio se presume voluntário, que a psicanálise recolhe a expectativa e o respeito, quando nada no pensamento é mais elevado do que o merecem as proposições dos animadores?

É a ignorância transcendente aqui que leva o psicanalista a se destituir? Contrariamente ao asno de Apuleio, ele permanece dedicado ao seu estado, pasta aos montes algumas rosas. Quanto a isso, seríamos instruídos de que é preciso saber o que é uma rosa para que ela produza seu efeito *desasnalisante* [*désânalysant*].

Para julgá-lo com justeza, é preciso recorrer a essa literatura ilegível na qual só a experiência permite encontrar o fechamento acrescido das estruturas, o ganho de precisão nas junções, mas também a desorientação manifesta e a incrível parcialidade dos caminhos, sem que, no entanto, não cessemos de ali nos encontrarmos interrogados por um problema que não nos venha do pensamento mais original.

Ora, sobre os fins últimos da psicanálise, simplesmente cura [*guérison*], função de transferência e, iremos vê-lo, do que é chamado de contratransferência, normatividade do tratamento, término, de fato, nem um passo desde Freud para nos fazer avançar mais.

Logo percebemos que é para recuperar a força no solo ético mais ardente que se reerige um engodo de compreensão sempre renovado e, no entanto, postiço.

Anexo aos malefícios do desuso em que os pensadores deixam para nós o quinhão do sujeito: eis aí o bastante para que sejamos assaltados por postulantes à nossa habilitação.

Essa é de fato uma miragem para falsificar tudo o que está em jogo na psicanálise didática.

CAPÍTULO II
Acerca da defesa e do prestígio do psicanalista

Saber o que é uma psicanálise didática se choca com alguma dificuldade que salta aos olhos na primeira tentativa de se indagar, se o tentarmos ali onde parece natural, junto a um psicanalista.

O fato de que este tenha transposto essa prova deve ser considerado como adquirido, senão como controlado, e não há homem que possa, sem vergonha, deixá-lo questionar.

No entanto, só se obterá disso asserções cuja generalidade rapidamente recairá no vago (o que não é o mesmo), contanto que você insista.

O fenômeno é mais chocante quando se trata de um psicanalista, ele próprio tendo chegado à posição de esperar como "didático". A sensação de véu puxado, que creditaremos ao cúmplice garantido do problema, não nos impedirá de pensar que em qualquer outro lugar o mesmo efeito seria apontado.

Cabe dizer que uma única coisa deve ser tomada como garantia aqui: é a insuficiência da doutrina à disposição do interlocutor sobre o tema de sua questão para explicá-la a você.

Se a questão fosse mundana, teríamos podido nos contentar com um ato de carência que também não põe em causa o valor de outras investiduras — embora a questão possa voltar a impressioná-lo pela indiscrição que ela porta, ou o privilégio que a psicanálise teria então de ser seu alvo, faria mais uma vez com que ricocheteasse.

Mas, se a resposta não deve ser menos informe quando a questão é totalmente interessada, cabe saber se esse impasse é admissível, entendamos, para quem se o põe em questão.

Pois o questionador pode ser um postulante preocupado em não dar um passo em falso no começo da prova, e não é indiferente que ele tenha de lidar com os augúrios de que não mentem nos "entre si" das comissões em que se colocará em jogo o seu *dignus est intrare*, pois ousa-se lançar mão do veredicto entre a admissão à psicanálise didática e o reencaminhamento à psicanálise pessoal.

Distinguir entre uma e outro só pode ser um escândalo aos olhos daqueles mesmos que se valem desse artifício, dir-se-á que essas são fórmulas de pudor.

Mas esse pudor é indecente quando já no limiar da carreira ele submete o psicanalista ao ordálio do chicote dado à sua dignidade pessoal. Pois o fato de haver aqui alguma zombaria não pode estar de acordo com a ideia de retificação implicada na psicanálise didática, em qualquer caso.

Esse primeiro traço já concentra a infâmia encoberta à qual um psicanalista tem de se dobrar para sua formação em seu estatuto atual. E ele o sentiria ainda mais vivamente se soubesse quão arbitrária é uma regra que só conhece autoridade no que se dirá sobre isso.

Se tocamos em um abuso urdido de fraqueza, é apenas e apesar de nós: pois denunciar sem resolver não é nada.

Freud introduziu como necessidade uma análise pessoal para o psicanalista, o que mais tarde foi chamado de psicanálise didática. Essa necessidade, ele a indicava devido à dificuldade que o inconsciente opõe ao seu reconhecimento, ou seja, o que constitui a essência de sua descoberta.

O que isso quer dizer senão que, na psicanálise, é o inconsciente do psicanalista que é solicitado?

Mas, de fato, tudo o que é dito o é para deslocar o que essa afirmação maciça comporta.

Um momento de desatenção e cria-se o espaço cujo fantasma é, como se diz, todo um mundo.

O psicanalista leva em conta de bom grado a parte ocupada por seu inconsciente na análise. Mas é um lugar elevado de radiocomunicação, onde as mensagens chegam por ondas etéreas.

Ocorre que não há distorções nem interferências locais.

Vemos aqui a distância retomada, que em termos concretos é a da dignidade do praticante.

Mas essa dignidade que para o médico tem o fundamento da investidura hipocrática (religiosa em última instância) deixa todo o terreno para uma prática cujo estatuto é inédito, para a lei primeira, da *human relation* no universo pequeno-burguês: é a lei do armário de roupas, que é o resíduo dos santuários domésticos, lei que promulga que os panos de limpeza não devem ser misturados com as toalhas.

Por meio disso, é sempre ao inconsciente do paciente que se dará a honra dos acontecimentos.

O psicanalista experiente, em suas explicações condescendentes e por isso mesmo desleixadas para o uso dos leigos, e mesmo dos novatos, faria melhor ao atentar duas vezes antes de usar uma metáfora como a da assepsia.

Ela é profundamente inadequada. O que pode querer dizer a assepsia de uma intervenção, seja ela qual for, em psicanálise?

Aquilo para a qual a psicanálise mais reabriu as mentes foi à significação do ato em que o santo, e mesmo a santa, se fazem, abominação para nossa saúde mundial, "que lambedor de casca de ferida", "que bebedor de sangue": é evidente que isto não suscita emulação no consultório psicanalítico.

Mas, seja qual for o rigor que se impõe aos gestos e aos contatos, será que não se pode pensar que o que ali se escoa *de boca a ouvido*, ao longo de um confinamento entre quatro paredes cujo retorno regular tende a soldar os intervalos, deveria chamar a atenção para o que realmente acontece com o médico posto em função?

Do mesmo modo, a obsessão por *aproximar* com que tal analista povoou esse campo intermediário mostra que essa proposição pode encontrar seu alvo. Mas esse mesmo analista é o melhor exemplo do grau com que se pode desconhecer, ao responder que é o próprio inconsciente do analista que ali se derrama.

A maioria dos teóricos vai mais longe em sua defesa, e que baixo prestígio do psicanalista, e abreviaremos a amostragem que exigiria, mais cedo ou mais tarde, incluir o momento em que eles se desviam.

Precisemos, em primeiro lugar, que se trata de fazer ouvir o alcance da famosa neutralidade cuja instrução se repete, a partir das recomendações de Freud, tal como as outras esvaziadas de sentido, a fim de nunca serem tomadas a não ser ao nível dos gênios demasiado vivos, para suspeitar que ela ganharia como as outras ao ser colocada para descansar.

A neutralidade que surgiria de um pouco de meditação, *ne-uter* nem um nem outro, pode evocar o campo abençoado de alguma Suíça, até mesmo da Benelux, confortável para prosperar a partir de um campo de antagonismo onde é garantido não ter que decidir — mas também *ne-uter* repelido de um e de outro, esse campo horrível onde a história antiga do cerco viu as bocas rejeitadas dos famintos da cidade apodrecerem diante das pontes levadiças.

O foracluído, o denegado, o recalcado e, para ser sincero, o proibido, esse não é o tipo de terreno neutro com que o psicanalista tem um encontro marcado. É inútil que ele tente convencer de que ali está completamente à vontade. Quem acreditaria? Mas não se pode negar que ele tem esse encontro com o paciente e que, dos dois, ele é o único que se presume que conhece o que há a fazer ali.

Seria completamente louco se, ao se arranjar com uma neutralidade demasiado benevolente para sua inclinação, ele apenas abrigasse ali o ideal, cuja incidência aqui desconhecida nós já indicamos: aquele, o mais comum hoje em dia e que faz sentido para todos, de ser um homem íntegro [*propre*], ideal muito admissível no Eliseu da personalidade, mas por vezes um tanto insuficiente para nos orientar no campo da miséria humana. Pois o homem íntegro [*propre*] certamente está ocupado em socorrer a miséria e está pronto a colocar sua abnegação a seu serviço. O que o assusta na miséria é compartilhá-la. Daí sua esperança na "bomba limpa" e sua pressa em vê-la finalmente aprimorada.

Situemos, aqui, o que ocorre com a função do psiquiatra, e agora que as tentativas psicanalíticas nos permitiram vislumbrar a dinâmica que suspende sua relação com o louco não deixemos de lhe recomendar o livro de Michel Foucault, a *História da loucura*, no qual se torna perceptível, no patético da história, a estrutura de uma correlação entre os caminhos de raciocínio razoáveis, a liberdade e uma paixão pela segregação da qual o louco se torna refém, em que aparece o tormento no qual se revela a liberdade que raciocina em seu ser.

Nós o escrevemos em seu tempo.

O livro de Michel Foucault virá contrabalançar para o psiquiatra a boa consciência que ele deriva do patrocínio "humanitário" de Pinel. O cerne do drama essencial que ele é responsável por afastar na figura da desrazão [*correção ilegível*] lhe permitirá apreciar melhor a ambiguidade dos meios que emprega nesse serviço, por mais progressistas que sejam.

Ao constatar que em nenhum lugar de seu horizonte profissional esse livro foi notado, ele terá ali a ocasião de dar crédito ao psicanalista de que é o mesmo silêncio que ele evita ao absorvê-lo em seu próprio circunlóquio.

Sigamo-lo então. O mais usual, aquele para uso dos noviços, que visa o auge do que é mais difundido da verdade psicanalítica. Quem não se deixou dizer, desta forma, que a experiência patogênica, seja ela qual for, supostamente recalcada — que a psicanálise teria a seu encargo, como qualquer outra —, seria de natureza a determinar nele, para a leitura a ser feita na história de outra pessoa com experiência semelhante, um desses brancos cujo efeito pode ir muito longe na relação com o real; já que seu ponto extremo e típico é a alucinação negativa, com a qual, há dez anos, a psicanálise inglesa se regalava?

Trata-se de um argumento seguramente justificável a partir de exemplos extraídos da prática. Eles sempre nos parecem um pouco forçados. E não é de forma alguma em função do que Laforgue chamava de escotoma — palavra autorizada por Freud tê-la destacado em debate, mas para limitar seu uso — que se pode interpretar diretamente tal carência do psicanalista. A ênfase aqui é posta na experiência do sujeito com dificuldade de se exercer em psicanálise, este rapidamente vê que isso não lhe pode ter qualquer serventia e só pode, ao contrário, se opor a que ele se abra à diferença do "material" do outro.

Não colocamos esse argumento em suspensão, como acontece com muita frequência com os clichês psicanalíticos? Isso não quer dizer que ele seja inofensivo. Pois sua impropriedade não lhe dá transparência, e aquilo a que ele faz tela é que, pelo menos por um tempo inicial em uma psicanálise, estamos muito longe da realidade naquilo que o sujeito nos comunica.

Em suma, o que precisa ser ouvido é algo de outra ordem. Neste ponto pediríamos desculpas por nos gabarmos de trazer uma correção ao nos juntarmos ao barco que é a referência à transferência. Mas é a flutuação representada pela indiferença trazida para decidir sobre uma verdadeira acomodação do problema que estamos mencionando.

Se de fato é muito melhor a advertência que consiste em fazer o psicanalista iniciante desconfiar dos efeitos de transferência dos quais ele pode ser o sujeito na nova relação, ele é justamente incapaz de reconhecê-los na medida em que se trata de uma situação diferente; é mesmo a razão pela qual o que chamamos de uma supervisão vem a isso remediar, ou então, já terapeuta, suas transferências terapêuticas terão sido identificadas como tais em sua psicanálise.

Mas a experiência da transferência tal como ela é — rastreada na técnica atualmente em vigor, pode-se dizer, ou seja, sob alguma fórmula que a motive: repetição do passado, inadaptação ao presente (dito no jargão *hic et nunc*), fantasia que a sustenta, como uma ectopia do vivido a ser localizada no real, isto é, na presumida situação analítica de que se vai em uma determinada escola para qualificar como "tão simples" — de que utilidade seria ter passado por ela como psicanalisante, a não ser para reproduzir como psicanalista o procedimento, bom ou mau, ao qual se foi assujeitado?

O fato de se ter posto a transferência como condição para a análise, que é aqui o adquirido da psicanálise didática, é solidário à ideia de que a análise da transferência resume a psicanálise. Mas que essa análise não encontre nenhuma referência fora da transmissão de seu procedimento deixa, por assim dizer, um ângulo morto do qual resulta, através dessa mesma perspectiva, que a reprodução do procedimento só pode abrigar alguma coisa daquilo que ele pretende extirpar. O que assim se transmite tomará o valor de *acting out* em um período de transferência que é aqui privilegiado, desde que a identificação que a constitui possa, para o psicanalista, atingir sua plenitude no real. Um autor como Szasz, que no *International Journal of Psychoanalysis*, órgão muito oficial da associação chamada de internacional, abordou repetidamente esse assunto sob o viés da validade científica a ser concedida ao trabalho que prossegue para pôr em condição a interpretação da transferência, o formula sem ambiguidade. A verificação do que se opera na transmissão especialmente didática só pode aparecer sob esse viés sempre remetida à transmissão seguinte.

É por isso que, antes mesmo de indicar o caos em que se divertem as observações frequentemente muito saborosas que os autores publicam sobre o que os adverte de sua própria deriva na situação analítica — assunções confusas, reunidas sob o termo contratransferência —, mencionaremos sem mais delongas o termo sob o qual pretendemos dar uma resposta à questão do que é a psicanálise didática.

É um conceito que designamos como: o desejo do psicanalista. Sem que se pudesse esperar por isso, digamos por que — pelo fato de estar plenamente articulado nessa obra — podemos prometer que será esclarecido ao fornecermos o seu eixo.

Conceito, de todo modo, a ser formulado como o ponto máximo em que uma práxis encontra sua razão de se apoiar em seu limite. Mas também práxis dirigida para a realização do conceito, no que ela é efetivamente exercida como práxis da teoria.

Desde já, pode parecer que uma consistência se oferece à crítica de uma resposta que está sendo formulada sobre o que é a psicanálise didática. "É a preparação indispensável para o advento do desejo do psicanalista."

A finalidade é subjetiva, não objetiva. Ela está ligada ao mesmo tempo original que já demarcamos para instaurar um campo de objetivação.

A primeira coisa a afirmar desse conceito, no ponto em que o introduzimos, é que a transferência à qual ele se opõe aqui não deve ser considerada, tratada, como todavia se fez até agora: como um desejo.

A contratransferência tampouco deve sê-lo.

Pois a contratransferência é muito simplesmente a transferência. Se a transferência é corretamente definida, como chegaremos a fazer, é impossível conceber que seja possível que uma transferência que também se poderia dizer recíproca venha a se entrecruzar do psicanalista ao psicanalisante àquela que se opera do psicanalisante ao psicanalista. Essa confusão, que para muitos o vocábulo contratransferência sustenta, é impensável. Nesse registro não há o possível, mas por muito tempo essa etiqueta foi muito mal justificada, exceto pela captura do psicanalista nos efeitos da transferência, o que não exclui em nada uma certa maneira de praticar sua análise.

Ou então a contratransferência é alguma coisa que claudica no psicanalista, no que diz respeito ao final da psicanálise. Isso não poderia ser, por definição, o desejo *do* psicanalista.

Mas, além disso, convém distingui-lo de qualquer outro desejo que, no psicanalista, possa intervir no lugar desse desejo apropriado.

Pois articularemos que todo desejo suposto no psicanalista, por causa de sua psicanálise, por dever ser aquele que é tomado pelo sujeito como suporte de seu fantasma fundamental, introduz nele a disjunção radical que esse fantasma comanda, no que concerne à realidade. A saber, na medida em que o psicanalista está sob o golpe de um tal desejo, ele está submetido ao que Freud chama de *Spaltung*, ou cisão, do eu [*moi*], diz ele, que deve ser ouvido como do sujeito, e essa cisão o condena a não poder, ao mesmo tempo, fazer a leitura da realidade da qual toda fantasia faz o enquadre e reconhecer o desejo que essa fantasia sustenta no outro.

Freud também parece apreender melhor ainda a armadura significante da histeria por nela se estruturar uma certa realidade da mulher: ou seja, o complexo que sustenta a histeria de Dora, assim como o masoquismo de seu caso de homossexualidade feminina — que ele constantemente falha em compreender a tempo o que sua parceira quer dele. Pelo menos é assim que ele mesmo nos dá conta disso, passada a ocasião de respondê-lo, o que imprime ao reconhecimento uma forma incompleta.

Isso porque a fantasia de Freud traz aqui seu efeito sobre o desejo do psicanalista.

Impõe-se aqui o lema de que um único desejo, neste estágio de resolução do par analítico, está em condições de neutralizar a fantasia que *barra* seu reconhecimento: é o desejo do Outro.

Para que aqui o desejo do psicanalista não deixe mais a desejar, é preciso um dos modos de articulação pelo qual o desejo se especifica, na medida em que, como o ensinamos, ele é o desejo do Outro.

Seria prematuro avançar aqui qual é esse modo, além do fato de que a lógica do desejo não torna mais articulável o que ela demonstra nele como articulado.

Recorramos, porém, à intuição que essa observação introduzirá: como, senão para representar, a fim de retomá-la, a função do desejo do Outro para um sujeito, o psicanalista poderia remeter ao sujeito que ele tem como paciente a dívida de sentido cuja conta, a seu ver, ele veio abrir?

Essa visão geral sobre o desejo do psicanalista nos permite opô-lo ao que eventualmente merece ser chamado de contratransferência.

A contratransferência, pela qual o psicanalista reduz o que ele chama de [*falta uma palavra*], deduziu disso a situação analítica em um nível de realidade que anula a fantasia. Isso explica por que alguns justificam sob esse nome uma atitude que os subtrai daquilo que não conseguem dominar da transferência [*correções ilegíveis*].

Se procurarmos o traço pelo qual essa atitude se separa da atitude fundamental a ser imposta ao psicanalista, logo nos encontraremos atraídos pelo fenômeno da atenção.

Cabe aqui lembrar a ênfase repetidas vezes posta por Freud sobre o interesse de integrar esse fenômeno à teoria — e a incompatibilidade que se diria ser de humor ao ressenti-lo, em sua abstenção, pouco comum, de ele mesmo se ocupar disso.

Se a atenção é o reporte de um investimento libidinal para uma realidade que não é aquela comandada por ele, então a contratransferência se estende à ancoragem da atenção a qualquer traço pelo qual ela é obviada para que seja "flutuante", segundo a expressão recebida, indicando que ela só conta como suporte as exigências subjetivas das quais o analista se torna o lugar.

Para ser exato, é preciso inverter a metáfora e dizer que o analista tem esse tipo de atenção que permite a essas exigências flutuarem em seu lugar. A contratransferência são todos os momentos em que o barco de assuntos bate no fundo.

É por isso que a forma radical da contratransferência é a atenção "desinteressada" do analista, ou seja, o fenômeno pelo qual a situação de fato se libera para que ele não possa mais, de modo algum, converter nela sua própria fantasia.

O momento supremo da contratransferência é a aceitação, pelo psicanalista, do caráter de paixão inútil com que um pensamento, dito existencial, cobrirá seu desejo como desejo humano. O fato de ele perceber a vaidade de empregar tantos meios para produzir um desejo que, de todo modo, não será um ser sobre-humano — isto pode não ser inócuo para engendrá-lo sem frases a mais.

E temos, sobre esse momento, proposições que poderiam ser consideradas cínicas, se não fossem simplesmente o estigma, deixado na expedição de sua tarefa, daquilo que o psicanalista ali confessa de sua "presença": a ser ouvida efetivamente ao pé da letra a ironia involuntária desse termo.

Que uma tal contratransferência não seja desprovida de eficácia, mas que o que ela efetua possa situar-se na metáfora do aborto, é o que só pode ser decidido do ponto de vista da ética constituinte da psicanálise, isto é, do ponto de vista que este capítulo é feito para sublinhar, nessa errância de opinião que atualmente é aquilo que se oferece para responder pela natureza e pela necessidade da psicanálise didática.

É por isso que poupamos ao leitor as demoras inerentes a um trabalho que quitamos junto àqueles que poderiam, em tal etapa de nossa crítica, dele colher um benefício de formação. Não há errância em um campo tão estruturado como aquele imposto pela experiência psicanalítica que não receba seu valor das correlações de desconhecimento localizáveis em seu enunciado, desde que seu esforço seja simplesmente sincero. O caso é frequente entre aqueles que se expõem à psicanálise didática.

A revisão de seus trabalhos pode ser encontrada *passim* em nosso Seminário.

A necessidade dos termos que apenas indicamos aqui onde o problema deve se reabrir. [*Esta frase parece rasurada.*]

Seus trabalhos puderam ser frutíferos em nosso Seminário, onde se encontram *passim*. Não apenas para confirmar, a partir de seus impasses, a necessidade dos termos acerca dos quais, até agora, apenas indicamos como se situa o problema. Porém, de maneira mais útil, para esclarecer esses termos, dar um retorno positivo que escapa com demasiada frequência à sua própria conclusão.

O extraordinário é a função do aparelho que constitui o avesso desse embaraço. Podemos nos servir desse termo como duplamente apropriado: infraestrutura da formação e inversão de seus fins.

Pois o que se responde à pergunta: "O que é uma psicanálise didática?". Ela é a única verdadeira por ser a única recebida no aparelho. "Uma psicanálise que prossegue a ritmo de quatro sessões por semana, em horários fixos e regularmente espaçados, cuja duração é de cinquenta minutos." A isso se somam outras condições, no que diz respeito à responsabilidade a ser conferida ao psicanalista na junção da psicanálise didática com as demais molas da formação. Elas são objeto de debates.

Mas nada de positivo jamais pôde ser formulado sobre qualquer dos critérios pelos quais o resultado dessa formação pode ser julgado.

Disso resulta, para os standards inicialmente enunciados, uma preferência que um conflito recente — que girou em torno de nós —, demonstrou só poder ser absoluta.

Fica claro, portanto, que a comunidade psicanalítica está ligada a uma concepção da lei, que se satisfaz, no sentido de que ela se basta, com que as coisas estejam em ordem, essa ordem sendo aqui apenas uma tradição motivada unicamente pela rotina, já que o original, aliás muito menos estrito, do qual ela se autoriza como do standard adotado pelo próprio Freud, não é apresentado por ele senão para um efeito de rotina, acentuando-se ali fortemente seu fundamento de comodidade, o qual não apenas as preferências, mas as aversões pessoais (em particular pelo face a face) complementam, e sendo ainda mais fortemente apoiado do que qualquer superioridade que pudesse revelar-se com o uso de uma outra rotina, fundada sobre outras preferências, e até mesmo sobre outras aversões, ambas as quais devem ser consideradas como legítimas pelo que detêm de comodidade, seria de natureza a fazê-lo manter a sua como singular, até mesmo obsoleta.

Sem dúvida, a uniformidade das condições da experiência tem seu preço. Mas essa uniformidade deve ainda dizer respeito às suas coordenadas verdadeiras e não aos traços que podem nela ser contingentes.

Tendo a escansão temporal, valores muito diferentes conforme a estrutura dos casos, certos elementos de base, a serem qualificados como orgânicos, a fase da psicanálise, sua finalidade precisamente interessada em sua apropriação didática e até mesmo o temperamento do psicanalista, é claro que esta escansão só pode privilegiar-se de uma consciência a ser sustentada com a condição de ser modulada.

De fato, as condições de tempo não têm outro valor na corrente da psicanálise senão o de dar ao psicanalista a lei do preço de seu trabalho.

Essa é uma questão muito séria, mas que indica justamente que ela seja muito expressamente posta entre parênteses na psicanálise didática.

Pois a estrutura mais radical com a qual a psicanálise se coordena, para ter o legado da descoberta de Freud e para estar em seu horizonte constituída, é a coerência que se pode chamar de circular do desejo e da lei.

É impossível fazer um sujeito aceder ao que chamamos de *fading* do desejo sem pôr à prova sua relação com a transgressão da lei.

O fato de elevar uma simples regra, um standard que nessa perspectiva tem um estatuto de lei e de lei intangível, merece ser qualificado de estúpido. É preciso ouvir as objeções que levantamos para modificá-la, as admoestações com as quais sujeitos inteligentes não se alarmam, de ali implicar — mas é preciso que isso lhes escape — a lei simplesmente, que, segundo a doutrina, só pode ser a lei do incesto, a fim de medir como uma associação puramente leiga pode obter, para além de um ritualismo habitual, uma verdadeira paixão obscurantista para se conformar a ela.

Abordar o fenômeno por meio da história — aqui impropriamente chamada política pelos interessados que, estando aqui não menos reduzidos às visões mais rasas da pequena burguesia, pensam somente em usar o termo nobre para designar a canalhice — cairia rapidamente, e mais ainda em razão dessa audiência, na fofoca psicológica.

É na sincronia dos efeitos que se pratica um corte útil.

Se a formação do psicanalista tem como objetivo obter um status de suficiência, feito para endurecer o acolhimento do psicanalista a uma demanda acerca da qual não se trata de forçar as coisas, ao estimar que ela ultrapassa o ordinário, então pode-se dizer que essa formação é reconduzida à luz do que se chama justamente de uma área profissional, mas que é exatamente excluir dela tudo o que pode autorizá-la em termos de capacidade real e de ciência.

Ora, aí está o que se afirma na promoção de standards também externos para a qualificação imputada à psicanálise didática. Não se pode duvidar disso quando se recolheu da boca de um "investigador" entendido na matéria, entre dois vinhos, sem dúvida, o seguinte comentário: é desejável que a psicanálise didática *não mude nada* no sujeito que a ela se submete.

Nesse caso, a psicanálise didática deve ser tomada como a tara na balança psíquica da elevação do nível de impudência pelo trote iniciatório que ela constitui, e da prática de maus lugares, até mesmo lugares de facilidade, para disso fazer as honras aos seguidores.

Esse é o termo que empregamos com uma inicial maiúscula, a fim de designar a investidura dada ao psicanalista pelo ofício de suas Sociedades em uma descrição swiftiana dos ditos. Devemos reconhecer que desde então esses ditos não mais se portaram mal.

Para que o efeito de humor que deveria resultar disso esteja completamente ausente — o que chamamos de obscurantismo —, por mais laica que seja a operação da psicanálise, é necessário que algo aqui seja profanado, que propicie à formação exigida para ingressar nos fins que ela envolve, uma rentável função de inversão.

CAPÍTULO III

Do sujeito da psicanálise

Dar uma ideia do que acontece em um rebanho é um modo de fazer entrar nele. É nisso que nossos dois capítulos anteriores dizem respeito à "introdução". E respondemos que cada um pode verificar a fidelidade de sua pintura, de um ponto qualquer que ele parta por querer se aproximar do psicanalista, ou mesmo por já ser um.

Mas o psicanalista é o pastor, o Um-a-Mais do rebanho. Só o encontramos na via em que se o forma — para fazê-lo sair dela.

De onde se vê que a pintura é fiel apenas pelo fato de a introdução ser autêntica, e isso por ser a voz com que a psicanálise me faz levar a cada um seu chamado à distância.

À distância, mas não sem encontro marcado, uma vez que não se sabe quem, quem responde a ele: que psicanálise? Somos levados a retornar a aposta na questão: quem está sendo psicanalisado?

O inconsciente, a transferência, o desejo não podem ser definidos como de *alguma coisa* nesse *quem*, e não basta dizer que são modos do sujeito, pois isso é fazer entrar sob esse termo os pressupostos de uma história, muitos dos quais caem no rol de preconceitos, por serem incompatíveis com o que ali levam as dimensões do inconsciente, da transferência, do desejo.

O sujeito, porém, parece-nos o termo mais próprio — e justamente para situá-lo a partir de um ponto de sua história, para formular a diferença absoluta da psicanálise em relação a qualquer conhecimento que procederia de uma restituição qualquer de uma alma substancial. Mas esta sobrevive, no mais obscuro, na alma manipulável, na resistência, no eu [*moi*] a ser destorcido, no instinto de vida que são os objetos delirantes da psicodramatização, na qual todos ou parte dos psicanalistas se deixam recrutar.

Hoje em dia é mais raro que nos objetem, como um persa do qual guardamos lembrança comovente pela boa vontade de suas proposições, que na ciência o sujeito nada mais é do que o fator de erro, ainda que seja por seu alcance que se mede sua distância.

Podemos agora tornar presente para qualquer um, remetendo-o à estratégia dos jogos, que o sujeito pode se prestar a um cálculo tão exato quanto o objeto, sem, no entanto, reduzir-se a ele.

Perguntar onde *está* o sujeito em questão leva a instituir um lugar do Outro, onde esse sujeito subsiste sem substância. É o espaço onde se situa a teoria dos conjuntos, espaço habitado pelos signos e que a combinatória exige, que reduz o espaço intuitivo a não ser senão imaginário e deixa em suspenso a questão do espaço real.

Podemos avançar daí que duas dimensões bastam para dar conta do que acontece nesse lugar, como se pode ver no que a matemática mais moderna cria. Dedução axiomática ou rede funcionando como máquina, não há nada que, ao ultrapassar as mais escabrosas intuições, não possa caber em uma pauta musical.

A coisa parece óbvia, mas ela poderia apresentar obstáculos radicais. Atribui-se profundidade ao pensamento, mas isso não é perceptível em parte alguma, ou, se quisermos ser mais exatos, que nos permitam este *joke*: isso não é um índice pensável do próprio pensamento. Longe disso, pode-se sempre colocá-lo numa página, como se coloca a conserva em uma lata.

A profundidade, portanto, será posta em observação, antes de admitirmos a metáfora de sua passagem pela alfândega para sua viragem para o inconsciente, pois ela ali será muito mais perniciosa, por torná-lo imediatamente intratável. De todo modo, é tentador fazer a prova de prescindir disso. A superfície revelou-se muito fecunda ao sugerir uma certa topologia.

Topologia que tem a vantagem de ilustrar a finitude do sem limite e permitir uma passagem fundamental da estrutura ao significante nos cortes que a caracterizam.

Esse foi o espírito de um Seminário de um ano realizado por nós sobre a identificação.

Dizer que há simulação dessa topologia na dominância embriológica do folheto e nas formas de enrolamento observadas tanto no celoma externo quanto nas formações ectodérmicas indica que um gestaltismo renovado reduziria o lado forçado da heurística que aqui introduzimos.

Para nos atermos ao fato da transição em Freud, sem ruptura, da neurônica simplista (termo que queremos fazer ecoar aqui com nossa eletrônica) do *Esboço* de uma psicologia, enviado a Fliess — à pura simbólica à qual restituímos sua verdadeira estrutura, como antecipando a linguística da qual ela decorre —, aqui é menos um homeomorfismo transcendente do que uma união de um erro com um desconhecimento. Essa união é chamada de associacionismo. Uma verdade o anima: a causalidade significante.

O mal-entendido que tentam estabelecer para nos enfeudar no lado mais formal do estruturalismo não muda em nada o fato de que não pensamos de forma alguma em reduzir o campo psicanalítico ao que chamamos, em sua época, de "A instância da letra".

Ao contrário, fornecemos uma teoria da pulsão, há muito tempo inscrita no que escrevemos sobre o isso [*ça*], que situa a dinâmica do inconsciente muito além do único efeito de sentido.

É o que tentaremos articular aqui em torno da única função do sujeito, trazida de volta à sua verdadeira origem, historicizada no *cogito* de Descartes, como contra o argumento de seu discurso. Descartes, em seu *cogito*, funda em ato um sujeito cujo preço é eliminar toda substância do metabolismo do pensamento, na medida em que esse sujeito se opõe como determinante de si (o que também não é causa) ao ὑποκείμενον das qualidades da física aristotélica.

Que de fato se trate de um ato, tudo o garante nas *Meditações*: amadurecido, por muito tempo meditado e para o qual é escolhido um momento esperado que não se deve, porém, deixar ultrapassar. Ele tem seus títulos de nobreza: não são jogos de retor o que Sexto Empírico nos transmite, mas o memorial das defesas de uma ascese cujo custo de manutenção avaliamos mal. Aqui, o tom é diferente: mais próximo de nós do que os *Exercícios espirituais* refletem do mestre dos mestres de Descartes. Para que o efeito se consolide, os tempos de parada em que o neófito é convidado a preservar o instante conquistado pelo deslizamento ameaçador de uma memória acostumada, a corda devolvida para retomá-la, tudo indica uma prática ponderada que não é sem modelo.

Mas nenhum ancestral de disciplina, não mais do que o legado de conceito (a bagagem foi assinada por ser escolástica), pode aqui reduzir o roubo do ato atentatório.

Pois ele concentra em si a essência que ele especifica se, de fato, se trata de um ato: o acesso para o homem de uma dimensão que é a certeza. Não dizemos a verdade.

Essa dimensão aqui é patente para se enquadrar por sua admissão: desejo, projeto, decisão, recompensa, ela modula toda sua façanha.

Mas a façanha não é sem obstáculo, nem pura de falta. Talvez as *Meditações* sejam apenas uma tradução na medida do mais fraco.

E, no entanto, o psicanalista só pode admirar sua audácia, sublinhada por seus próprios desvios. Pois tudo se marca ali: a dimensão do despertar, que se deduz do desapegar-se de sua metáfora, a precaução contra o poder da fala, mesmo considerando-se quites rápido demais, o tempo de força que chega até a enganar-se metodicamente, nos diz Descartes, o que significa mentir para si mesmo, a certeza mostrando aqui sua verdadeira face de repelir uma verdade, com a qual ela não tem nada a fazer por ser imprópria a passar por uma cáustica humilhação do sujeito.

Tudo está submetido ao esboço pelo qual esse sujeito se assegura apenas de seu ser de sujeito.

O psicanalista que chega às linhas do "logo sou", suspenso no momento extremo da dúvida cujos comentadores viram que, para além do metódico, ele vai ao radical — o psicanalista só pode aí reconhecer o próprio salto que Freud exige em relação à dúvida diante de um material "suspeito de inconsciente", diríamos nós, se ele tem seu peso de dúvida: sustentar que por meio disso ele está autenticado, ou seja, que, se resta a saber o que ele é, admite-se que, sob essa aparência, ele é.

Mas é por isso que o psicanalista do "logo sou" não reterá a certeza da dúvida, que ele tem à margem de poder sustentar pelo que ela é, a saber, negativa, não percebendo aí nenhum outro correlato senão o desaparecimento efetivo do sujeito. Ao contrário, ele encontrará o equilíbrio exato do "eu sou" ali onde o pensamento recai, para quem o motiva, ou seja, a divisão onde o "eu sou" resta a ser elucidada.

Pois de fato se trata, seja qual for a alternância que Descartes em seus escritos queira dar às duas maneiras de cortar o peixe, pela cabeça ou pelo rabo, da proposição que, completa, resulta em: *Eu sou aquele que pensa*, "logo sou".

A defesa de Descartes não deve ser levada em direção a um "eu penso que eu penso, *cogito me cogitantem*" que de fato o disfarça, mas em direção a essa divisão cujo ser e cujo sentido permanecem também inacabados, onde a tentativa de juntar o *s(o)uspenso* [*su(i)spense*] e o penso-ser é tão vã que lhe é preciso retornar à garantia do Deus perfeito.

Estaríamos faltando com a ordem das razões ao assinalar que esse recurso parece apenas projetar na ordem transcendente a divisão do sujeito do pensamento, já que o sentido infinito que ali se oculta não pode fazer esquecer o ser de astúcia por meio do qual Descartes o introduziu.

Para quem se ofenderia com uma desenvoltura, cuja Testemunha ideal atestamos pela antiguidade da devoção com a qual ela se equipa, postulamos que não pretendemos mais comentar Descartes, pelo menos em nosso nome.

Tomamos a liberdade de considerar que o "eu penso", na medida em que engendra um "eu sou" de sentido, é impensável, e que o "eu penso", por proceder de um "eu sou" de ser, é impossível.

"Eu penso", não somos os primeiros a tê-lo notado, é um pensamento insustentável, ou seja: não quer dizer nada. Pensar quer dizer alguma coisa que o "eu" dissipa, como a força do *cogito* o ilustra, já que ele se fundamenta nesse próprio desvanecimento. Na realidade, "eu" estou apenas no ponto preciso em que meu pensamento se esvazia de sentido.

O que Descartes reúne sob esse termo, que vai da dúvida ao julgamento, mas também do querer ao sentir, mostra bem que ele talvez tenha se apressado demais a resistir para superar o uso vulgar das palavras. Mas, mesmo que ele tenha dado o sentido do pensamento do filósofo, permanece o fato de que o "eu" aqui só pode ser considerado como *shifter* ou embreagem linguística para designar como sujeito do pensamento aquele que fala. Ele se distingue então do sujeito da enunciação responsável pelo veredicto pelo qual o sujeito que fala afirma-se pensar. Ora, o sujeito não pensa nada ao simplesmente dizer que pensa, e até para marcar o lugar de uma pontualidade onde essa enunciação poderia ressurgir.

A situação torna-se mais clara quando comparada com a do "eu minto", que permanece tão sustentável para qualquer um quanto para Epimênides, e que, por isso, poderia ter sido recomendada a este último como modo de autocrítica, para sair dos inconvenientes políticos que ele terá coletado da gafe imortal, da qual não nos é dito se ele a cometeu em uma conferência de imprensa.

"Eu minto" digo eu, designando-me como orador presente, eu, eu [*moi*] que falo, e eu minto, digo eu, não menos legitimamente em minha alma e consciência, eu, eu [*moi*] que o digo. "Eu minto" faz sentido para todo mundo e eu me faço ouvir. Que não se possa saber se digo ou não a verdade, não depende do círculo lógico da proposição alternativamente verdadeira e falsa a ser sustentada para incidir sobre ela mesma, no ponto em que culmina essa degradação da lógica da proposição que os antigos não conheciam. Ao contrário, cada um sente que, ao me acusar de mentir, é justamente de dizer a verdade que me vanglorio, e que, quaisquer que sejam meus motivos para me acusar assim, é justamente o que me torna suspeito de mentir ao dizer "eu minto", o que é mentir duplamente, mas não dizer a verdade.

Ora, não penso ao dizer que penso. E isso pode ser julgado imediatamente pelo fato de que ninguém verá aí matéria para pensar seja lá o que for que se relaciona com esse termo. Na melhor das hipóteses, só ouvirá aí uma prece para me deixar tranquilo, ou seja, para dormir também, pois, de todo modo, se esse aviso faz sentido, é porque eu "penso em outra coisa" que não em tudo o que ele bem pode pensar sobre isso.

Não temos a malícia de tirar toda a nossa vantagem ao assinalar que Descartes, por seu "eu penso", nos diz que ele o pronuncia.

Sem nos colocarmos numa situação tão favorável, é de pensar pensar que não pode ser o caso de fazer surgir um eu, mas pelo menos dois, quando não o digo. Pois eu me engano com a miragem de me localizar em espelho, isto é, numa presença corporal projetada para dizer que sou eu [*moi*].

O "eu sou", deduzido por Descartes a partir do *eu penso* não é, portanto, mais pensável do que seu suporte, e o "logo", ali, indica apenas um puro efeito de significante; aqui, o sentido de *sou* [*suis*][4] não é mais do que um sentido de baixo, tal como qualquer frase evoca disso, mesmo a partir do exemplo husserliano "o verde é um para", *pour lequel jamais nous ne serons sans verd de signification, à le faire reverdir, telle la verge de Joseph, pour des myriades de printemps.*[5]

Mas o "eu penso", na medida em que provém do "eu sou", que seria causado pelo "eu sou", é impossível, e aqui é Descartes quem nos garante isso, pois ele considera o caso. Se pelo fato de ser pensante se devesse ao fato de ser, eu não estaria tropeçando tanto para me assegurar do meu ser. O pensamento é tão deslocado em meu ser, que sou tão embaraçado com os pensamentos pelos quais me sinto ultrapassado, dada a perfeição que evocam, quanto com os que me parecem estar à minha medida, por considerá-los, para meu gosto, muito mesquinhos.

---

4. Aqui há um jogo de palavras entre *dessus*/ *de suis*, que têm a mesma sonoridade em francês. E então, o "de si" se articula com um exposto, um "de cima". A outra expressão envolvida nesse jogo de palavras é justamente "*sens dessus dessous*". (N. T.)

5. Esse trecho é intraduzível, por isso foi deixado em francês. Não se trata aí do verde (*vert*), Lacan está jogando com a sonoridade em "*verd*", que é um trocadilho com verso, verme e o próprio verde. A tradução aproximada, que confirma essa intraduzibilidade, seria: "o verde é um para, para o qual nunca estaremos sem verde de significação, a fazê-lo reverdejar, como o cajado de José, para miríades de primavera". (N. T.)

O fato é que é nesse lugar, não no outro, que há séculos meu pensamento se esforça para evocar meu ser, não que ele esteja ali, mas para que ele venha a estar ali, ou seja, que ele faça um esforço na direção do impossível.

Ora, a esse respeito, nos declaramos da escola de nosso amigo Alexandre Koyré, mesmo que para forçar suas fórmulas. O pensamento de Descartes marca um momento decisivo da história que não é nada menos do que o aparecimento daquilo que doravante é não mais ciência, ἐπιστμημη que sua castidade isola da δόξα, nem uma ciência, τέχνη entre outras, mas *a* ciência, a física, cortando com Newton todas as pontes da tradição. Ao fazer o quê? Ao não recuar em formular o impossível, *hypotheses non fingo*, ao dar o primeiro passo decisivo para o real com a lei da gravidade, ação à distância tão impossível e sempre tão sentida como tal, mesmo que agora estejamos alinhados com ela, que a objeção do impensável nos pareça risível ao lado dela e que consideremos obsoletos aqueles que no passado os ergueram por último, tal como o adversário da época, que perguntava como um astro podia saber o que ele devia atrair.

Há, no entanto, uma nuance que trazemos à reflexão de Koyré, de que é preciso partilhar a ideia judaica da criação no nascimento *a* ciência, porque finalmente ela teria chegado à eficácia no cristianismo (até então retardado no pensamento antigo) de fazer valer ali sua implicação de que o mundo poderia ter sido outro. Parece-nos que é por sua relação com o impossível que a ideia opera. Ela o presentifica como ἀρ χή do real. Do mesmo modo, o próprio real, ao explicar o texto do Gênesis, ali está articulado aos impossíveis do decreto divino. Sente-se o eco disso em Descartes, ele só precisa desse pontinho de Arquimedes para se assegurar de ser, o que Deus quiser, desde o momento mesmo em que ele capta o pensamento, para que esse ponto lhe baste, e de tudo o que é necessário que Deus seja para que haja somente um outro, a fim de refazer o mundo como lhe aprouver.

Que não compreendamos depressa demais, para aqui nos entregar.

Newton não era cartesiano, e o sujeito chega à sua certeza de maneira diferente. Que ele esteja manifestamente em ação, isso é suficientemente articulado pela distinção que Newton tem o cuidado de fazer entre as propriedades da matéria e a lei que a submete à gravitação que, sublinha ele, não é uma tal propriedade. Essa lei introduz no mundo exatamente o lugar do sujeito, e daí mesmo ela expulsa a sombra da alma do mundo, jamais exorcizada até então na física, mas que nunca mais pôde nela reaparecer. O sentimento que Newton tem dessa distinção do sujeito, ele o expressa designando nele a pura ação de Deus, concebida por ele como permanente. Essa é uma via de crítica da ciência que se pode chamar grosseiramente de filosófica, mas que é solidária da crítica interna que se constitui por seu próprio movimento e pelas antinomias que escandem seu avanço, ali onde ela está em sua certeza, a saber, precisamente na física e na matemática, ligadas desde a sua origem.

Ela é do maior interesse para a psicanálise, que poderia ver-se aí convocada, que passaria até mesmo por já tê-lo sido, se não se tratasse de um recurso mais exato que o uso da metáfora, ao qual se limitou até aqui.

Mas, para que ela possa aí dizer sua palavra, é exigido primeiro que percebamos o que a liga a essa revolução de pensamento.

Freud identifica sua descoberta como copernicana. Mas não se trata aqui de retomar uma comparação que é feita de uma descentração análoga para o homem.

Trata-se de apreciar o efeito do inconsciente de Freud sobre o sujeito, aqui introduzido como sujeito cartesiano.

O inconsciente de Freud lhe dá corpo de pensamentos. O sujeito do "eu penso" não é mais impensável por não ter mais que dizer *eu* [*je*], uma vez que isso se pensa sozinho, e que o *eu sou* da significação que dele resulta não deve mais ser tomado senão como um efeito declarado de um pensamento que se ignora e que só é acolhido ali sob caução para dever ali se interpretar.

Por outro lado, o mesmo sujeito encontra-se desde o início em concordância com o impossível de seu ser, já que sua primeira tarefa desde então será perguntar-lhe a razão de sua manutenção no inconsciente; a segunda, interrogar o que advém do ser do sujeito quando ele se realiza na interpretação, isto é, em outro lugar.

Pois, a partir da descoberta de Freud, é no sentido, passado à ordem do "eu sou", ou seja, no sintoma, no sonho ou no lapso, que o impensável é recalcado, mas tratável.

E é concebível que o ser, surgindo no pensamento, ali se distinga como mensagem pessoal, ou seja: realize o impossível de intervir como não pensado na trama mesma do pensamento, isto é, como sujeito da enunciação.

O que definimos assim não é de fato senão o próprio *chiste*, essa entidade que se articula de um modo um pouco diferente no léxico das línguas até mesmo vizinhas, para que ali se inscreva uma sincronia do sujeito diferente da emergência das fantasias historicizadas de outro modo.

Essa figura do chiste, do *Witz*, do *joke*, termos apenas aproximados para designá-la em sua totalidade, permaneceu um enigma até Freud, até mesmo para ser o ativo do cômico, ou seja, compreendida deslocadamente.

Digamos que a força do *nonsense*, que está muito longe de ser absurda, pelo contrário, faz sentir essa familiaridade com o ser do pensamento que Freud detectou em torno da palavra *heimlich*, e que, ao presentificá-la, denuncia sob o diafragma um de seus lugares de ocultação orgânica, onde ele responde sacudido pelas gargalhadas.

É para nós uma experiência inscrita, a aversão que pudemos suscitar em nosso auditório ao dedicar nosso Seminário, durante um trimestre, à obra monumental de Freud sobre o chiste, e ao dar-lhe nos fundamentos da psicanálise o estatuto teórico que agora lhe cabe.

Deveríamos ver nisso um efeito profundo de uma complacência soturna pelo absurdo, cujo sintoma em nosso tempo é diagnosticado por ter sido explorado no pós-guerra por uma inspiração de prato do dia, rapidamente premiada com um Nobel por esse achado? Todos os *pensums* com os quais os pedantes fazem o pensamento não eram então suficientes para derramar seu bálsamo de amargura sobre a vergonha bêbada de uma classe e a ressaca do despertar.

Talvez ainda possamos ver aí a causa da relutância da consciência comum em sentir o que há de *pun* no sucesso de um sputnik. Talvez percebamos isso quando as plataformas de Laputa, e não é à toa que elas sejam Swift, estacionadas sem terem necessidade de força nem de apoio, forem cobiçadas em nosso azimute.

É hora de formular aqui o primeiro estado de um quadro para localizar a topologia do sujeito,

(Quadro 1)

Eu sou o que pensa

(ser) logo sou (de pura significação) /

onde o ser se oculta exatamente pela pura significação.

Essas palavras são o "pesado, pesado, contado e repartido", fixando seu limite ao poder da psicanálise.

Isso quer dizer que ela só opera no campo que é o da onipotência do pensamento.

Ele finge ser seu antídoto: é o fato do contrassenso em que ela persevera e que deve ter sua razão.

Em uma primeira abordagem, trata-se da vergonha irrisória, por ser inspirada nos pedantes, e vindo do fato de que se vê essa onipotência indicada desde os primórdios daquilo que o pensamento traz ao ser na impotência da criança, por meio do qual é desconhecido um recurso que a educação tem a finalidade expressa de congelar.

Mas pode ser duvidoso em nossa era que essa onipotência do pensamento não possa ser rebaixada onde quer que ela aponte, quando se comprovou que ela é a única que pode ser medida em relação ao real: o fato de ser igualada ao impossível na ciência, ou seja, ali onde se vislumbra que o impossível é o próprio conceito do real.

O inconsciente, nos diz Freud, são pensamentos. A psicanálise opera sobre o inconsciente. Ali onde não há pensamento, isto é, ali onde não há estrutura do sujeito, a psicanálise permanece sem poder.

É por isso que ela terá pouco efeito sobre a sensação, sobre a motricidade, sobre uma bagagem de capacidades inatas, somente daquilo de que o sujeito possa desprender-se. Consequência do mesmo princípio, embora mais estranha, a psicanálise será na mesma proporção desarmada diante dos preconceitos, tradições, costumes e crenças dos quais o sujeito, por seu próprio estatuto, é desinteressado, para deixá-lo refém das vísceras.

Acredita-se no contrário em relação à incidência da psicanálise na fidelidade religiosa. Essa é apenas a consequência da implicação do sexo na relação do ser do sujeito com a pulsão, isto é, com o que ela envelopa de real do sexo. A crença psicológica é posta em questão pela mesma razão.

Mas nunca se viu a psicanálise, em seu decurso, arrancar alguém de seus apegos burgueses, de suas determinações de classe.

Ela só pode chocar-se com isso em razão da ética nela implicada. A essa ética devemos a tentativa, ou seja, aquilo em que o enquadre do real posto em jogo pela psicanálise obriga a revisar os princípios da ética tradicional.

Mas, como essa ética corrigida é uma ética do gozo, ela não tem nada a ver com a ideologia humanitária da revolução.

Essa ética envolve a psicanálise. Contudo, ela não está inicialmente ao alcance em sua prática, porque esta é feita em grande parte da evitação de seu próprio campo.

Para fixar justamente essa prática em todo o seu campo, é preciso postular que a psicanálise é uma prática que se orienta pelo princípio da realidade.

O princípio de realidade deve ser aqui entendido na oposição em que Freud o define em relação ao princípio do prazer, oposição na qual reside um escândalo tão grande no que concerne a toda a tradição que ninguém parece tê-lo medido ainda, nem sequer ter-se dado conta dele.

De modo que o princípio que sustentamos aqui como princípio diretor da práxis é também aquele promovido pela prática que atualmente se adorna com um classicismo que ela própria atribuiu a si mesma.

Há, porém, esse valor de que a realidade que ali se produz é a realidade social, que nada tem a ver com a realidade da qual se trata na psicanálise, que é a do desejo.

A lei do desejo é o impossível, e é por isso que ele é real.

Esse real sempre evitado, relegado, reconduzido por toda a tradição da ética, pode ser reencontrado nas coordenadas onde se situa a história como seguindo, embora à grande distância, seu ascendente. Isso porque ele é correlativo ao acesso do sujeito àquilo que o próprio Descartes, ali avançando mascarado, chamou de palco do mundo.

Esse sujeito do desejo é a verdadeira força da subversão social, sobre a qual não se pode dizer que a ciência tenha efeitos além dos satélites, mas que interferem da mesma forma.

Como escrevemos em outro lugar, a verdade da revolução é a liberdade de desejar, e essa é uma realidade recalcada que ali se sustenta.

É por isso que chegamos a descrever uma lógica do desejo.

CAPÍTULO IV

De uma lógica para formalizar o desejo

Não será surpreendente que entremos em nosso questionamento do psicanalista para ali promover o sujeito.

Ocorre que a coisa parece ser evidente: o significante, que é a função em relação à qual definimos o efeito psicanalítico, só aparece para o psicanalista na posição de instrumento.

Não deixaremos esse mal-entendido seguir com o leitor, se o estorvar.

Isso seria colocar o psicanalista, quanto aos efeitos do significante, na posição daquilo que chamamos em física de o observador, e especialmente quando se trata de acentuar nela a relatividade, e até mesmo a indeterminação.

O observador da física não é o sujeito da psicanálise, onde quer que ele seja considerado: no nível do analisando ou do analista.

Deixamos aberta aqui a possibilidade de que nossas observações levem a discernir que o observador dos recentes desenvolvimentos da física seja na verdade o sujeito. Isso, porém, é uma razão a mais para diferenciá-lo.

E, antes de mais nada, notar que, ao suspender o sujeito entre um efeito de impensável e uma motivação de impossível, certamente não é a uma efusão de sentido que estamos dando lugar.

Pois não é de modo algum ao nível da eficácia do sentido enquanto tal que a psicanálise se situa, como o ouvimos dizer.

Do sentido, faz-se rapidamente a censura: isso é lógico-positivismo.

Basta autorizar o sentido a ser seu próprio critério: o *meaning of meaning*, cuja pretensão é declarada no título de uma obra dessa escola, serve para desqualificar qualquer questão que não se possa assegurar, no começo, de seu próprio sentido. Assim, no princípio, terminaríamos com nosso sujeito inferindo o impensável de seu impossível: o impossível também de seu impensável, já que a fala também sempre oferece seu poleiro a um pensamento cacarejador.

Com um brilho de sofista, do qual se divertem primeiro nessa escola inglesa, repisa-se o penduricalho universitário até que ele ressoe. A impotência, nesse *palavrório*, se dá o álibi de perseguir sua sombra. Sonhou-se ainda com o tempo de uma geração de professores. Pois qual dos grandes discursos do pensamento pode sustentar essa prova, negligenciando o momento de desejo que ele ilustra — ou os impasses da práxis onde ele se inscreve?

Devolvamos aos saltimbancos o crédito de saber o que eles fazem: uma vez que suas conexões com os princípios matemáticos não podem deixá-los ignorar que é de navegar o mais próximo possível do menor sentido que esses princípios tiram sua segurança.

Para nós, nenhum pensamento pode reivindicar qualquer significação senão reconhecendo o impensável do próprio significante.

Esse impensável está propriamente em sua função de manter, onde quer que o empreguemos, a diferença absoluta.

Isso começa desde o traço unário: um, entalhe da marca original, é um *um*. Ao se repetir, deve-se diferenciar o mesmo que se emprega, para que lembremos que, ao fazer duas vezes a mesma coisa, nem por isso se encontrou o que se procurava na primeira.

A letra nesse jogo introduz a bateria de onde se produzirá esse sentido, para aí encontrar o alcance e os cortes que permitem a metáfora e a metonímia. Mas ela reencontra a duplicidade do unário, apenas por significar a si mesma: A, ao querer significar A, só pode fazê-lo escrevendo A(A), primeira edição do efeito de alienação.

Essa mais simples duplicidade é imediatamente transmitida ao sujeito da enunciação, o qual é indeterminável por posição. Chamá-lo de *Eu* [*Je*] poderia ser considerado arbitrário. *Eu* é o sujeito do enunciado, como a linguística muito bem o reconheceu, como *shifter* (engrenagem), ele designa aquele que fala, que fala dizendo esse enunciado, mas não aquele que o diz.

O impensável aqui reduz-se, portanto, sem que se anule de ser essa indeterminação introduzida pela própria função do significante.

Desse modo, o *eu penso* contém mais paradoxo do que o *eu minto*, que mostramos não passar de um engodo, mais até do que o paradoxo do barbeiro barbeando todos aqueles que não se barbeiam ou o do catálogo de todos os catálogos que não contém a si mesmo. Esse catálogo, para nos determos nele, se comporta como a letra A.

A matemática é engendrada por ter introduzido as letras em uma topologia que permite fazer delas um uso metaliteral: essa topologia é número. Ela demonstra onde o pensamento encontra seu poder: às custas do sentido.

O discurso usa uma metalinguagem? Na verdade, não.

Nenhuma metalinguagem é isolável em axiomas no campo literário, tomado no sentido amplo de uso não matemático da letra.

A gramática não está aí para ser lembrada, pois não é a sintaxe. Acreditar nisso seria confundir a lei e os costumes na linguagem. Só há "partes do discurso" para descrever o enunciado.

Essa metalinguagem, porém, está presente na fala, mas há apenas efeitos de lapso (de tropeço da fala, diz a Imitação) — ou de métrica —, outros ainda. A antiga retórica seria o melhor enquadre para evocar atualmente seu conjunto.

Essa metalinguagem reina no lugar do inconsciente. Isso está implicado em nossa doutrina: que o inconsciente é estruturado como a linguagem. Mas, para que isso tivesse alguma chance de alcançar os que podem ouvir, seria preciso ainda que eles não se distraíssem com aqueles que tivessem "compreendido" imediatamente, os professores por exemplo, se eu tivesse dito: o inconsciente é uma metalinguagem.

Pois o fato é que não há metalinguagem, justamente porque há o inconsciente, embora haja a retórica e até mesmo a poesia.

Poderíamos ter empregado outra fórmula: o inconsciente é o que se diz na sintaxe, na gramática. Mas então, não teríamos sequer retido alguns ouvintes.

Temos o testemunho da aversão muito divertida, incessantemente testemunhada pela audiência de especialistas que mantínhamos nos primeiros anos de Seminário.

Ocorria-nos acalentá-la fazendo-os jogar cara ou coroa, ou seja, mantendo-os no plano alfabético que Edgar Poe moderava para seu público.

Mas a abertura do livro de Freud sobre o *Witz* deu ensejo a uma fúria concentrada que atiçamos durante três meses.

A lembrança que nos vem disso nos direciona para aquilo de que se trata.

É para a contravalação que circunda o *eu penso* — não do lado em que é o sentido que dele se divide, mas do lado em que é do ser que ela separa — que devemos agora nos dirigir.

É aqui mesmo que deve ser apreendida a topologia, que modula a identificação do sujeito da enunciação do *eu penso.*

O que propomos sobre a sintaxe como chave do inconsciente, já não é uma tentação para arriscarmos ali uma lógica, e nós a entendemos: formal, que daria o esboço dessa metalinguagem na qual nós psicanalistas temos de operar.

Aqui, ainda, é preciso que não nos enganemos. Por que, para nos fazer ouvir, não partir do fato de que tudo que acabamos de formular, ainda que bastante vigilantes e como o texto de nosso ensinamento o testemunha, havíamos, antes de transcrevê-lo aqui, completado a trama das idas e vindas incessantes do sono?

Mas como fazer cessar, no despertar que a deixou inalterada, o que sem dúvida a sustentou com o que Freud chama de desejo de dormir?

Pois se esse motivo tem um sentido que Freud põe no mesmo patamar do desejo libidinal, no princípio do pensamento do sonho, pode ser a título de outra coisa que não seja manter ali o véu sobre esse desejo.

A partir daí, não devo ir ao mais sério da questão que Descartes nos formula, depois de Chuang-tzu, ou de preferência à ingenuidade, que talvez estejamos errados em acreditar que não seja fingida, de sua forma: como saber se não é verdade que você agora ainda está dormindo? Vejo com clareza que aquilo de que se trata é da verdade do despertar.

Quando então o meu despertar será tal, quanto ao desejo que eu, analista, professo, de ali conduzir, que naquilo que ele desenha do real, para levá-los a ele, eu tenha a certeza de estar desperto?

Se não sou eu mesmo este vale para quem nele me segue, como fazer com que vá até lá?

E como acreditar-me desprovido do que Descartes ali aloja de alienado da perfeição divina, a saber: que as ideias objetivas a refletem por serem, quanto ao meu ser, tanto demasiadas quanto insuficientes?

Como encontrar outro argumento além de estar ali, para dizer que sua falta a ser é a forma de meu desejo?

Pois, para restituir em seus traços formais a lógica pela qual pretendo unir o *eu penso* do inconsciente ao ser que ele evoca, não devo me enganar a ponto de restaurar ali a substância que o sujeito cartesiano afasta, ainda que Descartes pareça não poder evitar reter em sua certeza um semblante do julgamento predicativo: ao olharmos de perto, para o pensamento, o atributo seria a substância.

Mas a lógica predicativa está aqui fora de questão. Pois o *eu penso* não é a abordagem cartesiana, posto em uma relação com o ser, nem envelopando nem envelopado, nem de compreensão nem de extensão, mas de apreensão ativa ou de *eu* [*je*] intensivo.

Fruto do desejo de certeza, precisamos de um formalismo que, fundado, deve ser mais potente (no sentido matemático do termo) do que aqueles em que se inscreveu a lógica da classe, ou mesmo a da relação.

Ele deve, portanto, revogar esse formalismo mesmo, e é por isso que o paradigma, o mais clássico por ter sido o primeiro a chegar, deve poder nos servir.

Qual manual de lógica, por vários séculos, não abre com o exemplo do silogismo que assim se escreve?

Maior:	Todos os homens são mortais.
Menor:	Sócrates é um homem.
Conclusão:	Então Sócrates é mortal.

Sem dúvida ele não tem a simplicidade que se poderia crer, e se presumirá que não é nem respeito nem acaso se o nome de Sócrates não é efetivamente posto à contribuição de Aristóteles em suas *Analíticas*. É porque é duvidoso que Aristóteles tenha admitido no silogismo em *Darii*, na categoria de afirmativa particular, um termo menor do qual o sujeito fosse um nome próprio.

Pode-se argumentar que Sócrates pode ser aqui o equivalente do *paprofeta* [*paprophète*] em seu país, do *socrado* [*socré*] tipo que teríamos o direito de espetar sob seu nome.

Não é nem mesmo por um privilégio que o emprego do nome próprio é especialmente impróprio nesse exemplo.

Pois, de todo modo, o que podemos dizer sobre isso é que ele identifica: função que deve ser tomada pelo que ela é, na delegacia de polícia, no instituto médico-legal e nas páginas do *France-Soir*. Ela também vai bem com o cadáver, o que nos dá um ar saudável para classificá-lo junto aos mortais.

Notemos ainda que um nome em um cenotáfio mantém ali algo de essencial para um homem fora das garras da morte.

Não que estejamos cogitando contestar que Sócrates foi um homem, não fazendo aqui zoologia, tampouco estando na posição de lavador de cadáver, nem daqueles humanistas que Nizan rotulou como cães de guarda, sem ter se lembrado suficientemente de que não há animais tão doidos por uma carniça a ser desenterrada.

O que sabemos é que o próprio Sócrates não tinha certeza de que era um homem, e nem de preferência algum monstro (cf. Sexto Empírico).

Pois sabemos mais coisas sobre Sócrates do que nos faria acreditar a prodigiosa cacofonia com que se ladra o problema de Sócrates: não ter nenhum sentido dado à sua ação por algum douto que não esteja correlacionado com a opinião diametralmente oposta de um confrade. Mas podemos nos bastar com este resultado de que alguém de quem se pode dizer que deu o *clinamen* ao pensamento filosófico em nosso mundo e até nós tenha permanecido, quanto ao seu ser, inteiramente fora do alcance dos pensadores.

Isso enfatiza o toque de perversidade que o silogismo mantém por ser fabricação erudita e que, aliás, se encontra muito especialmente nos outros exemplos herdados das escolas.

Digamos que este se regozija de um desafio às teorias sobre o belo Adonis.

É por isso que é ao nível do *Sócrates é mortal* que devemos encontrar a junção de sua forma real, de seu ser de pensamento.

Logo vemos então que não pode ser enunciado que seja a título de *todos os homens* que Sócrates é mortal, uma vez que Sócrates — pelo menos isso os professores de lógica não podem ignorar — pediu a morte. Não é menos importante lembrar o que mantemos de uma proposição que não pôde ser inventada pela debilidade dos discípulos: que uma voz conduzia Sócrates, à qual ele era obediente.

Isso pode constranger os espiritualistas e, coisa curiosa, não parece provocar mais entusiasmo entre os psicopatologistas que, desde o bom Lélut, não acreditaram que deviam enfrentar a coisa mais seriamente, menos ainda que pudessem completá-la com uma menção, muito suficiente para um certificado, de estados catatônicos.

É que não teria sido — e por que não? — necessário no nível do diagnóstico da psicose pôr em jogo a função do desejo. Exatamente como o é para julgar a ação do homem. E não segundo o costume, como um corpo estranho, um elemento anômalo, uma função perturbadora, mas como a regra de uma ação cujo efeito de catálise no pensamento chegou até nós. Não podendo aí não ser levado em conta que esse homem, em sua ação tanto de exemplo quanto de discurso, declarava-se não autorizado por nada, não sabendo nada de nada a não ser poder dizer que ele ali se conhecia em desejo.

Se ele cumpre alguns de seus deveres de cidadão, e notadamente na guerra, com uma exatidão que às vezes reveste um aspecto de transe, é claro que ele relega a isso todos os efeitos de consideração que são a piedade, com sua missão de uma ordem a ser preservada através da juventude, e que é aqui que ele se oferece à acusação.

Mas o que aprendemos com sua apologia perante seus juízes é que esse campo, no qual ele negligencia a ordem da cidade, é para ele tão rigorosamente definido quanto o outro, e por uma voz que é apenas a dele, ou pelo menos sua cúmplice. Aqui, seu desejo é sua lei. "Leve-me com meu desejo", disse ele, "ou tire minha vida...".

Qual é o exemplo para nos figurar, o mais próximo possível, esse movimento pelo qual o pensamento chama o ser através da inflexão do desejo, e o ser testemunha sua força para ser preferido à vida? Aquilo em que ele não é o nada, conforme agora se ouve articular como uma senha, que é evidente entre pessoas bem educadas nos antros do obscurantismo. O ser se apresenta ao ente como o impossível de deixar ser, e a opinião comum vê nele apenas "um ser impossível".

É por isso que a renovação do processo que nos foi dada, de pretender instaurar Sócrates em um fausto de escola, acusá-lo pela má situação em que ele colocou a cidade ao se deixar condenar à morte, quando a filosofia teria podido impeli-lo a curvar seu discurso a fim de ganhar do que não tem por simples homonímia esse mesmo nome de vozes, aquelas que se invoca no outro em caso semelhante e das quais se sabe que neste um quórum fraco teria mudado o pró em contra — essa análise interminável ricocheteando em nome de um engajamento confuso, com o qual queriam nos tentar, não se revela em sua virtude de pedra de toque o fato de que, ao se arriscar nisso, esse engajamento nos mostra seu avesso? A saber, que explicar-se sobre o desejo será sempre para amanhã.

Ora, quanto mais for demonstrado que Sócrates escolheu a hora da explicação de ser um mortal nascido, menos o desprezo com que seu discurso afetou o pouco de vida que ele tinha a esperar, por mais verde que fosse em sua velhice, é, aos nossos olhos, suscetível de receber o índice de um desejo pela morte.

Só é certa a demanda que ele faz, porque nela se articula um desejo que não podemos dizer, mas que se evidencia como o que nos é dado por estar também em todos os seus discursos anteriores: a condição absoluta.

Mas a distinção do desejo à demanda deve ser sustentada no que concerne ao ser mortal.

E se observarmos que aqui o sentido da palavra mortal deslizou para a acepção de mortífero, dizemos que, de fato, é bem isso que nos cabe pôr em questão, a saber, se a linguagem tem o direito de fundar uma classe sobre uma relação da qual ela é parte constituinte, por ser tecida de sua própria trama.

E podemos dizer que mesmo o discurso de um professor, por ser mortal, não é indigno de entrar aqui em nosso jogo, uma vez que ele entedia por faltar essa dimensão por meio da qual somos aqui somados.

Especificar que é a demanda de Sócrates que obtém a morte nos leva ao encontro daquilo que Freud discerniu no ponto mais agudo de seu olhar e que ele chama de pulsão de morte, *Todestrieb*.

Não é de fato, antes de tudo, da demanda da morte que se trata? De todo modo, é a figura sob a qual Freud a encontrou e sob a qual ela nos invoca: os ares de ofensa e de dignidade com que o terapeuta se envelopa e joga um manto sobre a indecência freudiana, sendo aqui de natureza a nos fazer perguntar de qual vocalizo eles respondem a essa demanda quando se deparam com ela, e se acham que pode ser suficiente louvar a vida quando é precisamente porque a vida tem o preço do impossível que a demanda não tem mais detenção diante da morte.

Aqui não é o lugar para comentar o texto freudiano fundamental sobre essa concepção.

Toda a matéria do debate está ali reunida, muito além do que a planura de um Fénichel pode receber dela apenas para transmitir sua debicada aos enfermos dos institutos de psicanálise.

Tratar-se-ia, no fim das contas, de integrar a termodinâmica ao sujeito; é claro que é o sujeito no sentido em que o articulamos aqui que aqui retoma seus direitos, e mesmo seu bem — se o cientificismo em seu sistema passa a representar um molde da certeza do sujeito para além do princípio do prazer.

Seja como for, trata-se de um nó de *a* ciência, como constituída por nossa física, com a pulsão, e sabemos que o sujeito, nunca reduzido ao coração dessa física, agora é ali articulado como parte interessada.

Para nosso ensaio lógico, disso resulta que o todos-os-homens só interessa a Sócrates na medida em que nele se situe o ser pelo qual a essência do mortal vem à luz: sob a forma desse desejo inapreensível, escorregando sob a demanda da morte e sua metonímia.

Do homem, se ele é assim escolhido para mediação entre todos-os-homens e Sócrates, não se pode dizer simplesmente que ele seja mortal, mas que ele é, uma vez que ele pode pedir a morte que o aflige.

Qual *é* a essência do homem? É que o desejo de um mortal venha à luz.

A proposição maior deve, portanto, ser recusada aqui como afirmativa universal. Ela não pode ser dita nem *de omni* nem *de nullo*, porque a convocação de Sócrates para um dizer sobre o homem opõe-se a que seja conferido ao homem ele ser mortal a título de essência ou de atributo, sendo, além disso, implícito a essa forma que não é certo que exista um homem.

Basta o nome de Sócrates estar ali, e com esse nome o desejo, que da morte é voz e via, para que todo homem não seja mais, em relação a esse desejo como desejo do Outro, que o ser por meio do qual o mortal vem à tona.

O *ser-um-homem* torna-se ambíguo por poder ser o meio de uma imitação de Sócrates, isto é, uma falsificação da voz que faz surgir no ser o mortal.

E é por isso que precisamos encontrar uma topologia onde a lógica de um tal ser encontre sua sintaxe rentável.

Propomos um substituto aos círculos de Euler que devem seu nascimento à presumida debilidade de uma princesa da Alemanha a quem eles são dedicados, refletindo em sua simplicidade cativante essa bufonaria de educar as mulheres, onde se denuncia um desprezo por elas, durante dois séculos, redobrado dos odores dos cômodos dos pequenos e grandes átrios, lugares de cultura de um eugenismo pelo avesso.

Pois convém não esquecer onde cada época encontra o correlativo feminino do espírito.

Este não suscitou o melhor de Euler. Nosso silogismo em seus círculos se escreve da seguinte forma:

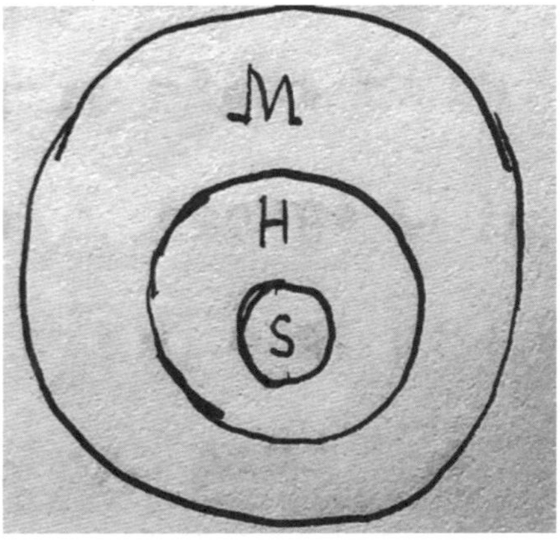

M: mortais, H: homens, S: Sócrates se englobam em cascata, parecem feitos para tornar mais intenso o impasse que uma tal lógica pode representar para um matemático.

A observação do que se esquece aqui, de que esses círculos traçam sobre uma esfera duas áreas equivalentes, não precisa ser prosseguida para ali encontrar a ilustração do inconveniente desses círculos: é que o limiar do mortal é mantido afastado do limiar do homem e mais longe ainda do limiar de Sócrates, acerca do qual se pode dizer, como acabamos de mostrar, que ele traz o mortal para o limiar do homem.

É a sintaxe entre os cortes que instaura não as classes, mas o efeito das cadeias significantes que se trataria de figurar. E é por isso que propomos utilizar a concepção topológica de uma superfície (triangulável) como inteiramente determinada pela conjunção de suas bordas.

Nós a apoiaremos em uma figura, já introduzida por nós em um Seminário onde a designamos para dar conta no sujeito de certas identificações em que ele se especifica, a saber, aquela que denominamos de oito interior.

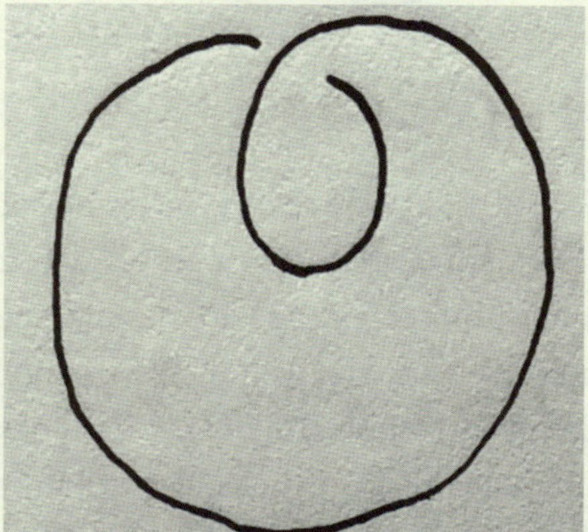

Fig. 0

Esta figura não deve ser pensada como plana sobre a página; nela, seu traçado não se sobrepõe. Ela constitui propriamente uma argola, circunferência que se redobra por uma certa torção.

Se ali apoiarmos uma superfície, esta, pelo fato de ser desajeitada, não deixa de ter uma consistência que pode ser estendida.

Uma vez feitas essas observações para fixar as ideias, ou melhor, a intuição, digamos que o oito interior deve ser concebido como o que se chama em topologia uma borda ordenada por uma certa combinatória. Essa borda gera uma superfície, que consideraremos primeiro como o efeito de corte da borda.

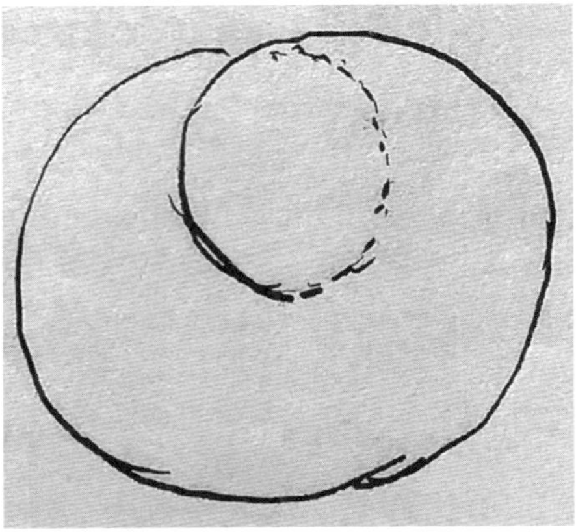

Fig. 1

Essa superfície, aqui, se distingue de um círculo somente no seguinte: se quisermos conservar sua estrutura na argola do oito interior, ela não poderá, como um círculo, estreitar-se até desaparecer no ponto de seu centro. Ela permanecerá sendo o novelinho de um ponto duplo.

Isso se deve à definição combinatória que é dada dessa borda. Digamos que cada ponto ali seja chamado para se juntar a um ponto "diametralmente" oposto. (Essa diametridade não deve ser entendida em relação a um centro geométrico, mas na sucessão definida por um sentido giratório.)

Pensaremos agora, com maior precisão, o que acontece com a superfície, para considerar a borda no efeito do furo que ela traz ali.

É assim que a simples borda circular, uma vez que a recortamos na película de um balão (ou esfera), gera apenas uma superfície evanescente, pelo fato de que, cada parte sendo apenas o furo da outra, cada furo pode aí ser reduzido a um único ponto.

Notemos, de passagem, que, em um toro, o oito interior não pode gerar senão um único furo. Isso quer dizer que ele abre a superfície sem recortar qualquer peça dela. Não é um furo que possa ser reduzido a um ponto, como é a peça circular. É uma argola, e duplamente circular. Mas é um furo de superfície zero.

O mesmo não acontece com o oito interior onde se afirmaria um *cross-cap*, no qual mais uma vez apoiaremos nossa demonstração.

Aqui, para onde quer que viremos o efeito do corte produzido por nosso próprio oito, trata-se de um furo não apenas irredutível, no sentido de irredutível ao ponto, mas irreparável, no sentido de que o que ele retira é uma peça.

Além disso, a parte restante da superfície em cada caso concerne à superfície que no outro dá seu complemento, numa relação de diferença não recíproca, como será demonstrado.

O oito interior determina, limitando-nos à inspeção de sua configuração para ir rápido, uma superfície que conotaremos arbitrariamente como interna e que denominaremos como a porciúncula.

Ela se estende sem dobra, dissemos, comparável nisso ao campo do círculo de Euler, do qual ela difere apenas do que deve ser preservado da topologia de sua borda.

Essa diferença é uma relação irrelativa à superfície não menos arbitrariamente a ser designada como exterior em relação ao oito interior, uma banda de Moebius, isto é, uma superfície completamente estranha às superfícies ordinariamente consideradas, na medida em que ela não tem nem direito nem avesso. Isso implica que ela não é orientável, a saber, que um furo que passeie por ela, se, por exemplo, ele parte de um ponto que dá um perfil direito, ele retorna ao mesmo lugar transformado em um perfil esquerdo, desde que tenha contornado a banda um número ímpar de vezes. É por isso que dizemos, no contexto da inversão óptica produzida pelo espelho, que um objeto tal como esse furo passeador não é especularizável.

A superfície interna do oito interior, digamos a porciúncula, representará em nossa lógica essa falsa suficiência do sujeito, que culmina na tentativa hegeliana de ouvir o processo de sua autodeterminação até supor que ele se conclui em saber absoluto.

O interesse da tentativa hegeliana é demonstrar que, por mais larval que ela ali possa estar, é a mesma estrutura sobre a qual repousa toda objetivação que não informa o que a necessidade de um sujeito lhe traz como limite. Assim é com o mais simples juízo de atribuição semelhante àqueles interessados no nosso caso.

A autodeterminação subjetiva, assim como a suficiência da objetividade, esbarra no reconhecimento na figura desse limite de fato, pelo qual a superfície só poderia se recobrir a si mesma na condição de concluir sua própria disjunção.

De modo que a manutenção de um campo unitário, tanto para a autodeterminação do sujeito em saber quanto para a relação objetivante, exige a interposição da superfície externa a qualquer autoaplicação radical do oito interior.

Rejeitando, portanto, o esquematismo euleriano do campo lógico, nós mesmos o estabeleceremos circunscrevendo-o francamente como subjetivo, inscrevendo em seu contorno as proposições cujo nó é o que comprime autenticamente o pensamento: a saber, todos os homens são mortais, Sócrates é mortal, e buscando ali o lugar aceitável para o meio termo, *é um homem*, pelo qual o silogismo pretende trazer-lhe seu desenlace como objetivo.

Pois o que o silogismo pretende eludir por seu formalismo é justamente que a objetividade da identificação, é um homem, não poderia de modo algum ser suficiente senão para incluir sua dependência do nó subjetivo.

Que a economia tipográfica nos dispense de escrever sobre o contorno do oito invertido da figura 2, a não ser pela sequência das letras h m S M, o que ali está verticalmente na forma expandida: todos os homens são mortais, Sócrates é mortal — frases que se ordenam aqui em uma sequência circular, mas cujo sentido nem por isso é indiferente, dada a vetorialização característica de toda cadeia significante. Essa vetorialização, de fato, é o

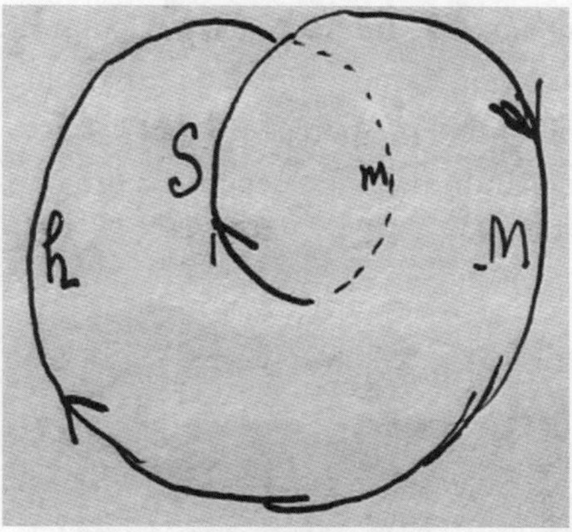

Fig. 2

que permite a instauração da topologia do oito invertido apoiando-a numa das estruturas mais fundamentais da sintaxe, no paralelismo das duas cláusulas aqui avançadas. A figura porta o índice desse sentido vetorial.

O alcance da cadeia assim escrita deve ser tomado no nível da enunciação, nível evocado pelo único nome próprio de Sócrates, uma vez que fora desse nível o nome próprio não significa mais nada. O nome pelo qual *se é chamado*, ou seja, pelo qual se redobra sua identidade instaurando-a como diferença única, *está* no nível da enunciação.

A partir de então, o enunciado presentifica, por recalcá-la de sua enunciação, a certeza que define a relação de Sócrates com a morte.

Com efeito, ela intervém para mergulhar na indeterminação a proposição que interessa a todos-os-homens. Pois essa indeterminação não se deve ao fato de que a afirmação universal se enuncie de *omni et nullo*, em outras palavras, ao fato de não impor a existência de nenhum homem, mas àquilo que da relação de todos-os-homens com a morte permanece em suspenso, porquanto não podemos dizer se ela deve ser tomada em um sentido análogo ou diferente do que está em jogo na demanda de Sócrates.

No primeiro aspecto, temos de lidar com o confronto insolúvel de um chamado ao ser indeterminado, à certeza de uma demanda, ou seja, de dois termos subjetivos dos quais parece excluído que se possa partir, na indivisão do campo que eles vêm a delimitar por sua função.

Veremos, todavia, o que ganhamos ao articular deste modo esse impasse. Em primeiro lugar, é que a forma de uma solução ruim tenha um alcance mais exato, por nela se perceber a razão que a torna má. Melhor ainda, é o fato de nos indicar onde se encontra uma boa solução.

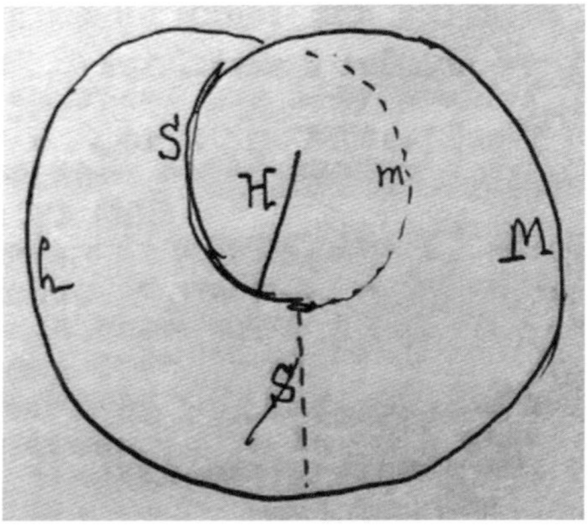

Fig. 3

A primeira solução. A má é aquela que se traduz em nossa figura pelo fato de que a superfície interior, a porciúncula, pode atravessar a si mesma, fato que não é figurável apenas no espaço, que corresponde a uma estrutura topológica, aquela chamada de plano projetivo.

Observemos o que significa essa travessia ao figurá-la por meio da linha que é sua forma intuitiva mínima.

Isso é o que chamaremos de identificação enganosa. Na demanda da morte, oferece-se a todos os homens a identificação com Sócrates. Intuitivamente — enfatizamos para indicar que há aqui apenas um equivalente de uma formulação mais rigorosa —, intuitivamente pode-se sustentar que um plano h M, ou seja, a consistência de uma trama diretamente lançada de h a M, termos extremos da borda, curto-circuito da superfície para se apoiar na parte externa da argola, vem, ao que parece, invadir a parte interna da argola, ou uma superfície apoiando-se de S a m.

Mas essa é uma descrição na qual se mostra a falsidade inerente à intuição. Pois, em primeiro lugar, não há nenhuma superfície unindo a parte interna da argola. Pode-se dizer que ela é neoformada pela modificação da superfície que tende para o plano entre h e M.

Peçamos desculpas, de passagem, aos topólogos, ou, para dizer melhor, aos topologistas, pela franqueza com que desviamos para o imaginário mais grosseiro seus puros símbolos. Mas, afinal, a geometria já existia quando Popílio fez do círculo o uso que sabemos. E, se usamos giz para fascinar as galinhas, que nos deixem brincar com isso para derrubar outras fascinações.

Essa superfície neoformada nos ajuda a perceber que o mesmo movimento pelo qual os mortais vêm a se identificar com o homem, apressar-se em se confundir com Sócrates em sua demanda, cria a parede que pode ressoar com o anúncio de que Sócrates aí tem apenas a responsabilidade de ter nascido mortal. (Não foi uma exigência do homem da cidade, que condenou Sócrates, que ele só possa atravessá-lo como um animal (político)?)

A identificação encontrar-se-ia, assim, situada em uma precipitação cujo encavalamento determina uma ligação que se pode chamar de regressão em relação ao vetor de significação.

Essa via de resolução nos parecerá um impasse, pois somente um efeito de pressa, ao qual voltaremos, funda uma instância ideal: o homem, para rebaixar aquele que a motiva à condição de *anankê*.

Está barrada a saída para a via psicanalítica, a qual, uma vez traçada, é designada na experiência na conjuntura que resulta do desejo dos pais. De fato, é através da instituição dos pais que o ser que fala se encontra elaborando o *anankê* de não ser senão a nascer.

É essa determinação que buscamos aqui figurar na estrutura. Mas toda remissão de seu determinante a uma diacronia qualquer (desenvolvimento, história ou mesmo dialética) eludirá essa estrutura em favor de alguma identificação que, por ser sempre prematura, terá efeito de regressão.

A estrutura se apodera de uma propriedade da borda figurada pelo oito invertido. É essa propriedade por meio da qual a superfície que ele determina como externa, a banda de Moebius, necessariamente atravessa pelo menos em uma linha a superfície interna da porciúncula.

Esta é a propriedade do oito interior, a saber, entre o dentro e o fora que ele estabelece produz-se uma interseção que é, de algum modo, transversal a ele, implicando uma dimensão que não é daquelas determinadas por essa borda. Dimensão terceira sobre a qual não comentaremos aqui.

A linha segundo a qual o oito interior vê sua superfície interna atravessada por sua superfície externa é propriamente o lugar onde *Eu sou* chamado a ser o sujeito da enunciação.

Esse lugar não está em nenhum ponto no enunciado em que eu sempre me indicarei como eu [*moi*] que falo, ou seja, como emprestando minha voz ao enunciado.

Notemos neste ponto que, se nos ativermos ao enunciado predicativo, ele sempre participa do estilo indireto.

Nosso silogismo, por outro lado, nos mostra que, como sujeito da enunciação, *Eu* sou relançado em uma escolha impossível.

Pois o nome de Sócrates não impede de riscar aqui a questão colocada pela voz e pela morte de Sócrates. O impasse em que o lógico me coloca, é que seja em seu nome (pois essa formalização também foi feita em seu nome) que sou convidado a reduzir o interesse de um enunciado que esse nome realça a um pensamento que se limita — sendo postulada a afirmativa universal de que não há homem que não seja mortal — à afirmação de que existe um particular que pode ilustrar a regra.

Não se pode desconhecer aqui a intenção inconsciente do escoliasta. Até onde sabemos, a escola nunca colocou os nomes de Platão ou de Aristóteles, ou mesmo de qualquer outro filósofo no mesmo carretel. E nos instruiríamos ao interrogar a ressonância cômica que eles ali revestem, comprovada.

O impossível a que o nome de Sócrates me remete é que seu desejo me permaneça desconhecido, mesmo depois de eu ter relido — e ninguém perderá fazendo o mesmo — sua apologia, mas na enunciação em que estou sendo solicitado é esse desejo que me separa de estar nela.

Ou é Sócrates quem me questiona através de sua morte, e devo seguir seu desejo pelo menos o tempo da questão — ou se sou eu que me envio a mensagem, faço dela a resposta que extingue a questão.

O grande afirmador, o *Eu sou* do *eu penso* aqui interessado, não é nem verídico nem enganador. Ele é apreendido em um sujeito de ficção, pelo qual conviria em seu lugar elucidar a função do nome próprio, que certamente não é a que lhe confere Russell, de equivaler a um *isto*. Contentemo-nos aqui em dizer que é como suposto Sócrates que Sócrates opera aqui, levando-nos à função de sujeito.

O sujeito não é ficção de um ente, menos ainda de um nada. É ficção de uma falta.

Em sua forma aqui radical, essa falta pode ser designada como uma que se esquiva. Sua realidade é a de uma divisão, e essa divisão resulta da impossibilidade da diferença em se unir a ela mesma em uma identidade.

É por isso que o sujeito condena toda realidade que ele enuncia a ser apenas subentendida.

Não é exato dizer que "Eu é um Outro". A fórmula só é eficaz se for sustentada por alguém que se defronta com a impossibilidade que a aporia traduziria mais rigorosamente: *Eu* não pode se sustentar sob seu nome.

Disso decorre o efeito que este *Eu* tem naqueles que nos dão sua figura, Rimbaud, Sócrates, por terem querido ser sem pai, nem mãe, nem genealogia.

Na topologia do oito interior, não colocamos a linha (plena) da travessia que a superfície interna pode fazer de si mesma no prolongamento da linha (pontilhada) marcando sua travessia pela superfície externa, da qual lembramos que, como superfície de Moebius, ela lhe é heteromórfica.

É um artifício de apresentação por meio do qual pretendemos enfatizar que a identificação, aqui representada pela assertiva *Sócrates é um homem* é um processo que, na relação com o desejo do Outro, é abusivamente bem-sucedido por meio da troca de atributos. Aqui: Sócrates é apenas um mortal, por meio do que todo homem é suposto estar já em passe de pedir a morte.

O primeiro termo da presente identificação é falso: o assim chamado Sócrates esconde Outra coisa que não um mortal; essa Outra coisa, ele mesmo a chama de demônio.

O segundo termo não vale para o homem, mesmo que ele se constitua na imitação de Sócrates. Isso vale apenas para o sujeito, e o sujeito está em suspenso no enigma do desejo de Sócrates. Pois esse desejo, por ser o único a motivar a demanda de Sócrates, separa aquele que Sócrates interroga em seu advento de sujeito.

Que Freud tenha descoberto a pulsão de morte é a prova de que aquilo que é chamado a se tornar na análise (*Wo es war soll Ich werden*) é o sujeito e nada mais.

Esse sujeito só tem relação com o ser-um-homem, seja qual for a espécie que suponha sua norma, segundo uma temporalidade de vacilação, a ser aqui localizada em sua relação com o desejo de Sócrates.

Este é o paradigma por meio do qual quisemos preludiar a realidade do desejo que, em psicanálise, vem para lastrar essa dialética.

Notemos que não é indiferente o lugar de sobreposição do campo delimitado pelo enunciado das duas proposições paralelas — *Todos os homens são mortais, Sócrates etc.* — pelo sujeito da enunciação cuja realidade lhe é exterior. A linha pontilhada que marca em nossa figura poderia, sem dúvida, sofrer algum deslocamento. No entanto, seu lugar é em um polo do oito interior e é aquele onde se situa o corte terminal das proposições.

Na medida em que essa linha pertence à superfície não orientável (banda de Moebius), só podemos vetorizá-la vendo a direção indicada por ela alternar a cada volta que a faremos percorrer na exploração da ligação de duas proposições.

É bem isso o que vimos se produzir em nossas observações, das quais resulta que o *Sócrates é mortal* também deve ser colocado em posição de antecedência lógica em relação a *Todos os homens são mortais*.

Essa é uma propriedade do paralelismo, onde quer que o vejamos empregado como fator estilístico.

No relato de uma notícia, a lei é diferente e a análise da presença do sujeito é ali bastante sugestiva. Nós a praticamos em nosso Seminário, sobre uma célebre compilação de notícias redigida por Félix Fénéon.

Não é nem pela impessoalidade do relato, nem pela inflexão implacável, suave ou feroz, nem pelo tom imperturbável que essas poucas linhas triunfam de modo inesquecível. É por nos fazerem sentir que não há outra realidade do acontecimento senão o sujeito que ele subentende, e do qual a ordenação permanece dependente. O colapso do insólito à insolência nos inicia aqui na metonímia do desejo.

A fórmula mais geral para envelopar esses efeitos é a conjunção no impossível de uma certeza com uma indeterminação.

No entanto, não deixaremos este capítulo sem apontar aos lógicos da matemática que talvez fosse uma tarefa supérflua impor-se a uma mente tão eminente como Bertrand Russell essa teoria dos tipos, suplemento muito pesado à sua lógica, que ele acreditou dever dar como seguimento à aporia indubitavelmente radical à qual ele ligou seu nome.

Queremos falar do catálogo de todos os catálogos que não contêm a si mesmos.

Pois esse catálogo nada mais é do que o próprio sujeito, e longe de seu inventor e dos pensadores regidos por ele terem tido que espantar-se de ver sua virtude lhes escorregar por entre os dedos, eles poderiam se vangloriar de ali terem encerrado o sujeito em sua realidade.

Se ele se apresenta primeiro como um círculo lógico, esse círculo resolve sua antinomia dobrando seu limiar em nosso oito interior. Que ninguém entre aqui se não estiver catalogado para se conter a si mesmo.

Aquele que envolve a todos para que se amarrem a uma página sem verso, entra ali justamente a partir de seu ser exterior, e dele se extrai para deixar ali apenas o corte de sua falta.

É esse corte que o inscreve ali como o catálogo que falta em seu lugar.

De fato, uma dimensão é desconhecida do catálogo nessa aporia de Bertrand Russell: é que um catálogo não somente pode faltar em seu lugar, mas até mesmo, enquanto não for dele retirado, é completamente inexistente.

Portanto, não é por acidente que o catálogo falta ao procurá-lo em suas rubricas; é porque essa falta é precisamente seu lugar designado.

Não esqueçamos que tudo o que um livro pode conter de objeto real é o caminho, perfurando as páginas, de um verme.

CAPÍTULO V

Da realidade na psicanálise

Aquele que se dispôs a nos seguir nos exercícios anteriores encontra-se desse modo em concordância com uma ordem da demanda, bastante distante da necessidade e cujo exemplo, no entanto, em que esses exercícios se apoiam, o faz sentir suficientemente que ele não apela somente à sua complacência.

Se outros vieram aqui para posar como defensores da realidade, bons apóstolos a agitar a comovente demanda humana com a qual o psicanalista seria confrontado entre todos, não os faremos esperar por nosso afinamento sobre isso.

Sem dúvida, não é senão às custas de uma decência que o estilo de Freud nos impõe, que um analista desempenharia o papel de consolador. Mas já é suficiente, e até demasiado, que certo modo teórico possa fazer o tratamento girar em torno de uma dinâmica e de uma dosagem, onde prevaleçam os registros da frustração e da gratificação.

Inclusive, como se poderia responder, a partir daí, às críticas que se autorizam da prática social para instaurar a análise em um julgamento de tendência — o de desviar a demanda daquilo que a desigualdade distributiva ali legitima da maneira mais patente, derivando-a para fantasias?

Há certamente um descompasso entre o que a psicanálise promove do sentido da demanda e aquilo de que se anima uma ação política, quando ela argumenta a dignidade que se atrela à satisfação das necessidades.

Mas é justamente indo ao real em ambos os casos que se verá, talvez, essa distância resolvida. Observemos, enquanto isso, que a demanda, mesmo que se a objetive como sendo humana, não se reduz à demanda do bem-estar, e que se deve lembrar que é na área social que colocamos essa demanda no princípio de uma política e de uma moral: o *American way of life* em que se exaltam os mal-estares que remetem ao psicanalista.

Concluiremos que é devido às restrições trazidas à demanda em nome de um bem-estar mais longínquo que o psicanalista é proscrito no Estado socialista.

É a cumplicidade do psicanalista com o mal-entendido que o envelopa que acompanhamos em tudo isso.

O fato de Freud dissuadi-lo de ser moralizante não o impede de entregar-se, sob o semblante de um pretenso amadurecimento da libido, a todo tipo de pregações, quando era precisamente isso que Freud denunciava em primeiro lugar.

Mas ele faz disso pretexto para esquivar-se de reconhecer a ética que sua práxis lhe impõe, quando estava bem longe de pretender dispensar-se dela.

Recorremos ao testemunho de *Mal-estar na civilização*, cujo título por si só indicaria que Freud não considerava a questão como ultrapassando sua competência.

Essa obra é certamente negligenciada em uma psicanálise na qual a leitura de Freud é proibida. Mas, ao reabri-la, julgar-se-á se Freud deixa de lado a hipocrisia da norma social. Acima de tudo, reencontraremos o tom necessário para interrogar o desejo. E talvez não nos sintamos mais incitados a essa exaustão dos pruridos compartilhados que a psicanálise vem patrocinar, nem a nos comprometer com a bandeira das *human relations* para ali autorizar uma renovação, a mais pérfida, embora a menos equívoca, da usurpação do homem pelo homem.

Além disso, não é inoportuno, neste limiar, declarar que, no que diz respeito ao psicanalista como gostaríamos que ele fosse formado, toda pretensão do humanismo em nossa época é mais bem figurada pela colocação de um cadáver em um saco, e que, se por acaso o saltimbanco se dedicasse muito a tirar dali o que restasse de vivo, ele encontraria o que ali se encerrava, dizem, com os culpados, outrora jogados ao Bósforo, dos haréns ribeirinhos: o nó furioso de um gato com uma cobra.

Comecemos, portanto, denunciando a visada do "sê adulto", que agora se articula com as premissas do tratamento psicanalítico e que dá entrada ao cortejo de todos os preconceitos herdados de um pedantismo secular.

A criança, nos ensina Freud, ainda e para sempre, está ali no adulto sob a forma de seu desejo. Inversamente, não há complicação ou perturbação do desejo no adulto que não se deva convocar de pleno direito à responsabilidade quando se trata de considerar a criança. Pois o momento do desenvolvimento da criança é irrelevante na questão: o banho do desejo é o mesmo onde criança e adulto brincam. Acreditar na criança inocente ou preservada é o abrigo que o adulto busca para sua culpa.

... E uma criança não é um homem, escreve Pascal. A cegueira dessa sentença só pode ser suportada ressoando com uma surda nostalgia. Mas eis aqui de retorno aquele para quem a sentença é implacável: o educador que se considera educado.

Este é o fruto do anafreudismo, ou freudismo para uso *d'anedotas* [*d'anas*], entronizado por Freud Anna.

Essa doutrina cujas mamas, se assim ousamos dizê-lo, são o desenvolvimento e o ambiente de fato reduz os conceitos que devem ser considerados como fundamentais para a práxis psicanalítica a acidentes marginais, para não dizer artefatos, dos quais se aproveita para remontar a corrente da determinação psicológica.

Conceber a regressão, por exemplo, como um retorno à posição dita anaclítica ou de apoio, sequela da dependência condicionada pelas primeiras necessidades da criança, é um erro grosseiro, o qual se estende desde a tinta mais oficial até o corpus das mensagens endereçadas ao mundo em um penúltimo congresso da comunidade.

Perdem-se todas as articulações que levaram Freud a distinguir entre regressão temporal e regressão tópica, uma decorrente da memória, a outra da topologia do sujeito, nenhuma delas do desenvolvimento. Além disso, o "ambiente" instituído por uma psicanálise não é de forma alguma organizado, como dissemos, nem nos adultos nem nas crianças, para constituir uma recuperação educativa.

O ponto em que se pretende designar a virada da regressão, o ponto de fixação, para chamá-lo por seu nome, nada tem a ver com uma parada no desenvolvimento. É uma disparidade subjetiva cuja fórmula teremos que dar.

O modo pelo qual se teoriza esse ponto crucial é, portanto, anticlínico. Por outro lado, ele é antipsicanalítico, já que seu critério não é outro senão a discordância do meio, sendo patente que o analista se faz advogado do acordo.

Este é o contexto em que esse famoso pacto se tornou lugar-comum, em que o eu dos respectivos analisando e analista estão parcialmente ligados, em uma comunidade reduzida às aquisições de sua parte saudável em cada um. Nenhuma referência ao que permita distingui-la no analista.

Ora, é certo que Freud fez entrar em sua doutrina uma instância tão abalada em sua própria época quanto a do eu [*moi*] psicológico apenas para insistir no fato de que, para ser delimitada em sua função mais clara, a da consciência da percepção, essa instância não obstante permanece sem fronteiras ao lado de alguma coisa outra, para ser concebida agora como o lugar da pulsão, o isso.

O eu é atualmente considerado pela maioria dos psicanalistas como o órgão natural da realidade, o que engendra no praticante um prodigioso conforto intelectual, no professor puras imbecilidades, como esta cuja asserção tranquila tivemos de suportar junto a nós durante dez anos: o isso, em suma, para dizer as coisas uniformemente, é o eu ruim.

Já abrimos espaço suficiente para o *autonomous ego* que a fileira de seus defensores, ou seja, de sujeitos perfeitamente advertidos, permite classificar como franca impostura.

Devemos, portanto, retomar a descoberta de Freud em seu ponto de partida.

O inconsciente não consiste no fato de existirem fenômenos inconscientes que sejam incontestavelmente psíquicos. Há fenômenos de todos os níveis, de todos os tipos, e isso é de fato o inconsciente, se entendermos que está fora de alcance, a não ser à força, ele se juntar à consciência.

O inconsciente freudiano está para a classe de fenômenos inconscientes a serem tomados, não nos surpreendamos com isso, como a superfície externa do nosso oito interior para a sua superfície interna.

Queremos dizer primeiramente que o inconsciente é o lugar, e até mesmo o lugar sagrado, do pensamento, e ele se opõe em uma topologia análoga ao que podemos chamar de campo do saber.

O inconsciente é antes de tudo o significante em sua função constitutiva em relação ao sujeito: digamos que ele o constitui como indeterminado.

Desse ponto de vista, o inconsciente envelopa o sujeito e só o determina a fazê-lo entrar no mundo sob seu suporte. Ele permite tratar o próprio sujeito como alguma coisa muito diferente do sujeito do conhecimento.

O sujeito que o inconsciente determina não é o suporte, nem o universo dos objetos. Ele participa, sem dúvida, da tendência do campo do saber em direção a essa autoaplicação, cujo ideal se traduz pela fórmula hegeliana do saber absoluto. Mas a duplicação em que ele assim se concluiria, além de ser impensável, não é a ameaça que torna esse término impossível.

Aquilo com que o sujeito tem que se haver, além da opacidade do real no qual ele introduz a determinação do significante, é a divisão à qual está perpetuamente submetido por sua travessia do campo do inconsciente.

Em termos diretos, o sujeito está a cada momento à mercê de uma vacilação pela qual desaparece com ele a pretensão unitária do campo que compartilha com o objeto, muito mais do que o sustenta.

É a impossibilidade engendrada por esse desaparecimento sempre iminente, e somente ela, que faz o sujeito escapar da reificação que é sua tendência, já que de outro modo ele é homólogo ao objeto.

Mas essa independência tem como preço sua heteronomia, cujo nome é o inconsciente.

No entanto, vê-se bem que entre as diversas e abundantes máquinas que resultam do fato de haver um sujeito que adveio no real pelo efeito do significante, um certo número está *dentro do alinhamento* do lugar de travessia onde se opera a contestação do sujeito pelo inconsciente. Essas máquinas do pensamento nada mais são do que aquilo com que o sujeito se identifica em uma relação com essa contestação, que consiste em manter-se ali como se estivesse abrigado de seus efeitos.

A identificação é esse falso saber que o sujeito tira de si mesmo (linha H), na medida em que ele só tem essa verdade precária para consolá-lo contra sua vacilação essencial.

Tal é o esboço que damos de um estatuto do sujeito que é aquele no qual a ciência decolou, que não tem nada a fazer com o conhecimento porque ele já não tem nada a invejar.

Com esse esboço se demonstra que a ideia recebida de que o pré-consciente seria a antecâmara pela qual um pensamento do inconsciente passaria para o consciente é uma ideia inadequada. Um fenômeno pré-consciente, isto é, a retomada pelo sujeito de um de seus pontos de identificação com um saber, ou de uma disjunção conjunta de objeto, está *na linha* da aparição, sempre marcada com um tom de consciência muito específico, que *ia* surgir justamente do inconsciente. Mas esse imperfeito marca que ela ali já se preparava.

A heterotopia não impede o aparente encadeamento. Ela especifica, dando-lhe a um só tempo resposta positiva e justo alcance, a questão levantada por Freud sobre a passagem do pensamento do inconsciente ao pré-consciente sob o título de dupla inscrição. Ela não poderia ser reduzida a uma, mas não se pode dizer que sejam duas, pois a passagem da segunda na consciência é fugaz e, para o que dela resta no inconsciente, ela não é apenas heterotópica, ela é heterogênea, uma vez que a superfície que a sustenta tem uma estrutura muito particular de não dar sua imagem especular para ser revirada: caráter da banda de Moebius. Diz-se, de fato, que o inconsciente não conhece a contradição: ele a conhece e a utiliza sob a forma do absurdo. Ele também conhece mais de uma negação. O que o inconsciente não conhece, e que Freud apontou em sua referência de arcaísmo linguístico, são os contrários.

Nesse nível, aquele definido pela imagem da tomada de consciência, o benefício nada mais é do que um acréscimo ao campo designado pelas letras S m na Figura 3 do nosso capítulo anterior: aquele em que o nome de Sócrates também identifica um cadáver, que, eventualmente, é um cadáver que "gagueja", para usar a expressão de Barrès.

Esse benefício permite tomar em seu avesso irônico a metáfora que Freud nos introduz envelopada em seu famoso prospecto, o *Wo Es war, soll Ich werden*.

É aquela das pastagens conquistadas sobre o Zuyderzee, como sabemos. Elas mostram de modo bastante perceptível que nada têm a fazer com o elemento que deu fortuna e destino ao gênio da Holanda.

Será preciso repetir mais uma vez aquilo em favor do que utilizamos todas as ressonâncias?

A descoberta freudiana nos revela como sempre atual o momento por meio do qual um ente, porque a fala o chama a ser, torna-se menos sujeito do pensamento do que sujeito ao pensamento (como se diria sujeito às luas).

O inconsciente, encontrado por Freud, não é, portanto, um trabalho de parto obscuro do pensamento, mas, antes, uma iluminação. Ele não é esforço nem tendência, Caliban atado no informe, nem nenhum desses centauros imaginários com os quais se povoa uma natureza cuja evolução inteira não teria outra ideia senão elevar-se à consciência, como se não houvesse dignidade mais sublime, nenhum desses monstros lógicos que ali acrescentam a bufonaria, como essa ridícula "evolução criativa" que, infelizmente!, não encerra no sono da razão o nascimento do capricho.

O inconsciente de Freud é o pensamento puro e simples em um movimento que se esgueira de modo a não poder ser recapturado pelo peso do *self conscious*, mesmo ao se valer da metafísica em *Selbstbewusstsein*. Movimento de surpresa que Reik soube apreender em sua especificidade, porque Freud já o havia rastreado no chiste, como dissemos: impossível, sem essa obra, introduzir-se nas implicações da novidade do que Freud descobriu.

Comparado à clareza produzida pelo inconsciente de ser "sideração de luz", tudo o que é chamado de evidência não é senão um reflexo crepuscular, imagem eidética do meteoro que se extinguiu.

Há uma razão para isso, aquela que resolve o que dificulta Aristóteles quando ele fala dos princípios do ser (no Livro B da *Metafísica*). O inconsciente de Freud coloca onde é necessário o que é preciso na origem: não um pensamento em potência, pois esse pensamento não seria nada, mas um pensamento em ato. Pensamento em ato quer dizer essa diferença absoluta em que o ato encontra seu estatuto de direito, sua tentação de fato.

Essa relação do inconsciente com o ato explica a redução, que ele sofre, por qualquer tentativa de submetê-lo a uma práxis. Pois não há práxis que não comece na posição de ser sua devedora, e aquela que se volta com a intenção de capturá-la em sua própria fonte não pode apreender senão um aborto dela.

De fato, é muito curioso que, no nível do sujeito individual, o inconsciente só possa ser apreendido como história e memorial, ao passo que no nível da ciência não é na história que ele se descobre, mas nas estruturas de parentesco, dos mitos, dos ritos, das trocas, em tudo o que impropriamente se intitula etnografia, da qual o gênio de um Lévi-Strauss nos dá o cru e o cozido.

Há aqui uma espécie de quiasma cuja magia encontra-se em mais de um efeito do inconsciente.

O presente encontro nos adverte do caráter de imaginário que a ideia hegeliana do fim da história carrega em si, fantasia que é tanto mais incansável em assombrar nossos amigos marxistas quanto melhor for demonstrado à nossa geração que a história se mantém por meio de um aborto perpétuo.

É sobretudo o fim do homem cujo correlato seria a descoberta do inconsciente, por essa razão é o advento do sujeito *da* ciência que ela celebra.

E o freudismo se encarrega de inventar sobre o sujeito da ciência uma relação regulada com um inconsciente tornado ainda mais inacessível por ter sido revelado. Para esse encargo, a psicanálise teve de se fazer itinerante, postando-se em todas as encruzilhadas do caminho da ação e do pensamento. Confiada ao que Freud deliberadamente organizou segundo as próprias leis que descreveu como sendo as da multidão, isto é, da identificação trazida à função de critério do real, esse encargo não pode ser cumprido.

A opinião dos melhores aqui é que foi para conjurar o retorno das miragens arquetípicas que ele havia visto através de Jung, o furriel, que Freud tomou o partido de fundar uma Igreja (uma Igreja como ele a entendia, quer dizer, sem fé nem lei).

Nisso ele teria se enganado, na medida em que o resultado é de um outro retorno do obscurantismo: o das formas mais cambadas do psicologismo, até mesmo da personologia.

É preciso interrogar Freud de modo diferente.

Freud — seus primeiros trabalhos, seu currículo, suas cartas nos dão o testemunho disso — é o produto de um pensamento conquistador, o da segunda grande geração científica, aquela que um Helmholtz simboliza por sua abordagem demonstrar um tratamento comum, mesmo emaranhado com a física e a fisiologia. O ensino de Brücke nunca decaiu do lugar onde representa para ele o próprio método.

E é nisso que é significativo reconhecer onde Freud vem orientar o recurso do sujeito.

Aplanado todo o cosmismo da filosofia tradicional, é impressionante que o esforço feito por Freud para pensar uma psicologia (da qual temos o *Esboço* íntimo contra sua última vontade) o tenha conduzido a uma práxis que é a de pôr em questão o desejo, mas sob seu aspecto mais radical, sob o aspecto que pretendemos valorizar ao introduzi-lo como *falta-a-ser* do sujeito.

Sem dúvida, Freud nos dá muito mais em que pensar do que esse modo categórico.

Já que ele nos dá a estrutura que faz a lei dessa falta-a-ser. Essa estrutura é chamada de complexo de Édipo.

Esse complexo é um mito. Ele é o mito-sobrecu a partir do qual se pode fundar o que subsiste de articulável da relação do sujeito com o inconsciente, quando esse sujeito é reduzido ao sujeito genérico *da* ciência.

Mesmo o antropólogo mais relutante pela arbitrariedade em que, de seu ponto de vista etnográfico, as sequências de *Totem e tabu* lhe parecem se desenrolar acaba, no auge de sua reflexão, por reconhecer a potência teórica do complexo de Édipo.

Apenas, o complexo de Édipo permaneceu um ponto de aporia e de vergonha nas mãos dos psicanalistas: um lar de inibição.

A psicanálise trabalhou dentro de seu enquadre. Ela manteve vivo um modelo de estrutura e, pela sugestão de sua presença, facilitou seu estabelecimento em outros registros da ciência. Por mais sutis que sejam as vias dessa sugestão, a psicanálise certamente contribuiu para a atual ciência do mito, que é inteiramente uma representação do inconsciente.

Mas que ela mesma não tenha feito nada a respeito é um drama que faz parte de sua relação com seu objeto.

É um drama em que legamos ao futuro julgar se é por acaso que, tendo animado com nosso ensino durante dez anos o trabalho psicanalítico na França, seja no ponto em que anunciamos colocar os *Nomes-do-Pai* em questão, que tenhamos sido detidos pelo anátema de um consistório que pretende manter o controle sobre a formação do psicanalista.

Essa pretensão mereceria análise pelo simples fato de ser sem exemplo na ciência.

Ela não é evocada aqui por sua relação com nossa causa, mas por aquilo que é impossível afastar quanto ao questionamento do psicanalista.

Esse questionamento, porém, só podemos fazê-lo hoje. E é do ponto prescrito dos resultados da psicanálise tal como ela se constituiu, não de um ponto corrigido, nem de um ponto de promessa, que pretendemos situar as exigências da formação do psicanalista.

É por isso que chegamos ao ponto em que a psicanálise, em seu desenvolvimento real, diz respeito à realidade.

Introduzimos essa realidade pela via da falta a [*falta a sequência*].

CAPÍTULO C

O sujeito da identificação

Para conceber como a função do Outro foi tão absolutamente negligenciada na teoria psicanalítica, devemos nos reportar ao nosso significante em bloco ($ ◇ D) em seus parênteses e constatar, lembrando a função de causação denotada pelo signo ◇, que o sujeito, aí determinado pela demanda, marca o lugar do Outro ao preenchê-lo, e ali se remete, à maneira de uma mensagem, à pulsão que o investe.

É o logro constitutivo da transferência, propriamente dar corpo, como acabamos de mencionar, quando se trata da boca.

O Outro enganado é a própria boca do sujeito encarnado que vem em seu lugar, e essa boca não engana, fixando o ser carnal cujo sujeito sustenta o impulso (*Drang*).

Esse impulso é apenas sofrido, na medida em que perturba o sujeito na tranquilidade que rege o seu prazer, mas que é agida assim que o sujeito, ao se apreender na pulsão em direção a essa boca, lança sua língua com um fim que se chama desejo.

Metáfora audaciosa que, segundo os hábitos que nos são impostos por nossos ouvintes, lembraremos que é dantesca e diabolicamente imaginada na *Divina comédia* como o mecanismo pelo qual um Outro faz passar sua forma para o sujeito.

É bem isso o que acontece na análise ao ouvir os próprios psicanalistas.

Pois, afinal, pelo menos em inglês, a opinião deles sobre isso é unânime. O fim da análise é a identificação do sujeito com o analista.

Neste escrito, nosso objetivo não é instruir, mas desferir um golpe no objetivo do qual tanto os instruídos quanto os ignorantes verão justificados os caminhos das consequências de seus efeitos. Mas nos daremos aqui uma distância, pois só faríamos mal ao instruir uns e reconfortar outros, para citar aqui Jones, Strachey, Balint etc., onde a asserção de que a identificação do sujeito com o analista é o fim da análise, se mostra em preto no branco.

Entrar em detalhes para mostrar que discordam quando alguns enunciam que a identificação é feita com o *eu* [*moi*], ao passso que outro diz que ela é feita com o supereu do analista, seria nos engajarmos a demonstrar o que acontece, a saber, que a medida com a qual pretendem mensurar o sujeito é o seu próprio ideal, ou seja, o que eles apreendem em uma inocente adesão aos seus preconceitos para ser a realidade.

Todavia, nem referências a autores particulares, nem críticas externas são o que nos interessa aqui, e sim que não se possa pôr em dúvida, e isso em uma escola, que essa identificação é a finalidade da análise.

Quer se esteja do lado de Fredegunda ou de Brunilda, não há dúvida de que em análise se trata de fazer adeptos, e é de fato com base nesse princípio que mantemos por um e pelo outro os sentimentos afetuosos que conhecemos.

Os autores do centro, cujos nomes dissemos, não têm outro interesse senão mostrar o rosto sem rubor ao falar todo tipo de disparates.

Quando as audácias não podem ser de pensamento, eles se contentam com o estilo. Aqui, assumimos o tom em uso para entrar na zona em que o pudor sofre mal: a "contratransferência", por exemplo, que colocamos aqui entre aspas.

Sendo a identificação a finalidade da análise, com quem ela poderia ser feita senão com o analista? Se ele não for bonito, tanto pior, já que o sujeito também não se apercebe disso.

E aqui entramos nas águas da emoção. Contida, sem dúvida, mas como é terna ao nos descrever (que se o leia sob a pena do nosso amigo Michael Balint) a exaltação, a flor, as lágrimas de alegria que fazem o cortejo do paciente no "Adeus e obrigado", cuja fórmula ressoou mais perto de nós, mais alegre, para ser escandida com um peido de *boillscoute*.[6]

Na verdade, a lacuna é sentida em algum lugar. Recordamos "A jovem parca".

"Que chora [...]

Tão perto de mim no momento de chorar".

O estremecimento do testemunho retoma então seu lugar de truque bem conhecido das velhas raposas. Ele abençoa o que por fim se permite de rubor e que não passa de um rubor de modéstia.

O impudor a ser definitivamente remetido ao paciente: somos complacentes, ele vai arejar isso nos próximos dias, ele é demasiado gentil.

Deve haver aqui algum mal-entendido. Pois, de todo modo, o paciente não é suposto saber dessa identificação. Para retomar os termos de Balint, ela é convertida pelo que ele descreve, a saber, uma curta efusão com seu ideal do eu. Passada a efusão, a identificação com a qual esse ideal foi preenchido permanece nem vista nem conhecida, é a identificação com o analista, pelo menos nessa parte escolhida de sua pessoa que ele reserva para essa partilha: a parte saudável do eu, como se o expressa.

Mas, do lado de fora, não se controla quase nada disso. O que aparece é muito mais como uma intriga, uma marca, um tique mental, uma tatuagem psíquica. Exatamente o que Freud descreve como o que o líder oferece à identificação de cada um, na multidão. O bigodinho e o impermeável vêm colmatar a morte do pai: a voz raivosa faz suplência vantajosa às resmungadas com que o defunto lhes cansa em sua velhice. Estaríamos enganados ao acreditar que os monitores do fantoche em que acreditamos

---

6. Optamos por manter o original, *boillscoute*, neologismo proposto por Lacan que guarda certa homofonia com *boy-scout* (escoteiro/escuteiro, em inglês). Em *boillscoute* há *boil*, ebulir, ferver, e o sufixo *-coute*, talvez parte de *écoute* (escuta), o que poderia dar como tradução aproximada "ebulescuteiro", fazendo certo jogo de palavras com ebulir, escuteiro e escuta. (N. T.)

não tenham seguido o bom exemplo da experiência psicanalítica. O nome de um deles é conhecido por ter recebido seu benefício, mesmo que ninguém tenha se vangloriado de ser aquele que lhe transmitiu a receita. Isso não significava que Goebbels tivesse seja lá o que for de um psicanalista: um canalha estampilhado continua sendo um canalha.

Vemos aonde a própria tendência do sujeito nos leva. Ao que se deduz da teoria da identificação, quando a análise tem como finalidade formar um psicanalista.

Aqui, ela faz recuar até mesmo aqueles que a proferem mais alegremente. Coisa curiosa em relação à falsa modéstia que fizemos cintilar mais acima: parece que não se é muito fogoso ao querer tirar o original de um psicanalista, mesmo quando é de si mesmo que se trata, em tantos exemplares.

Disso decorrem as estranhas proposições que extraímos da experiência recente de uma camarada muito honesta. Segundo alguns expertos, seria melhor evitar que uma psicanálise didática tocasse seja lá o que for no sujeito, posição que não poderíamos aplaudir muito, se eles mesmos a isso se atêm, se for verdade. Como a mesma pessoa o relatou diante de seus pares, que a alertaram para o perigo de mostrar discernimento ou intuição na didática, vê-se claramente o que eles temem: a reprodução do que lhes serve de equivalente, do qual desconfiam com razão.

Mas então que se diga: para que serve uma psicanálise didática?

Na mesma zona de confissões, decididamente frutífera por ter sido levantada, é dito. Trata-se de fazer "psicanalistas encharcados".

Encharcados em quê? No banho da experiência com um psicanalista qualificado como didata porque está envelhecendo. Não há nenhum outro critério atualmente para essa qualificação.

Esse tipo de serviço militar, essa inclinação à disciplina da práxis será satisfeita fazendo com que as exigências de um standard se refiram exclusivamente a horário e frequência regulares. Aderindo a isso, o didático pode dormir profundamente sobre seus dois ouvidos durante a sessão e ao longo de toda a análise.

Depois de alguns anos, o sujeito terá compreendido que o analista é irresponsável, que sua garantia está nos usos do grupo e na ascensão regular ao gradus.

Como ele deverá somente se situar em relação ao seu paciente? Nós lhe explicamos: disposição *diafônica*. Ela [*falta palavra*] ao evitar, por seu pedantismo, qualquer intenção determinante. Mas ela é facilmente traduzida do grego [*falta palavra*]. Ela se transfere para as Suficiências, e por trás delas para as Beatitudes, a questão da última palavra sobre o desejo do analista. Supõe-se que eles saibam alguma coisa sobre isso, a respeito do Sapatinho na janela a soletrar. Ele ali chegará um dia, se for bem-comportado.

Para nós, informaremos apenas um fato: é que já nos aconteceu, várias vezes, de uma análise didática, concluída dentro do prazo certo, não deixar nossas relações pessoais com o pupilo em questão sem sombras.

No mínimo, esse é um testemunho de que nosso procedimento se afasta da identificação com nós mesmos, que seria considerada como ideal no campo terapêutico, em vez da prudência que a fatalidade desse resultado recomendaria no campo didático.

Do resultado neste instante mencionado, que pode azedar, não diremos que estamos felizes por ele deixar o sujeito à sua natureza, pois não é isso o que nos interessa. Nosso objetivo sendo mais (*maismiticamente* [*plutomythiquement*]) o de conduzi-lo pelo caminho em que buscamos o que pode ser o desejo do analista, dizemos que o deixamos ali em diversas reviravoltas.

Contrariamente às mudanças de vento que presidiram as aventuras da técnica em análise, a nossa sempre se distinguiu por uma grande constância. Ela não se conforma aos standards mais exteriores, mas ela nunca fez disso um mistério, e ela nunca variou ao sabor das intimidações da moda. Ela tem como primeira justificativa aquela que Freud dava à sua quanto a esses standards mais externos, essencialmente standard de horário: a saber, convir a cada um e não excluir de modo algum dos outros sua própria conveniência.

Sua segunda justificativa é fazer de tudo para desfazer os efeitos de identificação, pelos quais a psicanálise se fascinou depois de Freud, a fim de traçar a passagem e, se necessário, forçá-la em direção ao que, desde o início da experiência freudiana, é a única finalidade conveniente da análise: interrogar o desejo do sujeito.

Sua terceira justificativa nesse retorno a uma finalidade que pode ser considerada arcaica em relação à demanda da conformidade social é ver ali uma finalidade que volta a ser primeira, quando o que se trata de formar é um futuro psicanalista.

Isso se assenta na justificativa última de que para chegar na experiência freudiana a qualquer finalidade que lhe seja proporcional, o desejo do analista é o instrumento decisivo, a saber, o único elemento que permite atravessar o impasse onde vem tropeçar a conjunção da demanda e da transferência, a saber, a identificação.

É isso que vamos demonstrar agora.

Para nós, as pedras que nossos candidatos terão que *paulariser*[7] em sua demanda — "Será que eles beijarão? E quem, e por quê?"— requerem muito mais outra ajuda do que serem apenas *espaldados* [*épaulés*], e não é petrificando-os que faremos com que eles saiam disso.

Qualquer carta branca dada à demanda só fará aumentar seu abismo. Enquanto permanecer tão constante em sua força quanto o é a pulsão da qual procede, ela será apenas a ocasião de desconhecer de qual desejo provém, ou, mais exatamente, de projetar o desejo na regressão indefinida, da qual o pretenso infinito em que os moralistas a projetam, é apenas seu efeito desconhecido.

A partir de agora, podemos dizer que na identificação do sujeito com o analista se produz alguma coisa análoga a esse engodo da demanda, que denunciamos na seção anterior deste capítulo ao apontar que sua autentificação desconhece sua *atual* oralidade de fala de demanda.

Para ali reconhecer o mesmo engodo, basta olhar para o Quadro II [*falta o quadro*], onde vemos que especularização e introjeção têm a mesma função de satisfação nas pulsões indicadas como escópica e invocante que aquela trazida pela frustração à pulsão oral.

O sujeito se alcançaria nos atos em que ele se reconstituiria como eu [*moi*] e como [*falta palavra*]. A análise seria o tiro de arco e flecha onde

---

7. Por não termos uma correspondência em português, optamos por manter o termo *paulariser*, neologismo de Lacan possibilitado pela homofonia com *polariser*, polarizar, formado também com a partícula *paul*, de *épauler*, espaduar, espaldar, respaldar. A ideia seria de despolarizar, espaduar na demanda e não apenas ser espaldado por ela. (N. T.)

[*incompreensível*] objetos na paixão, até mesmo na ação, de ver e de ouvir o analista. Conforme o reforço especular ou a introjeção imperativa aí tivesse dominado, ele sairia disso munido de armas se não brilhantes, pelo menos apropriadas ao confronto da realidade — da realidade do analista.

O fato de, nos casos terapêuticos, se contentarem com esse resultado é, aos nossos olhos, o que significa o abandono total do procedimento freudiano, sendo o resultado obtido a alienação constituída do sujeito.

Sem dúvida não é sem razão que retificar essa flecha seja tão difícil.

Essa razão está inscrita no Quadro II, na medida em que designa a parte direita da borda pulsional como afetada pela dominância da relação com o desejo.

Mas como essa dominância aqui é apenas um efeito de seu desconhecimento, essa razão permanece oculta e só aparecerá mais tarde.

No ponto em que estamos, só podemos afirmar uma ordem cuja única regressão não dá a chave e que chamaria os pontos opostos dessa borda para serem respondidos na condição de transferência.

Retomemos então nosso ponto de partida na conjunção de demanda e da transferência.

Se, pela transferência, "Eu te engano", a que deve se reduzir a fala para que esse "Eu te engano" passe para um "Eu sou você", que ratifica suficientemente o embuste para que o Outro se sinta fundamentado para ouvi-lo como um "Eu te sigo"? Como já dissemos, basta que a fala venha a ser reduzida a significar "Você é minha boca", a não ser mais do que a própria borda do órgão que a emite, mas levada ao lugar do Outro em função de significante.

Os analistas se aproximaram da natureza do fenômeno ao reconhecer no discurso do sujeito um fluxo que não é apenas oral, mas também simbólico da defecação por sua expulsão retencional, ou mesmo da micção por sua fluidez ardente.

Esse reconhecimento perdeu muito de seu alcance ao ignorar o lugar do Outro para aí situar o fenômeno. No mínimo, ele não desconheceu sua relação com o silêncio do sujeito (cf. o artigo de Fliess no *I.J.P.*). Paremos aqui por um instante.

Pratica-se a suficiência em certos lugares ao declarar que nada encontramos em nossos escritos, à vista de uma lanterna, dessa função do silêncio. Se, no entanto, procurarmos bem e especialmente no que foi resumido de nosso ensino com uma boa caneta em um bom lugar, esse Diógenes poderia ter se esclarecido aproveitando o parêntese ($\$ \diamond D$) em nosso grafo, para ler ali que na demanda, na medida em que ela se concentra no significante do bloco (elemento fraseológico do inconsciente), o sujeito da enunciação é separado pela hiância da causa de sua demanda, que ele dela se extrai deixando-a real e ele mesmo não sendo mais sustentado pelo branco do significante, isto é, pelo silêncio, aqui significado com o $\$$ ou S barrado.

Quer dizer que se a demanda ocupa o significante de bloco que sua fraseologia dá ao inconsciente, é propriamente nesta propriedade do significante de ser outro ele mesmo a se fazer seu próprio signo que o sujeito se refugiará.

Concebe-se, assim, que em nenhum lugar melhor do que em uma pintura (portanto, muda) de Edvard Munch, a essência do grito que lhe dá seu título pode ser realizada.

Que nos reportemos a essa imagem inigualável: a menininha, de boca retorcida, escancarada, nessa estrada que contorna as curvas da borda de um lago, grita aos céus que, com seu reflexo, afirma um silêncio mais agonizante do que a indiferença dos passantes.

Quem ouviria esse grito que não ouvimos? Uma vez que ele impõe esse reino do silêncio. Como se ele escavasse o abismo ali onde o silêncio continua subindo e descendo em ondas sempre amplificadas por serem estacionárias.

É o silêncio que distingue o grito de qualquer outra modulação sonora e o esvazia. O grito provoca o silêncio, mas o silêncio não é sem fundo: toda relação com a *Gestalt* é aqui refutada, porque o grito não é a forma do silêncio. Longe de se perfilar sobre ele, ele ali se abole. Mas, abolindo-se, é perceptível que ele o causa. Ele o faz surgir diante de si e depois sustenta sua nota.

Pois o grito sustenta o silêncio, e não o silêncio o grito. O grito faz com que o silêncio se enovele no próprio impasse de onde ele brota, para que o silêncio escape. Mas já está feito. O silêncio, por estar em outro lugar, não envelopa o grito, mas o transfere.

O grito é atravessado pelo espaço do silêncio sem ser habitado por ele. Eles não são ligados nem por estarem juntos, nem por se sucederem. O grito é o abismo onde o silêncio se arremessa.

Para ouvir o que habita o silêncio do sujeito, é necessário uma outra atenção que não a da impostura que se ergueu para abrigar os *squatters* do *standing* social. Pois ocorre que, ao encontrar esse silêncio no entardecer da vida, ela se surpreende ao pressentir ali uma ausência, que ela estique o ouvido então para se emocionar apenas com o sussurro dos vermes em [*falta palavra*] de sua bondade, sem reconhecer que é com isso que eles se ocupam para transformar seu sistema em Roquefort.

Temos, aqui, que desentocar a retirada do sujeito no momento em que o embuste da transferência torna a se fechar sobre a alienação da demanda.

Para fazê-lo, tornamos nossos alunos mais flexíveis às estruturas significantes que dispomos para seu uso, deixando aí esse mínimo de apreensão intuitiva própria para manter o que tão adequadamente se chama de adesão, em sujeitos pouco inclinados à pureza axiomática, a fim de lhes mostrar o quanto é fácil prescindir de seus papéis mata-moscas comuns. Esses exercícios práticos mantêm aqui seu valor heurístico.

Que se o julgue pelo que acreditávamos ter que retomar dos círculos de Euler, do qual sabemos que esse matemático os fomentou para facilitar a uma princesa alemã o manejo do conceito tomado em extensão.

Seria um estudo instrutivo esmerar-se para recusar as formas de degradação que o cuidado pôs em circulação na inteligência geral pelo qual, aqueles acertadamente designados como os de gênio, são apaixonados: a saber, colocar a ciência em formação ao alcance das mulheres.

Um simples capítulo do maravilhoso mal-entendido arnolfiano presidindo na mesma época as numerosas obras que se dedicaram à obra de sua educação.

A pressuposição de inferioridade em que se baseia esse propósito caritativo escapa à crítica, quando ela é mascarada pela escolha de correspondentes de alto escalão. E duplamente mascarada, justamente por se confirmar no nível mental da franguinha da qual se verifica, de Descartes aos dias de hoje, que o próprio Louvre da certeza não tem barreira para proteger seu sujeito das pulsões que gravitam em torno das coroas que fazem as cortes.

Resta o fato de que a proposta de colocar-se ao alcance daquilo que de todas as maneiras diz respeito à enfermidade engendra um frenesi narcísico, graças ao qual o que se afirma ser o mais convincente já não mais desperta nem mesmo a suspeita, nem no autor, nem no leitor cativado por tão tocante esforço.

É assim que os círculos de Euler não são apenas traçados a giz, fascinantes para as galinhas, mas sustentam evidências que passam por serem lógicas, mesmo para mentes que se poderia acreditar autorizadas a debatê-las.

A ideia mais grosseira do conceito dito em extensão é apoiada aqui pela figura a seguir, ou melhor, por qualquer uma das duas figuras a seguir (a segunda fora das convenções especiais tendo o mesmo alcance que a primeira): [*faltam as figuras*]

Figuras que se leem:

Proposição dita maior. H contido em M.
Todos os homens são mortais.
Proposição dita menor. S contido em H.
Sócrates é um homem.
Conclusão. S contido em M.
Sócrates é mortal.

Fica implicitamente entendido que mortal quer dizer: sujeito à morte; resta saber o que pode estar sujeito à morte? (Um ser, um vivente, um organismo, ou apenas um organismo sexuado?) Mas podemos negligenciá-lo e esse sujeito pode se contentar em querer dizer que somos para a morte, eliminando de mortal a acepção de *portando a morte*, que nos forçaria, mesmo assim, a indicar que assuntos podem ali ser incluídos como: o pecado, a doença, a língua pérfida, enxotando para mais longe ainda o tédio, cuja metáfora enveloparia o discurso de um professor, uma supervisão analítica ou o que a própria língua projeta mais alto o produto com o mesmo jato que suas difamações.

A esse respeito, pode-se observar que a princesa da Alemanha, seja ela ou não mortal em qualquer um desses sentidos, ela o é metonimicamente suficiente, a saber, como endereçamento da enunciação, para reconduzir Euler ao horizonte mental de Popílio. E fazê-lo esquecer que, traçando esse círculo no chão, ele limita duas superfícies, uma das quais é a que se estende a seus olhos, desde que não seja muito grande, e a outra é o resto da superfície terrestre, limitado pela mesma borda, que é também, e por isso mesmo, uma superfície circular.

Exceto que, o que lhe era exterior tornando-se interior, o inverso também é verdadeiro, a saber, que Sócrates ali desempenha a função de círculo exterior ao homem, portanto incluindo-o, que o homem não menos "circunda" o mortal, portanto o compreende, o que, afinal, não é sem poder ser compreendido, mesmo por uma princesa da Alemanha.

Isso não é senão aproximação e bagatela em relação ao que nos traz um mínimo de atenção ao que acarreta "compreender" o conceito em extensão.

Falamos claramente de "compreender em extensão", assinalando assim que não opomos compreensão à extensão, porque isso seria apenas para nos apercebermos de que é impossível compreender a compreensão, antes de tudo de um problema lógico, devendo começar por excluí-la.

Não é, portanto, em razão de um sentido, embora claramente distinto, da cópula em *todos os homens são mortais* e em *Sócrates é um homem* (do que resultaria que a cópula em *Sócrates é mortal* deveria ser examinado, mesmo que apenas para decidir a qual dos dois sentidos anteriores ele se liga). Não, não é para entrar em uma crítica fenomenológica do juízo de atribuição (ele é de essência ou de existência, de conjunção ou de disjunção, de assimilação ou de diferenciação?) que devemos pôr os círculos de Euler em questão.

Cabe a nós perguntar com que título Sócrates pode entrar em um desses círculos.

Pois Sócrates não é apenas o sujeito de uma atribuição afirmativa que se distinguiria por ser particular, no que diz respeito à atribuição que a precede como afirmativa universal. Para dizê-lo, não é a proposição menor de um silogismo em [*falta palavra*]. E Aristóteles olhava para isso de tão [*falta palavra*] antes de considerar a menor como admissível em um de seus silogismos, que, em nossa opinião, no fim das contas ele o afastaria.

Porque, para um lógico digno desse nome, Sócrates é antes de tudo um nome próprio.

Não entraremos aqui no estatuto do nome próprio. Aqui, apenas a proposição nos interessa para distribuir o que ela atribui.

Percebe-se então que o que a distingue das outras proposições é que ela é propriamente uma identificação.

Que ela seja uma identificação é manifesto no fato de que se poderia escrever como uma equivalência.

	Sócrates		*um homem*
que pode ser lido:	*Sócrates*	*(é)*	*um homem*

(*é* não é logicamente indispensável e faltará em latim, ou em chinês)
ou retroversivamente *um homem (é) Sócrates.*

Onde se vê que Sócrates não é apenas identificado como um homem, mas que ele identifica um homem.

Os serviços de identificação forense e os leitores do *France-Soir*, ou seja, um júri que o lógico deve por certo levar em conta, concordarão em dizer que Sócrates identifica também um cadáver o qual, Sócrates identificando o morto, deixa ver que se dissermos que Sócrates é um homem, disso resultará que um homem morto ainda é um homem, o que nos levaria a ter afirmado que os mortos são (ainda) mortais.

Essa identificação tem o efeito de nos mostrar que Sócrates, como nome próprio, leva ao mais alto grau de evidência que é antes de tudo dele mesmo que um significante se coloca como diferente.

Sócrates é um homem na medida em que é o vivente desse nome, mas o que nos interessa aqui não é ser um vivente, mas portar esse nome. O homem Sócrates, para ser realmente Sócrates, isto é, ele mesmo, ademais se chama Sócrates.

Quer dizer que "se [*on*]" o chama Sócrates, sem dúvida, mas, na maneira como a língua francesa o enfatiza, ele se duplica precisamente por Sócrates intitular-se no catálogo de todas as línguas, por mais profetizado que ele seja em seu país como o Sócrates dos companheiros.

Disso resulta, mais ou menos *socrethomente* [*socrethomment*], que cada vez que a palavra Sócrates é articulada, há Sócrates que se diz, mesmo que ele não esteja mais ali para fazê-lo com sua boca. E o que merece atenção na conclusão é que é, pelo fato de que Sócrates se fala é que ele é mortal.

Esse é inclusive um dos traços a lembrar para concluir: certamente o *socrado* [*socré*] bonachão não é só de lógica, mas o Sócrates, como denominado, o assim chamado Sócrates é um homem (e não puro sujeito da enunciação).

Pois o para todos os homens não traz nenhuma dificuldade: eles são mortais por uma lógica puramente formal, mas também por consentir que se constitua nesse todos-os-homens e propriamente sob o aspecto desse *dictum de omni et nullo*, para dizê-lo de todos e de ninguém, ou seja, no sentido aprimorado por Aristóteles para a lógica da afirmativa universal, já que é isso muito comumente o que permite a cada um não se sentir demasiado concernido quando se trata de si mesmo. Em outras palavras, a própria enunciação de sua humanidade é marcada por sua condição de mortais.

A lógica da certeza não é nem de extensão nem de compreensão. No máximo de preensão, mas que deveria ser sutil. Não engaiolando nada, ela não precisa ser alargada; não voando mais, sejam quais forem suas falas sobre isso, inútil emboscá-la na cola das três dimensões.

No máximo um cadarço, mais propício, mesmo no tempo de Euler para pegá-la pela gola de seus estrangulamentos, do que uma cola à qual só adere o pé já de chumbo do geômetra.

Esse cadarço, nós o anunciamos, é o oito interior, cuja linha não tem de intersectar a si mesma aparentemente, portanto, nada mais do que a circunferência de uma superfície euleriana, exceto que o cadarço pode ser torcido.

Dizer-se-á que o oito interior não passa de ilusório por ser apenas a projeção sobre um plano da torção do cadarço?

Isso é compreender mal o de que se trata na superfície que é definida por uma borda. Pois como imaginar a superfície correspondente ao cadarço que se recobre a si mesmo para dar duas voltas? De todo modo, sua duplicidade estará livre de qualquer efeito de perspectiva.

Ora, o que é mais tentador para representar o processo de identificação do que a aplicação de duas superfícies que parecem se desjuntar entre si apenas no momento exato em que, por se juntarem, elas não fazem mais do que uma?

Essa ideia seria imprópria sem a hipótese expressa de que há apenas uma superfície possível para uma borda, hipótese que é contrária ao próprio propósito da topologia.

Só há travessias possíveis de uma superfície pela outra, que podem ser tão numerosas quanto quisermos, mas das quais a mais "natural" para a intuição espacial é simples: não ir além da linha H, que representa a reentrada da superfície designável como unindo o segmento h ao segmento M da borda em uma outra superfície unindo o segmento S ao segmento m.

Apresentamos algumas figuras que materializam visões diversas dessa porciúncula com novo estilo — pensando que elas facilitarão o que alguns leitores podem requerer de suplemento intuitivo.

Desenvolvamos a ilustração topológica que pretendemos extrair de uma tal figura.

Ela reduz o encadeamento silogístico que vai de *todos os homens são mortais* a *Sócrates é mortal* a um paralelismo simbolizado pelo paralelismo das duas sequências segmentares h m e S M, as quais podemos fazer corresponder ponto a ponto. A passagem de uma a outra dessas proposições faz-se então por simples substituição, em outras palavras, metáfora, de Sócrates para todos os homens.

Essa topologia torna perceptível o modo contingente sob o qual pode ser concebido o *é um homem*, uma vez que ele se articula aqui a Sócrates apenas por curto-circuito, se assim ousamos dizer, que uma superfície estendida sobre h M em relação à argola S m inteiramente desdobrável anteriormente pode fazer, mas que, doravante, essa travessia tem como efeito suturar duplamente através da linha H de h até M e também de S até M.

O *é um homem* assim figurado está topologicamente posto na posição em que nossa análise anterior o encontrava, de identificação vinda em consequência da reaproximação das duas proposições precedentes, mas de identificação nem topologicamente necessária (a travessia da superfície por ela mesma, por mais "natural" que ela seja, é facultativa), nem logicamente suficiente (tudo o que estaria no lugar de Sócrates na posição de mortal não é forçosamente um homem).

Nosso propósito é ilustrar, na posição dessa linha, a falsa identificação que é aquela onde a análise moderna faz bascular a conjunção da transferência e da demanda.

Nosso propósito é também determinar, nessa topologia, o lugar de uma identificação que seria a verdadeira, caso ela tivesse na análise uma função completamente diferente da precedente e, em termos específicos, uma função não terminal.

Para prosseguir na demonstração disso convém retornar à conjunção metafórica das duas proposições: *todos os homens etc.* e *Sócrates etc.*, que são maiores, e a conclusão do silogismo.

Diríamos que as bordas que as simbolizam aqui só podem ser suturadas para superar uma hiância, aquela da qual todos os homens e Sócrates se distanciam em sua relação com a morte.

O que liga todos os homens à morte é de fato, ou de necessidade, a questão ainda pode ser considerada obscura. Do mesmo modo, outras questões de pura lógica: por exemplo, se enunciamos aqui uma proposição puramente predicativa ou se pretendemos nessa atribuição elevar o sujeito ao conceito, seriam prévias a isso. E poderíamos deter-nos também na implicação da afirmativa universal, a qual contém a possibilidade de que não exista nenhum homem nem nada de mortal.

A posição do sujeito no lugar da morte também pode permanecer indeterminada se substituirmos esse todos-os-homens, cuja universalidade nem sequer implica a existência, por qualquer homem, cuja particularidade só estaria aqui assegurada pelo suplemento constituído pela afirmação da sua existência.

A posição desses dois sujeitos pode ser assimilada, pois atribuímos o mesmo valor de julgamento à sua respectiva proposição.

Não é o mesmo se o segundo desses sujeitos é Sócrates, ou seja, o Sócrates que pode se dizer ser Sócrates, o "assim chamado" Sócrates.

Pois este Sócrates é inseparável deste *dizer-se* [*soi-dire*], ao qual ele deu uma forma deslumbrante do único assim chamado [*soi-disant*] que dele nos foi transmitido, ainda que este assim chamado o desfigure.

Mas há duas coisas das quais o assim chamado é irrefutável, por ser ligado de forma a não se prestar à interpretação quanto ao dizer de Sócrates.

A primeira é a voz que, em momentos importantes foi, ou não, relatado no testemunho de Sócrates, ouvida por ele como a voz de seu demônio. Esse isolamento de um objeto, a voz, com uma relação mais próxima do que qualquer outra à relação do sujeito com o significante, bastaria, por seu bloco, para nos impedir de confinar, em qualquer pessoa, a relação do sujeito Sócrates com toda enunciação feita em seu nome que não seja por ele ou por outros.

O que os enunciados de Sócrates devem à voz, cujas advertências foram, segundo seu próprio testemunho, determinantes para ele em sua ação? Eis aí uma questão que pode surpreender, por ela ter suscitado interesse apenas medíocre, em uma posteridade que é nada menos do que essa ação da qual ainda vive todo pensamento. Isso, pelo menos em nossa história, entendamos bem, na história de um pensamento que a psicanálise vem sustentar.

(Pois o próprio século XIX parece ter se dado por quite, a bom preço, com sua vocação de psicopatologizar o homem, de colocá-lo à prova no caso: nada aí vai além do fôlego, ainda assim curto, do trabalho do eleito.)

Esse primeiro ponto mereceria ser enfatizado por não ter uma relação menos pertinente com o nosso propósito do que o segundo ponto que, por vir agora, o une de modo mais aparente.

É que a relação de Sócrates com a morte, a saber, que ele a tenha pedido e obtido ao mesmo tempo em que seu discurso para seus juízes impuseram-lhes a escolha entre Sócrates tal como ele era, afirmado por Sócrates ser Sócrates tal como sua voz os fazia ouvir — e a morte de Sócrates.

Aqui, nenhuma maquinação, exceto aquela previsível e sem adornos dos inimigos. Maurice Merleau-Ponty, em sua aula inaugural no Collège de France, debruçando-se sobre esse dilema em que Sócrates confina os outros, irá encarregá-lo de sua saída. Ele ali mostra onde se dividem as éticas. Uma moral do diálogo existencial que, por não reconhecer nenhum outro obstáculo senão o desvio indefinido, quando se trata do engajamento de que talvez ela não se orgulhe tanto, e que, para reconduzi-lo, ela sem dúvida não está longe de uma prática psicanalítica a qual, neste momento crucial do julgamento de Sócrates, não deixa de pôr em jogo seus motivos inconscientes.

O único enfado é que, tanto quanto a prática existencialista, é medindo esses motivos em relação ao princípio de realidade que ela argumenta de acordo com uma e com outra.

Seria preciso convencer, até mesmo ter pena dos juízes, evitar-lhes o banimento do crime.

Avançamos que a psicanálise nos torna responsáveis por um outro acesso ao real, que é aqui o acesso ao desejo de Sócrates, do Sócrates que, por si mesmo, declarou que, ignorante de tudo, ele só se conhecia em matéria de desejo.

E, quanto a Sócrates, onde iremos nos unir a ele nessa escolha que ele institui no lugar do Outro e para reconhecer nela o veredicto do qual ele não se esquivará, abalando assim para sempre, e justamente por não condená-la, a Cidade humana e sua Lei?

Não somos aqui levados pela própria via onde se distinguem não dois sentidos do atributo que faz do sujeito não mortal (em outras palavras: não dois sentidos da morte), mas dois lugares diferentes do sujeito, no que diz respeito ao significante da morte (da qual resultam dois modos diferentes de estar sujeito à morte), não somos aqui levados a essa pulsão de morte, promovida por Freud no momento culminante de seu pensamento? Pedra de escândalo, caso houvesse, inesperada sob a pluma de um biólogo, mas que, na comunidade instituída por seu desprezo pelos homens, tornou-se o signo de contradição, pelo qual se reconhecem e de maneira patente a rejeitá-lo, aqueles que se esmeram em colocar a análise a serviço das diversas orientações políticas.

Eles se assombram de ver ali desconhecidos os direitos da vida que, como todos sabem, triunfa sobre tudo.

E não é muito cômodo incluir ali essa boa agressividade que, em termos de viver às claras, quer dizer que a morte é saudável apenas para os outros! Aqui está uma bela e boa pulsão de morte, concordamos com Freud enquanto acreditávamos que era a isso que ele dava o sinal verde: que é preciso que a agressão aconteça para que o eu [*moi*] se reforce.

Não esqueçamos que a moral política que se deduz de Darwin e sobre a qual ainda permanece suspensa uma área da civilização, moral que um Jones não parece querer questionar quando, em sua hagiografia, é o único momento em que ele não pode deixar de zombar de seu mestre: como se pode ignorar os méritos de um pensador do qual se sabe que ele faz muito bem suplência ao jogo de palavras cruzadas do evolucionismo?

Tais são as posições fundamentais encobertas pelas coceguinhas feitas a esse respeito para o psicanalista mimar um "instinto de vida", cujo vestígio, em Freud, não é encontrado, não mais do que o da pulsão com o mesmo nome. E por um bom motivo.

Pois a manifestação primeira de uma pulsão é a demanda. A pulsão de morte é primeira e clinicamente representada pela demanda de morte. A questão de "como respondê-la?" e do desejo que ela encobre é essencial à técnica e as coceguinhas feitas à pulsão de vida no sermão dos bons apóstolos não é, esperamos e cremos, o epitálamo em que eles eventualmente encontram essa retomada.

E isso, tanto mais que essa pretensa pulsão de vida seria, antes de tudo, demanda da vida, da qual todos sabem que ela nada tem de mais tranquilizador do que a demanda de morte, por decorrer de circunstâncias que, por se oporem uma à outra como o de fora ao de dentro, não deixam de aparecer ao exame de uma inquietante vizinhança.

Seja como for, aqui está um movimento que, projetando sua partida (mas de maneira retroativa, já que evitamos justamente essa partida) na distância da morte natural à morte obtida pela demanda, dirige-se para essa espécie de conjunção disjuntora onde se assinalam os passos distintivos da lógica psicanalítica.

O entre-duas-mortes é, a um só tempo, desde a morte obtida pela demanda até a morte exercendo seu império natural, mantido e cumprido.

Mantido, nós mesmos marcamos seu espaço como essencial à ética trágica do gozo em psicanálise.[8]

Cumprido, se é verdade que, com Freud, articulamos o mais além do princípio do prazer, e, mais amplo em seu reino do que a própria morte do indivíduo, o desejo que rege em suas profundezas a excrecência total da vida.

Mas então parece que não é necessariamente por ser um homem que Sócrates, por meio de sua demanda (e duplamente como enunciação, isto é, como desejo e como voz, quer dizer, como objeto caído do Outro — e há também as vozes dos cidadãos que votaram sua morte), que Sócrates, dizíamos nós, proferindo nesse discurso ininterrupto que é sua vida, discurso de atos antes do último que os sela por juntar ali a morte ao desejo, abre, de fato, o campo (no mesmo sentido apontado ali em nossa introdução). O campo decorre de uma pulsão duplamente material (na ciência e na criação), pela qual se define o homem como o vivente que a linguagem reestrutura.

Não é por ser um homem. Mas talvez por ser um momento de confissão, até mesmo de emergência do homem.

Pois, sempre guiados pelos trilhos de nossa topologia, nos perguntamos agora o que está faltando a esse todos-os-homens para não serem também homens "assim chamados". Certamente, eles também têm cada um seu nome, que a psicanálise mostra ser sempre tão singular, a ser atado a seus feitos e gestos. Eles só o perdem na ambiguidade desse todos-os-homens que reunimos por serem mortais.

Ao fazê-lo, nós os privamos, cada um deles, da ocasião de se fundamentar como homem na enunciação de que estão destinados à morte. De acordo com o processo denunciado acima, colocamos ao alcance de qualquer homem rejeitar o destino de todos os homens, o que o sujeito, para permanecer humano nos dias de hoje, deve assumir do ser-para-a-morte.

Qualquer homem, dissemos, no que se destaca trata-se de um homem sem nome, mas que também se poderia denunciar a apropriação do termo de proposição universal.

8. Em nota do Seminário sobre *A ética da psicanálise* (1959-60).

A indeterminação do sujeito não é universalidade. Por outro lado, aprendemos a designar nela a manutenção do sujeito no inconsciente. E é de fato como inconsciente que o homem se mostra aqui ser homem, da mesma maneira que Sócrates em sua demanda de morte.

Portanto, não é de modo algum mediante uma enunciação que, por ser discursiva, o fundaria como sujeito na certeza de fazer sua demanda, que algum de todos-os-homens afirma que seu quinhão é o de ser mortal.

Tampouco é verdade que Sócrates seja sujeito à morte de todos os homens, por mais aparente que seja sua necessidade, natureza ou encontro; não é verdade que ele escapa à prova de morrer por sua demanda de ter feito a morte chegar à sua voz, quer dizer, a morte chamada leva sua voz para sempre.

Não é possível que Sócrates seja identificado com um homem na linha H, onde as duas superfícies h M, S m se recortariam, as quais só podem surgir da sugestão que imporia (irrisão) a Sócrates que ele está morto como todos os homens, de pôr na conta de todos-os-homens que eles demandaram morrer e o obtiveram na proporção.

No entanto, é isso que uma técnica analítica pode realmente chegar a fazer quando ela acredita poder interpretar uma pulsão como uma realidade natural, e forçar Sócrates aceitar a demagogia reacionária. Os dois se mantêm: depois disso, é fácil dizer que Sócrates pereceu em uma agressão temerosa.

Notemos que, aqui, deixamos em aberto a questão do que é o desejo de Sócrates, que, por outro lado, implicamos que a pulsão de morte não deve ser tratada, não mais que interpelada, como humana, mas como efeito de transgressão do significante. Transgressão quer dizer aqui que o desejo, essência do homem, só é a essência do homem entre outros seres — que há desejo de homem ali onde a humanidade é recusada, ali onde o homem falta no "assim chamado".

Sabemos que essa é a recusação cada vez mais difundida nos dias de hoje. Aqueles que reivindicam em nome dos direitos humanos, sentindo-se cada vez menos sustentados pelos critérios de humanidade, em outras palavras, de direito das pessoas na conduta, e legitimando cada vez mais que o homem negue a humanidade do seu semelhante.

Esse lembrete bobo é para colocar no lugar o humanismo que uma vez comparamos a um saco de lã com um cadáver dentro.

Não era um élan lírico, nem alusão à chancelaria britânica. Gostaríamos que fosse lembrado que durante um tempo as mulheres, dizem, eram jogadas no Bósforo, acompanhadas nesse envelope por uma cobra e um gato.

Embora sem intenção muito perspicaz entre os adeptos dessa prática, rogamos que se reconheça nela o que a psicanálise extrai do mesmo saco.

Talvez tenhamos desobstruído o suficiente para reconhecer em nossa topologia o elo de uma identificação saudável.

Basta perceber que há algum tempo não tratamos da superfície do oito interior, não mais do que de sua eventualidade de atravessar a si mesma.

Jogamos na superfície que se pode [*falta palavra*] exterior à precedente em relação à borda que as limita a ambas.

É notável, e esta é a propriedade essencial que se esconde no oito invertido, que essa superfície exterior, diferente daquela com a qual completamos o círculo de Popilius, não seja como aquela tão estritamente equivalente, em termos topológicos, à sua conjugada.

Se a primeira superfície é, no fim das contas, um círculo que finalmente se dobrará sobre si mesmo em torno de um ponto de sua circunferência, a partir do qual cada ponto se junta ao ponto diametralmente oposto sobre esta, a outra, totalmente diferente é uma banda de Moebius, ou seja, uma superfície notável por não ter nem direito nem avesso.

Essa superfície que, como acabamos de experimentar, é o verdadeiro elo não mais de uma metáfora formal dos significantes, mas de seu efeito criador no sujeito, tem uma propriedade que aparece necessariamente, que é a de atravessar a superfície precedente e, de modo preciso, de acordo com a linha S que pode ser situada em um campo bastante amplo entre h e M, unindo um ponto da argola interna da figura oito a um ponto de sua argola exterior.

Essa linha representará a identificação autêntica, aquela não mais de um H, classificação aqui, do homem, e até mesmo de um I, ideal de seu tipo genérico, mas de S onde a indeterminação de seu sujeito inconsciente em todos-os-homens, por ser aberta à certeza do sujeito de poder pedir a morte (h M em sua posição inferior), aqui se juntam para derrubar a imitação proposta por Sócrates a todos os homens, da demanda pela qual ele mesmo a obteve, ou seja, o que tem a maior relação [*falta palavra*] com o desejo que Sócrates [*falta palavra*] o descobrir (já que ele não entrega nada dele exceto sua demanda, mas não por sua justificação) proposto a eles como exemplar.

O elo dessa demanda é a superfície primeiramente tratada como "interior", limitada pela borda por si mesma redobrada de h m em S M, onde se lê a dupla possibilidade de progressão e de regressão de um "Ali onde isso era (a pulsão de morte indeterminada), eu (sujeito da demanda socrática) de onde advir para morrer".

O sujeito \$ é propriamente o sujeito que vacila na pulsão, desde o isso onde ela se aloja até o ato com que, sem escapar de seu traçado, ele consegue atingir com seu objeto (aqui sua voz) o alvo onde a pulsão é satisfeita.

Ora, esse sujeito só é determinado na medida em que a demanda de Sócrates encontra em todos os homens a possibilidade de sua própria interpretação como pulsão de morte.

Mas a possibilidade da interpretação é a conjunção do sujeito indeterminado e da demanda h M; ela não é a interpretação, assim como a demanda de Sócrates não é o desejo de Sócrates.

Este último ponto é confirmado pelo fato de que Sócrates, mesmo se quiséssemos fazer da linha \$ o equivalente do *é um homem* da identificação humanista, Sócrates, ele mesmo, faz escapar seu desejo e seu objeto (sua voz) de qualquer captura na argola do oito interior, como pode ser visto ao desdobrá-la.

Sócrates não é nem um homem, nem sujeito a uma morte demasiadamente humana, mas o modelo oferecido ao homem para fazer de sua morte o princípio de sua humanidade.

É preciso acrescentar ao nome de um desejo causado por um objeto, a voz, do qual é tão pouco indicado no princípio que seja um desejo humano que seu uso prevalece até os nossos dias, apoiado aliás sem a menor reflexão, reservar sua origem demoníaca onde a voz sussurraria, a assembleia trovejaria e não se ousaria nem mesmo piscar um olho se alguém de formato khrushcheviano o escandisse: paranoico.

Portanto, isso se conclui naturalmente pela natureza da observação, pela natureza essencialmente transferencial da adesão do homem à humanidade. Eu sou um homem, como veremos, por dever me declarar sê-lo, antes que aqueles que seguem Sócrates aqui me desmintam de tornar patente que não sou seu exemplo. Essa transferência, como qualquer outra, é enganosa.

É muito simplesmente porque, ao nível de todos-os-homens, ele é sustentado apenas pelo significante indeterminado do homem qualquer, o qual, como todo significante, representa bem o sujeito, mas apenas para outros significantes, a saber, aqui, os outros homens que, por serem como esse homem, não têm mais determinativas subjetivas, em outras palavras, coletam-se com ele em um conjunto de significantes de homem (sombra de homem à maneira seis-quatro-dois, realiza o paranoico Schreber), não deixam em lugar algum a possibilidade de saber o sujeito de uma certeza concernente ao homem.

Todos-os-homens só têm a certeza de serem mortais, de se reconhecerem como iguais perante a morte, apenas pela preterição da função de sujeito que lhes é aberta, por só poderem dizê-lo, e *a fortiori*, sobre a certeza que resulta de poder demandar a morte.

Insistimos: a identificação desse sujeito com o ser-um-homem da proposição menor tomada em extensão é em relação à realização do homem no sujeito, por meio da imitação de Sócrates, externa, ainda que seja seu fruto. Isso porque ela invade, como a relação topológica das duas linhas S̸ e H o manifesta, o elo vazio, porque excluído das duas superfícies (argola desatável do oito interior, "furo" central da fita) onde se conjuga a voz de Sócrates com seu desejo.

Mas essa identificação enganosa por ser transferencial usurpa assim a certeza do sujeito apenas ao transpor a linha orientada de S a m, regressiva, portanto, em relação à direção geralmente seguida até agora pelos agrupamentos enunciadores, regressão que se traduz pela enunciação, retroativa de fato, de que Sócrates nasceu mortal.

Essa enunciação parece ser favorável à identificação em questão, ou seja, de Sócrates com o ser-um-homem, onde todos-os-homens se qualificam por um semblante de universalidade: a linha S m mostraria aí uma permeabilidade legítima.

Mas isso só seria assim se esse nascimento fosse o princípio do confronto de Sócrates com a morte. Ele o é?

A própria psicanálise parece articulá-lo, quando, para além de toda linguagem, ela vê na angústia o sinal eletivamente promovido desse falecer que é o nascimento, com a função de advertência dos mais misteriosos perigos.

Mas justamente a psicanálise, quanto a esse perigo como vindo de dentro, nunca disse que ele decorria da pulsão de morte.

Em contrapartida, no que diz respeito à pulsão de morte, aqueles efeitos propriamente clínicos que são creditados ao masoquismo mais original, a psicanálise coloca em primeiro plano, para interpretá-los com clareza, os antecedentes do desejo que vem a nascer, precisamente do desejo dos pais.

O fato de o nascituro não desejado ou morto nascer como o mais votado à morte impede de dizer que, aqui, um desejo que escapa (justamente porque se acreditaria poder sustentar aqui a morte como natural), não se interpõe aqui também e por essa ausência mesma à passagem do sujeito, mesmo que tomado como objeto, à identificação com o ser-um-homem.

Se, portanto, essa identificação é de fato externa à empreitada que sugere a imitação de Sócrates, na medida em que ela sozinha conduz o homem a se fazer homem como mortal, também aí ela é supérflua.

E isso é confirmado pelo fato de que não há nenhuma necessidade de ser efetivamente um homem para ter essa experiência socrática da demanda da morte. É preciso os pontos nos I da Hóstia crística? E insistir em dizer que, ao ouvir aqueles chamados teólogos especialistas nisso, é exatamente isso que estamos tentando articular, é disso que se trata no caso. O Cristo, que o saibamos, é Deus.

Ouvimos com clareza o anátema elevar-se das fileiras da Disputa, tanta fé clichê para os pintores do século de ouro no grande anfiteatro celeste (aquele que é equipado com tradução simultânea).

As duas naturezas, brada-se nessa linguagem, cuja implacabilidade nos deleita.

Certamente o Cristo também é homem, mas, dizem-nos bastante, porque ele quis sê-lo, que o desejo não somente o seu, mas o das Três Pessoas, foi conjurado para que ele descesse no seio da Virgem Maria.

É o que estamos dizendo aqui. Não há nenhuma identificação com o ser-um-homem que seja válida para qualquer sujeito sem a interpolação de um desejo, cujo mistério aqui parece esclarecer-se no Filho, o desejo de fazer-se a hóstia de uma redenção, mas que não deixava de espessar-se novamente por remeter ao desejo que a dita redenção satisfaz no Pai — o qual, Ele, não é nem se fez homem, de memória de *gripe-defumada* [*grippe-fumée*].

Eis agora o que dará a nova cadeia dedutiva concernente à ligação de Sócrates com a morte, e àquela que, por sua ação, ele propicia a todos os homens — ao explaná-la em um círculo à maneira de Euler.

A superfície da banda de Moebius, ao estender de forma arredondada sua borda única, toma o aspecto de ser aqui a superfície externa a esse arredondado, com a condição de se imaginar as duas metades dessa borda unindo-se uma à outra por pontos diametralmente opostos, o que se obtém por meio de uma meia torção da superfície que as junta sobre ela mesma, essa superfície servindo de medianeira para o cruzamento da linha central em um de seus diâmetros.

Sobre esse diâmetro lê-se é sujeito, pelo fato de ser-para-a-morte, ou seja, o que denotaremos mais adiante como uma asserção de certeza antecipada, proposição que, para se referir a um sujeito indeterminado, não deixa de ser particular por lhe conferir a existência.

O sujeito dessa afirmativa particular é extraído da borda superior como sujeito do impossível, pois é impossível encontrar como qualquer outro, a fortiori como universal, o sujeito da pulsão de morte. Exceto ao supor um nome para esse sujeito, mesmo que fosse incognoscível, um nome próprio, pois somente a enunciação de tal nome pode permitir-lhe fazer passar a pulsão ao ato até que a morte seja consumada.

Ora, essa suposição é enganosa, uma vez que o sujeito da pulsão de morte não poderia ser nomeado por ser o próprio silêncio.

Mas é justamente esse embuste que permite ao sujeito impossível da pulsão realizar-se como sujeito da certeza, e isso no ato que, para ser feito apenas por imitação de Sócrates, não deixa de realizar a finalidade absoluta que é aquela da pulsão de morte.

Esperamos que, princesa da Alemanha ou não, todas aquelas para as quais tais representações facilitam as coisas não se contentem com isso.

Não nos prestarmos homenagem por termos perfurado esse efeito de sadismo que apontamos acima como próprio à complacência que, se traduzido em certos exemplos de lógica formal, indicaria que talvez não haja anódinos.

Pois não há, por parte dos lógicos, algum [*falta palavra*] para nos impor que uma morte tão sabiamente conquistada que, por não ser um suicídio, sustenta um prestígio onde todo o pensamento humano sucumbiu, seja apenas a morte de um mortal, para nos impor como uma conclusão que ousamos dizer lógica aquilo contra o qual precisamente tudo o que há de efeitos de linguagem, desde Sócrates, se erige em uma ordália de cataclismo, a saber, que o homem dá a medida dessa relação do mortal com a morte.

Poça de cola mental, e até mesmo de *cicola* [*ciglue*],[9] onde, há séculos, aqueles que exploram as fantasias postas em circulação pelo primeiro grande cunhador de Sócrates deleitam-se em chafurdar. Este, na hora fatal, não tendo outro título senão uma frequentação duvidosa, sua audiência e uma ausência muito notável, tendo em vista a posição social do sujeito, a não ser ter posto toda a sua arte para desviar a maldição dela.

Para nós, gostaríamos de pôr à prova um silogismo da mesma estirpe, tal como este que encontramos na atualidade sem necessidade de nos rebaixarmos.

---

9. *Ciglue*, neologismo de Lacan, valendo-se de certa homofonia com *cigüe* (cicuta, o veneno com que Sócrates se suicidou) e *glu* (cola). (N. T.)

Todos os cosmonautas são mijões.
Gagarin é um cosmonauta.
Então Gagarin é um mijão.

Este exemplo, que forjamos para fazer até mesmo um professor sentir o escândalo do silogismo de Sócrates, talvez se revele mais engenhoso ao ser examinado.

Por mais engraçado que seja, o intuiremos como propício a juntar-se ao terreno do psicanalista. Há uma recompensa que o parentesco da chama urinária com os altos volteios da proeza perfurou no resguardo protetor do colchão das opiniões aceitas em matéria de motivação.

Mas quando se trata de pôr à prova nossa lógica, partiremos do sujeito da identificação eventual, que seria a de ser-um-cosmonauta, para facilitar nossa tarefa.

Aqui, não há nenhum embaraço quanto ao alcance da afirmação universal. Ela não identificará nada falso, já que não há cosmonauta.

Não há cosmonauta, muito simplesmente porque não há cosmos, pelo menos em seu trajeto. De fato, nós o sublinhamos em nossa introdução, a órbita do satélite artificial é por certo a realização da rejeição inaugural da física científica, aquela precisamente de todo cosmo, isto é, de toda intuição pela qual a vida da espécie se guia.

Gagarin, portanto, por ser-um-cosmonauta, faz passar ao ato um sujeito do impossível, mascarado por um sentido trivial, sem obturar seu sentido lógico: o de ser o sujeito de um conjunto vazio, ou, se quisermos, de um estado de nada.

O singular deve ser visto na maneira como ele o encarna, que vai mais longe do que a maneira pacote de sua jornada.

Pois isso nos levaria a nos interrogarmos sobre o sentido dessa inversão, que já nos havia impressionado em nossa introdução — aquela pela qual o vivente que ancestralmente realizou essa inclusão da atmosfera que é um pulmão, vai agora ali aninhar-se de forma mecânica precisamente para se excluir da atmosfera.

Que o mijo ali faça o ambiente, mostra os limites do campo de tiro, mas não sua apropriação ao ato.

Pois vemos claramente confirmar-se, aqui, se ainda fosse necessário, a distância da pulsão para com a função que a suporta. Ela está muito mais perto da demanda que fazia a criança levantar o dedo na escola do que da necessidade que a impeliu a fazê-lo. E teríamos que forçar as coisas para evocar o uso demonstrado pela etologia da micção visando a marcar o território.

Se Gagarin é um mijão, está no comando. Se ele é um pacote, é daqueles que só conhecem as instruções.

É na demanda absolutamente indeterminada de ser totalmente obediente que Gagarin se enuncia como sujeito da certeza.

Mas o que ele enuncia do lugar onde se realiza sua transferência? Cabe dizê-lo, por pouco que seja, e justamente porque essa transferência é *acósmica*.

O provérbio não diz exatamente que quem vem de longe só pode mentir.

Mas o silêncio de Gagarin nos faz sentir que não há nada a dizer ao Outro, se podemos ludibriá-lo.

O *acosmos* é antiépico, por ser o lugar onde não há Outro para enganar.

Onde não há, por isso mesmo, falsa identificação. No lugar do estado nadificador cosmonauta, o testemunho é verdadeiro por ser silencioso.

ESTE É O NOSSO NOVO círculo de Euler.

Nossos melhores ingleses talvez pudessem reconhecer nisso o termo de uma formação psicanalítica. Afinal, por que a técnica não se equipararia às disciplinas que hoje são os agentes altamente impessoais das missões mais qualificadas?

Bastaria que Gagarin delirasse o suficiente para se acreditar um cosmonauta, ou seja, um psicanalista.

MAS MESMO QUE OS VALENTES do "Adeus e obrigado" fossem até o "Sim, meu capitão", eles ainda estariam longe da conta.

Porque ali faltaria o desejo decisivo, tanto quanto no ato socrático, embora menos velado.

Esse desejo é de fato aquele ao qual Gagarin subordina seu ato, nada mais é do que aquele que ele supõe em seu povo sob o líder do Partido. Suas declarações sobre isso, bem como sobre o resto, excluem o embuste. A confiança depositada nos construtores de sua máquina encontra sua certeza no fato de que eles representam a vontade do povo soviético.

O que se pode dizer desse desejo é que ele é tão determinado como vontade de poder que exclui a angústia naquele que se faz seu instrumento.

Para tentar uma vez mais nosso silogismo de identificação, sem seguir os rastros de Lewis Carroll, voltaremos a tomar nosso exemplo todo preparado de um tratado que, por estar muito bem colocado na revisão moderna do formalismo lógico, não deixa de prosseguir a tradição de fazer cócegas no desafio ao bom senso (o bom senso sendo aquele de que fala Descartes, o sentido pelo qual a certeza se orienta).

Este exemplo é o seguinte:

Todos os homens são apaixonados.
Os santos são homens.
Então os santos são apaixonados.

Não se pode melhor fustigar a necessidade de articular em quê a paixão do santo se opõe às paixões ditas humanas, apenas tomar aquilo cujo conhecimento elas excluem, a saber, a função do objeto tal como o definiremos como causa do desejo. Ao fazer com que o santo se identifique com esse objeto, ao final, nos confins de toda esperança de despertar em Deus um desejo que corresponda àquele em que o santo se esforça para penetrar seu gozo.

Parece que, aqui, reconhecemos alguma coisa da posição de Gagarin.

Mas, na realidade, a função de Gagarin e a do santo diferem completamente do Outro com quem eles têm de lidar.

Os lazeres organizados e as relações culturais colocam o gozo do povo russo, se não sem angústia, bem protegido dos efeitos do desejo suscitado por Gagarin e a que publicidade o assegura do Outro.

Não é o mesmo para o santo de quem o Outro, se pode pelo menos dizer, se esquiva um pouco. Mas o santo concernente ao gozo de Deus tem o campo livre e não deixa de nele operar a mais ampla transferência.

Quanto ao desejo, porém, é de fato o desejo do santo que está em jogo e se poderia acreditar que a abnegação do sujeito é grande, ao se dedicar a uma oração tão impossível quanto querer que Deus tome esse desejo como o seu próprio para receber a oferenda do objeto que o causa.

Sabemos a convicção que, mais ou menos confessada, constitui a posição mística de dar a Deus a ocasião de encontrar a realidade.

Que essa pretensão do santo chegue a ponto de se tornar um dever de dar-lhe material para reconhecer sua própria realidade é suficiente mostrar que ela é correlativa a uma outra convicção: a de que para Deus, se ele fosse real, essa realidade, própria a ele mesmo, escapa.

É por isso que o próprio embuste da transferência no santo chega à extinção; seja qual for o engodo do desejo imolado a Deus, ele se verifica por levar sua determinação a uma demanda impossível tornando-se real em Deus.

Que Deus acredite nisso, é ainda outra coisa e está acima dos nossos meios de controle, mas a dialética de Descartes nos faz entrever que o importante não é que ele nisso se engane, já que, de todo modo, ele fará disso a verdade.

E o fato de ele compreender alguma coisa sobre isso é supérfluo; só há um paranoico como o Schreber para queixar-se, ademais de um modo muito esclarecedor em nosso sujeito, de que Deus não conhece nada sobre os desejos do homem.

Seja como for, para o santo, o objeto de seu desejo é de fato seu objeto, reconhecido na certeza de ser oferecido ao desejo de Deus e sua demanda, por ser aquela do impossível, é bem a de um santo.

Ele, assim, é o único homem que vem a ser o que ele quis, não apenas na morte, mas em todos os seus atos.

Ele é o sujeito do inconsciente que se realiza e liberta o homem dos efeitos do significante.

O santo é, portanto, o único sujeito que não precisou de Sócrates para se tornar homem, pois, ao despertar o desejo de Deus, sua morte sempre será disso o efeito adicional.

É também por isso que o próprio Sócrates não pode, tendo obtido a morte a seu pedido, deixar de prestar homenagem a um Outro mais digno de ser considerado depois, como a tendo concedido a ele, do que o tribunal do povo. Ele então sacrifica um frango a Esculápio, uma piscadela à sua divindade desconhecida.

Ofereçamos nós mesmos a solução desse pequeno problema aos livres-pensadores, que ele impede de dormir, fazendo deslizar em seus ouvidos, ainda por cima, que Esculápio é o Deus dos terapeutas.

Tais são as referências lógicas com as quais pensamos poder lançar luz sobre o impasse da identificação, onde vem tropeçar uma fase da análise, que o reposicionamento da demanda sobre a transferência fecharia.

Indeterminação, impossibilidade, certeza — papel, pedra e tesoura — assim são ganhadores, um sobre o outro, numa ronda circular, os verdadeiros valores com que se institui no sujeito esse jogo italiano da morra e do amor que é essa fase de análise.

Acreditamos que ela tem um mais além, sem o qual, com efeito, o sujeito só pode acabar reduzido aos preconceitos de seu analista, ou seja, a alguma coisa geralmente bastante curta e de um alcance, de início, muito previsível.

É preciso dar um exemplo? Tínhamos nos prometido não pegar nenhum outro além do último que nos fosse oferecido.

Felizmente, este é um caso em que a analista — trata-se de uma jovem mulher tão talentosa quanto bem-vinda nas esferas executivas da comunidade — se interroga sobre um desses preconceitos e suas consequências na análise.

O título desta comunicação mostra, por si só, que seu autor não é nem inapto nem constrangido para criticar os pontos mais pertinentes escolhidos da tendência geral. A exploração inconsciente do "mau pai" para manter a crença na onipotência infantil não visa apenas a uma tendência imputável à opinião mal esclarecida, mas muito precisamente sua sustentação pela psicanálise.

Daremos a conhecer apenas a observação que acaba de ser ali produzida para nos interrogarmos sobre o sentido do impasse denunciado.

Uma retificação notável na concepção de um caso apoia-se ali em uma perceptividade autêntica das advertências que um analista pode esperar de seu inconsciente, ou seja, daquilo que constitui uma de suas mais altas qualificações. Veremos que tal poder é compatível com a manutenção de uma prática clichê, que só escapa por pouco da correção necessária.

Trata-se do caso de um paciente que, após sete anos de análise, insiste cada vez mais, com falas claras, não nos fenômenos mais dramáticos sobre o sentimento do qual transpira propriamente, senão que à medida que melhora em alguns sintomas ele está mais seguro de não produzir nada de verdadeiro no tratamento, não mais do que em seu trabalho, nem na condução de sua existência.

A analista, por sua vez, admitiu para si mesma há muito tempo, e nos conta isso, de sempre ter sido cada vez mais afetada, e até mesmo no ponto de sua intimidade em que está acostumada a detectar as menores flutuações da transferência de seu paciente (isto é, o que ela chama de maneira mais apropriada do que outros de sua contratransferência), por um sentimento que ela se dedica a especificar.

Dizer que ela se sentia petrificada, congelada, solidificada a ponto de não poder intervir de acordo com seus modos comuns, resume o uso e o balanço dado por ela da situação.

Mas vale a pena entrar nos signos diferenciais com os quais conota esse efeito. Digamos que massivamente, para o profano, ele faz sentir que não há nenhuma abstração na fórmula que nos faz dizer que a transferência se situa no lugar do Outro, o analista ali sustentando o lugar desse Outro com mais ou menos realidade.

Que ela distinga esse efeito de outros tipos de entorpecimento de sua própria reatividade, notando nele uma espécie de fixidez que tentamos acentuar por meio de nossas próprias metáforas, é precioso tanto pelo que ela disso compreende quanto pelo que ela desconhece.

Ela compreende, por exemplo, que ele se distingue de um simples efeito de projeção, que ela conhece bem por experiência. Que ele recubra exatamente o que Freud descreveu como neurose de transferência, ou seja, como o que ninguém mais sabe distinguir — não é menos notável.

Que haja nisso uma característica da relação com o objeto parcial também não lhe escapa, mas ela o atribui à transferência.

O que não lhe escapa é o alcance real do sentimento de que a queixa do sujeito está errada.

Quando o excesso dessa discórdia íntima torna-se tão sufocante para o paciente a ponto de ele voltar a lhe pedir socorro, o analista, no intervalo, já chegou à ideia de que nos desencaminhamos durante todos esses anos quanto à devastação imputada à conduta do pai.

A parte sadia do eu do analista, como se o expressa comicamente, encontrou-se ali em falta em sua aliança com a presumida parte correspondente do eu do analisado, pois, por ter abundado na convicção de que todo o mal vinha do pai (que ele teve, como ela se exprime com humor, uma infância precisamente muito infeliz, uma *pretty grim childhood*), eis agora a analista que acredita dever, depois de sete anos, trazê-la de volta a uma visão completamente diferente, que se deve supor ter vindo de sua parte mais saudável.

Essa autocrítica honra a analista e ninguém poderia censurá-la por falhar exatamente naquilo em que ela é formada, para que ela dê o devido seguimento às suas observações mais apuradas.

O que é impressionante é o contraste entre o reconhecimento massivo de alguma coisa pescada na identificação, efeito correlativo do erro cometido quanto à pessoa no que diz respeito às causas do drama, por um lado, e, por outro, a reincidência implacável em um modo de interpretação que nossos critérios mostram ser solidário a esse resultado.

Que se o julgue. No relato feito de suas desordens, reconhecido pelo próprio sujeito, as escolhas se mostraram estar a ponto de ele não poder segurar o garfo em seu *breakfast* sem perceber que gostaria com seu gesto de espetar a um só tempo a torrada e a manteiga que, nesse momento, ainda estão em pratos separados. A hesitação chega a ser bloqueada no ponto em que o asno de Buridan deixa pairar, aqui, sua ameaça paradoxal, o que não deixa de ser perturbador.

O analista que, como o sr. Britling, começa a ver as coisas com clareza, responde-lhe sem hesitação com as seguintes observações que, para uma interpretação, se arrastam um pouco em extensão, mas que, para nossa edificação, são substanciais: "A parte de você que se sente mal por estar melhor e que fez aliança comigo está farta da maneira como você continua a ser incapaz de dar um passo em direção ao que lhe falta. Esse é o *status quo* de que você falava, e me parece que a razão pela qual você não pode avançar para pegar um dos objetos que você deseja é porque você colocou sua própria boca de bebê faminto em cada um dos dois, é como se você acreditasse inconscientemente que só há comida suficiente para uma boca, ou seja, que como você só pode fazer uma coisa de cada vez, a outra vai sucumbir de fome e provavelmente morrer. É por isso que você se vê obrigado a preservar o *status quo*, o que quer dizer você não se permitir sentir que poderia fazer ou ter feito alguma coisa, porque isso quereria dizer que uma parte de você ou um de seus *si* [*soi*] teria sido abandonada para sempre e seria morta de fome".

Daremos crédito de algum gênio àquela que faz esta proposição, ainda que apenas por esse raio de luz que a fez perceber que a boca, fonte da pulsão oral, está aqui para ser situada no lugar que parece ser ocupado por seus objetos atuais.

Mas, apesar de sua revisão sedutora de toda a sua concepção do caso, não lhe ocorre a ideia de que ela deveria tê-la reconhecido antes em seu próprio lugar, seu, da analista, que era a de não ser mais do que o grito silencioso dessa boca, que ela se sentia também congelada, ou, como ela se exprime, trancada (*imprisoned*) sem saída possível para qualquer iniciativa, tão entravada em seu poder de interpretação quanto o doente em suas mais triviais dificuldades e que talvez fosse por ter reduzido essa boca à demanda oral que ela se tornasse, ela, incapaz de falar mais.

Pois essas duas bocas que o paciente agora tem que alimentar só podem ser a confissão do analista e as duas identificações dele mesmo; se o analista suspeita que uma é falsa, é porque há uma outra mais verdadeira.

Para a analista ter sustentado a falsa, não há nenhuma necessidade que ela a tenha formulado, bastou que, cedendo ao embuste da transferência, ela tivesse podido, fosse para consigo mesma, legitimar os sentimentos do paciente a respeito de seu "mau pai". De fato, foi o que ela fez por ter acreditado poder atribuir a agressão sentida do paciente na transferência à reivindicação contra o pai.

Ora, por que ela caiu nesse erro do qual ela agora retornou? Enrubescemos por ter que usar o barco mais perigosamente recebido da prática mais vulgar, mas, aqui [*falta palavra*] se aplica e devemos lembrá-lo à nossa comadre: é ter assumido o papel da boa mãe — e isso ainda mais cegamente por ser a despeito de si mesma, pois ela nos deixa ouvi-lo em outro lugar, esse não é um papel no qual ela goste muito de pensar.

Mas justamente por tê-lo desconhecido, ela cairá nele de novo, desta vez por confessá-lo no momento em que não devia, como o veremos pelo que vem incontinente na mesma sessão.

Pois o paciente, para não ficar em dívida com uma intervenção tão generosa, passa a um episódio ainda mais bizarro em seu fenômeno e, desta feita, por se reforçar com uma satisfação pouco justificável.

Bem no meio de uma tarde de bricolagem em casa, "veio-lhe a ideia, como um choque, de que era hora do almoço: com certeza. Por um instante, ele sente escapar do tempo: ele volta atrás permanecendo no presente!".

A esperança da Internacional não se surpreende por tão pouco. Ela mete a chave dessa euforia em seu lenço: é muito simples: "O que você não teve no passado você sente que pode tê-lo no presente, como se ele estivesse no *presente* (sublinhado pela esperança?). Penso que essa refeição para a qual você pode voltar é a experiência da boa comida de sua mãe, que você agora pode sentir que eu posso lhe dar na análise, mesmo que originalmente seja uma comida do passado, quando você sente que tem acesso a mim como a essa boa mãe que quer te manter "fora do tempo", ou seja em nosso inconsciente, fica mais fácil você esperar, o bife ainda está lá para os dias que virão". Não podemos cortar antes o que vem dar o assunto por encerrado: "Sim, lhe retrucamos, é algo assim. Há apenas uma única dificuldade (*the trouble*), é que sinto que apresento diferentes versões de mim mesmo para diferentes pessoas, com base no que *eu* [*je*] penso (também sublinhado pela esperança, não por nós) que cada um tem como desejo, como necessidade, como expectativa. Diriam que sinto como sendo de uma importância inesperada que eu agrade as pessoas; não se pode negar que muito frequentemente à minha volta é justamente por desejar agradá-los que os coloco em todos os estados".

Devemos ainda perseverar nesse diálogo de surdos e ouvir a verdade de um instante, voltar ao que interessa das suas questões transferenciais? "Talvez você não consiga agradar à sua gente, porque sua imagem da pessoa a quem você dedica seus esforços para agradar não é de modo algum essa pessoa na realidade".

Ela não poderia ter visto oferecer-se, de passagem, a designação expressa do desejo do analista como aquilo que guia todo mal-entendido?

Sem dúvida, isso é exigir demais do analista nessa ocasião, pois trata-se de uma dimensão que não faz falar de seu sistema de referências.

Recolheremos aqui este ponto marcante de que, no texto, o relato de uma sessão é imediatamente cortado depois de algumas palavras do paciente, é verdade que sejam suficientes, pois se trata de nada menos do que da constatação desse *status quo*, ao qual a analista respondeu mais acima, *status quo* do que já dura há anos com força de lei, e que se afirma na ideia de que não pode fazer nada que valha a pena.

Depois disso, a analista, a sessão continua com detalhes que analistas com aparelhos teóricos diferentes podem traduzir mais facilmente em seus próprios termos conceituais. Quer dizer que, para o público do Congresso, ela está no trapézio voador.

Então, nosso analista passa ao lado de uma enorme chamada à ordem. Mas é porque a estereotipia já está manifesta na interpretação precedente. Se, a rigor, podíamos tolerar que o *bread-and-butter* prevalecesse aqui sobre a hesitação que ele engendra e que deve ser significativa porque ele oculta um outro objeto, aqui, não há mais dúvida: não se trata da boia, mas da *hora* dos caninos.

E a mama inglesa, surgindo então na tela, é tanto mais surpreendente por nos ser prometida uma parte inédita desse trabalho que fará ouvir, ao nível das altas esferas de análise, algumas proposições sobre o assunto pouco usual e até mesmo tabu: o tempo.

Do qual, como se verá, não podemos extrair senão bom augúrio.

Por que, neste caso, em vez de afogar a questão em uma metáfora emprestada dos mecanismos estomacais de um ruminante, não se contentar em notar que o sujeito parecia almejar que não fosse tarde demais para que seu analista soubesse retomar o barco que ele havia perdido? Interpretações que, por serem mais puras, teriam permitido fazer o sujeito aceder a esse traço, notado mais tarde pelo analista com pertinência, que, para ele, nada nunca está perdido, há apenas que recomeçar (não, disse ela finamente, de uma outra maneira, mas simplesmente diferente).

Resumamos. Ela percebe que o sujeito a fez caminhar com seu mau pai. Mas, ainda que fosse verdade que Papai era mau, essa não seria a questão, já que o de que realmente se trata é que, dele, Papai não tinha nada a conhecer. Pelo menos, se fosse nossa aluna, a analista teria também posto as coisas de pé para farejar ali a foraclusão (*Verwerfung*, em Freud), e especificamente a do Nome-do-Pai, que colocamos no primeiro lugar da etiologia da psicose.

Faltam, portanto, instruções para se servir de seu Geiger inconsciente e falta de sorte também. A analista, depois de ter dado o máximo no embuste da transferência (vilão Papai), só faz sua retificação pelo avesso (é Papai que o sujeito quer que seja apenas um objeto, e, sobre isso, teoria que aparece, dado o contexto, como absolutamente referida com fins de justificação — seria para que o sujeito, em seu lugar, não tivesse que sentir culpa pela própria agressão que ele sem dúvida assim realiza. O inconsciente não conhece a contradição, dizem-nos, mas não fornece água e gás para andares ainda não construídos).

Dito isso, o outro erro que, em seus efeitos, já se fechou sobre o primeiro, é o que denunciamos na seção sobre o sujeito na demanda, aquele que consiste em impelir para o registro de uma frustração oral genética, ou seja, traumática, o que decorre da pulsão na demanda oral a ser situada na sincronia, ou seja, na dimensão em que a regressão vai promover a boca como fonte da pulsão.

Em suma, erro que consiste em interpretar como bocas da fome (aqui no plural) o que, no entanto, se produz, com uma clareza sintomática suficiente, como redução do significante à quia [*au quia*] do impronunciável.

Pois é bem disso que se queixa o sujeito quando ele volta, depois de um corte, a retomar o que alguns ignobilmente chamam de fatia [*tranche*] de análise, e nossa analista de *post-scriptum*. Ele se queixa de ter a língua presa (*tongue-tied*). Mais tarde, ele trará um *acting-out* fresquinho: as palavras lhe faltaram uma vez mais com seu patrão.

Uma melhor interpretação da demanda do sujeito poderia ter sido deduzida do fato de ele ter se tornado, neste passe, impossível de identificar. É, muito simplesmente, que ele demanda ser, ele, esse objeto sem rosto que a analista se obstina em acreditar que ele quer encontrar no Outro e, especificamente, em seu pai.

É bem por isso que ele insiste tanto que nenhuma ação seja sua, pois ele quer ser apenas uma peça solta de um Outro, em quem, no entanto, ele não pode acreditar (isso devido à sua posição de psicótico).

É uma posição subjetiva inteiramente favorável a ser feita por um piloto da RAF: *the trouble*, como o sujeito se expressa em seu idioma, é que só o pai soube encontrar essa via.

Para o rastejante, seria necessário encontrar uma [*falta palavra*], que falta na análise obstinadamente por sete anos.

Sem dúvida, a ignorância não douta, mas inteiramente incorrigível em que a psicanálise subsiste depois de Freud, tem algo a ver com isso? E, especificamente o fato de que, por ter negligenciado totalmente, em benefício da pretensa "gênese", a sincronia na estrutura que estamos tentando fazer suplência aqui —, a psicanálise se mostra incapaz de formular em termos analíticos a posição que especifica o sujeito, respectivamente, como neurótico, perverso ou como psicótico.

Com efeito, não basta dizer, o que é verdade, que essas posições podem ser compostas, é preciso também poder dizer de que maneira.

Pois na falta disso, encontramo-nos na presente situação em que os psicanalistas da obscuridade que se considera clássica, por quererem conhecer de um caso apenas os registros da transferência, da demanda e da identificação, acham retrógrada qualquer tendência a revalorizar, na prática, uma nosologia que lhes pareça ser externa a ela.

É condenar-se a relegar quase tudo sobre a relação com o analista ao mistério.

No entanto, no analista que recorre a nós para provar-se como bem acima da média produzida pela formação atualmente em rigor, há mais. É preciso verdadeiramente que sua *maismítica* [*plutomythique*] a leve, por meio de alguma atração irresistível, a conjugar desconhecimento com identificação, para que ela falte, a esse ponto, no que concerne às sequências lógicas das quais seu Geiger a adverte tão bem, quando ele lhe presentifica seu sujeito como uma espécie de parasita, de placa que o imobiliza internamente.

Certamente ela realiza esse lugar do Outro, a partir do qual dizemos que o sujeito emite sua própria mensagem confessada em sua forma mais opaca. Excelente aparelho para essa emissão, falta-lhe apenas saber o que ele transmite para poder servir-se dele.

De fato, a única coisa que ela não se pergunta sobre aquilo que ela registra é como foi possível que, com uma tal taxa, ela o tenha suportado ao longo de todos esses anos. Ao se formular a pergunta, ela teria reconhecido ali o gozo do sujeito em sua relação com o pai, pois é isso mesmo que ela experimenta naquilo que ela expressa com todas as letras: tornar-se um puro objeto incapaz de iniciativas que, de outro modo, são as suas.

No entanto, nossa escolha desse caso foi fasta em nos satisfazer com um [*falta palavra*].

Felizmente, depois que sua reflexão colocou a analista no caminho em que a vimos muito impedida por seus maus hábitos, por acaso o próprio paciente ofereceu à sua analista uma transferência chamada de lateral. De repente, ela reconhece naquilo que ele mesmo lê nas reações de um sobrinho (no qual prossegue uma espécie de linhagem de adoção psicótica) o que ela interpreta imediatamente como o efeito que ele devia ter causado em seu pai. Mas o que ela continua não vendo é que o pai deve ter exercido sobre o filho o mesmo efeito que o filho exerceu sobre seu próprio sobrinho, e que foi o efeito que ele exerceu sobre ela.

Pois já sublinhamos a inversão mantida por ela ao imaginar que é o pai que o paciente reduz ao estado de objeto insensível.

Isso não impede que os dois parceiros se separem encantados um com o outro, e nós os compreendemos.

Pois o paciente certamente está aliviado pelo fato de que, no sexto ano de sua análise, ela finalmente tenha começado com seu primeiro toque eficiente, se não adequado. (Sua relativa inexatidão sendo sancionada por um *acting out* em relação a um novo patrão.) E talvez ele preserve, da espécie de malícia lúcida que os psicólogos têm, alguma satisfação por ter ludibriado a analista durante tanto tempo.

Quanto a esta, ela está exultante. Talvez ela até imagine que é por ter conseguido saber a respeito do mal-estar sentido de seu inconsciente, mas seremos mais tentados a suspeitar que o sujeito do dito inconsciente, aquele em que ela de costume confia mais ou menos merecidamente, só tem alguma razão para estar muito contente ao preço de uma penetração de seus motivos que produz a jactância obscura de toda a comunicação (da audácia, por exemplo, que há ao se pensar, nesse caso, que o sujeito é cúmplice de tudo o que parece ter chegado de fora e que não se deve levar a sério tudo sobre o dano sofrido), a esse preço, dizemos nós, algum princípio mais encoberto permanece intocado.

É o que queremos dizer da *maismítica*: teria ela se agradado tanto ao desconhecer o sentido de uma identificação sentida, no entanto, como em seu seio e embora ela sofresse com isso, se não fosse por desejar a todo preço alguma coisa que talvez não esteja tão longe do motivo denunciado no próprio título do artigo, a saber, a manutenção de uma onipotência, a do pai que, aqui, se torna curativo e a quem, no final, tem-se a ocasião de fazer justiça? Ao pai, sem dúvida, que bem o merece, se ele deu à sua filha um espírito da escada,[10] talvez um pouco tardio em se manifestar, mas que, em suma, nos Congressos, leva aos andares certos.

---

10. A expressão *esprit d'escalier* ou *esprit de l'escalier* significa não ter uma resposta na situação imediata e ficar remoendo depois que a situação passou. No caso, Lacan joga com a ideia de ascensão e do uso das facilidades que sua posição permitiria à filha de Freud. (N. T.)

JACQUES LACAN

Carta a um jovem etnólogo

Texto de seis páginas datilografadas em papel-carbono, indicando que é a cópia da carta enviada. Algumas correções e acréscimos manuscritos, com a letra de Gloria. Este texto menciona a estada do destinatário no Quênia, seu gosto pela lógica matemática, a pergunta feita por ele a Lacan na Universidade de Oxford. Lacan evoca sua próxima estada em Yale em outubro e a possível vinda do destinatário. A data da carta: 197x.

JACQUES-ALAIN MILLER

EXISTEM POSSIBILIDADES — quando se avalia, quando se joga com o provável. O que impõe que um acontecimento seja definido pelas palavras que o apreendem? O teste do real, aqui visado pelo binário do "sim" ou "não". Binário forçado no real pela indústria, o cara ou coroa da moeda só é suficiente de modo aproximativo. O que mostra a autonomia do número, ou seja, seu círculo. O qual só se revela vicioso ao envolver o número dois.

Pois por que esse privilégio dado ao fato do dois, ao seu factício, eu diria? Respondo que a palavra "privilégio" já nos guia para o que há de reservado à vida que não acreditamos designar tão bem com o privado: privada de um símbolo legítimo. É a vida do casal homem-mulher, casal cuja *ex-sistência* (especifico a grafia), a ex-sistência gramatical do gênero demonstra suficientemente que o geral aí faz falta em parte. Sim, demonstra ao lógico que teria o sentido de *lalíngua*. Este é o meu caso, que comprovei colocação em circulação de *essescrita* [*settécriture*] da palavra, e mesmo de alguns outros exercícios de mesmo estilo.

O impressionante é que, até onde vai o testemunho das eras, a ausência absoluta de exceção à discórdia do casal homem-mulher não tenha sido reconhecida. Quero dizer: reconhecida deliberadamente. Isso em nome do fato de que a exceção, se parece se produzir (não se trata aqui de trazer o modo condicional), ninguém acredita realmente nela, mas também não se contorce para elaborar acerca dela uma fatalidade de ilusão que de jeito nenhum provém de uma relação de sexo a sexo. Nenhum estatuto lógico, portanto, no qual se baseie qualquer garantia.

Quero dizer: garantia de um real.

Mas existe outro uso da palavra "garantia", que passou no que chamo de um discurso próspero.

Dentre aqueles que defini como prósperos em nossa época, é ao universitário, pouco modificado quanto à ordem da notação com a qual o fixo, que eu anexo o que designo aqui por garantia, aquilo de que tantas sociedades, mais frequentemente anônimas, sabem tirar partido. A história de sua emergência em uma virada do capitalismo cristão sem dúvida seria esclarecida por essa notação, ou seja, a sério.

Mas basta um pouco de orelha para ouvir que, na garantia sobre a vida, pagamos por nos assegurarmos de que a vida não durará. Porém a garantia sobre o amor, vocês a buscam em vão. Pois sabemos bem que o amor não tem o menor inconveniente, fora do fútil (inclusive o suicídio) e a garantia levaria à falência quem pretendesse enfrentá-lo.

Para retornar à nossa probabilidade, bastaria que houvesse algum excesso de um lado sobre outro do sorteio com as duas mãos, sem que o número de faces de um dado fizesse diferença, para que o objeto industrioso fosse ali tomado como inapto. O círculo do provável é vicioso, o que não constitui objeção, contrariamente ao que se diz. O círculo da lógica é sempre vicioso, o que não o impede de ser a via mais segura para o real.

O que há de falso é rejeitar no material o improvável do jogo e não ver que ele só se sustenta pelo dois como número, ou seja, ao não-um como tal.

Esse Não-Um define o Outro; não que este se oponha ao Um como Um outro, mas ele não tem unidade em si, ele não poderia formar um todo, pois não existe *Amulher*, senão Deus, que a constitui. Realmente por menos atenção que se preste a isso. Deus como Nome-do-Pai, ou seja, aquele que assume a função de chamar as coisas por seu nome.

O que, por outro lado, *uma* mulher faz de modo suplementar, embora nem sempre.

Nos casos ruins, é uma pena: para mim, entre outros, embora eu me conforte dizendo para mim que poderia ter sido pior. Isto só me afetou quando estava à altura de suportar, porque se tratava apenas de *analistas* chegadas, ou seja, de mulheres com quem em princípio não tenho nada a ver, pois não foi por minha causa que elas chegaram. Pausa para a confidência.

...

Digo-lhe tudo isso em nome do fato de que a psicanálise *ex-siste*, isto como discurso e pelo que Freud tenha nomeado como inconsciente. Claro que foi preciso que a posteriori Lacan o definisse como um saber, em outras palavras, o que resulta do fato de que haja copulação (coito) de significantes. Acrescentando aí o fato de que apenas Freud indica que só existe isto que copula na espécie que a linguagem parasita.

Fico muito feliz que você saiba que existem pessoas chamadas linguistas que tomaram essa linguagem por objeto e que a consideram como digna de estudo como tal. O que é um marco na história, sem que a novidade dessa consideração seja menos fútil do que o resto. Mas que eles identifiquem essa linguagem a si mesma, separem-na, aliás, do que é tido por existente (de uma ortografia normal) pela babaquice fundamental da espécie-a-falar.

Abro, para dizê-lo bem, perguntas para as quais não existe resposta: o que prova, aos meus olhos, que não são perguntas e que, se você as formula deste modo, estará equivocado. Pois a evolução da vida, a seleção natural, como diz o outro, não é uma resposta classificável de nenhum modo. A não ser na ideia delirante de que o homem (!) é o fim da questão, ou seu alvo. Considerando que é seu fracasso manifesto, isto no sentido analítico da palavra em que não há sucesso senão a queda, ou seja, a volta ao começo, à morte da "natureza", inteiramente planetária, pela qual o homem dá o seu melhor.

Ou seja, sem que se possa sequer prever que se alcance isso. Ele certamente não faz isso sem meios, mas não saberíamos esperar tanto de sua impotência nativa. Esse terráqueo continua sendo um terráqueo.

Que a sua enfatuação de lógica lhe pareça fazer objeção ao meu saber, isso não me espanta. Esse campo deu, através da escrita matemática, o que temos de suporte sobre o real. E ainda não temos razão para imaginar a sua interrupção.

Pelo menos na sua experiência no Quênia. Por que, se os seus doutores Shambas curam fazendo simples cicatrizes, rabiscos, ou seja, palavra francesa para depreciar a escrita, os rabiscos da lógica iriam mais longe? E eles curariam o real de sua ex-sistência? É impensável para mim dizer algo acerca de um real que não ex-sistisse. Para dizê-lo: o real não é nada disso que não consiste na imagem que se produz nos sujeitos, eles mesmos efeitos do saber inconsciente.

O que em Oxford eu respondi à boa surpresa que você me deu ao fazer uma pergunta radical, isso não ia mais longe do que lembrar-lhe que falo apenas da minha experiência, a qual implica (no sentido lógico) a ex-sistência, a ex-sistência do inconsciente em relação à linguagem. Não digo nada além disso no que ensino, mas dura. O suficiente para que eu fale, em Oxford, do fato de que não se sabe nada acerca do que eu disse.

Não posso tomar ouvintes assim como Bertrand Russell, mesmo porque uma noção de Bertrand Russell engendraria necessariamente um delírio à quadragésima milionésima potência.

Enquanto aparentemente eles digeriam seu almoço, o saber inconsciente, ao qual, no entanto, eles estavam sujeitos, servindo-lhes, nesse estado, apenas para refogar alguns projetos que, segundo qualquer verossimilhança se resumiam ao desejo de valer-se de algum blá-blá-blá diante de alguma rendeira qualquer.

Blá-blá-blá é a gíria para depreciar a lalíngua como tal, mas não consegue. Pois o blá-blá-blá é a fala, e só o verbo faz uma parábola para fazer surgir o real.

Há em lalíngua um acúmulo tal de experiência que não há gozo que não seja entrelaçado com ela, mesmo o gozo problemático que dizemos ser o gozo da vida.

É assim que, de tempos em tempos, para agradar a alguns dignitários que me acham digno de ser convidado por eles, eu tagarelo [*je blablate*], ou é para me distrair disso que digo em meu Seminário.

Pois com o tempo as pessoas e os dignitários acabaram por ouvir meu dizer e viram que ele não é puro blá-blá-blá. É verdadeiro, ele corta.

Para a maioria, esse efeito de dignidade diz respeito à sua ignorância passional. Meu dizer aí ressalta.

Sua ignorância, tão inocente, não poderia ser afetada da mesma forma. Tudo isso se reduz a acidentes da história pessoal, ou seja, do inconsciente.

O inconsciente é o saber que cada um veicula pelo fato de que seus pais falavam antes que ele nascesse, e mesmo porque sem isso ele não teria nascido.

Disso decorre que ele é o filho, ou a filha, não tanto dos genes de seus pais, mas de seu inconsciente: uma vez que recebe um golpe de lalíngua, da mesma forma que cada um a recebe, tal como ela é feita. Assim, cada um se refaz com as peças e os pedaços disso que de modo corriqueiro constituiu o molde para seus pais.

Mas, quanto a você, não se preocupe. Você nega o inconsciente, porque nada o impõe a você: o que é uma sorte. Alegre-se enquanto isso durar e só venha me encontrar quando tiver seu primeiro sintoma, já que você não sente que já é um sintoma no social.

Falarei em Yale na segunda quinzena de outubro. Ainda será blá-blá-blá. Se você for, saberei que é masoquista, quero dizer, que o benefício será todo meu.

Pois isso me permitirá perguntar-lhe como os shambas colocam em ação o amor.

Talvez os etnólogos saibam disso para os... grupos étnicos, uma vez que, evidentemente, do que acontece em casa, *motus*, ninguém diz nada a respeito. Falamos do amor, mas não da maneira como o fazemos.

Deixo-lhe esta palavra *in cauda*:

Um chiste do tipo certo vale toda a lógica atualmente ex-sistente. Se um dia alguém realmente puder dizer o contrário, haverá algo novo — não se deve perder isso.

Ou seja, o mais improvável, no sentido em que comecei este bilhete há seis páginas.

Talvez ele o alcance, na confusão de endereços em que suas errâncias próximas me deixam.

Ciao do seu,

Apresentações clínicas

Agradecemos às pessoas que nos transmitiram os relatórios datilografados dessas duas apresentações clínicas. Elas foram possivelmente realizadas no hospital Sainte-Anne, nos anos 1970. Os nomes das duas pacientes, os outros nomes próprios e os lugares foram ocultados.

Apresentação da srta. Boyer

Srta. Boyer — ... A abordagem sentimental.

Dr. Lacan — É para mim?

— Claro que é para o senhor. Querem me valorizar.

— *Querem valorizá-la?*

— É verdade que querem me valorizar, é verdade.

— *Então, diga-me a ideia que a senhorita tem de seu valor, porque a senhorita não precisa se valorizar. Já tem o seu valor.*

— Se realmente eu tenho um valor, é preciso que ele seja reconhecido pelos outros. Se não sou reconhecida pelos outros, tem-se o sentimento de inferioridade.

— *É isso, então. De todo modo, eu estou aqui para isso, para valorizá-la.*

— O senhor está aqui para me valorizar. É simpático que tenha vindo.

— *É pela senhorita.*

— Não posso acreditar nisso. Será que posso acreditar no que me diz? Posso imaginar que o senhor me esconda algo. De sua parte, não sei. Não tem importância que eu saiba. De todo modo, Jacques Lacan ou outro qualquer, pouco importa.

— *Isso não faz diferença. Diga-me o que lhe aconteceu e por que, na sua opinião...*

— Por que estou aqui? Porque sempre tenho problemas com meus empregadores. Não aceito que um patrão me dê ordens quando há um trabalho a fazer, que me imponham horários. Gosto de fazer o que eu quero.

— *De qual deles se trata? Porque ouvi falar um pouco da senhorita. Passaram-me algumas linhas sobre o que aconteceu com a senhorita. Diga-me de qual patrão se trata.*

— O último empregador.

— *Sim, e qual é? Como ele se chama?*

— Sr. D*.

— *O que ele faz?*

— Não sei. Acho que é médico.

— *Por que a senhorita acha que ele é médico?*

— Porque ele me parecia ter uma compreensão em relação a mim, em relação à sua filha adotiva.

— *Ele tem uma filha adotiva?*

— Ele aceitou as crianças da mãe; ele se casou com a mulher, e uma vez que ama sua mulher, ele ama os filhos dela, mesmo que as crianças não correspondam ao que ele espera. Essa é a filha epilética.

— *Trata-se de uma criança?*

— Não é uma criança. Ela é adulta, mas deve ter sido criança.

— *Explique-me o que acontece com essa garota.*

— Há várias garotas.

— *A filha epilética.*

— O que o senhor quer saber?

— *Gostaria de saber se a senhorita presenciou algo que se assemelhe a uma crise.*

— Não parece, é uma crise. É uma crise epilética.

— *O que acontece?*

— A pessoa tem um mal-estar, cai no chão e tem um mal-estar; ela se agarra um pouco ao que...

— *Explique-me bem. Sei que a senhorita cuidava de crianças...*

— Inadaptadas. Nos hospitais psiquiátricos, vive-se de seu empreguinho. Escolhemos o emprego porque acreditamos nele.

— *A senhorita acha que estava em vias de ser classificada desse modo?*

— Eu soube dos estados de meu comportamento de criança doente. Eu li, eu via diferentes personagens, via crianças doentes.

— *Eram crianças que a senhorita via...?*

— Em Saint-C*.

— *Explique-me isso. Foi há muito tempo?*

— Foi há cinco anos.

— *O que a impeliu a ir para Saint-C*?*

— Não sei. Eu buscava uma mudança total, apenas uma mudança, poxa, uma mudança de valores, justamente. Eu queria outro emprego; a meu ver, eu não era muito apreciada. Eu estava sendo levada a ir embora. Eu era temporária, alguém que substitui outra pessoa: três semanas aqui, um mês ali, um mês e meio em outro lugar. Ali eu não substituía ninguém, eu estava tranquila.

— *Em Saint-C*, é a recordação que a senhorita guardou, a senhora estava tranquila.*

— Antes de Saint-C* eu estava bem tranquila. Justamente, em Saint-C*, eu fui levada, tive problemas.

— *Quem lhe disse isso?*

— Peço desculpas, posso beber um copo d'água?

— *Claro!*

— Eu sei que há um monte de gente à minha volta, mas esqueço completamente.

— *Sim, claro, o importante é, mesmo assim...*

— O importante é a rosa, a flor da roseira silvestre.

— *É isso que é importante? Diga-me: qual é a importância da flor da roseira silvestre?*

— Ela é uma flor, uma doce garotinha. Andando pelos caminhos, vi amoras, ameixas, frutas nos pomares. Fiz passeios de bicicleta. Parecia um pouco a canção. A canção das bicicletas.

— *Realmente existe uma canção assim.*

— Com uma bicicleta a gente pode visitar lugares diferentes em pouco tempo. Com uma bicicleta a gente vai mais rápido do que a pé.

— *Vamos tentar voltar a Saint-C*.*

— O que o senhor quer saber?

— *Eu gostaria de saber como a senhorita teve o seu menininho.*

— Meu menininho... ele está ligado... ele está ligado à minha vida. Fecharam as portas para mim em Saint-C*.

— *A diretora a expulsou, por quê?*

— Sem dar na vista, ela estava fazendo política...

— *O que a senhorita queria?*

— Fazer uma confusão dos diabos.

— *O que a senhorita chama de...?*

— Eu era maltratada, explorada e destruída. No início isso me agradava, era novidade. E então a srta. O* me ferrou... Ela reconhecia as pessoas, alguns fonoaudiólogos, ceramistas; os outros, em compensação, eram verdadeiros peões, como escravos de crianças, um pouco como escravos.

— *É mesmo?*

— O que o senhor pensa a respeito disso?

— *Por acaso eu a conheço.*

— Pessoalmente?

— *Sim, eu a conheço pessoalmente.*

— O senhor entrou em contato com ela depois do meu tratamento?

— *De modo algum. Acontece que a conheço de outro lugar.*

— Nesse momento...

— *Exatamente.*

— É assim que o senhor a conhece. Acho que ela é a mais doente de todas as crianças, a criança doente.

— *É o que a senhorita acha? Voltemos a...*

—... ao nosso assunto.

— *Quer dizer, se entendi bem o que me disseram, a senhorita teve esse filho em Saint-C*.*

— Que eu tive o meu filho. O senhor diz: "meu próprio filho", mas não pensou *meu filho*. Eu não lhe disse isso, mas acho que é o que tem em mente. Eu adivinhei que o senhor pensou *"seus filhos"*.

— *Como a senhorita acha que adivinhou?*

— Porque o senhor poderia ser meu pai ou meu avô.

— *É evidente, eu poderia ser avô. Mas diga-me, como a senhorita teve esse filho?*

— Como eu tive? Como qualquer uma. A não ser... nunca se sabe...

— *Mas, afinal, a senhorita pode saber que isso não se deu por obra do Espírito Santo?*

— Não, eu sei que foi por obra da carne.

— *A senhorita deve saber, se a senhorita tem algo a ver com isso, que não é obra do Espírito Santo. O que aconteceu entre a senhorita e o pai dessa criança? Porque esse menino tem um pai…*

— Sim, ele teve um pai. Certamente ele teve um pai… a menos que fosse uma gravidez psicológica, o que me surpreenderia.

— *O que caracteriza uma gravidez psicológica é o fato de não haver um bebê. Essa criança, onde está?*

— Em M*, na casa de uma enfermeira. Ele está muito bem. Ela é uma mulher organizada, limpa… Talvez falte alguma coisa para ele.

— *Talvez a senhorita.*

— Sim, talvez eu.

— *A senhorita teve notícias dessa criança?*

— Recentemente, sim. Ontem recebi uma carta e uma foto que ela me enviou, também me dizendo que agora, se eu quisesse falar com ele por telefone, poderia ligar quando quisesse… há um ano ou dois… Agora é divertido confiar em mim. Acho que posso pegar ele, quando estiver saudável e puder trabalhar.

— *Por que a senhorita não é saudável?*

— Tenho coisas na cabeça. É a cabeça.

— *O que se passa na sua cabeça?*

— Eu gostaria de encontrar um lugar na sociedade, na vida. Eu não encontro. Estou em busca de um lugar para mim. Não acho esse lugar porque não tenho mais lugar.

— *A senhorita não quer o seu lugar?*

— O meu não me agrada. É um lugar pequeno. Quero um lugar grande, enorme.

— *Qual seria a sua ideia sobre o lugar que merece?*

— Gostaria de ter o lugar de mãe que ama seu filho, de mãe atraente. Queria estar no lugar das pessoas notáveis. As pessoas notáveis são mais respeitadas que as pessoas comuns, as pessoas da vida de todos os dias.

— *Falemos um pouco de seu ponto de partida.*

— De partida? Como assim?

— *Seu lugar.*

— Por que o senhor diz "de partida"? No tempo dos meus pais? Tenho um lugar importante nesse sentido.

— *A senhorita tem um lugar importante, é a filha mais velha.*

— O senhor sabe de tudo isso?

— *Isso me disseram. Falaram para mim. Falaram um pouco sobre a senhorita, que a senhorita era a mais velha.*

— Eu era a filha mais velha de uma família de seis filhos. A cada vez que ela ia, a minha mãe, para um novo parto, era eu que tomava o seu lugar. Eu lavava as fraldas, arrumava, me ocupava da casa, sobretudo quando ela ia para a maternidade. Mas enquanto ela estava lá eu não a ajudava, nem a minha cama eu fazia. Quando ela ia, eu fazia tudo. Eu era eficiente. Queria saber se sou eficiente, quer dizer, para fazer algo, fazer bem alguma coisa.

— *E nessa eficiência, já lhe aconteceu, por um instante, de se sentir constrangida?*

— Sim, eu ficava constrangida, pois colocava nisso todo o empenho que uma moça pode ter, especialmente uma moça... constrangida por causa da sociedade que quer reconhecer alguém em uma função desde que seja sancionado por um diploma. Eu era eficiente, mas não havia nada que justificasse isso. Eu não tinha diploma, não podia me apresentar em todos os lugares assim, sem um diploma. Tinha uma experiência pessoal, sabia muitas coisas, mas...

— *A senhorita estudou?*

— Fiz apenas o curso técnico. Desde o final do ensino fundamental, recebi o certificado dessa etapa e em seguida fiz cursos de estenografia em uma escola.

— *Em algum momento a senhorita se sentiu... digamos assim... hipnotizada?*

— Se houve um momento em que pensei que estava hipnotizada? Não, nunca pensei isso, a não ser ultimamente, recentemente.

— *Conte-me o que se passou recentemente.*

— Um dia, eu devia trabalhar normalmente. Fiquei na cama até muito, muito tarde. Não tinha nenhuma vontade de dormir, nem dores nas costas, nem nos ombros. Estava em plena forma. Fiquei enrolando. Eu lia, eu escrevia muito durante todas essas vigílias. Pensei que efetivamente havia sido hipnotizada, pois havia lido livros que diziam que se pode fazer a hipnose e que em seguida o sujeito desperta.

— *Foi isso que a fez acreditar. E isso refletiu no seu passado? Será que a partir daí, dessa leitura, a senhorita percebeu que no passado havia sido hipnotizada, isto é, levada a um certo direcionamento que não era o seu?*

— De fato, eu havia me identificado com uma pessoa que não se parece comigo.

— *Quem é essa pessoa que não se parece com a senhorita?*

— Várias pessoas que não se parecem comigo, pelo menos uma eu conheço. Durante [*inaudível*]. Eu vinha ver essas pessoas. Eu me relacionava com elas. Eu as conheço há dezessete anos.

— *A senhorita conhece essas pessoas há dezessete anos ou desde a idade de dezessete anos?*

— Há dezessete anos, e não com a idade de dezessete anos. Eu me identifiquei com essa menina que...

— *Quem é essa menina?*

— I*.

— *I* quem?*

— I* G*.

— *Onde a senhorita a conheceu?*

— Na minha primeira infância, eu tinha seis ou sete anos. Éramos um grupo de menininhas. Eu havia notado que ela era loira, muito mais bonita que as outras. Frequentemente eu a penteava. E às vezes ela tinha um lado um pouco maldoso, como todas as crianças. Certa vez fez um desenho meu. E me fez bem feinha. Ela me disse: "Veja só? Eu fiz você parecer feinha". Era só para me chatear que ela dizia que eu estava feia. Eu me chateava um pouco. São recordações de amor: acho que as primeiras decepções amorosas [*sic*].

— *O que a senhorita quer dizer? Era seu amor por essa menininha?*

— Tive outro amor, por uma boneca que se chamava Danielle. Acho que a amava. Os gatos. Tenho amor por gatos. Não tenho amor por meus pais. Meus pais não me davam carinho, eu os culpava por isso.

— *Diga-me, a senhorita se refere à sua mãe?*

— Falo da minha mãe.

— *A senhorita fala um pouquinho de sua mãe. E o seu pai?*

— O que o senhor quer saber?

— *Gostaria de saber quais são as notícias que a senhorita teve dele.*

— Desde quando? Meu pai morreu já faz dois anos.

— *Dois anos... Quando a senhorita ficou sabendo?*

— Soube disso pouco tempo depois de minha primeira hospitalização em C*.

— *Explique-me sua hospitalização.*

— Deram-me o endereço.

— *A senhorita estava indo para a clínica de L*. O que a levou à clínica de L*?*

— Em determinado momento eu fiquei um pouco angustiada. Eu tinha conhecido através de amigos; encontrei um jovem que queria me defender.

— *E qual era o nome dele?*

— R*. Não há problema em ser chamado de R* quando seu nome é J*. Isso não é um problema.

— *Como a senhorita conheceu esse R*?*

— Pegando carona.

— *A senhorita ainda pega carona?*

— Gosto bastante de ver pessoas diferentes, ver um pouco o que elas são. Eu banco o espião.

— *Se não me falha a memória, foi assim que a senhorita conheceu o pai de seu filho.*

— Foi um pouco desse modo. Eu havia me enganado de trem. Fui parar em uma cidade aonde não queria ir.

— *Qual?*

— É*. Foi lá que eu o encontrei.

— *C*. Qual era o sobrenome desse C*?*

— A*, é um sobrenome da região da Saboia.

— *Então, o que a senhorita sabia sobre ele naquela época?*

— Achei que era [*inaudível*]. Ele tinha grandes dificuldades. Acabou sendo preso.

— *O que o levou a ser preso?*

— Desvio de dinheiro etc.

— *Sim.*

— Mas ele não é um delinquente. Talvez tivesse boas razões. Talvez ele fosse um revoltado com a sociedade. Ele assumiu o erro. Ele admitiu a culpa. Ele deu um jeito de assumir a culpa. Será que toda essa assembleia… Será que é normal eu falar do meu caso na frente de todo mundo?

— *Para mim isso parece normal. São pessoas que, de todo modo, se interessam pelo seu caso.*

— É. E se fossem pessoas anônimas?

— *Não, elas não são pessoas anônimas, são pessoas escolhidas. As pessoas que vêm aqui são pessoas… Inclusive, a senhorita deve reconhecer um certo número de pessoas que trabalham aqui. Então, o que aconteceu com esse C*?*

— Aconteceu… Evidentemente, fiz sexo com ele, que foi, inclusive, praticamente a primeira relação mais ou menos normal que tive com um homem.

— *A primeira relação mais ou menos normal?*

— Sim, porque havia realmente ligação. E ele não percebeu. Eu não conseguia me expressar nessas coisas, pode-se dizer isso?

— *Quanto tempo a senhorita viveu com ele?*

— Foi realmente uma ninharia.

— *Onde a senhorita morava com ele?*

— Por todo lado. Ficamos hospedados em diferentes hotéis. Nessa época não tínhamos dinheiro. Moramos em quitinetes. Nunca pagamos, não tínhamos dinheiro. Ficávamos mais ou menos durante um mês. Ao final de um mês, a proprietária nos colocava para fora, evidentemente. Acho que eu bancava um pouco a louca, mas isso me divertia. Às vezes, tenho a impressão de que o amo, mas eu seria incapaz de amar… ou uma criança… os outros. Por que o senhor está rindo?

— *Não há razão para que eu não sorria. Diga-me, fofinha…*

— Fofinha, fofinha [*risos*]. É agradável, mas é surpreendente. Fofinha… O senhor não me chamou de ordinária ou puta. Eu rio um pouco alto, mas é de propósito, uma reação ao "fofinha".

— *A palavra "ordinária" tem um sentido, é uma apreciação moral. A senhorita se considera uma prostituta?*

— Eu tinha um cafetão por correspondência.

— *Por correspondência, o que isso quer dizer?*

— Eu escrevia cartas de amor. Eu tinha um cafetão porque eu era uma puta e eu era uma puta porque tinha um cafetão. Eu pensava... isso não faz nenhum sentido, eu não havia me constituído normalmente. As pessoas podem acreditar em mim ou não. Também tenho pessoas que me dizem... pessoas assim...

— *Vamos chamar isso de se gabar.*

— Sim, um pouco. Me gabar, ter um valor reconhecido pelos outros. Ser um personagem para chegar a uma palhaçada ou a um fantoche no Jardim **.

— *Quais são as diversas palhaçadas às quais a senhorita se dedicou? Tenho a sensação de que entre essas palhaçadas existem coisas, assim, que a senhorita fez que se parecem muito com o que se chama corriqueiramente de doença mental. Eu não estou muito inclinado a acreditar nas coisas que a senhorita estava dizendo em certo momento.*

— O débil pelo menos tem a sociedade para protegê-lo, mas quando se é temperamental, para estes não é tão bom.

— *Por acaso lhe aconteceu de receber pensamentos?*

— Receber pensamentos sobre o quê?

— *Pensamentos que lhe fossem, de algum modo, impostos?*

— Impostos, a mim?

— *Houve algum momento em que isso era algo que a preocupava? Em algum momento a senhorita se sentiu influenciada?*

— Não fui influenciada. Não tive pensamentos impostos, mas fui influenciada pela srta. O*.

— *Quem a influenciava quando a senhorita acreditava sofrer essa influência?*

— A srta. O*, que vinha me dizer que eu me parecia com o que ela parecia dizer, ela dizia que eu me parecia com os filhos dela. Em determinado momento, eu devia ir a um vilarejo de férias em família com as educadoras; ali eu cuidava de um grupo. Fiquei envergonhada porque estava com uma menina de dez anos, era uma criança. Perguntaram-me se era minha filha. Naquela época eu não tinha filhos. Eu achava que me parecia com ela porque, se tivesse uma filhinha assim, era porque eu me parecia com ela. Fiquei um pouco envergonhada. Fisicamente, ela tinha uma aparência de doente, isso era visível. Será que eu também tenho um físico de doente?

— *Não. Qual é a sua ideia do que seria um físico de doente?*

— Acredito que sejam pessoas… Eu teria que olhar de perto. Sim, eu acho que há aí um doente mental.

— *Onde ele está? Qual é?*

— Sim, há um aqui. É um doente mental [*ela designa o dr. D**].

— *O dr. D* está aí.*

*Dr. D** — Sim.

Srta. Boyer — As pessoas têm o papel de julgar. A gente se julga mutuamente.

Dr. Lacan — A gente se julga mutuamente?

— É um pouco… o senhor me viu… Meu pai, eu o acuso de ser um pai ruim. E me acuso de ser uma filha ruim.

— *Explique-me.*

— São os outros, poxa… os pretensos amigos, que sempre me condenaram por ter um pai alcoólatra, de ser filha de alcoólatra.

— *Ele era realmente alcoólatra?*

— Inveterado, posso dizer. É minha culpa que ele esteja morto. Fui eu que o provoquei. Já contei tanto essa história.

— *Conte para mim.*

— Eu não paro de dizer sempre a mesma coisa, estou cansada disso.

— *É preciso contar as coisas. Quem pode contar pela senhorita?*

— Já contei a várias pessoas.

— *Com quem a senhorita falou sobre isso?*

— O dr. D*, acho, o dr. A*.

— *E a incomoda contar de novo?*

— Dizer a mesma coisa.

— *Ainda assim a gente precisa tentar encontrar as coisas. Me conte novamente.*

— Eu meio que esqueci agora. Estava distraída com meu copo d'água. O senhor me fez uma pergunta?

— *Eu lhe fiz uma pergunta que é justamente sobre o modo como a senhorita mais ou menos... como a senhorita se sentiu mais ou menos manipulada.*

— Manipulada, sim, fui um pouco, pela srta. O*. Ela me manipulou, não só a mim, ela manipulava todo mundo, todo mundo, todo mundo. Ela fazia propaganda para isso, para aquilo, da psicoterapia, faça isso, faça aquilo. Em contrapartida, ela nem sequer escolhia a comida. Ela havia me criticado, quando eu trabalhava em uma classe... Ela estava bem contente que eu ajudasse, e ela, por sua vez, tinha o hábito, em relação a mim, ela havia dito à diretora que eu não tinha o direito à minha refeição, que eu teria que comprar. Mesmo assim é um pouco pesado. Eu fazia a mesma coisa fora. Eu cuidava das crianças porque isso me interessava. Além disso, eu teria que pagar a minha refeição. No entanto, aquilo me interessava; é um trabalho muito, muito duro.

— *A senhorita concorda que isso lhe interessava?*

— Agora estou doente, não posso saber.

— *O que a senhorita acha disso? Porque afinal de contas é a senhorita quem está na sua própria pele.*[1]

— Acho que não estou doente. Sou alguém que sofreu grandes frustrações, mas não aceito isso. Podem-se aceitar ou recusar as frustrações. Eu não aceito, eu recuso... Os outros me pedem coisas a dar com o pau. Talvez seja eu quem imagina. Enfim, normalmente, eu tenho uma ideia; tenho o raciocínio, o comportamento de uma criança de três anos, é assim. É possível que eu tenha a idade mental de uma criança de três anos.

— *Sim, isso não é impossível.*

— Ora podemos ter três anos para o que nos acontece, ora podemos ter quinze anos, ora podemos ter 25 ou trinta anos. Tenho uma idade ou outra quando há algo que me sirva. Eu tinha uma mãe que me servia...

---

1. Em francês, a expressão *n'être pas dans son assiette*, dita por Lacan de modo invertido (na afirmativa), retoma a fala da paciente, sobre ter que pagar pelo que come. Não há equivalente em português que associe sentir-se bem com garantir o ganha-pão; por esse motivo optamos pela expressão que destaca o modo como ela se sente em relação às coisas com que tem que lidar. (N. T.)

— *O que a senhorita quer dizer?*

— Ela me servia animais… Ela me servia…

— *O que ela lhe servia?*

— Ela já suportava muita coisa, coitada. E eu não fazia de propósito, realmente.

— *Onde ela vive?*

— Ela vive em A*.

— *Agora?*

— Ela vive em A*, sim.

— *Ela vive com quem?*

— Com uma pessoa, evidentemente.

— *Ou seja?*

— Uma pessoa. Você é uma pessoa. Eu também sou uma pessoa. Com alguém.

— *Alguém que…*

— Que é um operário. Que é simpático. Um pouco odioso, poxa.

— *Foi ele que ela…*

— Por enquanto, sem dúvida.

— *E então, os que vieram depois… Quero dizer, os… Quantos irmãos e irmãs?*

— Duas irmãs e três irmãos.

— *Duas irmãs e três irmãos? Eles estão vivos…*

— Independentemente da minha mãe. Sim, agora eles não estão mais sob a responsabilidade dela. Ela só tem que cuidar de si mesma.

— *Há o quê? Uma diferença de mais ou menos três anos entre a senhorita e cada um deles?*

— Não tem três anos.

— *Quantos anos tem o caçula?*

— Ele deve ter… o caçula tem dezesseis anos.

— *Esse que tem dezesseis anos também se mandou?*

— Atualmente ele vive com a minha irmã.

— *Sua irmã, é…*

— Minha irmã que é casada. Ele mora na casa dela, ué. As pessoas do meu trabalho... Eu não fui ajudada por... meu cunhado e minha irmã. Eles fazem isso porque meu cunhado trabalha. Eles me haviam proposto de me receber com o meu filho. Agora não tenho mais ninguém, eu só tinha a minha irmã.

— *Eles tinham proposto isso à senhorita?*

— Conversamos a respeito. Fui algumas vezes passar os fins de semana com meu filho. Agora está fora de cogitação, pois eles não têm mais lugar, a menos que...

— *O que a senhorita vai fazer com essa criança?*

— Por ora, ele está bem onde está... Eu esperava recuperá-lo logo, ter um trabalho, um emprego, uma situação. Tenho medo de viver, porque eu me [*inaudível*] quando alguém me faz muito mal.

— *Quem lhe fez mal, além da srta. O*?*

— Os outros, ainda há outros. Há I* G*. Ela me machuca.

— *I*... Então, essa I*?*

— Eu não telefonei para ela. De todo modo, eu não disse a ela que vinha aqui.

— *Por que a senhorita pensaria em ligar para ela?*

— Para fazer um teste. Eu gostaria de fazer um teste, que eles saibam que estou novamente hospitalizada para saber se eles vêm me ver...

— *Essa I*, não é aquela da qual a senhorita já me falou?*

— Sim.

— *É dela que a senhorita gostava muito?*

— Eu gostava muito da irmãzinha dela. Depois, eu passei a preferir ela. Parecia que éramos parecidas. Parecia, mas certamente ela não era parecida comigo. Mas eu imaginei que ela se parecia comigo. O que eu buscava na minha ideia era me parecer com alguém. É a condição de vida. É por isso que busco a vida deles, quero tomar-lhes a vida. Eu não tenho vida, eu tiro a vida do outro, é isso que eu busco. O que eu gostaria.

— *Não são coisas que alguém imagina facilmente. A senhorita leu muito?*

— Sim, eu li. Talvez eu seja influenciada pelo que li. Aos dezessete anos eu comecei a ler Sartre. Ele me influenciou.

— *Ele influenciou a senhorita. Conte-me de que modo ele a influenciou.*

— Como eu me lembro disso? Ele descrevia sempre como doente, como não estando bem, carregando algo que não estava legal, um amigo que abandonava, coisas assim. Ele escrevia bem... Ele escrevia muito bem.

— *Quando a senhorita o leu?*

— Logo que saí do ensino médio. Comecei a trabalhar quase aos dezessete anos. Naquele momento li Jean-Paul Sartre e lia também Simone de Beauvoir ao mesmo tempo. Eu sabia que eles eram amigos e lia ao mesmo tempo Simone de Beauvoir. Não guardei nada do que li, eu lia por ler. Guardei palavras, vocabulário, mas nunca guardei uma história. A emoção que tenho é quando leio palavras.

— *Emoção ligada a quê, a uma palavra?*

— Sim, a várias palavras.

— *Por exemplo?*

— Palavras que me lembram a infância. A palavra "paternal" me agrada. Se alguém diz "maternal", é uma palavra que me agrada.

— *Que outras palavras, por exemplo?*

— A palavra "maternal". Quando cuido de crianças, digo "maternagem". Eu gostaria que tivessem feito isso por mim também. Sempre pensei. Foi quando encontrei a sra. M*.

— *Fale-me da sra. M*. Onde a senhorita a conheceu?*

— No centro R*.

— *Foi ela que se encarregou da senhorita mais especialmente?*

— Sim, foi ela que me...

— *Quando a senhorita conheceu K*?*

— Não lembro mais a data. Foi há dez meses. Tive uma consulta com ele...

— *Por que a senhorita o consultou?*

— Eu estava com problemas em relação ao meu filho. Estava sempre irritada. Quando chegava à noite, ele não queria comer como eu queria.

— *Como assim, quando a senhorita chegava à noite?*

— Do meu trabalho.

— *Nessa época a senhorita cuidava dele. Isso não é óbvio, já que a senhorita havia me dito que ele estava com uma babá.*

— Nessa época eu ainda cuidava dele.

— *A senhorita passou um tempo cuidando dele. Quantos anos?*

— Quase dois anos, só dois anos, mais ou menos.

— *Sim, e então, o que a levou a marcar consulta com o dr. K*?*

— Eu pensava em uma parteira por quem me apaixonei por ocasião do meu parto. Quando a gente dá à luz, não é algo corriqueiro. O papel de uma parteira que a acompanha, porque ela é legal com você, mas se apaixonar pela parteira, amá-la mais do que ao seu filho, é um pouco demais. Essa parteira era a sra. Tauchon... Eu amava mais a sra. Tauchon do que o meu filho... É um pouco pesado, não?

— *Vejamos mesmo assim a gama dos seus amores.*

— Fiquei realmente decepcionada.

— *Em que sentido?*

— O homem... Percebi que ele tinha outras coisas para fazer além de me amar. Eles nunca serão capazes de me amar como amam a sua família. Eles não conseguiam me amar, eu não podia obrigá-los a me amar.

— *Vamos fazer pelo menos uma lista, mais ou menos. Esse pai do seu filho, a senhorita o amou?*

— Não sei. Acho que no âmbito sexual eu obtive uma satisfação. No âmbito afetivo eu poderia tê-lo amado, mas às vezes ele é fútil demais, e outras vezes violento demais, como meu pai. Não é esse tipo de homem que eu busco. Muitas vezes, uma jovem, ela busca um pai através de seu marido, uma imagem de seu pai. Não era de modo algum o que eu buscava. Aceitei porque não havia encontrado outra coisa.

— *Não é de modo algum porque as pessoas dizem isso... As pessoas falam muito, a torto e a direito. Então, essa sra. Cauchon.*[2]

— Eu cometi este lapso muito antes do senhor, talvez porque naquele momento eu não estava em psicoterapia. De fato, Cauchon, Tauchon...

— *Então, essa Tauchon era a pessoa.*

— Sim, passe o pano.[3] Pensei uma vez em *torchon* e uma vez em *cochon*, tudo bem depois. Não vou contar mais porque o senhor já sabe.

---

2. *Cauchon* tem o mesmo som que *cochon*, "porco". (N. T.)
3. Pano em francês é "*torchon*", de sonoridade parecida. (N. T.)

— *O que a senhorita quer dizer ao falar que eu já sei?*

— Eu não preciso contar minha história. O senhor leu o meu prontuário. Tenho um prontuário grosso assim.

— *De fato, mas foi porque me contaram a história.*

— Contaram isso para o senhor? Contaram a história, poxa…

— *Sim, é algo que flutua, assim…*

— Eu preferiria viver suspensa.

— *A senhorita gostaria de viver suspensa? Explique.*

— O senhor pode estar pensando em um vestido pendurado. Um vestido pendurado… eu gostaria de viver como uma roupa. Se eu fosse anônima, poderia escolher a roupa na qual penso… eu vestiria as pessoas ao meu modo. Eu sou um pouco um teatro de marionetes… eu adoraria puxar as cordinhas, mas acho que encontrei algo mais forte do que eu.

— *Encontrou alguém mais forte que a senhorita. Diga-me, quem é?*

— O senhor, por exemplo.

— *Por quê? A senhorita considera que por ora…*

— O senhor tem uma posição de superioridade em relação ao mim. O senhor representa a ciência, grandes coisas. Eu represento a vida de todos os dias, o corpete que a gente engoma.

— *Como a senhorita chama isso… puxar as cordinhas?*

— Ter as cordinhas nas mãos.

— *Por que é que eu puxo as cordinhas? Estou tentando justamente entender da melhor forma que consigo. O que a faz pensar que…*

— Estou com o senhor. O senhor não deixa nem eu terminar de falar o que tenho a dizer. Pimba! O senhor…

— *É um pouco pelo fato de que eu tento cobrir o campo o máximo possível.*

— O campo de quê?

— *O campo do que constituiu sua vida até agora.*

— De fato, atrás da minha casa havia um campo no qual eu passeava; um campo de trigo… um campo de palavras. Eu me divertia com as personalidades das papoulas… Eu teria gostado de ser professora.

— *Não é completamente improvável, porque talvez fosse o que a senhorita buscava.*

— Acho que sim.

— *A senhorita gostaria de fazer, como professora, algo por essas pobres crianças. Acha que é isso?*

— É, acho que é isso. Através do trabalho fui levada a viver alguns meses fazendo coisas que não me agradavam. Eu sempre procurava encontrar um lugar na minha casa, entre os outros. Não sei onde estou, estou em todo lugar.

— *Sim, são coisas... Estou tentando ajudá-la a expressá-las como a senhorita as sente.*

— Coisas que não consigo expressar. Para expressar meus pensamentos, há uma linguagem que me agrada, uma linguagem que os médicos adotam. Gosto dessa linguagem. Talvez essa linguagem represente uma camada da sociedade. A linguagem que tenho é às vezes a dos médicos, às vezes a dos homens comuns. Tenho diferentes linguagens. Eu inventei palavras.

— *Dê-me uma ideia dessas linguagens que a senhorita inventa.*

— Eu inventei o russo arabizado, palavras que vêm à boca, expressões que terminam como as palavras que encontramos no russo e no árabe.

— *Como a senhorita teve ideia dos sons que encontramos na Rússia?*

— Como tive a ideia? Por mim mesma. Fui eu que inventei.

— *É um russo inventado. Dê-me uma pequena ideia.*

— Palavras? Posso fazer isso por escrito se o senhor quiser. Mas não assim, já é alguma coisa. Não quero ser motivo de riso de todo mundo.

— *A senhorita não é de modo algum motivo de chacota. Todo mundo aqui está muito interessado no que a senhorita diz. Até agora ninguém riu.*

— Eles não riram, mas sorriram. Neste momento, o sr. Gato...

— *Por que o sr. Gato?*

— Porque fui perseguida por machos. Ultimamente, havia um gato grande, um gordo gatinho que me segue. É um grande gatinho perseguidor. Eu dou alma aos animais. Eu dou alma a uma lagarta que eu atropelo com minha bicicleta. Uma vez, vi suas tripas amarelas...

— *E então, esse grande gatinho em questão, como ele intervém? Qual é a relação dele com a senhorita?*

— Ele interveio [*inaudível*]. Fazer uma prisioneira em uma prisão, quando na realidade… ele esperava que eu saísse das minhas fantasias através dos meus…

— *O que é esse gato?*

— É um símbolo. Eu poderia ter dito tigre ou pantera. Dizem que o gato caça o rato. Existem feras que caçam o homem.

— *Explique-me quais são as suas relações com esse personagem.*

— O personagem do rato?

— *É o gato ou o rato?*

— O gato não sou eu. Eu sou…

— *A senhorita é o rato.*

— Querem me pegar. Aquele que caça um rato, às vezes é um gato. Pegar um rato, digo para mim, na minha vez, vão me pegar.

— *Onde a senhorita fareja esse gato? Há pouco havia indicado as costas.*

— Nas minhas costas? Eu disse nas minhas costas? Eu não disse minhas costas. Ah, sim, sim. Eu não tinha essa ideia de jeito nenhum. Eu tinha tomado um café para me animar um pouco, sem estar cansada. Mas não é verdade, achei que estava hipnotizada.

— *A senhorita pensou que estava hipnotizada? E o que mais tem nesse tópico? Será que existem outros modos de… Onde o gato brinca com a senhorita?*

— Será que existem pessoas que brincam também com as outras, hein?

— *Sim, por exemplo.*

— Gosto bastante de brincar com os outros. Acho que se quer ganhar. Continuo a ver essa personagem.

— *É por isso que a senhorita continua a ver qual personagem?*

— O palhaço… eu mesma.

— *Quem é o palhaço?*

— O palhaço sou eu. Por causa das minhas desilusões amorosas, do desespero, da minha impotência. O palhaço que pensa, o palhaço que chora, os palhaços que têm fome, que têm medo… Estou cansada.

— *A senhorita está cansada?*

— Talvez eu ganhe um café da manhã, já que fui simpática.

— *Porque a senhorita acha que foi simpática… A senhorita fez um esforço.*

— É preciso manter a aparência. Se estou doente, eu me apresento como doente. Se não estou doente, o senhor me trata como outra coisa.

— *Hoje eu não a tratei como uma doente.*

— Mesmo assim.

— *Diga-me o que pensa a respeito. A senhorita é uma doente de verdade ou uma falsa doente?*

— Não sei. Entre verdadeira e falsa, eu não consigo... Não sou nem uma doente de verdade nem uma falsa doente. Eu existo como doente. Mas o problema é em relação a ser ou não ser. Eu faço o que tenho vontade. Se tenho vontade de ser uma verdadeira doente, sou uma doente de verdade. Se não tenho vontade, não sou uma verdadeira doente.

— *Esse último acontecimento é afinal a foto que a senhorita recebeu, de seu filho. Achei que tinha entendido ou sentido que isso era um acontecimento.*

— Sim, é um acontecimento. A sra. B* estava bastante reticente em relação a mim. Com o tempo, ela começava a se cansar disso, ela era má comigo. Ela me enviou a foto, foi gentil. Ela me disse que posso vê-lo quando quiser, ela mudou comigo. Foi porque ela mudou.

— *Isso são coisas que acontecem.*

— Quanto tempo dura isso aqui?

— *Há quanto tempo estamos conversando aqui? Bom, uma hora e quinze. Não é uma eternidade.*

— Não, não é uma eternidade. Em contrapartida, as consultas com psicoterapeutas, com psicanalistas, não duram mais que meia hora, entre meia hora e 45 minutos, talvez um pouco menos. Eu estava realmente muito infeliz... Naquele momento eu podia [*inaudível*]. Gostaria de receber um presente. Se me perguntassem o que eu quero, responderia: um relógio, para ver a hora.

— *É mesmo?*

— Nunca havia dito isso. O primeiro que tive, fui eu que me dei de presente. Eu me desfiz dele, mas funcionava bem. Se alguém quisesse me dar um presente, se alguém quisesse me dar um, escolheria um relógio bem bonito.

— *O que a senhorita desejaria agora, ao sair daqui?*

— Gostaria de recuperar a situação que eu tinha antes de ir para a casa de C*. Eu limpava quartos. Eu acumulava trabalhos de tempo parcial.

— E, se a senhorita conseguisse, isso lhe permitiria recuperar o seu emprego.

— Sim, claro, mas… de todo modo, eu não gosto… eu me pergunto o que posso fazer.

— O que a senhorita considera ser o seu ofício?

— O ofício que aprendi para encontrar um lugar na sociedade. Meu papel, através dos estudos que fiz, é encontrar um lugar na sociedade, exercer um papel na sociedade… os mundos imaginários… Eu acompanho os jornais, eu os descarto, rejeito, acumulo. Gosto muito de jornais. Gostaria de saber que quando quero alguma coisa… através de jornalecos, de pequenos cartões, quando eu precisasse disso, por hábito. Exceto meus recibos de pagamento. Esses eu rasgo. Eu sempre rasguei os recibos. São papéis que não me servem de nada. Trabalhei em todo canto, por todo lado. São papéis que não servem de nada. Quinze dias aqui, quinze dias ali… Nenhuma referência, embora faça dez anos que trabalho, eu não tenho nenhuma referência. Não vale a pena trabalhar. Eu escrevo…

— Bem, terminamos por aqui?

— Terminamos como bons amigos? Para celebrar essa separação, vou beber um copo d'água. Eu preferia um bom vinho, mas, na falta do vinho, podemos beber água [*inaudível*] pequenas carícias, é bem mais divertido.

— Quantas vezes lhe aconteceu de passar por uma internação psiquiátrica?

— Três vezes. Uma em C*, uma em U*, uma em P*. Da próxima vez, será na montanha.

— Como a senhorita chegou a U?*

— Encontrei um caminhão grande no qual estava marcado U*. Pensei: "Vou para U*". Então eu pedi ao cara que me levasse em seu caminhão.

— Como a senhorita conseguiu ser internada no hospital psiquiátrico?

— Cheguei de noite, em um horário absolutamente impróprio. Contei algum tipo de lorota, não sei o quê.

— Uma lorota de que tipo?

— Que me perseguem… Então me acolheram, porque eu estava doente. Se eu não estivesse doente não teriam me internado.

— *Mas, enfim, de onde a senhorita tirou essa ideia de ser perseguida? De onde pegou isso?*

— Eu tinha consciência de que eu era seguida. Quando cheguei a L*, a médica, D* S*, ela não é da assistência social, ela escreveu: "síndrome persecutória". Não era verdade, eu não apresentava uma síndrome, eu era realmente perseguida. Quando passeio pela rua, há pessoas que me acenam. Eu vi um que pegou o meu colete para me perseguir, para ver como eu me apego ao meu passado.

— *Seu colete? Seu colete de verdade?*

— Meu colete de verdade. Eu o reconheci. Reconheci porque já não se fabrica mais desse modelo, ele está fora de moda. Eu o havia comprado em La Redoute ou no 3 Suisses, em um catálogo, meu colete é facilmente reconhecível. Não cheguei a U* nem a P* totalmente por acaso. Foi por acaso porque as pessoas me diziam. Eu pensava: o que essas pessoas sabem de mim? Era por isso que eu queria saber. Tudo o que diz respeito à minha doença, eu gostaria de saber, eu preciso saber.

— *Essa história do colete que lhe roubaram, a senhorita o reconheceu em outra pessoa, quando isso aconteceu?*

— Exatamente depois de uma semana.

— *A senhorita estava aqui havia uma semana. Então, onde isso se passou?*

— No parque.

— *No parque... Em qual parque?*

— Ali onde ficam os pavilhões. O parque é isso. Todos os pavilhões que estão plantados.

— *Então, foi quando a senhorita saiu de seu pavilhão que o reconheceu. Estava com quem?*

— Em uma moça que supostamente estava doente. Eu reconheci que ela não estava doente. Ela estava com a minha identidade, contava coisas que...

— *Se apropriar da sua identidade é algo acessível a todo mundo?*

— Sim... Não sei.

— *Nesse caso, não foi só a sua identidade que alguém pegou, foi também um objeto que lhe pertence. E não lhe ocorreu pedir...*

— Ela passou por mim caminhando bastante rápido, de certo modo como alguém que não queria ter nada a ver comigo. Na antevéspera, ou na véspera, ela tinha me contado histórias. Ela dizia: "Eu queria fazer teatro e acho que vou voltar a ser estenógrafa".

— *Então, é uma pessoa que a senhorita já havia notado.*

— Acho que ela me conhece. De todo modo, ela conhecia a minha história. Se não conhecesse a minha história, não teria pegado o meu colete, porque ela o pegou.

— *Como a senhorita sabe disso? Onde ela o pegou?*

— Minhas coisas estão espalhadas por vários lugares. Mas não consigo me lembrar em qual lugar, o que está em cada lugar.

— *Esse colete estava no depósito?*

— Ele não estava no depósito.

— *Em uma mala?*

— Com objetos que me pertencem.

— *Uma mala que a senhorita tem em seu quarto.*

— Que quarto?

— *A senhorita tem um quarto.*

— Minha mala não está no meu quarto, ela não está aqui. Ela está em S*-H*.

— *A senhorita estava convencida de que essa pessoa que tinha esse colete o pegou nessa mala?*

— Claro. As pessoas entraram na minha casa, abriram a minha mala e pegaram tudo, para me enlouquecer, me aborrecer, me deixar em pânico. Eles queriam pegar todas as minhas coisas, tudo o que era mais valioso. Acho que pegaram o colete, só isso.

— *Em resumo, as pessoas lhe pregam peças como essa?*

— Claro. É um jeito, para vocês, de confundir nosso passado. Há algo novo que vai acontecer, eu preciso definitivamente esquecer o passado, poxa. Todas as pessoas [*inaudível*] memória do passado… De todo modo, não consigo encontrar as palavras.

— *O que mais importa em tudo isso, o que pesa mais para a senhorita?*

— No meu passado… o que conta mais? A doença de meu pai me chocou.

— *A doença... Como a senhorita chama essa doença? É a doença da qual ele morreu?*

— O modo como ele morreu. Ele morreu de um infarto. Isso eu sei.

— *Então, é disso que a senhorita está falando?*

— Não, é da doença de beber como ele bebeu, de bater na minha mãe, de ser violento. Estou cansada dessa lavagem cerebral. Chega disso. Tchau.

— *Tchau, senhorita.*

[*A doente sai.*]

Discussão

Dr. Lacan — A enfermidade mental... sim, é bem difícil pensar os limites da enfermidade mental. Quem daqui a viu fora de A*?

*Dr. C** — Eu a encontrei uma vez.

Dr. Lacan — Sim, e então?

*Dr. C** — Ela colocava toda a ênfase nas suas possibilidades variáveis de identificação com personagens que estivessem a seu alcance.

Dr. Lacan — Ela não tem a menor ideia do corpo que tem que colocar naquele vestido. Não há ninguém para habitar a vestimenta. Ela é um pano. Ela ilustra o que chamo de semblante. Ela é isso. Há uma roupa e ninguém para se enfiar nela. Ela só tem relações existentes com roupas.

*Dr. C** — Agora é a roupa do asilo.

Dr. Lacan — Kraepelin isolou esses quadros curiosos. Podemos chamar isso de parafrenia, e por que não adicionar o qualificativo imaginativa? Não há uma única pessoa que tenha conseguido cristalizar, nem mesmo a sra. O*. Seria reconfortante se fosse uma enfermidade mental típica. Seria melhor que alguém pudesse habitar a roupa. Há uma pessoa para isso, talvez a sra. O*. A sra. M* não parece ter lhe produzido efeito. É como o simbólico, o imaginário e o real. É a enfermidade mental por excelência, a excelência da enfermidade mental. Não é uma enfermidade mental séria detectável, não é uma das formas que se costuma encontrar. Ela vai se somar aos vários loucos que compõem o nosso ambiente. Hoje ela ainda pode encontrar um lugar. Por ora, é suficiente [*inaudível*]. Esse tipo é... basicamente, ir para U*. Ali ela contou coisas, contou que era perseguida. Ela reconheceu o colete, não disse nada à pessoa em questão. Portanto [*inaudível*] não era sério. É algo assim... Pendurada como o vestido. Ou seja, cuidar para sua reabilitação também me parece completamente utópico e fútil. Tudo o que ela disse era absolutamente sem peso. Não há nenhuma articulação no que ela diz.

*Sra. B** — Ela tem razão quando diz que busca a mesma coisa que nós. Ela busca sua enfermidade mental.

*Sr. A** — Seu filho poderá restabelecê-la.

Dr. Lacan — Não estou absolutamente certo disso. Eu até preferiria que não o confiássemos a ela. Não me parece ser a coisa a recomendar. A enfermidade mental, além disso, eu preferiria que ele não fosse entregue a ela.

*Dr. F** — E por quê?

Dr. Lacan — Ela tem muitas coisas com que se ocupar do modo como está. Ela quer se valorizar, que a valorizemos, se pudermos.

*Dr. F** — E por que você disse que essa foto do filho seria para ela um acontecimento? Você insistiu muito nisso. O que você queria que ela lhe dissesse? Que dissesse que não, que não era um acontecimento?

Dr. Lacan — Eu não insisti. Ela não disse isso. Era justamente para dar uma chance, um modo de perceber se o que A* disse sobre a foto de seu filho constitui para ela um acontecimento. Não vi nenhuma evidência disso, nenhuma resposta que me parecesse ligada a isso. Foi algo banal.

Apresentação da sra. Soledo

6 DE JANEIRO DE 19*6

Dr. Lacan — Somos todos médicos e, naturalmente, todos se interessam pela senhora. Conte-me um pouco de como isso tudo começou. O que a senhora faz?

Sra. Soledo — Eu sou fisioterapeuta.

— *Fisioterapeuta... E como a senhora foi levada a exercer esse ofício? Talvez possa nos dizer algo a respeito?*

— Fui reprovada nos exames para cursar medicina. Como eu era casada, fiz fisioterapia.

— *Como eu era casada... O que isso quer dizer?*

— Enquanto meu marido continuava seus estudos.

— *Ele continuava os estudos de quê?*

— De medicina.

— *Seu marido é médico?*

— Sim.

— *Ah! Sim. Isso é interessante: não tinham me dito. Disseram-me muitas coisas, mas não isso. Então a senhora fez fisioterapia?*

— Eu trabalhei.

— *Há quanto tempo foi isso? A senhora sofreu com seus revezes...*

— Foi em 19*2-19*3 que comecei. Isso foi há doze ou treze anos.

— *Naquele momento, então... Vamos pular para o outro lado. Como a senhora foi trazida para cá?*

— Como cheguei aqui?

— *Como veio para cá? É natural que eu lhe pergunte isso.*

— Porque a coisa não estava indo muito bem.

— *A senhora não estava bem… O que não estava bem?*

— Eu havia tentado… Eu não queria continuar a viver.

— *A senhora tinha começado a dizer: "Eu havia tentado…". Tentado o quê?*

— Desaparecer. Foi por isso que meus amigos me trouxeram para cá.

— *Seus amigos, quer dizer quem?*

— Um amigo íntimo. Uma pessoa que eu conhecia.

— *Ah! Sim. Quem é essa pessoa?*

— A sra. P*, que me trouxe para ver o dr. B*.

— *É um amigo meu, isso é interessante. Foi ele quem a internou aqui?*

— Sim.

— *Hoje faz quanto tempo que isso aconteceu?*

— Não sei o tempo exato, não sei. Sei que fui internada no dia 20 de dezembro. Não sei há quanto tempo eu estava doente… dez dias, quinze dias… não sei. Não foi um período muito longo, mas não sei a data.

— *A senhora me disse que quis desaparecer. Fez alguma coisa?*

— Sim.

— *O que a senhora fez?*

— Duas tentativas. Uma vez tentei me enforcar, a outra vez, com uma navalha.

— *Uma navalha… A senhora se cortou onde?*

— Aqui [*ela mostra a garganta*].

— *A senhora quis se cortar…*

— Eu vi que era grave demais e que não… uma outra vez com outra coisa.

— *A senhora tem uma ideia de por que queria, como se diz, acabar com tudo?*

— Eu tinha medo de não conseguir.

— *O que a levou a isso? A senhora tem uma ideia… Por que queria fazer isso?*

— Eu tinha medo de não superar o que estava me acontecendo.

— *Superar o que lhe acontecia. É disso que se trata. O que acontecia com a senhora?*

— Eu estava me divorciando de meu marido.

— *Ah! Sim. Como isso se deu? Seu marido…*

— Ele tinha ido embora.

— *De todo modo era algo estabelecido, e não muito recente.*

— Não, com certeza não.

— *Esse divórcio, quem tomou a iniciativa de pedir?*

— Os dois, talvez eu, mas, enfim, foram os dois.

— *Foram os dois, me explique. Qual foi sua parte nessa decisão? Se me lembro bem, não foi ele quem tomou a iniciativa.*

— Apresentado desse modo... não. Ele estava plenamente de acordo. Ele não o fez porque insistia em um argumento. Não tinha dinheiro suficiente para me dar, foi essa a explicação que me deu.

— *É o seu sentimento...*

— Foi o que ele disse.

— *Mesmo assim foi a senhora quem pediu. E depois do quê? Não era de pleno acordo?*

— Não, claro.

— *Se foi a senhora quem pediu, foi por uma razão sobre a qual tenho informações bastante vagas.*

— Foi depois que ele me traiu.

— *Ah! Sim. Ele a traiu com quem?*

— Com uma mulher, com uma senhora, uma de suas antigas pacientes.

— *Ah! Sim. Eu gostaria ainda, farei um pequeno salto, que tentasse me falar da senhora.* [A sra. Soledo balança a cabeça.] *Isso porque me interesso pelo que se passa com a senhora. Se puder me falar do sentimento, do modo como sentiu isso tudo. Isso supõe que a senhora escolha apenas o momento do qual partirá para me esclarecer sobre...*

— Sobre o fato de que eu pedi o divórcio?

— *Não, não é exatamente isso que me importa, mas saber como a senhora sente as coisas, porque, claro, tudo isso me parece absolutamente razoável. Se seu marido a traiu, não vejo por que a senhora suportaria isso melhor do que geralmente se suporta. Até aqui, tudo é compreensível. Mas eu gostaria de saber mais. Quero dizer, entendo-a perfeitamente no que está me contando. Mas, e a senhora em tudo isso? Gostaria de saber por que, na sua opinião, por que fracassou nos estudos. A senhora não obteve sucesso porque...*

— Eu não me esforçava o suficiente.

— *A senhora acha?*

— Ah! Sim.

— *Como foram os exames?*

— Fiquei com medo da prova oral. Não gosto de prova oral.

— *O que se passou nos exames orais? A senhora teve medo, era bem legítimo que tivesse medo, já que não foi aprovada.*

— Eu não conseguia mais falar.

— *A que isso estava ligado, por que não podia mais falar?*

— Eu tinha a impressão de que não estava sozinha.

— *Que não estava sozinha? Que não estava totalmente sozinha em quê? Não totalmente sozinha ao responder?*

— Ao não responder.

— *É isso, ao não responder. Mas esse "não totalmente sozinha"?*

— Enquanto trabalhava, eu não conseguia.

— *Não é exatamente a mesma coisa que a senhora me disse há pouco. A senhora me disse que não tinha se esforçado o suficiente.*

— Mas quando chegaram os exames orais, eu não conseguia.

— *Por não estar totalmente sozinha? O que isso significa? Que a senhora se sente…*

— Na impossibilidade de falar.

— *A senhora disse um pouco mais ao falar que não estava sozinha. Isso implica a ideia de uma presença.*

— Sim.

— *Tente me dar uma pequena visão disso. Uma presença… uma presença estranha para a senhora?*

— Não, uma presença como a minha. Mas não era eu. Enfim, estou tentando traduzir.

— *Como se manifestava…*

— Uma voz. A presença visual, não posso dizer. Por vezes eu tinha a impressão…

— *Por vezes tinha a impressão de alguém que a senhora teria visto, ou poderia ter visto, ou que se esboçava…*

— Sim, mas era muito vago.

— *Era muito vago?*

— Agora não é mais assim.

— *Desde quando não é mais assim?*

— Não posso sentir a mesma coisa.

— *Portanto, isso é uma dificuldade da juventude?*

— Sim.

— *Tente me dar uma ideia mais precisa disso. A senhora também falou de voz.*

— Sim.

— *Como a ouve? É essa presença que tinha a voz?*

— Sim.

— *Mas como a ouvia?*

— Como a minha.

— *Como a sua?*

— Como uma voz que não me era desconhecida. Parecia que eu ouvia a minha voz.

— *Como a senhora ouviu essa voz, esse som da sua voz; foi porque ela dizia algo?*

— Sim. Eu me lembro de uma vez, entre outras, de uma impressão, ao andar, de que algo me detinha e me fazia olhar a fachada de uma casa.

— *Contaram-me essa história.*

— Talvez isso tenha me marcado. Talvez eu tivesse algo a ver com essa casa. Por ora, não sei. Ultimamente não tem sido nem um pouco assim. No ano passado não foi nem um pouco assim.

— *No ano passado, a que a senhora alude?*

— Ao fato de que eu tenha pedido o divórcio. Fui eu quem pediu. Meu marido concordava. Eu tinha a impressão de que não estava agindo sozinha.

— *O que isso quer dizer? Se entendo bem, a senhora diz, por um lado, que isso acabou, esse sentimento de presença; mas, por outro lado, diz que voltou, e até muito recentemente.*

— Eu não ouvia mais, depois não era mais a mesma coisa. Isso não durou, essa sensação de que havia alguém não durou.

— *É por causa desse alguém... Eu lhe faço essa pergunta porque estou tentando entender... A senhora tem a sensação de que esse pedido de divórcio lhe foi inspirado por...*

— Não é bem isso.

— *Por outra pessoa?*

— Não é exatamente isso.

— *Então, esclareça as coisas. Só a senhora pode me dizer do que se trata, pois quem passou por tudo isso foi a senhora.*

— Sim.

— *Tente me fazer sentir por que meios a senhora fez algo sob a inspiração, se me permite a expressão, de algo que não é totalmente a senhora.*

— Foi só por ciúme que pedi o divórcio. Foi isso que me fez...

— *O ciúme, isso parece algo de que participamos. Então, por que a senhora o atribui, se entendi bem, a uma presença estranha?*

— Eu não disse que era uma presença estranha. Eu me encontrava algumas vezes na situação de que havia uma pessoa estranha. Não é a mesma coisa.

— *Essa é a pessoa de quem a senhora tinha ciúme?*

— Sim, claro.

— *Então, isso não é...*

— Não é assim, quando eu estava diante de alguém... Acontece comigo algumas vezes... Eu tinha a sensação de ter outra pessoa ao meu lado.

— *Coloque os pingos nos is.*

— Agora mesmo, aqui?

— *A senhora não tem a sensação de uma presença estranha?*

— Não.

— *Quando foi a última vez que isso aconteceu, esse sentimento de presença estranha quando estava diante de alguém?*

— Isso me aconteceu uma vez desde que estou aqui, com o sr. C*.

— *A senhora teve a sensação, ao falar com C*, de que havia alguém... Onde ela se situa, essa presença estranha?*

— Atrás de mim.

— *Quando estava com C**, *a senhora estava sentada diante dele, como está agora. Essa pessoa que estava atrás da senhora também estava sentada?*

— Não, em pé, atrás de mim.

— *Aconteceu uma vez... e a senhora notou?*

— No começo, não. Ele me pediu, eu lhe disse depois; não me lembro quando, quinze dias, dez dias, não sei... nos três primeiros dias, não sei mais.

— *Que poder tem essa presença estranha sobre a senhora?*

— Agora?

— *Quando aconteceu. A senhora mesma disse que ela não está aqui agora.*

— Era desfavorável. Para algumas coisas era favorável, mas para outras, desfavorável. — *Sim, ele me falou do caso da rua de S**, *número 8**. *Ele comentou comigo superficialmente. O que ele me disse foi que não era desfavorável.*

— Foi por isso que eu disse: às vezes parece favorável. Outras vezes, eu me dei conta de que era desfavorável. Favorável em alguns momentos e desfavorável em outros.

— *Por quê? Por que essa presença desempenhou um papel no sentimento, se é correto que a senhora o teve, de que aquela casa queria dizer algo?*

— Sim.

— *Queria dizer o quê?*

— Que um dia certamente eu teria relações com pessoas que habitariam aquela casa e que eu devia me lembrar disso.

— *Houve outros momentos em que a senhora teve sensação semelhante de choque ou de bem-estar?*

— Devo ter tido, não me lembro mais. Há alguns meses eu me sinto pior.

— *Passados alguns meses isso não tem mais graça?* [Aceno negativo da sra. Soledo.] *Quando a senhora se convenceu de que seu marido dedicava-se a outra pessoa?*

— Em 19*3-19*4, final de 19*3, início de 19*4.

— *Já faz um bom tempo.*

— No ano passado completou um ano.

— *Faz um ano?*

— Estamos no início de 19*6.

— *Por que a senhora diz que no ano passado fez um ano?*

— Faz um ano.

— *Se foi em 19*3, tem mais tempo.*

— Um ano e meio.

— *Quando a senhora fez…*

— O pedido de divórcio?

— *Primeiro a tentativa de se enforcar… Foi em que época?*

— Não sei exatamente quando, mas deve ter sido entre março e abril; já não me lembro muito bem.

— *De quando?*

— Ano passado, em 19*5.

— *E depois a recidiva, ou seja, a tentativa de cortar a garganta?*

— Não sei mais definir os tempos exatos, julho-agosto, não sei mais. É vago.

— *Ouvi falar a respeito, é por isso que lhe pergunto. O que a senhora espera do seu pedido de divórcio? Quero dizer, há uma pessoa que pode estar envolvida nisso… A senhora tem uma filhinha?*

— Sim.

— *O que planeja fazer a esse respeito? Pedir a guarda?*

— Sim.

— *Isso não é algo supérfluo: quais são as suas relações com sua filhinha? Que idade ela tem?*

— Sete anos e meio. Mas me dou bem com minha filha.

— *Sim, não duvido disso. A senhora se sente bem com a sua filha?*

— Eu amo a minha filha.

— *Sim, claro. Digo "claro" para incentivá-la a me contar a respeito. Quando ela nasceu, foi fácil cuidar dela?*

— Não, fui ver o dr. C*… Quando ela nasceu, no primeiro dia, eu tinha medo… de ter um filho, de não conseguir… no primeiro dia eu tive medo, um ser tão frágil, mas isso me parece normal.

— *Não estou buscando o anormal, de modo algum. Estou tentando…*

— Achei que não conseguiria criar a minha filha, que não conseguiria fazer nada.

— *Por que acha que isso acontece?*

— Quando a gente fracassa em alguma coisa, tem a impressão de fracassar em tudo. Só isso. Não parece normal?

— *A senhora teve essa criança depois de quanto tempo de casamento?*

— Dois anos de casamento.

— *Não quis ter filhos antes?*

— Não queríamos ter filhos logo no início, é isso. Os dois, não era só eu.

— *Seu marido fazia o que era preciso para que a senhora não tivesse essa filha... E a senhora, quando era pequena, como as coisas se passavam?*

— Eu não tinha irmão nem irmã, sou filha única.

— *Como sua mãe era com a senhora?*

— Muito boa... muito gentil...

— *Ela não se sentiu incomodada por ter um filho?*

— Sim... sim... um pouco incomodada por ter um filho. Fui criada por uma ama de leite, até uns quatro, cinco anos. Depois disso voltei para a minha família.

— *Conte-me um pouco sobre seus pais. Isso faz parte...*

— Eles são muito amáveis... Talvez meu pai tenha cuidado mais de mim do que minha mãe. Certamente ele se sentia mais firme do que minha mãe.

— *O que a sua mãe tinha de menos firme?*

— Ela tinha medo de cuidar de crianças.

— *Sim. Isso se devia a quê? Onde ela está agora?*

— Em P*.

— *Como ela era?*

— Amável...

— *Quer dizer, cheia de intenções...*

— ... que não podia realizar, isso acontecia.

— *Alguém do seu gênero, hein...*

— Ela me fez duvidar de mim mesma.

— *Desde quando a senhora diz isso para si mesma?*

— Faz pouco tempo... Há cerca de um ano... Desde meu fracasso em relação ao meu marido.

— *Disseram-me que a senhora viu essa pessoa?*

— Sim, eu a vi.

— *Quantas vezes a viu?*

— Duas vezes...

— *A senhora não parece...*

— Não gosto de pensar nisso.

— *Talvez fosse uma pessoa que lhe interessasse.*

— Estou tentando esquecer.

— *A senhora se incomoda quando alguém fala desse assunto?*

— Sim.

— *No entanto, a senhora teria dito a ela coisas que não demonstravam falta de interesse.*

— Não é falta de interesse. Não se deve pensar em alguém que lhe tirou o marido.

— *Em que ele foi tirado? Ele não foi tirado. Um marido não é algo que alguém toma assim. Ele não foi tomado. Ela não o obrigou a fazer tudo o que ela queria.*

— Este foi o termo que ela empregou, ela tomou o homem, ela não tomou o marido. É isso, me lembrei da frase. Eu me lembro muito bem de quando a vi...

— *Ela se expressou assim? Ela tomou o homem e não o marido?*

— Foi por isso que guardei esse termo na memória. Isso se tira. Foi assim que aconteceu, foi o termo exato que ela me disse.

— *Ela não pediu que ele se divorciasse.*

— O senhor não sabe nada a respeito, nem eu. Nós nunca concordamos. Eu queria saber.

— *Se ela tomou o cuidado...*

— [*A sra. Soledo chora.*] É obrigatório continuar nessa direção?

— *Escute, minha cara... Não vejo de modo algum em que o fato de que a senhora não se controla...*

— Não gosto de pensar nisso, não gosto...

— *Peço desculpas por ter insistido. De todo modo, não se pode dizer que, para mim, que tento saber dessa história, isso não seja algo que esclareça o modo como a senhora sente esse acontecimento.*

— Para mim, é um fracasso. O senhor nunca viveu um fracasso? Quando a gente constata, em determinado momento, aos quarenta anos: eu falhei aí, eu falhei aí, eu falhei aí... Não sabe que impressão isso dá.

— *Sim... A senhora não fracassou em tudo?*

— O futuro dirá.

— *A senhora me disse... Quer um lenço?*

— Não, não serve para nada.

— *A senhora quer que eu pegue?* [Ela assoa o nariz.] *Uma vez que a senhora me diz que não falhou em tudo, diga-me em que não falhou.*

— Acho que com a minha filha, eu não falhei. Até agora. Agora eu tenho medo, enfim, eu tinha medo.

— *Quando diz "eu tinha", isso quer dizer que...*

— Por ora estou aqui, não posso avaliar. Antes eu estava doente, também não podia avaliar.

— *Porque a senhora diz "antes", o que isso quer dizer?*

— Desde o nascimento dela. E antes do divórcio de meu marido.

— *Em primeiro lugar, por enquanto não há divórcio.*

— Sim, acho que vai acontecer em breve.

— *Ah, sim. Mas a senhora considera que está feito?*

— Dá no mesmo. Ele foi embora, não está mais comigo, ele vem todos os dias, mas não está mais com a gente.

— *Ele vem todos os dias aonde?*

— Ele vinha todos os dias à minha casa para ver a filha.

— *Ele mudou de domicílio?*

— Sim.

— *Ele está com essa pessoa?*

— Sim.

— *Sim. Então me diga no que a senhora não falhou. Quais são os acontecimentos felizes, na sua opinião?*

— Profissionalmente, eu não estava mal. Eu tinha uma boa clientela. Além disso, tive com meu marido anos que foram mais do que felizes. Mas houve um fracasso depois. E então… com a minha filha. Eu estava realmente feliz com ela.

— *Há ainda outras pessoas envolvidas, além de seu marido e sua filha.*

— Há os meus pais.

— *A senhora tem amigos. Fale-me um pouco de seus amigos.*

— Ou melhor, de nossos amigos, já que eram amigos comuns aos dois. Um casal com que tínhamos um contato próximo, da idade dos meus pais… um pouco mais jovens… Éramos ligados a eles.

— *Os pais dos dois lados… Como é do lado do seu marido? Que tipo de pais ele tem?*

— Uma mãe que é uma antiga funcionária dos correios e um pai que era o diretor técnico de obras públicas. O senhor quer que eu fale de quem? De nossos amigos ou dos pais dele?

— *Falo dos pais dele, pois me parece que isso interessa, isso conta, os pais no modo…*

— O pai dele é muito amável.

— *Com quem?*

— Com todo mundo. A mãe é muito diferente.

— *Conte.*

— Da mãe?

— *O que há de errado?*

— Nunca tive do que me queixar, ela é muito simpática. Ela é meio… Ela pensava que o filho era propriedade dela. Muito amável… Meu sogro… Dá vontade de fazer confidências a ele. Minha cunhada era igual ao meu sogro. Ao passo que os amigos… Havia esse casal que era próximo. E depois outro casal cuja esposa morreu. Ficou apenas o marido, que era igualmente amigo de meu marido e meu. Eram seus amigos mais próximos. E, em terceiro lugar, uma mulher que cuidava da nossa filha.

— *Quem era essa senhora?*

— Uma afilhada de adoção.

— *Adoção de quem? Sua?*

— Sim, é assim que se chama.

— *Quem era essa pessoa?*

— Uma jovem que é minha afilhada de adoção.

— *Por que ela cuidava da sua filha?*

— Eu morava longe do local de trabalho e não podia deixar minha filha sozinha. Ela ia à escola, depois iria para o ensino fundamental; estava fora de cogitação deixar a minha filha sozinha. Essa pessoa era mais próxima. Era uma pessoa totalmente estranha, que estava sozinha e que veio à minha casa...

— *E quem são essas pessoas do 8*?*

— O marido morreu. Ele estava com a esposa, os dois morreram.

— *Em que momento da sua vida isso aconteceu?*

— Quando os encontrei?

— *A senhora os encontrou em dois tempos. Primeiro recebeu o anúncio de que...*

— Não sei mais com que idade recebi esse anúncio de que o senhor fala.

— *Foi a senhora quem usou esse termo; a senhora me disse há pouco...*

— Talvez dez anos antes.

— *Foi antes do seu casamento que a senhora teve essa sensação?*

— Foi.

— *Esse sentimento de bem-estar, de...*

— Sim.

— *Então, a senhora considera a posteriori que isso queria dizer alguma coisa. A senhora notou isso na hora.*

— Ah sim. Eu tinha que me concentrar olhando para aquela casa, não sei por quê, eu era obrigada a olhar aquela casa, alguém ia desempenhar um papel naquela casa, e isso teve um papel.

— *Quanto tempo, já que eles morreram?*

— Ainda mantivemos contato com os filhos deles... durante pelo menos sete, oito anos.

— *Aconteceram muitas vezes na sua vida esses tipos de...*

— A impressão de voz... a impressão de duplo e de voz... Sim, aconteceu algumas vezes, o número de vezes eu não sei.

— *A senhora qualifica isso expressamente como uma impressão de duplo e de voz? Em outras palavras, quando tem esse sentimento, a senhora se reconhece nele, sabe que vive nesse registro, como se diz?*

— Sim.

— *Desde quando a senhora se identifica como... Podemos mesmo assim empregar um termo que vou ousar desse modo, a senhora me diga se é um termo que lhe parece deslocado: como pessoa "habitada", de certo modo? Isso lhe parece... Talvez seja um pouco forte?*

— É forte, é um pouco forte.

— *Desde quando a senhora teve essa espécie... Apesar de tudo, quando isso acontece, é um pouco chocante para a senhora.*

— Sim.

— *É isso que não entendo bem e gostaria que a senhora me esclarecesse... Quero dizer, o modo como sente essa impressão de duplo e de voz. Será que quando me fala de presença atrás da senhora, que experimentou ainda uma vez diante do dr. C*, não se trata da voz?*

— Sim, ah sim. Tive outro fenômeno, que não me pareceu nada semelhante.

— *Dê-me uma ideia desse outro fenômeno.*

— No domingo, dia 19 de janeiro de 19*5, à noite, uma impressão...

— *O que aconteceu?*

— Eu me lembro disso muito bem; uma impressão de estouro na região occipital, com uma impressão... Primeiro, senti muito calor atrás da cabeça, muito calor... Depois brilhos e ao mesmo tempo, na minha cabeça, fogos de artifício. Eu me senti muito bem, magnificamente bem, pouco antes de tudo explodir. Eu estava em boa forma, deslumbrada, e depois tudo isso estourou. Depois eu me senti pesada.

— *Aqui vou relatar algo que só fiquei sabendo pelo dr. C*; de que outro modo eu saberia? Por acaso isso aconteceu na noite em que seu marido não voltou?*

— Foi no dia seguinte, na madrugada do domingo para a segunda-feira. Meu marido não voltou para casa na noite do sábado para o domingo.

— *Foi no mesmo domingo à noite que a senhora experimentou isso? O que pensou sobre o episódio da véspera? Pelo que entendi, essa história durava já fazia um tempo...*

— Mas ele estava lá o tempo todo; não era a mesma coisa.

— *Era a primeira vez que ele dormia fora. Bom, a senhora me diz que no dia seguinte experimentou pela primeira vez... A senhora me disse que era uma sensação de bem-estar.*

— Mas não foi em relação ao meu marido. Foi porque havia passeado com minha filha; no domingo à tarde saí com meus pais e a madrinha de minha filha; eu a trouxe de volta no colo, ela dormia no carro, eu a peguei no colo e a coloquei na cama. Conversei com ela um pouco; quando saí, ela estava dormindo. Eu me senti bem e pensei que enfim havia sido bem-sucedida com F*. E então me senti muito bem, um forte calor na cabeça, mas magnificamente bem. Depois tive aquela sensação. A pessoa que cuida da minha filha disse: "Tomara que isso dure". Eu estava com muita fome, lembro-me de ter pedido algo para comer ou beber. Depois...

— *Depois, o quê? O que aconteceu?*

— Um peso na cabeça, um peso na região occipital, como uma pedra...

— *Isso se repetiu?*

— Essa sensação, nunca mais, exceto a impressão de ter sempre um peso. É algo maciço, a impressão da perda das palavras, a perda de muitas coisas, dificuldades.

— *De todo modo, a perda das palavras não é de ontem.*

— Mais do que isso ainda.

— *Essa sensação de perda das palavras, foi isso que a senhora disse há pouco, que estava no princípio de seu fracasso nos exames. Será que havia também, quando a senhora fazia os exames, o sentimento dessa presença?*

— Sim, isso me aconteceu muitas vezes.

— *Era uma presença simples ou uma presença... dupla, por que não?*

— Sim.

— *Explique-me isso. O que havia de duplo nessa presença?*

— A sensação de alguém atrás de mim, o duplo de mim mesma.

— *E depois a outra.*

— Como minha filha, e a outra atrás de mim, em pé; como se ela estivesse ali para me impedir de falar... Não sei vesti-la, não sei... A voz não era estranha, eu tinha a sensação de me ouvir, ela estava atrás de mim, na minha altura.

— *A senhora teve a impressão de ouvir a si mesma, isso quer dizer que ela fala?*

— Sim.

— *Ela fala como? Ela a proíbe de dizer uma palavra?*

— Sim, como se ela me impedisse de falar... Não sei como dizer.

— *Tente... Quem poderá dizer, senão a senhora?*

— Como se eu ouvisse... eu estava mais atenta em escutá-la do que em responder. Tive essa sensação.

— *Com que idade isso se produziu pela primeira vez, se puder responder? Não aconteceu só quando teve que fazer os exames.*

— Deve ter sido antes mesmo do acontecimento da rua de S* número 8*, mesmo antes dos exames. Não me lembro mais, mas foi antes. E depois, lembro-me talvez de um acontecimento com a minha babá. Para me castigar, haviam me colocado em um corredor de entrada da adega. Eu me lembro disso. Tive a sensação de que não era a mim que castigavam. Eu devia ter quatro anos, quatro anos e meio, lembro-me desse acontecimento.

— *A senhora se lembra desse acontecimento como algo marcante...*

— Certamente era um castigo. Se me colocaram ali, não me lembro mais o motivo do castigo, mas eu tinha a sensação de que não era eu que era castigada. Depois, não me lembro mais. Dez, doze anos, não me lembro.

— *Mesmo assim é algo diferente, a senhora diz "Não era eu que era castigada".*

— Não faz muito tempo que essa recordação voltou.

— *Quando ela voltou?*

— No mês de setembro. Depois de certo tempo, tenho pensado mais em meu passado do que poderia imaginar.

— *Para a senhora, o que parece explicar isso, o fato de que tem voltado a pensar mais em seu passado?*

— Não sei, mas tenho recordações que vêm do passado, acontecimentos que tinha a impressão de ter esquecido completamente, nunca mais havia pensado neles... lembranças que me vêm, desde a primeira infância.

— *A senhora diz que não era a senhora quem estava lá?*

— Eu me lembro. Vejo-me novamente pequena, atrás dessa porta. No fundo, era como se não tivessem me castigado. Eu aceitei bem, no entanto, sem dúvida, eu devia estar com muito medo. Talvez tenha sido ali que tive a primeira compreensão de um duplo.

— *Ali o duplo não estava atrás da senhora, o duplo era a senhora.*

— Sim, mas eu não tinha medo.

— *A senhora é o duplo, a pessoa que castigaram. O que acontece quando alguém se sente um duplo? É como se a senhora dissesse que é uma sombra, não?*

— Sim.

— *"Eu não tinha medo", quer dizer o quê?*

— É difícil. Parece que uma força me dizia para não ter medo.

— *Uma força lhe dizia... Portanto era da senhora que se tratava.*

— Foi a primeira vez em que eu...

— *... que a senhora teve o comando.*

— Como em frente a essa casa, eu atravessei a rua, eu não tinha nenhum motivo para olhar aquela fachada.

— *Conte-me outros casos em que isso aconteceu.*

— Agora não me lembro mais.

— *Mesmo assim sabe que aconteceu algumas vezes.*

— Sim, às vezes.

— *O suficiente para que saiba que isso não a aniquila. A senhora sabe que são coisas que acontecem e mesmo assim coloca todas na mesma série. Será que a cada vez que isso lhe acontece a senhora tem a sensação de que não é novo, que é algo que conhece bem?*

— Sim.

— *Que relação acha que existe entre esse sentimento e... agora há pouco usei a palavra "habitada"?*

— Isso não me choca. Presto atenção, mas não me choca. Outro acontecimento foi quando estava com meu marido. A primeira vez, entre outras, em que vi meu futuro marido. Eu me lembro muito bem.

— *Era também uma coisinha dessa natureza?*

— É por isso que eu disse a palavra "favorável". Em geral, eram acontecimentos que me eram sobretudo favoráveis. Então, era favorável; agora não se pode falar da mesma forma.

— *Foi a tonalidade das coisas que mudou?*

— Tenho a impressão de que é menos favorável, mas de certo modo eu levava isso em conta. Há momentos em que é favorável e outros, nem um pouco.

— *O que fazemos agora?*

— Eu gostaria muito de voltar para casa.

— *A senhora quer voltar para a sua casa? Onde ela está, a filha, agora?*

— Na minha casa.

— *Quem está cuidando dela?*

— Ainda a pessoa que estava conosco.

— *Ainda a pessoa... A que a trouxe aqui?*

— Só uma vez, ontem... não, anteontem, quarta-feira. Fazia quase um mês que eu não a via.

— *Qual é a relação entre essa "habitação" e suas duas tentativas? A senhora vê alguma relação entre elas?*

— Uma relação?

— *Será que era algo assim: suas tentativas, que são aparentemente justificadas pelo estado que vimos há pouco, ou seja, a senhora e o outro... Será que a senhora tem a sensação de que era algo diferente disso, que afinal é capaz de suportar, que era outra coisa que a fazia sair dos eixos, ou seja... a senhora não vai começar de novo?*

— Não.

— *A senhora não vai fazer essas coisas de novo?*

— Não.

— *De todo modo há algo que a incomoda.*

— Sim.

— *A senhora me diz isso como? Para me agradar?*

— Não, porque eu senti que podia... que tentarei fazer o melhor para a minha filha... Ah não, não é para... de modo algum.

— *É verdade que se sentiu "habitada" nessas duas tentativas?*

— Sim, é chocante, no entanto é isso.

— *A senhora tem a sensação de que aí... a senhora me diz...*

— Agora me sinto bem. Quero retomar a vontade de fazer algo, sem me diminuir.

— *Como será a continuidade da sua vida? Vai voltar ao trabalho?*

— Sim, é possível. Sim, claro.

— *Os seus clientes devem ter se afastado um pouco.*

— Sim, com certeza. Isso é um problema. Não sei, não os vi novamente, faz cerca de três semanas, um mês que parei de trabalhar. Isso depende do tempo que ficarei aqui, não sei.

— *Vamos tentar colocá-la o mais rápido possível de volta em circulação.* [Silêncio prolongado.] *É o que me parece mais razoável. Diga-me, a senhora acha que é louca?*

— Às vezes.

— *Porque tem uns doidos por aqui.*

— Como estamos todos sob o mesmo regime, fazemos todos a mesma coisa, a gente chega... a gente chega a duvidar de si mesmo, isso não é reconfortante.

— *Não, é claro que não é reconfortante. Por isso, quanto antes a senhora sair, melhor.*

— Sim, mas não depende de mim.

— *Depende do dr. C*. Claro, o dr. C* vai seguir os meus conselhos. Vou aconselhá-lo a deixá-la sair, não imediatamente, claro. Eu diria mais: é da senhora que isso depende mais. É melhor que saia daqui quando estiver melhor.*

— Sim.

— *Então, a senhora dirá isso ao dr. C*?*

— Que eu me sinto bem?

— *Dirá isso a ele quando for verdade, parece óbvio. O que a senhora pensa a respeito dessas histórias do occipital?*

— Não sei, justamente, isso me incomoda, não sei o que é.

— *Aconteceu de novo depois de 19 de janeiro?*

— Tenho a sensação de um peso.

— *Tem essa impressão neste momento?*

— Sinto um cansaço muito grande, como se eu fosse velha, velha... A impressão de que poderia dormir por um ano.

— *Não há problema em dormir.*

— Vou comer um pouco e, quando estiver cansada, vou dormir. Essa é a minha reação, que não tinha antes.

— *Antes do quê?*

— Isso acontece comigo, eu estava cansada, ao passo que agora eu me sinto… Tenho outros sintomas, disseram-me que era por causa dos remédios.

— *A senhora tem outros sintomas?*

— Tenho tremores, não posso mais correr, se dou três passos, sinto-me sem fôlego.

— *Que remédios está tomando?*

— Anafranil e Nozinan.

— *O que acha disso? Pelo menos a acalmou?*

— Tomei várias injeções. Fiquei com edemas e uma espécie de dermatose.

— *Que tipo de dermatose? A senhora tem eczema?*

— Tenho muito, ainda tenho de manhã.

— *Um eczema ao despertar, isso não é…*

— Eu já tinha dermatoses antes, sobretudo na perna esquerda; nas duas, mas predominantemente na perna esquerda. Aí são fenômenos… Como tenho a garganta seca etc. Ao passo que o resto não é igual, é um peso, tenho a impressão de estar muito velha. Eu tinha a impressão, porque, depois de um mês, há tantas outras coisas aqui, que sinto menos. Aqui a gente pode dormir, temos tempo, não fazemos nada… Três semanas andando em círculos.

— *Bem, então até breve.*

[*A paciente sai.*]

Discussão

Dr. Lacan — Não saberíamos tanta coisa se ela não tivesse vindo aqui. Eis o que se pode dizer. A psicose é mais comum do que acreditamos. Ela é mesmo bastante difundida. É certo que há uma coisa que ela, que não tem nada de psicótica, não pôde suportar.

*Dr. C** — Mesmo assim ela teve fenômenos graves no ano passado. Ela atravessou momentos catatônicos. Depois embarcou em um período persecutório.

Dr. Lacan — Essas não são coisas sobre as quais eu possa decidir.

*Dr. C** — Ela parece ter atravessado um estado grave durante dois meses. As pessoas à sua volta ficaram muito preocupadas, mas não quiseram recorrer aos médicos.

Dr. Lacan — As pessoas à sua volta, quem são?

*Dr. C** — A sra. que vive na casa dela; seu amigo M*, que é também um antigo paciente, se apegou à família e cuida muito bem deles desde que ficou viúvo. Eles se ocuparam literalmente de tudo, a gestão da clínica, os assuntos dos papéis e também do divórcio. Eles forneceram um suporte permanente durante o ano inteiro.

Dr. Lacan — Ela continuou sua rotina?

*Dr. C** — De modo totalmente automático. Ela se levantava, fazia sua higiene, comia, ia para o trabalho... Começou a perder os clientes. As pessoas mais próximas passaram a ficar alarmadas com isso. Depois, subitamente, ela começou a ter medo de sair na rua, com a sensação de que as pessoas a criticavam. Quando as pessoas estavam na casa dela, escutava atrás das portas, com a impressão de que falavam dela, de que havia microfones por todo lado. Isso ganhou uma amplitude muito grande. Houve um longo período em que ela não ousava mais sair à rua.

Dr. Lacan — Este é um caso em que é preciso apostar.

*Dr. C** — Em que você está apostando?

Dr. Lacan — Minha aposta é que ela vai retomar o que chamei há pouco de sua rotina, ela vai retomá-la.

*Dr. C** — Ela deve receber a notificação do divórcio em alguns dias, em 21 de janeiro. De minha parte, gostaria que ela ficasse até um pouco depois, para medirmos os efeitos.

Dr. Lacan — Tenho a impressão de que agora ela fez o luto disso. Certamente foi porque eu a levei ao limite que ela conseguiu isso, o que de todo modo é bastante favorável: ela teve uma reação emocional que corresponde à situação objetiva. 21 de janeiro… estamos no dia 16. Ela vai ser acompanhada aqui?

*Dr. C** — Pedi que sim.

Dr. Lacan — Ela teve certamente, por um ano, propriamente falando, um surto psicótico. É aí que reside a aposta: quer dizer, que isso não vai durar.

*Dr. C** — Ainda é preciso que a clientela não a tenha abandonado completamente e que ela possa retomá-la.

Dr. Lacan — Evidentemente ela precisa ser acompanhada. Será preciso manter contato.

*Dr. C** — Mesmo assim ela tem pessoas com quem pode contar.

Dr. Lacan — Com certeza é uma situação favorável, e as pessoas que mantiveram o contato vacilaram durante um ano inteiro porque não conheciam a possibilidade de uma referência aqui.

*Dr. C** — Acho que não se importaram. O marido descobriu, por exemplo.

Dr. Lacan — Você esteve com o marido?

*Dr. C** — Ele se sente muito culpado. Toma para si toda a culpa e aceitou tudo o que os advogados pediram.

Dr. Lacan — Ele se sente muito culpado, quer dizer, de se decidir a ir embora.

*Dr. C** — A mãe da paciente começou a ter acessos melancólicos há três anos, após uma cirurgia, uma prótese de quadril. Ela estava em um estado muito grave e a paciente, assim como seu marido, obstaculizaram seu acesso ao tratamento. Parece que havia na família uma oposição a que ela fosse acompanhada. Quem queria que ela fosse acompanhada era o marido, pai de nossa paciente. O marido da mãe queria que sua esposa fosse tratada, mas, diante da oposição da filha e do genro, desistiu. Isso aconteceu há três anos. Só agora a mãe da paciente procurou um psiquiatra e começa a se recuperar. Ela teve uma recaída. Aconteceu o seguinte: da primeira vez em que vi o pai, passou bastante tempo até revê-lo, pois ele ficava preso em casa com a mulher. Ele me explicou que a esposa estava bem melhor. No dia seguinte ele me telefonou para dizer que sua mulher tivera uma recaída e que não poderia vir a um segundo encontro. Depois ele trouxe a esposa. Está encurralado entre a mulher e a filha. Por fim, ele viajou com a esposa para Côte d'Azur por alguns dias.

Dr. Lacan — Enfim, veja qual é a minha impressão após essa entrevista. É, ainda assim, um daqueles casos em que é preciso apostar. [*Diz ao dr. F**:] O que você acha?

*Dr. F** — Eu gostaria de deixar claro que efetivamente...

Dr. Lacan — Temos a sensação de que a psicose não ganhou, que não é onipresente.

*Dr. F** — Há essa reação favorável, no final, quando ela reviu a filha, algo que aconteceu com ela, algo de que não tinha realmente consciência, que é sua relação com sua filha.

Documentos e correspondências

JUVENTUDE

Capa do *Petit Journal* datado do dia do nascimento de Jacques Lacan

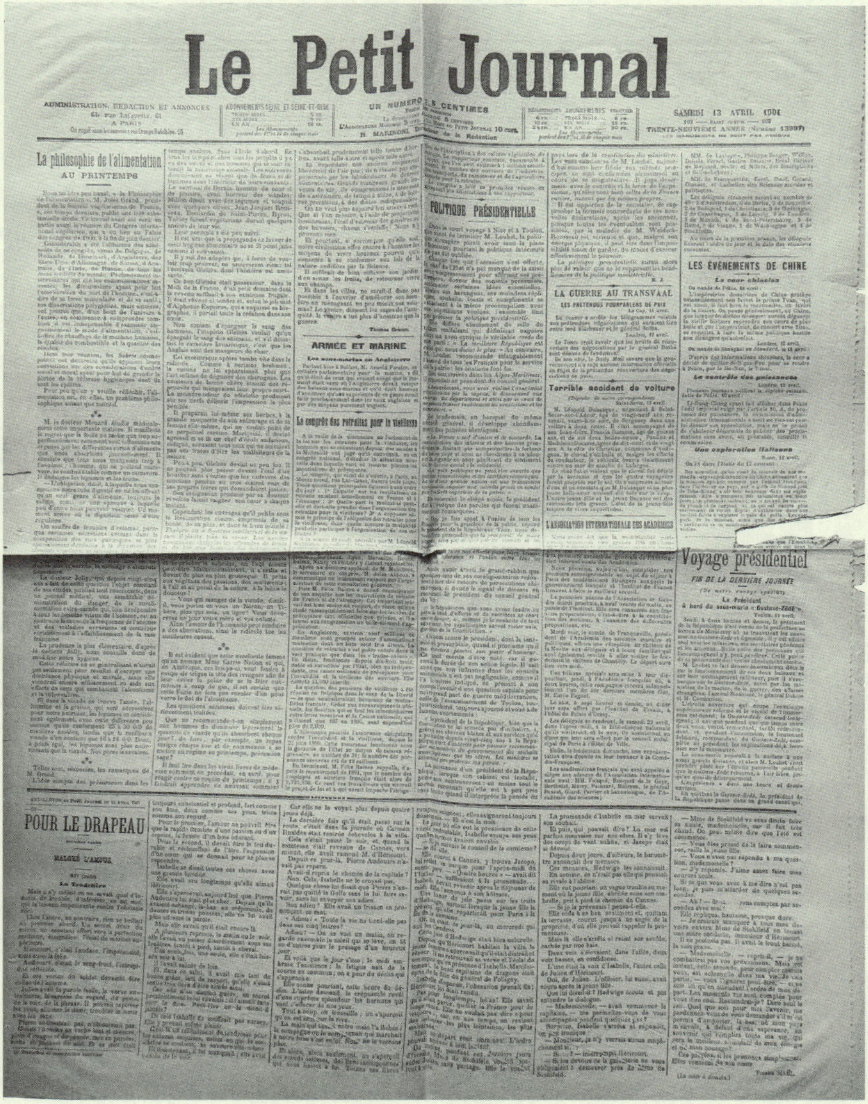

Le Petit Journal

SAMEDI 13 AVRIL 1901

La philosophie de l'alimentation

AU PRINTEMPS

POLITIQUE PRÉSIDENTIELLE

LES ÉVÉNEMENTS DE CHINE

LA GUERRE AU TRANSVAAL

ARMÉE ET MARINE

Terrible accident de voiture

Voyage présidentiel

POUR LE DRAPEAU

Boletim escolar de Jacques Lacan, 1918

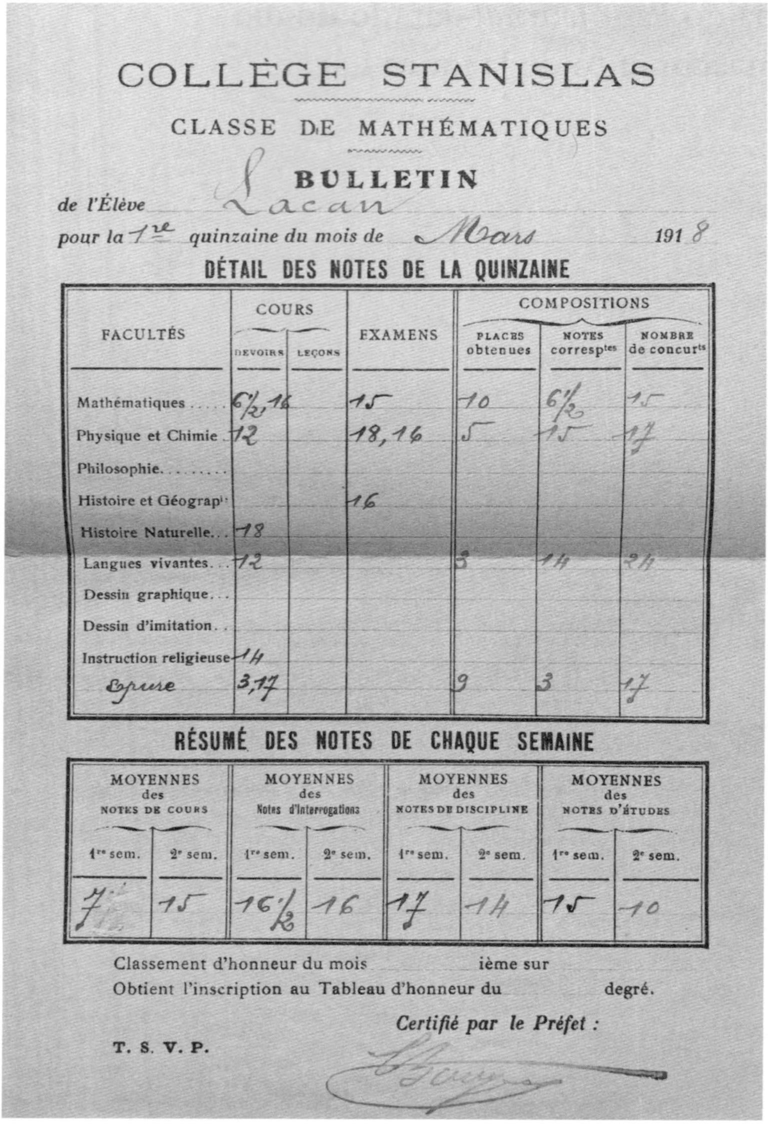

COLLÈGE STANISLAS

CLASSE DE MATHÉMATIQUES

BULLETIN

de l'Élève Lacan

pour la 1re *quinzaine du mois de* Mars 1918

DÉTAIL DES NOTES DE LA QUINZAINE

FACULTÉS	COURS – Devoirs	COURS – Leçons	EXAMENS	COMPOSITIONS – Places obtenues	COMPOSITIONS – Notes corresp^{tes}	COMPOSITIONS – Nombre de concur^{ts}
Mathématiques	6½, 16		15	10	6½	15
Physique et Chimie	12		18, 16	5	15	17
Philosophie						
Histoire et Géograp^{ie}			16			
Histoire Naturelle	18					
Langues vivantes	12			3	14	21
Dessin graphique						
Dessin d'imitation						
Instruction religieuse	14					
Épure	3, 17			9	3	17

RÉSUMÉ DES NOTES DE CHAQUE SEMAINE

Moyennes des notes de cours – 1re sem.	Moyennes des notes de cours – 2e sem.	Moyennes des notes d'interrogations – 1re sem.	Moyennes des notes d'interrogations – 2e sem.	Moyennes des notes de discipline – 1re sem.	Moyennes des notes de discipline – 2e sem.	Moyennes des notes d'études – 1re sem.	Moyennes des notes d'études – 2e sem.
7[illegible]	15	16½	16	17	14	15	10

Classement d'honneur du mois ..... ième sur .....

Obtient l'inscription au Tableau d'honneur du ..... degré.

Certifié par le Préfet :

T. S. V. P.

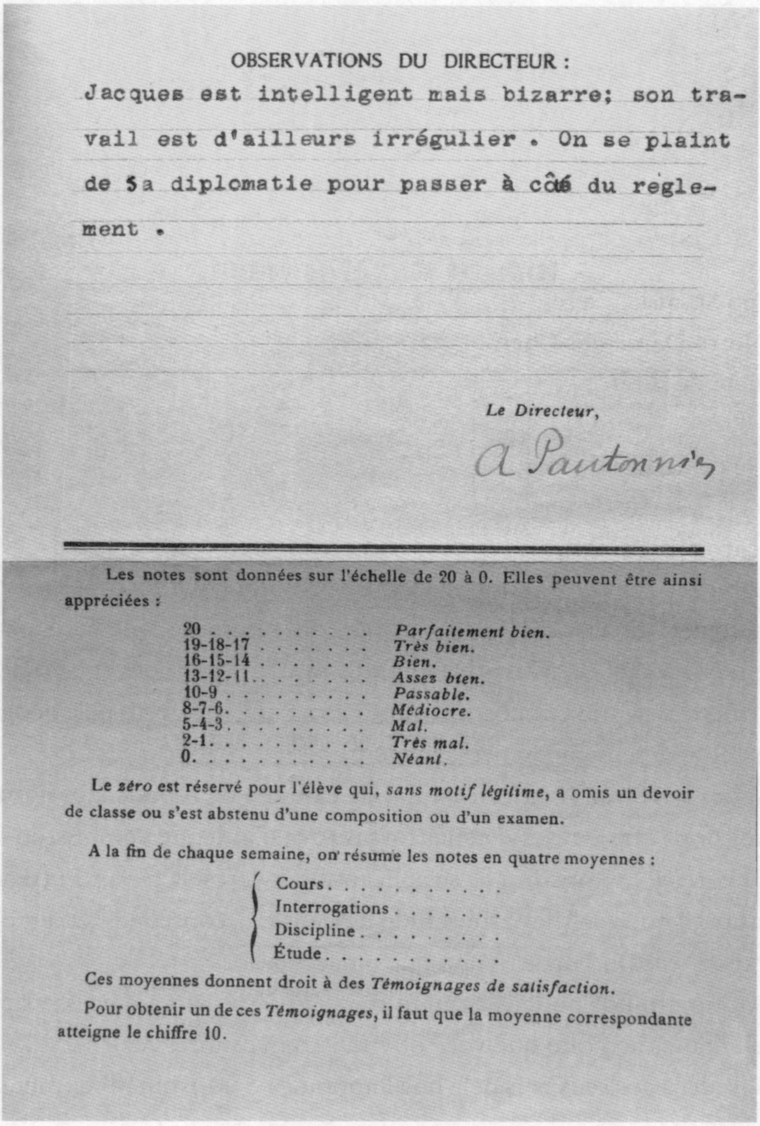

OBSERVATIONS DU DIRECTEUR :

Jacques est intelligent mais bizarre; son travail est d'ailleurs irrégulier. On se plaint de $a diplomatie pour passer à côté du règlement.

Le Directeur,

A. Pautonnier

Les notes sont données sur l'échelle de 20 à 0. Elles peuvent être ainsi appréciées :

20	*Parfaitement bien.*
19-18-17	*Très bien.*
16-15-14	*Bien.*
13-12-11.	*Assez bien.*
10-9	*Passable.*
8-7-6.	*Médiocre.*
5-4-3.	*Mal.*
2-1.	*Très mal.*
0.	*Néant.*

Le *zéro* est réservé pour l'élève qui, *sans motif légitime*, a omis un devoir de classe ou s'est abstenu d'une composition ou d'un examen.

A la fin de chaque semaine, on résume les notes en quatre moyennes :

- Cours . . . .
- Interrogations . . . .
- Discipline . . . .
- Étude . . . .

Ces moyennes donnent droit à des *Témoignages de satisfaction.*

Pour obtenir un de ces *Témoignages*, il faut que la moyenne correspondante atteigne le chiffre 10.

Referente à primeira quinzena de março de 1918, o boletim traz, na sua segunda página, a seguinte observação do diretor: "Jacques é inteligente, mas estranho; seu trabalho é inclusive irregular. Há reclamações acerca de sua diplomacia para driblar o regulamento".

Carta do sr. Martin, professor no Colégio Stanislas, a Jacques Lacan, 1913

Colégio Stanislas
Rua Notre-Dame des Champs, 22
Gabinete do diretor

Paris, 4 de agosto de 1913

Meu caro amiguinho,

Agradeço sua carta adorável e todos os detalhes que ela contém sobre o primeiro período de suas férias — notei, com satisfação, que você fez uma viagem encantadora, instrutiva e interessante. Estou convencido de que você trouxe dela uma impressão muito boa e que seu gosto pela geografia foi bastante desenvolvido nessa viagem.

Agora você vai viver um tempo de calma e de repouso; bastará respirar os bons ares e reservar suas forças para o ano que vem. Estou certo de que isso não o impedirá de se aplicar nos deveres de férias. Entretanto, não esqueça que você deve sobretudo descansar e, consequentemente, não dedicar ao trabalho mais tempo que o necessário.

Você é um dos poucos a quem me vejo obrigado a dar esse tipo de conselho; mas acredito que você ouvirá isso mais uma vez.

Agradeça aos seus pais pela boa lembrança e transmita-lhes meus melhores votos.

Carinhosamente, caro amiguinho, seu

F. Martin

COLLÈGE STANISLAS
22, Rue N.-D. des Champs

CABINET DU DIRECTEUR

Paris, le 4 Août 1913 .

Mon cher petit ami,

Merci de votre gentille lettre et de tous les détails qu'elle contient sur la première période de vos vacances _ J'ai vu avec plaisir que vous avez fait un charmant voyage ,instructif et intéressant . Je suis persuadé que vous en avez rapporté une très bonne impression et que votre goût pour la géographie n'a fait qu'être développé par ce voyage .

Vous allez maintenant vivre dans le calme et le repos; vous n'aurez qu'à respirer le bon air et à faire une provision de forces pour l'an prochain . Cela ne vous empêchera pas de vous appliquer, j'en suis sûr, à vos devoirs de vacances. Cependant n'oubliez pas que vous devez surtout vous reposer et par conséquent ne donnez pas au travail plus de temps qu'il ne faut . Vous êtes un des rares à qui je sois obligé de donner un pareil conseil; mais je crois que vous avez à l'entendre une fois de plus .

Remerciez vos parents de leur bon souvenir et offrez-leur mes respectueux sentiments .

Croyez-moi, mon cher petit ami, bien affectueusement vôtre .

Monsieur Jacques Lacan

Carta de Jacques Lacan a seu pai, 1918

Saint-Jean la Ruelle, 29 de agosto de 1918

Meu querido paizinho,

Venho papear com você por um tempinho. Mamãe me disse (entro diretamente no assunto) que lhe contou meu bate-boca com meu tio e que sua resposta foi a seguinte: que, sem contudo me aconselhar a passar o tempo "dando-lhe pauladas" verbalmente, você ficou satisfeito de ver que me mostrei independente das ideias dele (tão independente que se poderia acreditar que lhe fiz sistematicamente oposição) e que você desejaria que eu mantivesse minha personalidade, reservando a você o papel de guiar-me por suas opiniões e seus conselhos, quando minhas ideias lhe parecessem duvidosas ou falsas.

Eu lhe direi então, meu paizinho, que minha personalidade consiste nisto: eu me recuso absolutamente a deixar que me encham a caixola. Seguindo o método científico, primeiro olho o que são os fenômenos, depois estudo a que leis eles obedecem; então posso cogitar modificá-los, se este for o meu interesse. Respeito a tradição, pois pelo menos em parte ela é constituída de conceitos e de usos que são bons para o homem, sem isso eles não teriam subsistido. Estou muito mergulhado nas teorias evolucionistas para não me ver persuadido de que todo processo nocivo é eliminado pela seleção natural. Mas, quando vejo pessoas ditas conservadoras acumulando todo tipo de obstáculo diante das forças lentas que fazem a sociedade evoluir, então eu detesto a "tradi" retrógrada. Especialmente porque essas forças, acumulando-se, acabam fatalmente por romper o dique e se derramam então de maneira brusca e nociva. Você bem vê que, se sou a favor das revoluções, sou a favor das revoluções lentas, maduramente preparadas e em conformidade com as realidades, e não com as cômicas utopias de desclassificados. Infelizmente, é bem do caráter francês acreditar que se transformam os hábitos de um povo e suas ideias com leis e a golpes de decretos: Artigo I. Todos os franceses serão virtuosos. Seção II. Todos os franceses ficarão felizes. Este é o tipo de todas as nossas reformas, quer se trate de política, de colonização ou de educação. E, acima de tudo, tenho horror do princípio de autoridade: não é porque um homem se chama Bossuet, Voltaire ou A. Comte que ele tem razão, nem porque tem tal ou qual alto grau na universidade. E se eu quisesse ser inteiramente fiel ao que quero lhe dizer, precisaria de uma certa coragem: pois sob um regime pretensamente democrático não há nação mais hierárquica do que a França... Enfim, tudo isso desmoronará sozinho depois da guerra, mas será preciso ter alguma coisa para colocar em seu lugar; e não será com palavras, mas com um estudo sério dos fatos, que reconstruiremos uma França.

Foi um prazer, meu papaizinho, bater um papo com você por um instante. Pareceu-me, por um momento muito curto, que você estava ali, ouvindo minhas declarações, talvez ainda um tanto entusiasmadas demais. Mas não é o entusiasmo um grande fator das ações humanas? Espero, meu querido papai, que, lendo esta carta, você tenha a mesma ilusão que eu, e que isso lhe faça bem, você que ama tanto seus queridos filhos.

Deixo-te, meu querido paizinho; ainda vou trabalhar um pouco antes do almoço; depois vou visitar os museus de Orléans com o Gustave (mais por Gustave do que pelos museus de Orléans, lhe garanto).

Um beijo meu paizinho, por mim, Magd e Marc.

Seu filho grande que te ama,

JACQUES

Nesta carta a Alfred Lacan (1873-1960), Jacques Lacan evoca, sob o diminutivo "Magd", sua irmã Madeleine, nascida em 1903, e também seu irmão Marc François, nascido em 1908.

St Jean la Ruelle le 29 août 1918

Mon cher petit Papa,

Je veux causer un petit moment avec toi. Maman m'a dit (j'entre tout de suite en matière) qu'elle t'avait raconté mon altercation avec mon oncle, et que ta réponse avait été celle-ci : que, sans toutefois me conseiller de passer mon temps à le "bastonner" verbalement, tu étais satisfait de voir que j'étais resté indépendant de ses idées (tellement indépendant qu'on pourrait croire que j'en ai pris systématique ment le contrepied) et que tu désirais que je garde ma personnalité, te réservant de me guider de tes opinions et de tes conseils, quand mes idées te sembleraient douteuses ou fausses.

Je te dirai donc, mon petit Papa, que ma personnalité consiste en ceci que je me refuse absolument à me laisser bourrer le crâne. Suivant la méthode scientifique je regarde d'abord ce que sont les phénomènes, puis j'étudie à quelles lois ils obéissent ; alors je puis songer à les modifier, si tel est mon intérêt. Je respecte la Tradition, car, au moins en partie, elle est constituée de concepts et d'us qui sont bons pour l'homme, & sans cela ils n'auraient pas subsisté. Je suis trop pénétré des théories évolutionnistes, pour ne pas être persuadé que tout processus nuisible est éliminé par la sélection naturelle. Mais quand je vois des gens dits conservateurs accumuler toutes espèces d'obstacles devant les forces lentes qui font évoluer la société, alors je déteste la "Erabi" rétrograde.. D'autant que ces forces s'accumulant, finissent fatalement par rompre la digue et s'épanchent alors d'une manière brusque et nuisible — On voit que si je suis pour les révolutions, je suis pour les révolutions lentes, mûrement préparées, et conformes aux réalités, et non aux utopies cocasses de déclassés.

Malheureusement il est assez dans le caractère français de croire qu'on

transforme les habitudes d'un peuple et ses idées avec des lois et à coup de décrets:
Article I. Tous les Français seront vertueux
Article II. Tous les Français seront heureux.
C'est le type de toutes nos ~~tou~~ réformes qu'il s'agisse de politique, de colonisation ou d'éducation. — Et surtout j'ai horreur du principe d'autorité: ce n'est pas parce qu'un homme s'appelle: Bossuet, Voltaire ou A. Comte qu'il a raison, ni parce qu'il a tel ou tel haut grade dans l'Université. Et si je veux me conformer entièrement à ce que je viens de te dire, il me faudra un certain courage: Car sous un régime soi-disant démocratique, il n'y a pas de nation plus hiérarchisée que la France .... Enfin tout cela s'effondrera tout seul après la guerre, mais

il faudra avoir quelque chose à mettre à la place; et ce ne sera pas avec des mots, mais avec une étude sérieuse des faits que nous referons une France.

Cela m'a fait plaisir, mon petit Papa, de causer un instant avec toi. Il m'a semblé, durant un moment trop court que tu étais là, écoutant mes déclarations un peu trop enthousiastes encore peut-être. Mais l'enthousiasme n'est-il pas un grand facteur des actions humaines? J'espère, mon cher Papa, qu'en lisant cette lettre tu auras la même illusion que moi et que cela te fera du bien, à toi qui aimes tant tes chers enfants.

Je te quitte, mon cher petit Père,

Je vais travailler encore un peu avant le déjeuner; et après, je visiterai les musées d'Orléans avec Gustave (plus pour Gustave que pour les musées d'Orléans, je t'assure).

Je t'embrasse, mon petit Père, pour moi, Magd et Marc

Ton grand fils qui t'aime,

Jacques

Primeiro trabalho oral de Jacques Lacan, "Relatório sobre a propaganda antiálcool", 1917

Seção plenária das Conferências de Saint-Vincent de Paul
do Colégio Stanislas

Realizada em 20 de maio de 1917
Presidida pelo sr. Louis Fliche

Sumário
I – Relatório geral, pelo sr. Jean Simonin
II – A ação dos alunos do Colégio nos patrocínios, pelo sr. Gilbert Hehsent
III – A propaganda antiálcool e as Conferências do Colégio, pelo sr. Jacques Lacan
IV – Situação das Conferências em 20 de maio de 1917

Relatório sobre a propaganda antiálcool das Conferências de Saint-Vincent de Paul do Colégio
Sr. Jacques Lacan,
Vice-presidente da Conferência de Saint-Martin

Sr. Presidente,
Senhoras e senhores,
Meus caros colegas,

A ação das Conferências de Saint-Vincent de Paul não se restringe, como se costuma acreditar, à distribuição de alguns vales para recebimento de carne ou legumes, e à visita semanal aos pobres, com os quais algumas palavras banais são trocadas. Pelo contrário, nossas Conferências levam suporte a todas as obras de caridade e se ocupam de todas as questões sociais cuja solução melhoraria o destino do povo.

Foi assim que no mês de dezembro último o sr. presidente geral pediu a todas as Conferências que participassem da propaganda antiálcool, e nossos confrades do Colégio, que se preocupam em ser sempre os primeiros a obedecer aos incentivos que partem do Conselho Geral, também forneceram sua modesta colaboração com a grande obra da luta contra o álcool.

Precisávamos combater, nas famílias pobres que visitamos, o vício do álcool, se elas já estivessem acometidas por ele; preveni-las contra seu risco, se até então estivessem livres dele. Ao mesmo tempo, essa ocasião de fazer uma investigação pessoal e precisa sobre essa calamidade social não poderia senão ser proveitosa para jovens que em sua maioria se destinam a ter operários sob suas ordens — este era o nosso programa.

Nossa propaganda se exerceu através de todos os meios de ação que a liga antiálcool coloca à nossa disposição. Comecemos pelo aparentemente mais fútil. Qual é o parisiense que não notou pequenas borboletas multicoloridas com as quais as vidraças dos "taberneiros da região" foram cobertas durante três meses? Podiam-se ler ali estas frases lapidares: "Toda bebida alcoólica é veneno"; ou então "Eau-de-vie, eau de mort";[1] ou ainda "A sobriedade é a felicidade a preço acessível". Nossos mais jovens confrades se dedicaram com ardor a colar esses minúsculos cartazes; alguns deles o fizeram com um misticismo de neófitos. Eles foram arrastados até a delegacia por "taberneiros" enfurecidos, e sentiam a alegria celestial dos mártires conduzidos às arenas. Mas nos tranquilizemos, como outrora dizia são Paulo em seu famoso *Civix romanus sum*, eles foram salvos... pela permissão para fixar cartazes. Inclusive nos parece que esse tipo de propaganda pode ter muita influência: o homem do povo será muito mais impactado por uma frase concisa, que surgirá diante de seus olhos por três ou quatro vezes em sequência e que, consequentemente, se imprimirá na sua memória, do que por um longo raciocínio.

1. Eau-de-vie é um destilado típico francês, feito com peras. O trocadilho aqui é entre a tradução literal, "água-de-vida", e "água de morte". (N. T.)

Além disso, distribuímos, nas casas dos pobres, folhas com uma petição pela supressão do álcool. Outro excelente meio de propaganda são as imagens e os cartões-postais que opõem resultados da vida e os malefícios da vida de excessos: pois o espírito do homem do povo é facilmente impressionado por meio da visão, e há uma força nele que o impele a imitar o que vê. Por fim, distribuímos panfletos com romances antiálcool. A Liga não chegou a se difundir até as "Poesias antiálcool".

Exporei agora, se quiserem, as conclusões que se pode tirar da pesquisa bastante instrutiva, ainda que forçosamente restrita, que nossos confrades fizeram nas famílias que visitam, as quais habitam os bairros de Saint-Sulpice e de Plaisance. Apesar de uma desconfiança natural, em geral eles conseguiram saber até que ponto se bebe álcool e o que se pensa a respeito. Em contrapartida, foi muito mais fácil fazer as pessoas falarem sobre os vizinhos ou sobre o bairro.

Segundo suas observações, podemos distinguir no povo parisiense quatro categorias. A primeira é composta de pessoas absolutamente sóbrias — as velhas senhoras que visitam membros da Conferência Bem-Aventurada Joana d'Arc, em geral não bebem, a tal ponto que algumas acreditam ingenuamente que todos à sua volta também não. Mas a temperança é muito mais meritória entre mulheres que trabalham ou entre operários. Deste modo o sr. L. culpa seus colegas de ateliê que bebem e impede seus filhos de sair à noite. Quanto à sua mulher, ela fica indignada com os filhos de alcoólicos, pálidos, mancos e disformes que ela viu no ambulatório.

A sra. P... e seus quatro filhos não bebem mais que um litro de vinho por dia. Outra só bebe água, pois acha muito caro o vinho, de que, inclusive, seus filhos não gostam. Visitamos até uma família absolutamente exemplar: a sra. C..., cujo marido, sapateiro por profissão, permanece prisioneiro desde o início da guerra, e que consegue alimentar seus sete filhos sem nunca ter recorrido às nossas Conferências para qualquer ajuda extraordinária. Nem ela nem seu marido bebem; seus filhos também são robustos. Os dois mais velhos, que estão em aprendizagem, passam o domingo a passear com a Sociedade de boy-cots da qual fazem parte.

Uma segunda categoria inclui pessoas que bebem sem grande excesso, mas que estão profundamente imbuídas de preconceitos perigosos sobre o álcool e que acreditam firmemente que ele seja benfazejo. Assim, a sra. F... bebe vinho seguindo a opinião de seu médico — que lhe disse que a cidra é adulterada e faz mal à saúde. Mas como um dia esse mesmo médico lhe havia ordenado essa dieta e sua patroa lhe enviou comida e vinho tinto, dizendo que "isso a animaria", aceitou de bom grado. Em outra família, tanto as crianças como seus pais bebem álcool no café. De modo geral, a maioria das pessoas do povo está persuadida de que "*la goutte*"[2] é necessária à saúde das crianças.

Citarei um traço curioso, que evidenciará a hostilidade contida com a qual essas pessoas recebem nossos conselhos. Aqui mesmo, no Colégio, um aluno escreveu em uma parede esta frase que havia lido em um folheto: "O álcool é mais devastador que a guerra e a peste". No dia seguinte ele viu ao lado de seu grafite essa resposta mal traçada pela mão inábil de um doméstico: "Sobretudo entre os ricos". Essa observação trouxe, por ocasião da seção da Conferência, um intercâmbio de reflexões das mais instrutivas.

Uma terceira parte do povo está completamente viciada. Em uma família do bairro de Plaisance, nossos confrades reconheceram por meio de certos índices que o pai e a mãe bebiam e ocultavam isso cuidadosamente: também as crianças são frágeis e adoentadas, enquanto os pais parecem bem fortes. Alguns operários já sofreram os primeiros ataques de loucura furiosa: por exemplo o vizinho da sra. E, que chega em casa bêbado todas as tardes e passa suas noites a socar a divisória com violência. O genro de outra senhora, que morreu de *delirium tremens* antes da guerra, bebia até 25 absintos por dia. Notamos aqui a influência corruptora de algumas ocupações. Desse modo o vizinho da sra. F..., que faz carretos de mudanças, é um bêbado. Tivemos informações sobre um pedreiro que volta à casa bastante tonto todas as noites e completamente bêbado nos dias de pagamento. Soubemos também que um alcoólico que visitamos foi no passado barman de uma cave e que seus quatro filhos estão mortos.

Em último lugar, uma quarta categoria é constituída por operários que se entregaram ao álcool e que tiveram energia suficiente para corrigir-se do seu vício. Infelizmente eles ainda sofrem as consequências de seu passado;

---

2. *La goutte* é uma expressão referente a um destilado extremamente forte, como a eau-de-vie, que se costuma beber como digestivo, geralmente após as refeições. (N. T.)

assim, a filha do sr. M..., antiga alcoólica, tem uma doença toráxica há três anos e corre risco de ter tuberculose.

Enfim, procuramos perceber, através de nossas conversas com nossos pobres, que efeito as circunstâncias da guerra tiveram sobre o consumo de álcool. Constatamos primeiramente que, ainda que a fabricação e a venda de absinto tenham sido proibidas, a venda dos estoques dessa bebida ocorre clandestinamente. No povo, cada um se esforça para consegui-la: a sra. F... nos contou que o zelador de seu prédio buscava absinto para seu filho que estava de licença e não conseguia encontrar. É provável que ele não fosse muito astuto, pois, por outro lado, o zelador de outro prédio do bairro Saint-Sulpice, que tem o costume de farejar as garrafas vazias jogadas no lixo pelos locatários, relatou a um de nossos confrades que havia reconhecido em vários o odor de absinto. Quanto ao sr. P..., zelador do bairro de Plaisance, ele proclamou que se bebe tanto absinto quanto antes da guerra.

Registramos em seguida a influência deletéria de grande número de refugiados do norte ou da Bélgica, que não trabalham e passam o dia no cabaré. Não apenas homens, mas também mulheres e crianças. No bairro Saint-Sulpice, particularmente, os volumes de bebidas são preenchidos durante todo o dia. À noite eles fazem muita confusão, e as rixas entre bêbados são frequentes.

Em resumo, a situação não é desesperadora; há ainda em nosso povo elementos que são suficientes para tentar uma regeneração bem-sucedida. Contudo, parece que durante a guerra o alcoolismo, longe de retroceder, esteve em progressão; acabamos de destacar uma de suas causas, pois nossos confrades puderam observar isso, mas ela não é a única. Em torno das usinas de guerra os cabarés pululam, e os operários e as mulheres vão gastar seus salários bebendo seu vitríolo do "Assommoir".[3] É preciso, portanto, que todos os franceses honestos e esclarecidos deem sua contribuição, cada um em seu meio, para a obra capital empreendida pela Liga Antiálcool, esperando que os poderes públicos nos forneçam uma legislação contra esse flagelo que ameaça dizimar nossa pátria.

---

3. Aqui, provavelmente, Lacan faz referência ao romance de Zola *L'Assommoir*, traduzido em português como *A taberna*, ou ainda *O abatedouro*. Para além do romance, *assommoir* designa um compartimento ocultando por um alçapão onde se escondiam coisas. (N. T.)

SÉANCE PLENIÈRE

DES

CONFÉRENCES DE SAINT-VINCENT DE PAUL

DU COLLÈGE STANISLAS

Tenue le 20 mai 1917

SOUS LA PRÉSIDENCE DE

M. Louis FLICHE

SOMMAIRE :

RAPPORT
SUR LA PROPAGANDE ANTI-ALCOOLIQUE
DES CONFÉRENCES DE SAINT-VINCENT DE PAUL DU COLLÈGE

Par M. Jacques Lacan,
Vice-Président de la Conférence Saint-Martin.

Monsieur le Président,
Mesdames,
Messieurs,
Mes chers Camarades,

L'action des Conférences de Saint-Vincent de Paul ne se borne pas, comme on le croit souvent, à la distribution de quelques bons de viande ou de légumes et à la visite hebdomadaire chez des pauvres, avec lesquels on échange quelques paroles banales. Bien au contraire, nos Conférences apportent leur concours à toutes les œuvres de charité, et s'occupent de toutes les questions sociales, dont la solution améliorerait le sort du peuple.

C'est ainsi qu'au mois de décembre dernier M. le Président général a demandé à toutes les Conférences de prendre part à la propagande anti-alcoolique, et nos confrères du Collège, qui tiennent à cœur d'être toujours les premiers à obéir aux impulsions parties du *Conseil général*, ont aussitôt apporté leur modeste collaboration à la grande œuvre de la lutte contre l'alcool.

Il nous fallait combattre, dans les familles pauvres que nous visitons, le vice alcoolique, si elles étaient déjà atteintes ; les prévenir contre le danger, si elles en étaient exemptes jusque-là. — En même temps cette occasion de faire une enquête personnelle et précise sur ce fléau social ne pouvait être que profitable à des jeunes gens, dont la plupart sont destinés à avoir sous leurs ordres des ouvriers. — Tel était notre programme.

Notre propagande s'est exercée par tous les moyens d'action que met à notre disposition la ligue anti-alcoolique. Commençons par le plus futile en apparence. Quel est le Parisien, qui n'a pas remarqué les petits papillons multicolores, dont les glaces des innombrables « mastroquets du coin » furent constellées trois mois durant ? On pouvait y lire ces phrases lapidaires : « Tous les alcools sont des poisons », ou bien : « Eau-de-vie, Eau-de-mort », ou bien encore : « La tempérance, c'est le bonheur à bon marché. » C'est au collage de ces minuscules affiches que se sont consacrés nos plus jeunes confrères avec ardeur, certains d'entre eux avec un mysticisme de néophytes. Ils ont été traînés chez le commissaire par des « bistros » en fureur, et ils ressentaient la joie céleste des martyrs conduits aux arènes. Mais, qu'on se rassure, comme jadis saint Paul prononçant son fameux *Civis romanus sum*, ils ont été sauvés... par leur permis d'affichage. D'ailleurs, ce mode de propagande peut avoir, nous semble-t-il, beaucoup d'influence : l'homme du peuple sera bien plus frappé par une phrase concise qui lui tombera trois ou quatre fois de suite sous les yeux, et qui par suite s'imprimera dans sa mémoire, que par un long raisonnement.

De plus, nous avons distribué chez nos pauvres des feuilles de pétition pour la suppression de l'alcool. Un autre moyen excellent de propagande, ce sont les images et les cartes postales qui opposent les résultats de la vie sobre aux méfaits de la vie intempérante : car l'esprit de l'homme du peuple est facilement impressionné par l'intermédiaire de la vue, et il y a une force en lui, qui le porte à imiter ce qu'il voit. Enfin nous avons donné des tracts, des romans anti-alcooliques. Il n'est pas jusqu'à des « Poésies anti-alcooliques » que la Ligue ne répande.

Je vous exposerai maintenant, si vous le voulez bien, les conclusions qu'on peut tirer de l'enquête assez instructive, quoique forcément restreinte, que nos confrères ont faite dans les familles qu'ils visitent et qui habitent les quartiers de Saint-Sulpice et de Plaisance. Malgré une défiance assez naturelle, ils sont arrivés en général à savoir jusqu'à quel point on y boit de l'alcool et ce qu'on en pense. Par contre, il leur a été beaucoup plus facile de faire parler sur les voisins et sur le quartier.

D'après leurs observations nous pouvons distinguer dans le peuple parisien quatre catégories. La première se compose de gens absolument sobres. — Les bonnes vieilles dames que visitent les membres de la Conférence Bienheureuse Jeanne d'Arc, ne boivent pas en général, au point même que certaines croient ingénument que tout le monde autour d'elles en fait autant. Mais la tempérance est beaucoup plus méritoire chez des femmes qui travaillent ou chez des ouvriers. Ainsi M. L... blâme ses camarades d'atelier qui boivent, et empêche ses enfants de sortir le soir; quant à sa femme, elle est écœurée par les enfants d'alcooliques, pâles, boiteux et difformes qu'elle a vus au dispensaire. Mme P... et ses quatre enfants ne boivent guère plus d'un litre de vin par jour. Une autre ne boit que de l'eau, car elle trouve trop cher le vin, que d'ailleurs ses enfants n'aiment pas. Nous visitons même une famille tout à fait exemplaire : Mme C... dont le mari, cordonnier de son état, est prisonnier depuis le commencement de la guerre, arrive à nourrir ses sept enfants, sans jamais demander à nos Conférences aucun secours extraordinaire. Ni elle, ni son mari ne boivent : aussi les enfants sont-ils robustes ; les deux aînés, qui sont en apprentissage, passent leur dimanche à faire de grandes promenades avec la Société de boy-cots dont ils font partie.

Une deuxième catégorie comprend des personnes qui boivent sans grand excès, mais qui sont profondément imbues de préjugés dangereux sur l'alcool et qui le croient fermement bienfaisant. Ainsi Mme F... boit du vin et suit en cela l'avis de son médecin — qui lui a dit que le cidre est frelaté et mauvais pour la santé. Mais comme un jour ce même médecin lui avait ordonné la diète, sa patronne lui apporta de la nourriture et du vin fin, en lui disant que « ça la remonterait », et elle accepta volontiers. Dans une autre famille les enfants comme les parents boivent de l'alcool dans le café. D'une façon générale la majorité des gens du peuple est persuadée que « la goutte » est nécessaire à la santé des enfants.

Je citerai un trait curieux, qui mettra en évidence la sourde hostilité, avec laquelle ces gens reçoivent nos conseils. Ici même, au Collège, un élève écrivit sur un mur cette phrase qu'il avait lue sur un papillon : « L'alcool fait plus de ravage que la guerre et la peste. » Le lendemain il vit à côté de son « graffito » cette réponse tracée par la main malhabile d'un domestique : « Surtout parmi les riches. » Cette observation amena lors de la séance de la Conférence un échange de réflexions des plus instructives.

Une troisième partie du peuple est complètement viciée. Dans une famille du quartier de Plaisance, nos confrères ont reconnu à certains indices que le père et la mère buvaient et le leur cachaient soigneusement : aussi les enfants sont-ils chétifs et malingres, alors que les parents semblent bien bâtis. Certains ouvriers ont déjà subi les premières atteintes de la folie furieuse : par exemple le voisin de Mme E..., qui rentre ivre tous les soirs, passe ses nuits à frapper la cloison de furieux coups de poing. Le gendre d'une autre dame, qui est mort avant la guerre d'une attaque de *delirium tremens*, buvait jusqu'à vingt-cinq absinthes par jour. Notons ici l'influence corruptrice de certains métiers. Ainsi le voisin de Mme F..., déménageur de son état, est un ivrogne. Nous avons eu des renseignements sur un maçon, qui rentre assez aviné tous les soirs et complètement soûl les jours de paye. Nous avons su aussi qu'un alcoolique que nous visitons, a été autrefois garçon de cave et que ses quatre fils sont morts.

En dernier lieu, une quatrième catégorie est constituée par des ouvriers qui se sont adonnés à l'alcool et qui ont eu assez d'énergie pour se corriger de leur vice. Malheureusement ils subissent maintenant encore les conséquences de leur passé ; ainsi la fille de M. S..., ancien alcoolique, est malade de la poitrine depuis trois ans et elle est menacée par la tuberculose.

Enfin nous avons essayé de nous rendre compte par nos conversations avec nos pauvres de l'action qu'ont exercée les circonstances de la guerre sur la consommation de l'alcool. Nous avons constaté d'abord que, bien qu'on ait prohibé la fabrication et la vente de l'absinthe, les stocks de cette boisson s'écoulent clandestinement. Dans le peuple, chacun s'efforce d'en trouver : Mme F... nous a raconté que son concierge cherchait de l'absinthe pour son fils qui était en permission et qu'il n'arrivait pas à en avoir. Il est probable qu'il n'était pas bien adroit, car d'autre part le concierge d'un immeuble du quartier Saint-Sulpice, qui a l'habitude de flairer les bouteilles vides jetées à la poubelle par les locataires, a rapporté à l'un de nos confrères qu'il avait reconnu plusieurs fois l'odeur de l'absinthe. Quant à M. P..., concierge du quartier de Plaisance, il proclame qu'on boit autant d'absinthe qu'avant la guerre.

Nous avons noté ensuite l'influence délétère d'un grand nombre de réfugiés du Nord ou de la Belgique, qui ne travaillent pas et passent leurs journées au cabaret, non seulement les hommes, mais encore les femmes et les enfants. Dans le quartier Saint-Sulpice en particulier, les débits de boisson en sont remplis du matin au soir. La nuit, ils font beaucoup de tapage et les rixes entre ivrognes sont fréquentes.

En résumé, la situation n'est pas désespérée ; il y a encore suffisamment d'éléments sains dans notre peuple pour tenter avec succès une régénération. Cependant il semble que pendant la guerre l'alcoolisme, loin de rétrograder, a été en progression ; nous venons d'en signaler une des causes, parce que nos confrères ont pu l'observer eux-mêmes ; mais ce n'est pas la seule. Autour des usines de guerre les cabarets pullulent, et les ouvriers et les femmes vont dépenser leur paye à boire le vitriol de l' « Assommoir ». Il faut donc, que tous les Français honnêtes et éclairés apportent leur concours, chacun dans son milieu, à l'œuvre capitale entreprise par la Ligue anti-alcoolique, en attendant que les pouvoirs publics nous dotent d'une législation contre ce fléau qui menace d'anéantir à tout jamais notre patrie.

Carta de Jacques Lacan a Ferdinand Alquié, 1929

Carta inédita endereçada à rue du Dahomey nº 5, Paris
Coleção particular

Paris
Quarta-feira. 16.X.29

Você partiu, Alquié, você quer voltar. Sob que pressão, sob qual precipitação você tomou essa decisão, que talvez não seja ruim, mas da qual você se arrepende? Como eu senti sua falta na sexta-feira, há quinze dias? O que teríamos dito um ao outro naquele momento? Estas são perguntas nas quais não vou me alongar, para lhe fazer apenas esta: o que podemos fazer por você? Qual resultado está, administrativamente, dentro dos limites do possível, quero dizer, do demandável.

Diga-me: agirei o quanto eu puder. Acima de tudo, farei agir. Você sente isto, Alquié? Alguma coisa está no fundo de nós, algo que, conosco, mas quase a nosso despeito, cresce e amadurece, vive de nós, mas nos faz triunfar muitas vezes sobre a morte.

Quase a nosso despeito, disse eu, isso deve chegar a amadurecer. Pois, de todo modo, não somos livres para apressar sua chegada, para orientar sua forma — ao menos sem danos.

Nossos esforços, nosso trabalho cotidiano certamente nutrem esse "gênio" — pelo menos é nisso que queremos acreditar. Mas é menos pelo conteúdo e pelo objeto desses esforços que, na medida em que tonificam, exaltam e exercitam toda a nossa pessoa. Sentimos bem que tudo isso só faz despertar alguma coisa de inato em nós, que, do mesmo modo, ressoaria [*resonerait*],[4] talvez, como qualquer desencadeamento, ou até mesmo como inércia.

No entanto, isso que está em nós e que nos possui não pode sobressair e triunfar enquanto a ele estiver ligado o que o torna impuro: nada menos que nós mesmos — o nós mesmos odiável, nossa particularidade, nossos acidentes individuais, nosso proveito.

Um único modo de ascetismo me parece dever fazer frente a isso: triturar nossos desejos contra seu objeto, fazer fracassar nossa ambição por meio da própria desordem que ela engendra em nós. Quero dizer que nada é mais profundamente querido por nosso demônio do que alguns dos nossos fracassos. Julguemo-lo por seu preço.

Um grupo de indivíduos que tivesse levado esse abrandamento ao mais alto grau poderia ouvir que a mesma voz fala em todos eles. Um ascetismo, este arbitrário, deveria levá-los a deixá-la falar apenas pelo órgão de alguns.

Nada de solidão para o aventureiro do espírito, apenas resistências.

Elas estão em seu auge no momento em que se poderia crer tê-las abatido. Eles têm, por fim, essa "liberdade" pela qual lutam há séculos. Mas não nos mostram nada além dos rostos vazios dos amantes separados de si mesmos — ou estupefatos com o rosto descoberto da amada.

Quantos haverá entre nós que saberão aquiescer. Vocês não devem ser — acima de tudo — senão máscaras. Calculem-se.

Para voltar às considerações menos elípticas, não recebi nada da revista *Documents*. No entanto, os números 3 e 4 já foram publicados, eu gostaria de tê-los, se me fizerem o obséquio, tal como você me havia prometido.

Eu tenho um Bénichou aqui — prestes a ser enviado. Ele é sólido.

Conversamos sobre você. Tudo me veio imediatamente à cabeça. Sua carta das férias, à qual não respondi, seu conteúdo — e também meu arrependimento por não o ter visto antes de sua partida.

---

4. Conservamos a ortografia que remete possivelmente ao termo latino *resonare* [ecoar].

Mande-me o endereço de Michel Leiris. Escreva-lhe sobre mim. Depois me encontro com ele. Vocês deviam dar um número para a *Chantiers*. Sim.

Ao seu dispor,

JACQUES LACAN

Ferdinand Alquié (1906-85), filósofo e historiador da filosofia. Próximo aos surrealistas, estudou na Sorbonne em 1927-8 e partiu para lecionar em Saintes em 1929. É nesse contexto de afastamento que se inscreve esta carta. A revista Documents: Doctrines, archéologie, beaux-arts, ethnographie *foi fundada em 1929 por Georges Henri Rivière e Georges Bataille. A revista* Chantiers *foi publicada de 1928 a 1930. Ferdinand Alquié foi seu cofundador, com Joë Bousquet e René Nelly. O "Bénichou" mencionado refere-se a Paul Bénichou, historiador e crítico literário, que frequentava Bataille, Breton, Masson, Merleau-Ponty, Alquié e Lacan.*

(1) 16.10.1929.

Paris.
Mercredi. 16.X.29

Vous êtes parti, Alquié. Vous voulez revenir. Sous quelle pression, sous quelle précipitation avez-vous pris cette décision qui n'est peut-être pas mauvaise mais que vous regrettez ?.. Comment m'avez-vous manqué vendredi il y a quinze jours ? que nous serions-nous dit à ce moment ? Voilà des questions où je ne m'attarderai pas, pour vous poser seulement celle-ci : que peut-on faire pour vous ? Quel résultat est administrativement dans les limites du possible, je veux dire du demandable.

Dites-le moi : j'agirai pour autant que je le pourrai. Je ferai agir surtout.

Le sentez-vous, Alquié ? Quelque chose gît au fond de nous, qui, avec nous, mais presque malgré nous, croît et mûrit, qui vit de nous mais nous fait triompher maintes fois de la mort.

Presque malgré nous, ai-je dit. Cela doit peu à être mûr. C'est qu'aussi bien nous ne sommes pas libres d'en hâter la venue, d'en orienter la forme, du moins sans dommage.

2) 16. X. 29.

Nos efforts, notre travail quotidien certes nourrissent ce « génie » — du moins on veut le croire. Mais c'est moins par le contenu et l'objet de ces efforts, qu'en tant qu'ils tonifient, exaltent et exercent toute notre personne. On sent bien que tout cela ne fait qu'éveiller quelque chose d'inné en nous qui aussi bien répondrait peut-être à n'importe quel déchaînement, ou même à l'inertie..

Pourtant cela qui est en nous et qui nous possède, cela ne peut saillir et triompher tant que lui est lié ce qui le rend impur : ce n'est rien moins que nous-mêmes. Le nous-même haïssable, notre particularité, nos accidents individuels, notre profit.

Un seul mode d'ascétisme me semble devoir parer à cela : broyer nos désirs contre leur objet, faire échouer notre ambition par le désordre même qu'elle engendre en nous. Je veux dire que rien n'est plus profondément voulu par notre démon, plus que certains de nos échecs. Jugeons-le à leur taux ..

2) 16.X.29.

Nos efforts, notre travail quotidien certes nourrissent le « génie » – au moins on veut le croire. Mais c'est moins par le contenu et l'objet de ces efforts, qu'en tant qu'ils tonifient, exaltent et exercent toute notre personne. On sent bien que tout cela ne fait qu'éveiller quelque chose d'inné en nous qui aussi bien résonnerait peut être à n'importe quel déchaînement – ou même à l'inertie..

Pourtant cela qui est en nous et qui nous possède, cela ne peut jaillir et triompher tant que lui est lié ce qui le rend impur : ce n'est rien moins que nous-mêmes – le nous-même haïssable, notre particularité, nos accidents individuels, notre profit.

Un seul mode d'ascétisme me semble devoir parer à cela : broyer nos désirs contre leur objet, faire échouer notre ambition par le désordre même qu'elle engendre en nous. Je veux dire que rien n'est plus profondément voulu par notre démon, plus que certains de nos échecs. Jugeons-le à leur taux ..

16.X.29 (3).

Un groupe d'individus qui auraient porté au plus haut point cet approfondissement, pourrait entendre que la même voix parle en eux tous. Un ascétisme, celui-là arbitraire, devrait les porter à la laisser parler seulement par l'organe de quelques-uns.

Nulle solitude pour l'aventurier de l'esprit, mais seulement des résistances.

Elles sont au maximum au moment qu'on pourrait croire les avoir abattues. Ils trouveront enfin cette "liberté" pour quoi ils luttent depuis des siècles. Mais ils ne vous montrent plus que des visages vides d'amants défaits de soi-même — ou stupides du visage découvert de l'aimée.

Combien y en aura-t-il parmi vous qui sauront s'exécuter. Vous ne devez plus être — avant tout — que des masques. Numérotez-vous

Pour revenir à des considérations moins elliptiques, je n'ai reçu de la revue Documents les numéros 3 et 4 parus pourtant, j'aimerais les avoir si l'on m'en faisait le service comme

INTERLOCUÇÕES

Carta de Melanie Klein ao dr. Lacan, 1949

42, Clifton Hill
Rua John's Wood, N.W. 8
15 de fevereiro de 1949

Caro doutor Lacan,

Escrevo-lhe a respeito da tradução de minha obra *A psicanálise das crianças*. O senhor me escreveu no último 26 de outubro, pedindo minha autorização para traduzir o livro, dando a entender que começaria imediatamente e que se ocuparia de todas as formalidades com o editor. Respondi no dia 2 de novembro e autorizei a tradução, mas — decerto o senhor se lembra — disse-lhe que gostaria de ver as condições do editor antes que firmassem o contrato.

Estou muito surpresa que o senhor tenha não só não me mantido informada sobre os encaminhamentos da questão como nem sequer respondido à minha carta. Em virtude dessa situação, sinto informar que cogito retirar a autorização que forneci para a tradução de meu livro e que sou obrigada a fixar um prazo, que será o próximo 1º de março. Se não tiver recebido, até esta data, resposta satisfatória de sua parte relativa às negociações com o editor, aos avanços na tradução e a uma data de entrega para ela, serei forçada a retirar a minha autorização.

Acredite que lamento e espero que isso não afete nossa amizade, mas nem preciso dizer que a tradução de minha *Psicanálise das crianças* é, para mim, da mais alta importância, e, dado que a guerra e outras circunstâncias a adiaram, preciso me assegurar absolutamente de que tudo será feito para publicá-la em um prazo razoável.

Há um outro ponto que preciso abordar com total franqueza, que é a dificuldade de obter uma resposta da sua parte. Se o senhor for traduzir meu livro e permanecer tão difícil acessá-lo, isso tornaria a tarefa praticamente impossível. Sei bem que o senhor é um homem muito ocupado e solicitado de muitas maneiras, mas, se é assim, talvez devêssemos renunciar ao seu projeto de tradução do meu livro.

Cordial e sinceramente,

MELANIE KLEIN

TELEPHONE
MAIDA VALE 2794.

42, CLIFTON HILL,
ST. JOHN'S WOOD, N.W.8.

15th February, 1949.

Cher Docteur Lacan

I am writing to you about the translation of my book 'The Psycho-Analysis of Children'. You wrote to me on 26th October asking me to authorise the translation of my book and implying that you would at once start on the translation and make the necessary arrangements with a publisher. I replied on 2nd November and authorised you to translate my book and you will remember my saying that I wanted to see the conditions with the publisher before you make a contract.

I am rather surprised that you have not informed me about progress in this matter and have not even answered my letter. Under the circumstances I am afraid that I might have to withdraw my authorisation to your translating the book and I have to fix a date, namely 1st March! If by then I have not had a satisfactory answer from you as regards the negotiations with a publisher and how far you have got with the translation and an approximate date when it would be finished, I shall have to withdraw my agreement to your translating my book.

I am very sorry about this and I hope it will not disturb our friendship but I need not explain to you that the translation of my 'Psycho-Analysis of Children' is to me of fundamental importance and since it has, owing to the War and other circumstances, been so long delayed, I must be absolutely sure that everything will be done to bring it out in a reasonable time.

There is another point which I shall quite frankly tell you and that is the difficulty of getting an answer from you. If you are to translate my book and it is so very difficult to maintain contact with you, it wou in fact make the whole matter nearly impossible. I realise that you are an extremely busy man in great demand in many ways but if that is so, we may just have to renounce your idea of translating my book.

With kind regards

Yours sincerely

Melanie Klein

Carta de Melanie Klein ao dr. Lacan, 1949

42, Clifton Hill
Rua John's Wood, N.W. 8
22 de março de 1949

Caro doutor Lacan,

Fiquei muito feliz de ter notícias suas. Embora eu compreenda muito bem que a tradução de meu livro é uma tarefa difícil e exigente, devo enfatizar que o ritmo no qual o senhor progrediu até agora é particularmente lento. Nesse andamento, precisaremos de anos para terminarmos a tradução, não é mesmo? Por isso espero que o senhor faça tudo a seu alcance para acelerar as coisas.

Não tenho dúvidas, caro dr. Lacan, de que o senhor tem um interesse autêntico e sincero no meu trabalho, de que o senhor o compreende e acredita em mim, sou muito grata por isso. Como o senhor sabe, eu não fui muito mimada desse ponto de vista e aprecio a cooperação sincera de pessoas que julgo de qualidade~~, onde quer que as encontre~~. Assim, fico muito feliz que não tenha levado a mal minha última carta. Tudo o que eu queria dizer é que desejo ver meu *A psicanálise das crianças* traduzido para o francês, e não *daqui a anos mas agora*. Quanto à escolha da editora, compreendo seu ponto de vista, estou disposta a fazer como sugerido e tenho total confiança no senhor.

Chego a Paris no dia 1º de junho, para uma estada de uma semana na casa da sra. Dormandie, na av. de Breteuil, 20, Paris 7º arr., e espero poder encontrá-lo nessa ocasião.

Quanto às regras de formação etc., a respeito das quais o senhor me pergunta, não sou mais membro da Comissão de Formação — temos um rodízio, portanto não estarei nessa função por algum tempo. Assim, pedi ao dr. Gillespie, secretário da Comissão, que envie ao senhor todas as informações que lhe possam ser úteis. Sei que o senhor também é um didata, mas não soube dizer ao dr. Gillespie se o senhor está ou não na Comissão de Formação e se foi a sua Comissão de Formação que lhe encarregou de estabelecer as regras com as quais trabalha. De qualquer jeito, pedi a ele que lhe envie diretamente os papéis ~~relativos~~relevantes.

Envio-lhe um exemplar do meu *A psicanálise das crianças* recentemente publicado. Portanto, o senhor *já pode entregar* o exemplar ao sr. Isaacs. Aguardo da parte dele a confirmação de que recebeu.

28 de março,

Mais uma coisa que está verdadeiramente em meu coração. Me entristeceu muito que o senhor não tenha respondido ao sr. Isaacs quando ele lhe informou sobre a morte de sua mulher e pediu que o senhor devolvesse o exemplar de meu livro. Agora que lhe envio um exemplar da obra, estou certa de que não demorará mais a devolver a ele o exemplar (Endereço: Nathan Isaacs 30, A Primrose Hill Road, Londres N.W.3).

O livro A psicanálise das crianças, *lançado em 1932, foi por fim traduzido para o francês em 1959, por Jean-Baptiste Boulanger.*
Nathan Isaacs era esposo de Susan Sutherland-Isaacs. Ela era psicanalista, especialista em desenvolvimento da criança, próxima de Melanie Klein, e faleceu de um câncer, em 1948. Quanto a Nathan Isaacs, ele teve um percurso heteróclito. Foi sobretudo comentarista dos estudos de Piaget.

TELEPHONE
MAIDA VALE 2794.

42, CLIFTON HILL,
ST. JOHN'S WOOD, N.W.8.

22nd March, 1949

Cher Docteur Lacan,

I was very glad to hear from you. While I understand that the translation of my book is a difficult and lengthy work, I must still remind you that the pace at which so far you have been able to proceed is an extremely slow one. At this speed, it would take us years, wouldn't it, to get through the translation? I therefore express my hope that you will do everything to speed it up.

I have no doubt, chère Dr. Lacan, of your real and sincere interest in my work and your understanding of it and believe me, I am very grateful for that. You know that I have not been spoilt in that respect and I do appreciate the sincere co-operation of people I think worthwhile, ~~wherever I find it~~. Therefore I am glad that you did not misinterpret my last letter in that sense. All it means is that I wish to see my 'Psycho-Analysis of Children' translated into French, and not in years to come but now. As regards the editor I see your point and shall as you suggest trust you entirely with these arrangements.

I am coming to Paris on the 1st June for a week to stay with Madame Dormandie, 20 Ave. de Breteuil, Paris 7 and I shall hope to see you on that occasion.

As regards the training regulations etc. for which you asked me, I am not on the Training Committee any more - we retire in rotation, so I shall be out for some time - and therefore I asked Dr. Gillespie, who is our Training Secretary, to send you everything which could be of use to you. I know that you are a training analyst but I was not sure, when Dr. Gillespie asked me, whether you are on the Training Committee and also whether you have been asked by your Training Committee to draw up the regulations which you are working on.? However I asked him to send the ~~relative~~ relevant papers direct to you.

I am sending you a copy of my 'Psycho-Analysis of Children' which has just come out. This means that you now can return your copy to Mr. Isaacs. I shall be very glad to hear that he has received it. 28th March

This is something I have very much at heart. It hurt my feeling that you did not reply to Mr. Isaacs when he informed you of the death of his wife and asked you to return the copy of my book. Now that I am sending you a copy of the books I am sure there will be no delay in returning the book (Adress: Nathan Isaacs 30 A Primrose Hill Road London N.W. 3)

Carta de Jacques Lacan a Jean Wahl, 1958

Neste 26.III.58.

Caro senhor,

Aproveito a ocasião de seu fragmento de diário (dos *Temps Modernes*) para expressar um sentimento que me acompanha há algum tempo. Dois pontos, mas primeiramente um parêntese.

Parêntese: deixe de lado o que faço na psicanálise, cuja oportunidade e cuja urgência, na sua posição, o senhor não está em condições de apreciar.

Eu me dedico a um trabalho de formação, de educação, digamos, basicamente de consolidação, que exige uma confusão que encobre muitas outras coisas.

Coisas dentre as quais a mentira não está ausente. E não foi sem prazer a esse respeito que li sua citação de Claude Vigée. Se o senhor soubesse com que mentirosos eu mesmo tenho que lidar, talvez estivesse aberto a compreender o que há de grave em deixar para alguém dessa espécie o cuidado de captar as ambições suscitadas por todo exercício de um poder terapêutico, e que essa terapêutica se coloque ela mesma como procedente dos efeitos da verdade.

Quanto ao fato de eu ter ou não "resistência" em relação a Heidegger e Hegel, seu julgamento é livre. A questão incide apenas quanto ao que significa publicar isto, quando este julgamento, sem me nomear, aponta-me sem qualquer ambiguidade.

Parênteses fechados. Aqui se iniciam os dois pontos.

Gostaria que o senhor não esquecesse excessivamente que, em relação à provação nazista, partilhei com o senhor alguns momentos — e que tudo o que o senhor conheceu de mim, ao mesmo tempo, não pode fazê-lo duvidar de que eu não tenha escolhido partilhar essa provação com aqueles que eram as vítimas, em nome de uma solidariedade assumida com essas vítimas.

A esse respeito, pareceu-me indelicada minha presentificação absolutamente insólita no mesmo texto em que seus protestos em relação a Heidegger são tomados como a chave de seu julgamento sobre ele.

Dito isso, li o seu "fragmento" ao voltar de um de meus Seminários (hoje, duas horas atrás), saindo daquilo que eu acabara de articular a respeito, e ele me pareceu divertido demais.

Se o senhor quiser realmente se informar a respeito do que ensino, eu poderia, sem custo, atendo-me ao texto desse Seminário (em geral "datilografado" e sem mudar nada), fazê-lo ouvir.

Mas seu silêncio depois desses anos em que sua amizade pôde ser preciosa para mim provou-me suficientemente que não interesso ao senhor para além de suas suscetibilidades.

O senhor pode, contudo, me convencer do contrário.

Atenciosamente,

J. LACAN

Lacan reage aqui ao lançamento do número 145 da revista Les Temps Modernes, *na qual foi publicado, em março de 1958, um artigo do filósofo e poeta Jean Wahl intitulado "Fragment d'un jornal" [Fragmento de um diário].*

Ce 26. III. 58.

Cher Monsieur

Je saisis l'occasion de votre fragment de journal (des Temps modernes) pour vous dire un sentiment que j'ai sur le coeur depuis quelque temps. Deux points, mais d'abord une parenthèse.

Parenthèse: laissez donc de côté ce que je fais dans la psychanalyse, et dont vous êtes hors d'état dans votre position d'apprécier l'opportunité ni l'urgence.

Je m'emploie à un travail de formation, d'éducation, disons tout simplement d'assainissement, que nécéssite une confusion qui masque bien d'autres choses.

Des choses dont le mensonge n'est pas absent. Et ce n'est pas sans plaisir à ce propos que j'ai lu votre citation de Claude Vigée. Si vous saviez à quel menteur j'ai moi-même affaire, vous seriez peut-etre par là ouvert à comprendre ce qu'il y a de grave à laisser à quelqu'un de cette espèce le soin de capter les ambitions que suscite tout exercice d'un pou--voir thérapeutique et que cette thérapeutique se pose elle-mê comme procédant des effets de la vérité.

Que je sois ou non"sans résistance" à l'endroit de Heidegg et de Hegel, votre jugement est libre. La question est seu--lement de ce que veut dire de le publier, quand ce jugement sans me nommer me désigne sans ambiguité.

la parenthèse est close. Ici se rouvrent les deux points.

Je voudrais que vous n'oubliez pas à l'excès que, concer-
-nant l'épreuve nazi, j'en ai partagé avec vous quelques moments,- et que tout ce que vous avez pu connaître de moi par ailleurs ne peut vous faire douter que cette épreuve je n'aie choisi de la partager avec ceux qui en étaient les vic-
-times, au nom d'une solidarité assumée avec ces victimes comme telles

A ce titre je puis trouver inamicale ma présentification tout à fait insolite dans le même texte où vos griefs à l'en-
-droit de Heidegger sont mis en clef de votre jugement sur sa personne.

Ceci dit , j'ai lu votre "fragment" au retour d'un de mes séminaires(aujourd'hui il y a deux heures) sortant de ce que je venais d'y articuler, il m'a carrément amusé.

Si vous vouliez vraîment vous informer de ce que j'enseigne, je pourrais sans doute, à m'en tenir au texte de ce séminaire (régulièrement "tapé" et sans y rien changer), vous le faire entendre

Mais votre silence depuis ces années où votre amitié eût pu m'être précieuse, m'a prouvé suffisamment que je n'interesse guère en vous autre chose que vos susceptibilités.

Vous puovez néanmoins, si vous le jugez bon, m'en détromper

Bien à vous

J. Lacan

Carta de Jean Paulhan a Jacques Lacan, 1963

9.1.1963

Meu caro amigo,

Nossos amigos são contrários a manter na revista o seu "Kant com Sade" e devo devolvê-lo a você.

Estou irritado. Parece-lhes que o caráter elíptico, bem como o rigor dos seus raciocínios, corre o risco de impor aos nossos leitores — mesmo aos mais aplicados de nossos leitores — um obstáculo intransponível.

Mas eu teria gostado de lhe transmitir uma resposta completamente diferente — com meus melhores votos. A você, com amizade.

JEAN PAULHAN

Jean Paulhan (1884-1968), ensaísta, crítico de arte e membro da Academia Francesa, era diretor de La Nouvelle Revue Française *desde 1925.*

le 9.1.1963

Mon cher ami

Nos amis ne sont pas d'avis de retenir pour la revue votre <u>Kant avec Sade</u>, et il me faut vous le rendre.

J'en suis fâché. Il leur semble que le caractère elliptique comme la rigueur de vos raisonnements risquent d'opposer à nos lecteurs – fût-ce aux plus appliqués de nos lecteurs – un obstacle infranchissable

Mais c'est une tout autre réponse que j'aurais voulu vous transmettre – avec mes

Paris, 17, rue de l'Université — 5, rue Sébastien-Bottin (VIIe)

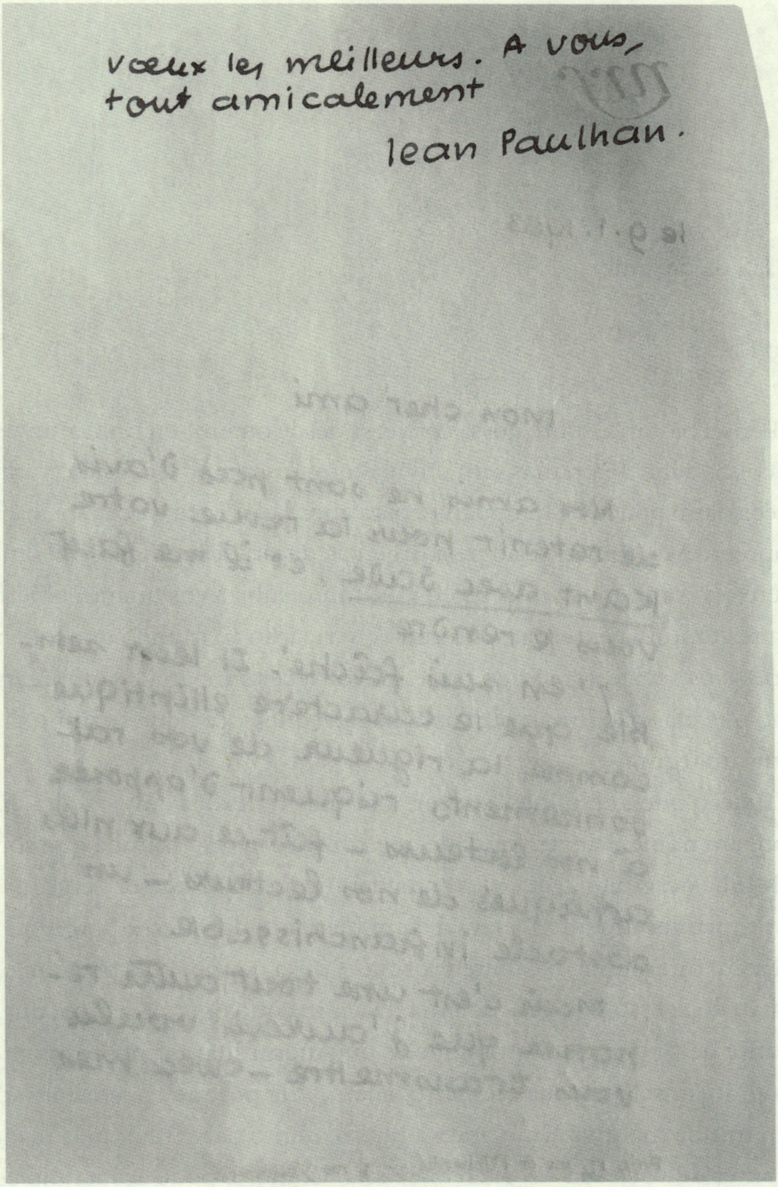

voeux les meilleurs. A vous,
tout amicalement

Jean Paulhan.

Carta de Louis Althusser a Jacques Lacan, 1963

Paris, 4 de dezembro de 63

Caro Lacan,

Pensei bastante sobre nossa conversa desde ontem. Eu tinha muitas outras coisas a lhe dizer, mas sem dúvida teremos tempo e ocasião para isso. É preciso um pouco de tempo livre para abordá-las. Ora, você está, e é bem compreensível, tomado não pela urgência da situação impossível em que lhe envolveram, mas por seus efeitos, tanto subjetivos quanto objetivos. Uma testemunha externa, sobretudo em relação ao mundo que foi objeto de todos os seus esforços, só pode lhe fornecer simpatia e compreensão. Temo que elas não lhe sirvam para nada, e que você fique sozinho diante de sua amargura.

Tudo o que posso lhe oferecer: algumas reflexões em voz alta, justamente em nome da <u>exterioridade</u> que constitui a testemunha que sou.

Minha pergunta: o que eles entenderam de seu discurso? Pergunta que outros (primeiramente Delay) devem ter remoído — essa pergunta tem para mim um sentido bastante profundo, direi por quê. Ela põe em jogo a questão do acesso à Teoria (de uma disciplina qualquer: é de uma questão bastante geral que trato) por aqueles que mergulharam no horizonte de uma prática, seja porque eles a manejam, seja porque constituam, ouso dizer, minha matéria. Uma prática muito, muito particular: pela razão de que antes de você sua Teoria não existia. Como se pode aceder, no cerne de uma prática manejada ou vivida, cegamente manejada ou vivida, a seu <u>conceito</u>? Problema de pedagogia, dirão, mas na verdade este não é, em última instância, um problema de pedagogia. É um problema completamente diferente, que diz respeito à passagem do que eu chamaria de uma "verdade prática" (praticada ou vivida) para a teoria dessa verdade ou seu conceito. Ora, esse problema é, no seu cerne, um problema teórico específico e capital. Você mostrou admiravelmente que os problemas da técnica analítica não podiam ser resolvidos no plano da técnica, que era preciso um salto: o recurso à teoria, e que só a teoria decide em última instância e determina os problemas da técnica, que seria apenas técnica, praticada por pessoas que não têm nenhuma ideia da teoria e de a quem é preciso ensinar essa teoria, para que possam em seguida reformar sua técnica? Não é assim que caminham as coisas. O conflito não é entre uma técnica pura sem teoria e uma teoria pura. Não existe técnica pura, e isso você também mostrou. Toda "técnica" que se pretende pura, é, na verdade, uma ideologia da técnica, ou seja, uma falsa teoria. E é inclusive o que está implicado na sua tentativa: você não é alguém que ensina a pessoas que são somente técnicos que elas são simplesmente cegas, ou ignorantes. Apenas, ao ensinar-lhes a existência e a necessidade de uma teoria, você é aquele que ensina a pretensos puros "técnicos" a verdade da sua prática sob a condição absoluta de destruir qualquer ignorância ou cegueira — quero dizer, uma ideologia, a falsa teoria que é a companheira obrigatória da falsa inocência de puros técnicos. A pedagogia não pode consistir apenas em ensinar uma verdade a um ignorante, portanto, em preencher um vazio com um cheio; a pedagogia consiste em substituir uma teoria implícita e falsa por uma teoria explícita e verdadeira; em substituir uma ideologia espontânea (no sentido leninista; no sentido de que o homem, seja ele sindicalista ou analista, é por natureza um animal ideológico — esta palavra não é de Lênin) por uma teoria científica. Ora, o que distingue uma teoria científica explícita e consciente da ideologia implícita e espontânea que ela deve substituir é uma descontinuidade radical. No sentido preciso, pode-se dizer que a pedagogia não tem nada de uma fenomenologia, mesmo que disfarçada: não existe nenhuma passagem interna da ideologia à ciência. Toda pedagogia é necessariamente ruptura, e deve, para consistir em algo além de um compromisso ou de uma ilusão, ser exercida nas formas conscientes dessa ruptura. (Uso o termo fenomenologia, como você já deve ter entendido, no sentido hegeliano: no sentido do desenvolvimento imanente da consciência, desde suas formas elementares-originárias na e a partir de sua primeira posição-pretensão, até suas formas superiores, que, para Hegel, já estão "em germe" nas primeiras.) A pedagogia tradicional registra essa exigência teórica nas suas formas de existência prática, nem que seja na distância institucional que separa o professor dos alunos etc. Não insistirei nisso. Essas formas podem ser aberrantes nas suas metamorfoses, elas são, como existência mesma da ruptura de essência entre a ideologia e o saber, essenciais para a verdade da essência de toda pedagogia. Que essas formas continuem em estado prático, sem serem refletidas, é próprio da pedagogia da maioria, senão de todas as transmissões de conhecimento atuais. A não reflexão dessas formas da ruptura, que funda toda pedagogia de uma ciência no elemento inevitável da ideologia, o não conceito dessas formas da ruptura, em outras palavras a não tematização explícita e teórica dessas formas essenciais da ruptura poderem, em certos casos específicos, nutrir gravemente a ciência que constitui precisamente o objeto da pedagogia em questão, isso é a própria evidência. Em alguns casos específicos, a teoria da pedagogia, e portanto a teoria da ruptura (ou da descontinuidade absoluta que existe entre a ciência e a ideologia), deve ser desenvolvida e exposta em termos teóricos, pois organicamente ela faz parte da ciência que deve justamente ser ensinada. Conheço por experiência um caso em que essa teorização da pedagogia de uma ciência como parte integrante indispensável à ciência mesma que se trata de ensinar é absolutamente indispensável à prática teórica dessa ciência: é a filosofia (note que essa tematização é, a meu ver, indispensável a toda pedagogia teórica — mas essa exigência não é reconhecida, exceto na filosofia, ou pelo menos para certos filósofos). A história da filosofia mostra que o problema foi, por muito tempo (e desde Platão mesmo), conscientemente colocado pelos grandes filósofos, situado, se não resolvido, pois todas as suas soluções são míticas, mas pelo menos eles colocaram o problema. A solução mítica por excelência, que nega o que permite a colocação mesma do problema, em outras palavras, a teoria da colocação do problema na forma mesma que proíbe não só sua solução, mas sua própria colocação, é a fenomenologia de Hegel. Passo adiante; esse ponto, aliás estimulante, é fácil demais de desenvolver.

Você conhece o outro exemplo: a psicanálise. Tudo o que você me disse sobre suas pesquisas atuais a respeito do desejo do analista vai nessa direção. É o encontro, em formas e estruturas específicas, desse problema pelo psicanalista, na imagem de si, mas geralmente não refletida. Você está refletindo sobre esse encontro (e várias outras coisas!) nas suas pesquisas atuais. Acho que agora você entende aonde quero chegar.

Fiquei extremamente impressionado com sua resposta: "Isto que eu lhes digo diz algo a eles, modifica-os, transforma sua atitude, seu reconhecimento da realidade, seu modo de abordar a realidade analítica". Você disse isso, ao mesmo tempo, sobre os analistas que o escutam e sobre os analisados (com suas análises em curso) que o escutavam. Jogaram-lhe na cara que se tratava ali de uma intervenção do analista sobre seus analisados, que as formas públicas e aparentemente impessoais, logo objetivas, de intervenção (toda teórica, toda teoria) podiam servir de álibi ou de máscara etc. para uma intervenção vivida como real e pessoal por seus ouvintes que estavam em análise. Reúno fenômenos inclusive através dos argumentos odiosos que lhe atribuíram, sem que esses fenômenos pudessem, a meu ver, servir de argumentos contra você. Retenho de tudo isso, que à primeira vista é um grande disparate, que foi você quem pronunciou as palavras, as palavras-mestras da situação. Aqueles que o escutavam, do próprio cerne de seu "vivido" — fossem eles analisados, "praticados", cada um em seu lugar sujeito-objeto da prática, de uma mesma prática vivida e não pensada, pois os pensamentos dos analistas praticantes eram, de fato, tão pouco pensamentos quanto os dos analisados —, todos esses ouvintes do conceito que você lhes dá, do conceito de sua prática vivida, nem todos esses ouvintes tinham direito ao conceito da ruptura implicada na sua empreitada: pois eles o recusavam sob apelação.

Se digo aí algo de escandaloso, você me corrija. Explico-me. A ignorância teórica geral deles, pois sua ignorância da existência e da exigência da teoria überhaupt (independente do conteúdo) era tamanha, isto é, sua falta de formação teórica em geral era tal (e de quem é a culpa disso, senão do ensino universitário atual, depois do ensino empirista da medicina etc.?), que a empreitada de fazê-los passar de seu "vivido" à sua própria teoria era uma empreitada quase desesperada, pedagogicamente falando (segundo a essência mesma de toda pedagogia, que a iniciativa de tirá-los como que pela mão de seu próprio vivido ou de sua própria situação prática, de mostrar-lhes o desenho ou o pontilhado da própria teoria dessa prática, era uma tarefa, objetivamente, quase desesperada. Não se passa sem ruptura de uma prática a seu conceito, de um vivido a seu conceito. Essa ilusão foi tematizada por filosofias conhecidas, como a de Hegel outrora e, mais recentemente, a de Husserl, ou de Merleau. Digo tematizada, ou seja, aceita e expressa em conceitos, nos conceitos mesmos produzidos por essa ilusão, logo em conceitos ilusórios. O caminho de Merleau, fundamentalmente, era esse. Foi por isso que ele nunca se aproximou do seu, na teoria entenda-se. Foi por isso que Merleau, que precisava (e sem dúvida por razões vitais, que aparecem bem no admirável artigo de Sartre sobre ele na *TM*, em que você foi o único a tratar esse grande nome já falecido de uma forma que lhe era digna, quer dizer, falando dele como se ainda estivesse vivo) dessa segurança da continuidade, nunca conseguiu começar a compreender o que estava em causa na análise. Sua teoria é aberrante nisso e desarmante de aberração em seu infantilismo teórico (tomo o termo em um sentido quase técnico: havia no fundo de tudo isso uma certa relação não resolvida com sua mãe). Merleau pensava que do "vivido" ao seu conceito havia um caminho traçado, proveniente do próprio vivido, como a árvore de Ruth, as entranhas de Booz ou como a criança (ou sobretudo como a criança), do ventre da sua mãe. (A imagem de Booz é outra coisa — a placenta, o cordão umbilical, isto é outra coisa.) Esse mito de um caminho que é por essência inscrito na própria noite para conduzir ao dia, que já é o pontilhado e a iminência do dia, sua promessa, seu futuro em amadurecimento, esse mito da primavera surda e tenra no duro do inverno, velando e crescendo, até o tempo de maio, esse mito do sol vigiando na própria noite, simplesmente escondido pelo avesso da terra, seu Outro opaco de sua presença mesma, e parecendo, na aurora, isso que era forçosamente a própria condição de sua liberdade. Sua própria linguagem, esses contornos que lhe criticaram, esse estilo de dizer no qual alguns que lhe querem bem veem a lembrança da articulação primordial, na estranheza de um instantâneo em que eles se veem subitamente olhados por uma verdade que não lhes devolve o seu olhar, em que seu próprio olhar encontra nas suas palavras o seu vazio (o olhar de seu olho morto, que eles pensavam estar vivo). Sua orelha conversadeira, sua própria surdez radical — sua própria linguagem era um alerta, alerta desesperado. Aqueles que lhe querem bem ouvem nesse silêncio desconcertante o que eles entendem como linguagem do Outro, tornada assim quase presente, nos bastidores, entre eles. Eles não me veem, mas estou entre eles. Eles não me ouvem, mas, no entanto, eu lhes falo. Aí ainda seu próprio vivido era buscado e se encontrava em uma prova na qual se tratava de algo completamente diferente: de uma ruptura teórica, e não da alegoria do silêncio.

Em suma, vejo assim a sua plateia. Não é de dentro, mas de fora, que se pode anunciar que uma ruptura adveio, que a ruptura está consumada e que é preciso, para entender o próprio dentro no qual se vive, começar por ela. Essa ideia, ou esse conceito, sobretudo, de um exterior absoluto (teórico) como condição de possibilidade da inteligência teórica do próprio interior, no fundo eles não tinham nenhuma vontade de recebê-la de você. Eles permaneceram em seu dentro, eles pensam ter o bastante para dez anos, nunca se vai longe demais no prazer de ensimesmar-se; ou, sobretudo, quando se viajou um pouco, é possível se contentar com um passeio na floresta de Compiègne, pois, afinal, uma vez saindo da cidade, lá estão as árvores, o campo e o ar, o ar! O mesmo ar por todo lado. Nunca se busca perto demais o prazer de estar em seu lugar. Nunca se busca perto demais o prazer (a segurança) de estar em casa.

Será que você poderia fazer algo mais? Sem dúvida eles o teriam perseguido antes. E essas advertências por meio das quais, ao lhes falar de Hegel ou de Platão e de filosofia, você acreditava indicar-lhes que é um lugar para a teoria, que ela tem o seu *topos*, que tem o próprio campo, que não era o deles. Essas advertências, talvez eles as tomassem também como uma de suas manias que era preciso ultrapassar, já que era você — à espera de que passassem para você essas referências, elas afagavam também a necessidade de segurança deles: não estar sozinhos, mas ter testemunhas de fora, grandes testemunhas para reassegurar esse fundo inquieto da alma que só pede segurança, e não o conhecimento. O fato de Ricœur tê-los emocionado tanto, vejo aí o sinal de que eles buscavam acima de tudo não o conhecimento que você lhes queria impor, mas o simples reconhecimento — que pode assumir a forma comovente, decerto, mas qual a relação?, de um homem honesto que conta suas relações com a psicanálise, nas trevas, nessas trevas que não são senão luz (Feuerbach, que havia tomado essa ideia não sei onde, você sabe?, ele dizia que os corpos opacos não passam de luz, mas sob a forma de luz ínfima, e que definitivamente a essência nunca tem contrário, pois seu contrário não é senão ela própria alienada). Bom, aqui estou, sem dúvida longe de Merleau, mas bem próximo da ilusão daqueles que, ao não refletirem sobre a ruptura que eles deveriam estar prontos para conhecer, ou daqueles que não a refletiam, pois ainda não estão no ponto de suspeitar dela, esse mito espontâneo no qual os homens se representam comumente sua relação com seu saber sob a forma de sua não relação com suas condições reais, esse mito que lhes representa sua aspiração de um futuro sem história, sem ruptura, no imaginário de um passado que os conduziu ou no qual permanecem e que não está apartado deles, esse mito imaginário em que os homens encarnam cada dia sua segurança teórica umbilical (quero dizer, os filósofos e suas mães, belo tema de tese, os filósofos idealistas), esse mito define a condição real da maioria daqueles que ensinam um saber àqueles que o escutam.

Que uns e outros sejam, além disso, analistas, acrescenta a isso, sem dúvida, algo de essencial.

Volto ao seu auditório. Essa condição se mete no seu ensino, e além disso é, na sua forma mesma, a denúncia dele. Certamente você acrescentava, àqueles que vinham recebê-los de você, os produtos de uma pesca em que cada um podia reconhecer, primeiramente de longe, em seguida mais de perto, suas próprias tainhas e todas as sombras cativas das profundezas. Eles viviam ainda na rede das palavras. Eles eram seus, mas também deles: peixes multiplicados, e todos comungavam na evidência pública dessa multiplicação. Sim, eles viam que eram suas próprias profundezas que você trazia de volta à superfície nesses seres mudos e vivos, sem perceber que se pode pegar de tudo em uma rede, exceto o mar. O mar, você pretendia dizer-lhes, em um esforço desesperado, que ele estava ali em seus produtos, e mais que o mar o céu que os dominava, essa densa camada de ar sem peso, tão leve para a respiração humana que os homens se movem nele como no próprio líquido de seu olhar, de sua voz, sem problema, isto é, sem nunca se confrontar com seu problema: essa ausência de choque; mais que o mar a terra abaixo deles, suportando seus passos e seus corpos, e seu próprio contentamento e até seu âmago. Você os advertiu em altos brados, denunciando a ilusão de sua paz, todas as ilusões que portam os nomes de nossos inimigos: gritos amargos, suspeitando que, para eles, tratava-se apenas de um tipo de mania que era preciso ultrapassar, o preço de sua liberdade, não [*palavra incompleta*], isto é, com sua ignorância. Merleau, Ricœur, talvez outros adiante, gratificações, com a vantagem do domínio universitário autenticado, poxa!, a filosofia, que tem seus oficiais, como a psiquiatria tem seus Delay — com a generosidade, além disso, e a sinceridade, mesmo quando se está no Collège, ou quando a gente se deixa levar por isso um dia. Ao falar-lhes de Hegel e Platão, você lhes falava da existência da teoria: eles entendiam que por toda a eternidade não estariam sozinhos, e que, por causa disso, poderiam, juntos, gozar da segurança do testemunho de sua existência. Você sabe: essa velha prova da existência de Deus pelo consentimento universal que vemos, em alguns humanistas do século XV, assumir a forma, digna de sua aristocracia intelectual, da prova pelo consentimento dos Grandes Autores.

Será que você poderia fazer mais do que isso? Você era para eles, independentemente do que fizesse, alguém de dentro. No limite, testemunhando sobre um de fora, sobre o de fora. Que seja. Mas eles lhe haviam delegado previamente o encargo das Relações Exteriores, sem que eles mesmos fossem verificar. Você era o seu fiador. Eles reconheciam em você esse encargo e essa função, mas sob a condição tácita (radical) de que os deixasse em paz, que os deixasse em seu canto. Eles o deixaram arranjar as coisas, ou seja, o dentro, o dentro deles, seu interior. Seu "interior", sim, depois, quando acharam que era o bastante, que você estava se tornando incômodo, que eles já sabiam o suficiente, que tudo parecia andar bem, no passo que os classificava, fizeram de tal modo que um dia a porta se fechasse na sua cara. É a ordem natural. Não a ordem das razões, quer dizer, da Razão, mas das conveniências. É preciso pensar no futuro, quer dizer, no presente.

Tudo isso para dar um sentido ao que, no final de nossa conversa, quando percorríamos as ruas antes que as tabacarias fechassem, eu lhe falava, precisamente, sobre o fora. Sim, existe um fora. Felizmente! E eles deverão um dia, por bem ou por mal (por mal, mas eles saberão um dia disfarçar), reconhecer diretamente, sem intermediário encarregado dessa impossível missão, sem poder se apoiar em alguém que os protegesse do fora que lhes anunciava, que esse fora existe.

Fora. Agora você está fora. No seu verdadeiro lugar: o das suas razões, da Razão.

Aí você não está só.

Basta pôr-se ao trabalho — você, que nunca cessou de trabalhar —, basta pôr-se ao trabalho com aqueles que trabalham nesse fora.

Uma simples questão de organização do trabalho. Isso se resolve. Há precedentes.

Cordialmente, seu

Althusser

A correspondência entre Jacques Lacan e Louis Althusser começou no ano de 1963. Ela foi iniciada por Lacan, que enviou uma primeira carta ao filósofo no dia 20 de novembro de 1963, anunciando especialmente a interrupção de seu Seminário em Sainte-Anne.

Paris le 4 décembre 63

Cher Lacan,

Bien pensé à notre entretien depuis hier. J'avais beaucoup d'autres choses à vous dire, mais nous auront sans doute le temps, et l'occasion. Il faut un peu de loisir pour les aborder. Or vous êtes, et c'est bien compréhensible, pris non dans l'urgence de la situation impossible qu'on vous a faite, mais dans ses effets, tant subjectifs qu'objectifs. Un témoin extérieur, surtout extérieur au monde qui a été l'objet de tous vos efforts, ne peut que vous donner sa sympathie et sa compréhension. Je crains qu'elles ne vous aident guère, et que vous ne soyez seul en face de votre amertume.

Tout ce que je puis vous offrir : quelques réflexions à haute voix, justement au nom de l'<u>extériorité</u> qui fait le témoin que je suis.

Ma question : qu'ont ils entendu de votre discours, question que d'autres (et Delay le premier) ont dû ressasser,- cette question a pour moi un sens très profond. Je vais vous dire pourquoi : elle met en cause la question de l'accès à la Théorie (d'une discipline quelconque : c'est une question très générale que je traite) de ceux qui sont plongés dans l'horizon d'une pratique, soient qu'ils la manient, soit qu'ils en soient, si j'ose dire, la matière. Une pratique très, très particulière : pour cette raison qu'avant vous, sa Théorie n'existait pas. Comment peut-on accéder, du sein même d'une pratique maniée ou vécue, aveuglément maniée ou vécue à son <u>concept</u> ? Problème de pédagogie, dira-t-on, mais en vérité ce n'est pas en dernier ressort un problème de pédagogie. C'est un tout autre problème, qui concerne le passage de ce que j'appellerais une "vérité pratique" (pratiquée ou vécue) à la théorie de cette vérité ou à son concept. Or ce problème est, dans son fond un problème théorique spécifique, et capital. Vous avez admirablement montré que les problèmes de la technique analytique ne pouvaient se résoudre au niveau même de la technique, qu'il fallait un <u>saut</u> : le recours à la théorie, et que seule la théorie décide en dernier ressort et détermine les problèmes de la technique; qu'est-ce que cela veut dire ? Cela veut-il dire qu'il y a d'un côté une simple et pure technique, qui ne serait que technique, pratiquée par des gens qui n'ont aucune idée de la théorie, et à qui il faut enseigner cette théorie pour qu'ils puissent ensuite réformer leur technique ? Ce n'est pas ainsi que vont les choses. Le conflit n'est pas entre une technique pure <u>sans théorie</u>, et une théorie pure. Il n'y a pas de technique pure, et cela aussi vous l'avez montré. Toute "technique" qui ne veut technique pure, est, en fait une <u>idéologie</u> de la technique c'est à dire une fausse théorie. Et c'est d'ailleurs bien ce qui est impliqué dans votre tentative : vous n'êtes pas celui qui enseigne à des gens qui ne sont que techniciens qu'ils sont simplement aveugles, ou ignorants, tout simplement en leur enseignant l'existence et la nécessité d'une théorie ; vous êtes celui qui enseigne à de prétendus purs "tehniciens" la vérité de leur pratique sous la condition absolue de détruire autre chose qu'une ignorance ou un aveuglement,- je veux dire une idéologie, la fausse théorie qui est la compagne obligée de leur fausse innocence de purs techniciens. Toute pédagogie ne peut donc consister à enseigner une vérité à un ignorant , donc à remplir un vide avec du plein,- toute pédagogie consiste à substituer une théorie explicite et vraie à une théorie implicite et fausse, à remplacer une idéologie spontanée (au sens léniniste ; au sens où l'homme, qu'il soit syndicaliste ou analyste est par nature un animal idéologique,- ce mot n'est pas de Lénine) par une théorie scientifique. Or ce qui distingue une théorie scientifique explicite et consciente de l'idéologie implicite et spontanée qu'elle doit doit remplacer, c'est une discontinuité radicale. Au sens précis, on peut dire que la pédagogie n'a rien d'une phénoménologie, même déguisée : il n'y a aucun passage interne de l'idéologie à la science. Toute pédagogie est nécessairement rupture, et elle doit, pour être autre chose qu'un compromis ou une illusion s'exercer dans les formes conscientes de cette rupture. (je prends le terme de phénoménologie, vous m'aurez entendu, dans son sens hegelien : au sens du développement immanent de la conscience, depuis ses formes élémentaires-originaires qui se nient comme élémentaires-originaires dans et dès leur première position-prétention, jusqu'à ses formes supérieures, qui, pour Hegel, sont déjà "en germe" dans les premières). La pédagogie traditionnelle enregistre cette exigence théorique dans ses formes d'existence pratique, ne fût-ce que dans la distance institutionnelle qui sépare le maître des élèves etc. Je n'insiste pas. Ces formes peuvent être aberrantes dans leurs métamorphoses, elles sont, comme existence même de la rupture d'essence entre l'idéologie et le savoir, essentielles à la vérité de l'essence de toute pédagogie. Que ces formes demeurent à l'état pratique, sans être réfléchies, c'est le propre de la pédagogie de la plupart, sinon de toutes les diffusions de connaissance actuelles. Que la non-réflexion de ces formes de la rupture, qui fonde toute pédagogie d'une science dans l'élément invitable de l'idéologie, que le non-concept de ces formes de la rupture, autrement dit la non-thématisation explicite et théorique de ces formes essentielles de la rupture, puisse, dans certains cas précis, nuire gravement à la science qui fait précisément l'objet de la pédagogie en question, c'est l'évidence même. Dans certains cas précis la théorie de la pédagogie, donc la théorie de la rupture (ou de la discontinuité absolue existant entre la science et l'idéologie) doit être théoriquement développée et exposée, xxxxxxxx car elle fait organiquement partie de la science qui est justement à enseigner. Je connais par expérience un cas où cette théorisation de la pédagogie d'une science comme partie intégrante indispensable à la science même qu'il s'agit d'enseigner, est absolument indispensable à la pratique théorique de cette science : c'est la philosophie (remarquez que cette thématisation est, à mon sens, indispensable à toute pédagogie théorique,- mais cette exigence n'est pas reconnue, sauf dans la philosophie, ou du moins par certains philosophes.) L'histoire de la philosophie montre que ce problème a été depuis longtemps (et de puis Platon même) consciemment posé par les grands philosophes, posé, sinon résolu, car toutes leurs solutions sont mythiques, mais du moins ils ont posé le problème. La solution mythique par excellence, qui nie ce qui permet la position même du problème, autrement dit la théorie de la position du problème dans la forme même qui interdit nonseulement sa solution, mais sa propre position, c'est la Phénoménologie de Hegel. Je passe,-ce point, d'ailleurs excitant, est trop facile à développer.

Vous connaissez l'autre exemple : la psychanalyse. Tout ce que vous m'avez dit de vos recherches actuelles sur le désir de l'analyste va dans ce sens. C'est la rencontre, dans des formes et des structures spécifiques, de ce problème, par le psychanalyste, dans sa propre image de soi,- mais généralement non-réfléchie. Vous êtes en train de réfléchir cette rencontre xx (et bien d'autres choses !) dans vos recherches présentes. Je crois que vous comprendrez alors où je veux en venir.

J'ai été extrèmement frappé de votre réponse :"ce que je leur dis leur dit quelquechose, les modifie, transforme leur attitude, leur reconnaissance de la réalité, leur façon d'aborder la réalité analytique". Vous le disiez à la fois des analystes qui vous écoutaient et des analysé (en cours d'analyse) qui vous écoutaient. On vous a jeté dans les pattes que c'était là en somme une intervention de l'analyste sur ses analysés, que les formes publiques et apparemment impersonnelles, donc objectives de l'intervention (toute théorique, toute théorie) pouvaient servir d'alibi ou de masque etc. à une intervention vécue comme réelle/ et personnelle par vos auditeurs en cours d'analyse. Je rassemble des phénomènes à traver même les arguments odieux qu'ont vous oppose, sans que ces phénomènes puissent, à mes yeux, jamais servir d'argument contre vous. Je retiens de tout ceci, qui xxx est au premier regard fort disparate, que c'est vous qui avez prononcé les mots, les xxxxxxxx maîtres-mots de la situation. Ceux qui vous écoutaient, du sein même de leur "vécu" -qu'ils fussent analystes, praticiens, ou analysés,"pratiqués", chacun à sa place sujet-objet de la pratique, d'une même pratique vécue et non pensée, car les pensées des analystes praticiens étaient en fait aussi peu des pensées que celles des analysés, tous ces auditeurs du concept que vous leur donniez, du concept de leur pratique vécue, tous ces auditeurs n'avaient pas droit au concept de la rupture impliquée dans votre entreprise: car ils le refusaient sans appel.

Si je dis là quelquechose de scandaleux, vous me reprendrez. Je m'explique. Leur ignorance théorique générale, cad leur ignorance de l'éxistence et de l'exigence de la théorie überhaupt (abstraction faite de tout contenu) était telle, c'est-à-dire leur manque de formation théorique en général était tel (et de cela à qui la faute ? sinon à l'enseignement universitaire actuel, puis à l'enseignement empiriste de la médecine etc.) que l'entreprise de les faire passer de leur "vécu" à sa propre théorie était une entreprise quasi-désespérée, pedagogiqmement parlant (selon l'essence même de toute pédagogie), que l'entreprise de les tirer comme par la main de leur propre vécu ou de leur propre situation pratique, de leur montrer le dessin ou le pointillé de la théorie même de cette pratique, était une entreprise objectivement quasi-désespérée. On ne passe pas sans rupture d'une pratique à son concept, d'un vécu à son concept. Cette illusion a été thématisée par des philosophies connues, comme celle de Hegel jadis, et plus récemment comme celle de Husserl, ou celle de Merleau. Je dis thématisée, c'est-à-dire, acceptée et exprimée en concepts, dans les concepts mêmes produits par cette illusion, donc dans des concepts illusoires. La voie de Merleau, fondamentalement, était celle-là. C'est pourquoi elle n'a jamais croisé la vôtre, dansla théorie s'entend. C'est pourquoi Merleau, qui avait besoin (et sans doute pour des raisons vitales, qui apparaissent bien dans l'admirable article de Sartre sur lui dans les TM, où vous avez été le seul à traiter ce grand mort d'une manière digne de lui, c'est-à-dire en parlant de lui comme s'il était encore vivant) de cette sécurité de la continuité, n'a jamais réussi à accéder au commencement de l'intelligence de ce qui était en cause dans l'analyse, sa théorie en est aberrante, et désarmante d'aberration dans son infantilisme théorique (je prends le terme dans un sens presque technique : il y avait au fond de tout cela un certain rapport non-réglé avec sa mère) Merleau pensait que du "vécu" à son concept, il y avait une voie tracée, issue du vécu même, comme l'arbre de Ruth des entrailles de Booz, ou comme l'enfant (ou plutôt comme l'enfant) du ventre de sa mère. (l'image de Booz : c'est autre chose,- le placenta, le cordon, c'est autre chose ,-). Le mythe d'une voie qui dans la nuit même est inscrite par essence pour conduire au jour, qui est déjà le pointillé et l'imminence du jour, sa promesse, son futur mûrissant, ce mythe du printemps sourd et tendre dans le dur de l'hiver veillant et grandissant jusqu'à l'heure de mai, ce mythe du soleil veillant dans la nuit même, simplement caché par l'envers de la terre, son Autre opaque de sa présence même, et paraissant dans l'aube ce qu'il était dans la ténèbre, cette ténèbre qui n'est que lumière (Feuerbach, qui avait pris cette idée je ne sais où, le savez vous ? disait que les corps opaques ne sont que lumière, mais sous la forme de la lumière infime, que en définitive l'essence n'a jamais de contraire, puisque son contraire n'est qu'elle-même aliénée,-),- bon me voilà sans doute loin de Merleau, mais très proche de l'illusion de ceux qui, ne réfléchissant pas la rupture qu'ils devraient être en état de connaître, ou de ceux qui ne la réfléchissent pas car ils ne sont pas au point encore de la soupçonner, ce mythe ~~spontané~~ spontané dans lequel les hommes se représentent communément leur rapport à leur savoir sous la forme de leur non-rapport à ses conditions réelles, ce ~~xxxx~~ mythe qui leur représente leur voeu d'un avenir sans histoire, sans rupture, dans ~~lexxxxxxxmême~~ l'imaginaire d'un passé qui les a conduits où ils en sont (où les hommes) et qui n'est pas coupé d'eux, ce mythe imaginaire incarnent chaque jour leur sécurité théorique ombilicale (les philosophes et leur mère, beau sujet de thèse, les philosophes idéalistes j'entends), ce mythe définit la condition réelle de la plupart de ceux qui enseignent un savoir à ceux qui les écoutent.

Que les uns et les autres soient de surcroît analystes, y ajoute sans doute quelque chose d'essentiel.

Je reviens à votre auditoire. Cette condition, tout dans votre enseignement, et qui plus est, dans sa forme même, en est la dénonciation. Certes vous apportiez à ceux qui venaient les recevoir de vous, les produits d'une pèche où chacun pouvait reconnaître, de loin d'abord, puis de plus près ensuite, ses propres rougets de roche et tous les sombres captifs des profondeurs. Ils vivaient encore dans le filet des mots. Ils ~~xxxxxx~~ ~~xxxx~~ étaient vôtres, mais aussi leurs : poissons multipliés, et tous communiaient dans l'évidence publique de cette multiplication. Oui, ils voyaient que c'étaient leurs propres fonds que vous ~~x~~ rameniez à la surface, dans ces êtres muets et vifs, sans s'apercevoir qu'on peut tout prendre en un filet, hors la mer. La mer, vous vouliez dans un effort désespéré leur dire qu'elle était là dans ses produits, et plus que la mer, le ciel qui les dominait, cette pesante couche d'air sans ~~xxxx~~ poids, si légère à la respiration humaine que les hommes s'y meuvent comme dans le liquide même de leur regard de leur voix, sans problème, c'est-à-dire sans jamais se ~~xxxxxx~~ heurter à son problème : cette absence de ~~xxxx~~ heurt; plus que la mer, la terre sous eux, supportant leurs pas et leurs corps, et leur contentement même, donc jusqu'à leur coeur. Vous les avertissiez à grands cris, dénonçant l'illusion de leur paix, toutes les illusions qui portent les noms de nos ennemis : cris amers soupçonnant qu'ils ~~xxxxxxxx~~ n'étaient pour eux ~~xxx~~ trop souvent qu'une manie qu'il fallait bien qu'on vous ~~xxxxxxxxxxxxxx~~ passât, le prix de votre liberté, pas

fo

forcément la condition de la leur liberté. Votre langage même, ces tournures qu'on vous a reprochées, ce style du dire, où certains, qui vous veulent du bien, voient le rappel même de l'articulation primordiale, dans l'étrangeté d'un instantané où ils se voient soudain regardés par une vérité qui ne leur rend pas leur regard, où leur regard même rencontre dans vos mots son propre vide (le regard de leur oeil mort, qu'ils pensaient vivant), leur oreille bavarde sa propre surdité radicale,- votre langage même était avertissement, avertissement désespéré. Ceux-là, qui vous veulent du bien, entendent dans ce silence déconcertant ce qu'ils comprennent comme le langage de l'Autre, rendu ainsi presque présent, à la cantonnade, parmi eux. Ils ne me voient pas, mais Je suis parmi eux. Ils ne m'entendent pas, mais Je leur parle pourtant. Là encore leur propre vécu se cherchait et se trouvait dans une épreuve où il était question de tout autre chose : d'une <u>rupture</u> théorique, et non de l'allégorie du Silence.

Bref, je vois ainsi vos auditeurs. Ce n'est pas du dedans, mais <u>du dehors</u>, qu'on peut annoncer qu'une <u>rupture</u> est advenue, que la rupture est consommée, et qu'il faut, pour comprendre le dedans même qu'on vit, <u>commencer par elle</u>. Cette idée, ou ce concept plutôt d'un dehors absolu (théorique) comme condition de possibilité de l'intelligence théorique du dedans même, ils n'avaient au fond aucune envie de la recevoir de vous. Ils sont restés dans leur dedans, ils pensent en avoir assez pour dix ans, on ne va jamais trop loin le plaisir de rentrer chez soi, ou plutôt, quand on a un peu voyagé, on se contente d'aller faire un tour dans la forêt de Compiègne, puisqu'après tout, à peine quitté la ville, ce sont les arbres, et la campagne et l'air, l'air ! le même air partout. On ne va jamais chercher trop près le plaisir de rentrer chez soi. On ne va jamais chercher trop près le plaisir (la sécurité) de <u>rester chez soi</u>.

Pouviez vous faire plus ? Ils vous eussent sans doute chassé plus tôt. Et ces avertissements mêmes, par lesquels leur parlant de Hegel et de Platon, et de philosophie, vous entendiez leur indiquer qu'il est un lieu pour la théorie, qu'elle a son topos, qu'elle a son chez soi, qui n'était pas le leur; ces avertissements mêmes on les prenait peut-être aussi pour une de vos manies qu'il fallait bien vous passer, puisque c'était vous,-en attendant qu'elle passe; ces références, elles flattaient aussi leur besoin de sécurité : ne pas être seuls, mais avoir des témoins au dehors, de grands témoins pour rassurer ce fond inquiet de l'âme qui ne demande que la sécurité et non la connaissance. Que Ricoeur les ait tant émus, j'y vois le signe qu'ils recherchaient par dessus tout non la connaissance que vous vouliez leur imposer, mais la simple <u>reconnaissance</u>,- qui peut prendre la forme émouvante, certes, mais quel rapport ? d'un homme honnête qui raconte ses rapports avec la psychanalyse,

(quelle "vous" parle ;

c'est-à-dire avec son ignorance. Merleau, Ricoeur, d'autres peut-être prochainement, des gratifications, avec l'avantage de l'appellation universitaire authentifiée, quoi, la philosophie, qui a ses officiels comme la psychiatie a ses Delay,- avec la générosité en plus, et la sincérité, même quand on est au Collège, ou qu'on s'y laisse porter un jour. Vous leur parliez de l'existence de la théorie en leur parlant de Hegel et de Platon : ils comprenaient que toute éternité ils n'étaient point seuls, et que, de ce fait ils pouvaient, ensemble, jouir de la sécurité du témoignage de leur existence. Vous savez : cette vieille preuve de l'existence de Dieu par le consentement universel, qu'on voit chez certains humanistes du XVème s. prendre la forme, digne de leur aristocratie intellectuelle, de la preuve par le *Consentement des Grands Auteurs*.

/de

Pouviez-vous faire plus ? Vous étiez, quoi que vous fissiez, pour eux, *quelqu'un du dedans*. A l'extrème portant témoignage sur un dehors, sur le dehors. Soit. Mais ils vous avaient par avance délégué la charge des Relations Extérieures, sans aller eux-mêmes y voir. Vous étiez leur garant. Ils vous reconnaissaient cette charge et cette fonction, mais sous la condition tacite (radicale) que vous leur foutiez la paix, en les laissant chez eux. Ils vous ont laissé arrangé les choses, c'est-à-dire le dedans, leur dedans, leur intérieur, leur "intérieur", oui, puis, quand ils ont trouvé que ça suffisait comme ça, que vous deveniez un gèneur, qu'ils en savaient assez, que ça avait bonne allure, l'allure qui les *classait*, ils ont fait en sorte qu'un jour la porte vous soit fermée au nez. C'est dans l'ordre. Pas l'ordre des raisons, c'est-à-dire de la Raison, mais des convenances. Il faut bien songer à l'avenir, c'est-à-dire au présent.

Tout cela pour donner un sens à ce qu'à la fin de notre entretien, quand nous parcourions les rues avant que les tabacs ne ferment, je vous disais, précisément, *sur le dehors*. Oui, il y a un dehors. Dieu merci. Et ils devront un jour, bon gré mal gré (mal gré, mais ils *sauront* un jour faire bonne figure) reconnaître directement, sans Intermédiaire chargé de cette impossible mission, sans pouvoir se reposer sur quelqu'un qui les protégeait du dehors qu'il annonçait, que ce dehors existe.

Dehors. Vous êtes désormais dehors. A votre vraie place : celle de vos raisons, de la Raison.

Là, vous n'êtes pas seul.

Il suffit de se mettre au travail,- vous, qui n'avez cessé de travailler,- il suffit de se mettre au travail avec ceux qui travaillent dans ce dehors.

Une simple question d'organisation du travail. Cela se règle. Il y a des précédents.

A vous, Althusser.

Carta de Claude Lévi-Strauss a Jacques Lacan, 1964

Paris, 4 de janeiro de 1964
Rua dos Marronniers, n.2, 16º arr.

Meu caro Jacques,

Temo que você exagere muito na importância do que eu pude fazer. Ao mesmo tempo que me alegro que a tarefa tenha se tornado tão mais leve graças ao acolhimento vibrante que minha sugestão tão rápido recebeu, gostaria que você soubesse que meu esforço não foi nada além da medida da afeição que tenho por você, da admiração que sinto por seu pensamento.

Enquanto escrevo estas linhas, o gato emplumado de ouro me sorri além da parede na qual o pendurei. Sua presença me toca e me encanta.

Para Sylvia, Judith, você e o Seminário modelo 1964 (cujos cartazes devidamente retificados acabo de receber), todos os meus votos!

Claude

COLLÈGE
DE
FRANCE

CHAIRE
D'ANTHROPOLOGIE SOCIALE

Paris, le 4 janvier 1964

2, rue des Marronniers XVIe

Mon cher Jacques,

Vous exagérez beaucoup, je le crains, l'importance de ce que j'ai pu faire. Tout en me réjouissant que la tâche m'ait été rendue si légère par l'accueil vibrant qu'a aussitôt rencontré ma suggestion, je souhaite que vous sachiez que mon effort n'a guère été à la mesure de l'affection que je vous porte, et de l'admiration que je ressens pour votre pensée.

Pendant que j'écris ces lignes, le chat emplumé d'or me sourit depuis le mur où je l'ai accroché. Sa présence me touche et me ravit.

Pour Sylvia, Judith, vous-même et le séminaire modèle 1964 (dont je viens de recevoir les affiches dûment rectifiées), tous nos voeux!

Claude

Carta de Claude Lévi-Strauss a Jacques Lacan, 1964

Paris, 20 de julho

Caro Jacques,

Uma proposta tão considerável, que me tocou e pela qual agradeço do fundo do meu coração, merecia, sem dúvida, algumas horas de reflexão. Mas, com toda franqueza, eu não posso nem quero aceitá-la.

Você sabe que eu sempre quis permanecer um solitário e que nunca me associei, por assinatura ou adesão, temporária ou duradouramente a qualquer manifesto, grupo ou equipe. Essa reserva inspira-se demais em meu temperamento para que eu considere me separar dela.

Eu acrescentaria que, precisamente por conta dos vários pontos de contato que não podem deixar de aparecer entre o que eu faço e certas abordagens do pensamento psicanalítico — em primeiríssimo lugar as suas, mas que, como você bem sabe, não excluem certas divergências sobre as quais eu posso me sentir impelido a acentuar (já o fiz no passado e, mais recentemente, em um pequeno trecho do *O totemismo hoje*, no qual lembro um desacordo fundamental com uma parte do pensamento de Freud) —, acredito que devo manter o espaço de manobra no que diz respeito a todas as formas da reflexão psicanalítica, por preocupação de honestidade para comigo e meus leitores? Fiquemos, eu lhe peço, como "*fellow-travellers*"; é a forma de nunca arriscar os elos intelectuais e pessoais que me são infinitamente caros, e em deferência dos quais eu me digo afetuosamente, seu

Claude Lévi-Strauss

A primeira carta evoca, talvez, a obtenção por Lacan, em 1964, da responsabilidade por uma série de conferências na VIª sessão da École Pratique des Hautes Études graças à intervenção de Claude Lévi-Strauss. Ele esteve presente na primeira sessão do Seminário que ocorreu na École Normale Supérier, com o título Os quatro conceitos fundamentais da psicanálise, *no mesmo mês de janeiro. A segunda carta, do mês de julho, provavelmente data do mesmo ano de 1964, no qual Jacques Lacan, em seu "Ato de fundação", de 21 de junho, criou a Escola Freudiana de Paris (EFP). Ele parece ter proposto a Claude Lévi-Strauss que se tornasse membro, do que este se esquiva.*

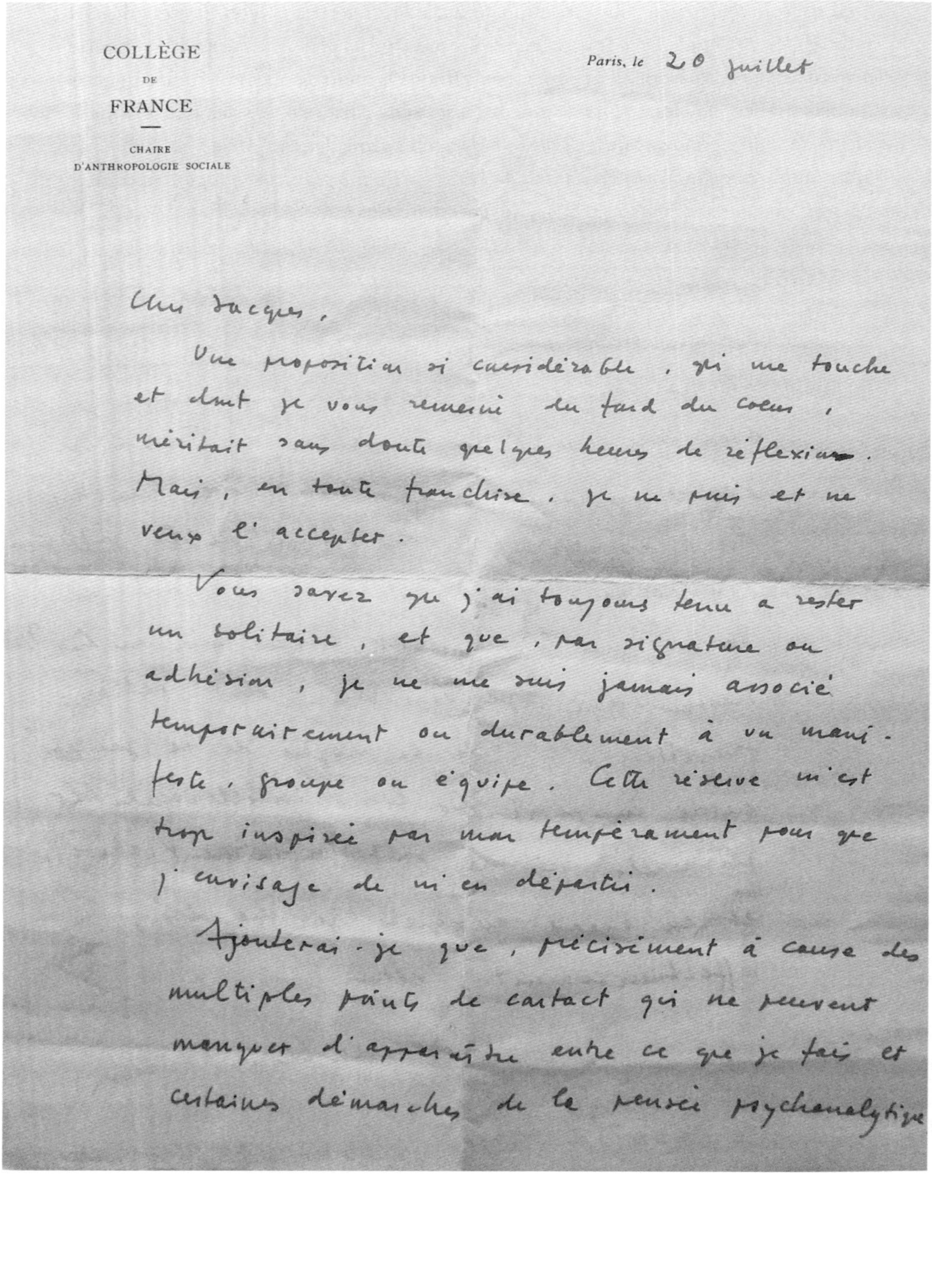
COLLÈGE
DE
FRANCE

CHAIRE
D'ANTHROPOLOGIE SOCIALE

Paris, le 20 juillet

Cher Jacques,

Une proposition si considérable, qui me touche et dont je vous remercie du fond du coeur, méritait sans doute quelques heures de réflexion. Mais, en toute franchise, je ne puis et ne veux l'accepter.

Vous savez que j'ai toujours tenu à rester un solitaire, et que, par signature ou adhésion, je ne me suis jamais associé temporairement ou durablement à un manifeste, groupe ou équipe. Cette réserve m'est trop inspirée par mon tempérament pour que j'envisage de m'en départir.

Ajouterai-je que, précisément à cause des multiples points de contact qui ne peuvent manquer d'apparaître entre ce que je fais et certaines démarches de la pensée psychanalytique

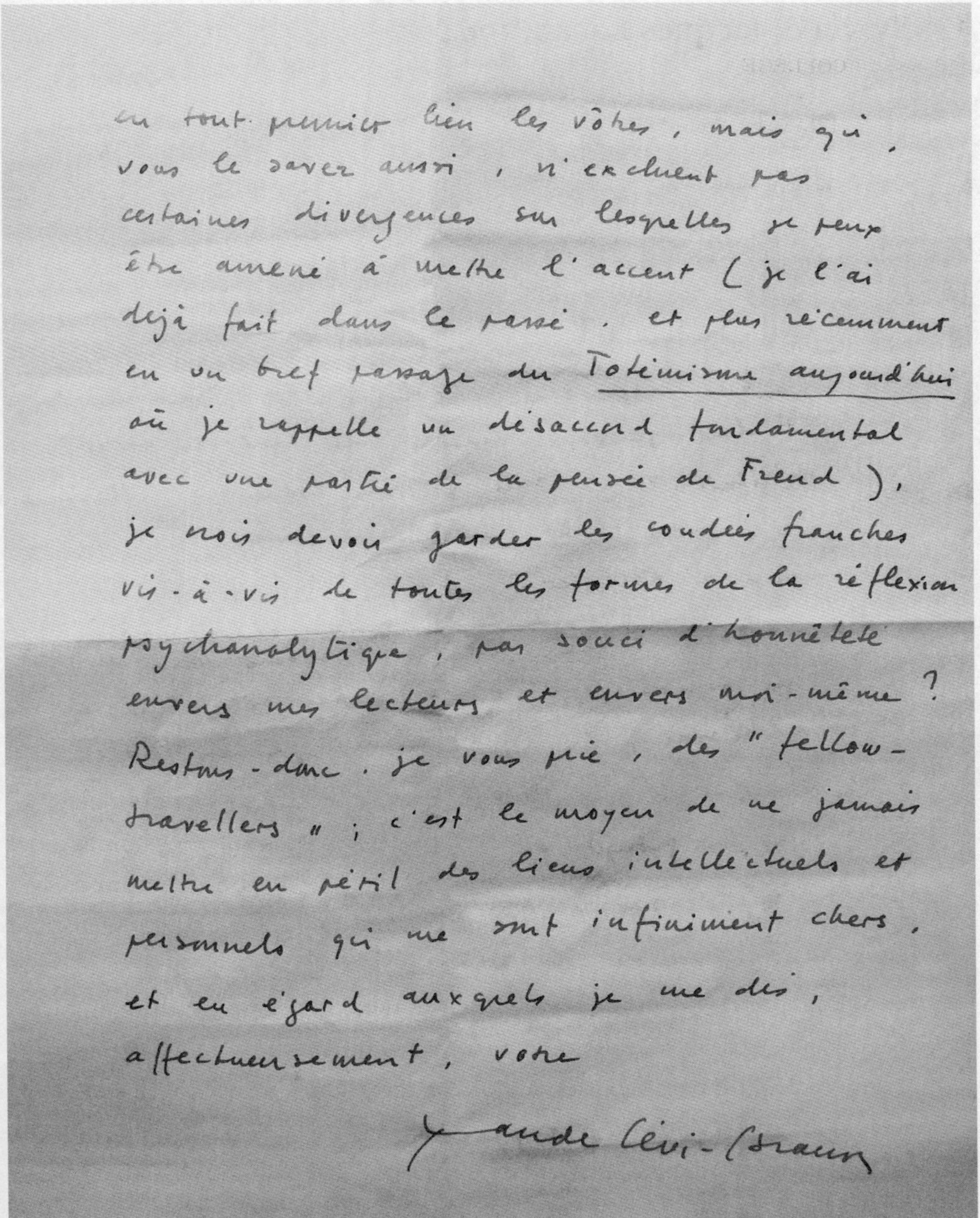

en tout premier lieu les vôtres, mais qui, vous le savez aussi, n'excluent pas certaines divergences sur lesquelles je peux être amené à mettre l'accent (je l'ai déjà fait dans le passé, et plus récemment en un bref passage du <u>Totémisme aujourd'hui</u> où je rappelle un désaccord fondamental avec une partie de la pensée de Freud), je crois devoir garder les coudées franches vis-à-vis de toutes les formes de la réflexion psychanalytique, par souci d'honnêteté envers mes lecteurs et envers moi-même? Restons-donc, je vous prie, des "fellow-travellers"; c'est le moyen de ne jamais mettre en péril des liens intellectuels et personnels qui me sont infiniment chers, et en égard auxquels je me dis, affectueusement, votre

Claude Lévi-Strauss

Carta de Roman Jakobson a Sylvia & Jacques Lacan, 1964

7 de outubro de 1964
Sr. e sra. Lacan
5, rue de Lille
Paris, França

Caros amigos,

Infinitos agradecimentos de nossa parte a ambos, por sua atenção e sua hospitalidade impecáveis! E um grande obrigado particularmente à Sylvia, que me enviou os itens esquecidos.

Em anexo o poema de Rousseau. Pedi a De Ridder que lhes enviasse o livro de Fonagy sobre a metáfora fonética, e pedi ao sr. Hoder, meu editor de Copenhague, que lhe envie o livro de Sørensen sobre os nomes próprios e o de Brøndahl sobre as categorias discursivas. Conhecem o livro de Rosa Katz, *Psychologie des Vornamens* (Verlag Hans Huber, Bern und Stuttgart, 1964)?

Sylvia, por favor nos dê notícias de sua neta. Pensamos sempre em nossa estada parisiense, e assim que eu tiver minha agenda de 1965 organizada escreverei para saber onde nos encontraremos primeiro, se aqui ou em Paris.

Nossos agradecimentos calorosos e pensamentos para Judith,

Afetuosamente,

Roman

Peter de Ridder, mencionado por Roman Jakobson, é um editor holandês conhecido especialmente por publicar obras de linguística. As referências completas dos títulos mencionados são as seguintes: Y. Fónagy, La Métaphore en phonétique, *lançado em 1963 pela primeira vez e revisto em 1980; H. S. Sørensen,* The Meaning of Proper Names with a Definiens Formula for Proper Names in Modern English, *Copenhague, C. E. C. Gad, 1963; Viggo Brøndal,* Essais de linguistique générale, *Copenhague, Munksgaard, 1943.*

A carta termina com as novidades pedidas por Roman Jakobson a Sylvia a respeito da neta desta: trata-se de Catherine Basch, filha de Laurence Bataille.

HARVARD UNIVERSITY

SLAVIC LANGUAGES
AND LITERATURES

October 7, 1964

BOYLSTON 301
CAMBRIDGE 38, MASSACHUSETTS

M. et Mme. Jacques Lacan
5, Rue de Lille
Paris, France

Dear Friends:

Innumerable thanks from both of us for all your wonderful care and hospitality! Many thanks also to Sylvia for sending me the forgotten items.

Rousseau's poem is enclosed. I asked de Ridder to send you Fonagy's book on phonetic metaphor, and I asked my Copenhagen publisher, Mr. Hoder, to dispatch you Sørensen's book on the proper names and Brøndahl's book on the parts of speech. Do you know the book of Rosa Katz, Psychologie des Vornamens (Verlag Hans Huber, Bern und Stuttgart, 1964)?

Please, Sylvia, inform us about your grandchild. We constantly recollect Paris, and as soon as I know my 1965 schedule, I shall write you to find out where we will meet first--here or in Paris.

With warmest thanks and wishes to Judith,

Yours affectionately,

Roman

Roman Jakobson

RJ:ai
Enc.

Carta de Michel Foucault a Jacques Lacan, *s.d.*

7 de outubro

Caro senhor,

Sua carta me tocou profundamente: ela é o primeiro sinal vindo de um médico francês de que fui lido. Que tenha vindo precisamente do senhor me indica que talvez esse silêncio, que ela rompe, quer dizer algo diferente de ouvidos desatentos.

Sem dúvida eu era um intérprete bem pouco fiel do seu pensamento. Mas desde certo dia em 1947 (creio eu), em que falou de identificação, eu o li como um daqueles que, hoje, é preciso absolutamente compreender, se falhei foi por minha própria incompetência. E, numa linguagem e com um cuidado desiguais — infelizmente — aos seus, o que eu fiz jamais poderia tê-lo feito sem o senhor. E talvez o senhor o reconheça (sem se preocupar muito com isso) em dois ou três ensaios que serão lançados em breve e que eu adoraria lhe enviar.

Por favor, aceite toda a minha gratidão.

Cordialmente,

M. Foucault

Esta carta, cujo ano não é especificado, poderia ser datada de 1961, seguindo-se, assim, à publicação de História da loucura na idade clássica *e à acolhida que Lacan dedicou ao livro.*

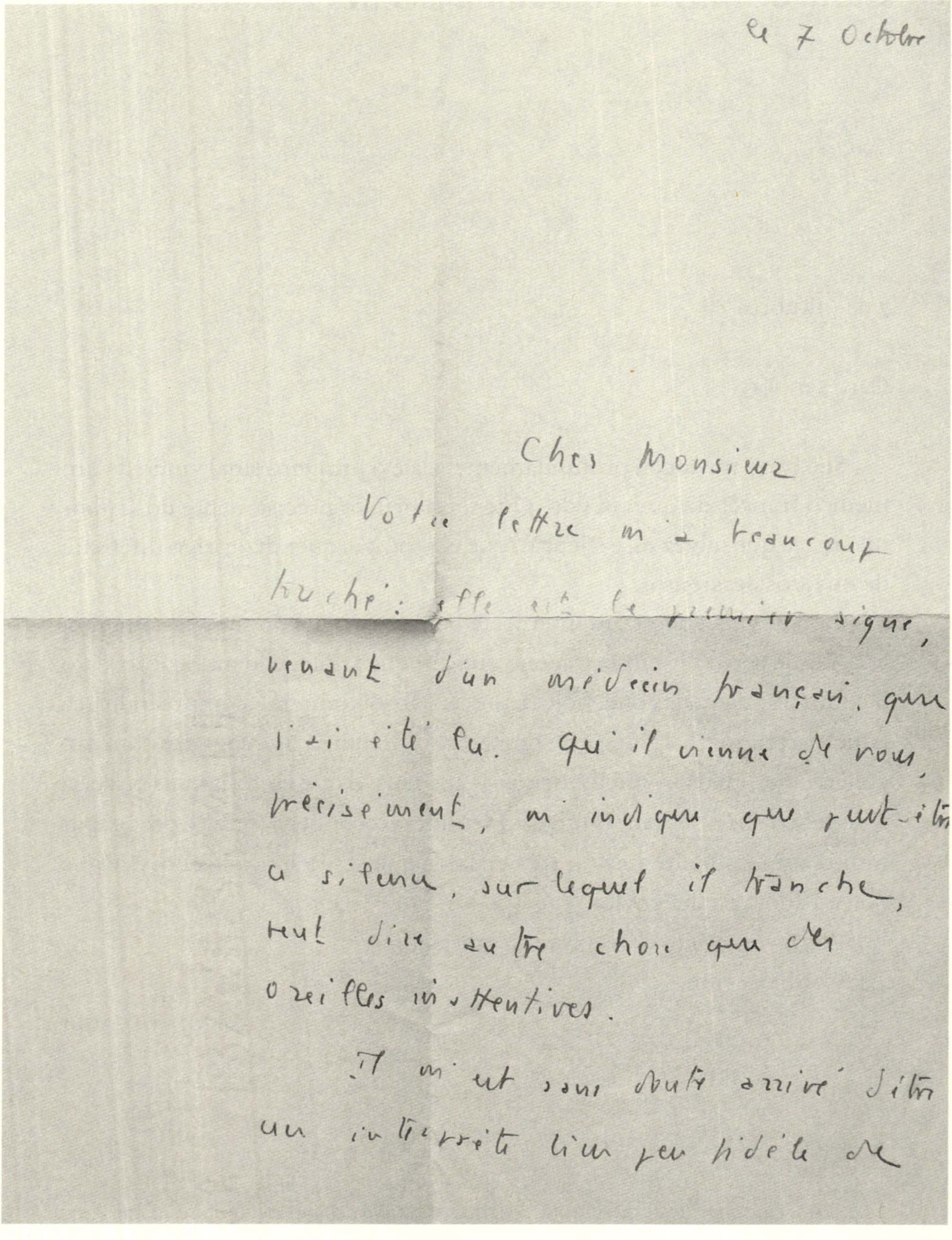

Le 7 Octobre

Cher Monsieur

Votre lettre m'a beaucoup touché : elle est le premier signe, venant d'un médecin français, que j'ai été lu. Qu'il vienne de vous, précisément, m'indique que peut-être ce silence, sur lequel il tranche, veut dire autre chose que des oreilles inattentives.

Il m'est sans doute arrivé d'être un interprète bien peu fidèle de votre pensée. Mais depuis un jour de 1947 (je crois) où vous parliez de l'identification, je vous ai lu comme un de ceux qu'il faut, aujourd'hui, absolument entendre ; si j'ai échoué il n'y va que de ma défaillance. Et dans un langage, avec un souci, inégaux – hélas – aux vôtres, ce que j'ai fait n'aurait jamais pu l'être sans vous. Et peut-être le reconnaîtrez-vous (sans trop avoir à vous en fâcher) dans deux ou trois essais qui vont paraître bientôt et que j'aimerais vous envoyer.

Je vous prie de bien vouloir accepter toute ma reconnaissance

M. Foucault

Carta de Federico Fellini a Jacques Lacan, 1967

Roma, 13/12/1967

Caro prof. Lacan,

Sinto muitíssimo não poder assistir à sua palestra na sexta-feira, dia 15 deste mês, e portanto perder a ocasião de conhecê-lo pessoalmente. Viajo esta noite para Paris, para me ocupar da edição francesa do episódio que acabo de gravar.

Nutro pelo senhor e por sua obra um grande interesse e uma profunda estima, e espero que possamos nos encontrar em circunstâncias mais propícias.

Saudações amigas,

F. Fellini

FEDERICO FELLINI

Via Archimede, 141 - a - Roma

Roma I3/I2/I967

Gent.le Prof. Lacan,

mi dispiace moltissimo non poter assistere alla Sua conferenza di venerdì I5 c.m. e di non avere quindi l'occasione di conoscerLa personalmente. Parto stasera stessa per Parigi per occuparmi dell'edizione francese dell'episodio che ho appena finito di girare.

Nutro per Lei e la Sua opera un grande interesse e una profonda stima e spero che ci si possa incontrare in una circostanza più propizia.

La saluto con amicizia,

Fellini

Cartão-postal de Heidegger com dedicatória para Jacques Lacan, 1975

Para Jacques Lacan como lembrança da visita a Freiburg im Breisgau, no dia 2 de abril de 1975.

MARTIN HEIDEGGER

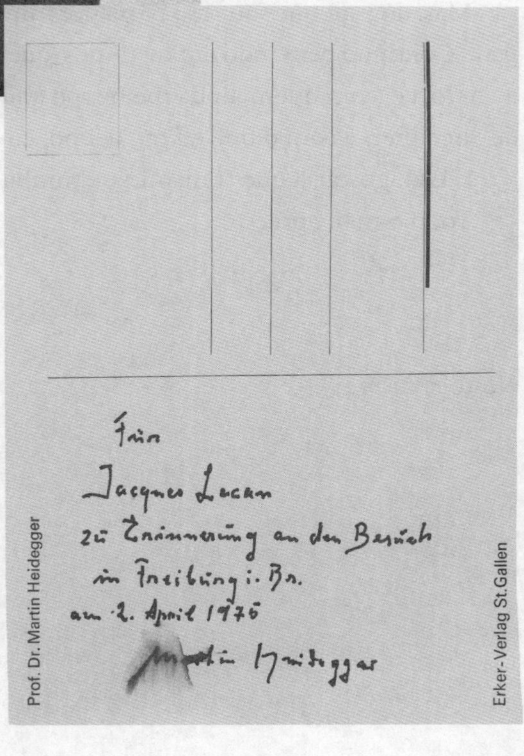

Für

Jacques Lacan

zu Erinnerung an den Besuch

in Freiburg i. Br.

am 2. April 1975

Martin Heidegger

Prof. Dr. Martin Heidegger

Erker-Verlag St.Gallen

Cartas de Jacques Lacan a Jacques Aubert, 1975

De Boston
(Hotel Ritz)

Caríssimo,

Como trabalhei desde o dia 20 de novembro, quando cheguei aqui! Não me deixaram um instante livre.

Mas, do jeito que sou, isso passa por mim como água pelas penas de um pato. Continuo pensando em meus nós (que prendem a minha imaginação) e em Joyce (com quem ainda me ocupo aqui: *Joyce in Nighttown*, de um tal de Shechner, é com o que eu me ocupo; eu lhe digo).

É isso, gostaria que transmitisse minha amizade à sua esposa.

Todo o meu apreço,

J. LACAN

Neste 4.XII.75

De Boston
(Hotel Ritz)

Mon bien cher.

Qu'est-ce que j'ai travaillé depuis le 20 nov. que je suis ici ! On ne m'a pas laissé un instant de libre.

Mais tel que je suis fait, ça me glisse comme l'eau sur les plumes d'un canard. Je continue à penser à mes ronds (qui me soutient l'imagination) et à Joyce (dont je me soucie encore ici : Joyce in Nighttown d'un certain Schächner a fait mon occupation ; je le rapporte)

Voilà je voudrais que vous disiez mon amitié à votre femme

Mon attachement à vous.

J. Lacan

Le 4. XII. 75

Cartas de Jacques Lacan a Jacques Aubert, 1976

Rua de Lille, 5. 260.72.93 de Lacan a Jacques Aubert

Obrigado, caro amigo, recebo o livro nesta manhã de segunda.

Mantive o artigo de Chester G. Anderson, ainda que me escape por que Joyce teria limitado ao capítulo "Os lestrígones" esse caso de lógica.

Eu adoraria ser (quando der) esclarecido por você somente sobre a forma como é lido: *Post no bills. Post 110 pills* [página 153, quatro linhas antes do fim da página de sua edição de *Ulysses*, suponho (a menos que você tenha apenas a edição 34, na qual se encontra no fim da página 151)]. Essa anotação que não consigo situar (de modo algum) é traduzida em francês por *Cabinet de consult. Ta binette de con (!) (sic)*.

As *Notes for Joyce* de Gifford e Seydmann não acrescentam nenhum esclarecimento, a não ser:

Post no pills should read Post 110 pills as it does

(aqui *bills* está escrito como *pills*)

Estou ficando furioso

Cordialmente,

J. LACAN

Neste 14 VI -76

5 rue de Lille . 260-72.93 . J. Lacan

à Jacques Aubert

Merci, cher ami. J'ai le livre ce matin lundi

J'ai retenu l'article de Chester G. Anderson quoique m'échappe pourquoi Joyce aurait limité au chapitre Lestrygons cette affaire de logique

J'aimerais être (à l'occasion) éclairé par vous sur la façon seulement dont se lit : Post no bills. Post 110 pills. [page 153 quatre lignes avant la fin de la page de votre édition d'Ulysses je suppose (à moins que vous n'ayez l'édition de 34 auquel cas c'est à la fin de la page 151)]. Cette notation que je ne puis pas situer (d'aucune façon) est traduite en français par Cabinet de consult. Ta binette de con (!) (sic)

Les notes for Joyce de Gifford et Seydmann n'apportent aucun éclaircissement sinon :

Post no pills should read Post 110 pills as it does

(ici bills est écrit pills)

Je deviens enragé

Votre

J. Lacan

Ce 14 VI - 76

Cartas de Jacques Lacan a Jacques Aubert, 1979

Não entendi nada do seu "apagamento" de *Ulysses*.

No entanto, tenho os manuscritos em fac-símile.

Procurei em *Ulysses* (versão inglesa), o trecho é:

Riddle me, riddle me, randy ro. My father gave me seeds to sow.

Não compreendo depois disso.

Arrependo-me de fazer o seminário do dia 8 de maio.

Atenciosamente,

J. LACAN

Neste 1º de maio de 79

Jacques Aubert faleceu dia 28 de novembro de 2020. Professor emérito de literatura, ele era membro honorário da Escola da Causa Freudiana. Tradutor e especialista em Joyce, organizou a edição da obra deste na Bibliothèque de la Pléiade, assim como a da obra de Virginia Woolf.

Chester G. Anderson é conhecido como autor de James Joyce and His World, *Londres, Thames & Hudson, 1967.*

A obra de Don Gifford e Robert J. Seidman, Notes for Joyce, *foi publicada em Boston, em 1974.*

Mark Shechner é autor de Joyce in Nighttown: A Psychoanalytic Inquiry into Ulysses, *Berkeley; Los Angeles; Londres, University of California Press, 1974.*

Foi por intermédio de Josiane Paccaud, a quem esta correspondência fora confiada, que estas cartas chegaram até nós.

DOCTEUR JACQUES LACAN
ANCIEN CHEF DE CLINIQUE À LA FACULTÉ
5, RUE DE LILLE, VIIe
260-72-83 SUR RENDEZ-VOUS

Je n'ai rien compris à votre "gommage" d'Ulysse

Et pourtant j'ai les manuscrits en fac similé

J'ai cherché dans Ulysses (version anglaise) le passage cité :

riddle me, riddle me, randy ro
My father gave me seeds to sow.

Je ne comprends plus après

Je regrette de faire le séminaire le 8 mai

Votre

J. Lacan

le 1er mai 79

VIDA PRIVADA

Carta de Jacques Lacan a seu irmão Marc François, 1953

Nesta terça-feira de Páscoa, 53

Meu caro Marc,

Já faz muito tempo que nos vimos. Muitas coisas aconteceram desde então. Não como aquelas de que se trata em geral quando alguém se expressa assim: coisas que se desfizeram — mas, pelo contrário, um movimento no sentido da realização, da certeza, da construção de uma responsabilidade cada vez maior.

Tudo isso não sem lutas, é claro.

Agora sei onde estou em um certo momento que é o do meu século em relação ao homem. Ou seja, em um momento ~~que vai determinar~~ de que depende o modo como os homens tratarão a si mesmos por certo tempo, pelo menos no âmbito laico (talvez para além dele).

Esse "tratamento", essa relação do homem com o homem, é aquele que se manifesta por ora sob diversas rubricas que uma única palavra pode provisoriamente representar: psicologia.

Vejo o sentido disso, isto é, vejo os perigos disso. A psicanálise ocupa aí uma posição supereminente da qual cada um de seus simpatizantes só imagina decair — para contribuir com algum grande e geral rebaixamento.

Sou quase o único a ensinar uma doutrina que permitiria pelo menos conservar no conjunto do movimento seu enraizamento na grande tradição — aquela pela qual o homem nunca poderia ser reduzido a um objeto.

É o mínimo que posso te dizer. Hoje, saiba apenas que você não poderia dar um grande alcance a estas linhas — nem superestimar a que ponto minha vida e minha ação estão envolvidas.

Chego ao motivo desta carta. Um conselho, um pedido. Trata-se agora de mim.

Consegui avaliar bem, chegar a uma conclusão sobre este drama que foi o meu primeiro casamento e sobre minha situação atual com aquela que é autenticamente a minha mulher, sem que eu quisesse me casar com ela — ou seja, empenhar uma palavra que eu nunca poderia acreditar que era minha.

É certo que a concepção sagrada que tenho do compromisso do casamento motivou essa abstenção.

Agora sei que posso fazê-lo porque meu "primeiro" casamento não era realmente um casamento.

Ponto que só pode ser sondado por esse lugar de onisciência que chamamos de Deus.

Existe na Terra alguma autoridade que pudesse ousar se encarregar, na minha situação de pai de três crianças, por exemplo, de ouvir o meu processo, quero dizer, que aceite ser o juiz do que posso articular, para que isto que não passava de aparência seja desatado por um poder que já se arrogou — não sem fundamento — representar o que traduz em ordem o segredo dos corações?

Você acha que existe na Igreja alguém que possa considerar possível — se meu testemunho puder ser recebido — a anulação de meu primeiro casamento?

Isso me importa. Pois minha posição em relação à Religião é de uma importância considerável neste momento do qual comecei a falar. Há religiosos entre os meus alunos, e, nos anos que virão, sem dúvida, terei de entrar em relação com a Igreja sobre problemas que as mais altas autoridades desejarão ver claramente para se posicionar. Basta dizer que será em Roma que, em setembro, farei o relatório de nosso Congresso deste ano — e que não é por acaso que ele tem como tema: o papel da linguagem (ou seja: *logos*) na psicanálise.

A mediação obtida para esse problema pessoal que vai longe, não duvide, pode ser de grande valia para um desenvolvimento que ultrapassa em muito a minha pessoa.

Acrescentarei que Judith, que é cada vez mais a pessoa que você soube reconhecer, faz sua primeira comunhão no dia 21 de maio. Isso para lhe lembrar que mesmo o problema privado não se limita a mim.

Também lhe comunico que desde janeiro estou na função de presidente da Sociedade ~~Psicanalítica~~ de psicanálise francesa. Depois de uma luta épica cuja história exigiria que eu lhe contasse muita coisa.

Verdadeiramente seu irmão — profundamente afeiçoado a você.

J. Lacan

As três cartas de Lacan a seu irmão Marc foram transcritas por Patrick Valas.

Ce mercredi de Pâques. 53

DOCTEUR JACQUES LACAN
ANCIEN CHEF DE CLINIQUE À LA FACULTÉ
5, RUE DE LILLE VIIe
LITTRÉ 30-01 SUR RENDEZ-VOUS

Mon cher Marc.

Il y a longtemps que nous ne nous sommes écrit. Bien des choses se sont passées depuis – non pas comme celles dont il s'agit en général quand on s'exprime ainsi : choses qui se sont défaites – mais au contraire mouvement dans le sens de l'accomplissement, de la certitude, de la construction et d'une responsabilité toujours plus grande.

Tout ceci non sans de grandes luttes bien entendu.

Je sais maintenant où je suis dans un certain moment qui est celui d'un siècle concernant l'homme. C'est à dire dans un moment d'où dépendra la façon dont les hommes se traiteront eux-mêmes pour un certain temps, au moins dans le domaine laïc, "(peut-être au-delà)". Ce "traitement", ce rapport de l'homme à l'homme est celui qui se manifeste pour l'instant sous divers rubriques, qu'un seul mot peut provisoirement représenter : psychologie.

J'en vois le sens, c'est aussi que j'en vois les dangers. La psychanalyse occupe là une position éminente d'où chacun de ses tenants ne songe qu'à déchoir – pour concourir à quelque grand et général abaissement.

Je suis presque seul à enseigner une doctrine qui permettrait au moins de concevoir à l'ensemble du mouvement son enracinement dans la grande tradition – celle pour laquelle l'homme ne saurait jamais être réduit à un objet.

C'est peu te dire. Aujourd'hui sache seulement que tu ne saurais donner trop de portée à ces quelques lignes – ni trop estimer le point où sont engagées ma vie et mon action.

J'en viens à ce qui fait l'intention de ma lettre. Un conseil, une demande. Il s'agit maintenant de moi.

Je suis arrivé à bien peser, à pouvoir conclure sur ce drame qui a été mon premier mariage, et sur ma situation actuelle avec celle qui est authentiquement ma femme, sans que j'aie voulu me marier avec elle – cela [illegible] donner une parole que je pourrais croire ne plus jamais m'appartenir

Il est sûr que la conception sacrée que j'ai de l'engagement du mariage a motivé cette attitude.

Je sais maintenant que je peux la franchir — parce que mon premier mariage n'en était pas vraiment un.

Pour que seul peut sonder ce [illegible] de toute [illegible] que nous appelons Dieu

Y a-t-il sur terre quelque autorité qui puisse oser se charger, dans ma situation, de père de trois enfants par exemple, d'entendre mon procès et je veux dire d'accepter d'être juge de ce qui ne peut s'articuler, pour ce qui n'était qu'apparence doit être dit par une personne qui aussi s'est arrogé — non sans [illegible] — de représenter ce qui [illegible] en ordre le secret des cœurs ?

Penses-tu qu'il y ait quelqu'un qui puisse dans l'Église envisager comme possible — si mon témoignage peut être reçu — l'annulation de mon premier mariage ?

Ceci m'importe — car ma position vis-à-vis de la Religion est d'une importance considérable dans ce moment dont j'ai commencé à te parler.

Il y a des religieux parmi mes élèves et

J'aurai à entrer sans aucun doute en relation avec l'Église dans les années qui vont suivre sur ces problèmes de psychanalyse en général. Les plus hautes autorités semblent ici claires pour prendre parti — qu'il me suffise de te dire que c'est à Rome qu'en septembre je ferai le rapport de notre Congrès de cette année — et que ce n'est pas par hasard s'il a pour sujet — le rôle du langage (entends : Logos) dans la psychanalyse.

La médiation obtenue pour ce problème personnel qui va loin, tu n'en doutes pas —, peut être d'une grande portée pour un développement qui dépasse de beaucoup ma personne.

J'ajouterai que Judith, qui est toujours plus la personne que tu as pu reconnaître, fait sa première communion le 21 mai. Ceci pour te rappeler que même le problème personnel n'est pas ici limité à moi.

Je t'annonce aussi que je suis depuis janvier président de la Société de psychanalyse française. Après une lutte épique dont le récit nécessiterait que je t'en apprenne beaucoup.

Crois-moi ton frère — profondément lié à toi.

J. Lacan

Carta de Marc François a seu irmão Jacques Lacan, 1953

9 de abril de 53.

Caríssimo,

Esta folha já estava sobre a minha mesa e destinada a lhe escrever quando sua carta chegou. Desde o ano passado eu esperava essa carta anunciada por você quando nos deu o grande óbolo para o órgão que, inaugurado em 22 de novembro de 52 (Sta. Cecília), já celebrou os mistérios do Natal e da Páscoa com seu sopro e sua voz múltipla.

Seu silêncio não me entristece, pois sei que permanece o laço profundo e vivo que comigo está no plano da oração, mais profundo que o do pensamento. Mas é com alegria que, graças às suas cartas, retomo contato com sua vida e suas ações. Certamente tenho muito interesse em saber que você está à frente da Sociedade de psicanálise francesa — e me interesso por você, que no próximo dia 13 verá um novo ano começar, e que vem assim a alcançar essa idade em que não se aprende mais do que se sabe, mas em que se tem muito a comunicar — e na psicanálise, que precisa de trabalhadores não só com probidade intelectual e um domínio de sua técnica verdadeiros, mas também com uma abertura filosófica que vai muito além do sentido humano; e me pergunto se este dom não é raro; você me leva a acreditar que é mais que raro.

Como eu gostaria de te rever para conversar sobre esta hora presente cujo peso você sente. Mas nada me faz prever uma viagem. Quem sabe você poderia vir? Além disso, não é só do estado do mundo que seria útil falar. Quanto à pergunta que você me fez sobre seu casamento, sobre o batismo de sua filha e de sua comunhão, como tratar por carta?

E, no entanto, gostaria de ser algo mais que um informante nesse domínio; e, de fato, suponho que você me pede outra coisa, pois sem dificuldade você poderia ter encontrado em Paris as informações materiais desejáveis. O fato é que, mesmo nesse domínio, em breve eu lhe darei uma indicação prática que lhe poderá ser útil e que não tenho à mão hoje.

À luz da tua carta — o pouco que ela me traz, contudo, é muito —, aqui estão, já, algumas reflexões que iniciarão uma resposta à sua pergunta.

Primeiro uma lembrança: uma conversa com você no Bois de Boulogne. Vínhamos de casa e ultrapassamos a grade de madeira: fomos levados a precisar nossas posições no que elas têm de fundamental (isto devia ser um momento em que eu estava cursando direito, em torno de 27). Nós as caracterizaríamos como sendo, do seu lado, crítica, do meu, dogmática.

Se, então, isso representava uma certa oposição, agora o aprofundamento de nossa busca lhe permite, sem dúvida, como a mim, ver sobretudo o caráter complementar dessas duas atitudes.

Dogma não quer dizer fórmula dogmática, mas verdade da qual essa fórmula é o signo, verdade de uma ordem original, verdade que permite delimitar o mistério fundamental, verdade que diz respeito àquele que está para além de todo ser passível de se opor ao não-ser (aí, ainda, eu me lembro daquela tarde em que, na rua Montparnasse, você me convidava a não limitar a dialética à oposição ser/não-ser. Intuição capital à qual fui fiel).

Ora, a análise crítica não só não poderia danificar o dogma, mas ajuda a extraí-lo de tudo o que é de um nível inferior, especificando assim o domínio do sagrado, e a nos proteger da adoração de um ídolo.

Em psicanálise, a análise pode então servir à fé na medida em que ela pode liberar a "psique" de desequilíbrios íntimos. Ainda que o "Pneuma" sopre onde ele quer, sua ação em uma alma atormentada por perturbações que provoquem ilusões de ordem religiosa encontra-se no mínimo prejudicada.

E minha crítica, bastante exigente, não poderia ser confundida com a verdade que é o dogma — essa crítica não se recusa a admitir nenhum plano do real. É certo que o plano dogmático escapa, como tal, à sua investigação — a ação divina permanece, *como tal, oculta*; — mas o analista não pode se surpreender que escape à sua investigação uma realidade que, dado que sua ordem é real, deve lhe escapar. Quero dizer que Deus (esse "lugar de onisciência", como você diz) não seria o que é ("Sou quem sou") se não permanecesse inacessível, mesmo quando fala.

Daí, nesse âmbito divino estão a fonte e o suporte dessa liberdade radical do homem que você sente estar ameaçada em nosso tempo.

O mistério pascal que acabamos de celebrar é o da liberação do homem, cativo de uma liberdade que, separada de sua fonte, tende a se manifestar por um suicídio mais ou menos consciente.

[Esse mistério de liberação é um belo exemplo dos costumes de Deus, que manifesta sua liberdade e que nos devolve a nossa, ao morrer da morte dos escravos.]

O que quer que aconteça, é definitivamente nessa profundidade que você deverá buscar sua liberdade. Acho que o drama ao qual você alude — drama de seu primeiro casamento — diz respeito a essa liberdade. Mas não estou certo (pelo menos não tenho, hoje, nenhum motivo para pensar) de que você possa romper os laços desse casamento.

De fato, a Igreja não pode absolutamente romper esses laços, se eles existem.

Ela só pode constatar que eles não existem, sob a condição de que você forneça uma prova evidente disso.

E como o consentimento externo dado por você diante dela constituiria uma mentira se você provasse a ausência de consentimento interior, o seu pedido de abertura de uma ação jurídica destinado a constituir essa prova não seria aceito.

[Contudo, essa ação permanece possível se for introduzida por outros.]

Falo da ausência de consentimento interior ao matrimônio tal como a Igreja o apresenta aos seus fiéis, pois este me parece ser o único motivo possível de inexistência, no caso de teu casamento possível, digo eu —, mas, do meu ponto de vista, não acho que esse motivo exista, pelo que sei de você.

Ao lhe dizer tudo isso, penetro em sua preocupação profunda. Você também penetra em meu pensamento. Trata-se apenas de resolver seu caso na verdade mais exigente: aquela que levou à cruz o Cristo em que você foi batizado. Você e depois a sua filha. Ninguém pode escapar às exigências desse batismo. Sua dureza inflexível é a prova ofuscante do Amor pelo qual somos amados — e esta prova é um chamado a responder com um Amor que só pode ser *o mesmo*.

Portanto, não se pode vislumbrar uma solução que visaria a "regularizar" a sua situação aos olhos dos homens. Pois, desse ponto de vista, o seu ensino, naquilo que ele tem de fundamental, não pode ser perturbado, pelo menos se você busca a verdadeira liberdade que continua a ser possível.

O essencial é saber se, realmente, diante de Deus, você tem o direito de considerar inexistentes os laços firmados por você mesmo. Claro, não pretendo de forma alguma definir a questão sem ter recebido de você um pouco mais de luz.

E estou feliz de sentir que você busca expulsar da sua vida o que põe nela uma contradição e, portanto, as trevas.

Espero, então, uma carta sua que especifique suas intenções e sua situação — pelo menos se você quiser tornar possível para mim uma resposta mais clara e de ordem prática e jurídica.

Nos últimos dias de abril, vamos publicar nosso "Missal cotidiano", com ilustrações que, diferentemente do que existe até agora, serão dignas de um missal.

Comento-o com você, ainda que, talvez, o nível do missal exceda a idade da sua filha (ele é editado pela Labergerie. Pensamos inclusive em edições para crianças). Por outro lado, pode interessar a você. Trabalhei muito nele, introduções e traduções.

Preciso lhe dizer que seria uma alegria receber os seus trabalhos se você os publicar? O que você acha do *Traité de psychiatrie* de Baruk? Vale a pena comprar?

No domingo, dia 12, teremos uma ordenação: um padre, um diácono, um subdiácono. Se não houvesse essa festa (que encherá a casa), talvez papai viesse festejar seus oitenta anos aqui? Faz muito tempo que não tenho notícias dele.

Meu querido, vem de dentro o meu interesse por seu trabalho, sua ação, sua pesquisa. É isso que dá à nossa vida de irmãos o seu sentido e, assim espero, sua unidade profunda diante das divergências provisórias e aparentes, por mais graves que possam ser. Tente também me deixar seguir a direção dessa pesquisa. Além do mais, isso me daria motivo para lhe falar da minha, o que não é possível para mim sem um diálogo real.

No Deus oculto e desconhecido e desprezado — oculto na sua luz, desconhecido em nossa desatenção, desprezado porque é amor puro, e portanto misericórdia, do seu

Ir. Marc François

ABBAYE D'HAUTECOMBE
SAINT-PIERRE-DE-CURTILLE
SAVOIE

+
PAX

9 avril 53

Bien cher,

Cette feuille était déjà sur ma table et destinée à t'écrire quand ta lettre m'est arrivée. J'attendais depuis l'an dernier cette lettre annoncée par toi quand tu nous fis ta large aumône pour l'orgue qui, inauguré le 22 novembre 52 (Ste Cécile), a déjà célébré les mystères de Noël et de Pâques de son souffle et de sa voix multiple.

Ton silence ne m'attriste pas, car je sais que demeure le lien profond et vivant qui, chez moi, est au niveau de la prière, plus profond que celui de la pensée. Mais c'est avec joie cependant que je reprends, grâce à tes lettres, contact avec ta vie et ton action. De te savoir à la tête de la Société de psychanalyse française, m'importe certes beaucoup, et pour toi qui, le 13 prochain, voit une nouvelle année commencer et qui vient aussi d'atteindre cet âge où l'on n'apprend plus guère que ce que l'on sait, mais où l'on a beaucoup à communiquer, — et pour la psychanalyse qui a besoin d'ouvriers non seulement d'une probité intellectuelle et d'une maîtrise de leur technique véritables, mais d'une ouverture d'esprit philosophique qui aille plus loin que le sens de l'humain; et je me demande si ce dernier don n'est pas rare; tu me donnes à penser qu'il est plus que rare.

Comme j'aimerais te revoir pour causer de cette heure présente dont tu sens le poids. Mais rien ne me fait prévoir un voyage. Peut-être toi, pourrais-tu venir ? Au surplus ce n'est pas seulement de l'état du monde qu'il serait utile de parler. De la question que tu poses au sujet de ton mariage, du baptême de ta fille et de sa communion, comment traiter par lettre ?

Et cependant je souhaiterais être en ce domaine autre chose qu'un informateur ; et, en fait, je suppose que tu me demandes autre chose, car tu aurais pu, à Paris, trouver sans peine les renseignements matériels désirables. Il reste que, même dans ce domaine, je te procurerai sous peu une indication pratique qui pourra t'être utile et que je n'ai pas sous la main aujourd'hui.

Dans la lumière de ta lettre — le peu qu'elle m'apporte est cependant beaucoup — voici déjà quelques réflexions qui amorceront une réponse à ta question.

D'abord un souvenir : une conversation avec toi au Bois de Boulogne. Nous venions de la maison et avions franchi la grille du Bois : nous avons été amenés à préciser nos positions dans ce qu'elles ont de fondamental. (Ce devait être au moment où j'étais au <u>Droit</u>, vers 27). Nous les caractérisions comme étant, de ton côté, critique, du mien dogmatique.

+

Si alors cela représentait une certaine opposition, maintenant l'approfondissement de notre quête te permet sans doute, comme à moi, de voir plutôt le caractère complémentaire de ces deux attitudes.

Dogme dit non pas formule dogmatique, mais vérité dont cette formule est le signe, vérité d'un ordre original, vérité qui permet de cerner le mystère fondamental, vérité concernant celui qui est au delà de tout être opposable au non-être. (Là encore, je me rappelle un soir où, rue Montparnasse, tu m'invitais à ne pas limiter la dialectique à l'opposition : être, non-être. Intuition capitale à laquelle je suis fidèle.)

Or l'analyse critique, non seulement ne saurait nuire au dogme, mais aide à le dégager de tout ce qui est d'un niveau inférieur, à préciser ainsi le domaine du sacré et à nous protéger de l'adoration d'une idole.

En psychologie, l'analyse peut donc servir la foi dans toute la mesure où elle peut libérer la "psyché" de déséquilibres internes. Encore que le "Pneuma" souffle où il veut, son action dans une âme en proie à des troubles qui provoquent des illusions d'ordre religieux se trouve au moins entravée.

Et une critique suffisamment exigeante ne saurait être déconcertée pour la vérité qui est le dogme — une telle critique ne refusant d'admettre aucun plan du réel. Il est vrai que le plan dogmatique échappe, comme tel, à son investigation, — l'action proprement divine restant <u>comme telle cachée</u> ; — mais l'analyste ne peut s'étonner qu'échappe à son investigation une réalité qui, si son ordre est réel, doit y échapper. Je veux dire que Dieu (ce "lieu de toute science", comme tu le dis) ne serait pas ce qu'il est («Je suis qui je suis") s'il ne demeurait pas l'inaccessible, même quand il parle.

Or là, à ce niveau divin, est la source et l'appui de cette liberté radicale de l'homme que tu sens menacée en notre temps.

Le mystère pascal que nous venons de célébrer est celui de la libération de l'homme, captif d'une liberté qui, séparée de sa source, tend à se manifester par un suicide plus ou moins conscient.

[Ce mystère de libération est un tel exemple des mœurs de Dieu qui manifeste sa liberté et qui nous rend la nôtre en mourant de la mort des esclaves.]

+ 3

Quoiqu'il arrive, c'est à cette profondeur qu'en définitive tu devras chercher ta liberté. Je pense que le drame auquel tu fais allusion, — drame de ton premier mariage, — concerne cette liberté. Mais je ne suis pas sûr (du moins je n'ai actuellement aucun motif de penser) que tu puisses rompre les liens de ce mariage.

L'Eglise en effet ne peut absolument pas rompre ces liens, s'ils existent.

Elle ne peut que constater qu'ils n'existent pas, à condition que tu en fasses la preuve évidente.

Et comme le consentement extérieur donné par toi devant elle constituerait un mensonge si tu prouves l'absence de consentement intérieur, tu ne peux être admis à introduire l'action juridique destinée à faire cette preuve.

[Cette action cependant reste possible, si elle est introduite par d'autres.]

Je parle d'absence de consentement intérieur au mariage tel que l'Eglise le présente à ses fidèles, car ce me semble être la seule cause d'inexistence possible dans le cas de ton mariage — Possible, dis-je — Mais, de mon point de vue, je ne pense pas que cette cause existe, d'après ce que je sais de toi.

En te disant tout cela, je pénètre ton souci profond. Toi aussi, pénètre ma pensée. Il ne peut s'agir que de résoudre ton cas dans la vérité la plus exigeante : celle qui mena sur la croix le Christ dans lequel tu as été baptisé, toi, et ta fille après toi. Les exigences de ce Baptême, nul ne peut y échapper. Leur inflexible dureté est la preuve éblouissante de l'Amour dont nous sommes aimés — et cette preuve est un appel à répondre par un Amour qui ne peut être que *le même* -

Donc on ne peut envisager une solution qui viserait à "régulariser" ta situation aux yeux des hommes. Car, de ce point de vue, ton enseignement dans ce qu'il a de fondamental ne peut être gêné ; du moins si tu cherches la vraie liberté qui te demeure possible -

L'essentiel est de savoir si, vraiment, devant Dieu tu as le droit de considérer comme inexistants les liens noués par toi-même - Bien sûr, je ne prétends en rien trancher la question sans avoir reçu de toi plus de lumière.

Et je suis heureux de sentir que tu cherches à chasser de ta vie ce qui y met une contradiction, donc des ténèbres.

J'attends donc une lettre de toi qui précise tes intentions et ta situation — du moins si tu veux me rendre possible une réponse plus nette et d'ordre pratique et juridique.

Nous allons, aux derniers jours d'Avril, donner au public notre "Missel quotidien" avec des illustrations qui, à la différence de ce qui existe jusqu'ici, seront dignes d'un missel.

Je te le signale, bien que, peut être, le niveau de ce missel dépasse l'âge de ta fille. (Il est édité chez Labergerie - Nous pensons d'ailleurs à des éditions pour enfants) Il peut du reste t'intéresser toi-même. J'y ai travaillé beaucoup, introductions et traductions - .

Faut-il te dire que ce serait avec joie que je recevrais tes travaux si tu en livres à l'impression? Que penses-tu du traité de Psychiâtrie de Baruk? Mérite-t-il que nous l'acquérions?

Nous aurons, dimanche 12, une ordination: un prêtre, un diacre, un sous diacre. Peut être sans cette fête (qui remplit la maison), Papa serait-il venu fêter ses 80 ans ici? Je n'ai pas de nouvelles de lui depuis assez longtemps

Bien cher, c'est de l'intérieur que je m'intéresse à ton travail, à ton action, à ta recherche. C'est celle-ci qui donne à notre vie de frères son sens et, je l'espère, son unité profonde sous les divergences provisoires et apparentes si graves qu'elles paraissent être. Aussi tâche de me permettre de suivre la direction de cette recherche. Cela me donnerait du reste le moyen de te parler de la mienne, ce qui ne m'est guère possible sans un dialogue réel -

Dans le Dieu caché et inconnu et méprisé — caché dans sa lumière, inconnu à notre inattention, méprisé parce qu'il est amour pur, donc miséricorde, je suis tien

fr. Marc François

m. 6.

Carta de Jacques Lacan a seu irmão Marc François, 1953

Neste 5 de setembro de 53

Meu caro Marc,

Não posso lhe dar um relato histórico muito completo do que fiz nos últimos meses. Basta você saber que fundei uma nova sociedade com Lagache — levando conosco a maioria dos alunos.

Desde então, Congressos, debates, lutas. Tudo isso é muito revigorante para mim. Pois finalmente poderei realizar o ensino que quero (e na Clínica). Por ora, o ponto crucial está em Roma, onde apresentarei meu relatório sobre a linguagem na psicanálise em toda a sua amplitude.

Acho que isso terá algum efeito.

Meus alunos mais sábios e os mais autorizados me pedem para obter uma audiência com o Santo Padre. Devo dizer que estou bastante inclinado a fazê-lo, e que não é sem um profundo interesse para o futuro da psicanálise na Igreja que irei prestar minha homenagem ao Pai comunal.

Você acha que pode fazer algo para isso?

Falarei em Roma no dia 26 de setembro. Em breve escreverei dizendo o local exato.

Chegarei uma semana antes e ficarei alguns dias depois, se preciso for.

Tudo isso é rápido. Mas estou mergulhado na redação definitiva do texto, que deve ser mimeografado em alguns dias.

Eu e Sylvia nos casamos em Aix no dia 17 de julho.

Sylvia lhe envia sinceros votos. E eu, minha amizade fiel.

Vou lhe mandar o texto de meu relatório assim que estiver pronto.

JACQUES

O padre Beirnaert talvez entre em contato com você. Ele está no seguinte endereço: o "Chatelard".

Francheville-le-Haut
Rhône

Le 5 sept. 53

Mon cher Marc.

Je ne puis te faire un exposé historique complet de tout ce qui s'est passé ces mois derniers. Qu'il te suffise de savoir que j'ai fondé une nouvelle Société avec Lagache — entraînant avec nous la majorité des élèves.

Depuis, Congrès, débats, luttes. Tout a été très triomphant pour moi. Car enfin je vais pouvoir faire l'enseignement que je veux (et à la Clinique)

Pour l'instant le moment est à Rome - où je vais donner mon rapport sur le langage dans la psychanalyse dans toute son ampleur.

Je crois que cela aura quelque effet.

Mes élèves les plus sages et les plus autorisés me demandent d'obtenir une audience du Saint Père. Je dois dire que je suis assez porté à la faire et que ce n'est pas sans un profond intérêt pour l'avenir de la psychanalyse dans l'Église que j'irai porter au Père commun mon hommage.

Crois-tu que tu puisses faire quelque chose pour cela ?

Je pars à Rome le 26 septembre. Je t'écrirai bientôt à quel endroit précis.

J'y serai une semaine avant, quelques jours après si il le faut.

Tout cela est valable. Mais je suis plongé dans ma rédaction définitive, qui doit être dactylographiée dans quelques jours.

Nous nous sommes mariés avec Sylvia à Aix le 17 juillet.

Sylvia t'envoie ses meilleures pensées. Moi mon amitié fidèle.

Je t'enverrai le texte et un rapport dès qu'il sera lu.

Jacques

Le P. Barnaut va peut-être te faire signe. Il est à l'adresse suivante : "Chatelard"

Francheville-le-Haut

Rhône

Carta de Jacques Lacan a seu irmão Marc François, 1962

Neste 3.1.62

Meu querido Marc,

Envio a você os meus melhores votos, ternos, fraternais, vindos do fundo do que nos uniu para além de toda ausência.

Não respondi imediatamente à sua boa carta. Em primeiro lugar, sem dúvida, porque não é meu costume, mas também porque não encontrei tão rapidamente seu artigo sobre Τῇ γὰρ ελπὶδι (Rom VIII 24), e eu queria lê-lo.

Estou longe desse tipo de temática, eu que há anos me esforço para estabelecer o lugar no ser do que se chama: o desejo.

Essência do homem — ouvindo Spinoza! E nesse caso tão maltratado.

Tento fundar a topologia de sua transcendência.

O único lugar da esperança, aí, é o que eu "espero" de tal empreitada.

Sei que o desespero não está ao alcance de nossa mão.

Tenho uma teoria da função da escrita na linguagem que poderá lhe interessar (não é mudar de assunto sem aviso, pois tudo isso está profundamente ligado a um único tema).

Em relação ao resto da sua carta, como não lhe dizer que aprovo suas observações — e não agradecer o que faz por mim (ressalto, para todos os efeitos práticos, que, se a coisa está feita, não recebi nenhum aviso do banco).

Meu irmãozinho, talvez eu lhe escreva um pouco mais este ano — que me sinto servo da minha vida.

Seu

JACQUES

Sylvia e Judith mandam-lhe votos de afeição sincera.

5, RUE DE LILLE. VIIe
LITTRÉ 30-01

Ce 3.I.62

Mon cher Marc.

Je t'envoie tous mes vœux. tendres. venus du fond de ce qui nous unit par delà toute absence fraternels

Je n'ai pas répondu tout de suite à ta bonne lettre. D'abord sans doute parce que ce n'est guère dans mes habitudes. Mais aussi parce que je n'ai pas retrouvé tout de suite ton article sur τῇ ἐλπίδι (Rom VIII 24) — et que je voulais le lire.

Je suis loin d'une telle théologie, moi qui m'efforce depuis des années d'établir la place dans l'être de ce qui s'appelle : le désir.

Essence de l'homme — à entendre Spinoza ! Et dans ce cas combien maltraité

Je m'essaie à fonder la topologie de sa transcendance.

La seule place de l'espérance là-dedans. C'est ce que j'espère d'une telle entreprise.

Je sais que le désespoir n'est pas à la portée de notre main.

J'ai une théorie de la fonction de l'écriture dans le langage, qui pourra t'intéresser. (Ce n'est pas un coq à l'âne, car tout cela est profondément lié à un seul sujet)

Comment, pour le reste de ta lettre, ne pas te dire que j'approuve tes propos – et ne pas te remercier de ce que tu fais en ma faveur (je te signale à toutes fins utiles que, si la chose est faite, je n'ai reçu de la banque aucun avis)

Mon petit frère, peut-être que je t'écrirai un peu plus cette année – Que je me sens serf de ma vie.

À toi

Sylvia et Judith t'envoient le vœux de leur affection véritable

Jacques.

Carta de Jacques Lacan a seu irmão Marc François, 1966

26.12.66

Meu Marc querido, tão querido,

Como você é sempre valente,

assim como eu estou exausto, mas é uma fase a atravessar.

Este casamento será feliz? Espero que sim. Judith é uma filha tão maravilhosa — e o garoto é talentoso, corajoso, ainda intacto: um de meus ouvintes muito bons, acho que você sabe.

É absolutamente insensato que eu ainda não tenha lhe enviado este livro.

Eu não me poupei.

Disso decorre um furo assim, dentre outros. Enfim, desejo-lhe tudo o que meu poder invocador possa obter para você (não há aí nada pelo que tremer?).

A você, meu irmão, de todo o meu coração.

J. Lacan

Neste 26.xii.66

Você recebe o livro.

Jacques Lacan, em sua carta de 5 de setembro de 1953, menciona "Função e campo da fala e da linguagem em psicanálise", relatório do Congresso de Roma, que aconteceu no Istituto di Psicologia della Università di Roma nos dias 26 e 27 de setembro de 1953 e publicado nos Escritos, *pp. 238-324. A "teoria da função da escrita na linguagem" mencionada na carta de 3 de janeiro de 1962 inscreve-se no contexto de seu Seminário sobre a Identificação, no qual ele trata das seguintes questões: depois de aconselhar aos seus ouvintes a leitura da* Histoire de l'écriture, *de James Février, na lição de 20 de dezembro de 1961, na lição seguinte, em 10 de janeiro de 1962, ele questiona a "função da escrita" e do "signo". A carta de 1966 evoca o casamento de Judith Lacan e Jacques-Alain Miller.*

26-12-66

5, RUE DE LILLE, VIIe
LITTRÉ 30-01

Mon Marc cher . si cher.
Comme tu es vaillant toujours –

autant que je suis Pas –
mais c'est un moment à passer

Ce mariage sera-t-il heureux ?
Je l'espère bien. Judith est une si merveilleuse fille — et le garçon est doué, courageux, encore intact : un de mes très bons auteurs tu le sais je pense

C'est absolument inexcusé que je ne t'aie pas encore envoyé ce livre –

je me suis beaucoup prodigué.

D'ici un tel livre. cette autre.
Enfin, je te souhaite tout ce que
peut obtenir pour toi mon pouvoir
invoquant. (N.-S. a-t-il eu
tort de peu trembler ?)

À toi. mon frère. et
tout mon cœur pourtant.

Jacques Lacan

le 26 XII. 66

Tu recevras le livre

Carta de Laurence Bataille a Jacques Lacan, *s.d.*

Meu caro Jacques

Quinta-feira será seu aniversário, e também, talvez, seus primeiros passos. Peço desculpas por escrever a lápis, mas prefiro assim.

Como é bela a primavera. No fundo, a Páscoa é o momento mais encantador para as férias. Prefiro não cometer erros de ortografia…

Se puder, levarei para você tulipas selvagens. Oh! Você decerto nunca viu uma. Objetivamente parece uma tulipa, mas no fundo não tem a mesma característica: não é nem rígida nem cerosa, mas muito viva e transparente, e fecha à noite e acorda muito tarde pela manhã. As minhas ainda não despertaram. Tomara que eu possa levá-las para você; seria para o seu aniversário.

Espero que sair da sua concha não tenha causado muitos incômodos e que você se sinta muito leve.

Hoje não está muito quente. Este ano a Páscoa está invertida: na sexta-feira fez tempo bom e hoje, segunda-feira, o tempo está ruim.

Feliz aniversário, um beijo e ainda um monte de "boas" coisas.

Laurence

Laurence Bataille (1930-86), psicanalista e escritora, é a filha de Sylvia com Georges Bataille, e enteada de Jacques Lacan.

Os manuscritos foram transcritos pela equipe de Ornicar?, exceto menção contrária e a carta a Ferdinand Alquié.

Mon cher Jacques

Jeudi c'est votre anniversaire, et aussi peut-être vos premiers pas. J'écris au crayon, je m'excuse, mais j'aime mieux ça.

Comme c'est joli le printemps. Au fond, Pâques, c'est le moment le plus charmant pour les vacances. J'aime mais mieux ne pas faire de fautes d'orthographe...

Si je peux, je vous rapporterai des tulipes sauvage. Oh! vous n'en avez sûrement jamais vu. Objectivement, ça ressemble à des tulipes, mais au fond ça n'a pas du tout le même caractère: ça n'est ni raide ni cireux, mais tout vif et transparent, et ça se ferme la nuit et qui se réveille très tard le matin. Les miennes ne sont pas encore réveillées. Pour-vu que je puisse vous en apporter; ce serait pour votre anniversaire.

J'espère que l'abandon de votre coquille ne vous a pas causé trop de désagrément, et que vous vous sentez tout léger.

Il ne fait pas bien chaud aujourd'hui. Cette année Pâques a été à l'envers: il a fait beau Vendredi, et aujourd'hui Lundi il fait mauvais.

Bon anniversaire et bon baiser, et encore des tas de "bonnes" choses

A família

Composição da família do dr. Lacan

Jacques Lacan tinha uma irmã, Madeleine, e um irmão, Marc.

De seu primeiro casamento, com Marie-Louise (Malou) Blondin, ele teve três filhos: Caroline, Thibaut e Sibylle.

De sua segunda união, com Sylvia Maklès, nasceu Judith.

Caroline uniu-se a Bruno Roger e teve dois filhos: Cyril e Fabrice Roger-Lacan.

Thibaut uniu-se a Marie-Claude Béroud e teve duas filhas: Iris, mãe de Alice Mourey, e Ariane.

Judith, que se casou com Jacques-Alain Miller, teve dois filhos: Ève e Luc.

Da primeira união de Sylvia, com Georges Bataille, nasceu Laurence, que teve três filhos de seu casamento com André Basc: Catherine, Sandra e Julien.

THIBAUT LACAN

O que foi, para mim, Jacques Lacan

Ouvi e li tantas coisas sobre sua pessoa, sua vida, sua obra, durante sua vida e depois de sua morte, penei tanto na leitura de seus escritos e Seminários, que não é exagero dizer que a sombra de meu pai me terá acompanhado por toda a minha vida. Também me é difícil trazer um testemunho verdadeiramente pessoal de como foram minhas relações com ele. No entanto, tendo em vista minha dívida para com ele, não quis me subtrair ao pedido de Jacques-Alain Miller para trazer minha contribuição ao seu projeto de publicar um volume especial de sua revista *Ornicar?* dedicado a Jacques Lacan pelo quadragésimo aniversário de sua morte.

Seu primeiro casamento, com minha mãe, foi um "drama" (como ele próprio admitiu e segundo sua expressão numa carta endereçada, em 1953, a seu irmão Marc, monge beneditino, na qual lhe perguntava *se achava que existia alguém na Igreja que pudesse considerar a anulação de seu primeiro casamento*). Esse "drama", em minha opinião, encontra sua fonte na amizade e na admiração (compartilhadas) que o ligaram, desde o tempo de seus estudos médicos, a Sylvain Blondin, irmão amado e admirado por minha mãe.

Nasci desse casamento com Malou, que era linda, uma semana antes da guerra, depois de Caroline — dois anos e meio mais velha que eu — e antes de Sibylle, que nasceu quando já viviam separados, e se divorciariam após o nascimento dela.

Portanto, fui criado, com minhas irmãs, por minha mãe, "que era tudo para nós: o amor, a segurança, a autoridade", segundo os termos de Sibylle em seu livro de memórias.

Eu considerava Sylvain como poderia ter considerado um padrasto. Mas nosso pai não nos abandonou e tenho lembranças dele desde o final da minha primeira infância, na idade de minhas lembranças mais remotas. Em particular, daquelas quintas-feiras, quando ele costumava almoçar na casa de minha mãe e se mostrava sempre atento, benevolente, curioso sobre cada um de nós.

Acho oportuno citar aqui trechos de duas cartas dele endereçadas a Sylvain: uma logo após meu nascimento, na qual se mostrava preocupado comigo, operado, com um mês de idade, de estenose pilórica, e depois se enternece com uma fala infantil de Caroline; a outra, sete meses mais tarde, Sibylle havia sido concebida mas não tinha ainda nascido, mas ele já morava com Sylvia, aquela que na mesma carta a seu irmão citada acima ele chamaria de "sua esposa autêntica":

> Dr. Jacques M. Lacan
> 97, Boulevard Malesherbes (8º)
> nestes 3-4 de outubro de 1939
>
> Meu querido, muito querido Sylvain,
>
> Você é o primeiro a quem escrevo. E aqui estamos nós no segundo mês da guerra.
>
> ....
>
> E mal meu mundo se agrupou em Verneuil, eis os vômitos do meu menino. A queda da curva de pesos. O regresso a Paris. O rádio naquela mesma noite. A operação no dia seguinte. Então, a casa de saúde. Depois, Malou retornou após três dias junto a Caroline, meu Thibaut em casa com a inesgotável dedicação de Ali [minha babá] e meus esforços para aliviá-la, recorrendo a ajudas ocasionais.
>
> ....

Tudo isso pressionado, mas não caótico. Intenso, sim. O perigo junto a meu filho. Ah! É preciso dizê-lo: como todas as outras angústias recuam. Intenso, portanto, mas impossível de escrever. A não ser depois de passado o momento.

Ele [o tempo] quase passou: espero que seu revestimento aguente bem. Este velho mestre Veau é um magnífico cirurgião. E o valente (como ele lutou nos piores dias!), o valente recupera seu peso normal a toda velocidade, ao mesmo tempo que o aspecto próspero do bebê sem intercorrências recobre novamente com seu véu a pequena personalidade vislumbrada por um instante no sofrimento.

....

O bebê agora pesa quase oito quilos; ele ganhou 200 grs em três dias, desde que eu o trouxe para perto de Malou. É um belo bebê.

....

Caroline é muito comovente. Já lhe contaram a frase dita ao Babuíno [minha avó materna!], na noite da partida de Malou para Paris, entre lágrimas: "Meu dormir não vem. Estou esperando alguém".

Todas as belezas mais sensíveis ao coração estão em uma tal frase, nascida na boca de uma criancinha tão pequena. Todas as razões para viver e todas as esperanças.

Um beijo,

Jacques Marie

E esta é a segunda carta:

Val de Grâce. Serviço de Neuropsiquiatria

29 de maio de 1940

Meu querido Sylvain,

....

Meus pensamentos sobre o futuro de Malou, de minha Dadine [Caroline], de Thibautin — daquele que virá [Sibylle] —, o que posso lhe dizer sobre isso?

Eu os confio a você, se necessário. Pense nisso, por favor, na hora dos riscos. Tanto quanto eu, você tem responsabilidade sobre o futuro.

....

Seu amigo.
Jacques Marie

Escreva-me, meu velho..., já que você recebeu minha primeira carta escrita há muitos meses — eu acho —, à parte aquelas cotidianas para Malou.

Essas cartas me parecem atestar sua profunda amizade por Sylvain, que poderia ter se tornado nosso pai por procuração, e seu respeito por Malou, senão por seu amor e sua sensibilidade paterna.

Crescemos na casa de minha mãe, que atribuía a maior importância aos nossos sucessos escolares.

Não nos faltava nada, mas eu a via sempre muito atenta para evitar qualquer gasto inútil. Muito cedo eu concebi o desejo de ganhar minha vida o mais rápido possível, portanto, de fazer estudos curtos.

As visitas das quintas-feiras continuaram, mas, a pedido de minha mãe, que meu pai respeitou por muito tempo, nada sabíamos de sua segunda vida, de Sylvia, de Judith. Não sabíamos de onde ele vinha, sabíamos que era médico, psiquiatra, psicanalista... e que ele era nosso pai.

Todavia, aconteceu um incidente que me alertou: Sibylle e eu — aos dez anos — saíamos sozinhos do Jardin d'Acclimatation e esperávamos prudentemente o sinal vermelho para atravessar a rua, quando um carro parou no sinal. Reconhecendo nosso pai por trás do para-brisa e — de minha parte — encontrando seu olhar, gritamos "Papai, papai!". O carro arrancou bruscamente. Eu tinha visto uma mulher ao lado dele e uma garotinha no banco de trás. Mamãe nos afirmou que ele não tinha nos visto.

O que meu pai confirmou. Ele sempre foi respeitoso com todos, afetuoso, às vezes engraçado, interessava-se pelos nossos estudos, pelas nossas preferências; em nossos aniversários, ele nos trazia presentes, às vezes nos dava dinheiro.

Por vezes ele falava com minha mãe sobre suas atividades profissionais. O que ele dizia, que eu nem sempre compreendia muito bem, parecia-me ter uma importância extraordinária e desde muito cedo desenvolvi por ele uma admiração — que nunca me abandonou — baseada na convicção de que ele tinha uma inteligência superior. Mamãe nos disse: "Se eu me casei com seu pai, foi para ter filhos inteligentes".

Recebi dele minha primeira lição de freudismo aos onze anos. Eu lhe contara à mesa o que nosso professor de francês havia nos dito, provavelmente exasperado por nossa indisciplina e por um jogo de palavras lançado às suas costas por algum brincalhão: "O trocadilho é o esterco da mente", atribuindo esse julgamento a Victor Hugo. Meu pai expressou sua discordância e me explicou, com muita seriedade, que ele também poderia ser o adubo da mente.

Quando saímos da adolescência, nosso pai se interessou por nós separadamente, às vezes nos levando ao restaurante para um papo a sós com ele.

Sozinho comigo, aos treze anos, ele fez uma viagem à Inglaterra, onde deveria me deixar num colégio em que estavam os dois filhos de amigos seus. Partindo no carro dele, fizemos um pernoite surpresa em sua casa de campo em Guitrancourt, que descobri e onde encontrei Sylvia, muito acolhedora. Viagem memorável. Jogamos uma partida de xadrez no barco. Depois, seguiram-se visitas, restaurantes, encontros. Em uma livraria em Londres, ele me ofereceu os *Nonsense*,[1] de Edward Lear. Foi durante essa estada linguística, em minhas conversas com o mais velho dos dois irmãos, Michel D., que permaneceu um amigo, que eu soube da existência de Judith.

Aos meus dezesseis anos, atendendo às minhas súplicas, minha mãe aceitou que eu participasse de uma festa dada em Guitrancourt pelos 55 anos de meu pai. Foi um deslumbramento. Sylvia era a anfitriã. Conheci Laurence

1. E. Lear, *Nonsense*. Toulouse: Shadows, 1998.

Bataille e fui orgulhosamente apresentado por meu pai a algumas sumidades da *intelligentsia* parisiense, que eu jamais imaginaria conhecer.

Dali em diante, passei a sentir que a vida que levávamos em casa era um pouco monótona.

Desejoso de abrir meus horizontes, meu pai me enviou naquele mesmo ano uma carta pessoal, digna de uma antologia, descrevendo o festival do Palio em Siena, ao qual ele acabara de assistir, carta que guardei por toda a minha vida e que cito:

10.IX.56

Querido Thibautin,

(Muitas vezes chamo você assim: espero que não se importe.) Não sei mais onde você está agora: portanto, escrevo para você em Paris.

Prometi a você uma descrição do Palio de Siena, e demorei, não somente pelo fato de haver terminado um artigo, que afinal lhe enviarei, mas registrado, para que ele não se extravie (de modo que você talvez não o receba tão cedo).

Voltarei a isso em seguida.

Foi também porque é muito difícil falar sobre o Palio de Siena, e me dei conta ao pensar nisso. Pois para apreciá-lo por seu valor, é preciso vê-lo. Se eu o descrever para você, isto soará como um desfile histórico. É sempre um tanto grotesco ver cavaleiros desfilando em trajes renascentistas, por exemplo.

É o que fazem ali as pessoas dos vários "bairros" da cidade, ainda existentes como unidades sociais: do Ganso, da Tartaruga, da Águia, da Coruja, da Selva, da Onda, e assim por diante.

Todos têm vestimentas deslumbrantes, múltiplos "papéis", diria eu, mas essa palavra do teatro não é boa, melhor dignidades, que, por mais espetaculares que sejam, parecem ser assumidas.

Cabe dizer que esses trajes, fixados em não sei qual época, são totalmente deslumbrantes em cores e tecidos e que os exercícios de arremesso de bandeiras (eles as lançam no ar para pegá-las pela haste; sobem a 15 metros e o que se pega é duas vezes mais alto que um homem) são admiráveis e duram todo o percurso.

Tudo isso acontece na praça principal de Siena, que tem o formato de uma concha de vieira toda convergente (com declive), na entrada da prefeitura, provida de uma torre de altura vertiginosa.

Segue-se uma corrida de cavalos, que, em poucos instantes, decola com uma violência que nos arranca o mesmo arquejo que a toda a multidão, que literalmente enlouquece no momento da chegada do vencedor.

Pois bem! Tudo isso não é nada: o que é único é a cara dos tipos. Eles têm exatamente a mesma que você vê nos museus, num afresco de Mantegna ou de qualquer outro.

Eles têm essas caras admiráveis de força, de astúcia, de insolência, de sensualidade e de pouco me importa, que cavalgam através da história insensata desse país que, durante séculos, nunca soube dominar suas forças nem seu gênio, até que tudo terminasse em servidão. No entanto, eles estão, pelo menos nessa região, ainda intactos.

Um dos combatentes de nosso último exército na Itália — que voltou para lá e com quem convivi — pintou para mim a indescritível acolhida que Juin e seu exército ali receberam, precisamente no dia do aniversário dele. O referido Juin tem, ao que parece, um de seus ancestrais enterrado na catedral (o avô da época de Napoleão III e da libertação italiana, eu acho).

O que mais posso dizer a você? Tirei o máximo de fotos que pude, mas não sei se, dados a hora e o movimento (elas são coloridas), sairão boas.

A palavra *Palio* é o mesmo que *pallium* — e esse *pallium* é um estandarte da Virgem, que segue o triunfo do vencedor da corrida em longas procissões noturnas pela cidade, onde uma longa fieira de bandeiras desfila, agitadas de modo a fazê-las girar no espaço, desdobrando uma sequência de volumes alternados e fazendo um efeito estranho sob as luzes.

Isso é tudo.

Aqui estou eu na Alemanha, precisamente na Alta Baviera, que é um país maravilhosamente relaxante. Estou fazendo um pouco de exercício e conseguindo recuperar alguma forma. Há muitas coisas boas a dizer sobre esse lugar. Sua irmã, que o admirou muito ao atravessá-lo, poderá imaginar isso.

Eu gostaria muito de saber o que você tem feito e o que tem pensado. Um beijo pra você. Eu te amo muito. Estarei em Paris no dia 17. Diga isto à sua mamãe, e que envio a ela os meus melhores pensamentos.

Jacques

Ah! Dou-me conta de que não lhe falei sobre o artigo. Poderá lhe parecer engraçado que eu o dê para você ler, pois ele é um pouco complicado. Mas há nele algumas coisas um tanto astuciosas com as quais você é quem terá mais prazer, acho. Para todos os efeitos práticos em relação ao carteiro, eu o endereçarei conjuntamente à sua mãe e a você.

Beijos para as irmãs.

J.

O artigo em questão "A instância da letra no inconsciente ou a razão desde Freud",[2] publicado em sua revista *La Psychanalyse*, finalmente chegou a mim sob a forma de uma separata de 9 de maio de 1957, com esta dedicatória:

Para Thibaut,
que gosta muito de saber
(e isso o levará longe)
Seu papai
JL
em Aix
27 VII 57

ASSIM QUE TERMINEI O BACHARELADO, meu pai, para meu espanto, me ofereceu um carro, um Renault 4CV. Sylvia, muito atenciosa, garantiu que eu obtivesse minha carteira de motorista por meio de muitas horas de condução acompanhada, tão divertidas quanto úteis.

2. J. Lacan, "A instância da letra no inconsciente ou a razão desde Freud". In: *Escritos*, Rio de Janeiro: Zahar, 1998, pp. 496-533.

Eu estava entrando na classe preparatória para as escolas superiores. Foi só então que, finalmente, conheci Judith, por quem logo me apaixonei... sem reciprocidade, mas não sem ambiguidades por parte dela. (Sem dúvida "ela administrava a situação", segundo a fórmula imparcial proferida retrospectivamente por meu pai para mim.)

Então, todas as tentações me assediaram para eu me libertar da atmosfera estudiosa que me cercara até então: as saídas com Judith durante a semana, a atração de Guitrancourt nos fins de semana com meu pai, em torno do qual podíamos conversar, aparentemente sem perturbá-lo em seu trabalho, os projetos de férias com meu pai. Descobri assim a Provence e a Côte d'Azur, Aix e seu festival, o Tholonet, onde André e Rose Masson, irmã de Sylvia, tinham uma casa diante da montanha Sainte-Victoire, Porquerolles, Saint-Tropez.

Como resultado disso, negligenciei meus estudos, tidos como exigentes, a ponto de só passar em último lugar (por sorte) na École des Mines de Paris.

Meu encontro com minha futura primeira esposa, Florence, pôs fim ao meu amor quimérico por Judith. Florence era prima de Luc G.-P. — amigo de adolescência e de longa data —, que teve com ela uma relação de ternura.

Meu pai e Sylvia foram muito gentis com Florence, que, em troca, lhes dedicou uma grande afeição. Fomos frequentemente convidados a Guitrancourt, bem como — por vários verões — a locais de férias encantadores. De Ansedonia, na Itália, de frente para a ilha de Elba, meu pai nos levou a descobrir Roma, Florença, Siena, a Umbria. Num outro verão fomos convidados à Villa Cimbrone, que ele havia alugado em Ravello e de onde visitamos a Campânia.

Com Florence, encontrei serenidade, completei meus estudos de engenharia, depois me formei em economia e contabilidade nacional, com vistas a entrar no Ministério das Finanças. Casei-me com Florence antes do meu serviço militar, seis meses em Châlons-sur-Marne, seguidos de dez meses na Escola Militar de Paris.

A distância distendeu nossa relação amorosa. Eu não queria ter filhos. Em Paris, apaixonei-me por uma jovem analisanda de meu pai, futura analista, com quem tive mais sucesso do que com Judith. "Você está invadindo meu território", me observou meu pai, sobriamente. Seguiu-se uma relação complicada e, em primeiro lugar, o meu divórcio de Florence — que, no entanto, sempre permaneceu uma amiga.

Acho que herdei de meu pai meu interesse pelas mulheres. Constato, com espanto, a evolução de nossa sociedade, obcecada pelos problemas de gênero, e deploro o declínio da função paterna.

Trabalhando no Ministério da Fazenda no "orçamento econômico da Nação", foi uma época em que mergulhei com ardor na leitura da obra de meu pai, cujos *Escritos* acabavam de ser publicados com a ajuda decisiva de Jacques-Alain Miller, que conheci e que se tornou seu genro.

Eu assistia, por vezes, às sessões do Seminário de meu pai, sempre maravilhado com a afluência e o fervor que elas suscitavam. Nessa época, minha relação com ele tornou-se menos intensa, à medida que ele era mais absorvido por sua prática, pela preparação de seus Seminários e a transcrição deles por Jacques-Alain para edição, pela organização e a direção da Escola Freudiana, que ele havia fundado.

Surgiu então em minha vida minha futura esposa — "autêntica", teria dito meu pai —, Marie-Claude, que era cunhada de um amigo de adolescência do Liceu Carnot, depois do Liceu Louis-le-Grand, Michel B. "Você está se cunhadando [*beau-frérises*] com Michel", me apontou meu pai, quando lhe anunciei meu casamento. Isso me pareceu um presságio sombrio, dada sua experiência do casamento "cunhadizante". (Posso dizer, hoje, depois de 52 anos de casamento, que o presságio não se realizou.) Ele aceitou ser testemunha. Sylvain o havia sido no meu primeiro casamento.

Marie-Claude era apreciada por todos, tanto por minha mãe quanto por minhas irmãs, por Sylvia, por Judith. Frequentemente éramos convidados para Guitrancourt.

Tivemos um primeiro filho, um menino, Pierre, que viveu apenas três dias, malcuidado desde o nascimento, após um parto difícil por um ginecologista negligente em uma clínica mal equipada. A alegria de meu pai, que o viu, extinguiu-se de imediato. Seguiram-se duas lindas menininhas: Iris e Ariane, que nos ajudaram a superar nossa tristeza. Meu pai as conheceu; elas tinham dez e sete anos quando ele morreu. Ele manteve uma foto delas, sobre a lareira de seu consultório de analista, ao lado da de Judith, durante os últimos três anos de sua vida.

Meu pai só se interessou muito remotamente por meu percurso profissional. Ele havia se mostrado curioso durante meus estudos sobre algumas teorias, sobre teoremas matemáticos que eu havia evocado diante dele. Eu ainda estava no ensino médio quando ele me trouxe um dia todos os volumes então publicados da reedificação das matemáticas por "Nicolas Bourbaki". Não consegui fazê-lo se interessar pela contabilidade nacional ou pelo orçamento econômico. Menos ainda pelo meu percurso no grupo bancário onde entrei, quando me casei com Marie-Claude. Minhas "acessões" lhe foram completamente indiferentes.

Ele havia me convidado muito cedo a "desconfiar da facilidade", e teria tido outras ambições para mim.

Eu era curioso sobre muitas coisas e, em particular, sobre a obra de Freud e de sua revisão por Lacan, sem me aprofundar, e cada vez mais atraído por atividades contemplativas: literatura, poesia, artes plásticas. Tive dois livros *cult*, como se diz: o sulfuroso *Pierre ou Les ambiguïtés*,[3] tão admirado por meu pai, e o idílico *Éducation sentimentale*,[4] amado por minha mãe.

Nunca sofri por ser, para muitos, apenas "o filho de". Eu era, antes, orgulhoso disso — embora consciente de que a inteligência não é hereditária —, e tenho certeza de que essa filiação muitas vezes me foi útil.

3. H. Melville, *Pierre ou Les ambiguïtés*. Paris: Gallimard, 2020.
4. G. Flaubert, *A educação sentimental*. São Paulo: Penguin-Companhia, 2017.

A APROXIMAÇÃO DA MORTE DE MEU PAI, enfraquecido, me inspirou uma grande angústia, e eu me censurei por toda a minha vida pelo fato de ter consentido com sua morte, segundo o parecer médico, quando havia uma chance de salvá-lo ao custo de uma segunda operação, pesada, incerta e talvez incapacitante.

Gaguejei minha tristeza e consternação junto a seu túmulo no dia de seu enterro, numa relativa intimidade. Apesar disso, ele teve direito a um belo elogio proferido posteriormente por seu irmão, Marc, na igreja de Saint-François de Sales: "Jacques Lacan e a busca da verdade".

A liquidação de seu patrimônio material foi longa e conflituosa, e eu o lamento, porque, embora ele tenha favorecido por meio do testamento sua adorada filha, Judith, o fato é que ele foi para nós três um pai presente, atencioso, afetuoso, acolhedor e generoso. Na partilha, o destino me atribuiu belas pinturas, desenhos e objetos — do "pensamento solidificado", como diz Lévi-Strauss — aos quais sou muito apegado.

EIS AQUI, então, o primeiro testemunho que publico do que meu pai foi para mim.

Entreguei algumas lembranças pessoais a Elisabeth Roudinesco em 1990, a fim de ajudá-la a escrever sua biografia de Jacques Lacan. Eu me arrependo e não aprovo o que ela fez com isso.

Li, é claro, os livros de lembranças de Sibylle. Ela tirou a própria vida em 2013, sem me ter dado a oportunidade de me defender de suas acusações sobre minha conduta em relação a ela quando a morte de nosso pai se aproximava.

Caroline morreu acidentalmente em 1973, em pleno apetite de viver. Em seu funeral, vi meu pai e minha mãe chorarem juntos sobre seu caixão.

Judith morreu em 2017, quando já tínhamos nos reaproximado há muito tempo, após um arrefecimento ligado à partilha da herança de nosso pai.

Único de seus quatro filhos, eu sobrevivo, tendo ultrapassado em idade sua longevidade.

27 de junho de 2021

JUDITH MILLER

O consultório de meu pai

Em 2011, para o trigésimo aniversário da morte de Jacques Lacan, realizei um documentário para a France Télévisions: Rendez-vous chez Lacan.[1] *Nessa ocasião, parti para filmar em Veneza, cidade que me ficará para sempre associada à sua lembrança, e comecei o filme contando uma historieta.*

Tínhamos ido para lá nas férias, com Lacan, em família. Um dia, chegando diante de uma igreja que queríamos visitar e que estava fechada, ele começou a tamborilar na porta, até que o sacristão finalmente apareceu. Não sei o que Lacan sussurrou em seu ouvido, mas o sacristão imediatamente abriu sua igreja e nos propôs visitá-la. Eu disse a mim mesmo: "Incrível, este Lacan... Ele então é capaz de abrir portas que teriam todas as razões do mundo para permanecerem fechadas".

Para Rendez-vous chez Lacan, *decidi ir ver Judith e pedir-lhe que me abrisse uma outra porta, a do consultório de seu pai. Ela aceitou imediatamente, embora esse lugar fosse tão precioso e preservado para ela.*

Como só pude deixar no filme alguns breves trechos de nossa entrevista, juntei outros mais longos no bônus do DVD, que foi lançado um pouco mais tarde. Mas, enquanto passeávamos pela rue de Lille, nº 5, Judith e eu conversamos muito mais, e sempre disse a mim mesmo que o conjunto de seu testemunho, tão comovente quanto instrutivo, merecia ser amplamente conhecido quando chegasse a hora.

Assim, estabeleci para este volume a quase totalidade de nossas trocas. Como se pode imaginar, ela se inicia ali onde tantos pacientes se deitaram para decantar seu inconsciente.

GÉRARD MILLER

1. G. Miller, *Rendez-vous chez Lacan*, documentário. França, 2011.

Gérard Miller — Durante a vida de seu pai, você costumava entrar neste consultório?

Judith Miller — Entrei em momentos muito importantes da minha história, mas raros, diria que cinco vezes, não mais. O primeiro encontro que tive em seu consultório foi um choque, no sentido próprio do termo. Foi para receber a única palmada que ele me deu em toda a minha infância. Disseram-me para ir ao encontro de papai em seu consultório, não sei mais o que havia acontecido, mas, se eu fizer um esforço, talvez eu possa me lembrar; foi, de todo modo, uma coisa determinante para mim.

Na verdade, logo após a guerra, éramos muitos neste apartamento de 110 metros quadrados. Havia minha mãe, meu pai, minha irmã Laurence e eu; depois os Masson, que viveram conosco por algum tempo quando voltaram da América. Laurence dormia no consultório, no divã, que ela arrumava quando ia para a escola, e talvez até um pouco antes, porque meu pai começava muito cedo, a partir das 7h da manhã, e muitas vezes ainda não havia terminado às 20h30, 21h.

Evidentemente, aquela que sabia como as coisas aconteciam neste consultório era Gloria, que trabalhou com meu pai por 33 anos, a quem ele considerava como fazendo parte de sua prática. No *Album Jacques Lacan*,[2] que publiquei em 1991, não deixei de reproduzir a carta em que ele diz que Gloria tinha um senso clínico, e creio que todos os analisandos que vieram a este consultório se lembram de seu analista mas não esqueceram o peso, a presença, a atenção, por vezes a rudeza, mas sobretudo a convicção de Gloria, que se interessava por eles, inclusive para enxugar suas lágrimas ou temperar sua irritação. Gloria sabia como se desenrolava a prática cotidiana de Lacan, eu não — o que percebi dela foi bem pouca coisa.

Há, neste consultório, uma impressionante poltrona de analista — ela tem uma história. Seu pai havia quebrado o colo do fêmur e, de repente, teve de sentar-se nas melhores condições possíveis. Foi um pouco graças a essa poltrona que o vínculo entre Lacan e Gloria foi selado.

2. J. Miller, *Album Jacques Lacan. Visages de mon père*. Paris: Seuil, 1991.

Exatamente. Como dizia Mao, cada coisa ruim pode se tornar uma coisa boa… Nesse apartamento exíguo, Gloria era a única pessoa que podia empurrar esse veículo especial várias vezes ao dia, uma poltrona Napoleão III comprada em 1949, tendo sobre ela meu pai e seu gesso, que ia quase do quadril até o pé.

Gloria me contou que um dia ela bateu a poltrona em uma das portas e meu pai, que era bastante delicado, deu um berro. Gloria lhe disse: "Desculpe-me, mas não posso evitar". Meu pai pediu-lhe então para recolocar seu pé corretamente, pois ele se desviara um pouco com o choque. Gloria tentou fazer o melhor possível, mas meu pai berrava novamente. Ela recomeçou uma, duas, três vezes, depois, na quarta, ela pegou o gesso e o largou pesadamente, perguntando ao meu pai: "E assim, está bom?". Ele respondeu que sim.

O relacionamento de Gloria com meu pai, a quem ela dedicava uma fidelidade a toda prova, podia, às vezes, ser extremamente tenso. Ela me explicou que, se as portas do apartamento estão um pouco rachadas, é porque às vezes ela batia a porta de um lado e meu pai do outro. Mas, quando evocava essas disputas e esses confrontos, era simplesmente para nos lembrar que era de áries, como ele — ela nasceu no dia 12 de abril e ele, no dia 13. Independentemente de todas as suas qualidades, se ela foi capaz de aguentar, é porque também teve a experiência ética do que é o desejo de alguém que não cede.

Foi seu pai que pensou a decoração do consultório dele?

Não, foi mamãe quem escolheu todos os móveis, as cortinas, os tapetes, até mesmo estas maçanetas deliciosas.

Há um detalhe que chama a atenção de qualquer visitante. É que o telefone está no chão.

Sim, é um telefone de que eu gosto muito e sempre esteve no chão. Por mais atento a todos que meu pai tenha sido como analista, o contato com o mundo exterior nunca era interrompido. O mundo existia também em seu consultório, o telefone tocava — era ele ou Gloria quem atendia.

Gloria me contou que uma americana veio um dia ver Lacan por causa de sua filha, e essa senhora considerou que o nº 5 da rue de Lille não era o consultório de um grande psicanalista, porque o telefone ficava no chão e o apartamento, de teto muito baixo, muito escuro, não se parecia com o que ela imaginava como sendo o apartamento de um praticante.

Cabe dizer que o nº 5 da rue de Lille é um mezanino. Portanto, poucos aposentos são iluminados pelo sol, mas meu pai sempre ficou aqui. Minha mãe tinha encontrado um novo apartamento para ele no 7º *arrondissement*, mas ele nunca quis se mudar. Essa é também uma das razões pelas quais me apego a ele. Insisti que fosse conservado tal qual, não para fazer dele um museu, mas porque acho que é um lugar que significa muito para todos que aqui vieram, para a história da psicanálise e, portanto, para a história universal. Muito do ensino de Lacan vem, em grande parte, do que ele ouviu naquele consultório.

Você pode comentar sobre alguns dos objetos que aqui estão?

Neste consultório, a reconstituição não foi integral. Falta, por exemplo, um pequeno Vuillard do qual os analisandos se lembram. Coloquei um Masson em seu lugar, intitulado *L'Enfant des îles* — é o nome de um poema e me pareceu corresponder ao que meu pai dizia sobre os poetas.

Dos móveis que foram dispersados em algum momento, foi recuperado este *sommelier*, a possibilidade de ele desaparecer muito me entristecia, é adorável. Ele é italiano, do século XIX. Num primeiro tempo, tentei encontrar um outro, mas todos os antiquários do bairro me disseram que era impossível. Ele pôde ser recuperado em uma venda pública à qual eu não fui, mas os alunos de Lacan se cotizaram e não deixaram de adquiri-lo.

Há também esta maravilhosa máscara... Li, após a morte de meu pai, um pequeno texto dizendo que ela havia sido fabricada para a pessoa que interpretava os sonhos. É uma máscara que acho impactante e que foi apresentada na exposição que fizemos em 1991.

Há ainda estes pequenos leques chineses... Meu pai era mais que um sinófilo e acho que ele deve tê-los escolhido aconselhado por pessoas em quem ele confiava, talvez François Cheng. A relação de meu pai com a cultura chinesa é algo que passou para os meus filhos, pois minha filha estudava chinês em uma época em que pouquíssimos faziam isso.

E depois, há esta outra pintura magnífica de Masson, *Rome*. Como todo mundo que entrou neste consultório, sempre me impressionou ele ter escolhido colocar *Rome* diante de um espelho. Muitos elucubraram sobre o fato de Lacan querer esconder o espelho — eu nunca especulei sobre nenhuma das escolhas que meu pai possa ter feito.

Em uma sala ao lado há outra pintura muito bela de Masson, Les Baigneuses.

Ela foi inspirada por uma mulher encantadora, que morava ao lado dos Masson e que se chamava Suzon Sourdive. Ela era mãe de dois filhos pequenos tão charmosos quanto ela — eu a conhecia bem e gostava muito dela. Masson é, sem dúvida, o pintor cujas pinturas meu pai mais comprou — ele o apreciava intensamente.

Que outros pintores ele frequentava?

Havia Balthus, que esteve muito presente até partir para Roma. Havia também Giacometti e Dalí. Dalí, ele o conheceu antes da guerra e foi o interesse comum pela psicose que os aproximou. Depois, havia Picasso. Lacan cuidou muito de Dora Maar, e essa foi uma das razões pelas quais o vínculo entre eles durou. Lembro-me muito bem das férias em Juan-les-Pins, onde víamos Picasso na praia todos os dias. Eu estava aprendendo a nadar e ele me deu dois presentes sublimes: um colar de conchas, que ainda tenho, e uma saia charmosa, que nunca perdoei minha mãe por tê-la dado quando cresci.

Seu pai não poderia ter conhecido Courbet, mas seus dois nomes estão ligados, já que ele comprou seu A origem do mundo.

Mamãe tinha ligações com pintores húngaros, alguns dos quais eram talentosos, e eles disseram ao meu pai que havia um Courbet absolutamente fascinante. Meu pai pediu para vê-lo e a tela enrolada chegou em nossa casa. Só o vi muito mais tarde, porque aquilo não era para meninas, mas me lembro que, naquele momento, eu estava à mesa e soube imediatamente que *A origem do mundo* havia entrado na minha família.

No consultório do seu pai também há pincéis, a que eles se ligam?

Eles mostram que Lacan também se exercitou na caligrafia. Mesmo desenhando pouco, era um desenhista muito bom. Por exemplo, ele fez um retrato da minha filha em seu nascimento. Ele veio me ver na clínica e, ao retornar, fez o retrato de Ève em um envelope. Ele também desenhou paisagens ou ainda o túmulo da minha avó — não sei onde ele colocou esses desenhos.

Já que estamos falando de Ève, vejo que há a foto dela e a do Luc.

Sim, eu tinha montado este pequeno cubo quando Luc nasceu e ele o guardou aqui. Eu não acho que foi por descuido, ele poderia tê-lo colocado em outro lugar. Da mesma forma, muitas pessoas elucubram sobre o fato de haver minha foto no consultório de meu pai — ela aí está, creio eu, desde 1957. André Villers veio fotografá-lo na rue de Lille, nº 3 e aproveitou para fotografar mamãe — temos fotos maravilhosas dela na varanda da rue de Lille, nº 3. E ele também me fotografou. Meu pai escolheu uma das fotos e ela aí ficou desde 1957 — não acho que seja por inércia.

Que avô era Lacan?

Ele não tomava as crianças por idiotas, não era pegajoso. Apesar de levar em conta a idade delas, ele era exigente. Lembro-me de que ficava chocada com sua maneira de fazer as coisas e que nem sempre eu entendia com o que se relacionava. Por exemplo, lembro-me de um dia em que ele disse algo ao meu filho agarrando-o, talvez para amedrontá-lo um pouco, e Luc ficou desconcertado. Mas então pegou a mão do meu pai e, juntos, foram passear no jardim. Sensíveis à admiração que Jacques-Alain e eu tínhamos por meu pai, nossos filhos se comportavam bem em sua presença, mas eles tinham uma relação direta com ele.

E que pai era Lacan?

Já disse muitas vezes que ele era alguém muito presente, muito atencioso, mas que, ao mesmo tempo, deixava cada um fazer o que desejava. Ele podia advertir, de tempos em tempos, que tal ou tal escolha implicava algumas coisas, mas ele não se considerava um profeta. Ele era protetor, mas de uma forma discreta. Quanto a mim, ele nunca me impediu de fazer fosse o que fosse que eu quisesse fazer.

Durante a guerra da Argélia, você assumiu muitos riscos. Como ele via seu engajamento?

Quando meu primo e minha irmã mais velha foram presos pela DST,[3] tive de queimar muitas coisas que a polícia não tinha localizado e apreendido. Era o mês de maio, no fim de semana, meus pais não estavam e fui lá entulhar a caldeira deles. Na segunda-feira de manhã, eu não tinha terminado e continuei. Meu pai então veio me dizer: "Está de fato fazendo muito calor, ainda falta muito?". Ele não me disse que eu tinha razão em fazer aquilo, ele não me disse para parar, ele apenas me perguntou quando eu ia terminar. Era preciso que acabasse, mas era preciso que fosse feito. Quando digo que ele era muito protetor e que nunca me impediu de fazer o que eu queria fazer, esse é o exemplo mesmo de uma situação em que ele estava um tanto irritado com a nova geração, mas não lhe fazia objeção.

E durante os acontecimentos de Maio de 68, dos quais Jacques-Alain e você participaram?

Ele não nos encorajou a perseverar, mas nunca demonstrou antipatia e nem nos desaprovou. Ele inclusive acolheu e apoiou um certo número de manifestantes, tanto *durante* como *depois* de 68, quando muitos deles estavam em péssimas condições.

Ele mesmo nunca foi engajado, mas durante a ocupação alemã não lhe faltou coragem.

Ele acreditava na Resistência e resistiu à sua maneira. Sem estar engajado politicamente em nenhuma organização, na prática, sim, caso a caso, ele fez coisas extraordinárias. Tornando uma questão de honra nunca publi-

3. DST: Direction de la Surveillance du Territoire.

car a menor linha, abrigando resistentes, ele não hesitou em ir recuperar discretamente na prefeitura de Cagnes-sur-Mer, onde estavam instalados, um arquivo que poderia ter prejudicado minha mãe e minha avó, ambas judias. Em certas ocasiões ele sabia impor seu desejo, e nelas era melhor não brincar. Além disso, é preciso lembrar que ele me chamou de Judith, eu que nasci em 1941.

Vamos sair do consultório de seu pai e ir para esta outra sala. Como em todo o apartamento, aqui obviamente há muitos livros.

Não, há bem poucos em comparação com o número de livros que meu pai tinha. E aqui está tudo bem arrumado, mas, em setembro de 1981, éramos invadidos, havia pilhas por todos os lados — em frente à lareira, sobre a lareira, em frente à janela, ao lado da biblioteca, no consultório dele... Deixei apenas alguns.

Nesta biblioteca, quase não toquei em nada, porque são livros que meu pai consultava muito e, a partir de um certo momento, ele não acrescentou nada.

As bibliotecas do meu pai estavam arrumadas de uma maneira que eu não conseguia decifrar, mas ele sabia muito bem onde estava cada livro. Quando ele pedia que lhe encontrassem algum, ele nos dava uma descrição muito precisa do local onde encontrá-lo e geralmente conseguíamos. Só que através de vaivéns muito complexos: "Há quatro fileiras de livros, você vai para a da esquerda, não é essa, mas abaixo dela, se você olhar para a direita etc.". Quando meu pai indicava um caminho, era a mesma coisa: chegávamos ao nosso destino, mas seu jeito de dar explicações era muito especial!

Há livros e objetos de arte por todo lado. Era Lacan mesmo quem escolhia as obras de arte que ele comprava?

Sim, com certeza. Assim como os livros, cada quadro, cada obra de arte era de sua escolha.

E ele explicava as escolhas?

Não, ele comentava pouco sobre elas, guardava isso para si.

Vamos parar diante desta vitrine? O que você pode dizer sobre ela?

Em primeiro lugar, foi graças a um de meus maravilhosos colegas que ela foi reconstituída, pois alguns dos objetos que ela contém foram colocados à venda pelos outros filhos de Lacan. Dessa venda pública, eu não tinha ouvido falar e fiquei muito feliz pelo fato de os objetos da vitrine da minha infância não terem sido dispersados.

Há dois objetos em particular que me marcaram. Sempre tive um apreço muito profundo pelos etruscos e, aqui, temos um pequeno cavaleiro etrusco — acho que isso vem daí. E depois, há também esta pequena dama chinesa nua. Meu pai havia me explicado que os aristocratas do século XVII ou XVIII não se despiam na frente de seu médico, mas mostravam onde estava doendo em um pequeno objeto de marfim tão delicioso quanto esse. Isso me marcou muito e ficou comigo: uma certa distância, ao estilo chinês, em relação à medicina.

Distância em relação à medicina... E em relação à psicanálise? Anna, filha de Freud, tornou-se psicanalista — não Judith, a filha de Lacan.

Anna Freud certamente contribuiu para que eu não me tornasse psicanalista! Essa senhora foi muito nociva, e eu acima de tudo não queria ser uma segunda Anna Freud.

Freud analisou Anna. Lacan analisou Judith?

Não, certamente não, ele nunca teria tido essa ideia. Eu tinha meus motivos para não ir ver um analista, mas ele também nunca se propôs a fazê-lo.

Seus sonhos, por exemplo, você nunca os contou a seu pai?

Eu contei muito pouco. Contei um, em um momento em que esperava os resultados do concurso para lecionar na universidade e estava um pouco inquieta. Sonho que sonho que sou a primeira no concurso e *ex æquo* com uma outra pessoa que tem um nome duplo. Conto isso ao meu pai e ele me diz: "Quando se sonha que está tendo um sonho, infalivelmente acontece, minha querida". Resultado: fui a primeira no concurso, junto com um candidato que tinha um nome duplo. Isso me deixou estupefata e, mesmo que seja ridículo dizer que um sonho se realiza, ali, isso se confirmou.

Foi isso que fez você acreditar na psicanálise?

Não, foi uma coisa bem diferente que me fez acreditar na psicanálise! Todas essas pessoas que frequentavam a rue de Lille, nº 5 e a condição maravilhosa em que elas saíam daqui. Isso não me encorajou a me tornar psicanalista, mas é um trabalho ao qual se pode realmente ficar apegado e que vale a pena.

Notei também objetos eróticos, colocados em um local de passagem. Era para encorajar os pacientes a falarem sobre sua sexualidade?

Acaso ou cálculo, não sei, não posso interpretá-lo. De todo modo, há um objeto que está nesse local de passagem onde os analisandos não ficavam, o que meu pai comentou diante de Gloria dizendo: "Não posso comprar coisas assim para a minha Jude!". Eu era chamada de Jude na minha família... O objeto em questão era uma cópula — era realmente muito explícita.

Há também este senhorzinho que está se masturbando. Um dia, Alain Cuny parou diante dele e me disse, com sua voz maravilhosa: "Oh!, ele parece estar de fato tendo prazer". Cuny tinha um relacionamento próximo com meu pai. Lembro-me muito bem de um domingo em que ele veio pedir-lhe conselhos sobre como interpretar Teseu em *Fedra*. Meu pai lhe disse: "Meu caro Alain, Teseu é uma locomotiva". Cuny ficou absolutamente encantado.

Lacan era amigo dos atores?

Será que Cuny era um amigo? Não sei. Digamos que foi alguém com quem ele teve um relacionamento intenso. Lacan era sensível ao trabalho de ator, muito atento à leitura das peças, sobre as quais comentou muito. Então, sim, ele conheceu um certo número de atores, especialmente atrizes. Ele conheceu Gaby Sylvia, Jeanne Moreau, Juliette Gréco. Ele também apreciava muito Audrey Hepburn, a quem convidou... E não podemos esquecer que mamãe era atriz de cinema. Ouvir minha mãe falar sobre seu trabalho, isso ensinou muitas coisas ao meu pai.

Para Lacan, era importante que sua mulher fosse atriz?

Acho que sim, com certeza, mesmo que ele não tenha me feito confidências sobre isso. Quando meu pai a conheceu, ela era adorada por muitos. Quando mamãe ia ao Flore naqueles anos, Buñuel relata que todos ficavam em silêncio e olhavam para ela. Ela era encantadora e era um acontecimento ver Sylvia Bataille.

Então Sylvia foi uma star *antes de Jacques.*

Sim, sem dúvida nenhuma, e isso é uma coisa que esteve muito presente na minha vida.

Lacan só publicou seu primeiro livro aos 65 anos. Obviamente, ele não tinha pressa em ser "starizado"*!*

Encontrei, após a morte do meu pai, uma carta que eu lhe tinha escrito em 1963. É uma carta talvez um pouco inadequada, mas sincera, na qual eu lhe dizia: "Você tem uma obra extraordinária, cada vez mais pessoas seguem seu Seminário, todo mundo pensa através de você, você deveria se decidir a escrever um livro, a editar a coletânea de seus textos". Antes de 1966, Lacan era reconhecido por inúmeros intelectuais que levavam em conta o que ele dizia, mas, para retomar sua expressão, ele ainda era uma "*star*" desconhecida do grande público. Ele se preocupava em primeiro lugar e antes de tudo com a psicanálise, com sua prática, com a clínica, com suas apresentações de pacientes em Sainte-Anne.

Mais do que atrizes ou pintores, seu pai frequentava os grandes intelectuais de seu tempo. Que lembrança você guarda dos prestigiosos convidados que vinham à sua casa quando você era criança?

Lembro-me de que na rue de Lille, nº 3, eu dormia ao lado da sala de jantar e ouvia as conversas do meu quarto. Uma noite, fiquei espantada — tive a impressão de que os convidados de meu pai aprendiam a ler juntando sílabas como crianças: bê-o-bê, be-u-bu… Na manhã seguinte, entendi que eles se divertiram durante o jantar decifrando as placas onde havia rébus. Mas isso permanece para mim como algo inesquecível, ter ouvido os maiores intelectuais do momento soletrar o bê-á-bá.

Se você tivesse que citar três nomes desses visitantes noturnos?

Michel Leiris, que foi meu padrinho de casamento... Maurice Merleau-Ponty, que era muito próximo da minha mãe e que vi quando era estudante de filosofia... Claude Lévi-Strauss, que tinha a confiança do meu pai. Depois da independência da Argélia, quando lhe anunciei que ia para lá, meu pai me respondeu — provavelmente, ele estava um pouco preocupado e não se enganou: "Vá discutir com o Claude". Fui então discutir com Lévi-Strauss, que me disse uma frase de uma extraordinária fineza: "Judith, você não pode ficar sendo uma enfermeira o tempo todo". E, efetivamente, eu queria ir reparar os danos que a guerra na Argélia havia produzido... Eu era muito jovem, 21 anos — ele realmente percebeu algo meu.

Houve também Heidegger, que veio à casa de campo de seu pai em Guitrancourt — vi fotos da visita dele.

Sim, mas eu não estava lá. Eu o conheci não na casa do meu pai, mas na casa dos Masson. Guardo a lembrança dos dois olhares, de Masson e de Heidegger, que eram olhares de camponeses astutos.

Essa casa de campo desempenhou um grande papel na vida de Lacan.

Sim, Guitrancourt foi muito importante para meu pai, que trabalhava muitíssimo e cuja disciplina, no bom sentido da palavra, era sair todas as sextas-feiras à noite e voltar todos os domingos à noite, não importa o que acontecesse. Ele recebeu algumas pessoas lá, mas aproveitava especialmente para se preparar para o seu Seminário.

O Seminário, você se lembra de quando seu pai começou a proferi-lo em seu apartamento?

Quando se evoca o Seminário de Lacan, tem-se a imagem de um anfiteatro lotado, com quinhentos ou seiscentos participantes chegando com duas horas de antecedência e se apertando uns contra os outros... Mas, sim, conheci os primeiros Seminários no salão da rue de Lille, nº 3. No início, instalávamos uma dúzia de cadeiras, não mais.

Foi Jacques-Alain que, sem dúvida, contribuiu para que o Seminário de Lacan se tornasse o que se tornou. Qual foi a reação de seu pai quando ele descobriu o primeiro volume que Jacques-Alain havia estabelecido?

Houve um precedente do qual me lembro muito bem, o "Index raisonné des concepts",[4] nos *Escritos*. Meu pai pediu a Jacques-Alain que o fizesse, sem insistência, mas com um tal desejo que era impossível recusar. Percorrendo esse índice, sua alegria foi imensa. Eu nunca interpretava como meu pai reagia, mas, ali, eu o vi feliz. Então, quando Jacques-Alain lhe disse que poderia estabelecer seus Seminários e em seguida lhe apresentou *Os quatro conceitos fundamentais da psicanálise*,[5] foi um alívio profundo. Antes dele, várias pessoas tentaram, e a cada vez foi uma catástrofe para meu pai. Ele então pediu-lhe que fizesse todos os Seminários e Jacques-Alain trabalhou por mais de quarenta anos de sua vida com uma discrição, uma modéstia, uma pertinência e uma elegância que Lacan não podia imaginar. A satisfação de Lacan foi tal que ele nunca retocou as coisas — mesmo quando Jacques-Alain procurava precisar o que ele havia dito e lhe fazia perguntas, Lacan estava igualmente perplexo. Em suma, meu pai valorizava o trabalho de Jacques-Alain como a menina dos seus olhos. Isso lhe permitiu ir alegremente proferir seu Seminário na École Normale Supérieure na rue d'Ulm. Ele sabia que havia pelo menos um que o lia com autenticidade e o entendia.

---

4. J.-A. Miller, "Índice ponderado dos principais conceitos". In: J. Lacan, *Escritos*. Rio de Janeiro: Zahar, 1998, pp. 908-17.
5. J. Lacan, *O Seminário*, livro 11: *Os quatro conceitos fundamentais da psicanálise*, texto estabelecido por J.-A. Miller. Rio de Janeiro: Zahar, 1979.

CYRIL ROGER-LACAN

A aparição

Um primeiro toque de campainha, seguido de outro, sem nos dar tempo de chegar à porta. Como se, de saída, antes mesmo de entrar em cena, ele impusesse seu ritmo, desregulasse as rotinas. Sua impaciência me é conhecida e tento evitar, precipitando-me para a entrada de nosso apartamento, o segundo toque, que soará como reprimenda. Esforço perdido.

Abro a porta. Ele ali está.

Veludos inauditos, moirés improváveis, peles inesperadas, cores impossíveis. Como um boiardo muito velho, que teria atravessado a estepe por longo tempo em um trenó, numa noite de inverno, e que o cansaço teria jogado sob aquele umbral, de onde ele não parecia mais decidido a se mover. Como o sobrevivente de uma festa muito antiga.

O olho brilha: através de um véu de lassidão, fogos se animam. Ele nos fixa, meu irmão e eu, com uma espécie de espanto. Um sorriso maravilhado, terno, mas quase sardônico, delineia-se nesse rosto, refrata-se nas rugas teatrais que o ecoam. Ele não entra, ainda, ele nos olha e murmura, depois de um silêncio que me parece interminável: "Meus netinhos...". Mais um tempo, ainda. Ele permanece imóvel, na soleira da porta.

Então ele entra. Muito lentamente.

E lentamente, sempre, ele nos segue até o salão, senta-se em um canapé com gestos estudados, todos estes participando de uma misteriosa gramática da presença e da lassidão. Recupera seu fôlego, nos olha e suspira profundamente.

Cyril Roger-Lacan é conselheiro de Estado e escritor. Autor, entre outros, de *Derniers jours*. Paris: Grasset, 2021.

Um suspiro vindo de longe, como a lenta expiração de um cansaço que se eleva das profundezas dos tempos, um suspiro selado, porém, por todos os harmônicos de sua voz estranha, cuja cor muda incessantemente, passa de uma doçura quase grave a agudos estridentes, que, por vezes, são nasalados, como quando ele professa, com uma espécie de enervação oracular. Muito tempo depois, eu surpreenderia em mim esse suspiro extenuado, vindo com a idade: e se ele nos viesse de um ancestral mais longínquo?

Sentado no sofá, ele nos observa. E, nos anos sombrios que se seguiram à morte de nossa mãe, sua filha mais velha, esse olhar é carregado de harmônicos ansiosos, de uma sondagem triste, quase desesperada, em que ele parece buscar a um só tempo aquela que já não está e alguma garantia — garantia impossível, quem sabe disso melhor do que ele? —, de que, apesar de tudo, "vai dar certo".

Não vai, e ele o sabe, ele o sente. Nós falamos. Ele nos interroga sem desviar de nós esse olhar extraordinário de atenção, uma atenção tensa — selvagem, tenho vontade de escrever hoje —, na qual se mistura à experiência do clínico uma curiosidade ardente, sempre nova, ancorada em um mundo de questões que o assaltam. E que nunca depôs as armas... Um olhar que se busca no nosso, através, para além...

Ele nos olha e nos questiona e, por vezes, nossas respostas o divertem. Então seus olhos se arregalam com uma indizível ironia, e ele ri à beça.

Um suspiro... O telefone toca: é para ele, ele se irrita.

O que ele teria feito na era dos smartphones? Que relação íntima teria travado com esse regente intrusivo das pequenas horas de nossas vidas, claraboia em que, *en abyme*, uma série de transferências truncadas são ingenuamente iniciadas com esse labirinto narcísico no qual, em miríades de espelhos desconhecidos, tantos fragmentos de imagens dispersam-se como garrafas ao mar?

Ainda naquela época antiga, o telefone com fio, em baquelite preta, coberto com um grande fone e um discador circular, colocado sobre uma mesinha, era o único canal por onde o mundo podia alcançá-lo neste porto, onde ele deixa escapar grandes suspiros. Conectamos com esse aparelho ao discar *Carnot 09 30*. É Gloria quem se encarrega dele e que acolhe, dependendo do caso, uma exasperação sussurrada nas fronteiras do inaudível, ou insultos dirigidos aos chatos que o assediam "até mesmo na casa de seus netos". Gloria permanece impávida do outro lado da linha, tão calma nesse ritual da gritaria quanto o foram, outrora, os *tercios* do rei da Espanha sob o fogo de nossos soldados.

A tempestade passa. Não sem deixar rastros de nuvens em sua fronte, como se ele quisesse reter um pouco de sua raiva, incubá-la, ainda, como uma brasa.

Em seguida, vamos para a mesa. A mesa, ele gosta muito disso, mas seu prazer também é manter perto dele o charuto torto, meio consumido, que ele mastiga por horas — brilhando de saliva como se um caracol tivesse tirado ali uma sesta voluptuosa. E eu, a criança um pouco enojada disso, lhe passo um cinzeiro: ele arqueia uma sobrancelha zombeteira, coloca ali o charuto e, quando eu quero tirá-lo, ele coloca suavemente sua mão sobre a minha e diz, cúmplice: "Deixa aí...". Eu então vou jantar junto a essa guimba incendiada, muitas vezes reacendida, e cuja forma estranha traz a marca dos sorrisos, das raivas, das caretas que, por horas a fio, atravessaram esse rosto móbil ao extremo, saturado de expressão até mesmo em seus torpores.

Meu pai e ele não se entendem. Desde a morte de Caroline, minha mãe, sua filha, as conversas entre eles ficaram dolorosamente estremecidas: os rancores ali circulam como gatos pretos no fundo de um beco, à noite, entremeados de silêncios nos quais se abre o abismo escuro em que desapareceu essa jovem mulher luminosa, da qual ninguém fala e na qual não cesso de pensar.

Então, naquele dia, caberia fazer um corte no âmago desse mal-entendido, dar a entender alguma coisa por meio de uma cesura imprevista, como ele o faz na análise? Para dar uma chance, por meio dessa pequena brecha aberta no discurso enfermo, a alguma coisa que acabará, talvez, sendo dita? Ou é simplesmente porque ele se recusa a sofrer e se dá todos os direitos, especialmente o de mandar tudo se danar?

De todo modo, ele sai, vai fazer xixi, a porta escancarada no corredor por onde passa a cozinheira, que quase derruba a louça. Veste sua louca peliça, furtivamente. E vai-se embora.

Desaparece.

Seu lugar fica vazio.

Resta o charuto.

FABRICE ROGER-LACAN

Uma fotografia

Jacques Lacan, sua filha Caroline Roger e seu neto Fabrice, 10 de setembro de 1972.

ÈVE MILLER-ROSE

"Tão difícil quanto raro"[1]

Meu avô costumava me beijar na ponta do nariz. Era a sua maneira carinhosa de pontuar os momentos em que, ainda menina, eu vinha lhe dar bom-dia, boa-noite, falar-lhe de uma descoberta, mostrar-lhe algo suscetível de suscitar seu interesse. Talvez ele assim atualizasse a pontuação com que acolhera meu nascimento. Ele ressaltara esse traço do meu nariz: "uma vírgula". Ele então esboçou meu retrato com um traço de lápis. Nele, veem-se, sobretudo, meus olhos plissados. Na maternidade, com seu dedo mergulhado em uma xícara, ele colocou uma gota de champanhe na ponta dos meus lábios, o que foi minha delícia de bebê ao chuchá-la, contava minha mãe, certa de que, por esse gesto surpreendente, muito pouco em conformidade com a doutrina médica, "ele sabia o que estava fazendo". Foi com esse toque borbulhante e subversivo que ele me convidou a participar da festa do meu nascimento e de seu mal-entendido no qual, *parlêtre*, eu estava fadada a nadar.[2] Da vírgula, meu pai faz um uso que marca seu estilo escrito, justaposição, articulação que dá jogo livre para a ligação introduzida por ela ao longo do fraseado. Nessa vírgula, ao sabor das águas, tomo um apoio ligeiro para fazer escansão, e prosseguir.

Por uma contingência, aos doze anos, tomei um caminho que meu avô havia trilhado. Ainda não era o da psicanálise, mas o da língua chinesa, campo de um saber árduo e infinito, abrindo espaços onde circulava o sopro

1. "Mas tudo o que é precioso é tão difícil quanto raro" — Spinoza, *Ética*.
2. Cf. J. Lacan, "Dissolução". In: *Nos confins do Seminário*, texto estabelecido por J.-A. Miller. Rio de Janeiro: Zahar, 2022, p. 87.

de um desejo novo. Certa noite, quando François Cheng foi recebido em nossa casa para jantar e trabalhar com Lacan, meu pai propôs a ideia de que eu poderia estudar chinês, uma língua tão difícil quanto as antigas, mas viva! Essa ideia me encantou. Cheng encorajou essa escolha e me recomendou a um de seus alunos, que estava introduzindo alguns estudantes em Paris na língua chinesa, seus traços, seus tons, seus sons, através da poesia e da caligrafia. Desfiando um poema caligráfico de Li Yì que lhe ofereci,[3] meu avô reconheceu, num lampejo, o primeiro caractere, "céu", o Homem grande pendurado numa linha horizontal, seguido de "montanha" — "montanhas celestes". Nessa estrada, "a caminhada é difícil", prossegue o poema. "Mover as montanhas", tal é o projeto "louco" do velho Yugong — história popular chinesa, retomada pelo presidente Mao, ouvida por meu pai. Ele responde àqueles que recuam diante da imensa tarefa: "Que meus parentes comecem comigo e, depois de mim, meus filhos, os filhos de meus filhos etc., prosseguirão". Trata-se de que, pela *causa*, *"cada um coloque aí algo de seu"*.[4] "Preciso inovar [—] *não sozinho*", disse Lacan, convidando em 1980 seus alunos, "aqueles que ainda gostam" dele, a "prosseguir com Lacan".[5] E, no entanto, sempre sozinho, no ato e seus efeitos de criação — "tão sozinho quanto sempre estive em minha relação com a causa psicanalítica".[6]

Jacques Lacan obtinha o que queria. Ele não cedia de seu desejo. Pesquisador obstinado, estava mais frequentemente concentrado em seu trabalho. Do nosso balbuciar de crianças ele sabia agarrar em pleno voo um achado linguageiro. Ficava atento a quem se aproximava dele. Por todo um tempo, seus nós faziam parte de nossos jogos. Ele não ficava constrangido pelo que se impõe a todos (porta fechada, distância, hora tardia, suposta conveniência...). E sua vontade tinha a força de mover as montanhas. Ele sabia mobilizar o desejo, sem nunca levar o outro pelo nariz.[7] A liberdade que ele

3. Li Yì, "Expédition au Nord".
4. J. Lacan, *Nos confins do Seminário*, op. cit., p. 73.
5. Ibid., pp. 73, 107 e 56.
6. J. Lacan, "Ato de fundação". In: *Outros escritos*. Rio de Janeiro: Zahar, 2003, p. 235.
7. Dada a importância do nariz para o presente texto, traduzimos literalmente a expressão francesa *"mener quelqu'un par le bout du nez"*, cujo sentido é de "colocar cabresto". (N. T.)

deixava a todos remetia cada um à responsabilidade da posição que escolheu tomar. Percebi que me destacava na minha relação com ele: os outros eram loquazes; eu me situava ao seu lado com uma palavra rara, às vezes abrupta.

A causa analítica é indissociável de sua dimensão política, negar o inconsciente e sua marca singular tem um efeito desumanizante, a descoberta freudiana eleva o humano à dignidade do sujeito.[8] Da prática da psicanálise, porém, eu não sabia muita coisa antes de começar — foi uma escolha forçada, em um momento de impasse após vários desvios — uma análise.

Eu tinha um ouvido sensível às variações da voz de Jacques Lacan. Em um sussurro, ela fazia brotar o mais profundo. De repente, ela se fazia delicada e estridente, para alcançar-nos o mais longe possível. Precedida por um suspiro, a expressão de uma demanda era aliviada de seu peso de exigência. Enfurecido por ainda não ter conseguido, trêmulo, dentes cerrados, mandíbula deslocada, ele fazia ressoar o efeito do discurso para além do sentido. Muito mais tarde, em minha prática, passei a utilizar as tonalidades da voz. É assim que me oriento em sua esteira. Não sozinha: com os poucos "esparsos disparatados"[9] reunidos na Escola da Causa Freudiana e na Associação Mundial de Psicanálise, no Campo Freudiano.

Da ponta do meu nariz, ali onde meu avô não está mais, eis-me aqui extraindo pedaços de saber. Da ponta do meu nariz, pois, mais longe, dizem, não se vê nada.[10] É opaco, e só nos arriscamos ali tateando. Trata-se, no entanto, de acolher o que aponta, de elucidar um pouco daquilo que conduz o sujeito. Bem ali, na ponta do nariz, à beira do indizível. Do romance familiar à função do *famiele*, cujo Eu [*Je*] é o que está em jogo,[11] *historisterizar-me* é difícil para mim. Essa vírgula, se a olharmos de perto, não é a caligrafia de um cílio? Esse *dito-feito-cílio* [*dit-fit-cil*] até descerrar meus olhos.

---

8. Eu o sustentei recentemente na abertura do Enapol IX (São Paulo, 2019), inédito em francês, publicado em espanhol em *El Niño*, nº 15, pp. 61-5. Buenos Aires: Grama, 2020.
9. J. Lacan, "Prefácio à edição inglesa do *Seminário*". In: *Outros escritos*, op. cit., p. 569.
10. Em francês, a expressão "*ne pas voir plus loin que le bout de son nez*" significa não refletir sobre as consequências do que faz, não pensar no amanhã. Em português, a expressão equivalente seria "não enxergar um palmo além do nariz". (N. T.)
11. Cf. J. Lacan, *O Seminário*, livro 16: *De um Outro ao outro*, texto estabelecido por J.-A. Miller. Rio de Janeiro: Zahar, 2008, p. 284.

SANDRA BASCH

O marido de minha avó

Jacques-Alain Miller — Parece-me que suas relações com o dr. Lacan passaram principalmente por sua tia Judith, não?

Sandra Basch — Diria, antes, que foi minha avó Sylvia quem fez o vínculo, se é que houve um vínculo. Saíamos da escola, os três, Catherine, Julien e eu, e íamos para a casa dela, na rue de Lille, nº 3, todas as tardes. Era a festa. Ela nos cobria de beijos, jogava suas pernas atrás da cabeça e andava sobre as mãos, contava piadas… Então, de repente, um grande suspiro se erguia do térreo: Jacques havia chegado da rue de Lille, nº 5, para almoçar. Nós congelávamos, enquanto os suspiros se aproximavam do terceiro andar.

Imagino!

Comíamos em silêncio. A certa altura, Jacques erguia o punho bem alto e o deixava cair com força sobre a mesa, com um grande barulho de pratos e talheres que batiam uns nos outros — o gesto era tão comum que o vinho era servido em copos de uísque. Minha irmã, Catherine, começava a chorar. Jacques perguntava a Sylvia: "Mas por que ela está chorando?". Então, Julien e eu, por nossa vez, nos debulhávamos em lágrimas. E Sylvia dava uma bronca em Jacques: "Mas olhe o que você fez…". Ele soltava um novo suspiro e voltava ao trabalho. E nós recomeçávamos a respirar!

Você nunca tinha me contado isso!

Não se resistia muito a Jacques Lacan, pelo menos na minha família. A única que se opunha um pouco a ele era minha avó. Aliás, nem tanto assim. Bem, isso é o que me parece, hoje. Mas, na época, eu tinha a impressão de que ela não se deixava levar, que com ela a coisa não funcionava como com os outros.

Sim.

Tenho lembranças de uma verdadeira proximidade nos anos 1970. Tínhamos ido juntos a Veneza. Uma viagem muito importante para mim. Sempre que volto lá, faço peregrinações, ao Harry's Bar, a Torcello. Nas pinturas, eu via são Julien e santa Catarina, nunca uma santa Sandra. Então, você me disse: "Você é a primeira". E tive uma crise mística por sua causa!

Porque eu lhe disse: "Você é a primeira"?

Mas claro! Era como me dizer: "É você, a santa Sandra!". Julien contou dessa viagem a Veneza em uma redação na escola alsaciana. Ele conta tudo, as gôndolas, o Cipriani, como Jacques pegava um táxi mas não pagava, o que fazia com que Judith e mamãe dessem bronca. Isso as fez cair na gargalhada quando leram o relato. Lembro também que ia ser lançado o primeiro *Seminário*, que você compôs com ele. Ele dedicou um exemplar dele para cada uma das crianças. Ele veio ao boulevard Raspail, onde morávamos na época, e nos deu os livros. Acho que foi a única coisa que ele me deu de sua própria mão.

Sem passar por Sylvia.

Outras coisas passaram por Sylvia.

O que ele escreveu no seu exemplar?

Alguma coisa simpática, eu acho. Penso que ele escreveu algo como: "Julien pula, Sandra ri, Catherine corre".

Ele também fez isso para Ève e Luc. Ele havia escrito para Luc: "Luc, ele é lúcido". Ele nunca lhe deu outro presente além de seu Seminário?

Talvez ele tenha me dado presentes, mas não me lembro. Em todo caso, ele ofereceu também à Catherine, que era a mais velha, *A Bíblia de uma avó*, a Bíblia pela Condessa de Ségur, que devorei e que muito alimentou minha crise mística. Eu acreditava em absolutamente tudo que eu lia. Ainda para Catherine, ele trouxe o dicionário *Robert* de nomes próprios, porque o nome dele tinha entrado lá. Ele dava presentes às mulheres. Ele dava presentes à mamãe, ele dava presentes a Judith, ele dava presentes a Sylvia.

De Paris, antes de Veneza, também me lembro que ele tinha uma Dulcineia que não parava de telefonar, até mesmo para a casa de minha mãe. Deixávamos o fone fora do gancho porque, se puséssemos de novo, ele não parava de tocar, era a queridinha.

Foi antes de Catherine Millot.

Claro. Foi, eu acho, em 1972-3. Após a morte de Caroline, sua filha, que se deixou atropelar por um carro. Quando minha mãe me disse que ela ia ao enterro, perguntei-lhe: "Mas e aí, Jacques vai chorar?". Era inimaginável, para mim, que esse velho senhor aterrorizante pudesse chorar. Nessa época, Jacques começou a telefonar muito para minha mãe. Éramos nós que atendíamos, porque não éramos vigiados — eram os anos 1970, as crianças não tinham babá. Atendíamos, ele dizia: "Laurence...?", respondíamos que ela não estava em casa, ele desligava antes de ligar de volta alguns minutos depois. Ela tinha que estar lá. Não podíamos fazer nada e não podíamos lhe falar: ele nos dava muito medo!

De Guitrancourt à Ilha de Ré

Você tem lembranças de Guitrancourt?

Quando meu pai e minha mãe se separaram, foi um período de absoluto terror para mim. Certo ano, Julien e eu não queríamos sair de férias com meu pai. Sylvia nos levou para Guitrancourt. Eu estava muito angustiada. Não devíamos fazer barulho para não incomodar Jacques. E, assim, foi um terror a mais sobre o terror que reinava em minha família naquela época.

Estou surpreso que você use a palavra "terror". Pelo contrário, eu via alegria entre as crianças, vocês três e Ève e Luc.

Jacques não era muito falador, eu tinha a sensação de que ele não estava muito interessado em nós, mesmo assim ele dava bastante medo. Não éramos apenas nós que tínhamos medo. Ele tinha acessos de raiva terríveis.

Não em Guitrancourt, nunca. Te contaram isso?

Claro que sim! Em Guitrancourt, em Veneza... Sylvia e Gloria gostavam muito de contar como Gloria era a única pessoa que quis de bom grado trabalhar para ele, de tão desagradável que ele era. Isso não é um mito.

Mesmo assim, você podia ver claramente que Judith não tinha uma relação aterrorizada com o pai dela.

O que eu via, quando criança, mas um pouco mais velha, por volta dos oito, dez anos, era uma relação de devoção ao Jacques. Não estou dizendo que minha mãe tinha medo dele, digo que ela o adulava. A gente assistia, em família, ao programa *Televisão*, tínhamos que escutá-lo. Jacques era uma pessoa muito importante. Em torno dele reinava um respeito absoluto. Ninguém o contradizia, exceto Gloria, sem dúvida, mas não na minha frente. E Sylvia um pouco. As crianças não gostam quando as coisas giram em torno de alguém que não elas. Ao mesmo tempo, Judith e mamãe se ocupavam muito de nós. Agora que eu tive filhos, eu me pergunto como elas faziam. A única coisa que as afastava de nós era Jacques. Era o único momento em que não devíamos incomodá-las. Fora isso, tanto Judith quanto mamãe ficavam totalmente conosco. Quando Jacques estava lá, era uma competição terrível.

Em contrapartida, vocês estavam completamente à vontade na casa da Ilha de Ré. Lá, o dr. Lacan não ia. A Ilha de Ré foi o mundo concebido por Sylvia para viver com suas duas filhas e seus netos. Os homens, no caso, o dr. Lacan, eu mesmo ou o seu pai, não tínhamos lugar ali.

É possível.

A Ilha de Ré era o local da devoção sem reservas das três mulheres às crianças da família.

Quando se é o objeto da devoção, não se percebe isso. Às vezes, Sylvia estava sozinha conosco, as cinco crianças, na Ilha de Ré. E ela se virava. Jacques nunca pisou lá, mas agora acontece de as pessoas virem bater na porta para visitar a casa do dr. Lacan. Até meus amigos, a quem expliquei que ele nunca tinha ido lá, acreditam no contrário. Dá-lhes prazer dizer: "Dormi na cama de Jacques Lacan".

Como a cama de Lincoln, na Casa Branca!

Durante um bom tempo, não fomos mais a Guitrancourt, porque Jacques tinha uma namorada que ia lá.

Sim, uma namorada reprovada pela família, reprovada por Sylvia, por Judith.

Recomeçamos a vir para Guitrancourt quando, acho eu, Jacques conheceu uma outra mulher.

Catherine Millot. Para ela Sylvia deu sinal verde.

E para lá íamos todos os fins de semana até 1980. Jacques estava lá, mas o víamos muito pouco. Lembro-me especialmente dos almoços na casa da piscina. Beijávamos sua mão ou ele beijava a nossa mão, não sei mais. Ele dizia: "Querida". Nessa época eu não tinha mais medo. Eu era adolescente. Eu me entediava um pouquinho. Jacques tomava banho de piscina todos os dias.

Vocês, as cinco crianças, organizavam espetáculos.

Com Élisabeth e Maïté. Maïté era a animadora. Representei Perrette em *A menina do pote de leite*, foi minha hora de glória. Dávamos muitos espetáculos, na Ilha de Ré também. Jacques ficava no ateliê, trabalhava. Tenho uma lembrança engraçada: um dia, fomos chamados para que nos mostrassem uma mariposa gigante, morta, no quarto de Jacques. Deitada de costas, com as asas dobradas, ela ocupou todo o espaço sobre o morilho da lareira. Jacques estava em sua cama. Lembro-me como se fosse ontem. Mas, sem dúvida, isso é um sonho.

Pais destroçados

Gostaria de lhe contar a impressão que eu tinha do mundo em que Sylvia fez, vocês cinco, seus netos, viverem. Eu tinha a sensação de que ela mantinha vocês com a ideia de que eram seres excepcionais, plêiades, que tudo era devido a vocês, que vocês não precisavam dar provas de nada, principalmente nos estudos, que toda homenagem lhes era devida.

Isso teria sido incrível!

Essa é a impressão que eu tinha, olhando de fora.

Minha mãe tinha uma confiança absoluta em nós. Os estudos, não eram algo a que ela desse muita importância, mas isso não significava que não devíamos estudar. Li *Pelos olhos de Maisie*, de Henry James, ao entrar na sexta série, eu tinha dez anos. Portanto, havia, mesmo assim, uma certa exigência. Sylvia também era muito exigente. O único lugar em que me sentia segura era com ela.

Como assim?

Precisei fazer uma psicanálise muito longa para compreender que Catherine, Julien e eu fomos realmente muito "pisoteados". Nossos pais estavam bastante destroçados pela Segunda Guerra Mundial. Ambos relatavam uma desgraça absoluta. O pai de meu pai suicidou-se quando os alemães entraram em Paris, seus avós foram assassinados pela milícia. Quanto à minha mãe, que também era judia, sentia-se totalmente abandonada pelos pais.

Jacques e Sylvia.

Houve muitos conflitos em torno da morte de Jacques e da dissolução da Escola Freudiana. Muita violência. Em nossa família, funcionávamos por excomunhão. Certos nomes não deviam mais ser pronunciados.

Gloria disse uma vez que conhecera sua mãe alternando períodos em que odiava o dr. Lacan e períodos em que o adorava.

Minha mãe, até onde me lembro, nunca odiou Jacques. Ele era o padrasto dela, ela ficava danada com ele por certas coisas, às vezes falava mal dele. Mas odiá-lo, não.

Sempre conheci Laurence amando o dr. Lacan, exceto depois de sua morte, se assim posso dizer.

Minha mãe não odiava ninguém, não era sua maneira de se relacionar com os outros.

Para concluir?

Eu tinha a impressão de que, em torno de Jacques Lacan, pensava-se para todos os lados. Minha mãe, Judith, Catherine Millot, eram intelectuais. Era evidente, para mim, que eu fazia parte disso. Mesmo tendo oito anos, eu tinha a impressão de que tinha algo a dizer, que tinha acesso ao pensamento, que nada me era proibido. Eu não sabia nada sobre o pensamento de Lacan quando eu era pequena, obviamente, e não se falava muito sobre isso na frente das crianças. Mas agora, quando o leio, é familiar. Sinto que penso na mesma direção. Li *O sinthoma*. Fui avisada: "Você vai ver, é incompreensível". Eu, porém, acho mais simples do que os outros *Seminários*, porque sou uma grande leitora de Joyce. Não li *Finnegans Wake*, mas, o resto, li e reli e estudei em inglês. Para além de mim, parece-me que o pensamento de Lacan é um pensamento que autoriza a pensar. Não é porque não entende que você não tem o direito de ler, de refletir, de falar. E isso me engrandece.

15 de maio de 2021

LUC MILLER

No jardim d'Lacan, de bricolagens em achados

OS ANÉIS DE FANO — TODA UMA GEOMETRIA EM SETE PONTOS AO ALCANCE DA MÃO

- O plano de Fano é uma configuração de sete "pontos" e sete "retas".
- O plano de Fano é uma "geometria": o plano projetivo do corpo com dois números.
- O plano de Fano não é realizável na geometria comum do plano.
- As simetrias do plano de Fano formam o grupo simples de ordem 168.
- As incidências do plano de Fano formam o gráfico toroidal de Heawood.

Trilhemos uma passagem não muito árida através desses enunciados íngremes, por meio dos quais se pode desfrutar de alguns panoramas que lhe dão vontade de escalar, mais cedo ou mais tarde, os picos escolhidos.

Ateliê de construção do modelo com quatro anéis "em palitos"

Construir seu modelo do "plano de Fano" com a ajuda deste diagrama tridimensional com quatro círculos e três retas:[1]

Luc Miller é maître de conférences em matemáticas na Universidade de Paris Nanterre. As ilustrações a cores, os links da internet e os anexos a esse artigo estão acessíveis em sua página pessoal: <miller.perso.math.cnrs.fr/jardin.html>.

1. Para observar esse modelo do plano de Fano em todas as suas costuras, seguir o link <www.geogebra.org/classic/nzee93sc>, no qual clicar+deslizar faz o plano girar.

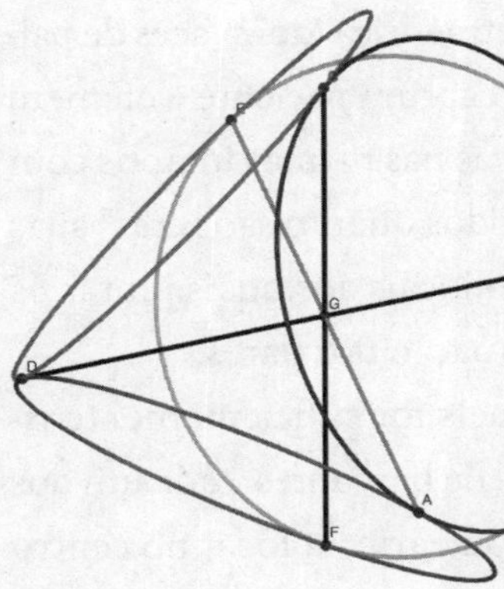

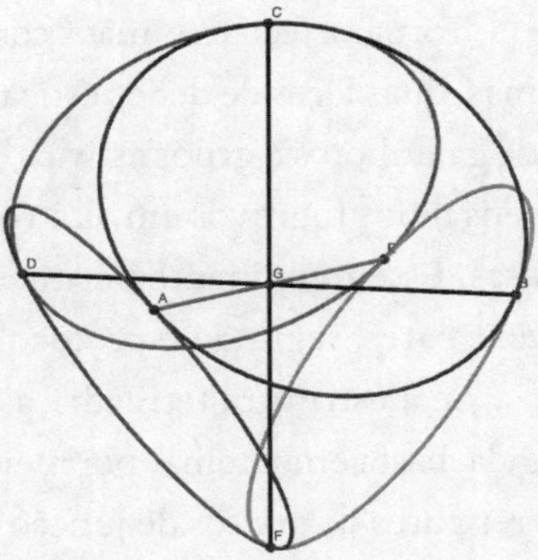

Apropriar-se da ideia, soltar os freios de sua criatividade e realizar instintivamente. O exemplo idiossincrático fotografado aqui é apenas indicativo. Aproveitar os materiais que lhe cheguem às mãos. Adicionar uma nota pessoal com alguns toques de cor. Visto do ponto central (G), eis a paleta de uma infância entre as bonecas Hopi: um toque de vermelho ao sul (A), de branco a leste (B), de preto no zênite (C), de azul-verde a leste (D), de amarelo ao norte (E) e de cinza no nadir (F).

Colocar lado a lado dois anéis do tamanho de um bracelete fino, ou anéis grosseiros de cortina. Juntá-los em um ponto. Amarrar um elástico pode ser prático, embora inestético, ou envolver com uma manga de fita menos adesiva aos anéis do que a si mesma.

Repetir a operação com um segundo par de círculos. Colocar cada par horizontalmente em cada mão, cuidando para dispor os anéis de um e do outro lado da dobra da mão, antes de dobrar os dedos bem esticados. De preferência, encaixar a junção dos círculos na linha do coração da mão, deixando a linha de vida bem na horizontal e — tanto quanto possível — a linha da cabeça, se for o caso, em sua única "dobra transversal",[2] descrito por Paul Broca nos *Bulletins et Mémoires de la Société d'Anthropologie de Paris* do ano de 1877.

2. Paul Broca, "Le pli transversal du singe dans la main de l'homme", *Bulletins et Mémoires de la Société d'Anthropologie de Paris*, n. 12, pp. 431-2, 1877.

Tornar a fechar as mãos como uma gaiola tetraédrica (duas faces de palmas, duas faces de dedos esticados), como uma captura paciente e efêmera de gafanhotos e grilos estivais, que fazem cócegas nas palmas infantis com seus pulos fugitivos em alta voltagem, tão torcidos quanto são retas[3] suas asas. Esse movimento permite situar os quatro locais aos quais juntar os dois pares, segundo o protocolo aplicado à formação dos pares.

Se a estrutura tetraédrica desses quatro anéis for suficientemente rígida, basta emparelhar por meio de elásticos, ou de barbantes, cada um dos três pares de pontos de junção opostos. Caso contrário, colocar no centro uma bola de massinha de modelar presa com fósforos, ou pauzinhos, para inserir em cada um dos seis pontos de junção. Na mesa do dr. Lacan, nunca faltavam palitos de pena de ganso. Aqui, simples espetos de madeira dão conta do trabalho muito bem. Na raiz sobre a qual tudo repousa, o *surd* central é aqui materializado por um tampão de ouvido. Essa antonomásia de um tampão de cera do ouvido questiona insistentemente a origem subjetiva desse referencial.

Contemple o trabalho! Cabe na palma da mão. Além do mais, se você prosseguir na leitura atentamente, talvez isso lhe fale. Porque esta cosmografia em miniatura transborda de estruturas conceituais — de fato, um belo objeto matemático.

3. Cf. H. C. Bennet-Clark, "The Energetics of the Jump of the Locust *Schistocerca gregaria*", *Journal of Experimental Biology*, v. 63, n. 1, pp. 53-83, 1975.

Configuração e axiomática do plano projetivo de Gino Fano

O diagrama tridimensional precedente ilustra uma *configuração projetiva*, atribuída ao matemático Gino Fano (1871-1952), que constitui o exemplo mais simples de uma *geometria projetiva*, chamada de *plano projetivo de ordem 2*.

O plano de Fano é uma configuração de "pontos" e "retas"

Os quatro círculos e as três retas desse diagrama formam uma certa épura espacial tridimensional do "plano" de Fano. O termo *modelo* designa a materialidade do objeto. O de *diagrama 3D* designa o conceito desse objeto. O modelo é um suporte acessível às sensações, um meio de percepção. O diagrama 3D é um suporte para a imaginação. Ele enriquece a noção de plano de Fano com qualidades supérfluas, mas familiares, que lhe conferem um suplemento de realidade.

Múltiplas noções entram em jogo em uma estrutura geométrica como o (usual) plano euclidiano: o comprimento, os ângulos, a continuidade, a ordem ("estar entre", para pontos alinhados) e a incidência (que concerne às "interseções") etc. No entanto, algumas afirmações geométricas, enunciados e provas assentam-se apenas em uma pequena parte delas. Na estrutura do plano de Fano, a "geometria" é particularmente despojada. Trata-se, portanto, de abstrair do modelo que temos diante dos olhos os únicos objetos e sua única relação que aqui nos interessam. As duas categorias de objetos são chamadas de "pontos" e "retas". A *relação de incidência* consiste em uma "reta" passar por um "ponto" e, reciprocamente, em esse "ponto" ser encontrado sobre essa "reta".

Para distingui-los das noções usuais de pontos e retas (do plano ou espaço euclidiano), mantenhamos as aspas nos objetos que constituem nossa "configuração geométrica". Seus sete "pontos" são as junções (materializadas pelos elásticos) e o centro (materializado pelo tampão de ouvido). Vamos, portanto, negligenciar todos os outros pontos dessa representação.

Em seguida, *aceitemos chamar de "reta" um conjunto constituído apenas por três "pontos"*, mesmo que esse conjunto seja figurado no diagrama por um círculo que passa por esses três pontos. Essa terminologia vai contra o uso comum porque, em geometria clássica, um círculo é um conjunto infinito de pontos situados em uma linha curva, que nada tem de uma linha reta no sentido comum, é claro.

As sete "retas" da nossa "configuração geométrica" são representadas por retas (ao longo dos palitos) e quatro círculos (os anéis). O cômputo de "pontos" é bom em cada "reta": em cada uma das três retas, o ponto central está situado entre duas junções, às quais dois palitos o religam; cada um dos quatro círculos é unido aos outros por três elásticos. A contagem verifica também o enunciado dual, ou seja, obtido trocando o papel dos "pontos" e das "retas": por um lado, cada "reta" é incidente a três "pontos"; por outro, cada "ponto" é incidente a três "retas".

Esse tipo de estrutura de incidência é hoje chamado de configuração projetiva simétrica. Em sua genealogia algébrica de "jogos combinatórios", sem um ponto de vista geométrico, essa noção tem também o nome de *tática*.[4] Ela foi popularizada em 1932 por Hilbert e Cohn-Vossen, em um livro para o "grande público" traduzido para o inglês vinte anos depois, *Geometry and the Imagination*.[5] O plano de Fano é a configuração (7_3) que aparece no título do parágrafo 16, no capítulo III "*Projective Configurations*". O artigo original de Turinese Fano, "Sobre os postulados fundamentais da geometria projetiva", data de 1892.

A noção de estrutura de incidência apareceu em diferentes campos das matemáticas sob nomes vernaculares. Na teoria dos grafos, ela é chamada de "hipergrafo" e, em combinatória, é chamada de "plano em blocos" — *block design*, em inglês. A jornalista científica Erica Klarreich introduz resultados recentes desse campo em "A Design Dilemma Solved, Minus Designs".[6] Ela ali

4. Cf. C. Ehrhardt, "Tactics: In Search of a Long-Term Mathematical Project (1844-1896)", *Historia Mathematica*, v. 42, n. 4, pp. 436-67, nov. 2015, disponível na internet.
5. D. Hilbert & S. Cohn-Vossen, *Geometry and the Imagination*. Nova York: Chelsea Publishing Company, 1952.
6. E. Klarreich, "A Design Dilemma Solved, Minus Designs. A 150-Year-Old Conundrum

menciona não apenas Fano, mas também Thomas Kirkman, que hoje é considerado seu fundador, depois de ter sido reconhecido exclusivamente como matemático recreativo. Outro episódio de sua sorte mutável é contado por Caroline Ehrhardt: "A pesquisa de Kirkman esteve praticamente ignorada até que o trabalho publicado por Moore veio salvá-la do ostracismo em 1896".[7]

O reverendo Thomas Penynington Kirkman (1806-95) descreveu a estrutura combinatória do plano de Fano mais de quarenta anos antes de sua "geometrização", como o enfatizam Norman Biggs e Robin Wilson em seu panorama dos "*Block Designs*", no décimo capítulo de *Combinatorics: Ancient & Modern*:

> Kirkman foi o primeiro a estudar planos projetivos finitos. Ele não usou linguagem geométrica, mas descreveu um método que produz planos projetivos de ordem para cada valor primo de n. Um artigo posterior numa publicação pouco conhecida, *Transactions of the Historical Society of Lancashire and Cheshire*, continha construções explícitas para planos projetivos para $n = 2$, 3 e 5, bem como para $n = 4$ e $n = 8$.[8]

Mais precisamente, o enunciado combinatório demonstrado por Kirkman em 1850[9] concerne aos subconjuntos de $(n + 1)$ "símbolos", chamados de "$(n + 1)$-plets", que desempenham o papel de "retas" compostas de $(n + 1)$ "pontos" cada uma: "Teorema II. Se n é qualquer número primo, $(n^2 + n + 1)$ símbolos podem ser formados $(n^2 + n + 1)$ $(n + 1)$-plos, de modo que toda dupla seja empregada uma, e somente uma, vez".

Todo o sal da estrutura de Fano é sua profunda articulação com o edifício das matemáticas. É sobretudo a geometria analítica praticada com

---

About How to Group People Has Been Solved, But Many Puzzles Remain", *Quanta Magazine*, 9 jun. 2015, disponível em: <quantamagazine.org>.

7. C. Ehrhardt, "Tactics: In Search of a Long-Term Mathematical Project (1844-1896)", op. cit., p. 454.

8. N. Biggs e R. Wilson, "Block Designs". In: R. Wilson e J. J. Watkins (Orgs.), *Combinatorics: Ancient & Modern*. Oxford: Oxford University Press, 2013, pp. 231-50.

9. T. Kirkman, "Note on an Unanswered Prize Question", *Cambridge and Dublin Mathematical Journal*, v. 5, p. 256, nov. 1850.

números pertencentes a um corpo finito, que conduz naturalmente a generalizar esse teorema para todos os números *n* que são potências de um número primo, ao passo que Kirkman se limita artificialmente aos números primos. Kirkman vincula seu resultado a uma questão que parece um pouco anedótica, ao passo que Fano vai direto às questões fundamentais.

O plano de Fano é uma "geometria" — o plano projetivo de ordem 2

Melhor do que uma simples configuração, o plano de Fano é uma "geometria" por si só, na qual o número de "pontos" e "retas" não é infinito. São apenas sete de cada. Seguindo a abordagem axiomática usada por David Hilbert para a geometria usual, aqui está a apresentação de um *plano projetivo de ordem finita, n,* como a lemos, por exemplo, no *Cours de géométries modernes*,[10] de Judith Cederberg:

> Termos indefinidos. Ponto, reta, incidente.
> Termos definidos. Pontos incidentes com a mesma reta são ditos colineares.
> Retas incidentes com o mesmo ponto são ditas concorrentes.
> Axiomas:
> (1) Existem pelo menos quatro pontos distintos, dos quais três nunca são colineares.
> (2) Existe pelo menos uma reta com exatamente $n + 1$ ($n > 1$) pontos incidentes distintos com ela.
> (3) Dados dois pontos distintos, há exatamente uma reta incidente com ambos os pontos.
> (4) Dadas duas retas distintas, há pelo menos um ponto incidente com ambas as retas.
> Qualquer conjunto de pontos e retas satisfazendo estes axiomas é chamado plano projetivo de ordem n.

10. J. N. Cederberg, *A Course in Modern Geometries. Undergraduate Texts in Mathematics.* Nova York: Springer, 2001.

Verifiquemos como nosso modelo satisfaz esses axiomas de um plano projetivo finito, com o valor 2 do parâmetro *n*. Para verificar o axioma 1, escolhamos, por exemplo, os seguintes quatro "pontos": o tampão de ouvido e as três junções elásticas que não estão no anel horizontal. Essas três junções, não estando no mesmo anel, não são "colineares". Para que o tampão seja colinear com duas junções, é necessário que estas estejam dispostas nas duas extremidades de um alinhamento de palitos, de modo que uma delas fique sobre o anel horizontal, o que não pode ocorrer com as três junções escolhidas.

Para verificar o axioma 2, basta contar o número de "pontos" em uma das "retas"; por exemplo, existem três junções elásticas no anel horizontal, sem tampões de ouvido, então o número de "pontos" nesta "reta" é de fato $n + 1$ com $n = 2$. Para verificar o axioma 3, devemos escolher dois "pontos" ($(7 \times 6) / 2 = 21$ possibilidades). Mas a simetria do modelo mostra que existem apenas duas possibilidades de que sejam essencialmente diferentes. Se escolhermos o tampão de ouvido e uma junção elástica, então a única "reta" que passa por esses "pontos" é representada pelo palito que os une e o próximo no alinhamento. Se escolhermos duas junções elásticas, então a única "reta" que passa por esses "pontos" é representada pelo único anel que passa por essas duas junções. Da mesma forma, por simetria, para verificar o axioma 4, basta considerar três casos: duas "retas" de palitos (que se cruzam no tampão de ouvido), ou dois anéis (unidos por um elástico), ou então uma "reta" de cada tipo (uma "reta" de palitos é unida a um par separado de anéis, distinta em cada uma de suas extremidades, cortando assim todos os anéis).

O axioma 3 é o mais familiar, pois se trata de uma propriedade ensinada nas escolas: "por dois pontos do plano passa uma única reta". O axioma 4 corresponde ao adjetivo *projetivo*, pois ele exclui o paralelismo impondo que duas retas se cortem sempre (em meados do século XIX, depois de três séculos, impõe-se o ponto de vista de Desargues, que subordina a geometria euclidiana dita projetiva "adaptada ao desenho em perspectiva", na qual as paralelas se cortam "no infinito" em um "ponto de fuga". O axioma 3 reforça o axioma 4 no enunciado dual do axioma 3: *dadas duas "retas" distintas, há exatamente um "ponto" incidente com ambas.* De um modo mais geral, esses axiomas implicam a propriedade de *dualidade*: se um enunciado é verdadeiro em um plano projetivo finito, então o enunciado dual (obtido trocando as palavras "pontos" e "retas") também o é.

O axioma 1 requer, de algum modo, que essa "geometria" inclua pelo menos um "verdadeiro" quadrilátero. Em particular, ele exclui que essa "geometria" possa ser reduzida a uma configuração muito degenerada, como uma única "reta numerosa" composta de n + 1 "pontos", um único "ponto excepcional" fora dessa "reta" e n + 1 "retas" unindo apenas esse "ponto excepcional" a cada um daqueles que compõem essa "reta numerosa".

Uma das consequências surpreendentes dos axiomas 1, 3 e 4 é que todas as "retas" têm o mesmo número de "pontos", todos os "pontos" estão no mesmo número de "retas", e esses dois números são idênticos. O axioma 2 nomeia este número n + 1. Portanto, uma simples contagem mostra que o plano projetivo de ordem n tem $1 + n(n + 1) = n^2 + n + 1$ "pontos" e o mesmo número de "retas". Aplicando essa fórmula ao número n = 2, encontramos os $2^2 + 2 + 1 = 7$ "pontos" de Fano.

Em sua *Introduction aux mathématiques discrètes*, traduzida para o francês em 2004, Jirí Matoušekš e Jaroslav Nešetrš aproximam os planos projetivos finitos dos cinco sólidos de Platão, os quais são, como eles, "raros, belos e também muito úteis". Eles nos lançam este desafio: "planos projetivos finitos são criaturas raras e, dada apenas a definição, não é fácil descobrir algum exemplo (experimente se você não acredita). Até o menor exemplo é interessante". Mesmo que o vocabulário geométrico deva orientar e aguçar nossa intuição, eles nos alertam para não confiarmos nele excessivamente:

> Outras noções geométricas não podem ser transferidas a ele automaticamente. Por exemplo, não há uma boa noção de distância num plano projetivo finito e, portanto, não fica claro o que deva significar um "círculo". Outra diferença importante é que no plano geométrico "usual", os pontos de cada reta estão naturalmente ordenados "ao longo" daquela reta, mas nenhum ordenamento desse tipo pode ser razoavelmente introduzido em planos projetivos finitos.

O plano Fano não é realizável na geometria comum (a do plano euclidiano)

Podemos definir um subespaço projetivo como um subconjunto de "pontos" que inclui qualquer "reta" definida por dois de seus "pontos". Constata-se então que os únicos subespaços do plano de Fano são cada uma de suas sete "retas" e o plano por inteiro. Em outras palavras, não há subespaço de "dimensão" intermediária entre a de uma reta e a de todo o espaço geométrico. Isso justifica chamá-lo de um "plano". Portanto, pode parecer mais natural representar o plano de Fano no plano da geometria clássica, dita euclidiana, do que no espaço tridimensional comum, como fizemos anteriormente. Hoje, a representação mais comum do plano de Fano é este diagrama planar:

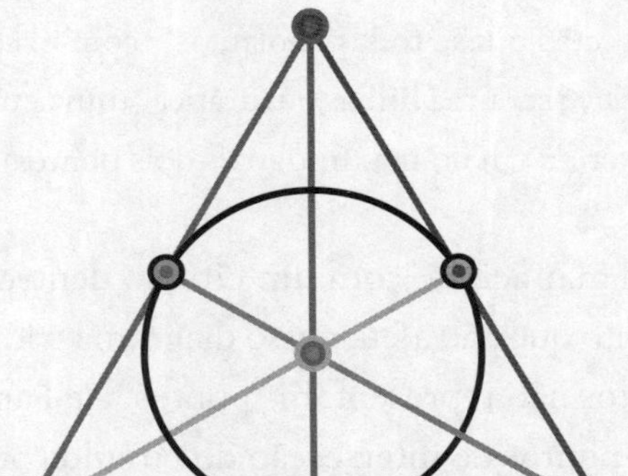

O diagrama mais clássico do plano de Fano[11]

Sua característica mais preponderante é que uma das "retas" é ali representada por um círculo (às vezes substituído por uma parábola cujo vértice é um de seus três "pontos" de Fano). Seria inútil procurar outro diagrama planar que evitasse essa bizarrice, porque o teorema de Sylvester-Gallai lhes garante que, para qualquer conjunto finito de pontos no plano euclidiano

11. Extraído da página <https://fr.wikipedia.org/wiki/Plan_de_Fano>.

que não estejam alinhados, existe uma reta que passa por apenas dois de seus pontos (em vez de três para as "retas" de Fano). Desde 1896, Moore (que citamos como tendo exumado Kirkman) enfatiza, por exemplo, que a configuração (7_3) do plano de Fano não é construtível no plano euclidiano. Hilbert e Cohn-Vossen provam a impossibilidade ("uma efetiva configuração (7_3) [é] impossível") com um diagrama,[12] mas nem sequer incluem o diagrama acima, que se tornou o mais comum. Na época, essa representação deve ter lhes parecido apenas um tapa-buraco ilustrando tão somente um defeito. Eles não mencionam, assim como Moore, a generalização dessa representação obtida por Steinitz em sua tese em 1894. Gandon a descreve assim:

> Um belo teorema de Steinitz mostra, no entanto, que cada configuração de *n* "pontos" e *n* "retas", de tal forma que cada "ponto" está sobre três "retas" e cada "reta" é composta de três "pontos", pode ser traçada no plano comum com a ajuda de retas quase todas "normais", com exceção de no máximo uma delas, que deve ser uma linha "quadrática" (uma curva de segundo grau cortada por uma reta em no máximo mais dois pontos).[13]

O diagrama planar acima, com um círculo dentro de um triângulo, sofre de outro defeito que não afeta nosso diagrama tridimensional: alguns de seus cruzamentos não representam "pontos" de Fano. Ele supõe fazer abstração dos três pontos de intersecção do círculo com as bissetrizes do triângulo, fora dos lados do triângulo, que não têm nenhuma significação do ponto de vista da estrutura combinatória representada. Em contrapartida, no diagrama 3D inicial, os pontos de intersecção de dois conjuntos (reta ou círculo) que representam uma "reta" de Fano são todos "pontos" de Fano. Foi procurando satisfazer essa propriedade ao mesmo tempo que tornando um pouco mais claro que os "pontos" desempenham todos o mesmo papel (a exceção do "ponto" central é a única ilusão que não é ali

12. D. Hilbert e S. Cohn-Vossen, *Geometry and the Imagination*, op. cit., fig. 106, p. 100.
13. S. Gandon, "Entre figures et espaces: Le cas des diagrames en géométrie finie", *Images des Mathématiques*, 12 nov. 2009, disponível em: <images.math.cnrs.fr>.

reabsorvida), que eu havia imaginado, depois realizado, esta representação espacial por quatro "anéis de Fano", curiosamente ausente das muitas referências já consultadas.

Burkard Polster — jogos de tabuleiro e estereograma em "limpador de cachimbo"

"Quer saibamos ou ignoremos, nunca andamos sozinhos no caminho da criação."[14] Uma pesquisa iconográfica aprofundada durante a redação deste artigo o ilustra mais uma vez. A ideia do diagrama tridimensional acima é tão natural que ele já foi nomeado de *estereograma do plano Fano*, por Burkard Polster. Steven H. Cullinane fez a mesma experiência que eu entre 26 e 30 de novembro de 2014, conforme o atesta uma página de seu blog, *Log24*.[15]

Polster chegou mesmo a publicar seu achado na revista altamente conceituada *The Mathematical Intelligencer,* que se apresenta nestes termos: "Escritas num estilo envolvente, informal, nossas páginas informam e entretêm uma vasta audiência de matemáticos e a comunidade intelectual mais ampla. [...] O humor é bem-vindo, da mesma forma que quebra-cabeças, poesia, ficção e arte". Esta é a figura 3 de seu artigo de 1999, "Yea Why Try Her Raw Wet Hat: A Tour of the Smallest Projective Space".[16] A enigmática primeira frase desse título é uma representação do plano de Fano, cujos "pontos" são letras e as "retas" são palavras!

Já em 1998, em seu *Geometrical Picture Book,*[17] Polster fotografou o modelo de seu "estereograma", realizado com limpadores de cachimbo e detalhou estas etapas de sua concepção:

---

14. C. Lévi-Strauss, *La Voie des masques*. Paris: Plon, 1979, p. 149.
15. S. H. Cullinane, "A Tetrahedral Fano-Plane Model", *Log24*, 30 nov. 2014, disponível na internet.
16. B. Polster, "Yea Why Try Her Raw Wet Hat: A Tour of the Smallest Projective Space", *The Mathematical Intelligencer,* v. 21, n. 2, pp. 38-43, mar. 1999.
17. B. Polster, *A Geometrical Picture Book*. Nova York: Springer, 1998.

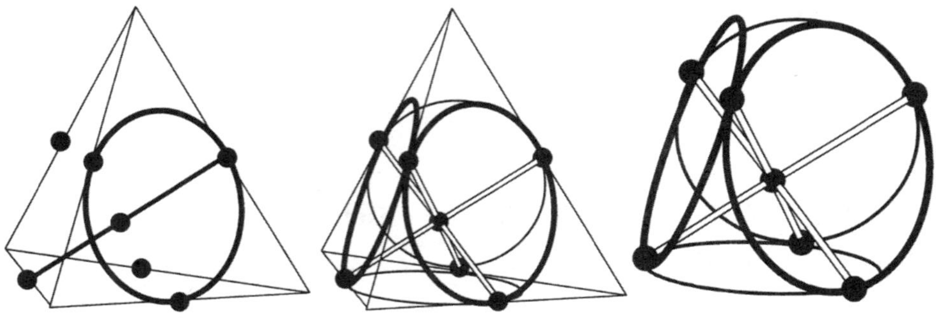

Os exemplares do *Mathematical Intelligencer* cobertos de figuras sugestivas, as hastes multicoloridas dos limpadores de cachimbo e a miscelânea de tabaco inglês emanando de caixas circulares metálicas, são todos eles atributos paternos consubstanciais à minha memória do Ateliê do dr. Lacan.

A impressão que me ficou desse espaço não deixava de estar relacionada com a famosa gravura de 1961, de Maurits Cornelis Escher, *Queda d'água*. Em três níveis ligados por duas escadarias e uma escada móvel de biblioteca ao longo de um trilho, ele era salpicado de espinhosos quebra-cabeças mecânicos poliédricos, que eu associava à teimosia de aríete do dr. Lacan.

Eu gostava do contato fresco e do dourado cintilante das peças pesadas que eu ali fazia deslizar, num movimento de análise e síntese, desmontando e remontando a estrelação do dodecaedro rômbico, por vezes chamado de "sólido de Escher", que ostenta o impossível aqueduto com o fluxo perpétuo do litógrafo holandês. Podemos acessar na internet as explicações de Stewart T. Coffin, no sétimo capítulo intitulado "The Diagonal Burr" de *The Puzzling World of Polyhedral Dissections*, e de George W. Hart, *Symmetric Stick Puzzles*, cujos modelos de madeira são estes a seguir:

"Burkard Polster se especializa em matemática divertida", assim se caracteriza o autor de "The Intersection Game",[18] selecionado em 2016 pela Princeton University Press para sua publicação anual de *The Best Writing on Mathematics*. Ele ali revela a estrutura subjacente de um jogo de tabuleiro, que faz muito sucesso na França, sob o nome de *Dobble* (*Spot it!*, em inglês).

A versão mais difundida baseia-se no plano projetivo do corpo com sete números: cada "reta" é um mapa no qual aparecem oito pictogramas diferentes, cada um desempenhando o papel de um "ponto". Duas cartas sempre têm exatamente um pictograma em comum. De acordo com o *Teorema II* de Kirkman citado, substituindo o símbolo *n* pelo valor 7 na fórmula $n^2 + n + 1$, esse jogo de *Dobble* deveria ter $7^2 + 7 + 1 = 57$ cartas. Mas, devido a restrições de fabricação industrial, ele tem apenas 55. Você saberia encontrar os pictogramas que compõem as duas últimas cartas e que se pode adicionar ao baralho sem entravar o jogo?

A versão simplificada é baseada no plano projetivo do campo de cinco números, não seis, porque $n = 6 = 2 \times 3$ não é um número primo. Como minha filha, conversando a respeito desse jogo, você poderia colorir um "*Dobble* de Fano" (a versão correspondendo a $n = 2$), onde cada carta é composta de três anéis concêntricos. Basta, por exemplo, ampliar os "pontos"

18. B. Polster, "The Intersection Game", *Math Horizons*, v. 22, n. 4, pp. 8-11, abr. 2015, e "The Intersection Game". In: M. Pitici (Org.), *The Best Writing on Mathematics*. Princeton: Princeton University Press, 2016.

de Fano, tais como oportunamente representados no diagrama anterior formado por um círculo em um triângulo.

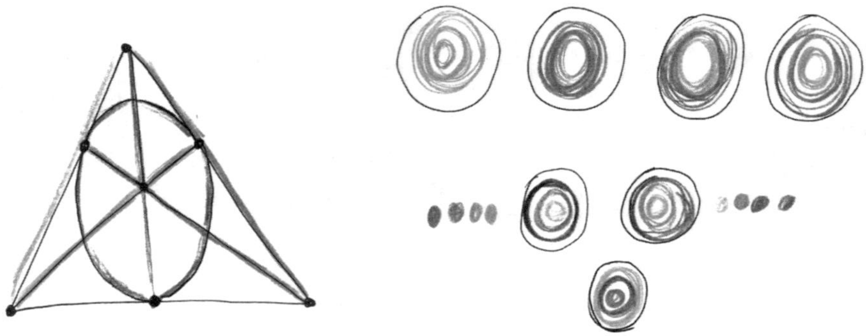

O plano de Fano é a estrutura do jogo de Dobble com três cores por carta, "encontrado" por minha filha neste desenho.

Grafo e grupo descritivos do plano projetivo de ordem 2

As simetrias do plano de Fano formam o grupo simples de ordem 168

Uma permutação dos sete "pontos" do plano de Fano que preserva o "alinhamento" é chamada de automorfismo ou uma simetria deste plano. Polster observa que o estereograma tem a vantagem de evidenciar uma grande parte das simetrias do plano de Fano, a saber: todas as simetrias do tetraedro cujas faces triangulares são aquelas onde estão inscritos nossos "anéis de Fano". Esta representação também não está isenta de falhas, uma vez que o "ponto *surd*", materializado pelo tampão do nosso modelo, aparece ali tão singular, imóvel e isolado. O estereograma é um mundo fechado subordinado ao ponto de vista central.

Abaixo, Polster propõe a outra representação planar, mais copernicana (e mesmo kepleriana, na medida em que ali o centro fica vazio, tal como o segundo foco de órbitas planetárias elípticas). Ela evidencia que os sete "pontos" são objetivamente intercambiáveis, por uma sucessão de rotações de um sétimo de volta. Combinando essas sete permutações circulares com as 24 permutações tetraédricas, obtém-se a totalidade das $7 \times 24 = 168$ simetrias do plano de Fano.

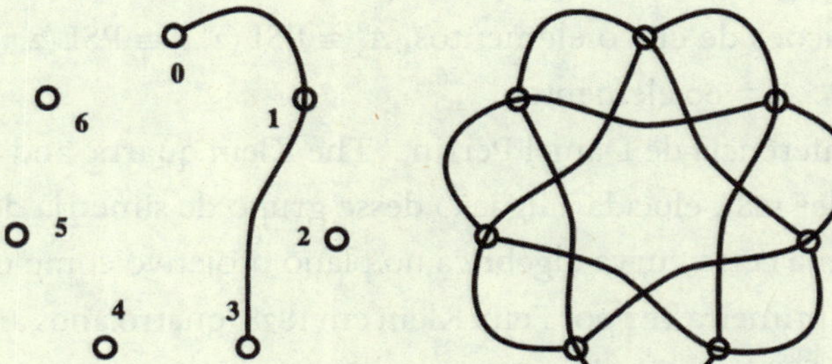

Burkard Polster, *A Geometrical Picture Book*[19]

A aplicação sucessiva de duas simetrias do plano de Fano ainda preserva o "alinhamento", portanto, constitui também uma das simetrias. Esta relação de composição de tais transformações tem as propriedades algébricas de estrutura de grupo. O artigo da Wikipédia dedicado ao "plano de Fano" explica por que o grupo de simetrias desse plano de Fano é a mesma estrutura que o grupo de mapas lineares invertíveis no espaço dos vetores, cujas três coordenadas (indicadas por *x*, *y* e *z*, quando localizadas usualmente no espaço) são números do corpo com dois elementos, anotados como F_2, em vez do corpo infinito dos números ordinários, chamados de reais, anotados como R.

Esse grupo geral linear, anotado como GL(3,2), é também o grupo projetivo linear especial PSL(3,2). É também o grupo projetivo linear especial PSL(2,7), como Ezra Brown e Nicholas Loehr o expõem elegantemente em "Por que PSL(2,7) ≅ GL(3,2)?".[20] Pela razão já mencionada, há em par-

19. B. Polster, *A Geometrical Picture Book*, op. cit., p. 14.

20. E. Brown e N. Loehr, "Why is PSL (2,7) ≅ GL(3,2)?", *The American Mathematical Monthly*, v. 116, n. 8, pp. 727-32, out. 2009.

ticular, como subgrupo, o das simetrias que preservam a orientação do tetraedro, que é o grupo das permutações alternadas de quatro elementos $A_4 \cong PSL(2,3)$. Podemos até mesmo mostrar que é o único *grupo simples* que se pode constituir com 168 elementos. O leitor interessado na classificação dos grupos (que já abordei em um artigo intitulado "Quand la structure engendre des monstres"[21]) notará que esse grupo simples de ordem 168 também é o segundo menor grupo simples não abeliano, depois do grupo das permutações de cinco elementos, $A_5 \cong PSL(2,4) \cong PSL(2,5)$, que tem apenas $5 \times 4 \times 3 = 60$ elementos.

Uma conferência de Daniel Perrin, "The Klein quartic and the simple group of order 168", elucida a ligação desse grupo de simetria do plano de Fano com uma certa curva algébrica no plano projetivo complexo. Ela foi descrita pela primeira vez por Felix Klein em 1878 (quatro anos antes de sua famosa garrafa),[22] como o lugar da equação $x^3y + y^3z + z^3x = 0$ em coordenadas homogêneas (x:y:z) no plano projetivo complexo $P^2(\mathbb{C})$. Helaman Ferguson modelou essa curva no mármore e na serpentina. Perrin colocou no frontispício de seu texto uma foto dessa escultura, *The Eightfold Way*, erguida em 1993 no Mathematical Sciences Research Institute em Berkeley. Como todas as representações tridimensionais clássicas, chamadas de *tertrus*, dessa curva de um espaço quadridimensional, ela preserva apenas as simetrias tetraédricas. Perrin assinala "o que é excepcional": a curva de Klein, de gênero $g = 3$, alcança o limite do teorema de Hurwitz garantindo que o número de automorfismos conformes preservando a orientação de uma curva algébrica lisa de gênero $g \geq 2$ verifica a majoração $|\mathrm{Aut}(C)| \leq 84(g-1)$, já que $84 \times (3-1) = 168$.

Embora o símbolo do plano de Fano seja (7_3) como configuração, seu símbolo é $2-(7,3,1)$ como *design*, ou ainda S(7,3,2) como sistema de triplos de Steiner. Em dois artigos da *Mathematical Magazine* intitulados "The

---

21. L. Miller, "Quand la structure engendre des monstres", *Élucidation*, n. 6/7, pp. 31-4, mar. 2003.
22. F. Klein, "Über die Transformation siebenter Ordnung der elliptischen Funktionen", *Mathematische Annalen*, v. 14, pp. 428-71, set. 1878.

Many Names of (7, 3, 1)",[23] em 2002, e "Many More Names of (7, 3, 1)",[24] em 2015, E. Brown descreve ocorrências fascinantes da mesma estrutura de incidência em muitas outras áreas:

> [P]lanos projetivos finitos, como o plano de Fano; a teoria dos grafos, como o grafo de Headwood e o torneio de todos contra todos duplamente regular de ordem 7; topologia, como arranjo de seis hexágonos mutuamente adjacentes sobre o toro; matrizes (–1, 1), como matriz antissimétrica de Hadamard de ordem 8; teoria dos números algébricos, como o campo de divisão do polinômio $(x^2 - 2)\ (x^2 - 3)\ (x^2 - 5)$; [...] códigos binários de correção de erros chamados códigos de Hamming; desenhos de Singer nas geometrias projetivas finitas PG (n,q), bem como os conjuntos de diferença de Singer associados com esses desenhos; dois sistemas numéricos — as álgebras reais com dimensões 8 e 16, chamadas octônios e sedênions, respectivamente. Estes se assemelham superficialmente a números complexos, e os matemáticos foram levados a esses sistemas pela formulação de perguntas sobre somas de quadrados.

As incidências do plano de Fano formam o grafo toroidal de Heawood

Philippe Caldero e Jérôme Germoni, autores de *Histoires hédonistes de groupe et de géometry*[25], escreveram treze páginas densas de matemáticas pouco especializadas, religando uma multiplicidade de assuntos familiares de maneira original. Elas concluem com a opinião "É divertido...",[26] com a qual concordo sem reservas. Eles estendem a noção de *triângulo equilátero* do plano complexo a outros corpos e constroem diversas "realizações" de *estruturas combinatórias ligadas ao plano de Fano.*

---

23. E. Brown, "The Many Names of (7, 3, 1)", *Mathematics Magazine*, v. 75, n. 2, pp. 83-94, abr. 2002.
24. E. Brown, "Many More Names of (7, 3, 1)", *Mathematics Magazine*, v. 88, n. 2, pp. 103-20, abr. 2015.
25. P. Caldero e J. Germoni, *Histoires hédonistes de groupes et de géométrie*, t. I e II. Montrouge: Calvage & Mounet, 2013 e 2015.
26. P. Caldero e J. Germoni, "Equilateral Triangles and the Fano Plane", *The American Mathematical Monthly*, v. 123, n. 8, pp. 789-801, out. 2016.

Isso não pode deixar insensível quem — como eu — não acha excessivo dedicar uma monografia de 246 páginas ao *triângulo equilátero*, contando nada menos que 88 propriedades, 33 aplicações, 29 recriações e 61 problemas. Este é o projeto realizado durante um ano sabático em 2010 por Brian McCartin,[27] *Fellow* da The Electromagnetics Academy e ganhador do prêmio Chauvenet da Mathematical Association of America recompensando os melhores escritos de exposição matemática (a versão eletrônica de *Mysteries of the Equilateral Triangle* é gratuita).

Entre essas *estruturas combinatórias ligadas ao plano de Fano* (que se pode reconhecer abaixo à esquerda) está seu grafo de incidência (figura do meio). Os vértices deste grafo são todos os "pontos" de Fano (numerados) e todas as "retas" de Fano (identificadas por uma cor). Dois vértices são religados por uma aresta, quando estão em relação de incidência. Por exemplo, o vértice localizado na parte inferior do grafo representa a "reta" (roxa) constituída pelos "pontos" 5, 4 e 7, razão pela qual está conectado por arestas aos vértices 5 (à sua esquerda), 4 (à sua direita) e 7 (no canto superior esquerdo). No tabuleiro de xadrez (figura à direita), a relação de incidência consiste em poder tomar um ao outro por um movimento da rainha.

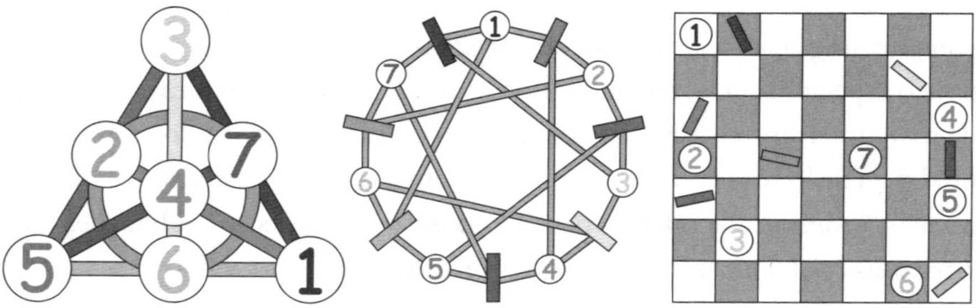

O plano de Fano, seu gráfico de incidência
e uma representação de tabuleiro de xadrez.[28]

---

27. B. J. McCartin, *Mysteries of the Equilateral Triangle*, Ruse: Hikari, 2010, disponível na internet.

28. E. Pegg Jr., "The Fano plane", *Math Games*, 2006, disponível em: <mathpuzzle.com/MAA/47-Fano/mathgames_05_30_06.html>.

Esse grafo se deixa traçar sem cruzamento na superfície de uma boia (o toro), embora ele se recuse absolutamente a fazê-lo na horizontal sobre uma folha de papel (o plano euclidiano). Esse comportamento singular lhe rendeu o título de "grafo toroidal não planar". Ele é conhecido pelo nome menos estigmatizante de "grafo de Heawood" em homenagem ao matemático que demonstrou, em relação ao toro, resultados do tipo do famoso "Teorema das quatro cores" referente ao plano euclidiano.

Na boia, abaixo no meio, o grafo é traçado em preto, mas seriam necessários vários pontos de vista para perceber completamente a superfície. É por isso que toda essa superfície da boia é estendida em forma de quadrado, à esquerda.[29] Os lados desse quadrado não formam arestas do grafo. Pelo contrário, para reconstruir a boia a partir do quadrado, seria preciso começar formando um tubo colando o lado esquerdo ao lado direito, depois conectar o fundo do tubo ao topo do tubo (para não rasgar, o quadrado deve ser elástico!), ou seja, colar também a parte de baixo na parte de cima. Cada uma das sete regiões hexagonais delimitadas pelo grafo é contígua às outras seis. Por conseguinte, não são necessárias menos de sete cores para que duas regiões adjacentes não sejam coloridas de forma idêntica. Heawood demonstrou que sete cores são suficientes seja qual for o mapa das regiões.

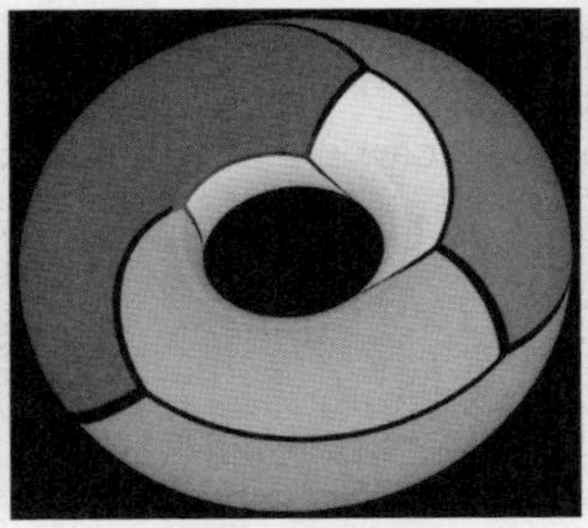

A foto da direita é retirada da "Topologie au crochet", de Moira Chas.[30] A disposição em espiral do grafo, traçado em branco, evidencia que as regiões

29. David Eppstein explica a sua figura "7x-torus" em <https://pt.m.wikipedia.org/wiki/Ficheiro:7x-torus.svg>.

30. M. Chas, "Crochet Topology", *Feature Column*, maio 2018, disponível em: <www.ams.org>.

são intercambiáveis por rolamentos de boia de um sétimo de giro, que correspondem às sete permutações circulares do diagrama de Polster anterior.

O inusitado destino epistemológico de um contraexemplo

Gino Fano precursor dos fundamentos axiomáticos de Hilbert

O capítulo 55 de *Landmark Writings in Western Mathematics 1640-1940*[31] é dedicado à primeira edição de *Grundlagen der Geometrie* (1899), de David Hilbert. "Esta obra determinante conduziu por seu método axiomático a uma renovação do pensamento em todas as áreas das matemáticas no século XX", escreve Michael Toepell.

> Segundo [Blumenthal, 1935], Hilbert proferiu estas famosas palavras numa sala de espera em Berlim ao voltar de Halle para Königsberg: "É sempre preciso ser capaz de dizer, em vez de 'pontos, retas e planos', 'mesas, cadeiras e canecas de cerveja'". Se esta narrativa for confiável, já em 1891 ele via a parte intuitiva dos conceitos geométricos como sendo matematicamente irrelevantes.

Oito anos depois, a formulação é mais concisa: "'*Wir denken drei verschiedene Systeme von Dingen*'; Leo Unger traduziu isso como 'Considere três grupos distintos de objetos', na segunda edição inglesa, de 1971". Toepell retoma a frase frequentemente citada de Hans Freudenthal, em seu artigo,[32] que é uma referência na história da geometria: "*Com estas garras de leão o cordão umbilical entre realidade e geometria é cortado*".

Mas Toepell religa a revolução hilbertiana ao personagem menos conhecido que nos interessa:

---

31. I. Grattan-Guinness, *Landmark Writings in Western Mathematics 1640-1940*. Amsterdã: Elsevier Science Ltd, 2005.
32. H. Freudenthal, "Zur Geschichte der Grundlagen der Geometrie", *Nieuw Archief voor Wiskunde*, v. 5, n. 3, pp. 105-42, 1957.

A geometria parece despertar para sua própria existência, independentemente de qualquer realidade física. Alguns meses antes Hilbert ainda vira os axiomas como "fatos originais [...] muito simples", cuja validade é de natureza experimentalmente provável. O que Hilbert formulou pode ter sido novidade na Alemanha, mas estava "no ar". Já sete anos antes, Fano escreveu: [ver abaixo citação de Fano mais completa]; nos dois anos seguintes (1892-4) Fano estivera em Göttingen.

O próprio Freudenthal percebeu in extremis a importância desse discreto precursor:

> Se as coisas tivessem ocorrido conforme o plano, deveria ter sido um italiano a anunciar as novas ideias, uma vez que ninguém chegara mais perto dessas ideias do que a escola [italiana]. [...] Na verdade, foi também um italiano. Percebi isto só depois de ter completado esse ensaio. Fano já havia chegado lá em 1892. Ele introduz seu sistema axiomático com palavras que ressoam com as palavras do próprio Hilbert.

Esta passagem de Freudenthal é o ponto de partida para um artigo de Avellone, Brigaglia e Zappulla, que aprofunda o papel da escola italiana nos fundamentos da geometria.[33] Eles lembram, em primeiro lugar, a abertura das *Grundlagen*, de David Hilbert: "Consideremos três diferentes conjuntos de objetos: chamaremos de *pontos* os objetos do primeiro conjunto [...], *retas* os objetos do segundo [...], *planos* os objetos do terceiro".

Em seguida, eles citam Fano,[34] o traduzem e o comentam com conhecimento de causa:

> *Una* varietá [*insieme*] *di enti di qualsiasi natura; enti che chiameremo, per brevitá,* punti *indipendentemente peró, ben inteso, dalla loro stessa natura* [...] *Io preferisco*

33. M. Avellone, A. Brigaglia e C. Zappulla, "The Foundations of Projective Geometry in Italy from De Paolis to Pieri", *Archive for History of Exact Sciences*, v. 56, n. 5, pp. 363-425, jul. 2002.
34. G. Fano, "Sui postulati fondamentali della geometria proiettiva", *Giornale di Matematiche*, v. 30, pp. 106-32, 1892.

addirittura riservare [...] il nome di postulati [*a quelle proprietá che*] *ci daranno le* proprietá prime *degli enti o* punti *della nostra varietà; quelle proprietà che (opportunamente scelte)* dovremo *ammettere per* caratterizzare *gli enti stessi e poterne poi dedurre nuove proprietà di questi.* (Fano, 1892, p. 106).

Uma *variedade* [conjunto] de entidades de qualquer natureza; entidades que, em nome da brevidade, chamaremos de *pontos*, ainda que estejamos obviamente deixando de fora quaisquer considerações da sua própria natureza. [...] Prefiro até mesmo *manter* [...] *o nome de postulados* [para aquelas propriedades que] irão nos dar as *propriedades básicas* das entidades ou *pontos* da nossa variedade; aquelas propriedades (cuidadosamente escolhidas) que teremos de aceitar para caracterizar essas mesmas entidades e sermos capazes de inferir novas propriedades delas. (trad. de Fano, 1892, p. 106)

É importante notar como tal ponto de vista era agora tido como ponto pacífico no meio dos matemáticos italianos, tanto que um jovem de vinte anos nem sequer se sentia pressionado a justificá-lo de nenhuma forma particular, ao passo que quase dez anos antes seu professor [Conrado Segre] teve que explicar o método que adotara em sua dissertação.[35]

História de uma inversão de perspectiva

Avellone, Brigaglia e Zappulla concluem:

No entanto, Fano não parece ter levantado a questão de um desenvolvimento autônomo das novas geometrias que ele próprio havia proposto. Estas continuam sendo simples contraexemplos, destinados a mostrar a independência dos axiomas e que nunca se tornam pontos de partida para o desenvolvimento de nova pesquisa geométrica. O ponto de vista que busca fazer pleno uso da ideia subjacente a geometrias finitas só viria a ser desenvolvido dez

35. M. Avellone, A. Brigaglia e C. Zappulla, "The Foundations of Projective Geometry...", op. cit., p. 386.

anos mais tarde pela escola americana, e em particular por O. Veblen (Veblen e Bussey, 1906).[36]

Do artigo de Eliakim H. Moore, "Tactical Memoranda I-III"[37] ao de seus alunos Oswald Veblen e W. H. Bussey, "Finite Projective Geometries",[38] há uma reversão de perspectiva que metamorfoseia o exemplo mais condensado de uma impossibilidade em uma nova pedra de toque e funda nesse obstáculo elementar todo um campo de investigações novas. Após a abstração da configuração geométrica em uma combinatória (a das relações de incidência), o caminho inverso da geometrização de um problema combinatório torna-o acessível à intuição e aos métodos geométricos. Esta análise epistemológica é desenvolvida por Sébastien Gandon em "Entre figures et espaces: Le cas des diagrammes en géométrie finie":

> [A configuração de Fano] foi considerada por Moore como o exemplo paradigmático de uma configuração geometricamente impossível. Em cerca de dez anos, a ilustração mais simples de uma configuração não construtível em enquadre euclidiano comum (ou projetivo) torna-se o exemplo mais simples e o mais difundido do que é um espaço projetivo finito. [Veblen e Bussey operam], aqui, uma *inversão extremamente marcante*: 7_3, que passou a ser concebida como uma configuração "abstrata" desprovida de qualquer conteúdo geométrico, tornou-se a ilustração mais simples do que é um plano projetivo finito. [Seu diagrama] acima passa do status de figura falsa, refletindo a impossibilidade de construir certa estrutura sobre o plano da folha, para a de uma representação, sempre sobre o plano da folha, do próprio plano projetivo.[39]

36. Ibid., p. 391.
37. E. H. Moore, "Tactical Memoranda I-III", *American Journal of Mathematics*, v. 18, n. 3, pp. 264-90, jul. 1896.
38. O. Veblen e W. H. Bussey, "Finite Projective *Geometries", Transactions of the American Mathematical Society*, v. 7, n. 2, pp. 241-59, abr. 1906.
39. S. Gandon, "Entre figures et espaces...", op. cit.

INTERLÚDIO. NO JARDIM DE INFÂNCIA DO DR. LACAN

O dr. Lacan era uma pessoa estruturante do ambiente familiar em que cheguei ao mundo em 1970. Conheci-o sob um modo de evidência, completamente diferente de um encontro. No contexto privado da vida familiar, seu caráter, sob muitos aspectos excepcional, sempre me pareceu óbvio. Lembro-me mais de ter ficado surpreso com as reações que ele suscitava. No restaurante, por ocasião de excursões ou de viagens, sua exigência singular e a sua desenvoltura sem cerimônias semeavam no seu caminho a perturbação que espanta a ponto de, por vezes, forçar a admiração.

Os curiosos sobre o efeito que ele produziu em mim sempre me fazem pensar em Obélix, a quem se perguntaria quais são os efeitos da poção mágica. Eu literalmente caí na piscina do dr. Lacan quando era pequeno. A história familiar conta que eu assim aprendi a nadar sozinho, primeiro debaixo d'água, subindo apenas periodicamente para respirar o necessário para me mover. Essa piscina, eu o vi percorrer toda a sua extensão com uma regularidade que eu associava à coragem física e à força de vontade. O ar de fora é frio; a água está congelada; tirar o roupão; tomar um impulso; reverberação do trampolim; lançar-se, han! Em uma foto do início dos anos 1980, faço uma pose nesse trampolim, orgulhoso como Artaban, joelhos dobrados, braços esticados para trás, olhar fixo no objetivo.

Da sala de jogos acima de seu quarto, ou do canto do jardim no qual mergulhava a vista de seu escritório, eu sabia que tinha de tomar cuidado para não perturbar seu trabalho. O dr. Lacan me aparecia como um trabalhador incansável, de uma curiosidade implacável. Mas para cultivar seu jardim como Galileu "ele não tinha paciência", testemunha Jesús Escobes, figura vivaz dessa vida campestre, alegre e sem malícia. Desse jardim, que foi palco de tantas das minhas experiências, parece sobretudo que ele desfrutou da vista, em particular desde o ateliê.

Nesse jardim de infância em que todos os tipos de jogos se combinavam, éramos até sete, tais como os "pontos" de Fano: Maïté, Catherine, Sandra, Élisabeth, Ève, Julien e eu — o mais novo.

Eu o chamava de "Jack". Em 28 de março de 1973, ele disse a si mesmo "Luc é lúcido" — e o escreveu no início de sua dedicatória para mim do *Seminário 11, Os quatro conceitos fundamentais da psicanálise.*[40] "Ver isto com clareza!" — obviamente, o lema persiste em alimentar meu desejo.

Não me lembro que ele tivesse, mais do que eu, esse gosto muito francês de se comunicar: um olhar benevolente — o sorriso radiante — de uma extrema gentileza.

UMA DESMISTIFICAÇÃO HISTÓRICA — DOIS PARES DE NÓS

Às dezoito horas do dia do meu aniversário de dezesseis anos, assisti à inauguração, por Henri Cartan (prêmio Wolf de Matemática em 1980), da exposição La Chaîne de J. H. C. Whitehead, no Palais de la Découverte, iniciada por Jean-François Chabaud. Desde 1999, o convite me serviu de marcador de páginas em *Nœuds, Genèse d'une théorie mathématique,* de Alexei Sossinsky.[41]

A acessibilidade dessa obra deve muito à sua "decisão" de "deixar completamente de lado a ferramenta mais clássica da teoria dos nós (e a mais eficaz em seus começos)", chamada de *grupo fundamental.* "Sem entrar em detalhes, pode-se dizer que o grupo de um nó permite descrever todas as maneiras de se mover no espaço ao redor do nó sem nunca cortá-lo",[42] resumia Jérôme Dubois ao receber o prêmio Jeune Chercheur 2004. Essa acessibilidade sem dúvida teria se beneficiado com a adição de um capítulo sobre coloração, uma técnica que fornece as provas mais elementares de que certos diagramas não podem ser desenlaçados.

Trata-se, aqui, da questão fundadora dessa teoria que considera que "dois nós são (topologicamente) equivalentes, se pudermos passar de um

40. J. Lacan, *O Seminário,* livro 11: *Os quatro conceitos fundamentais da psicanálise,* texto estabelecido por J.-A. Miller. Rio de Janeiro: Zahar, 1979.

41. A. Sossinsky, *Nœuds. Genèse d'une théorie mathématique.* Paris: Seuil, 1999.

42. J. Dubois, "La théorie mathématiques des nœuds", Prix du Jeune Chercheur 2004, disponível na internet.

para o outro por deslocamentos, estiramentos ou encurtamentos do barbante. Em contrapartida, é proibido cortar o barbante, ou fazê-lo passar através de si mesmo!", especifica o cartaz de "Introduction aux ficelles de la topologie" da Universidade de Rouen. Os nós abaixo são equivalentes — diremos que esses quatro diagramas representam o mesmo nó —, embora não se detecte imediatamente sob os traços do primeiro sua identidade de "nó de trevo", que lhe advém da semelhança do último com uma folha herbácea com três folíolos. As setas indicam os "saltos de barbante" que permitem passar para o diagrama seguinte.

Assim, basta utilizar três cores para evidenciar que o nó de trevo e o entrelaçamento de Whitehead são autenticamente atados, no sentido de que não são equivalentes a um barbante sem nó (um exemplo é detalhado no pôster). Por exemplo, Curtis T. McMullen introduziu a tricoloração, desde a segunda seção sobre os nós de seu curso de Harvard, "Sets, Groups and Knots",[43] antes de passar às "matemáticas muito abstratas ou tecnicamente difíceis" deixadas de lado por Sossinsky.

Kenneth Perko — teórico do nó ocasional

Em seu lacônico esboço da história da teoria dos nós, McMullen dedica uma dentre três frases inteiras ao advogado Kenneth Perko: "Lorde Kelvin conjeturou que átomos são nós no éter. Tait e Little empreenderam a tabulação de

43. C. T. McMullen, "Sets, Groups and Knots" (2016), proferido na Universidade de Harvard, disponível em: <people.math.harvard.edu/~ctm/>.

nós até dez cruzamentos, um projeto de 10 anos completado por volta de 1899. E foi só em 1974 que o advogado Ken Perko achou um erro em suas tabelas".

Pode ser extremamente difícil apreender, à primeira vista, se dois diagramas representam o mesmo nó. Essas tabelas de classificação começam com o nó trivial, cujo diagrama mais simples é um círculo. Ele é seguido do nó de trevo que é o único que pode ser representado por um diagrama com apenas três cruzamentos, além do seu espelho que não aparece nas tabelas, embora não lhe seja equivalente, pois é obtido automaticamente por reflexão. Em seguida há um único nó com quatro cruzamentos, depois dois com cinco etc. Na virada do século XX, as tabelas de Peter Guthrie Tait e Charles Little se detinham em dez cruzamentos.

Perko identificou dois diagramas nessas tabelas representando o mesmo nó — uma duplicação. O erro se perpetuou por muito tempo, pois a tabela publicada em 1976, no livro de referência de Rolfsen, sempre representava incorretamente dois diagramas (um desse nó, o outro de seu espelho), sem levar em conta a publicação de Kenneth A. Perko Jr., "On the Classification of Knots".[44] Nos desenhos abaixo, que ele digitalizou em 2013, Perko representa o primeiro diagrama de forma tão clara quanto uma pauta, que é obtido em "um salto de barbante" (e alguns "deslizamentos") a partir do diagrama que Rolfsen (1976) designa por 10_{161}:

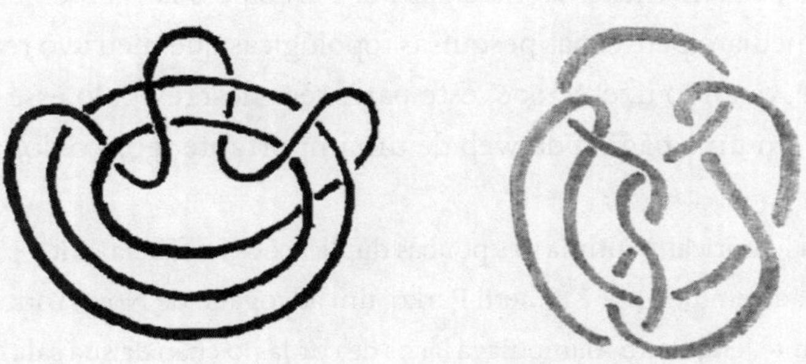

10_{161} 10_{162}

O par de Perko desenhado por ele no século XXI

44. K. A. Perko Jr., "On the Classification of Knots", *Proceedings of the American Mathematical Society*, v. 45, n. 2, pp. 262-6, ago. 1974.

Uma certa confusão ainda reina hoje em dia sobre o que deveria ser designado por "Par de Perko". Reconstituamos então o link entre os diferentes diagramas publicados (os "saltos de barbante" estão detalhados em meu site na internet). No artigo original de 1974, Perko refere-se à tabela publicada por Charles Newton Little.[45] Ele passa em três etapas de *class V, knot II, form 32*, à *class VI, knot IV, form 10*. Este último é quase idêntico ao diagrama que Perko designa por 10_{162}, acima à direita, mas que requer "dois saltos de barbante" e um quarto de giro de relógio para chegar ao que Rolfsen designa com o mesmo símbolo, 10_{162}. Da mesma forma, obtém-se o diagrama 10_{161} de Rolfsen em um quarto de giro de *class V, knot II, form 32*, que é obtida a partir do 10_{161} de Perko, acima, somente após alguns meandros.

Por exemplo, os dois diagramas equivalentes representados sob o nome de "Par de Perko" no pôster de Rouen acima mencionado são o 10_{162} de Rolfsen, à direita, e o *espelho* do quarto de giro do relógio de seu 10_{161}, à esquerda. A preeminência da tabela de Rolfsen (1976) não é desmentida. Ele ainda serve como referência para a enciclopédia on-line *Knot Atlas*. Infelizmente, sua escolha de suprimir o diagrama redundante 10_{162} de Rolfsen e de renumerar os subsequentes acrescenta à confusão ao reatribuir o símbolo 10_{162} a um nó totalmente diferente. Mesmo as apresentações on-line de especialistas não estão isentas disso. No entanto, constata-se que alguns integraram as correções pacientemente assinaladas por Perko pessoalmente.

De imediato pensei nas pesquisas topológicas que meu avô realizou em seu ateliê, quando li, em 2006, este parêntese descrevendo esse perspicaz amador, em uma página da web de um importante teórico dos nós:

> (Nota histórica: A última das poucas duplicações na tabela Tait / Little foi encontrada em 1974 por Kenneth Perko, um advogado de Nova York e topólogo diletante, enquanto manipulava laços de corda no chão da sua sala de estar. Se um advogado pode fazer pesquisa em teoria dos nós, não pode ser tão difícil.)

45. C. N. Little, "Non-Alternate ± Knots", *Earth and Environmental Science Transactions of The Royal Society of Edinburgh*, v. 39, n. 3, p. 774, 1900.

Posteriormente, o autor se retratou. Com efeito, essa lenda urbana de uma descoberta "ao manipular pedaços de barbante no chão da sua sala" foi desmistificada por volta de 2013, pela intervenção de Kenneth Perko nas redes sociais de matemáticos, a ser lido nos comentários do blog de Richard Elwes, "The Revenge of the Perko Pair",[46] e em "Debunking Knot Theory's Favorite Urban Legend",[47] de Daniel Moskovich, no *MathOverflow*, e ainda em 2018 no *Quora*. Para começar, Perko observa que os nós representados por esses diagramas 10_{161} e 10_{162} são espelhos um do outro, mas não equivalentes (por uma isotopia ambiente), o que comprova a impossibilidade de se transformar um no outro manipulando-os!

Essa correção taxonômica, que escapou à atenção de todos os especialistas por três quartos de século, não decorre de um simples erro contábil. Acima de tudo, ela revela a imprecisão de um suposto teorema, no qual muitos deles acreditaram apesar da falta de rigor de sua demonstração, acompanhando a publicação em 1900 da tabela corrigida por Perko em 1974. Embora ele não detenha o título de doutor em matemática, Perko seguiu estudos superiores nessa disciplina em Princeton, em contato com topólogos de renome internacional (Milnor, Neuwirth, Stallings, Trotter, Tucker). Após sua reorientação para o direito, manteve notadamente uma correspondência com Ralph Fox, que popularizou a coloração diédrica dos nós, introduzida por Redemeister trinta anos antes.

Perko foi levado a detectar o erro que o tornou célebre ao desenvolver o conceito espacial de cobertura diédrica, associado a essa coloração. Suas contribuições topológicas foram publicadas mais tarde em *Inventiones mathematicae*,[48] uma das três revistas de matemática mais prestigiadas. Encontramos suas premissas já em 1898, na tese de Heegaard, que explora o revestimento ramificado tricolor do nó de trevo. Perko tem prazer em citar a primeira seção que qualifica de "representação visualmente transparente

46. R. Elwes, "The Revenge of the Perko Pair", *Simple City*, 2013, disponível na internet.
47. D. Moskovich, "Debunking Knot Theory's Favourite Urban Legend", *Low Dimensional Topology*, 7 nov. 2013, disponível na internet.
48. K. A. Perko Jr., "On Dihedral Covering Spaces of Knots", *Inventiones mathematicae*, v. 34, n. 2, pp. 77-82, jun. 1976.

de uma superfície quadridimensional". Perko está tão persuadido de que seus "revestimentos não cíclicos são conceitos tangíveis, compreensíveis com um mínimo de fundamentos da teoria de grupos [, que] não se contentam em tornar a aplanar sobre a página toda aquela álgebra entediante", que iniciou um projeto pedagógico dedicado aos universitários. Nele descreve "a aparência da cobertura tricolor de um nó e como ver o número de entrelaçamentos entre suas ramificações".

> Você viu a prova do teorema de Pitágoras que desenha um par de quadrados com A + B em cada lado e os corta de diferentes maneiras que demonstram, à primeira vista, que A ao quadrado mais B ao quadrado equivale a C ao quadrado? Na realidade isto é tudo o que faço com espaços de cobertura não cíclicos. Minha esposa, que é arquiteta, entende isto facilmente e diz que não é matemática. Pode ser que ela esteja certa.[49]

A relação de Perko com a "álgebra entediante", em oposição à geometria, deve ser aproximada daquela confessada pela teórica profissional dos nós Olga Kravchenko, no final da entrevista a Olga Paris-Romaskevich em *Images des mathématiques*, em 2020:

> *Levei muito tempo para compreender quem eu sou. Hoje, eu sei disso sem dúvida alguma: sou algebrista.* Gosto quando é possível manipular alguma coisa do interior. O que é geometria? Você olha e você vê. Em álgebra é diferente. Você reescreve e compreende. A álgebra me parece fácil: gosto muito de colocar parênteses em algum lugar, observar sua presença ou sua ausência, essa atenção dada aos detalhes me é agradável e corresponde à minha personalidade. Mas a álgebra pela álgebra, acho isso enfadonho. Fico muito feliz quando me dou conta de que dois objetos ou duas estruturas matemáticas se revelam idênticos e que consigo explicá-los, ambos a um só tempo, mantendo-me clara e acessível.[50]

---

49. K. Perko, comentário em D. Moskovich, "Debunking Knot Theory's Favourite Urban Legend", op. cit., 13 dez. 2013.
50. O. Kravchenko, "Les mathématiques — c'est l'amour!", entrevista com O. Paris-Romaskevich, *Images des mathématiques*, 23 nov. 2020, disponível em: <images.math.cnrs.fr>.

Perko graciosamente conclui seu artigo "Historical Highlights of Non-Cyclic Knot Theory"[51]: "Se um advogado pode fazer pesquisa em teoria dos nós, é só com o tipo de auxílio generoso de matemáticos profissionais; e o primeiro e mais importante entre eles foi Ralph Hartzler Fox".

Cartan e Chabeau entre Lacan e Whitehead

Para voltar ao entrelaçamento de Whitehead, fiquei surpreso ao ler o nome de meu avô na segunda frase de um artigo na revista da Société Mathématique Américaine:

> Em 1986 o Palais de la Découverte, o primeiro museu de ciências da França, apresentou uma exposição sobre o "elo de Whitehead", um entrelaçamento de dois "nós" (o laço preto e a figura de um oito em cinza vistos na fotografia à direita), nenhum deles sendo um nó, porém não podendo ser separados um do outro. Essa propriedade interessa aos matemáticos e, no espírito de Jacques Lacan (1901-81), aos psicanalistas. A exposição foi, assim, concebida por um psicanalista, Jean-François Chabaud, e um matemático, Henri Cartan.

Essa "Hommage à Henri Cartan (1904-2008)"[52] é a tradução de um texto de Michèle Audin, publicado pela primeira vez na revista do Palais de la Découverte. Essa matemática é também escritora, cooptada em 2009 pelo grupo OuLiPo, ao qual Jacques Roubaud a apresentou.

Chabaud representa a ligação de Whitehead sob a forma de um diagrama de "oito duplos", que evidencia a propriedade de intercambialidade assinalada por Whitehead em "A Certain Region in Euclidean 3-Space",[53] em

51. K. A. Perko, "Historical Highlights of Non-Cyclic Knot Theory", *Journal of Knot Theory and Its Ramifications*, v. 25, n. 3, fev. 2016.
52. M. Audin, "Hommage à Henri Cartan (1904-2008)", *Decouverte*, n. 359, pp. 14-5, nov.-dez. 2008 / "Homage to Henri Cartan (1904-2008)", *Notices of the American Mathematical Society*, v. 56, n. 5, pp. 614-5, maio 2009.
53. J. H. C. Whitehead, "A certain region in Euclidean 3-Space", *PNAS*, v. 21, n. 6, pp. 364-6, jun. 1935.

1935 (comunicado no dia de meus menos 35 anos!). Sob essa forma, a isotopia ambiente que troca os dois componentes é simplesmente uma meia-volta do eixo vertical. Cartan propõe um outro diagrama planar que também possui essa propriedade de simetria. Tal como a figura do artigo de Whitehead, esses dois diagramas têm o número mínimo de cruzamentos que um diagrama planar desse entrelaçamento pode ter, a saber, seis cruzamentos. Isso está documentado nas páginas "Exposition La Chaîne de J. H. C. Whitehead"[54] do blog de Jean-François Chabaud e em "Jean-François Chabaud, le nœud du fantasme avec Henri Cartan",[55] do blog de Patrick Valas.

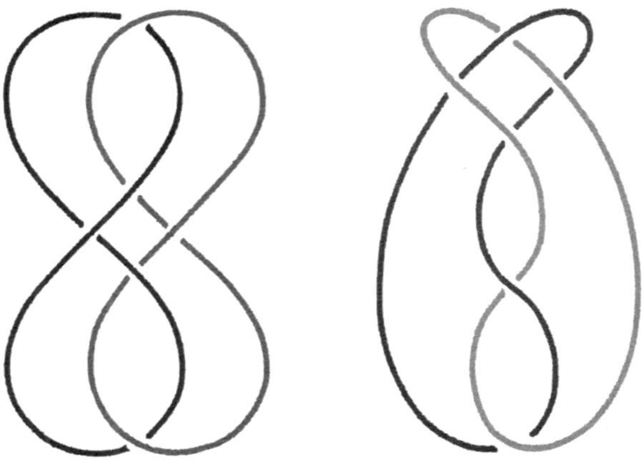

Esses dois diagramas ainda não aparecem na página do *Knot Atlas* dedicada ao entrelaçamento de George Whitehead.[56] Em compensação, encontrei ali o seguinte símbolo de "gênero alternativo", em conexão com a notícia mais candente[57] — a foto de Katy Blackwood atesta a utilização militante deste símbolo em 2016:

54. J.-F. Chabaud, "Exposition La Chaîne de J. H. C. Whitehead, Palais de la Découverte, Paris, 1986. Salle de mathématiques", disponível na internet.
55. P. Valas, "Jean-François Chabaud, le nœud du fantasme avec Henri Cartan", 11 dez. 2015, disponível na internet.
56. "L5a1", *Knot Atlas*, disponível na internet.
57. Cf. *Lacan Quotidien*, n. 928, *2021 Année Trans*, 25 abr. 2021, publicação on-line disponível em: <www.lacanquotidien.fr>.

Na Wikipedia, o produtor dessa figura descreve seu conceito sem especificar o autor: "Versão de um símbolo bissexual consistindo em um signo masculino e um signo feminino conectados como um símbolo de infinito ou figura de um 8 interligado com um círculo (isto é, um elo de Whitehead)".

JACQUES-ALAIN MILLER

Ao lado de Jacques Lacan

Duas conversas com France Jaigu

Primeira conversa

France Jaigu — Para me preparar, eu li, antes de vir, Vida de Lacan, o curso que você deu em 2010, ainda essencialmente inédito. Por toda a primeira lição, você aborda o tema que me é caro, o dos relatos de vida. Como se escreve a vida de um homem? Ou, como você pergunta, o que é uma vida? Nessa ocasião, você evoca a dupla formada por James Boswell e o dr. Samuel Johnson. Você lembra que Boswell passou vinte anos de sua vida registrando os fatos, os gestos e as proposições do dr. Johnson, com o aval deste, a ponto de você dizer que o livro de Boswell, *The Life of Samuel Johnson*, de 1791, é na realidade uma "autobiografia escrita por outrem".

Jacques-Alain Miller — Sim. Poder-se-ia dizer de Boswell que ele era uma parte do cérebro de Johnson, como se disse de Ted Sorensen, o mais próximo colaborador de John Kennedy e que foi, sem dúvida, o principal autor dos *Profiles in Courage*: *"He was almost a lobe of Kennedy's mind"*.[1]

Ela — Eu não conhecia essa fórmula. De todo modo, você disse que não se tratava, para você, de ser o Boswell do dr. Lacan…

Ele — … nem um lobo de seu cérebro!

1. O livro, publicado em 1956 e que se atribui a John Kennedy, é uma compilação de oito biografias de homens políticos americanos dos séculos XIX e XX. ["Ele era quase um lobo do cérebro de Kennedy" (N. T.).]

Ela — E você mostrou como sua orientação, a orientação lacaniana, consistiu em "sacrificar a pessoa do dr. Lacan ao esplendor do significante". Em Vida de Lacan, você faz o contrário: você parte, a cada vez, do ensino de Lacan para extrair dele alguma luz sobre sua pessoa. Definitivamente, você nos dá poucas historietas, sendo a historieta, afinal, no sentido etimológico, "o que nunca foi publicado". Mas, para além de tudo isso, tive a impressão, lendo você, que o dr. Lacan não tinha interesse por sua própria história: não apenas ele não era como Johnson regalando-o com mil historietas, mas ele estava até mesmo separado de sua história.

O mutismo de Lacan

Ele — Sua expressão é bem precisa: o dr. Lacan estava separado de seu passado de uma maneira surpreendente. Eu o conheci, o vi pela primeira vez, em 15 de janeiro de 1964, quando ele subiu à tribuna da sala Dussane da École Normale para pronunciar a primeira lição do Seminário *Os quatro conceitos fundamentais da psicanálise*. Três meses antes, ele havia sido apanhado em uma história horrível: sob pressão da Associação Internacional, a IPA, a International Psychoanalytical Association, a comissão de ensino da sociedade de psicanálise da qual ele foi um dos fundadores, a SFP, Sociedade Francesa de Psicanálise, acabava de destituí-lo de seu grado de analista titular: dali em diante, ele estava proibido de receber pacientes em análise didática, como se dizia na época. Ele foi demitido, deixou de ser formador. Seus próprios amigos, aqueles com quem ele fundara a SFP em 1953, com os quais ele remara por dez anos, o assassinaram. Um certo número de seus alunos, aos quais ele se afeiçoara e que se afeiçoaram a ele, passaram para o lado da Internacional e o empurraram para fora do barco: Pontalis, Laplanche e até mesmo Leclaire. Este ainda estava tentando reparar os estragos, vacilou por um momento antes de cair do lado certo.

Widlöcher, que mais tarde se tornou presidente da Internacional, era, então, entre os mais jovens, um conhecido de Lacan. Lacan o recebia para análise em Guitrancourt, e ocorria de ele passar a noite lá e almoçar com os convidados do dr. Lacan. Pois bem, Widlöcher me contou — pois, a certa altura, tivemos um diálogo de presidente da Internacional com o presidente da Associação Mundial de Psicanálise — que, para persuadir Lacan a se demitir, não encontraram nada melhor do que delegar a ele essa função. Contei isso em minhas *Cartas à opinião esclarecida*.

Conheço o tipo de discurso que o emissário emprega nessas circunstâncias, ouvi alguns durante a dissolução da Escola Freudiana. No momento em que eu era o pilar da Diretoria que Lacan havia nomeado e que devia segurar firme o leme do navio em um mar tempestuoso, vi se aproximar alguém encantador — não me mandariam alguém desagradável —, que era Philippe Julien, ex-jesuíta (se é que isso existe, ex-jesuítas). No momento em que me atacavam em bando, quando a grande maioria da Escola Freudiana exigia explicitamente a minha cabeça nas cartas que eles trocavam, todos os dias, e que circulavam nas redes, ele veio me explicar que certo número de pessoas não compartilhava de modo algum esses sentimentos ruins para comigo, que, pelo contrário, elas tinham uma estima profunda e sincera por mim e que teriam por mim uma infinita gratidão se eu simplesmente quisesse não insistir e me demitir pelo bem maior de todos, permitindo assim que a tempestade se acalmasse. Pediram-me para sacrificar Ifigênia! E eu o via chegando, Julien, não com o pé na porta, mas pisando em ovos. Eu o via esperando que eu completasse seu discurso aquiescendo: "Mas como? Como repelir pessoas dessa qualidade que me pedem tão educadamente minha cabeça! Então, aqui está ela, com meus agradecimentos". Na verdade, eu o deixei chegar ao ápice de seu discurso, e o que ele esperava que eu dissesse, eu não disse. Ele recomeçou esse pequeno balé sedutor três vezes, a cada vez ampliando meus méritos e os daqueles de seus mandantes, e o benefício moral que eu teria ao limpar o chão rapidinho. Esse joguinho me divertiu muito.

É um discurso desse tipo, imagino, que Widlöcher deve ter sustentado com o dr. Lacan, que o mandou às favas. Ao dispensá-lo, Lacan recusou-se a cumprimentá-lo, colocando ostensivamente as duas mãos para trás. Eu soube disso pela boca de Widlöcher.

Houve, portanto, uma massa de acontecimentos, cada um mais sórdido que o outro, nos meses anteriores ao meu primeiro encontro com Lacan. Considere que, em 1963, vimos os enviados especiais da IPA, sua comissão de inquérito, desfilarem por Paris, interrogaram todos os pacientes do dr. Lacan sobre a duração das sessões, anotavam isso em um registro etc. Essa comissão era dirigida por um tal de Turquet, que se dizia veterano do serviço secreto: o que não é impossível. E tudo isso no momento em que o dr. Lacan estava proferindo esses Seminários extraordinários que são *A identificação* e *A angústia*. Bem, sobre tudo isso, para mim que cheguei em janeiro de 1964 (o episódio Widlöcher havia ocorrido em dezembro de 1963) Lacan nunca disse uma só palavra.

Ela — Nada?

Ele — Nada! Nem uma alusão, nem um suspiro, *nada*. Ele etiquetou isso em público com um significante que permaneceu, "a excomunhão", e *basta*! Vários anos depois, percebi que não sabia nada de toda a história de suas desavenças com a IPA e a SFP, e a curiosidade me impeliu a partir em busca dos documentos publicados. Nada de entrevistar Lacan. Só lhe pedi para ter acesso a um pequeno armário empoeirado em seu consultório na rue de Lille, onde Gloria me dissera que havia papéis antigos da época. Ao mesmo tempo, muito possessiva, ela obviamente não estava feliz por eu meter meu nariz ali. Ela então só me deu seis horas para fazer o que eu tinha que fazer. Encontrei cartas...

Ela — ... incluindo a carta ao analista dele, Loewenstein.

Ele — Publiquei isso sob o nome de *A cisão de 1953* e *A excomunhão*, dois volumes sob a égide de *Ornicar?*. Pedi a Lacan um prefácio, e ele escreveu: "Tudo o que está aqui publicado me causa horror". Como isso o horrorizava, ele não falava, nem pensava a respeito.

A coisa engraçada, se posso acrescentar, é que minha publicação, que foi a primeira do gênero, perturbou uma pessoa, a sra. Jenny Aubry, que, jovem analista no momento da cisão de 1953, alimentava há muito tempo a intenção de escrever, ela mesma, uma história desses acontecimentos.

Ela, portanto, acolheu o meu trabalho de modo ambíguo, e pode-se pensar que não é indiferente que seja sua filha quem pegou o bastão para realizar, de maneira mais ampla, o desígnio materno.

O silêncio de Lacan em 1964 encobria acontecimentos muito recentes. Mas esse mutismo se estendia também a acontecimentos muito mais longínquos. Lacan não reportava nenhuma lembrança de nada. Um dia, me permiti perguntar a ele: "Doutor, por que o senhor abraçou a carreira médica?". Ele me deu duas frases em resposta. Falar do passado, no fim das contas, lhe causava horror. Ou isso lhe era completamente indiferente. Ele era como uma cobra que se desfaz de sua velha pele: acho que ele fazia isso todos os dias. Acredito que ele se renovava todos os dias, da mesma forma que, em seu Seminário, as pessoas não se davam conta de que, de uma semana para outra, a coisa mudava, ele não dizia a mesma coisa. Se olharmos de perto, quando ele continuava com um tema, quando ele usava os mesmos termos, isso, porém, havia sido deslocado muito sutilmente. Ele não destacava esses deslocamentos. Há pensadores que adoram dizer: "Eu me enganei. Vou recomeçar de outro modo". Bertrand Russell foi um deles. Lacan não, e foi mais por deformações de tipo topológico que essas transformações internas aconteceram, a coisa se inflava e desinflava. Lacan, é como se ele fosse *born again* todas as manhãs!

Lacan na École Normale

Ela — Na primeira sessão do Seminário *Os quatro conceitos*..., sente-se que a crise com a IPA ainda era aguda. Como ouvinte, na época, você sentiu esse clima?

Ele — Sim, é verdade, havia um clima. Anos depois, há talvez cinco ou seis anos, no fundo de uma gaveta em Guitrancourt, encontrei três páginas manuscritas de Lacan nas quais ele havia anotado frases que se encontram na passagem sobre a excomunhão em sua aula inaugural do Seminário na École Normale.

Obviamente, se Lacan vinha ensinar em uma sala da École Normale e sob a égide da École des Hautes Études, então dirigida por Braudel, foi porque se sabia que ele havia sido sancionado pela Internacional e por sua própria Sociedade, que se tornara o braço armado da Internacional. De imediato, ele decidiu interroper seu Seminário em Sainte-Anne. Ao chegar à École Normale, perguntou: "Que título devo fazer valer para falar com vocês?". Ele formula a questão de sua própria legitimidade. Althusser nos dissera que acolhera Lacan como uma espécie de refugiado, que Lacan havia tido dissabores com seus colegas. Uma frase não me saía da cabeça, ela está na carta de Napoleão antes de embarcar no *Bellerophon*: "Venho, como Temístocles, pedir asilo ao povo britânico". Alvo dos ultrajes do meio analítico, Lacan vinha pedir asilo à École Normale, mas, à diferença do Imperador, para recuperar suas forças e continuar a luta.

Ela — Ele encontrou refúgio ali graças a um filósofo…

Ele — Ele teve contatos com Althusser. Certamente compreendeu que este poderia intervir, e fez o que foi necessário para que ele quisesse fazê-lo. Lacan diz, em algum lugar, sem dúvida na única lição dos *Nomes-do-Pai*, que ele prosseguiu seu trabalho em uma atmosfera horrível. Ele certamente foi afetado pelo contexto, mas, fora isso, ele era impávido e continuou a trabalhar como antes. Nunca suspendeu seu trabalho. Ele se esfalfava nos menores detalhes das mais delicadas figuras topológicas, estou falando de seu Seminário *A identificação*, no exato momento em que, no meio analítico, negociava-se a sua cabeça.

Ela — É o que percebemos na segunda sessão do Seminário *Os quatro conceitos*…: como a cobra faz com sua muda, ele deixou toda essa história para trás.

Ele — Ao evocar Spinoza e sua excomunhão, ele muito conscientemente visou o público que éramos, os alunos da École Normale. Ele visou os alunos de Althusser. Ele sabia muito bem que, para nós, o grande filósofo era Spinoza, Althusser deve ter lhe dito. Ele fez vibrar essa corda como fazia vibrar a corda do proscrito, que muito soava, a corda napoleônica, se assim posso dizer. Ele era um artista. Digo isso mais facilmente porque, comigo, isso funcionou 120 por cento. Se a figura de Robespierre me atraiu quando eu tinha treze anos, foi também porque o livro que eu estava lendo de Jean Massin[2] começava dizendo que Robespierre era um grande homem, a quem nunca se deu a menor rua de Paris para nomear. O livro começava enfatizando a injustiça feita ao grande homem. Meu imaginário foi imediatamente receptivo ao que não era a queixa de Lacan, mas seu "Isto é o que sou". É como Pompeu, quando, espancado, chegou ao Egito, quando não tinha mais nada, quando confiou no faraó, o qual não pensou duas vezes antes de lhe cortar a cabeça para entregá-la a Júlio Cesar, que fica indignado... Há grandes figuras de proscritos que passaram a contar com um poder e, ali, Lacan parecia contar com o poder representado pela Universidade, especialmente a École Normale, como o coração palpitante da Universidade. E não foi à toa que ele batizou de "Escola" a associação que fundou.

Naquela ocasião, ele foi pródigo de sarcasmos para com a École Normale. Os *normaliens* lacanianos, ele uma vez nos chamou de seu "naco d'Oulm", no discurso proferido por ele em dezembro de 1967 na École Freudienne,[3] dizendo que queria imediatamente fazer de nós Analistas da Escola se, no entanto, um de nós tivesse estado em análise... Ele zomba gentilmente, o "naco d'Oulm", isso é coisa de Lewis Carroll. Há também, em um Seminário, o clichê sobre esses *normaliens* que não sabem nada e que o ensinam melhor do que ninguém. Mas Lacan sabia da importância da École Normale no sistema universitário e político francês. Ele havia perdido um *normalien*, com Laplanche, e ficou encantado por reencontrar toda uma equipe deles, dos quais eu fui, de saída, o mais decidido. Althusser havia publicado um artigo sobre Freud e Lacan na *Nouvelle Critique*,[4] uma resenha de intelectuais do Partido Comunista; claro, isso contava para Lacan. Quando ele criou a sua Escola, no final do ano letivo francês, dos *Quatro conceitos...*, em junho, e queria recrutar pessoas — porque depois

2. J. Massin, *Robespierre*. Paris: Club français du Livre, 1957.
3. Cf. J. Lacan, "Discurso na Escola Freudiana de Paris", in *Outros escritos*, Rio de Janeiro: Zahar, 2003, p. 273.
4. L. Althusser, "Freud et Lacan", *La Nouvelle Critique*, n. 161/162, dez. 1964-jan. 1965.

dos dez Seminários extraordinários que ele havia proferido desde 1953, ele só tinha à sua volta uma centena de pessoas —, ele ficou encantado em acolher os doze *normaliens* que eu havia lhe trazido, que se apresentaram para apoiá-lo.

Ela — E nenhum desses *normaliens* estava em análise?

Ele — Talvez o único que estivesse fosse Michel Tort. Mas, sendo doze *normaliens*, éramos tão numerosos quanto os jesuítas, que eram doze! Uma das grandes interpretações que fizeram na época foi dizer que houve o primeiro período de Lacan, até os *Quatro conceitos*..., em que ele comentava Santo Agostinho com o padre Beirnaert (que era, se bem me lembro, o provincial dos jesuítas da França) e falava sobre a Bíblia e os Nomes-do-Pai, quando então chegaram aqueles malditos *normaliens* e ele se pôs a falar de lógica matemática e os deixou cair. Isso é uma tolice. Lacan se interessara por lógica matemática muito antes, e se eu dei uma palestra retumbante na época sobre os fundamentos da aritmética de Frege, o que nunca me foi perdoado pelos lógicos profissionais, incluindo meu amigo Bouveresse que ainda falava disso vinte anos depois, foi pelo fato de ter sido Lacan que me propôs o assunto! Era a sua própria orientação que ele seguia, certamente reforçada pela ideia de que ele captou muito depressa interesses que poderiam ser os nossos. Mas eu sempre me interessei pela história religiosa, e eu nunca o teria desviado disso, você compreende! E, aliás, ele nunca se desviou disso: ele mesmo evocava o prazer que lhe propiciava a leitura de *Le Paysan de la Garonne*, de Jacques Maritain.

Lacan e os preconceitos pequeno-burgueses

Ela — Partimos então do dr. Lacan, que não gostava de falar de si...

Ele — Para dizer o mínimo...

Ela — ... exceto que você vai mais longe dizendo que ele não tinha nenhuma relação com o passado dele.

Ele — Foi você quem disse isso primeiro. De todo modo, ele não era apaixonado por seu passado. Ele não era apaixonado por si mesmo. Ele não era um narcisista.

Ela — Contrariamente ao que se imagina...

Ele — Ao contrário do que pensa um povo presunçoso. Vou fazer sociologia, mas quem são essas pessoas que censuram Lacan? São pequeno-burgueses tacanhos sem a menor ideia do que é viver com grandes gastos, e que viram chegar, com Lacan, de fato, um personagem excessivo, exibido, deslumbrante, que mantinha a sua coerência. Quando ele estava contente em ver alguém, imediatamente havia exclamações, *oh*!, *ah*! Quando ele não estava contente, nós o sentíamos. Ele tinha essa relação imediata com a experiência, que ele mesmo assumiu ao dizer que tinha sempre cinco anos de idade. E havia aqueles que se contorciam porque, no meio deles, ele não se comportava assim.

Lacan frequentou muito os universitários, antes da guerra e até o final dos anos 1950. Ele frequentava os colóquios de filosofia. Ele nunca me contou isso, eu reconstruí, mas seu nome é visto em muitos lugares. Ele se dava com Alquié, que foi um dos mestres da Sorbonne. Ele o conhecera antes da guerra e o tirara de uma grave depressão. Alquié não se incomodava de contá-lo. Certa noite, jantei com Judith na casa do filósofo e de sua esposa. Lacan e Sylvia também estavam lá. Alquié evocava livremente as suas lembranças da época em que ele era professor das classes preparatórias no sul e em que ele frequentava assiduamente o bordel onde a "gorda Lulu" o acolhia à entrada dizendo: "Olá, meu gordo!". Eu não podia acreditar em meus ouvidos: eu o conhecia como um dos pilares da erudição cartesiana com Martial Gueroult, e ele foi o mestre construtor dos três magníficos volumes de Kant na Pléiade. Aqui está pelo menos um universitário que não era tacanho. Ele tinha sido um surrealista e amava Lacan!

Lacan conhecia também Jean Wahl, junto com quem deu sua palestra *O mito individual do neurótico*, ele conhecia bem Maurice de Gandillac, para não falar dos mais jovens, como Deleuze. Ele, portanto, frequentou muito os universitários, mas, pelo que pude ver, sempre havia neles um embaraço em relação a um personagem que não se comportava de acordo com o decoro universitário. O próprio Lévi-Strauss, uma grande mente, era muito meticuloso quanto ao decoro. Eles foram muito próximos. No início dos anos 1950, quando Lacan começou a ter um pouco de dinheiro — porque, *self-made man*, ele antes não nadava em dinheiro — e procurava uma casa de campo com Sylvia nas proximidades de Paris, Lévi-Strauss estava frequentemente com eles no carro.

Ela — Eles visitavam casas juntos?

Ele — Sim. Eu não podia acreditar em meus ouvidos. Ou seja, a proximidade deles naquele momento. Aliás, na sessão que mencionamos, de 15 de janeiro de 1964, Lévi-Strauss estava presente, demonstrando com sua presença o apoio que trazia à nova empreitada de Lacan. E, para nós, a caução de Lévi-Strauss contava muito. Mas então o diretor da École Normale, Flacelière, achou por bem retirar a sala de Lacan no dia seguinte a Maio de 68, porque o considerava um dos responsáveis pelos acontecimentos. Lacan não se deixou levar, ele avisou a seu Seminário e os seus ouvintes foram ocupar o escritório do diretor. Lacan pediu a todos que chamassem o conjunto dos banheiros de *la flacelière*, suponho que por ele ter acabado de ser eliminado como um dejeto. Pois bem, Lévi-Strauss achou que ele estava se comportando muito mal: quando lhe emprestam uma sala e a retiram de você, um homem bem-educado obedece. Mas essa não era a ética de Lacan. Ele não agiu como se não visse a hostilidade intrínseca da École por trás dos argumentos hipócritas apresentados para lhe tirarem a sala. O que muito apreciei em Canguilhem, com quem fiz minha dissertação de filosofia, é que, sem ser nada lacaniano, que eu saiba ele nunca fez qualquer recuo pequeno-burguês em relação a Lacan.

Ela — Há essa frase de Lacan que você testemunhou: "Tudo para me irritar". Sentimos nela essa vontade de não se deixar levar, inclusive pelos acidentes da vida. De algum modo, não vamos parar nos sinais vermelhos da vida. Como quando você estava no hospital, depois do seu acidente de carro...

Ele — Judith ligou para ele para avisá-lo e ele respondeu: "Tudo para me irritar". Poder-se-ia dizer: "Ele só vê a si mesmo, é egoísta". De jeito nenhum. Aliás, ele imediatamente correu para a minha cabeceira. Os médicos temiam um traumatismo craniano. Vendo que eu estava matando o tempo em minha cama de hospital relendo tranquilamente o Livro I da *Ética* de Spinoza, ele conseguiu que me deixassem sair imediatamente. Sejamos precisos: ele é uma força que vai, ele vive como uma força que vai, ele julga as contingências em relação a essa força, não em relação a não sei qual ego. Ele era essa força quando estava dirigindo um carro e assustava seus passageiros com sua velocidade. Quando ele transportou os Heidegger, a sra. Heidegger ficou toda enroscada, ao passo que Heidegger ficou muito tranquilo ao lado de Lacan. Sylvia, por isso, nutriu certa irritação pela senhora; já o filósofo, ela considerava que ele sabia viver. Lacan era determinado e julgava as coisas em função disto: elas atrapalhavam ou não a força que ele era? Isso não tem nada a ver com narcisismo, se você sabe o que narcisismo quer dizer. Lacan não se olhava no espelho, ele não tinha tempo para isso.

Lacan contra Lacan

Ela — O espelho que você evoca nos remete às poucas imagens que conhecemos de Lacan e a essa aura que tem sido abundantemente comentada. Mas isso também faz pensar naquele momento que você contou, quando, depois que você escreveu o texto sobre a apresentação de pacientes, ele lhe disse: "Você me fotografou perfeitamente". À primeira vista, a frase é enigmática.

Ele — O contexto lhe dá um sentido muito preciso. Ele tinha acabado de maltratar uma pessoa que organizava a Jornada de Estudos. Posso dizer o nome dela: tratava-se de Solange Faladé, a tesoureira da Escola, nascida no Benim, de quem eu gostava muito, e a quem eu devia muito, pois ela me ensinava os meandros do serralho da Escola Freudiana. O dr. Lacan saiu da sala, foi para a rua. Eu corri atrás dele para lhe fazer advertências do tipo: "O senhor deveria dizer uma palavra gentil para Faladé, porque, realmente, ela deve estar muito triste", e foi aí que ele me parabenizou por minha comunicação, o que era como uma inadmissibilidade.

Ela — No entanto, o que você fotografou foi a solidão dele, que se atualizava nessa apresentação de pacientes, durante a qual não se estabeleceu nenhuma conivência com o público, que representa o senso comum, compreende rápido demais. E aí, Lacan é…

Ele — … o extraterrestre.

Ela — Mas além de Lacan, o extraterrestre, trata-se, aqui também, de um traço que você vincula ao ensino de Lacan e à psicanálise, ou seja, a alteridade.

Ele — Com efeito, é preciso que o psicanalista seja outro. Por exemplo, certa vez os alunos de Lacan em Estrasburgo se queixavam por não terem um analista no local e pediam a Lacan que enviasse um analista parisiense para fazer o trabalho. No entanto, a grande maioria dos alunos de Lacan em Estrasburgo eram judeus. Quem ele delegou a eles? Moustapha Safouan, o único muçulmano de sua Escola. Eu mesmo pedi a Lacan uma análise, duas vezes. Na primeira vez, ele me disse não, embora eu tenha ressaltado que Freud não se constrangeu ao atender sua filha em análise. Pedi a ele mais uma vez e, como ele me recusou novamente, perguntei-lhe: "Então quem?", e ele me respondeu "Safouan". Eu não segui sua indicação.

O engraçado é que isso é completamente oposto à doutrina que se desenvolveu com a teoria de gênero. A psicanálise penetrou nos ambientes gays de São Francisco quando eles puderam se analisar com analistas gays. Eles exigiam analistas que pertencessem à comunidade deles, segundo o princípio: gay analisa gay. Muito recentemente, quando chegaram os depoimentos sobre a questão trans que publicamos no *Lacan quotidien*, Angelina Harari deu como exemplo o caso de uma jovem de São Paulo que almejava tornar-se um homem: ela concordou em ir ver um psi, desde que fosse um psi trans. É sempre: "o mesmo analisa o mesmo". A doutrina analítica na perspectiva lacaniana é exatamente o oposto. Fundamentalmente, quando nos falamos, não nos entendemos.

Você não entende seu interlocutor. Esse é o âmago do negócio do inconsciente. Você entende o seu face a face no nível do bom senso, dos hábitos, das convivências, das afinidades, da rotina, mas há um nível em que você não o entende de modo algum, porque você não sabe quais são o valor e a intensidade das palavras e das coisas para ele. Essa é a atitude fundamental. E é isso que é preciso reforçar. Ou seja, mesmo que você tenha simpatia pelo seu paciente, é preciso justamente você se persuadir, como analista, de que você não compreende nada do que o outro diz. É também o oposto de todas as teorias da empatia desenvolvidas por Widlöcher, por exemplo. A questão é grave porque há manifestamente uma prática que se desenvolveu a partir do axioma "O mesmo analisa o mesmo". Os negros só falarão com negros, só conhecerão negros, vão reclamar entre negros e se analisar entre negros. Nessa lógica, que parece inspirada no adágio *Asinus asinum fricat*, as consequências previsíveis não são gloriosas!

Ela — O que me impressionou, quando comecei a ler Lacan, foi a quantidade de vezes que ele nos adverte contra a compreensão fácil.

Ele — Ele diz isso muitas vezes porque começou falando o contrário. Quando escreveu sua tese em psiquiatria, ele começou lendo toda a literatura sobre paranoia, e disse: "Eu li tudo". Mas, sempre inovando, ele se juntou ao que havia de mais moderno em psicologia contemporânea, que era Jaspers. Ele não anuncia isso aos quatro ventos, mas sua tese é de orientação jaspersiana. A grande contribuição de Jaspers foi a necessidade de a psicologia usar a compreensão, em oposição à explicação. A oposição entre as duas coisas remonta a Wilhelm Dilthey. Não vou entrar em detalhes: basicamente, você *explica* quando é mecânico, quando se trata de coisas objetivas, mas, quando há o sujeito, trata-se de *compreender*. Assim, cada vez que você lê Lacan e que ele diz que acima de tudo não se deve compreender, saiba que ele pagou com sua própria pessoa para dizer isso.

Ele o diz especialmente no início do Seminário *As psicoses*: "O grande erro a não ser cometido é a compreensão!".

A compreensão não é o único exemplo. Lacan desmente Lacan. Lacan pensa contra Lacan. O Lacan de hoje pensa contra o Lacan de ontem. Quanto a mim, acho que era "Lacan contra Lacan" todas as manhãs: ele questionava incessantemente seus resultados, certamente na mesma orientação. E é preciso ser mesmo um cretino para pensar que Lacan era dogmático. Ele traz de volta as mesmas fórmulas, mas dependendo do contexto elas não têm de modo algum a mesma significação. Quando vemos isso do alto, não nos damos conta. No entanto, isso requer ser estudado com lupa. Foi com uma lupa que redigi os *Seminários*.

Lacan, personagem de ficção

Ela — Voltando ao nosso ponto de partida que é "Como contar a história de uma vida?", estou pensando em *Ravelstein*, um romance com personagens reais, de Saul Bellow, do qual me disseram que você gostou. Ele conta a vida do professor Ravelstein que, na verdade, é o grande amigo em vida de Bellow, Allan Bloom. Quando foi publicado, o livro foi tão criticado quanto celebrado...

Ele — Sério? Por que isso?

Ela — Nos Estados Unidos, Bellow foi acusado de ter traído o amigo, em particular ao revelar sua homossexualidade e o fato de ele ter morrido de aids[5] o que, na verdade, era um segredo de polichinelo. Entre nós, Pierre Manent, que conhecia bem Bloom, considera que o retrato está completamente equivocado, que Bellow exagerou de modo grotesco o aspecto "*larger than life*" da personalidade do professor.

---

5. Cf. D. T. Max, "With Friends Like Saul Bellow", *The New York Times Magazine*, 16 abr. 2000, disponível na internet.

Ele — Que eu saiba, Bellow não escreveu uma biografia, mas um romance com um personagem que nos lembra Allan Bloom, no qual retomou muitos elementos da vida deste. O Ravelstein que ele inventou me encanta, não vou mais longe que isso. Estou pensando em outro livro, *Femmes*, de Philippe Sollers.

Ela — Eu não li.

Ele — Você tem que começar logo! É um clássico contemporâneo. Sollers apresenta personagens que se servem dos traços de Roland Barthes, de Althusser e de Lacan.

Ela — Eu pensava que a pessoa de Lacan não tivesse sido objeto de uma ficção. O que propicia esse "retrato" do dr. Lacan?

Ele — Há um episódio em que a verdade salta aos olhos, no qual podemos reconhecer três personagens: uma amante do dr. Lacan, que era uma certa sra. Parisot (cuja ambição, segundo Gloria, era tirar o doutor de seu casamento), Moustapha Safouan, já nomeado, e o dr. Lacan, sob o evocativo nome de Fals. Certa noite, o pseudo Lacan pega o pseudo Sollers para dar uma volta até a casa da dama. Uma vez embaixo da casa dela, ninguém atende, não há luz. De repente, como num episódio de *Um amor de Swann*, eles jogam pedrinhas na janela, uma luz finalmente se acende, eles sobem, e o que é que encontram? A dama na companhia de Safouan. Eles ficam constrangidos, Fals nem um pouco. É hilário! Acho que, se o dr. Lacan não quisesse que isso fosse conhecido, não teria levado Sollers com ele nessa escapada! E se eu tivesse que dizer: "É verdade, é falso?". Eu diria: "É verdade". Ademais, tudo isso é escrito com uma alegria, uma vivacidade, em que encontramos o melhor do século XVIII, *Les Amours du Chevalier de Faublas* ou *Jacques le Fataliste*. E ao mesmo tempo essa história fictícia tem um quê de verdade.

Ela — Acho que eu lhe perguntei sobre *Ravelstein* porque o dr. Lacan tinha, para com "o povo presunçoso" o lado "*larger than life*" de um personagem de ficção.

Ele — Para ir em sua direção, direi que uma noite fiz uma intervenção na Escola Freudiana de Paris sobre o "Lacan barroco". Eu falava sobre seu estilo, sua maneira de fazer, mas também sobre sua pessoa. Imediatamente lhe contaram, isso o agradou e, no dia seguinte, em seu Seminário, ele comentou: "Alguém me qualificou de barroco, é exatamente isso", e ele nos deu toda uma lição sobre o barroco. A extravagância de Ravelstein em relação à de Lacan é uma bagatela. Lembre-se do que Baudelaire pôde dizer sobre as vias pelas quais, em se tratando de traje masculino, chegou-se, após a Revolução Francesa e a Revolução Industrial, à sobrecasaca preta. A cor saiu da vida. O chique inglês triunfou. Lacan, com suas roupas sarapintadas e seus casacos feitos sob medida por Creed, que vinha à sua casa, parecia, de fato, de uma outra época, de uma época em que os homens podiam se permitir as cores. Quando você lê *A cartuxa de Parma*, fica claro que a intriga é realmente extraordinária no século XIX. Ela é emprestada de uma crônica do século XVI que Stendhal transpôs. A conduta de Sanseverina ou a de Fabrice não corresponde a nenhum dos cânones da época. Pois bem, Lacan era, no século XX, como Fabrice del Dongo no século XIX. Ele destoava na Paris pequeno-burguesa da segunda metade do século passado.

Ela — É divertido! Aliás, acabamos de dizer que ele não tinha relação com seu passado, e você agora o coloca em uma outra temporalidade!

Ele — É isso. A relação de Lacan com o tempo era especial. Aliás, isso talvez tenha algo a ver com sua invenção das sessões curtas.

Ela — Agrada-me puxarmos esse fio da temporalidade. Então, se retomamos, Lacan não tinha relação com seu passado, ele não queria que a gente "o irritasse" com isso…

Ele — … ele não queria que o irritassem com coisas desativadas.

Ela — Ele não é o dr. Johnson, nem Allan Bloom, ele não pede de modo algum que você escreva a vida dele…

Ele — Ele também não é Chateaubriand.

Ela — Por outro lado, ele te pede uma coisa: assinar os Seminários com ele.

Lacan e seus Seminários

Ele — Sabe, é uma história bastante embolada. Lacan queria que seus Seminários fossem redigidos, e seus alunos tentaram. Safouan fez uma tentativa de *A ética da psicanálise*, uma outra foi a de Jacques Nassif, um *normalien* um pouco mais novo que eu e apresentado a Lacan por mim. Se não me engano, ele foi pago pela Escola Freudiana para produzir não sei mais qual Seminário. Sua versão, redigida de qualquer jeito, estava, além disso, entremeada com seus comentários. Claramente, não dava. Ora, estávamos no início dos anos 1970, e a dupla Foucault-Deleuze, mais Derrida à sua maneira, queria virar a página da psicanálise. Eu me dizia: "O pó de Lacan serviu para imprimir os *Escritos*, o que ele tem agora em seu alforge para enfrentar o reboliço dos filósofos?". Pois bem, diante de tudo isso, havia os Seminários. Portanto, era importante transformá-los em livros. Eu estava processando essa ideia.

E eis que Lacan me fez ler o trabalho de Nassif. Eu lhe disse que não convinha de modo algum, que ele não deveria ter feito assim, que era preciso manter tudo da transcrição, retificá-la linha por linha, palavra por palavra e, claro, não inserir nela qualquer observação adventícia.

Então Lacan pronunciou esta frase, cujo poder sobre mim eu já expliquei: "Prove-o!". Essa é a fala de um analista que perfurou as molas que fazem um sujeito se mover. Para me cativar havia, primeiro, o desafio, segundo, a prova. Isso foi irresistível para mim. Era o final de junho de 1972 e, se bem me lembro, trabalhei duro durante todo o mês de julho, já que eu tinha de partir com Judith para a Itália em agosto. O resultado ainda não estava perfeitamente no ponto, mas o esboço agradou ao dr. Lacan. Assim, no início do ano letivo, em setembro, me comprometi a caprichar, a polir, e Lacan escreveu o prefácio em 1º de janeiro de 1973 — bem, o posfácio, porque eu lhe disse que era preciso que os leitores entrassem diretamente no texto, como se estivessem no Seminário, assim como eu lhe disse que não era preciso notas, nem aparato crítico. Eu o vi sair no dia 1º de janeiro depois do almoço na rue de Lille, ele foi se trancar em seu escritório, de onde saiu no final da tarde com o texto do posfácio.

Enquanto isso, na Seuil, François Wahl já pensava nos outros *Seminários*. Ele me comunicou isso. Ora, quanto a mim, tendo dado a prova, não tinha nenhuma intenção de colocar tudo isso nas costas. Então, transmiti a Lacan que a Seuil estava cogitando a publicação dos outros *Seminários* e que ele precisava encontrar quem pudesse cuidar disso, agora que o bom método havia sido encontrado. Disse-lhe isso por telefone. Ele estava em Guitrancourt e me respondeu: "Estou voltando para Paris, vou passar na sua casa". Na época, eu morava no Quai de la Mégisserie. O dr. Lacan sentou-se na sala e eu comecei a passar em revista os nomes possíveis. Comecei por Nassif, e o dr. Lacan disse: "Não, não". Listei cerca de quinze nomes, cada um foi recebido com uma careta. A certa altura, eu estava farto, compreendi o que ele estava me dizendo através dessa série de negativas, e então eu disparei: "Bom, eu vou fazê-los todos para você". Todo alegre, quando no instante anterior ele estava taciturno, ele colocou a mão no meu ombro e foi embora sem dizer mais nada. Eu me vi diante disso, para o bem e para o mal. Eu assim escolhera uma outra via diferente daquela à qual me chamavam meu gosto pela filosofia, minha entrada na École Normale, meu concurso para a docência etc. Eu não tinha a menor intenção de ser analista, mas, ainda assim, já era uma escolha pela psicanálise.

O que me era completamente estranho era o *care*, a ideia de cuidado. Vejo minha neta Sylvia: aos sete anos, ela decidiu tornar-se pediatra. Depois de terminar o ensino médio, ela mergulhou nos estudos de medicina e, atualmente, trabalha como interna em um hospital de neonatologia, onde cuida dos bebezinhos que precisam de intubação. Ela faz isso muito bem, ela adora, é uma vocação. Seu percurso é reto como o de uma flecha. Ela é orientada para o cuidado. Eu, eu era o oposto: fui orientado pelo gosto do saber, pela ideia, pelo pensamento. E quando, na segunda aula, pensei ter aprendido que filosofia era o que havia de melhor na ordem do pensamento, muito naturalmente disse a mim mesmo que aquilo era para mim. A medicina era a profissão de meu pai. Ele era muito médico, estava sempre com o olho em alerta, era conhecido por seu senso clínico. Enquanto viveu, nunca tive outro médico além dele. Ele era, queria ser, *o* médico. Ele nunca nos impeliu, meu irmão e eu, para seguirmos seus passos.

Ela — Quando você voltou a Lacan depois de seu desvio pela esquerda, qual era o seu projeto?

Ele — Entrei em análise. Não era de modo algum para me tornar analista. Isso me parecia um ofício no qual você *escravizava* a si mesmo. Ficar no mesmo consultório, na mesma postura, o dia todo? Era uma prisão! Entrei em análise porque eu precisava dela, depois de ter me entregado com paixão à "causa do povo". Você me faz falar de mim. Não é de minha vida que se trata aqui.

Ela — Um pouco, mesmo assim. Falamos do "seu" Lacan. Como contá-lo de outro jeito? Sua vida está intimamente ligada à dele. Além disso, ele de fato teve o projeto de associar os nomes de vocês dois na capa dos *Seminários*.

Ele — Não fui só eu. A certa altura, ele redigiu um resumo de seu Seminário *A relação de objeto*. A noção não era freudiana, ela provinha da psicanálise anglo-americana. Esse resumo foi traduzido para o inglês por Granoff, que era um analista próximo de Lacan, e foi publicado sob o nome de "*Lacan and Granoff*". Tanto assim que há vinte anos recebi um pedido das edições Denoël para eu autorizar a publicação, em francês, de um livro inédito de Lacan e Granoff! Lacan propunha de bom grado: "Nós o assinaremos juntos", isso não foi um favor especial que ele me fez. Ele tinha essa generosidade. Eu a repeti quando meu amigo Di Ciaccia me convenceu a deixar publicar em italiano um curso que eu dera; disse a ele: "Nós o assinaremos juntos", e ele aceitou, pelo menos para o primeiro volume.

Ela — Mas ali onde Granoff disse sim, você disse não.

Ele — Eu disse não por "modéstia", como Lacan o destacou em seu posfácio. Nos contratos, apareço ao lado de Lacan como coautor, mas me fiz quase desaparecer na capa. Eu estava com a responsável pelo design na Seuil, que, na época, era Janine Lescarmontier, o nome dela ficou comigo. Pedi-lhe para colocar meu nome, "não muito grande", no verso do volume Foi o que ela fez. Mais tarde, após a morte de Lacan, fui acusado de pretender abusivamente ter o encargo de redigir os *Seminários*, o que foi resolvido na justiça. Eles me criaram intrigas por tudo que se possa imaginar. Aconteceu que me faltavam documentos dos auditores para transcrever as frases de maneira exata, principalmente no Seminário *A Transferência*. Você não imagina o banzé. Por isso, fiz com que me remetessem todas as notas do dr. Lemoine, que me foram dadas pela nossa querida Gennie Lemoine, e estabeleci uma segunda edição do Seminário incorreto. Em suma, fui tratado como uma espécie de parasita dos Seminários de Lacan. Eu estaria protegido de muitos insultos se tivesse aceitado a oferta que Lacan me fez! Erro meu.

Vou lhe dizer uma coisa: todos os Seminários que falta publicar estão prontos. Em alguns só faltam desenhos que é preciso realizar com o designer da editora. Qual será ela? A ver. A editora La Martinière já não está mais em condições de fazê-lo. No entanto, o momento é propício para publicá-los. Éric Marty acaba de mostrar, em seu *Sexe des modernes*, que a ideologia mais em voga no mundo ocidental, a teoria de gênero, saiu da coxa de Lacan, se posso assim dizer. Essa teoria, uma vez lindamente traficada por Judith Butler, invadiu os Estados Unidos, depois se espalhou para além. Chesterton dizia que "O mundo está cheio de ideias cristãs que enlouqueceram". Pois bem, hoje o mundo está cheio de ideias lacanianas que enlouqueceram. Logicamente, isso deveria suscitar um interesse renovado pela obra de Lacan.

Ela — Ao mesmo tempo, você tinha uma forma de humildade, modéstia...

Ele — Essa é a palavra do dr. Lacan em seu posfácio: "modesto". Isso me fez pensar. Somos modestos, não a trazemos de volta, por quê? Por lucidez, sem dúvida, mas também, talvez, por medo de ofender os Deuses indo muito alto e muito rapidamente, e de sofrer uma retorsão do destino. Ainda assim, minha vontade de discrição não evitou o desencadeamento hostil que houve contra mim após a morte de Lacan, e durante anos. Agora tenho o couro curtido, dei minhas provas, animei a Escola da Causa Freudiana em seu começo, proferi um curso semanal durante trinta anos, criei seis Escolas no mundo; eu poderia considerar aceitar a oferta de Lacan de coassinar os Seminários com ele.

Lacan e os problemas da Escola

Ela — Foi você quem preservou a comunidade de Lacan, o que não foi pouca coisa!

Ele — Disse a mim mesmo, depois da dissolução, que seria como o príncipe de Orange, cujo lema era: "Eu manterei". Fiz melhor do que manter. Continuei sua elaboração e estendi enormemente o domínio do pai. O ensino de Lacan permaneceu confinado à França. Durante um tempo, Lacan tentou se instalar na Suíça, imediatamente viu o tapete lhe ser puxado pela SPP, a Sociedade Psicanalítica de Paris. Ele fez tentativas na Itália, teve alunos lá, mas não conseguiu que eles trabalhassem juntos e criassem uma Escola. Pouco antes de sua morte, tínhamos visto alguns argentinos, um ou dois espanhóis, mas fora isso, nada. Hoje existe a Associação Mundial de Psicanálise, que representa dez por cento da IPA e a segunda rede mundial depois desta, que remonta a Freud. As seis Escolas não são sucursais da Escola da Causa Freudiana, elas são independentes e aderem livremente à Associação Mundial. Além da Escola da Causa, "adotada" por Lacan depois que redigi seus estatutos, eu criei todas elas. Eu as fundei, redigi seus estatutos, escolhi seus primeiros dirigentes, assumi todas as responsabilidades. Isso me exigiu muitas viagens, muita atenção. Todos nesses lugares estavam persuadidos de que eu tinha prazer em governar. No entanto, eles perceberam que, uma vez que sua Escola estava pronta para navegar, eu lhes dizia: "Bons ventos os levem!" e lhes passava o leme. O que me deixava feliz era ter criado uma verdadeira instituição. Naquele momento, eles pensaram que eu os estava abandonando, que não os amava mais! O que me apaixonava era a invenção da coisa, resolver a massa de problemas que surgiam. Uma vez que estes eram resolvidos, eu seguia em frente. Permaneci presidente da AMP por dez anos, o tempo de ela tomar forma. Uma vez que ela estava estabelecida em bases sólidas, e na medida em que estavam acostumados a que eu ali estivesse como se fosse para a eternidade, eu cedi a vez.

Desde então, a cada quatro anos e com uma eleição intermediária — ou seja, eles podem ser retirados do cargo após dois anos — há um novo presidente: alternamos entre Europa e América Latina. Isso funcionou perfeitamente até agora. Não diria que não tenho nenhum papel nisso, porque sou consultado de vez em quando e posso dar tal impulso, mas, no conjunto, isso funciona sem mim. Tenho orgulho de ter criado verdadeiras instituições.

Isso faz uma grande diferença em relação à maneira como Lacan procedia. Ele não tinha noção da instituição e, se ele criou uma Escola, nunca lhe deu a consistência de uma instituição. Ela só se mantinha por ele. Ele nunca estabeleceu a menor regularidade. As Jornadas de Estudo que, conosco assim como com a maioria das associações, são anuais, aconteciam na Escola Freudiana na época em que o *bureau* — que permaneceu o mesmo durante toda a existência da Escola, dezesseis anos, porque Lacan não via interesse em mudar os cabeças — dizia para si mesmo: "Mas já faz muito tempo que não fazemos Jornadas. Não seria hora de fazê-las?". Assim, tudo era a cada vez improvisado, de forma impulsiva. Foi divertido no começo, mas, com o tempo, isso parecia aberrante. Sendo indulgente, pode-se dizer que foi dada preferência ao *autômaton* em detrimento da *tiquê*. Na verdade, nunca foi um bom encontro: a desorganização reinava e os resultados eram medíocres. E Lacan se queixava disso. Ele nunca faltou à reunião semanal do *bureau*, mas este estava paralisado pelos desacordos entre os manda-chuvas. Sem dúvida, Lacan pouco se importava: ele estava completamente concentrado em seu próprio trabalho. Sua Escola era sua casa: uma multidão de "cartéis" (grupos de trabalho de cinco, seis pessoas) e ele, chefe de Escola, indiscutível, incontestado e também negligente. Nenhum apetite por poder. Seu apetite era pelo saber. Seu poder era a um só tempo peremptório e mínimo, exercido para manter a existência da comunidade de trabalho, sem buscar além dela.

Eu não reproduzi isso. Era sob medida para Lacan. Ao contrário, na Escola da Causa Freudiana, instituí regras e regularidades. Disse com frequência a mim mesmo que os três anos que passei na esquerda, no momento em que se instalava a Escola Freudiana, custaram caro. Se eu tivesse permanecido ao lado do dr. Lacan entre 1968 e 1971, eu talvez pudesse ter feito da Escola Freudiana uma instituição capaz de servir à elaboração e à difusão de seu ensino. Mas ele teria suportado esse grilhão? Em seu próprio estilo, Lacan permaneceu no comando até seu último suspiro, além do razoável, quando já não tinha mais os meios físicos para isso, sofria, cansava-se rapidamente, mesmo que sua vontade estivesse intacta e mais imperiosa do que nunca.

Lacan e a dissolução da Escola Freudiana

Ela — Chegamos agora ao último período de Lacan, à dissolução da Escola Freudiana de Paris.

Ele — Tudo se precipitou em setembro de 1979, por ocasião da Assembleia Anual da Escola, que ele costumava reduzir a quinze minutos e expedia como formalidade. No entanto, essa Assembleia assumiu, pela primeira vez, uma face completamente diferente. De fato, algum tempo antes Lacan havia destituído, por um *fiat*, o vice-presidente titular da Escola. Era Denis Vasse, um jesuíta. A influência dos jesuítas era grande na Escola Freudiana. Vasse, apesar de discreto e indulgente como era, botou na cabeça participar das reuniões de um grupo chamado "Confrontação", animado por René Major, um psicanalista que não pertencia à Escola, mas à Société de Paris, onde ele era um elétron livre, cativado por Derrida. Esse grupo chamado "Confrontação", os supostos fiéis de Lacan o consideravam uma máquina de guerra destinada a minar a Escola. Eles haviam ressaltado para Lacan que não cabia ao vice-presidente da Escola, que devia seu cargo honorário apenas a seu favor, impulsionar-se para aquele lugar. Certa manhã, quando eu estava em seu consultório para falar sobre um Seminário, Lacan me disse de repente: "Encontre o número do telefone de Vasse, vou botá-lo porta afora". Tentei dissuadi-lo disso, mas não houve meios: ele ligou para Vasse e o destituiu. Emoção considerável no partido jesuíta e entre seus aliados, entre os quais Françoise Dolto e Michèle Montrelay — que outrora fizeram Lacan se interessar por Duras — e outros ainda, que até aquele momento se distinguiam por sua bajulação.

Então, durante a Assembleia Geral, Françoise Dolto, que sempre se mostrara muito amiga do dr. Lacan e se remetia ao seu ensino, mesmo quando havia pouca ligação com o que ela professava, começou a injuriá-lo: "O que você fez? O que deu em você?". Em tempos normais, Lacan teria fulminado o insolente. No entanto, ele não respondeu nada, permaneceu mudo, rosto de pedra, o tempo todo.

A Assembleia durou uma hora. Eu estava na sala, a mil por hora. Judith, a quem seu pai havia pedido pela primeira vez para acompanhá-lo em um acontecimento da Escola, saiu bastante tocada. Eu disse a mim mesmo que a situação ia acabar muito mal: os felinos atacaram o domador.

Lembro-me da saída dessa reunião. Eu, que sempre me mostrei respeitoso com Françoise Dolto... Hum! Nem sempre. Na École Normale fiz meus colegas rirem muito lendo para eles sua descrição lírica do orgasmo vaginal, em uma edição da revista *La Psychanalyse*.

Ela — O que ela dizia ali?

Ele — Vá dar uma olhada, é hilário. Mas, bem, no âmbito da Escola Freudiana, sempre fui deferente. Ali, na saída dessa fatal Assembleia de 30 de setembro de 1979, pela primeira vez falei com ela sem rodeios: "Mas o que deu em você para se comportar assim com o dr. Lacan?". Ela sentiu que não tinha mais diante de si o bom garoto de outrora. Uma fratura se delineava. Eu tivera meu "instante de ver": estava claro que a Escola Freudiana mudara de natureza bruscamente, que um ressentimento para com Lacan havia crescido entre alguns ao longo dos anos e que acabava de se dar rédea solta. Da massa dos membros havia surgido uma relação de forças, esta não era a favor de Lacan. Os relutantes tornaram-se adversários, eram eloquentes, enquanto os fiéis, estupefatos, ficaram de boca aberta. Se Lacan foi assim empurrado da Escola que criou e dominou com toda a sua autoridade de psicanalista e de professor, isso só poderia ir de mal a pior.

Ela — Estamos então a dois anos da morte do dr. Lacan...

Ele — ... e dois meses antes da dissolução, pronunciada em 5 de janeiro de 1980. O drama foi urdido no final de 1979/ início de 1980. E aí, cada dia contava. No dia seguinte a essa Assembleia, lembro-me de ter vivido um dia de reflexão ansiosa: era meu "tempo de compreender". Na manhã seguinte, resolvi pedir um encontro a Lacan, e disse-lhe de cara, na presença de Gloria: "*Monsieur*, os cachorros estão soltos, o senhor não vai aguentar, eles não lhe darão trégua. É preciso ou demitir-se ou dissolver". Silêncio. "O senhor quer se demitir?". A resposta veio que nem foguete: "Absolutamente não". Perguntei: "Então, a dissolução?". Resposta: "Há algo mais a tentar primeiro". Tomei isso como uma ordem de missão.

Assim, anunciei ao dr. Lacan que, com meu amigo Éric Laurent, faria de tudo para desequilibrar a relação das forças: reunir os fiéis, isolar e repelir os oradores que se distinguiram por sua ira na Assembleia, reanimar o trabalho dos cartéis, que se tornara estagnado, lembrar que a Escola não foi feita para o conforto de seus membros, mas para realizar, de acordo com seu "Ato de Fundação", a reconquista do campo freudiano etc.

Em dois meses de uma atividade incansável, o que conseguimos? Um reequilíbrio de forças, sem dúvida, entre os membros que permaneceram ligados a Lacan e os demais. Parecia-nos termos reconquistado uma maioria, mas frágil e incerta, com uma vasta planície de proteladores e de oportunistas, retardando o tempo a fim de ver para que lado o vento ia soprar. Em suma, a curva de Gauss encontrada em todo grupo de animais políticos.

O que precipitou a decisão de dissolução foi o episódio do neurologista designado pela sra. Aubry e por Sylvia para examinar o dr. Lacan.

Ela — Sylvia?

Ele — Sim, a própria Sylvia deu uma ajuda à manobra, foi sua fiadora. Lacan era a pedra angular do conjunto: atacá-la, sacudi-la, deixar supor que ela era frágil, espalhar o boato de que ela ia desmoronar de um momento para o outro, era lançar o pânico na Escola, a garantia de provocar uma debandada. De fato, um neurologista conseguiu entrar no consultório do doutor, que o dispensou com rispidez. Mas a coisa começou a se espalhar da seguinte maneira: Lacan perdeu a cabeça. O movimento só podia se precipitar. Esse golpe de Jarnac, não na coxa, mas na cabeça, pareceu-me irreversível, e, posso admitir agora, quarenta anos depois, se Lacan tivesse então pedido minha opinião — mas ele se precavia bem disso e eu não me antecipava em dizer-lhe —, eu teria lhe respondido que era preferível ele sair de suas funções. Se ele tivesse feito isso, na minha opinião teria conquistado todos os votos e gozado de uma velhice tranquila, propícia ao seu trabalho, ao mesmo tempo que pairaria acima das inevitáveis querelas que teriam dividido aqueles que aspirassem à sua sucessão. Era a via razoável. Mas o razoável nunca tinha sido a via de Lacan. Ele não queria ouvir falar de demissão, a nenhum preço. A própria ideia de demissão lhe repugnava, ele o dissera certa vez em seu Seminário, desaprovando a do general de Gaulle. Então, não havia o que barganhar, havia escolha forçada: seria a dissolução.

Ela tomou a forma de uma carta de Lacan, enviada em 5 de janeiro a todos os membros da Escola Freudiana e, dois dias depois, lida no Seminário. O acontecimento chegou à primeira página do *Le Monde*,[6] dado o lugar da Escola no cenário intelectual da época. Havia também o fato de que um jornalista do *Le Monde*, que fora por muito tempo correspondente no Vaticano, era casado com uma psicanalista que era membro da EFP.

Fui eu quem disse ao dr. Lacan que chegara a hora. Havia nele uma pequena vacilação: ele me disse ao telefone: "Catherine não é a favor". Respondi reiterando minha posição: a situação havia se tornado incontrolável, doravante o visavam pessoalmente, não o queriam mais, eu não podia mais agir. Se ele se recusava a se demitir, a única via aberta era dissolver, devolver a liberdade aos membros e cada um seguiria seu próprio caminho. Ele disse: "Eu te ligo de volta". Algum tempo depois, ele me ligou: "É isso". Ele ia dissolver.

Com sua carta, ele recuperou a iniciativa e imediatamente produziu-se um efeito de verdade: a direção informal do grupo de oposição mais po-

6. Cf. J. Lacan, "Une lettre de M. Jacques Lacan" (5 jan. 1980), *Le Monde*, 11 jan. 1980; J.-A. Miller, "L'Avenir d'un symptôme", assim como J. Clavreul, "L'Église freudienne de Paris", *Le Monde*, 19 jan. 1980; J. Lacan, "Lettre au journal *Le Monde*" (24 jan. 1980), seguida de seu Seminário de 15 jan. 1980, *Le Monde*, 26 jan. 1980.

deroso, que reunia o partido jesuíta e seus filiados, decidiu processar o dr. Lacan. Impensável, até então.

Ela — Aqui estamos...

Ele — O grupo então nomeou um advogado, que entrou com uma queixa contra Lacan por desrespeito aos estatutos legais da associação. Com efeito, estes previam que ela só poderia ser dissolvida pelo voto de uma Assembleia Extraordinária e pela maioria de dois terços. Até então, ninguém na Escola Freudiana se importava com os estatutos. Ninguém os conhecia, ninguém se referia a eles. Agora, para surpresa geral, mas também para a indignação de um bom número de membros, inclusive entre os proteladores, eis que o direito associativo se opõe à autoridade psicanalítica de Lacan. Mudava-se de época.

Ela — Você fala do "partido jesuíta". Você lhe concede um grande papel nessa questão. No entanto, não li nada sobre isso, nunca ouvi falar.

Ele — Eu mesmo, na época, estava completamente confuso. E o padre Beirnaert tomara a precaução, pouco antes de o caso Vasse explodir, e pela primeira vez, de convidar a mim e a Judith para compartilhar sua refeição com a mulher de sua vida! Então não desconfiei de nada. Talvez dez anos depois, ocorreu de eu abrir, na livraria Procure, rue Bonaparte, a biografia de Michel de Certeau por um certo François Dosse. Comprei o livro. Folheei enquanto caminhava em direção à rue d'Assas, e me deparei com uma página onde li que, antes de apresentar a queixa na justiça, Michèle Montrelay havia veementemente insistido em falar com o pai de Certeau, que estava na Califórnia, para obter seu sinal verde. Devo dizer que senti as pernas me faltarem, a ponto de me encostar em uma parede. Não devo ser o único, ao longo dos séculos, a ter experimentado essa vertigem. Então eram eles!

Ela — Você não pressentiu nada? Nem a queixa?

Ele — Não. Eles consideraram que tomar medidas legais era a coisa mais normal do mundo. Eu disse: mudamos de época. E desde então, aprendi a lição e sempre cuidei muito bem da redação dos estatutos!

Ela — E depois?

Ele — Chego lá. Mas você não pode imaginar como estou feliz por ter deixado sair essa coisa sobre Certeau, que eu nunca contei a ninguém. Os jesuítas promoviam Certeau na Escola Freudiana para que ele se tornasse um de seus grandes nomes. Lacan, ao mesmo tempo que demonstrava interesse por seus trabalhos de historiador, o mantinha à distância. Isso vinha de muito longe. Desde a cisão da Sociedade de Paris em 1953, lemos em Dosse que os jesuítas haviam apostado em Lacan. Para eles, os judeus haviam permanecido mestres da casa matriz, ao passo que Lacan e Dolto, criados na religião, tiveram a chance de abrir um caminho propriamente católico na psicanálise. Daí a adesão de doze jesuítas à Escola Freudiana. Não tenho o livro de Dosse à mão, mas você verá, tudo ali está contado nos detalhes. Se bem me lembro, ele fala de um "enxerto" católico no tronco judaico do freudismo. Era o grande desígnio deles. E Lacan, no momento de formar a Escola Freudiana, certamente não cuspiu no reforço que a Companhia lhe trazia. Mas nem por isso ele se deixou amarrar. Minha entrada em campo certamente não foi uma boa notícia para eles. Eles me acusaram, se assim posso dizer, de todos os pecados de Israel. Sua acrimônia inspirava toda a "saga" da sra. Roudinesco. E quando esta finalmente considerou a família Miller como responsável pelo fato de Lacan não ter tido o grande funeral católico ao qual ele supostamente aspirava — é pra rir! —, ela fez ecoar sua amarga decepção. Em suma, em 1980 a partida era jogada com um parceiro cuja existência eu não suspeitava, e que havia armado suas redes com muito tempo de antecedência.

Ela — E a queixa?

Ele — Era preciso responder juridicamente a ela. O dr. Lacan chamou seu advogado, Roland Dumas, informou-lhe a situação e me entregou o telefone, dizendo-lhe: "Aqui está Jacques-Alain, que lhe dirá o que fazer". Ele não tinha intenção de se ocupar dos detalhes.

E o que aconteceu? Um administrador provisório, nomeado pelo tribunal, convocou uma Assembleia Geral Extraordinária: podíamos escolher entre duas listas, a do dr. Lacan contra a de Françoise Dolto. Perdemos, mas por pouco, por falta de termos reunido a maioria qualificada de dois terços. Nova Assembleia, depois das férias de verão e, aí, ganhamos. Corri da Maison de la Chimie para a Maison de l'Amérique Latine, onde estava prevista uma festinha, em caso de vitória, e levei a notícia ao dr. Lacan. É a única lembrança agradável que me resta daquele período, até porque, alguns dias antes, eu soube por Judith o que seu pai lhe confidenciara: ele tinha um câncer e não queria ser operado. Quando ela lhe perguntou por quê, ele respondeu: "Porque é minha excentricidade".

Ela — Você conta isso nas *Cartas à opinião esclarecida*. Você diz, aliás, que é uma excentricidade da qual se pode dizer depois que tinha um fundo de sensatez. Mesmo no momento em que está doente, ele não cede. O que ele disse a você sobre o que ele queria em seguida? O que ele lhe pediu?

Ele — Em sua carta de dissolução, ele havia lançado a Causa Freudiana, que não era para ser uma Escola, mas um movimento. As pessoas começaram a escrever para aderir a ele, e rapidamente havia cerca de mil cartas. Com isso, vem a segunda onda: depois da insurreição de Dolto, da traição de Charles Melman, com quem eu estava em análise durante todo esse tempo. Veja que situação.

Dissolução, segunda onda

Ela — Quer entrar em detalhes?

Ele — Só para lhe ser agradável. Porque o é muito pouco para mim. Para encorajar a dissolução da Escola Freudiana, criei noites que se chamavam *Delenda est*, onde eram apresentadas intervenções que tratavam tanto dos assuntos institucionais como de temas teóricos. E fiz três intervenções sobre a questão do passe, para explicar que não era necessário liquidar a coisa, como muitos membros queriam, pois se tratava de um elemento essencial da experiência analítica. Isso foi publicado na época e recebi calorosas felicitações do meu analista. Só que, seis meses depois, soube da outra face da moeda por Claude Dumézil. Ele me contou o seguinte: "Nós dois viemos ouvir você, Melman e eu" e, na saída, ele me disse: "Temos que parar esse cara imediatamente". Parecia que ele estava tremendo de raiva.

Lembro que Dumézil também me contou essa historieta mais antiga. Um dia, em bando, o grupo de jovens psiquiatras do qual ambos faziam parte foi ao restaurante comer ostras. Eles pediram muitas. Tanto assim que a conta foi salgada. O que fez Melman? Na cara de pau, ele chama o maître e lhe diz: "Somos médicos e vamos adoecer por causa de suas ostras, que estão estragadas". Ele foi tão convincente que os deixaram sair sem pagar. A história diverte, mas pinta o personagem: mentiroso, insolente e dotado de uma força de convicção pouco comum.

Charles Melman tinha na Escola Freudiana o título de secretário de ensino, tarefa em que ele havia falhado esplendidamente, porque tinha o hábito de cortar todas as cabeças que se destacavam. Ao mesmo tempo, professava uma devoção especial a Lacan: nada parecia detê-lo em seu apego, em sua devoção. Eu o havia escolhido como analista justamente por isso. Não se tem ideia do mentiroso que ele era, nem da duplicidade do personagem. Pensando sem dúvida na sucessão, ele almejou ser nomeado vice-presidente da Escola por Lacan e me pediu explicitamente que me fizesse seu intercessor junto ao mestre. Não fiz nada disso: ele saiu de seu papel em relação a mim, eu não tinha que sair do meu em relação a Lacan. Lacan nomeou Solange Faladé. Essa decepção, essa afronta foi sem dúvida uma das razões por trás da repentina reviravolta de Melman. Foi ele quem fez capotar a experiência da Causa Freudiana.

Ele era o administrador das instalações da Escola Freudiana e Lacan havia pedido que essas instalações fossem doravante utilizadas pelos membros da Causa Freudiana. A assembleia dos coproprietários, numerosos, que eram membros da Escola, reuniu-se. Eu assisti. Ali, para meu espanto, Melman apelou à plateia para rejeitar o pedido de Lacan e levou a melhor. Foi uma traição inequívoca. Fui para casa e liguei para Gloria pedindo para ir ver o dr. Lacan. Vou até a casa dele e anuncio que vou deixar Melman. É então Gloria quem intervém: "Não, não faça isso. Você não deve deixá-lo até que ele perca seu lugar de analista para você".

Ela — Gloria disse isso? Gloria?

Ele — Sim! Eu não podia acreditar em meus ouvidos. E então Lacan solta esta: "Ela tem toda razão". Fiquei perplexo, confesso, mas me conformei.

Ela — Tudo bem, mas como você voltou para sua sessão depois?

Ele — Voltei. Continuei até dois dias antes de a carta de Melman ser divulgada. Dois dias antes, ele me havia dito: "Vou fazer você ler algo que lhe interessará, se você vier esta noite às dez horas". Vou novamente ao dr. Lacan e digo-lhe que Melman parece estar disposto a negociar alguma coisa, já que me convidou para ir à casa dele naquela noite. Gloria me incentiva a ir lá para ver do que se tratava. O próprio Lacan diz: "Não. Não vá". Eu não fui e, dois dias depois, Melman fez circular um texto infame. No entanto, continuei a ir a ele como analisando, conforme indicação de Gloria aprovada por Lacan.

Ela — Como ele recebeu você?

Ele — Normalmente. Das minhas palavras, lembro-me de imagens de grandes desertos e de vento, de areia levantada pelo sopro, lembro-me de ter dito a fórmula: "Nos séculos dos séculos". Tive uma sensação de eterno retorno. E considero que me fez um bem louco ter continuado até esse ponto último em que ele caiu em tempo real, por assim dizer. Porque foi ele quem se derrubou. Durante as férias de Natal, ele me enviou uma carta para me dizer que não me receberia mais em análise.

Ela — Então ele lhe escreveu uma carta?

Ele — Sim, eu a guardei e coloquei atrás de uma foto na sala. Não a releio há quarenta anos. Taí! Vou ver se ela ainda está lá. [*J.-A. M. vai buscar a carta*] Sim, ela ainda está lá! Há também a carta manuscrita de 22 de dezembro que Lacan me deu para entregar a Claude Conté, quando este ainda era diretor da Escola Freudiana, antes de ser derrubado por Melman. Por fim, há uma palavra escrita por mim a Lacan, em nome da Diretoria. Esses três documentos estão neste envelope que você vê, que traz a inscrição:

"Para Jacques-Alain, E. V.". Vou ler para você a carta de Melman, à qual não respondi. Está escrita no papel timbrado dele.

> Domingo, 21 de dezembro
>
> Charles Melman a Jacques-Alain Miller,
>
> Você concordará que é difícil passar por "análise" uma experiência em que, in situ, o analisando se dedica a mentir, ao passo que do lado de fora ele busca prejudicar seu analista. Você sabe que nada desta situação se deu por minha vontade. Decidi, portanto, pôr um fim ao que só seria, de minha parte, a participação em uma impostura sempre crescente.
>
> Charles Melman, neste domingo, 21 de dezembro

Ela — Essa carta de Melman, quem a viu?

Ele — Ninguém. Eu a torno pública pela primeira vez. O autor do texto infame que me arrastava na lama se queixa de que estou tentando prejudicá-lo. É preciso ler para crer.

Ela — Você ainda não contou o "texto infame" de Charles Melman.

Ele — Ele compôs então e fez circular por toda parte uma carta na qual, com toda a autoridade que o fato de ser meu analista lhe dava, ele afirmava que Lacan só servia para ser enterrado, uma citação de Shakespeare, ainda por cima, e que tudo era invenção minha, tudo foi decidido por mim, que eu era, de algum modo, o *deus ex machina* da situação. Ele chegou a mandar avaliar por peritos a assinatura de Lacan nos estatutos da Causa Freudiana, acreditando que ela havia sido aposta por mim.

A traição de Melman, pregando no pelourinho um de seus analisantes sob a alegação de revelar suas confidências no divã, deveria ter indignado uma comunidade de analistas. Isso não aconteceu. Toda essa comunidade sabendo que eu estava em análise com Charles Melman, não teve nada a censurá-lo. Pelo contrário, consideraram que, sendo meu analista, ele devia estar bem informado! E isso, aos meus olhos, era a desonra desse entorno, sua deslegitimação. O ponto sem retorno havia sido alcançado.

O ressentimento até então contido pelos membros diante de uma dissolução que equivalia a uma denegação da Escola derramou-se sobre mim. Um verdadeiro *pandemonium* foi desencadeado. Todos os dias, cartas raivosas e insultuosas circulavam entre os seiscentos membros da Escola Freudiana, atacando-me. Os antigos, seus analisandos, se desligavam um por um e se juntavam ao outro campo. A Escola Freudiana estava desmoronando por seções inteiras. Todas as manhãs eu tinha minha cota de missivas nas quais eu era arrastado pela lama de várias maneiras. Eu aguentei isso com equanimidade.

Ela — Como você fez para aguentar isso, justamente?

Ele — Escute, eu ia dormir uma hora mais cedo do que de costume, só isso. O que contava, para mim, era estar com Lacan, protegê-lo, apoiá-lo. O resto pouco me importava em vista dessa tarefa. Eu era fatalista. Eu considerava essa crise como um terremoto: em certo momento, um terremoto para. Eu tinha a ideia de que, se eles levassem toda a Escola, eu ainda teria meus amigos, os cerca de cinquenta jovens analistas e professores do Departamento de Psicanálise, reagrupados em torno da revista *Ornicar?*, e que eu precisaria então de dez anos para refazer uma Escola. Se, em compensação, restassem uns cem membros dos seiscentos da Escola Freudiana, tudo iria muito mais rápido. E esses cem membros ficaram. Foi assim que a Escola da Causa Freudiana pôde começar.

Lacan e o nascimento da Escola da Causa Freudiana

Ela — Mas naquela época não era ainda a Escola da Causa?

Ele — O texto infame de Melman e suas consequências haviam vencido a experiência da Causa Freudiana concebida como um movimento do qual nasceria, a termo, uma nova Escola. Iríamos, portanto, passar imediatamente à construção dessa Escola da Causa Freudiana. O dr. Lacan me assediava para escrever seus estatutos. Passei minhas noites nisso. Uma bela manhã, ao despertar, craque! Tive minha primeira crise de coluna: veio-me a ideia de que eu era Eneias carregando seu velho pai Anquises.

Ela — E a carta para Conté?

Ele — Vemos aí o cuidado que Lacan podia ter, de tempos em tempos, para resolver assuntos que lhe eram caros, ou para receber aqueles que, depois das invenções de Melman, queriam ter certeza de que ele estava de fato no posto de comando. Aqui, trata-se do passe, e ele estava especialmente atento a isso.

> Para sua reunião com Conté esta manhã,
> Melman: livrar-se desse miserável e de sua gangue, farei todos os meus esforços para isso. Para aprovação (palavra a ser proscrita), uma dupla comissão do passe. Ou seja, dois cartéis formando um júri com trabalho a ser produzido. Conté e Israel em um, Dumézil e Safouan no outro. Allouch e Julien, aqui e ali, Éric Laurent e você, Jacques-Alain, da mesma forma, como passadores nos júris. Os passantes divididos por sorteio entre os dois cartéis. O acolhimento se limita a garantir o analista que funcione, estou criando então uma comissão de garantia. Eu quero lá Simatos, que aguentou o golpe. Não sei onde está Beirnaert. Lefort me perguntou sobre a topologia da psicose. Chauvelot? Não Rondepierre. Colocar Colette Soler, bom soldadinho, Ritter, Gérard Miller, outros jovens, Sylvestre, por exemplo.
> Ensino: Melman desempenhava a função de tampão, é melhor que cada um, por sua conta e risco, se engage nisso (ensinar). Tudo isso deve ser revisto por você. Encontre um local, mesmo que provisório. Designações de AME a serem feitas. Propor.

Ela — Então, naquela época, o padre Beirnaert ainda não tinha aparecido.

Ele — Foi antes da grande debandada. Sim, deixei isso dormir por quarenta anos, e não tinha nem mesmo certeza de encontrá-los.

Ela — E a última carta, foi você quem respondeu ao dr. Lacan?

Ele — Sim.

Ela — [*lendo a carta*] "Obrigado, obrigado por estar aí. Tudo faremos para que a Causa Freudiana permaneça digna daquilo que o senhor deseja. Vamos trabalhar nisso hoje. Sua carta nos ajuda muito. Eu permaneço seu." Esse Claude Conté, que havia falado de seu desaparecimento da psicanálise, o que ele fez depois de pedir demissão apesar da carta que Lacan lhe endereçou?

Ele — Ele tentou montar um grupo. Fracassou. Ele estava sozinho. Anos depois, ele me telefonou uma noite para me dizer que queria me ver: estava pensando em voltar para a Escola da Causa Freudiana. Ele voltou a me ligar logo depois, tendo mudado de ideia. Ele estava visivelmente muito mal. Seis meses ou um ano depois, eu não saberia dizer, ele se suicidou. Triste história.

Ela — Voltemos aos estatutos que você redigiu instigado por Lacan.

Ele — Precisávamos de estatutos que levassem em conta o fato de que Lacan não ia administrar as coisas do dia a dia. Distingui, então, um posto de presidente e um posto de diretor. Segunda inovação: uma assembleia na qual não votaríamos um a um, mas em que grupos de cinco, espécies de cartéis eleitorais, delegariam, cada um, um de seus membros, dificultando os diversos movimentos de agrupamento e desagrupamento como os que acabavam de correr com rédeas soltas. Por fim, se Lacan não gostava de mudar os cabeças e deixava-os indefinidamente num lugar, ele, porém, falara de "permutação" ao nível dos cartéis: eu me apropriei desse termo para fazer dele a lei fundamental reguladora das instâncias em todos os níveis. Esses três pilares formaram a base da nova Escola, permitiram-lhe existir, sobreviver, fortalecer-se, expandir. Ao cabo de dez anos, consideramos que a situação era saudável e modificamos os estatutos: o voto voltou a ser individual e suprimimos o binário Presidente e Diretor para conservar apenas o posto de Presidente. Em contrapartida, a permutação permaneceu.

Em suma, numa bela manhã, pude apresentar ao dr. Lacan o texto que ele impacientemente me pedia: "*Monsieur*, está feito". Ele releu, aprovou e me disse: "Eu adoto esta Escola". A palavra "adoção" permaneceu.

Ela — Você o chamava de *Monsieur*?

Ele — *Monsieur* ou "doutor", sim, sempre.

Ela — Sendo você genro dele!

Ele — Como já disse em outro lugar, eu tinha um certo prazer em chamá-lo de "doutor", já que meu pai era chamado de "doutor" por todos, menos por meu irmão e por mim. Acho que isso foi como *Eureca!*, na primeira vez em que o chamei de "doutor", e continuei. Além disso, eu queria manter minha distância. Dizia-se "senhor". Judith também usava senhor para com ele, mas ele a tratava por você.

Ela — Sim, você contou como um dia ele deixou escapar e lhe tratou por "você", e que você teve um movimento de recuo!

Ele — Eu poderia ter me queixado do assédio por parte dele! Por exemplo, no momento da publicação dos *Escritos*, eu disse a ele: "Não basta um índice de nomes, precisaríamos de um índice de conceitos". A ideia o agradou, ele me pediu para fazê-lo, dão-me uma semana. Eu trabalhei sem parar, o índice ficou pronto. Mas aí me veio a ideia de que seria melhor colocar seu texto sobre *A carta roubada* no topo da compilação, o que foi feito. Mas não pensei que, de saída, toda a numeração das páginas mudaria e que o índice teria que ser refeito. Eu estava extenuado e me neguei a refazer o trabalho. Cólera do dr. Lacan que, aos berros, me faz uma cena homérica, notifica me executar. Gloria se mete na questão, diz temer pela saúde do doutor se eu persistisse em recusar o que ele pedia etc. Acabei consentindo, ao mesmo tempo que jurava a mim mesmo: "Isso, nunca mais!". E assim foi. Posteriormente, quando fui retirar a bandeira de Lacan da sarjeta onde seus alunos desavergonhados a haviam colocado para levantá-la novamente, o dr. Lacan não me pedira nada, não me delegara nada, não fui designado para nada. Foi minha decisão. Foi um ato.

Ela — No fim das contas, suas relações com Lacan eram a um só tempo de proximidade e de distância…

Ele — Exatamente. Imagine que eu tomava muito cuidado para nunca tirar uma foto com o dr. Lacan. Talvez exista uma, não mais, tirada em família. Você notará que no programa *Televisão*, eu sou apenas uma voz. Não fui filmado porque não quis. Desse ponto de vista, sou um pouco como os selvagens de Lévi-Strauss, que temiam que sua imagem fosse manipulada em detrimento deles.

Ela — Você dizia que os novos estatutos da Escola da Causa Freudiana lhe permitiram resistir em um contexto difícil...

Ele — Esses estatutos não eram os mais democráticos, mas permitiram que uma Escola emergisse do mar revolto pela dissolução, com sua cota de covardias e traições.

Lacan e sua guarda próxima

Ela — Ao ouvir você, a gente toma conhecimento do lado doloroso desse período. Lacan havia sido sitiado. Ele não teria conseguido sem o senhor.

Ele — Isso mesmo. Sem mim, sem Judith e sem Gloria, e também Abdou, marido de Gloria. Nós éramos sua guarda próxima. Impedido em suas ações pela doença que o corroía, ele dava suas instruções, eu as executava sem discutir. Longe de ser o *deus ex machina*, fiz de mim seu Mestre Jacques.

Ela — É certo que as representações da pessoa de Lacan, de que falávamos no início, estão se dissipando. Mas não vejo isso apenas como obra do tempo: são as consequências do trabalho que você fez para dar a conhecer o ensino de Lacan. Foi esse ensinamento que passou para o primeiro plano.

Ele — As "representações" que você evoca, digamos, eram Lacan percebido pelos fracos! Quando, sob pressão de Charles Melman, Claude Conté, nomeado diretor, deixou a Escola da Causa, ele divulgou esta profecia: "Em quinze dias, Jacques-Alain Miller terá desaparecido da psicanálise". Não foi exatamente isso que aconteceu. Eu estava convencido disso desde o início, mas como compartilhá-lo com toda aquela gente que se erguia contra mim? Hoje, as sete Escolas que representam um décimo da IPA, a qualidade do que elas produzem sobre qualquer questão clínica é prova disso. Que Lacan tenha sido um guru, sedento de poder e meio louco, muita gente queria acreditar apenas nisso, assim como só queriam acreditar que eu era o lobo mau do negócio. É fato que a Escola da Causa Freudiana não teria existido se eu não tivesse lutado como lutei, mas no posto de comando havia o desejo de Lacan. Há uma frase misteriosa que ele escreveu em uma mensagem à Escola Freudiana: "Sei o que significa esperar". Digo a mim mesmo que, talvez, eu também saiba o que significa esperar. Durante quarenta anos não me cansei de tirar as ilusões do público. Eu trabalhei. Eu esperei. A hora é agora.

Ela — Isso significa que você vai retomar sua escrita sobre a vida de Lacan?

Ele — Talvez seja mais fácil na forma de entrevistas… Pascale Fari, que está revisando as gravações do meu curso Vida de Lacan, me disse que isso daria um livro muito bom. Não é um Lacan íntimo. É Lacan deduzido de seus escritos e Seminários.

Ela — Esta é uma verdadeira pergunta que eu me faço: no fim do fim das contas, a biografia clássica, o relato "íntimo", afinal não erra sempre o alvo em relação ao sujeito?

Ele — Você é encorajadora!

Ela — Não, você, definitivamente, você fez o ensino dele falar…

Ele — Sim, e em seu ensino muitas coisas esclarecem sua posição de sujeito. Por exemplo, o momento incrível quando ele comenta sobre Claudel. Trata-se do filho de Turelure, que é um cretino, doente, que volta das colônias — e, de repente, você tem um desprendimento de Lacan para dizer: "Mas não se deve acreditar nisso, aqueles que partiam para as colônias estavam cheios de esperança etc.". Compreende-se que o Lacan que fala é aquele que, aos vinte anos, queria ir para a África a fim de difundir a doutrina da Action Française. Há muitos outros momentos em que percebemos que são pequenas confissões de Lacan, emitidas de um jeito mordaz. Penso nesta passagem dos *Escritos* na qual ele explica que o que o incomoda com o passar do tempo é que ele tem cada vez menos pessoas de sua geração com as quais pode se divertir e rir das mesmas coisas. É tocante.

Em Vida de Lacan, sou levado a evocar o "caso" Lacan. Certa vez, em Guitrancourt, ele estava escrevendo e eu o interrompi para lhe perguntar, à queima-roupa: "*Monsieur*, qual é a sua estrutura?". Sem me dar uma bronca, ele respondeu: "Basta ver como eu remoo as coisas para o saber...".

Ela — Na verdade, aonde eu queria chegar é que há dez anos, dando um curso intitulado Vida de Lacan, você inaugurou uma forma.

Ele — Acima de tudo, era renunciar à maneira como eu havia abordado a coisa lacaniana até então. Sollers, aliás, me encorajou vivamente a fazê-lo. Ele me disse que já era hora de eu falar de Lacan como um corpo. No fundo, o matema pertencia a todo mundo. Mas, ali, tratava-se de evocar um "Lacan para Lacan", o que pertencia apenas a Lacan sujeito singular. Desenvolver seu ensino no registro do matema era impessoal, era realizar o "desaparecimento elocutório" do sujeito Lacan. Ao passo que ali eu evocava Lacan e as particularidades de seu ser que tinham uma incidência em sua maneira de construir a teoria. O seu ponto de partida, o estádio do espelho, e a ideia de que é preciso a Lei do Pai para impedir a luta até a morte impressionaram sobremaneira a mente das pessoas, a ponto de, cinquenta anos depois, acreditar-se ainda que ele é o homem que celebra o Nome-do-Pai. Podemos pensar que isso tem suas raízes no *gozume* do irmão mais velho em relação ao "irmãozinho Marc", como Lacan o chamava, cuja força e poder lhe foram roubados por seu irmão mais velho. Por sua mãe também, sem dúvida, mas pelo mais velho.

Segunda conversa

Ela — Da última vez, você evocou as negociações urdidas no final da Escola Freudiana. Constituiu-se então um grupo heteróclito de pessoas que, na realidade, só tinham em comum o fato de estarem contra você.

Ele — De fato, era isso mesmo o que Gloria pensava.

Ela — Ou então Laurence Bataille, onde estava sua cunhada?

Ele — Ah! Laurence, esse é um assunto e tanto. Eu a conheci quando ela virou lacaniana, porque, segundo Gloria, ela passava por fases em que adorava o dr. Lacan e fases em que não. Eu cheguei em um momento em que ela simpatizava com o doutor. Ela nunca havia morado com seu pai, Georges Bataille, ela só morou com seu padrasto, Lacan. Ela assumiu um lugar próprio na Escola Freudiana. Eu a levei para trabalhar comigo em *Ornicar?*.

Ela — Mas ela não estava ao seu lado no momento da criação da Escola da Causa Freudiana?

Ele — Digamos que as coisas se deterioraram pouco antes da dissolução. Uma vez que sua mãe embirrava com seu marido, Laurence infelizmente seguiu seu exemplo. Ela não apenas se distanciou de Judith e de mim, mas procurou ativamente prejudicar a nova empreitada. Por outro lado, como enteada do dr. Lacan, ela tinha acesso às versões datilografadas dos Seminários, as quais se empenhou em multiplicar e distribuir de forma pirata, sabendo, porém, que não era esse o desejo de Lacan. Essas tensões na família foram prejudiciais tanto para os filhos dela quanto para os meus, que eram primos muito próximos, criados juntos durante as férias. Ela morreu muito prematuramente de câncer. Gloria ficou à sua cabeceira até o fim. O fato de Gloria estar do nosso lado, de Judith e meu, não foi obstáculo à sua grande afeição por Laurence. Eu mesmo continuei a amá-la estando, ao mesmo tempo, em total desacordo com ela.

Lacan e o "Never explain"

Ela — Você conheceu o dr. Lacan no momento de sua excomunhão, e ele nunca lhe disse uma palavra sobre isso. Ele continuou tão discreto em 1980?

Ele — Em 1980 ele não tinha nada para me contar, já que vivíamos os acontecimentos lado a lado, dia a dia. Lembro-me das palavras que ele pronunciou depois de ler a carta fatal de Melman, onde este, citando Shakespeare, pedia que se reservassem "três acres da terra mais vil para enterrar esse grande espírito". Comentário de Lacan a propósito de uma passagem da carta: "Ele mesmo diz que é um executor". Quando fui atacado no *Le Monde* por um figurão da Escola Freudiana, ele pegou a pena para me defender. Ele me dava indicações lacônicas, eu as seguia por princípio, não as discutia. À noite, ele bebia um uísque. Nunca um arrependimento, nunca uma queixa.

Ela — Fiel a si mesmo. Evocamos nesta entrevista a singular temporalidade lacaniana. Você disse "*born again* todas as manhãs". Mas há também o Lacan príncipe do Renascimento, em descompasso com a época em que viveu, imerso no meio da burguesia intelectual do século XX.

Ele — Não enfatizemos demais sua qualidade de príncipe. Ele era príncipe quando se manifestava no mundo como um personagem suntuoso, de um colorido intenso, demonstrativo, abalando ostensivamente as convenções pequeno-burguesas. Mas, em sua vida privada, ele era um laborioso, um trabalhador intelectual obstinado pela tarefa — "um escravo", dizia ele de si mesmo —, não um senhor. Ele estava, disse ele uma vez, sob as garras de seu superego.

Ela — Você pôs em evidência que ele permaneceu impávido diante das traições de seus alunos e ex-analisados.

Ele — Sim, "*Never explain, never complain*". O contrário do que eu faço com você! É que ele foi muito difamado e é hora de fazer ouvir uma outra canção.

Ela — Você me dizia, antes de retomar, que esta entrevista poderia ser intitulada como o livro de Tanizaki, *A confissão impudica*. Tanizaki é também o autor de *Em louvor da sombra*.

Ele — Sabe, evitei contar tudo isso durante quarenta anos. Forço minha natureza a narrar um aspecto de Lacan e da história da psicanálise um pouco diferente daquele que foi habilmente difundido, e que vem de onde? Um, do partido católico, como o chamei, inspirado nos jesuítas da Escola Freudiana. Dois, de Sylvia e Laurence, de dentro da família, tendo, como suplemento, Jenny Aubry. Três, da massa daqueles analistas e analisandos que pagaram seu amor por Lacan com uma importante transferência negativa. Aí está o que satisfez a imagem corrente que dele se espalhou.

Ela — Você já estava nessa linha quando foi à rue de Lille vasculhar o armário empoeirado?

Ele — Não, foi minha curiosidade pessoal que me impeliu a isso. A imagem depreciativa do dr. Lacan ainda não havia sido finalizada. Eu só queria saber mais sobre os acontecimentos que levaram à criação da Escola Freudiana de Paris.

Ela — Esse esforço de memória e de afinação, você também o faz hoje. Eu estava pensando no fato de que Lacan nunca encontrou Freud...

Ele — Eu lhe perguntei: "Como é possível que o senhor, ademais germanista, nunca tenha conhecido Freud? Especialmente porque ele passou uma temporada em Paris antes de partir para Londres". Ele respondeu que Freud estava morando na casa da "Princesa", ou seja, Marie Bonaparte, e que não queria fazer-lhe favores para ter acesso a Freud. Achei esse motivo fraco, até falei isso para ele. Penso que era mais uma forma de evitá-lo. Agora, cabe a cada um dar sua interpretação.

Ela — Mesmo assim, ele enviou sua tese a Freud...

Ele — ... que lhe respondeu com um cartão muito formal. Eu o tenho graças a Éric Laurent, que o deu de presente a mim, e coloquei-o na capa de uma edição da *Ornicar?*.

Ela — Então Lacan se desfez desse cartão?

Ele — Sim, nas mãos de um de seus analisandos, que o ofereceu a Laurent. Isso me faz pensar o seguinte: por ocasião de sua sucessão, os herdeiros, seus filhos do primeiro casamento, perguntaram onde ele guardava as cartas que havia recebido de personagens importantes. Pois bem, não havia nenhum dossiê. O dr. Lacan não colecionava cartas dos VIPS. Descobri as de Lévi-Strauss etc. espalhadas entre muitas outras. Agora que decidi penetrar e consultar a massa de papéis deixados por Lacan, encontraremos outras. Voltando a Freud, Lacan não hesitou em dizer, no final de sua vida, que, por ter seguido Freud tão de perto, por ter perscrutado sua obra como fez, ele de fato deve ter nutrido uma transferência negativa em relação a Freud. De modo mais geral, Lacan nunca considerou nada como certo. Ele disse isso desde os dezessete anos, em uma carta a seu pai que encontrei e que estará no volume que estamos preparando. Ele sempre negou o princípio de autoridade.

Lacan e a difusão de seu ensino

Ela — Contrariamente a Lacan, que nunca conheceu Freud, o grupo daqueles que se mobilizaram em torno de você quando da criação da ECF, todos conheciam Lacan. Deve ter sido emocionante, tudo estava por ser feito. Vocês eram todos muito jovens também.

Ele — Estávamos na casa dos trinta. Foi uma aventura para nós, animada pelo desejo de salvar a psicanálise do desastre em que os antigos a precipitaram. Ficamos com o dr. Lacan num mar encapelado, e tratava-se de construir um galeão com os destroços que nos restavam. A cada ano que passava, eu me parabenizava por termos resistido até então. E quando ultrapassamos a duração de vida da Escola Freudiana, dezesseis anos, eu meio que dancei como Lênin havia dançado na neve quando a Revolução Russa ultrapassou a duração de vida da Comuna.

Ela — Em seguida, o galeão lançou-se ao mar em direção ao continente americano…

Ele — Tínhamos toda uma frota, na Argentina, no Brasil, na Espanha, na Itália. Seis Escolas ao todo, duas das quais reúnem associações pertencentes a diversos países onde não há pessoas suficientes para formar

Escolas Nacionais: na Europa e nos Estados Unidos, a NLS anglófona, a New Lacanian School e a NEL, Nueva Escuela Lacaniana, hispanofalante, na América Latina.

Ela — Você nunca teve medo de não chegar lá?

Ele — Eu não tinha um projeto de conjunto. A cada passo, eu descobria um novo horizonte, eu ia nessa direção. Muito nos foi dado. À época da morte de Lacan, ele já era uma referência nos meios analíticos da Argentina e da América Latina. Quem esteve na origem de sua celebridade foi um espantoso argentino chamado Oscar Masotta, que não era analista nem analisando, mas um crítico de literatura e cinema. Lendo Lacan, ele se comprometeu a ensiná-lo, e de forma tão convincente que as pessoas começaram a cair como moscas, umas após as outras, cativadas pelo discurso lacaniano, sem nunca terem ido a Paris, sem nunca terem se encontrado com Lacan. Uma resposta àqueles que difundiram que Lacan devia tudo ao seu carisma pessoal. Masotta conheceu pessoalmente Lacan e foi investido cavaleiro por ele. Lacan me apresentou Masotta um dia dizendo: "Meu aluno Oscar Masotta". Nós construímos sobre o que Masotta havia semeado. Por razões políticas, ele teve que deixar a Argentina para Barcelona, onde deu origem a um grupo analítico que, posteriormente, se juntou ao Campo Freudiano.

Tomei consciência dessa magnitude da notoriedade de Lacan na América Latina quando fui à Venezuela, em 1979, convidado por um pequeno grupo de exilados argentinos. Dei uma série de conferências em Caracas, em francês, porque ainda não havia encontrado meu espanhol, aprendido nas classes preparatórias para a École Normale. Foi aí que eu me disse: por que não convidar os lacanianos da América Latina a se reunirem em Caracas, na presença de Lacan, que faria a viagem? A Venezuela era, na época, um país democrático, ao passo que a Argentina estava nas mãos dos militares, e havia um voo do Concorde de Paris a Caracas para transportar Lacan com rapidez e conforto.

De volta a Paris, comuniquei a ideia ao dr. Lacan: ele gostou e imediatamente disse sim. Durante um ano, a fofoca correu solta na comunidade analítica latino-americana: Lacan nunca irá, é uma invenção do J.-A. M., etc. E então Lacan chegou em Caracas acompanhado por Gloria. Foi, para a quase totalidade dos latino-americanos, a única ocasião que tiveram para ver Lacan em carne e osso. Ele deu sua última conferência nessa ocasião. O acontecimento foi chamado de Encontro Internacional do Campo Freudiano. Uma reunião foi feita imediatamente a seguir para realizar o segundo em Paris, dois anos depois. Nesse meio-tempo, Lacan morreu, mas fomos fiéis à reunião. Desde então, a cada dois anos é realizada uma Reunião Internacional, alternando entre a América Latina e a Europa.

Ela — O que os lacanianos argentinos têm de particular em relação aos americanos que também leem Lacan é que eles estão em análise.

Ele — Durante um bom tempo, eu ia aos Estados Unidos uma vez por ano. Os americanos que liam Lacan eram universitários literários. Cansei deles, que me diziam: *"I use Lacan to speak of Shakespeare"*. A psicanálise não os tocava. Eles se serviam de Lacan para seus pequenos negócios, no âmbito do *publish or perish*. Esse utilitarismo desavergonhado me fez acabar com minhas viagens. Eu tinha razão? Estava muito impaciente? Quando eu ia lá, todos os anos, havia duzentos universitários que me seguiam, vinham regularmente ouvir-me. Afinal, não era pouca coisa, era uma pequena comunidade da qual alguns poderiam ter emergido. Sem minha ausência, Judith Butler teria prosperado como ela o fez? Ainda assim, escolhi dedicar meus esforços à América Latina, onde estava lidando com praticantes autênticos com os quais eu sabia que poderia construir Escolas de psicanálise.

Ela — Lacan nos Estados Unidos, hoje, é estudado como um filósofo.

Ele — A ordem médica, lá, é mais poderosa. Os psicanalistas não médicos demoraram muito para verem reconhecida a legalidade de seu título. Mas a prática lacaniana em que não se especifica a duração das sessões, que podem ser curtas, nem da própria análise, que pode ser muito longa, isso para os americanos é o Terceiro Mundo, não era para os Estados Unidos. Lembro-me de um rapaz que se esforçou por vir durante três anos para se analisar com Lacan. Assim que ele voltou aos Estados Unidos, depois de três anos, ele percebeu que, no fim das contas, Lacan era um antiamericano, era um guru, que eu mesmo era um etc. Ele negou tudo. Eu o vi há pouco tempo na internet, num programa de velhos fósseis raivosos, degradando Lacan e nossa juventude, que valia mais do que isso.

Ela — No entanto, ainda se fazem esforços nos Estados Unidos…

Ele — Claro, nunca abandonamos. Há sempre lacanianos e lacanianas que se esforçam para vir à Europa fazer sua análise e que analisam no local, mas, por enquanto, isso ainda é muito limitado. Contudo, a esperança não está de todo perdida.

Lacan e seu legado

Ela — Eu gostaria de lhe colocar a questão dos arquivos.

Ele — Dei a conhecer, em 23 de abril, e retomei em carta de 1º de maio, que havia decidido abrir esses arquivos, e que tudo seria levado ao conhecimento do público, e isso sem pedir nenhum subsídio ao Estado. Isso será feito com os meios da Associação Mundial de Psicanálise, de suas sete Escolas, e com a colaboração de todos aqueles que, mesmo fora do Campo freudiano, quiserem continuar a escavar o sulco lacaniano. É uma decisão que tomo depois de quarenta anos.

Ela — Você pensou nisso antes?

Ele — Para retomar uma expressão do dr. Lacan, eu diria que não esquentei a cabeça com isso. Lacan me disse um dia (ele estava sentado, eu estava de pé): "Vou deixar todos os papéis para você". Duas lágrimas brotaram dos meus olhos, horizontalmente, um curioso fenômeno que deve ser conhecido, e que aconteceu comigo uma outra vez. Perguntei-lhe: "*Monsieur*, é para publicar?". E ele disse: "Deixo isso para seu julgamento". Ele deve ter feito arranjos, já que Gloria insistiu em me entregar depois pilhas de notas, aquelas que ele utilizava para dar seus Seminários. O principal do pacote: folhas de formato A4 que ele cobria com escritos — uma frase, uma expressão, um esquema. Ele acumulava isso durante a semana, e especialmente na manhã de seu Seminário. Era nisso que ele se apoiava para dar suas lições.

Ela — Então o Seminário não era preparado, nem que fosse de forma semirredigida?

Ele — Não. Mas também não era, como afirma Sollers, que Lacan pensasse enquanto falava. Ele pensava escrevendo. Ele completava esse pensamento prévio com uma expressão improvisada, *ex tempore*. Essas notas são, portanto, uma mina, mas são também extraordinariamente difíceis de decifrar, tanto mais que, na maioria das vezes, Gloria as grampeava ou enfiava as folhas que não estavam numeradas juntas numa pasta. Nada garante também que, de uma lição para outra, elas não se misturavam. É um matagal. Quando da morte de Lacan, eu não ia entrar nisso. O essencial era não desfolhar esses papéis, eu não ia bancar o Marco Antonio e dizer: *"I come to bury Caesar"*. A urgência era manter e expandir um ensino e uma comunidade.

Ela — Você estava se ocupando do galeão.

Ele — Eu cuidei de transformar os destroços em um galeão. Assim como o barco de Teseu, que se construía e se consertava enquanto ele navegava, resolvemos os problemas à medida que avançávamos. Mas quarenta anos depois, quando a Associação Mundial tem dois mil membros e quando estamos conectados a todos os fenômenos sociais recentes, quando somos capazes de tomar a palavra com potência e rapidez sobre os trans, aí, sim, podemos dedicar uma parte do nosso tempo para explorar as riquezas desses arquivos. Não sou o único a pensar assim, a julgar pela satisfação que esse anúncio despertou no seio do Campo freudiano.

Ela — Talvez encontremos alguns documentos particularmente preciosos.

Ele — Encontraremos de tudo. Também vamos nos deparar com comprovantes de compra de lingerie! Certa vez me deparei com o caderninho marrom no qual o dr. Lacan, no início de sua análise, tinha a intenção de anotar seus sonhos. Eu havia lido as duas primeiras páginas, escritas numa algaravia pouco legível, e parei: tive a impressão de violar sua intimidade. Então, meti um pouquinho do meu nariz nesses papéis, tanto mais porque, na ocasião do décimo aniversário da morte do dr. Lacan, Judith queria fazer uma pequena exposição em uma das galerias da rue des Beaux-Arts e me pediu para escolher alguns manuscritos.

Ela — Então Judith lhe pediu para você escolher alguns manuscritos. Como foi quando você teve que fazer esse tipo de arbitragem?

Ele — Judith sempre respeitou o fato de seu pai ter feito de mim o responsável moral por sua obra e o depositário de seus papéis. Então, ela não se metia nisso. Da mesma forma, o que dizia respeito à sucessão do dr. Lacan era assunto dela, e ela não me disse uma palavra durante os dez anos em que a questão foi debatida entre as duas partes: Judith, legatária universal, e os filhos do primeiro casamento. Tudo o que sei é que as coisas foram finalmente resolvidas por sorteio. Judith teve a satisfação de herdar o rue de Lille, nº 5. Sua intenção era doá-lo ao Estado, com a condição de que este o abrisse ao público. Ela fez a proposta ao diretor de gabinete de Jack Lang, que respondeu negativamente. Judith me comunicou essa recusa, eu lhe disse então que havia uma maneira de prescindir do Estado e trazer o mundo inteiro à rue de Lille, nº 5: expor *A origem do mundo* lá. A ideia não lhe agradou e, quinze dias depois, não me lembro se foi no rádio ou no jornal, soube que ela havia entregado *A origem do mundo* ao Estado, em doação.

Ela — E o Masson que o dr. Lacan encomendara para esconder *A Origem do Mundo*?

Ele — Ele ficou com Judith. Lacan o encomendara a seu cunhado.

Ela — Como eram os cunhados?

Ele — As irmãs Maklès eram quatro: Bianca, a mais velha, era esposa de Théodore Fraenkel, um médico surrealista a quem Gérard Guéguan acaba de dedicar um livrinho encantador. Ela morreu em consequência de uma queda: caiu de um penhasco. Nunca se soube se foi suicídio ou um acidente. Rose, a segunda irmã, casou-se com André Masson. A terceira casou-se com Jean Piel, próximo de Bataille, que foi o diretor da revista *Critique*. A quarta, Sylvia, casou-se com Georges Bataille, depois com Jacques Lacan. Sylvia e Rose eram particularmente próximas. Judith foi criada a maior parte do tempo com seus primos Masson, Diego e Luis, na casa deles em Aix, onde ela costumava passar as férias. Masson fez um belo desenho dela. Lacan apreciava muito a obra de Masson, ele lhe encomendou muitas pinturas.

Ela — Lacan reuniu ao seu redor uma quantidade de artistas. Masson, Dalí…

Ele — Foi Lacan quem foi ver Dalí, interessado em seu método da paranoia crítica. No número para o qual estamos tendo esta entrevista, reproduziremos páginas do exemplar da tese de Lacan que pertenceu a Dalí. No final dela, encontramos o esboço de um corpo de mulher. Nunca esclareci o encontro entre Dalí e Lacan. Espero que alguém se interesse pelo assunto e faça uma tese.

Depois de Lacan

Ela — Eu gostaria de te perguntar quando então você começou a receber pacientes.

Ele — Três semanas após a morte do dr. Lacan. No primeiro ano, tive sete pacientes. Eu não tinha a menor ideia do que eu me tornaria como analista. Precisei me acostumar a receber dinheiro pelos meus serviços, o que me foi muito difícil no começo: fui criado no serviço público.

Ela — E durante esse tempo você estava construindo o galeão. Além disso, você também era muito jovem. Estou me repetindo, mas é isso que impressiona a quem lança um olhar retrospectivo sobre essa época.

Ele — Se me pergunto sobre a minha "resiliência", como dizemos hoje, diria que estava tão persuadido de estar do lado bom que toda a gritaria, as rasteiras, as traições, não me atingiam. Lacan, no Seminário *Mais, ainda*, quando ele se pergunta sobre a grande paixão de sua vida, sobre o que a sustenta, diz que é o desprezo. Eu nunca pensei isso sobre mim, mas quando penso nisso falando com você, hoje, digo a mim mesmo que eu deveria alimentar alguma coisa desse sentimento para aguentar o golpe naquelas circunstâncias.

Ela — O desprezo, isso é forte! O que você lembra dos primeiros anos da Escola da Causa Freudiana?

Ele — Primeiro, eu fazia minhas aulas de analista. Estava muito atento à minha prática. No final do dia, anotava todos os pequenos fatos verdadeiros da análise, aprendi muito com isso. Ademais, eu havia me comprometido em dar um curso de psicanálise todas as semanas no Departamento de Psicanálise, o que me custou muito trabalho, pois eu queria expor os fundamentos, tal como os apreendi, da orientação que havia sido a de Lacan em psicanálise. Mostrei que, se você ler Lacan com uma lupa, suas posições nunca se tornariam rígidas ou se erigiriam como dogma. Acho que ensinei muita gente a ler Lacan. Há uma grande diferença entre as pessoas formadas em meu método e as outras.

A partir de um momento, eu também estava muito ocupado com o que estava acontecendo no exterior, como vimos. Talvez eu tivesse sido destinado a essa missão por Lacan. No Brasil, fiz minha primeira conferência na casa do meu amigo Jorge Forbes, em São Paulo. E o nome da cidade incitou-me a revelar que eu era aquele a quem Lacan se referia em seu Seminário quando falava de um dos que o ouviram mais prontamente e que caíra do cavalo como são Paulo. Ele fazia alusão à minha passagem pela esquerda, que me afastara dele. Divirto-me dizendo a mim mesmo que ele, com essas palavras, me votava a ser o são Paulo da psicanálise, preocupado com a criação de comunidades psicanalíticas através do mundo.

Ela — E todo esse tempo, você trabalhava...

Ele — … sem intervalo, é preciso dizer. Eu não tinha o lazer de ter uma vida mundana. Sacrifiquei esse aspecto da existência. A lógica da situação superava todas as outras considerações. Sem contar que Judith não tinha gosto algum pelas mundanidades.

Ela — E Lacan? Ele era mundano?

Ele — Discuti isso com Gloria. Na minha opinião, ele só foi mundano nos anos 1950. Frequentava a alta sociedade, os Rothschilds, Marie-Laure de Noailles, que o presenteara com um pequeno quadro, os Agnelli — ele deu um curso em que evoca sua visita às fábricas da Fiat acompanhado por Gianni Agnelli, o famoso *Avvocato* etc. Ele ia às *soirées* do *Domaine* musical, de Pierre Boulez, aos coquetéis Gallimard. De minha parte, não conheci seu período mundano, vi-o aferrado à sua mesa de trabalho.

Ela — Tem-se vontade de lhe fazer muitas perguntas sobre a década da construção da ECF. Dá para entender que as coisas não foram fáceis, mas, ao mesmo tempo, esses anos devem ter sido apaixonantes para a jovem equipe que você formou. No entanto, você soube aproveitar o momento. Sente-se que havia nessa equipe uma ousadia, uma intrepidez…

Ele — Nós éramos da geração chamada a dos 68.

Como toda essa história começou

Ela — Há alguém de quem não falamos: Althusser.

Ele — Ah, Althusser! Tive a sorte, quando entrei na École Normale em 1962, que ele ali estivesse por um bom período, que durou alguns anos. Ele sabia como colocar a euforia no ensino, fazer reinar uma atmosfera propícia ao estudo. Gostei muito do clima da École Normale quando entrei nela.

Ela — Lembro-me de quando soube o que havia acontecido com a esposa dele. Eu era uma garotinha, em Londres, e fiquei muito impressionada. Quando foi isso exatamente?

Ele — Foi muito próximo da época da dissolução. Naquele momento, ele já estava muito mal, muito louco. Ele irrompeu em uma reunião da dissolução, em 15 de maio de 1980. Eu me instalei na primeira fila para ouvir Lacan e alguém veio sentar-se ao meu lado. Eu me virei: era Althusser. Eu vi que ele estava em um estado bizarro, convidei-o para vir comigo até o fundo da sala para conversarmos um pouco. Ele me seguiu, trocamos algumas palavras, mas, de repente, ele se precipitou para a tribuna para fazer um discurso semidelirante contra a dissolução da Escola Freudiana. Fui vê-lo no dia seguinte em seu escritório na rue d'Ulm, onde muitas vezes fora recebido no passado como aluno. Ele me anunciou que redigiu o texto que leu na tribuna no dia anterior e que o *Le Monde* concordou em publicá-lo. Eu então lhe respondo, com muita firmeza: "Sabe, eu não estou tão de acordo. Você o escreveu, muito bem. Mas, na minha opinião, cabe colocá-lo em uma gaveta e o deixar lá". O que ele fez. Depois dessa visita, telefonei para Hélène para lhe dizer que seu marido estava muito doente e que era preciso fazer alguma coisa, tratá-lo. Sempre desagradável, ela me mandou passear: "Por que você está me dizendo isso? O que você quer que eu faça?". Ele a matou pouco tempo depois.

Ela — Como Althusser o apresentou a Lacan?

Ele — Era meu segundo ano na École Normale, setembro ou outubro de 1963. Ele me chamou em seu escritório, me disse que havia convidado Jacques Lacan para proferir seu Seminário na sala Dussane, que ele próprio iria dedicar-lhe um seminário do qual ele gostaria que eu participasse. Respondi-lhe que não sabia nada desse Lacan, que só conhecia seu nome pelas zombarias de Jean-François Revel para com ele, em seu *Pourquoi des philosophes*, em particular uma passagem em que Françoise Dolto, em Roma, fala do "grande dragão Lagache" e do "grande dragão Lacan". Isso era tudo o que eu conhecia de Lacan naquela época. Althusser me respondeu então que eu deveria ler Lacan, que isso me agradaria. Disciplinado, fui às Presses Universitaires, praça da Sorbonne. Lá encontrei os números 1 a 6 da revista *La Psychanalyse*. Fui para o campo com meu amigo Duroux que era da agregação. Ele ficou trabalhando no térreo e eu me acomodei no primeiro andar, onde peguei o número 1 da revista e li "Função e campo da fala e da linguagem", o longo texto de 1953 no qual Lacan se torna Lacan. Nós nos encontramos para almoçar, e eu disse a ele: "Acabei de ler um troço fantástico. Eu nunca li uma coisa dessas". Fiquei doido por esse texto. Encontrei nele a um só tempo algo de Sartre e algo de Lévi-Strauss, mas tudo estava ordenado de uma maneira absolutamente nova, sensacional, a partir de Freud, cujos textos clínicos eu conhecia. Fiquei encantado, emocionado. Foi amor à primeira vista por esse texto.

Li então todos os seis volumes. Depois, encontrei na biblioteca da École alguns textos de Lacan publicados em *L'Évolution psychiatrique*. E, em vez de fazer uma única apresentação como as outras, a pedido geral fiz uma segunda, depois uma terceira, que marcaram a plateia composta de filósofos *normaliens* selecionados por Althusser. De saída, eu era aquele que compreendia Lacan! Lacan chegou em 15 de janeiro. Nesse meio-tempo, ele já havia se tornado mítico para nós. Na segunda sessão, acho eu, eu me levantei e lhe disse algo como: "*Monsieur*, muitos aqui o consideram um mago ou um guru. Para nós, o senhor é um teórico e eu lhe farei perguntas...". Começo então a desfiar alguma coisa em que enfatizei a função que o conceito de falta tem em sua teoria, e perguntei por que ele falava — uma única vez, que eu tenha notado — de uma falta "ontológica". Todos ficaram boquiabertos que um garoto de vinte anos se dirigisse a Lacan naquele tom, com aquela segurança que me vinha de uma grande confiança na razão argumentativa, se assim posso dizer. Marc Fumaroli me disse que estava na sala naquele dia e que se lembrava muito bem do efeito produzido. Lacan balbuciou uma resposta, cabe dizer, insuficiente. É tão verdade que, vinte anos depois, em um escrito, ele retomou minha pergunta para respondê-la, desta vez, brilhantemente. Posteriormente a essa sessão, ele enviou uma nota a Althusser que me mostrou: "Nada mal, o seu cara". Esse foi o início dessa longa história que você me fez percorrer novamente.

18 de abril e 9 de maio de 2021

Em análise

FRANÇOIS REGNAULT

Lacan, o Estilo

ELE HAVIA MARCADO UMA SESSÃO de análise para o início de setembro de 1981. Lá fui eu, à rue de Lille, nº 5. Gloria me disse que o dr. Lacan havia prolongado suas férias e, portanto, adiara as sessões. Surpreendi-me, mas acreditei no que me disse, escolhendo não ficar desconfiado. Alguns dias depois, Jacques-Alain Miller me telefonou e anunciou sua morte. Lacan faleceu em 9 de setembro. Não me surpreendi, nas últimas sessões sentira que estava cansado, quase abatido, com uma atenção flutuante que, no fundo, já não era a melhor.

Análise iniciada em 1974 e, portanto, sem seu fim, no sentido do fim de análise, e não interminável no sentido que se dá àquelas que se concluíram.

Faz quarenta anos. Eu tinha 42, tenho 82. Estou no prazo.

"O ESTILO É O HOMEM, [...] o homem a quem nos endereçamos",[1] assim ele retoma, na abertura do seus *Escritos*, o dito de Buffon: "O estilo é o próprio homem". O homem a quem nos endereçamos no campo da psicanálise é desde então Lacan, Lacan doravante? Seria "Lacan, o Estilo", como ele diz "Joyce, o Sintoma"?[2]

Pois ele termina assim, nesses mesmos *Escritos*, seu artigo de 1957 "A psicanálise e seu ensino":

François Regnault é escritor e homem de teatro, membro da Escola da Causa Freudiana.

1. J. Lacan, "Abertura desta coletânea". In: *Escritos*. Rio de Janeiro: Zahar, 1998, p. 9. O adágio de Buffon é, segundo Lacan, retirado de um Discurso à Academia.

2. J. Lacan, "Joyce, o Sintoma". In: *Outros escritos*. Rio de Janeiro: Zahar, 2003, p. 560.

> Qualquer retorno a Freud que dê ensejo a um ensino digno desse nome só se produzirá pela via mediante a qual a verdade mais oculta manifesta-se nas revoluções da cultura. Essa via é a única formação que podemos pretender transmitir àqueles que nos seguem. Ela se chama: um estilo.[3]

Levo essa afirmação a sério. Não que depois de quarenta anos (uma geração!), nós, lacanianos não sejamos — não endereçados a ele (ah! não, isso não!) —; mas não cessamos, tanto quanto possível, de pensar, de escrever, de escutar, de olhar: em seu nome.

Então é lacaniano quem quer? Não. Não necessariamente. Não é lacaniano quem não quer? Sim. Às vezes.

Perguntando-se se era necessário estar conforme ao que ele dissera, por que não?, mas sobretudo não inventando o que hoje em dia ele *diria*!

O grande autor de ficção científica Isaac Asimov, em seus romances *Fundação* e *Fundação e Império*,[4] conta que o fundador de uma instituição galáctica, no centro dos planetas, previu antes da sua morte que o Império seria, se não traído, ao menos corrompido, e, portanto, se certificou de que um holograma especial de si próprio, quando interrogado, pudesse intervir para corrigir o desvio e recolocar, com a boa vontade dos sobreviventes, o Império no caminho certo. Fantasia um tanto soviética, afinal!

Mas não há holograma de Lacan. E não há um caminho certo lacaniano. Também não há necessidade, em nossos tempos, de retorno a Lacan, que se proporia como o retorno a Freud que, para Lacan, se impôs.

E meu amigo Jacques-Alain Miller jamais se tomou por um Paracleto.

HÁ SOMENTE O *sentimento* que tenho, eu, por exemplo, que estou no Campo freudiano, de que tudo o que a Escola da Causa Freudiana forjou desde então, o que ela tomou como orientação, se pôde dizer ao nome de Lacan como o Outro: "Se acontecer de eu partir, digam que é a fim — de ser Outro enfim".[5]

3. J. Lacan, "A psicanálise e seu ensino". In: *Escritos*, op. cit., p. 460.
4. Isaac Asimov (1920-92) publicou *Fundação* em 1942 e, em 1952, *Fundação e Império* [ed. bras., ambos: São Paulo: Aleph, 2009].
5. J. Lacan, "O outro falta". In: *Nos confins do Seminário*. Rio de Janeiro: Zahar, 2022, p. 62.

Ora, não há Outro do Outro. Nós não saberemos o que o Outro pensa. Mas nós sabemos — sem dúvida obsessiva —, nós *sabemos* somente o que nós fazemos em seu nome, a cada vez que nós encontramos o que da "verdade mais oculta manifesta-se nas revoluções da cultura".

Encontro, então, no sentido da *contingência*.

Lembrem-se, em *Mais, ainda*:

> A contingência, eu a encarnei no *para de não se escrever*. Pois aí não há outra coisa senão encontro, o encontro, no parceiro, dos sintomas, dos afetos, de tudo que em cada um marca o traço do seu exílio, não como sujeito, mas como falante, do seu exílio da relação sexual.[6]

Eu também destacaria, de maneira bastante incompleta, esses encontros que se deram ao acaso: o Hospital-dia, o Casamento para todos, a questão das Mães, o obstáculo incessante das ciências cognitivas e do Cérebro-Dominador, e atualmente, o *Normalcho* [*Norme mâle*], um feminismo hesitante e peremptório, os movimentos LGBTQIA+, e dentre eles, mais recentemente, precisamente os T, nossos queridos Trans, não omitindo todas as tentativas, vindas da esquerda ou da direita, de baixo e de cima, de atacar, Mestre intolerante e Universitários obscurantistas passando por cima de Freud, da psicanálise; enquanto o discurso analítico (por meio de escritos, revistas, artigos, encontros, cartéis, congressos e, por que não, a exceção do *passe*, os recursos do ímpar e as virtudes da falta) trabalha incessantemente para que essas "revoluções" da "cultura" parem de não se escrever, ou mesmo deixem de passar, mesmo que ocasionalmente, ao necessário, que não é o real, que por sua vez remete à relação sexual, impossível.

E NÃO É DE FORMA ALGUMA de minha parte apenas uma impressão de África, como diria Raymond Roussel, por não ser, justamente, africano.

Aí está. É tudo. Ou melhor, não: precisamente, é *não todo*!

---

6. J. Lacan, *O Seminário*, livro 20: *Mais, ainda*. Rio de Janeiro: Zahar, 2008, p. 156.

LILIA MAHJOUBI

O turbilhão da vida

O QUE PODE TER LEVADO uma jovem de 22 anos, contente com a vida e que não tinha sintomas graves, a querer fazer uma análise? Resposta: a própria vida e seus acidentes.

Essa resposta por certo exige desenvolvimentos, que se apoiarão em alguns momentos cruciais extraídos da análise que fiz com Jacques Lacan.

Eu acabara de vivenciar um verdadeiro trauma que, sem que realmente me desse conta de sua extensão, havia despertado uma ferida muito antiga, desconhecida, esquecida, apagada.

Foi o que confidenciei a Jacques Lacan, sem grande esperança, após toda uma série de primeiras entrevistas com analistas que rapidamente havia descartado de meu percurso. O telefonema direto com Lacan para um encontro marcado no dia seguinte, sua voz tranquila e o tempo que ele me concedeu ao telefone não bastaram, contudo, para me fazer acreditar que daquela vez seria melhor.

Ele concedeu a essa jovem o tempo de desfiar a história que a havia levado a chamá-lo.

Sua infância, sua adolescência, o sucesso de seu trajeto escolar, seu gosto pela liberdade, seu amor pelo movimento, mas também pela contemplação e pela solidão, tudo aquilo ocorrera sem confrontos, fluíra naturalmente. Mas veio o acidente, um encontro fortuito com um homem que acompanhava amigos e pedira para ser-lhe apresentado.

Lilia Mahjoub é psicanalista, membro da Escola da Causa Freudiana.

Ela o dispensara quando ele manifestou o desejo de revê-la, mas, para o seu desgosto, ele conseguiu ser recebido na casa de seus pais e construir uma amizade com eles. Ela via sua manobra e o detestava. Aos dezesseis anos, ela começou a se emancipar da autoridade parental, flertava com os garotos da sua idade e não pretendia de modo nenhum embarcar em uma história séria com algum deles.

Mas, ao final de dois anos, o personagem ganhara terreno e mostrava-se charmoso, distinto, espirituoso e até engraçado. Ela começou a se interessar por ele e depois a encontrá-lo sem o conhecimento dos pais.

O pedido de casamento acabou por chegar, ao passo que, voltada inteiramente para os estudos e os passatempos típicos de uma jovem, não apenas ela não cogitava aquilo como decretara um dia que o casamento não era feito para ela. Noivado, casamento em grande pompa, viagem de núpcias de conto de fadas, tudo aconteceu. Um ano depois, para a sua maior alegria, ela deu à luz um menininho. Ela mal completara vinte anos.

Apesar dos seus estudos, seus cursos de teatro e de uma vida social bem cheia, sua vida conjugal tornou-se insustentável, até que ela deixou de amar o marido. Ela desprezava o modo de viver dele, especialmente sua covardia quanto ao seu desejo. *O desprezo*, filme de Jean-Luc Godard inspirado no romance de Moravia, era para ela um belo exemplo do que lhe ocorria: uma mulher pode parar de amar um homem de repente, sem aviso.

Mesmo sendo o pai de seu filho, que ela colocara em segurança, nada mais a mantinha ao lado dele. Sem avisar, ela abandonou o domicílio conjugal, deixando ali tudo o que possuía, exceto alguns livros aos quais era mais apegada.

O desprovimento em que ela acabava de se colocar foi uma verdadeira escolha e, por conseguinte, um alívio. Ela não tinha mais nada, nada de guarda-roupa, nada de teto, mas também nada de dinheiro. Ela acabava de romper com um estilo de vida, sua pompa, seus códigos, suas hipocrisias, suas mentiras, sua moral. Adeus relações mundanas, recepções, status a ser mantido. Sua escolha, apesar de difícil, a impulsionava no turbilhão da vida. Era uma época abençoada, feita para a liberdade, o prazer, as novas ideias, os encontros imprevisíveis, e ela saboreou tudo aquilo.

Ao final da sessão, Lacan me disse: "Você vai me dar alguma coisa?". Assenti e ele me propôs uma quantia que então eu julgava exorbitante. "Não tenho essa quantia comigo", respondi. "Pois bem", disse ele, "me dê o que você tem".

Voei para a Itália para me juntar a um homem famoso, impaciente por encontrar sua escola de teatro, e tentando não pensar muito naquele encontro com Lacan. Impossível! O que havia acontecido de tão marcante para eu não parar de pensar? Nada, aos meus olhos. Nada que eu já não soubesse.

Três meses se passaram. De volta a Paris, liguei imediatamente para Jacques Lacan. Ele me disse ao telefone que se lembrava bem de mim e que estava feliz em me escutar.

Fui à rue de Lille para uma nova entrevista, expressei meu desejo de fazer uma análise, que só podia ser com ele, mas que não podia pagar o preço que ele me pedia. "Me dê o que você quiser", foi sua resposta. Foi o que fiz, transtornada, pois aquilo se tornava sério, mas também tranquilizada, uma nova via se abria.

A partir daí, fui regularmente ao seu consultório, e, sem perceber, pois Lacan me dizia a cada vez "Até amanhã!", terminei indo todos os dias. Falava da minha vida de então, dos estágios que fazia, especialmente na escola experimental de Bonneuil. Ele me encorajou, insistindo: "É aí que você se formará". Ele inclusive escreveu para Maud Mannoni para lhe pedir que me desse um cargo remunerado, mas ela me convocou para dizer que, se Lacan lhe pedia qualquer coisa, certamente era importante e isto e aquilo, mas mesmo assim... Enfim, ela não aprovou que eu fosse sua protegida. Então percebi que não faria apenas amigos no mundo da psicanálise. Lacan me aconselhou, em termos nada lisonjeiros para ela, a deixá-la de lado.

A convivência com crianças psicóticas em Bonneuil era frequentemente violenta, e a maneira de me colocar naquela situação levou-me a um questionamento. Informei a meu analista que, a fim de avançar na questão, eu anotava no caminho de volta o que se passara, assim como as reflexões que me vinham sobre essa clínica complexa. Ele me pediu que lhe mostrasse minhas anotações. Surpreendida, respondi não as ter comigo.

Decididamente, tal como ocorrera em relação ao dinheiro. Na verdade, não queria mostrar meu "trabalho" em curso e, portanto, inacabado.

Nunca desejara ser ajudada em minha educação e fazia meus deveres sozinha, muitas vezes tarde da noite, sem ter alguém olhando por cima dos ombros para tomar conta. Essa observação o divertiu e eu ri para mim mesma.

Após essa sessão, em que Lacan se divertiu com meus segredinhos, resolvi lhe desvelar minha vida íntima, o que não foi algo fácil, visto que sempre fui muito discreta sobre esse assunto.

Eu tinha encontros interessantes nos meios literários e artísticos que frequentava, mas as ligações que podiam resultar disso deviam ser de curta duração, a fim de não me prender a nenhum homem.

Depois de certo tempo, havia deixado de acreditar no amor. E teria eu alguma vez acreditado? De qualquer forma, não levava a sério as declarações que os homens aparentemente sinceros me faziam. Para alguns, isso foi muitas vezes difícil de aguentar, mas assim eu decidira, meu corpo e minha "alma" não pertenciam a ninguém. Minha vida tomava cada vez mais um rumo donjuanesco.

Eu confessava a meu analista que estava me cansando dessa posição, de ser o objeto dos desejos masculinos, de ser olhada, cobiçada, cortejada, mesmo que encontrasse algum prazer e alegrias eróticas. Essa relação com os homens, contrariamente ao que pudera crer, em vez de me libertar, me alienava.

A sexualidade suscitou muito cedo minha curiosidade. Aos quatro anos, enquanto eu parecia ter pelo menos dois a mais, um grupo de meninos muito mais velhos, tendo me notado na rua, criara coragem para tocar a campainha de nossa casa, munido de um pequeno buquê para me entregar. Esse gesto me perturbou bastante, inclusive me incomodou. Eu acabava de me confrontar com alguma coisa que ignorava naquela idade tão tenra, o desejo masculino. Teria eu pressentido então que dali em diante nunca mais seria tranquila, nem "inocente"?

Lembro-me de que se seguiram manifestações de independência não muito comuns. Já não se tratava de dar a mão ao jovem que vinha me buscar na escola e que se queixava para o meu pai.

Logo, no início do retorno à escola, no maternal, acompanhada por minha mãe, eu a deixara sem me virar, sem um olhar, ainda que estivéssemos cercadas naquele dia pelos dramas da separação. Lembro-me da pressa que tive para juntar-me novamente àquele lugar desconhecido da escola. Minha mãe me dirá mais tarde que ficou transtornada.

A razão dessa determinação estaria ligada ao que eu vivi aos dois anos e meio?

Muito cedo aprendi que o ser ao qual eu era mais apegada, testemunha de um amor sem fronteiras, podia me trair.

Resta apenas uma lembrança daquele dia em que tive de partir novamente, sem minha mãe, do quarto da maternidade Saint-Augustin, onde as freiras sorridentes me acolheram com meu pai, médico bem conhecido por ali. Essa lembrança, ainda viva, de um berço todo branco e vazio, mostrava o apagamento do irmãozinho que tinha vindo ao mundo na véspera.

Fiquei inconsolável no caminho de volta para casa e, a partir do dia seguinte, fui tomada por uma forte febre que trouxe *imediatamente* a minha mãe para perto de mim. Nas semanas seguintes, ela não pôde sair da minha cabeceira.

"Quase te perdemos", dizia-me frequentemente o meu pai, que, com outros médicos, dentre eles o seu irmão pediatra, me fez passar por todos os tipos de exames para estabelecer um diagnóstico e descobrir a causa daquela febre que não cedia.

A criança de dois anos e meio não fora avisada da chegada desta segunda criança. Sua mãe partira sem avisar, o que foi de uma violência sem precedentes. Mais tarde, ela lhe confessou que tinha medo de não poder amar outra criança. Ela preferira mentir em vez de confrontar suas reações.

Como reação, aquela que eu tive foi memorável. Eu nem mesmo tivera tempo de ficar com raiva dela. "Sem saber, você colocou o desejo dela em questão", me disse Lacan.

A lembrança da imagem do berço vazio fazia tela ao objeto que aparecera na paisagem, e não se tratava nem de uma *invidia*,[1] nem um *gozu-*

1. J. Lacan, *O Seminário*, livro 11: *Os quatro conceitos fundamentais da psicanálise*. Rio de Janeiro: Zahar, 1985, p. 112.

me,[2] tais como Lacan os articula a partir da vinheta de santo Agostinho, pois a diferença de idade que eu tinha em relação a esse irmão era bem mais importante que a mencionada na cena do santo. A evasão do objeto era a resposta fantasmática do sujeito diante do enigma do desejo materno. Desaparecer como objeto dizia respeito tanto ao sujeito quanto ao objeto, e foi o que sustentou sua fantasia em devir.

Compreendi aos poucos, com o avançar da minha análise, que, se eu saí dessa provação curada de minha mãe, essa fantasia havia encontrado um prolongamento na minha vida amorosa.

Essa posição de ser não tola do amor tinha uma incidência sobre meu desejo, mesmo que este não parecesse impedido quanto ao trabalho e aos laços sociais. A universidade me abriu uma via interessante para ensinar em um centro de pesquisas de ciências humanas clínicas onde era concedido um lugar de destaque à psicanálise. Eu dava cada vez mais cursos ali, mas nomes conhecidos por suas divergências, inclusive por suas rupturas com Lacan, povoavam esse lugar e eu experimentava um certo desconforto. A análise começava a abalar minha relação com o saber e até com as matérias que eu ensinava, algumas das quais ligadas ao Laboratório de Psicanálise e Psicopatologia dirigido por Jean Laplanche. A tal ponto que certo dia fui surpreendida por uma intensa angústia no meio de uma aula e precisei ligar para Lacan, que me atendeu prontamente.

Eu não me reconhecia mais entre o saber universitário e o que descobria do inconsciente. A posição de mestre do saber ensinado estava desaprumada em relação à minha posição de analisante no trabalho do inconsciente. A diferença criava a angústia.

Na sessão anterior, havia mencionado que estava inclinada a me deitar no divã. Lacan não disse uma palavra. Naquele dia, fazendo-me entrar em seu consultório e me indicando o divã, ele falou: "Você gostaria de se deitar, pois bem, minha cara, vá em frente".

Eu lhe confidenciei que desde sempre gostava do ensino, fosse recebido ou dado, e que não entendia aquela angústia.

---

2. J. Lacan, *O Seminário*, livro 20: *Mais, ainda*. Rio de Janeiro: Zahar, 2008, p. 106.

Desde o maternal, nunca perdera um dia de aula por vontade própria, e escondia de minha mãe um estado febril, quando acontecia, para que ela não me obrigasse a ficar em casa.

Minha análise me fez, portanto, descobrir o nó desse sintoma que havia se formado entre o saber exposto e o saber suposto, com a ligação que este último tinha com a sexualidade.

Esse ponto sobre o saber e o ensino foi abordado em um texto escrito em 2001,[3] no qual eu mencionava que algo no meu sintoma encontrava-se enodado ao ensino pela *via* do saber produzido.

Parecia claramente que minha neurose, tal como interpretou meu analista, começara muito cedo, e reforçara esse interesse pela sexualidade. Assim, aos dez anos, com minha amiga Marie-Josée, começamos a escrita de um "livro erótico" ornamentado com ilustrações e que a inspetora de ensino, srta. P, nos vendo tão ocupadas, nos pediu para lhe entregar. O caderno foi remetido aos nossos respectivos pais e ficamos cobertas de vergonha.

Mais tarde, aos quinze anos, minha mãe descobriu entre minhas coisas um romance erótico que um garoto me emprestara. "Você perdeu sua pureza", lançou-me ela. A menininha que era seu orgulho, além de tudo nascida em um domingo de Pentecostes, só podia ser um ser puro. Os "Pai Nossos" que ela me fazia recitar à noite, antes de ir dormir, não me salvaram dessa deriva rumo ao impuro.

Ao redobrar a vigilância quanto à minha conduta, não foi do interesse pela sexualidade que minha mãe me afastou, mas sobretudo dela, ainda mais. Eu realmente me perguntava por que aquela mulher tão bela e feliz, apaixonada pelo meu pai, me vigiava àquele ponto. Não teria ela, de sua parte, também uma inclinação pela coisa sexual, para persegui-la assim?

No entanto, eu conservava de minha infância mimada um sólido narcisismo. Bem como o percebia Freud a propósito das mulheres narcísicas[4]

3. L. Mahjoub, "Présenter les enfants". In: J.-A. Miller (Org.). *Qui sont vos psychanalystes?* Paris: Seuil, 2002, pp. 272-6.
4. Cf. S. Freud, "Introdução ao narcisismo". In: *Obras completas*, v. 12. São Paulo: Companhia das Letras, 2010, pp. 13-50.

que ele comparava aos grandes animais de rapina, eu me bastava, e o encontro não podia ser senão um "acidente" a perturbar esse estado. Meu desejo se apresentava como algo impossível, o que provocava da parte do outro insatisfação, censuras, reclamações, tal como de minha mãe, para a qual eu não era mais o anjo que ela acreditava.

Minha análise iniciou esse narcisismo por *via* do amor experimentado em relação a Lacan, minha transferência, que era algo de novo, de potente que me surpreendia, apesar de alguns picos de ódio em certas ocasiões, especialmente quando sua escuta se fazia muito presente. Eu não perderia uma sessão por nada nesse mundo. Eu não tinha tempo a perder e ele também não.

Portanto, Lacan não me poupava. As sessões com ele não eram realmente curtas. Ele se levantava durante as sessões, vinha me olhar enquanto eu estava deitada no divã, sorria para mim. Eu queria desaparecer. Eu fechava os olhos como fazem as crianças que querem se esconder. Por vezes, ele acariciava meus cabelos. Eu ficava petrificada. Ele notava o que eu queria esconder da sua vista. Por exemplo uma vez em que me perguntou o que eu tinha no joelho quando, correndo, eu havia caído no dia anterior, o que me levou à minha infância, época em que eu caía regularmente, criando calos que minha mãe ocultava de meu pai.

Tive um sonho: "Lacan cego carregava sobre seus ombros Sartre, que guiava seu caminho". De certo modo eu invertera nesse sonho de transferência o que ele tinha da realidade, Sartre tornado cego e Lacan, cujo caminhar se tornara um pouco mais lento devido a uma fratura. Se a referência ao cego e ao paralítico parecia evidente, contudo, eu não havia sonhado para colocar na mesa a referência bíblica ou a fábula, mas sim porque se tratava do meu desejo inconsciente de que Lacan fosse cego e, por conseguinte, que meu desejo não fosse atormentado. Quanto ao que dizia respeito a Sartre, foi "o muro" inevitável que me apareceu, aquele para o qual eu iria se minha vontade se realizasse. Esse muro era a morte, não aquela inevitável que pode chegar bestamente, caindo-se por exemplo, mas aquela do encontro no qual o risco é assumido quando o sujeito é desejante. O turbilhão da vida podia tornar cego e levar ao pior.

Um dia, subindo ao consultório do meu analista, esbarrei numa mulher que, na época em que éramos estudantes, me abordara querendo me conhecer. Eu tinha várias amigas, mas não pretendia ter qualquer tipo de ligação com aquela figura. Contudo, ela decidiu continuar a me perseguir, ir aonde eu ia, até se tornar insuportável.

Ela tentou trocar algumas palavras na escada, mas eu não lhe dei tempo. Logo contei para o meu analista e lhe disse que já estava cheia de ser perseguida por ela por toda parte, até mesmo ali, o que era o cúmulo. "Você não a verá mais aqui!", disse-me. Certamente fiquei aliviada, mas ao mesmo tempo essa intervenção me inquietou e mobilizou minha culpa, devido à eliminação do outro, que apareceu muito cedo na minha fantasia.

O desejo do analista que fez surgir o olhar de outra maneira, tornando-o mortal, me fez tomar outro caminho.

Fazia algum tempo que eu não rejeitava mais os signos do desejo do Outro, o que fazia do meu um impossível. Meu "falicismo" cedeu. Eu freava o turbilhão no qual havia sido sugada e concedi a mim mesma o tempo de compreender.

"Só o amor permite ao gozo condescender ao desejo",[5] formulara Lacan, e foi o que se produziu a partir da transferência, ou seja, consentir com o amor, não para ser amada ou mesmo para me amar através do amor de um homem, mas para correr o risco de amá-lo.

O desejo tomou um lugar diferente daquele que de alguma forma eu havia imaginado com relação ao saber. Mais tarde compreendi, com Lacan, que não há desejo de saber, mas amor pelo saber.

Depois do olhar, tive direito a outra "retificação" do objeto, a da voz. Não suportava que levantassem a voz para mim, falando alto, chamando-me de longe, por exemplo, de um aposento para outro, e certamente a voz forte de determinados homens, tal como a do meu pai. O barulho das vozes, aquele das conversas dos adultos tarde da noite, era, ao contrário, uma música agradável, exceto se alguma coisa vinha interromper esses murmúrios, e até o silêncio, tal como um grito, uma interpelação. Na minha opinião, não era necessário elevar a voz para ser ouvido.

---

5. J. Lacan, *O Seminário*, livro 10: *A angústia*. Rio de Janeiro: Zahar, 2005, p. 197.

Lacan começou a falar alto, a deixar a porta da sua sala aberta durante as sessões, a me convidar para também falar mais alto. Eu revidava, me irritava com essa insistência e acabava por me calar. Ele perturbava minha defesa.

Como eu também fazia com ele uma supervisão semanal da minha prática, certo dia lhe veio a ideia, ao final, depois que eu havia descido a escada, de abrir a janela que dava para o pátio para me lançar, com uma voz trovejante: "Eis o que se chama um ato de analista!". Ele fez isso de novo, o que me angustiou.

Assim como o olhar insistente, a voz elevada me fazia perder o chão, mas paradoxalmente eu começava a me fazer ouvir, tomando a palavra durante os Seminários, cartéis, no meu trabalho. Fui admitida como membro da Escola Freudiana de Paris. Mais tarde, conheci um homem com o qual passei a viver e com quem me casei alguns anos depois. Lacan nunca me disse nada sobre esse assunto, enquanto eu passava por todo um período de dúvidas. Quando lhe relembrei que me casaria no dia seguinte, ele não pronunciou uma palavra.

Aquilo me intrigou um pouco, mas entendi que ele não tinha um julgamento a emitir sobre um parceiro, tal como formulara em "A lógica do fantasma".[6] Não se tratava mais do amor, acerca do qual eu me fazia tola, mas sim, inclusive através desse casamento, daquilo a que minha análise me havia conduzido, um outro real, aquele que Lacan preconizava aos que ainda o amavam o bastante para segui-lo.

A dissolução foi um verdadeiro terremoto no mundo psicanalítico, mas uma verdadeira chance para os jovens psicanalistas, entre os quais me incluía. Terminei minha análise em 1981, com essa abertura para o que havia a fazer, um trabalho pela psicanálise.

---

6. J. Lacan, *O Seminário*, livro 14: *A lógica do fantasma*. Inédito. Lição de 10 maio 1967.

PATRICK VALAS

Inesquecível!

Um dia em 1971, interpelei Lacan na saída de sua "apresentação clínica" em Sainte-Anne. Aliás, ele não gostava que a nomeassem como "apresentação de doente". Censurei-o fortemente pelo caráter mundano, segundo eu, da apresentação. Um pouco surpreso, ele me pediu para aguardá-lo por um momento. Soube mais tarde que ele fora perguntar para um de seus alunos quem eu era. De volta até mim, ele me levou pelo ombro, conduzindo--me para longe dos que se amontoavam atraídos pela minha altercação. Eu pude lhe dizer então que não havia entendido nada do que ele dizia àquela paciente, e que tivera a impressão de que ele criava propositalmente uma pequena bolha de intimidade por pudor em relação a ela que, sem dúvida, vivia aquela "apresentação" como uma prova difícil, da qual era preciso excluir os ouvintes presentes. Ele então me respondeu: "É muito interessante o que você diz, certamente teremos a ocasião de conversar novamente a respeito", e se foi.

No dia seguinte, telefonei para seu consultório. Uma voz feminina atendeu e perguntou o motivo da minha ligação. Disse que queria falar com Lacan. A voz respondeu: "O dr. Lacan? Ele já está do outro lado da linha", e sem me perguntar qualquer outra coisa, ela me disse para ir até lá no dia seguinte às 10h37.

Fiquei muito surpreso com esse horário. Muito tempo depois, entendi que era um meio mnemônico, o que se confirmou quando Lacan começou a marcar os meus horários.

Patrick Valas é psicanalista.

Lá estava eu, então, diante dele. Começo a tagarelar não sei o quê, ao mesmo tempo em que dizia que ele me impressionava muito. Lacan replicou prontamente: "Esta é uma excelente razão para não fazer análise comigo!".

Quando penso que não havia nem mesmo pronunciado a palavra "psicanálise"... estava siderado com isso!

Ele continuou: "Bom, quanto você pode me pagar? Pois não quero sobrecarregar muito o seu orçamento".

Eu tinha uma nota de dez francos no bolso, ele a pegou e marcou três encontros por semana, terça-feira às 10h37, quarta-feira às 11h22 e sexta-feira às 10h50.

Essas entrevistas preliminares frente a frente duraram cerca de um ano. Um dia, no meio de uma delas — eu ainda estava sentado em uma pequena poltrona enquanto ele se mantinha em pé diante de mim, brincando com cordas e outros livros ou documentos —, eu lhe disse: "Se você não estivesse aí, intercalado entre mim e o divã, eu iria me jogar nele!" Imediatamente ele me retorquiu: "O que está esperando para fazê-lo?".

Eu não podia imaginar o que era fazer uma psicanálise. Para mim, ela durou de 1971 a junho de 1981.

Estamos hoje, quarenta anos após seu final lógico, reconhecido no passe, que eu levara a termo, com meus dois passadores sorteados: de fato, eu havia dito certo dia a Lacan, meu analista, durante uma sessão do meu tratamento, que só entraria na sua EFP, a qual ele chamava "minhaescola" [*monécole*], pelo passe.

Também me lembro do dia, muitos anos depois, em que, no divã, eu lhe disse que ia entrar no passe. Ele me respondera: "Vá sem hesitar".

Ali ele acompanhava o trajeto, pois eu lhe dizia tudo o que dizia aos meus passadores.

Esse passe não foi transmitido ao júri de aprovação pelos meus passadores, pois Lacan "dissolveu" sua EFP em 1º de janeiro de 1980.

Eu estava tão abalado, que lhe disse: "Se compreendi bem, eu ainda vou ter que fazer mais uma volta com você". Ele me respondeu: "É isso!".

Quantas vezes eu o escutei, no meu tratamento e até mesmo nas supervisões que fazia com ele, me dizer: "É isso!". Eu o ouvia como um: "Você disse, eu não o fiz dizer".

Lembro-me também que, durante seu Seminário *Os quatro conceitos fundamentais da psicanálise*, ele havia dito: "Não há meio de me seguir sem passar por meus significantes".[1]

Ali entendi que é exatamente o que um analisante poderia aconselhar a seu analista.

Ao ouvir aquilo, decidi que seguiria Lacan para sempre, até o momento em que perdesse seu rastro!

É um fato de estrutura.

Eu tinha certeza que havia feito a escolha certa, que não se tratava de segui-lo "como um cachorrinho".

Sobre o que circulava, segundo os ranzinzas do meio analítico, no que se refere às suas chamadas "sessões curtas", entendi rapidamente que não se podia dizer a coisa assim, da mesma forma que não se pode dizer, de um sonho, que ele é muito curto para poder ser interpretado. Com Lacan, não se tratava de sessões curtas, mas de sessões que visavam a atingir o real, no momento da abertura do inconsciente como "sentido do real", antes que isso afundasse nas significações dos mal-entendidos que toda fala veicula mirando a compreensão.

1. J. Lacan, *O Seminário*, livro 11: *Os quatro conceitos fundamentais da psicanálise*. Rio de Janeiro: Zahar, 1998, p. 206.

ÉRIC LAURENT

Aprender a ler, ou O trajeto de uma carta/ letra

Antes da análise, ler Freud

Eu era adolescente quando a Petite Bibliotèque Payot colocou à disposição de todos os textos de Freud, mal traduzidos, mas transportáveis para todo lugar no bolso. A leitura de Freud me apaixonava tanto quanto a ficção científica que eu lia assiduamente. Não fazia claramente a diferença entre o oráculo de Isaac Asimov em *Fundação*,[1] a filosofia excêntrica de Van Vogt, quem introduzia ao não aristotélico os cachorros de Clifford D. Simak, tão semelhantes aos clones de Michel Houellebecq, e a interpretação dos sonhos ou da histeria. Tudo conspirava para interpretar a vida cotidiana. O conjunto heteróclito era heterodoxo, não se ensinava no colégio e me permitia montar as peças de uma leitura do mundo e das dificuldades do casal parental.

Essa volátil mistura gasosa explodiu com a faísca da aula de filosofia. Lá, Freud veio e me fascinou a tal ponto que eu falava sempre sobre isso com pais e amigos. Ele apareceu ao final do ensino médio como uma influência perniciosa, da qual era preciso me proteger para liberar as energias necessárias ao sistema francês de classes preparatórias. Fui privado de Freud. Retiraram em grande pompa o conjunto dos seus escritos de minha pequena biblioteca. Um livro vinha a faltar no meu mundo.

Prometi a mim mesmo começar um dia uma psicanálise. Um dos traços deixados pela contingência do cruzamento entre psicanálise e ficção cien-

---

Éric Laurent é psicanalista, membro da Escola da Causa Freudiana.

1. I. Asimov, *Fundação*. São Paulo: Aleph, 2009.

tífica fazia com que eu desconfiasse da psicanálise francesa. Teria preferido me lançar nessa aventura nos Estados Unidos, caso a ocasião se apresentasse.

O livro e a carta/letra

Alguns anos mais tarde, eu cumprira o trajeto indicado pela orientação parental. A boa colocação obtida ao me formar em uma de nossas grandes escolas não era suficiente para preencher a falta simbolizada pelo rapto do livro. Pane de desejo! Ali onde estava em pensamento — em um lugar híbrido entre Althusser e seus cursos de filosofia para cientistas, a economia política, o sindicalismo estudantil não orientado —, eu me encontrava perdido, imobilizado. Era o momento de retomar o caminho que eu avistara no encontro com Freud. Althusser havia escrito sobre Lacan e comentara a retomada do projeto freudiano a partir do zero pela psicanálise francesa. Então, comprei meu primeiro exemplar dos *Escritos* em 1966. Mas esse livro permanecia distante, fechado. Na época, um amigo, companheiro de sorte e infortúnios diversos, me confirmou que Lacan estava mais vivo do que nunca, e praticava a psicanálise em Paris. O problema era que se precisava aguardar longos meses para obter um horário, uma vez que as demandas eram numerosas. Pedi ao meu pai que recorresse à camaradagem para conseguir marcar logo uma consulta. As coisas não se arrastaram. Consegui um encontro no retorno das férias, em 12 de setembro de 1967, às 15h30. Entendi mais tarde, lendo-o, que o isolamento evocado na sua carta era aquele que lhe havia permitido a redação da "Proposição de 9 de outubro de 1967 sobre o psicanalista da Escola".[2] Sei a data desse primeiro encontro porque guardo a carta com a resposta de Lacan. Depois de longos anos, leitor de "O seminário sobre 'A carta roubada'",[3] eu a pendurei na parede, carta/ letra fora de sentido, chegada ao destino após um longo percurso no

2. J. Lacan, "Proposição de 9 de outubro de 1967 sobre o psicanalista da Escola". In: *Outros escritos*. Rio de Janeiro: Zahar, 2003, pp. 248-64.
3. J. Lacan, "O seminário sobre 'A carta roubada'". In: *Escritos*. Rio de Janeiro: Zahar, 1998, pp. 13-66.

qual muito foi dito. Precisei aprender a ler para, através da leitura, chegar ao destino da carta/letra.

Ao longo da semana que se seguiu a essa terça-feira, 12 de setembro, vi Lacan todos os dias para as entrevistas preliminares. Essas entrevistas se concluíram em um memorável elogio da condensação e da pressa. Só depois eu o transcrevi assim:

> A gente sempre acaba se tornando uma personagem do romance que é sua própria vida. Para isso, não é necessário fazer uma psicanálise. O que essa opera é comparável à relação entre a novela e o romance. A contração do tempo que a novela permite, produz efeitos de estilo. A psicanálise lhe permitirá localizar os efeitos de estilo que poderão lhe ser de algum interesse.

Durante os primeiros anos, nunca vi meu analista menos do que quatro vezes por semana. Não era fácil em 1968, mas eu não perdia nem uma sessão, nem uma manifestação. A psicanálise é um espaço de leitura surpreendente. O analisante se faz de Sherlock Holmes das falas e dos ditos que formaram o banho de linguagem no qual ele é imerso. Holmes, atento aos detalhes, preocupado com os mínimos dizeres que lhe chegavam, com uma lógica implacável, campeão das causas individuais, é um herói nominalista que convém bem para designar uma versão psicanalítica de *A caça ao Snark*.[4] Mas essa é apenas a primeira leitura. O romance continua, mas muda-se de romance, como na utopia literária de Ítalo Calvino *Se um viajante numa noite de inverno*.[5]

Os recursos do significante servem rapidamente para designar os horrores que cada um descobre no seu inconsciente. Acreditamos ser o Sherlock Holmes de nossa história, e nos descobrimos vivendo em um romance *noir* do tipo *hard-boiled dick*, como esse gênero foi nomeado nos Estados Unidos. Banhamo-nos em um fantasma fundamental. Foi talvez o equívoco sobre o *dick*, que pela gíria equivale ao "falo", que provocou um deslizamento da língua. Atualmente, fala-se do gênero "noir" na língua

4. L. Carroll, *A caça ao Snark*. Rio de Janeiro: Galera, 2017.
5. I. Calvino, *Se um viajante numa noite de inverno*. São Paulo: Companhia das Letras, 1999.

americana, passando pelo francês. O analisante torna-se o investigador do seu caso, se afundando nas profundezas de um inconsciente tão sulfuroso como o da Los Angeles de Philip Marlowe[6] ou da Nova York de Ned Beaumont[7] (Hammett). Ademais, Raymond Chandler tinha habilidade para encontrar títulos com ressonâncias psicanalíticas: *O sono eterno*, *O longo adeus*.[8] *O sono eterno*, estruturado como um sonho, é tão paradoxal que mesmo Howard Hawks não entendeu o roteiro de Chandler, mas rodou o filme.[9] Também o analisante decifra sem compreender. Dashiell Hammett, com seu *A chave de vidro*, dá o nome de um falo que abre as portas escondidas dos contos de fadas de hoje em dia e de sempre. Os contos e os romances são fábulas que ressoam com o inconsciente. Freud o disse, e um psicanalista inglês, Edward Glover, achou uma fórmula surpreendente segundo a qual o inconsciente é "a combinação entre um açougue, banheiros públicos sob um bombardeio e um laboratório de autópsia".[10]

Topologia da letra. De Roma a Baltimore

Glover não menciona que, em cada uma das partes do edifício composto que ele descreve, há mensagens que são endereçadas, enigmas nas paredes. Se o inconsciente é um texto, ele é feito de uma estranha escrita. A memória se deposita sobre uma superfície bizarra, que não tem as características do córtex nervoso. O obstáculo a que se reduza o inconsciente às bases das neurociências repousa em grande parte sobre esse ponto decisivo. A memória sempre implicou uma topologia específica. Na Antiguidade, as artes da memória combinavam de maneira patética imagens surpreendentes e o texto, para melhor se lembrar:

6. E. Thorpe, *Chandlertown. Los Angeles sur les traces de Philip Marlowe*. Paris: Mazarine, 1985.
7. D. Hammett, *A chave de vidro*. São Paulo: Companhia das Letras, 2008.
8. R. Chandler, *O sono eterno*. São Paulo: Companhia das Letras, 2015, e *O longo adeus*. São Paulo: Companhia das Letras, 2014.
9. *A beira do abismo* (*The Big Sleep*), dir. Howard Hawks, 1946. (N. T.)
10. E. Glover, "The Therapeutic Effect of Inexact Interpretation: A Contribution to the Theory of Suggestion". *International Journal of Psycho-Analysis*, n. 12, pp. 397-411, 1931.

> Trata-se de início de uma arte destinada aos oradores da Antiguidade para lembrar um discurso. A argumentação consistia em imaginar uma construção que talvez você conheça, como seu imóvel ou seu apartamento, o palácio da justiça se você é advogado, ou então imaginado pela sua fantasia, mas que será organizado com muita precisão. Nessa construção e nesses lugares muito precisos do percurso, você coloca as *imagines agentes*, ou seja, as imagens bastante surpreendentes que você mesmo inventa, de uma tal maneira que elas te lembram o que você quer dizer.[11]

Estas *imagines agentes* se tornaram a lembrança-encobridora e a matriz do fantasma.

Adaptando a inspiração das *Ars Memoriae*, Freud, de bom grado, alojou o inconsciente no espaço composto de uma arquitetura fantástica. O edifício, para ele, é imediatamente múltiplo. É uma cidade, especificamente Roma, *A* cidade. Freud sustentou essa metáfora desde sua *Traumdeutung*[12] até *O mal-estar na civilização*.[13] Ele descreve o inconsciente como a possibilidade de uma cidade que seria realmente eterna. A visão de Roma ressuscitada é para ele o paradigma de uma visão sincrônica de toda a História. O olho que ele inventa não é da mesma ordem que o *panóptico* de Bentham. É um órgão pan-histórico justapondo todos os edifícios, as ruínas existentes e as perdidas. O tempo é suprimido, o ponto de vista é divino. Compreende-se assim por que Lacan pôde enunciar que *"Deus é inconsciente"*.[14] É dessa eternidade que precisaremos nos desembaraçar.

Na passagem entre o *inconsciente* eternidade, ligado à morte e o *inconsciente instante*, próprio ao vivo, a apresentação, por Lacan, do inconsciente como uma cidade que funciona, é um marco. Longe de escolher uma cidade

---

11. D. Arasse, *Histoires de peintures*. Paris: Denoel, 2004, pp.109-10.
12. S. Freud, "A interpretação dos sonhos". In: *Obras completas*, v. 4: *A interpretação dos sonhos (1900)*. São Paulo: Companhia das letras, 2019.
13. S. Freud, "O mal-estar na civilização (1930)". In: *Obras completas*, v. 18: *O mal-estar na civilização, novas conferências introdutórias e outros textos (1930-1936)*. São Paulo: Companhia das Letras, 2010.
14. J. Lacan, *O Seminário*, livro 11: *Os quatro conceitos fundamentais da psicanálise*. Rio de Janeiro: Zahar, 1998, p. 60.

eterna, ele escolhe uma cidade do novo mundo, Baltimore, onde se encontrava para um congresso em 1969. Ele trabalhava ao amanhecer e disse isso:

> Da janela eu podia ver Baltimore [...]. Evidentemente, havia bastante movimentação na rua e notei que exatamente tudo o que podia ver, exceto algumas árvores ao longe, era o resultado do pensamento, de ideias ativamente pensantes, em que a função exercida pelos sujeitos não era totalmente evidente [...]. A melhor imagem para resumir o inconsciente é Baltimore ao amanhecer. [...] Onde está o sujeito? É necessário situá-lo como um objeto perdido.[15]

A movimentação em Baltimore me fez pensar nas minhas próprias dificuldades de movimentação quando quis me formar por meio da leitura dos fenômenos clínicos no hospital. O estágio era ao norte, bem afastado de Paris. As estradas ao norte são desde o outono cheias de neblina. Eu me vi seguindo minha rota, qualquer que fosse, não tendo outra visibilidade a não ser a linha amarela do acostamento, discernível apenas abrindo-se a porta do carro do lado do passageiro. Fazíamos esses trajetos em grupos numerosos, pioneiros da carona psicanalítica. A neblina era, no final das contas, uma boa metáfora do caminho do tratamento. Não víamos coisa alguma, mas seguíamos em frente, tomando certas precauções. A faixa amarela era a corda vermelha sob a qual nós escapávamos. Em seguida, a autoestrada nos levava ao porto seguro.

A cidade, como o inconsciente, é o lugar de uma ausência de natureza. Não há ali nem árvores, nem instinto. Não há mais do que pensamentos atuantes. O olho interior desapareceu, resta um "espectador mais para intermitente, em *fading*".[16] Nessa perspectiva, o sujeito é como o quadrado em branco que permite circular na cidade que se propõe como um vasto quadrilátero do jogo Klotski. O sujeito desliza, invisível e perdido, entre os significantes que, eles sim, atuam.

---

15. J. Lacan, "Acerca da estrutura como imisção de uma alteridade prévia a um sujeito qualquer (Conferência em Baltimore, 1966)". *Opção Lacaniana*, n. 77, p. 13, ago. 2017.
16. Ibid.

Nesse sentido, a carta que está na parede do meu consultório de analista, semblante de significante-mestre, é na verdade o quadrado em branco que permite aos significantes deslizar nos diversos universos de discurso de cada um daqueles que vêm se dirigir a seu inconsciente como Outro. Mas não há apenas o quadrado em branco que permite circular. Ela atravessa os corpos que são assim agidos. Os acidentes que os atravessam formam agenciamentos da aparelhagem do inconsciente ao vivo. Eles visam desesperadamente a recuperar algo, um *mais-de-vida*, um *mais-de-gozar*, segundo o sintagma que Lacan forjou sobre o modelo da *mais-valia* marxista. A letra quebra os usos estandardizados do significante na língua comum. Ela mostra como a língua privada se enoda em torno das bordas e dos furos desse corpo. Ela se torna seu instrumento de gozo. A *world wide web* é o desenvolvimento da teia de aranha do texto articulado ao vivo. Lacan pôde assinalar um dia que o homem fala como a aranha faz sua teia, como uma função do vivo. Essa extensão do domínio do vivo é designada por Jacques-Alain Miller como "corporização do significante".[17] É o avesso da sublimação. Nós somos assim levados pela própria extensão dessa cidade universal, sonhada, babélica, que é a teia universal, a nos confrontarmos de modo ainda mais radical com o furo no Outro.

A letra e o furo

Chega o momento em que se apaga essa admiração diante do hábitat da linguagem, em que tudo é interessante e sinaliza. Será que saímos realmente da transferência e desse saber do inconsciente que preferimos a tudo durante um tempo? Quando então o analisante cessa de amar sua psicanálise como a si mesmo?

Depois de longos anos, e em meio a variados embaraços fantasmáticos, um dia estaciono meu carro, ainda se podia circular de carro naquele

---

17. J.-A. Miller, "Biologia lacaniana e acontecimento de corpo". *Opção Lacaniana*, n. 41, p. 66, dez. 2004.

tempo, e ainda mais no quarteirão da rue de Lille. Abro a minha porta e um outro carro bate em mim. Felizmente, não houve mais do que metal amassado. Passadas as formalidades, corro para a sessão e faço uma descrição exaltada do evento. Eu o lia como um ato falho que poderia ter tido uma incidência catastrófica. Eu vibrava com as ressonâncias do que poderia ter acontecido. E depois, me dei conta: "Em suma, isso não tem nenhuma importância". Esta interpretação soou como um: "Terminou". Era tempo de acordar dos encantamentos da leitura de todos esses sinais. Eu havia me confrontado com outro tipo de furo, uma espécie de travessia do deserto, até a saída final.

Os tropeços da prática e a supervisão

Houve furos produzidos pelas dificuldades em ler corretamente os problemas da prática. Eu não ousava pedir uma supervisão a Lacan, pensava que não estava dentro das minhas possibilidades e que ele não ia aceitar. Pensava então em me dirigir a Charles Melman ou Claude Conté. Felizmente, consegui pedir-lhe supervisão. Ele aceitou imediatamente e me pediu uma quantia pouco acima do preço da sessão. Eu escutara falar das quantias impossíveis que Lacan podia pedir para alguns. Também conhecia casos nos quais a quantia pedida, razoável, nunca variara, exceto em circunstâncias excepcionais. No meu caso, não se configurava nem o primeiro tipo, nem o segundo. Na minha experiência, houve modulação, mas as coisas foram de maneira geral estáveis e previsíveis, até o dia em que eu, que era filho de médico, lhe disse que tinha finalmente estabilizado minha situação e que organizara um misto de trabalho e vida familiar, de maneira que finalmente poderia iniciar os estudos de medicina e me tornar psiquiatra. Essa vocação tardia certamente me distrairia de minha participação imediata na Escola de psicanálise, mas seria apenas um recuo para melhor saltar, afirmava-lhe eu. Estaria mais bem armado para os combates futuros que não deixariam de se produzir.

Ele se colocou de pé, suspendendo a sessão e me demandando: "a partir de agora" o dobro do que eu pagava até então. Essa quantia era impossível de pagar, eu não a tinha. Precisaria ganhá-la, o que ia ocupar todo o tempo que eu reservara ao projeto, arruinando-o definitivamente. O dobro ou nada? Eu dobrava! Tinha que me virar sem essa identificação paterna. Após um momento difícil, e devido a múltiplas circunstâncias, eu inclusive retornaria ao antigo estado das coisas e a valores mais razoáveis do preço da sessão.

Lacan certamente era "intratável" em assuntos de dinheiro, mas esse traço pode ser interpretado de várias maneiras. A questão era sobretudo, me parece, arrancar o dinheiro de sua banalidade e de uma significação reduzida ao seu valor utilitarista. Também escutei de viva-voz, na porta do consultório, ou no corredor, acompanhando ele mesmo um analisante até a porta do apartamento, as múltiplas maneiras como Lacan podia pedir o preço da sessão. Havia tantas variações de enunciados possíveis quanto aqueles pelos quais se enunciava a "regra fundamental", abrindo o processo psicanalítico. Lacan podia falar em geral: "Eu peço, em geral, isto. E você, vê um obstáculo nisso?". Ou, no oposto, falar em nome do mais singular: "Para você, porque você me disse o que disse, será então...". Ele podia fazer do dinheiro um objeto maior e recontar algumas vezes com um cuidado surpreendente a quantia que acabava de ser paga. Ou então, ao contrário, podia reduzi-la a nada, perguntando: "Você bem teria qualquer coisinha para mim". As pessoas ficavam desconcertadas. Era tudo, exceto uma troca banal. Admitindo-se que o objetivo dessas variações era fazer ressoar em cada um o conjunto das significações pulsionais que esse significante pode tomar a qualquer custo, então o conjunto dessas flutuações faz como uma série que escande o desenrolar da experiência psicanalítica segundo os diferentes valores que adquire a articulação entre o gozo e o dinheiro.

Lembro-me especialmente dos momentos de supervisão. Uma vez, eu expunha todas as dificuldades que eu tinha em dissuadir um dos primeiros sujeitos que se confiaram a mim, de refazer o nariz [*nez*]. Deixando-me patinar por um momento, ele me perguntou: o nariz dele é realmente feio? A partir da minha negativa, ele me ordenou que dissesse firmemente ao homem que não era hora do *recém-nascido* [*nouveau-né*]. "Mas cuidado!", advertiu-me ao pé da porta: "Com todo o tato psicanalítico necessário".

Esse tato, do qual eu não tinha a mínima ideia, tomou consistência a partir desse dia.

Em outra ocasião, eu expunha o quanto me irritara com um sujeito que sabia muito bem se fazer insuportável. Eu dizia que, a seu exemplo, eu deixara, em certa medida, meu afeto seguir livre. Ele me parou e me pediu que lhe dissesse em que eu me baseava para sustentar aquela posição. Eu expliquei então em detalhes por que a posição desse sujeito contra seu pai implicava esse enfrentamento do furor do Outro. A supervisão me pareceu terrivelmente longa e severa, a prova oral mais difícil que eu tive que enfrentar. Ele me levantou desse *mise en abyme* do encontro entre o furor do Outro e um "Eu confio em você para a análise *desse* sujeito".

Portanto, eu sempre senti a estrutura demonstrativa da supervisão. Não se trata de reconstruir a sessão que ocorreu, mas de apreender a sua aresta lógica. Ainda que o saber-fazer tivesse seu lugar. Durante uma sessão, o dr. Lacan a interrompeu e me acompanhou com um ar inacreditavelmente, teatralmente mau, a boca aberta, sem dizer uma palavra. Pensei que ele ia me comer vivo e, no entanto, eu não tinha a menor ideia do porquê. Ruminando ao sair, sem me dar conta entrei numa padaria e pedi um determinado tipo de torta, cometendo um lapso bem-vindo que me acordou do encantamento das causas que havia me conduzido a querer comer não miolos, mas doces frescos. No dia seguinte, ao lhe agradecer por aquela lição de psicanálise sobre as modalidades do "se fazer comer", confidenciei-lhe que adoraria também saber fazer aquilo com meus próprios pacientes. "Ah!", disse-me ele, acompanhando-me gentilmente, "Para isso é preciso muita experiência!"

A dissolução e o dilúvio de cartas/letras

Como lembrar, quando há tantas coisas que eu gostaria de ter esquecido do período da dissolução, da fundação da Escola da Causa Freudiana e da morte de Lacan! Este esforço para lembrar é a ocasião para me dar conta do quanto tudo aquilo está presente, fora da cronologia, esta bastante sujeita aos deslocamentos e às falsas lembranças. É preciso o arquivo para se reconhecer naquilo. Mas isso não é o essencial. O que está presente é a *Stimmung* do pesadelo e o sentimento de não ter dormido durante três anos. É um verdadeiro pesadelo acordado que separa a nomeação para a secretaria de cartéis na diretoria da Escola Freudiana de Paris da tomada dos membros da ECF, em 1982. Lembrar é, de fato, despertar do pesadelo que foi o período em torno da morte de Lacan.

Como recordar, quando a intimidade da lembrança interessa pouco à vida pública, a menos que se trate de um grande homem? É a oportunidade de verificar o que Hannah Arendt retomava de Lessing: "O fato de uma pessoa aparecer em público, e ser por ele recebida e confirmada, não é, por si só, evidente. Apenas o gênio é levado à vida pública por seus dons pessoais e é dispensado desse tipo de decisão".[18] Lembrar-se é uma homenagem ao gênio público de Lacan.

Lembrar-se, não ter a memória curta, é útil para a democracia como tal e para a democracia psicanalítica. As primeiras batidas de gongo que abrem o caminho da dissolução soaram quando alguns quiseram fundar o laço social entre os psicanalistas sobre a primazia do direito associativo, fazendo passar ao segundo plano os esforços de Lacan para fundar um laço psicanalítico original na sua Escola. Certamente nós somos, é claro, sujeitos de direito e os Direitos do homem são também os do cidadão psicanalítico. Não obstante os apelos ao *mais-de-direito*, que atravessam a comunidade psicanalítica durante suas crises, se revelam ser, de fato, apelos ao mestre.

Na *Stimmung* do pesadelo que define o período, a cólera é o afeto dominante. A cólera não é o ódio, e os dois se opõem na retórica das paixões. A cólera tem um fim, o que não é o caso do ódio.

Lembrar-se é também se lembrar da análise seguida até as últimas forças de Lacan, até o verão de 1981. Posso me lembrar do apoio que foi minha análise nessa passagem do trabalho de transferência para o trabalho de dissolução. Essa passagem assumia uma dimensão pública pelas tentativas de invalidar qualquer psicanálise com Lacan. Lembrar-se é também recusar essas tentativas de invalidar Lacan.

---

18. H. Arendt, *Homens em tempos sombrios*. São Paulo: Companhia de Bolso, 2008, p. 8.

Tempo lógico

O instante de ver daquele período foi o de julho de 1979, quando Lacan nomeou para a secretaria de cartéis J.-A. Miller e eu. A entrada na diretoria, órgão de gestão da EFP, um pouco adormecido, significava uma vontade de despertar a bela adormecida. Eu repousava na ideia de que Jacques-Alain saberia como proceder. Nós trabalháramos juntos havia dois anos, na seção clínica de Paris, muito e de maneira bastante estimulante. Eu aguardava a continuação. Era o instante de ver, aos olhos daqueles que sabiam bem mais do que eu a respeito, que conheceram os primórdios da EFP dez anos antes, estávamos em um processo de cisão. Era preciso levantar a cortina, então!

Colocamo-nos ao trabalho, fazendo listas, listando os cartéis, reagrupando-os segundo categorias a inventar, desenvolvendo um catálogo, o primeiro na EFP, mas também as Jornadas inter-cartéis e um boletim que comunicava o trabalho. Tudo aquilo era inédito e foi assim o início da contraexperiência que se realizava na secretaria dos cartéis da EFP.

Nada me surpreendeu tanto, em meio à implementação dessas invenções, quanto a noite do 14 de dezembro de 1979, depois da assembleia do 30 de setembro. Na assembleia, como esquecer a maneira como Lacan havia sido tratado, interpelado pelos notáveis da EFP, qualificado de tirano, decidindo deixar a tribuna, o que é público, e que só foi visto por alguns, Lacan atravessando toda a sala para ir se sentar ao lado de Jacques-Alain Miller, sem dizer nada, mas colocando a mão em seu ombro. Silêncio eloquente em meio à efervescência da sala.

Em 14 de dezembro, Lacan leu uma carta permutando os lugares na diretoria. Assim, eu me vi promovido a secretário da Escola. A surpresa era uma coisa, mas eu li nos olhares dos membros da diretoria, que eram de outra tendência, que os portões da paz se fechavam.

Não demoraria para que eu recebesse cartas enviadas por certos membros da Escola e seus amigos, cartas cujo tom era inacreditável. O estilo exalava algo dessa "ideologia francesa" sobre a qual Gérard Miller[19] fizera,

19. G. Miller, *Les Pousse-au-jouir du maréchal Pétain*. Paris: Points, 2004.

acerca da época de Pétain, comentários que valem para outros períodos de crise moral. As cartas do tempo da dissolução tinham o estilo de Le Pen, do "Eu digo em voz alta o que todo mundo pensa em voz baixa", ou das cartas do corvo do Vologne:[20] "Eu terei sua pele". Cartas de ameaças e de denúncia podiam estar assinadas por pessoas até então declaradas amigas.

Leituras de Lacan

Há também outras lembranças, mais prazerosas. Eu guardo dois sorrisos e um epíteto. O primeiro sorriso é em Caracas. Após minha apresentação, Lacan avançou até o palco saindo da sala e, chegando muito perto, me olhou sorrindo. Eu tinha ido vê-lo na véspera, em seu quarto, e nós trocamos algumas palavras. Lá estavam Judith, Jacques-Alain, Gloria e as organizadoras do encontro internacional. Ali a cena era muda, mas eu reconhecia aquele sorriso. Era o mesmo que Lacan havia me endereçado alguns anos antes, em um congresso da EFP, em Strasbourg.

Pela manhã, eu havia falado com alguns colegas da minha geração e Lacan estava ali. Passei por ele nos corredores no início da tarde e ele me parou, olhou-me sorrindo por um tempo, e disse: "Sua apresentação, eu a entendi...". Extraí disso a ideia de que o esforço de clareza não era incompatível com o fato de se desejar aluno de Lacan, e que a compreensão da qual é preciso se abster na clínica não é aquela que diz respeito ao saber explícito.

Vê-se também por que fiquei tão contente em trabalhar com aquele que fizera da clareza de sua leitura de Lacan uma orientação fundamental. Na apresentação, eu realizava uma leitura de Winnicott *com* Lacan, enquanto uma corrente da EFP se solidificava em torno de um Winnicott *contra* Lacan. Em Caracas, tentei uma leitura de Melanie Klein com Lacan diante de analistas que eu não conhecia ainda, mas que sabia que haviam sido formados em uma tradição kleiniana argentina. Eles conheciam

20. Referência ao caso Grégory Villemin, menino de quatro anos encontrado assassinado no rio Vologne, em 1984. (N. T.)

M. Klein melhor do que eu e eu falava sob sua supervisão. Do sorriso de Lacan, deduzi que o que eu havia dito era compreensível em Caracas e que esse ensaio não era indigno do seu ensino.

Lembro-me também da *terribilità* de Lacan. Era a noite de 19 de dezembro de 1980. A tarde havia sido movimentada. Eu tinha visto com meus olhos o que era impensável dois meses antes. Charles Melman, em um exercício digno de Big Brother, pedia que vissem três dedos ali onde havia dois. Ele evocava uma história sombria de transferência de contrato de aluguel como prova da conspiração por parte de Jacques-Alain Miller, enquanto na última vez que eu o vira, em 22 de novembro, ele não anunciava nada parecido e não mencionava nenhuma negociação sobre esse aluguel. Ele jogava seus colegas, sobretudo Bailly e os outros, no abismo do aluguel da SCI no espaço da EFP. Era uma ruptura então incompreensível. A cólera se impunha como reação a essa incompreensão.

Na saída da reunião, sob o impacto, nós, todo o pequeno grupo que compunha a nova diretoria, nos encontramos com J.-A. Miller para nos recompor e extrair as consequências daquilo. Perto das duas horas da madrugada, Lacan chegou no meio do grupo, nós lhe confidenciamos nossa surpresa e nossa indignação. Ele escutou e concluiu, antes de partir: "Tudo aquilo é uma grande putaria". Com essa leitura definitiva se concluiu a primeira fase. O objeto *a* fazia sua entrada em cena, enforme do gozo nocivo. Uma guerra intestina realmente pouco civilizada aconteceria. A linha divisória passaria ainda mais perto. Ao longo dessa guerra e de suas disputas, faríamos da "putaria" uma putaria segundo o voto de Lacan, e estabelecer na guerra civil uma escola que seria uma experiência-contra, centrada na restauração da experiência do passe.

O passe, o que permite ler

Em 20 de novembro de 1980, J.-A. Miller fazia a primeira de suas conferências no âmbito do programa Delenda, sobre a restauração da experiência do passe, acerca da qual pode-se pensar que teve algum papel na súbita reviravolta de Charles Melman. Contrariamente às moções de defesa do passe no congresso da EFP, em Deauville, que se mostrara impotente para reformar o dispositivo e renovar sua experiência, tratava-se de programar sua retomada em um âmbito teórico e experimental reformulado, permitindo explorar o que queria dizer a separação do sujeito e do objeto. Era preciso construir o dispositivo de leitura dessa separação dos elementos do fantasma.

Todo o desafio da renovação do pacto da Escola girava em torno do lugar da experiência do passe. Tanto o sentido da contraexperiência quanto sua colocação passavam pela mobilização desse "programa genético da Escola", como o nomeou então J.-A. Miller. O projeto dessa retomada fixou os limites da recordação. Tratava-se agora do futuro, de um futuro que nos esperava, em que teríamos que estabelecer e explicar os resultados da experiência que nos reunia.

Trinta anos depois desse *recomeço* da experiência do passe, J.-A. Miller podia articular a dialética da Escola Una e de cada uma das Escolas no dispositivo do passe tornado efetivo:

> A Escola Una é uma realidade no âmbito do passe: é o Cartel da FEEP que acaba de nomear AE Gustavo Stiglitz, membro da EOL; é um cartel da ECF que acaba de nomear AE Angelina Harari, membro da EBP. O Cartel da EBP, que acaba de nomear um AE brasileiro, tem como mais-um uma argentina (Graciela Brodsky); o Cartel da EOL, que acaba de nomear AE Silvia Salman, tem como mais-um um francês (Éric Laurent). No mais, antes de proceder a uma nomeação de AE, os Cartéis da EBP, da EOL e da FEEP devem convidar um "êxtimo" pertencente a outra escola. Pela incidência da Escola Una, o passe na AMP tem então uma dimensão deslocalizada.[21]

A deslocalização foi bem-sucedida, o programa foi cumprido; a letra/ carta chegara ao seu lugar, aquele que permite lê-la.

---

21. J.-A. Miller, "L'École Une en débat". *Journal des Journées*, n. 75, 18 dez. 2009, publicação on-line, disponível em: <www.psychanalyse.com>.

Vida cotidiana

CATHERINE MILLOT

Sobre *A vida com Lacan*

Um ano, Judith e Jacques-Alain me presentearam, no Natal, com as *Conversações com Goethe*, de Eckermann.[1] Mutatis mutandis, isto poderia ter me dado a ideia de registrar os ditos, os fatos ou os gestos de Lacan, os quais eu acompanhava cotidianamente. Embora ele não fosse quase nada falante, havia na sua conversa tiradas espirituosas memoráveis.

No entanto, recusei-me a fazê-lo, pela simples razão de que teria sido antecipar seu desaparecimento, colocar-me, como tantos outros em sua Escola, na perspectiva de um "depois de Lacan". Certo dia, um deles lhe havia respondido: "Trata-se de sua sucessão, senhor". Lacan então replicou: "Você também não é imortal!".

E além disso teria sido uma forma de thsaurização, cujo espírito me é antipático. Eu pretendia viver essa relação sem tirar dela nenhuma vantagem, e com discrição.

Também não desejava relatar isso posteriormente, e por muito tempo resisti ao convite insistente de Philippe Sollers, que não desistia. "Muito tempo", ou seja, não menos que 35 anos depois da morte de Lacan. Mas um dia, ele me disse: "Escreva o *seu* Lacan". Essa fórmula começou a abrir uma possibilidade. Jacques-Alain me disse que também me havia sugerido isso.

Mas o que me levou a isso foi a leitura de *A lenda negra de Jacques Lacan*, de Nathalie Jaudel,[2] uma resposta formidável à biografia de Élisabeth Rou-

---

1. J. P. Eckermann, *Conversações com Goethe nos últimos anos de sua vida — 1823-1832*. São Paulo: Unesp, 2018.
2. N. Jaudel, *A lenda negra de Jacques Lacan. Elisabeth Roudinesco e seu método histórico*. Rio de Janeiro: Contra Capa, 2016. Col. Opção Lacaniana, v. 12, trad. Teresinha N. M. Prado.

dinesco, que apresentava uma imagem caricatural de Lacan e que beira a calúnia. Essa biografia me afetou tanto porque, tendo solicitado meu testemunho, Roudinesco distorceu os termos.

Na entrevista que lhe concedi, fiquei surpresa por ela não ter perguntado sobre minhas lembranças do tempo que compartilhei com Lacan. Apenas uma coisa parecia lhe interessar: obter de mim informações sobre o período da guerra, em particular sobre a maneira como ele conseguia alcançar a zona livre para encontrar Sylvia e Judith. A este respeito, Lacan havia me dito que, quando precisava de um passe, ele atravessava o Sena e sentava-se no hall do hotel Meurice, requisitado pelos alemães. Não demorava que um deles se envolvesse em uma conversa, e Lacan aproveitava assim a ocasião para pedir-lhe um passe, facilmente concedido. Em sua biografia, Roudinesco havia colocado na minha boca que Lacan "simpatizava" com os alemães, declaração que lhe pedi, em vão, que retirasse.

A publicação de *A lenda negra de Jacques Lacan* foi um alívio e, ao mesmo tempo, fiquei surpresa por terem sido necessários 25 anos para responder adequadamente a essa biografia tão mal-intencionada que tomou a forma de difamação, como ilustra o exemplo que acabei de dar.

Na minha vez e à minha maneira, era preciso refutá-la, testemunhando a maravilhosa humanidade do Lacan que eu havia conhecido. Imediatamente me coloquei a escrever *A vida com Lacan*, quase sem ter decidido fazê-lo, e de uma vez só, no correr da pena e da lembrança.[3] Não "A minha vida com Lacan", mas um pouco, espero, do que era a vida, quando Lacan estava aqui, para todos aqueles para quem ele foi o centro.

3. C. Millot, *A vida com Lacan*. Rio de Janeiro: Zahar, 2017.

GLORIA GONZÁLEZ

O dr. Lacan na rue de Lille, nº 5

Gloria — É difícil falar sobre os últimos anos do dr. Lacan porque isso afeta Judith. Sylvia almoçava frequentemente com Jenny Aubry, no nº 3 da rue de Lille, e dava o troco. Quantas vezes eu lhe disse: "Você se vinga de um homem que não é mais o que ele era, e isso é nojento". Mas o que se podia fazer?

Jacques-Alain — Você me disse que folheou o que Élisabeth Roudinesco escreveu sobre Lacan e que fez anotações na margem.

Gloria — Sim, e não costumo fazer isso.

Jacques-Alain — E por que o fez desta vez?

Gloria — O que eu lia me revoltava e eu dizia a mim mesma: "*É mentira*". Eu escrevi "mentira", simplesmente.

Jacques-Alain — Você escreveu isso muitas vezes?

Gloria — Ah sim! Posso lhe mostrar esses livros, você verá que foi minha letrinha de formiga que escreveu isso.

Jacques-Alain — Dê-me um exemplo.

Gloria — São muitos. Deixe-me lembrar. É sobretudo a respeito do dr. Lacan. Élisabeth Roudinesco relatou o que lhe disseram, mas ela não verificou. No entanto, ela tinha a possibilidade de verificar.

Jacques-Alain — Com quem? Com você?

Gloria — Eu sempre me recusei a falar com ela.

Jacques-Alain — Então o erro é seu?

Gloria — O erro é meu. Mas com Judith ela poderia ter verificado.

Jacques-Alain — Judith teria aceitado que Élisabeth Roudinesco verificasse com ela?

Judith — Não. Não havia nenhuma razão para responder a alguém malicioso e incompetente para falar do que ela afirma conhecer.

Jacques-Alain — Então era difícil verificar. Dê-me um exemplo de alguma coisa mentirosa.

Gloria — Há várias. Precisaria ter o livro, eu devia tê-lo trazido. Por exemplo, foi escrito que o dr. Lacan teria dito a Thibaut, por telefone, que ele estava sozinho em Guitrancourt. Ela sugere que o dr. Lacan, doente, foi abandonado por todos. Mas é mentira. Nós nunca deixamos o dr. Lacan sozinho em Guitrancourt. Foi combinado com Judith que, no dia em que vocês fossem para a Córsega, seria eu quem assumiria, então como ela conta isso? De qualquer forma, mesmo que ele estivesse sozinho, ele era grande o suficiente para se virar e havia Alicia e seu marido. Fomos Judith e eu que colocamos na cabeça que era preciso sempre que uma ou outra estivesse ao lado dele.

Jacques-Alain — O que mais?

Gloria — Sibylle, ela contou que ela não pôde ver o pai.

Abdou — Nós não a teríamos prevenido de que seu pai estava doente.

Gloria — Antes mesmo de partir de férias, telefonei para a mãe de Sibylle, Marie-Louise, que ainda era viva. Eu lhe perguntei onde estava Sibylle e ela me respondeu que estava em Paris. Perguntei se ela podia lhe telefonar e dizer para me ligar imediatamente. Sibylle me ligou. Eu lhe perguntei se podia vir ver seu pai antes de partir em férias, pois ele também partiria para Guitrancourt. Ela me disse que estava indo de avião para [*inaudível*]. Sugeri que pegasse um táxi e passasse para dar um beijo no seu pai, e que eu reembolsaria o táxi. Sua resposta foi: "Ah, não tenho tempo". Então, quando vejo que Sibylle contou que não foi avisada e que Élisabeth Roudinesco retomou isso em seu livro, não se deve zombar das pessoas!

Jacques-Alain — Entendo que essas imprecisões te irritam porque elas envolvem você, mas não é tão maldoso.

Gloria — Ela conta o que as pessoas lhe contaram, ela pode acreditar nisso, mas eu não, eu digo que é mentira. Quando pedi a Thibaut que viesse almoçar no hospital com seu pai, ele me respondeu que não podia, que tinha muito trabalho, e, depois, está escrito no livro que eu não o deixei ver seu pai. Quando Sibylle me disse que viria ver o pai em Guitrancourt, mas que não tinha meio de transporte e que, então, viria com Jean-Edern Hallier, eu lhe disse que estava fora de cogitação que ela aparecesse com aquele cara. Eu lhe disse que ela não entraria na Prévôté com ele. Ela me disse que ia ver quem poderia acompanhá-la e encontrou alguém. Eu lhe disse: "Ele também não. Se vier, ele ficará no bistrô da esquina, se encontrar um, mas não entrará na Prévôté. Aqui sou eu quem comanda, sou eu quem segura as pontas nesse momento". Então ela decretou que eu não queria que ela fosse. Quando perguntei ao dr. Lacan se ele queria ver Edern Hallier, eu pensei que ele fosse avançar em mim. E depois, ele não quis mais ver Sibylle. Ela o procurou, não? Roudinesco fala do que lhe contaram como se fosse a verdade.

Jacques-Alain — Se você tivesse falado com ela, você poderia ter desmentido, não?

Gloria — Estava fora de questão que eu dissesse o que quer fosse a essa fofoqueira. Eu não digo "zeladora" porque existem zeladoras muito boas. Aliás, Sibylle, Thibaut, por que eles foram falar com ela? O que eles tinham a dizer sobre a psicanálise? O resto era a vida privada do dr. Lacan. O que eu mesma poderia ter dito à Roudinesco? É isso que eu chamo de fofocas.

Jacques-Alain — Sim, mas quando essas fofocas são levadas a sério e são odiosas, é melhor que haja contrafofocas. Ela diz ou dá a entender que conhecia muito bem o dr. Lacan.

Gloria — Eu nunca a vi no nº 5 da rue de Lille. Ela nunca foi minha amiga, eu a vi apenas duas ou três vezes na minha vida: uma vez na casa de Laurence, uma vez num coquetel de *L'Âne*. Ali ela me encurralou e me disse:

"Entendo por que você ficou tanto tempo com o dr. Lacan. Você é uma mulher e tanto. Não posso escrever uma saga sobre Lacan sem citá-la". Ela tentou me enrolar. Eu respondi: "Você pode falar o quanto quiser, não direi uma palavra. Nem quero jantar com você, pois sei que falará bobagens". Aliás, ela fala de Pierre Rey de forma nojenta.

Jacques-Alain — O que ela diz?

Gloria — Coisas mentirosas. Ela fala também de Jean-Guy Godin, que conheci bem. Ele viu seu analista de um modo engraçado, mas não há nada em seu livro que me tenha chocado, nem no de Pierre Rey, pelo contrário. Até escrevi a Pierre Rey, para lhe dizer que era muito bom e, depois, nós fomos comer. Não se pode achar o dr. Lacan sempre perfeito.

Jacques-Alain —Você leu o livro de Weyergans?

Gloria — Não. Sei que ele veio à rue de Lille, mas só o vi uma ou duas vezes, porque seus horários eram depois de eu ter ido embora. Também não estava lá quando o cara veio agredir o dr. Lacan. Se eu estivesse lá, teria acontecido uma carnificina. Quando Élisabeth Roudinesco diz que o dr. Lacan deixava qualquer um entrar, que todo mundo entrava na casa dele como bem entendia, é mentira. Ou então aqueles que entraram, saíram rapidamente. Se eu marquei "mentira, mentira e mentira" é porque são mentiras.

Jacques-Alain —Você leu os livros de Sibylle?

Gloria — Os dois. No primeiro, ela faz todo mundo chorar, é Cosette.[1] Ela era tão infeliz, não tinha nada, era mal-amada. Lembro que o dr. Lacan, como muitas pessoas que se divorciaram, almoçava toda semana com ela.

Judith — Às quintas-feiras.

Gloria — Ele almoçava com seus filhos. No Natal, eles ganhavam brinquedos. No seu primeiro baile, ela foi comprar um vestido na [*inaudível*].

Jacques-Alain — Tenho lembranças vagas do livro dela, mas me lembro disto: ela olha pela janela e vê seu pai entrar em um bordel. Não posso imaginar o dr. Lacan em um bordel.

---

1. Protagonista do romance *Os miseráveis*, de Victor Hugo. Personagem frágil, maltratada. (N. T.)

Gloria — Com certeza não. Ele não precisava ir. Ele tinha tudo de que precisava.

Jacques-Alain — A respeito da Roudinesco, acredito que não devemos nos deixar hipnotizar pelos pequenos fatos, verdadeiros ou falsos: Fulano telefonou ou não? Seus filhos puderam ver o pai ou você os impediu? Quando é falso, isso irrita, machuca. Bem, mas o mais importante é a ideia geral que emerge do livro: sem dúvida o dr. Lacan desempenhou um grande papel na psicanálise, sem dúvida ele tinha algum tipo de genialidade, mas, ao mesmo tempo, era uma pessoa indelicada, odiosa, ávida por dinheiro...

Gloria — É mentira. Eu sempre pensei e continuarei pensando até o final da minha vida que o dr. Lacan fazia seus pacientes pagarem, é normal, mas não era alguém que amasse o dinheiro. O dinheiro ele me entregava. Se amasse dinheiro, ele o teria contado todas as noites para saber quanto ganhava e teria guardado suas notinhas. Ela dizer que ele tinha quatro ou cinco contas no banco é mentira. Ele perdia dois cheques para fazer um. Não era um caça-níqueis. Eu controlava mais do que ele. O que o dr. Lacan tinha como negócios? Ele não tinha nenhum. Ele nunca investiu em nada. Ela diz que ele tinha três apartamentos. Sim, e daí? Ele tinha o 5. Ele comprou um apartamento pequeno para a sra. Golet, que cuidou do pai dele por um bom tempo. O dr. Lacan foi o único que pensou que o mínimo a fazer era comprar uma casinha para aquela mulher. E, por fim, é normal que o dr. Lacan tenha comprado um apartamento para a sra. Blondin e seus filhos, Thibaut e Sibylle, que supostamente foi abandonada.

Jacques-Alain — Não havia também o 3 da rue de Lille?

Judith — Não. No início, vivíamos todos no 5. Foi somente em 1945-6 que tivemos o 3. Papai não era proprietário, Georges Bataille era o inquilino e ele ficou ali por muito tempo.

Gloria — Era ele que alugava, mas não era ele que morava, era a família; Sylvia, sua mãe, Laurence e Judith. Mas Judith vinha com frequência ao 5.

Jacques-Alain — Você tem certeza de que o dr. Lacan não era um homem de dinheiro?

Gloria — Certeza. Eu nunca o vi se ocupar do seu dinheiro. Há coisas aí que eu não posso dizer porque ele mesmo não disse, histórias de família que somente dizem respeito à família. O que é certo é que ele se viu arruinado.

Jacques-Alain — Como? Arruinado? Em que ano?

Judith — No ano da morte de Caroline.

Gloria — O gerente do banco, um senhor idoso, veio ver seu pai quando os impostos caíram sobre ele e disse: "Você está arruinado". Élisabeth Roudinesco não fala disso. Você pode imaginar que as pessoas não lhe contariam coisas que não lhes seriam vantajosas. A partir do momento em que fala do dr. Lacan, ela entende tudo errado. O dr. Lacan, apesar de tudo, era alguém formidavelmente correto: não era desonesto, não era mentiroso, não era ladrão e não era aproveitador. Senão eu não teria ficado tanto tempo na casa dele. Era um cara bom, é isso.

Jacques-Alain — Você diz "não era mentiroso". Com as mulheres, no entanto, ele era um pouco.

Gloria — Claro que não, ele não mentia, estava tudo às claras. Era bom para todas. Aliás, ele dava um jeito de ser muito gentil com todo mundo. Ele nunca prometeu casamento a todas essas mulheres, não que eu saiba. Todas as garotas que eu conheci na rue de Lille sabiam muito bem que o dr. Lacan nunca se casaria com elas, pois ele nunca quis se divorciar, justamente para que as outras não sonhassem com isso. Depois da morte do dr. Lacan, quando ouvia uma ou outra falar, eu ria; cada uma dizia ter sido a preferida. Cada um tem o direito de inventar o seu próprio mundinho. Todos que conheceram o dr. Lacan queriam monopolizá-lo. Não vejo nada de mau nisso, mas tenho problemas o suficiente comigo para não monopolizar o dr. Lacan. Sei o que ele foi para mim e eu lhe serei eternamente agradecida.

Jacques-Alain — Por que agradecida?

Gloria — Por muitas coisas. Para começar, ele me tirou da prisão.

Jacques-Alain — Por que você estava na prisão?

Gloria — Eu não vou te dizer. Fui condenada e o dr. Lacan veio me buscar na prisão de Rodez. E ele me conhecia havia apenas dois ou três meses.

Jacques-Alain — Foi em que ano?

Gloria — Comecei a trabalhar na casa do dr. Lacan em 1948.

Judith — Em 1949, não?

Gloria — Seu pai disse que foi em 1948. Eu acho que foi em 1949.

Judith — Quando ele quebrou a perna em Méribel, foi em 1949.

Gloria — Isso. Ele lamentava não ter me conhecido antes.

Jacques-Alain — Em 1949 você tinha quantos anos?

Gloria — Eu devia ter vinte anos. Quando me apresentei, sua mãe me disse: "Saiba que meu marido é muito difícil, ele não suporta ninguém". Eu lhe disse: "E então por que ele recebe pessoas?". Sua mãe me disse: "Sim, mas eu acho que você não precisa ter medo dele". Eu lhe respondi: "Mas não tenho medo de ninguém". Briguei imediatamente com o seu pai. Eu lhe disse: "Você me dá o seu dinheiro, eu lhe dou meu tempo. Ficamos quites. Se eu vir você passando na rua, posso quebrar sua cara".

Jacques-Alain — Você disse isso?

Gloria — " Eu posso brigar com você".

Jacques-Alain — Judith me contou que, um dia, você levantou e soltou a perna quebrada dele. Isso foi antes ou depois de Rodez?

Judith — Foi antes. Gloria chegou quando papai já estava com a perna quebrada.

Gloria — Ele só perturbava. Ele chamava a mãe de Judith etc., precisava mexer a perna dele. Empurrávamos a poltrona com ele em cima. Instalávamos ele no canto. Isso dava um trabalho danado. Ele chamava sem parar para que mexêssemos a perna. Eu era paciente, era gentil, mas naquele dia eu não aguentava mais e, acredite, ele deu um grito como o Tarzan na selva quando eu levantei sua perna e a deixei cair. Eu disse: "E agora é assim". Ele me disse: "Sim, minha pequena Gloria, sente-se, vamos conversar". Eu respondi: "Não sou paga para ficar sentada". Então ele começou a me perguntar de onde eu era, de qual lugar da Espanha. Ele acreditava que tinha sido ele quem havia me ensinado francês.

Jacques-Alain — Você estava lá havia dois meses?

Gloria — Sim, mas minha mãe me trouxe para a França quando eu tinha nove meses.

Jacques-Alain — Então você foi presa dois ou três meses depois de sua chegada na família Lacan?

Gloria — Isso. Fui condenada por desobedecer a uma determinação da Justiça.

Jacques-Alain —Você foi condenada e a encontraram?

Gloria — Eu fui pega várias vezes porque não tinha documentos. O dr. Lacan foi me buscar. À meia-noite, ele foi acordar o promotor de Rodez e, quando ele me viu, a primeira coisa que ele me perguntou foi como estavam meus dentes, porque ele soubera que na prisão os dentes estragavam. Ele já havia marcado uma consulta com o dentista, que ia vir me ver no dia seguinte. Ele também me perguntou se eu tinha cobertas suficientes.

Judith — Mas era verão.

Gloria — Ele devia saber que, em Rodez, nessas grandes prisões, faz frio. Isso me fazia rir muito. Jacques-Alain, você não sabia?

Jacques-Alain — O quê?

Gloria — Que eu era durona.

Jacques-Alain — Sim, com certeza.

Gloria — Depois disso, o dr. Lacan não achou que eu lhe devia alguma coisa. Fui eu que considerei que lhe devia algo. É por isso que digo que ele é um homem bom.

Jacques-Alain — Então o episódio marcou a relação de vocês imediatamente?

Gloria — Imediatamente.

Judith — Eu me lembro, eram férias. Papai voltou de Rodez, dizendo: "É uma tigresa". Se ele a considerava digna da viagem, é porque ele já havia apreciado quem era Gloria. Ele não teria feito isso por qualquer um. Ele o fez por Gloria e por muitos outros. Quando, durante a guerra, ele foi buscar os documentos de mamãe nos quais constava que ela era judia, foi o mesmo estilo. O que era da ordem do inaceitável, ele não aceitava.

Gloria — Quando não quiseram me naturalizar francesa, ainda que eu fosse casada com Abdou, e ele era francês, alegando que eu não tinha uma boa moral, o dr. Lacan me disse: "Ligue imediatamente para Roland Dumas. Dizer-me que alguém que eu aprecio há muitos anos tem uma moral ruim, é insensato". Ele esbravejou. Três ou quatro dias depois, Roland Dumas foi lá e eu fui naturalizada. Fui buscar meus documentos e a senhorita da prefeitura me disse: "Agora você é francesa". Eu lhe respondi: "Não estou nem aí".

Jacques-Alain — Eficiente, Roland Dumas.

Gloria — Quando eu fui pega numa batida, mantiveram-me na delegacia da Petite Roquette e, ali, vi o dr. Lacan chegar, furioso, e falar com o cara, que veio até mim e estendeu a mão, pedindo desculpa. Respondi que não apertava a mão de qualquer um. Lacan me disse que fiz bem e fomos embora os dois. Ele fez coisas assim.

Jacques-Alain — Você ainda tem muitas histórias assim?

Gloria — Quando fui ao tribunal, o advogado o aconselhou a não ir, mas ele escreveu uma carta da qual sempre me lembro: ele havia escrito que eu era a pessoa em quem ele mais confiava, que confiava tanto em mim, que me confiaria o que lhe era mais caro no mundo, a saber, sua filha Judith. Se depois eu fui boa para ele, é porque antes, ele foi bom para mim. Reli esta tarde algumas passagens do livro da Roudinesco e me revoltei. O dr. Lacan não merece isso. Dizer que ele é um caça-níqueis não é verdade.

Ela poderia ter perguntado para pessoas de quem o dr. Lacan cobrava dez francos por sessão. Havia muitos. Se ele fosse um caça-níqueis, com certeza teria tido muito mais do que tinha. Compará-lo com Dalí! Ele não era um Avida Dollars! Eles se conheciam, mas ele não era amigo de Dalí. Tem uma foto dos dois, tirada em Nova York, mas eles não eram amigos.

Jacques-Alain — Dalí é mencionado com a ideia de dizer: "Não sabemos qual era o mais louco".

Gloria — Se ele fosse louco, não haveria todas essas pessoas que foram na rue de Lille e que agora têm um nome na praça de Paris. Não há necessidade de provar isso. O que você quer que eu diga? Eu sim, era um pouco doidinha. Eu não era muito fácil, mas ele também não. Quando ele dava um grito, eu dava outro. Praticamente todas as portas estão rachadas: ele batia em uma e eu, em outra. Ele ficava com raiva quando não tinha o que queria naquele momento.

Jacques-Alain — Um dia estávamos brincando em Guitrancourt, cada um devia dizer sua idade mental; ele disse: "Eu, [tenho] cinco anos".

Gloria — Não, seu pai não era fácil. Era alguém formidável, mas era preciso se defender e ser resistente.

Judith — Você era. Você não parava.

Gloria — Quando ele pedia para ir buscar um livro, dizia: "Tem esse aqui, mas não é esse aqui, depois tem esse aqui, mas também não é esse". Eu lhe dizia: "Diga-me o título". Eu me lembro que um dia foi Schopenhauer. Fiquei orgulhosa, encontrei o livro. Apesar de tudo, eu tinha sorte, encontrava as coisas na mesma hora. Era por isso que eu ficava com as chaves de sua gaveta, pois quando me pedia alguma coisa, eu dizia: "Deve estar na sua gaveta", até que ele me deu as chaves da gaveta. Eu sabia o que ele guardava na gaveta e ficava contente. Não havia nada demais ali, cartas e outras coisas, mas era preciso que eu soubesse tudo.

Jacques-Alain — Você queria saber tudo dele?

Gloria — Sim. Quando ele saía, eu dizia: "Aonde você vai?". Queria saber tudo, era curiosa. Eu não era muito fácil, mas seu pai também não. Se eu tivesse deixado acontecer, não teria ficado, ele não teria me mantido. Ele encontrou alguém que não baixava a cabeça. Não de maneira grosseira. Eu era muito educada com ele. Um dia, ele gritou comigo. Ele ia viajar e tinha infernizado a minha vida. Não disse nada porque ele estava partindo. Antes de sair, quis me dar dinheiro e recusei. "O que você acha, que se compra tudo?" Os dez primeiros anos não foram fáceis. Depois sim, porque eu entendi e me acalmei. Ele também. Um dia, gentilmente, ele me disse: "Gloria, você não poderia tomar cuidado, por favor, para não quebrar mais meus copos de cristal?".

Judith — Lembra de quando você quebrou as xícaras brancas de chá com as esculturas brancas das quais papai gostava tanto? Eu dizia: "As paredes vão tremer, papai vai ficar furioso". A princesa Bonaparte estava lá. Papai riu, pois entendeu que Gloria não queria que a princesa fosse recebida como uma princesa.

Jacques-Alain — Quantos anos você tinha?

Judith — Nove anos.

Gloria — Ele não precisava dormir muito. Se Solange Faldé estivesse aqui poderia dizer que o dr. Lacan foi vê-la várias vezes quando ela estava internada. Ele tirava esse tempo de sua hora de almoço. Às vezes tinha apenas vinte minutos para almoçar, às vezes nem isso, e pedia algo para comer. O que ele fez foi bom, já que, como lhe disse, aqueles que têm um nome de psicanalista na praça de Paris passaram quase todos por ele. Não estou falando de vinte ou 25 anos atrás, falo de outra geração. Aqueles que não fizeram psicanálise com o dr. Lacan, é porque não puderam.

Jacques-Alain — Ele os recusou?

Gloria — Quando se diz no livro que ele recebia qualquer um, eu gostaria muito que perguntassem ao Depardieu se ele recebia qualquer um.

Jacques-Alain — Eu sei, ele o encaminhou para outro analista, que me contou.

Gloria — É isso. E mais outros. Ele não recebia todo mundo. Ele recebia muitos, mas eu não vejo por que ele não os teria recebido. Era alguém que atendia a partir das 7h30 da manhã. Durante dez anos, ele tinha hora para começar, mas nunca para terminar. Até o dia em que eu disse que eu queria ter uma hora para terminar. Ele se recusou por pelo menos três meses e, depois das férias, eu não pretendia voltar. Antes das férias, ele me disse: "Eu passaria pelo buraco de uma agulha para você permanecer aqui". Respondi: "Não precisa tanto". Era assim. Sempre pensei que isso não ia durar muito tempo, mas durou 33 anos.

Jacques-Alain —Você pensou que não aguentaria?

Gloria — Não, mas nunca ficava em lugar nenhum. Nunca pensei que ficaria tanto tempo em algum lugar.

Jacques-Alain —Você é uma pessoa muito autoritária, né? Sempre com o dedo em riste.

Gloria —Justamente, sei o que quero.

Jacques-Alain — Ao mesmo tempo, em algumas ocasiões, você é um pouco tímida.

Gloria — Sou muito tímida, pois toda vez que o dr. Lacan perguntava: "Eu não deixei cem francos aqui?", eu corava, mesmo não tendo tocado naqueles cem francos. Antes eu era tímida, mas não sou mais. Você me diz que eu sou autoritária, mas quando a gente está com raiva, a coisa explode por toda parte. A gente não se refaz, Jacques-Alain. Eu mesma sou assim. Um dia, briguei com seu pai porque não queria subir para almoçar. Ele queria descer para me buscar. Eu disse a ele: "Se você descer, vou quebrar o seu vaso Ming". O que aconteceu com esse vaso?

Judith — Está na casa de Thibaut.

Gloria — Eu deveria tê-lo quebrado.

Jacques-Alain — Ah, bom, eu gostava bastante do Thibaut. Insisti que ele falasse no dia do enterro. Ele não queria, mas acabou falando, ao lado de Judith.

Gloria — Quando o dr. Lacan morreu, todo mundo deu um chilique, e já durante a dissolução.

Judith — Quem deu um chilique?

Gloria — Por exemplo, Thérèse Parisot. Quando fui devolver as cartas para ela…

Judith — Ela chorou, você me disse.

Gloria — Ela chorou e me disse também que havia uma loucura coletiva.

Judith — Não é porque Thérèse Parisot disse que todo mundo deu um chilique, que foi isso que aconteceu.

Gloria — Há muita gente que deu um chilique, Judith. Jenny Aubry deu um chilique também. Todos deram um chilique no momento da dissolução porque o dr. Lacan não queria mais estar ali para dar-lhes chutes na bunda e fazê-los avançar. É meu ponto de vista.

Judith — O que chamo de "dar um chilique" não é isto. Chamo isto de "perder o rumo".

Gloria — Eles perderam o rumo. Caras que, de repente, se colocam contra o dr. Lacan! Eles consideravam que você e o bando de jovens estavam tomando o lugar deles. Esse lugar era deles, do bando deles, daqueles que começaram a análise em 1958.

Jacques-Alain — Vou lhe dizer uma coisa. Os alunos de Lacan, quando eram "jovens", estavam com ele, mas quando eles se tornavam "os instalados", Lacan representava uma ameaça objetiva para eles, pois queria continuar avançando e eles não queriam ser perturbados. A autoridade de Lacan não pesava tanto sobre eles e isso lhes permitia crescer à sua sombra. Uma vez alcançada a sua posição social, eles queriam apenas uma coisa: que Lacan parasse. Faladé me relatou uma fala tocante de Anne-Lyse Stern: "Eu gostaria que quebrassem o molde dos alunos de Lacan". Que não houvesse mais alunos depois de nós, esse era o anseio deles. Para minha infelicidade, eu encarnava os Jovens Turcos.[2]

2. Os Jovens Turcos foram um grupo do Partido Radical, constituído na maioria por integrantes da sua ala esquerda, que se constituiu na França nos anos 1930 e reivindicava

Gloria — Eles não sabiam mais onde estavam. Falei com um por telefone: "O que posso fazer? O que devo fazer?". Eu lhe disse: "O dr. Lacan passou a vida lhe dando chutes na bunda para que avançasse, agora ele não tem mais vontade de levantar o pé, só isso". Falei com outro, foi no Bullier, fui até o bar com ele, ele chorava. Ele me disse: "Não pude ver o dr. Lacan uma última vez". Eu lhe disse: "Quem o impediu? Quem impediu alguém de entrar na rue d'Assas?". A única pessoa que impediu alguém de entrar fui eu, e eu só recusei a entrada de uma fulana. Estava fora de questão que ela visse o dr. Lacan, mesmo uma última vez.

Jacques-Alain — Por quê?

Gloria — Ela veio na rue de Lille duas ou três vezes e, a última vez que ela veio, ele a expulsou e disse: "Eu não quero mais revê-la". Quando a vi chegar na rue d'Assas, estava fora de questão que ela entrasse, agora que ele não estava mais lá para lhe dizer que não queria mais vê-la.

Jacques-Alain — Sobre essa geração de 1958, parece que o dr. Lacan mandou você buscar um deles em casa para trazê-lo de volta à rue de Lille, apesar de ele querer parar sua análise.

Gloria — Sim, eu fui lá umas duas ou três vezes; perto da estação Pereire. Ele não queria vir, mas o dr. Lacan queria ter uma última palavra. Ele sempre queria ter a última palavra. E salvou muitos assim. Se eu cito isso, é simplesmente para que saibam quem era o dr. Lacan e que ele via as coisas com clareza. Ele era capaz de ver se alguém valia a pena. Quando me fazia buscar alguém em casa, é porque ele sabia que podia fazer algo a respeito. É nesse sentido que eu digo.

Jacques-Alain — Ao mesmo tempo, ele colocou na sua Escola pessoas não muito recomendáveis.

Gloria — Se minha memória não falha, eu havia lhe entregado umas duas

---

uma renovação da doutrina do partido, bem como uma reforma no Estado, propondo um questionamento dos poderes estabelecidos. Não eram necessariamente jovens, tampouco eram turcos, mas se inspiraram no movimento reformista de mesmo nome na Turquia. (N. T.)

ou três folhinhas de papel com impressões do dr. Lacan sobre Melman e alguns outros.

Jacques-Alain — Eu nunca usei isso.

Gloria — Eu disse isso para vários: "Você não se importava em esmagar o dr. Lacan porque você queria esmagar Jacques-Alain Miller". Eles não podiam desalojá-lo. E é por isso que diziam que o dr. Lacan não sabia o que fazia nem o que dizia. Além disso, quando o neurologista veio...

Jacques-Alain — Como aconteceu exatamente a história do neurologista?

Gloria — Um cara telefonou para agendar um horário para uma supervisão. O dr. Lacan me falou para dizer para ele que viesse em tal data, e o cara chegou. Eu o levei até o consultório do dr. Lacan e, cinco minutos depois, eu vejo o dr. Lacan empurrando-o em direção à saída. Depois, eu soube por Geblesco que esse cara tinha vindo para constatar se o dr. Lacan estava bem da cachola. Ele estava muito bem da cachola, já que ele entendeu perfeitamente por que o cara tinha ido vê-lo e o expulsou.

Jacques-Alain — Sim, foi uma ideia e tanto da sra. Aubry. Ela havia diagnosticado uma paralisia facial em Lacan e, para o bem dele, sem pedir sua opinião, ela lhe enviou um neurologista, e ainda com o aval de Sylvia. Que história inacreditável! Elas pensavam que o dr. Lacan não reagiria.

Gloria — Além disso, o dr. Lacan costumava ver Jenny Aubry quando ela vinha almoçar com a sua mãe no 3 rue de Lille, mas, justamente, nos últimos meses ela não vinha mais quando o dr. Lacan estava lá. Ele não queria mais vê-la porque ela o irritava. Uma vez, Jenny Aubry e Françoise Dolto vieram à rue de Lille. Não sei qual delas disse: "Mas Jacques, diga-me o que eu preciso dizer", e o dr. Lacan lhe respondeu: "Eu não peço nada". Vamos, para a porta!

Jacques-Alain — Ele lhe mostrou a porta?

Gloria — Sim, pura e simplesmente.

Jacques-Alain — Com Dolto, eles se gostavam muito. Jenny Aubry, ele nunca a apoiou.

Judith — Ele apoiou Jenny Aubry quando ela era bem jovem, no momento da primeira cisão, em 1953. Ela ainda tinha o sobrenome Roudinesco. Ela fazia parte dos jovens que queriam uma renovação, ler Freud, ter um ensino correto.

Jacques-Alain — Mas eu soube por Solange Faladé que Jenny Aubry sofreu muito, mais tarde, quando ela vivia no sul da França. Ela aspirava a ser a grande dama do lugar, e ela contava que teria o apoio do dr. Lacan, que, pelo contrário, apoiou sistematicamente Zlatine. Foi ele que se tornou o líder, e não ela. Zlatine, um antigo dançarino mundano! Enquanto ela era médica dos hospitais! Isso foi para ela uma grande dor e uma injúria por parte de Lacan. O mito imundo que a filha dela teceu em torno de Lacan e que ela mesma chamou de "saga" não é o trabalho de uma historiadora. É sobretudo o resultado de uma vingança familiar.

Gloria — Estamos de acordo, Judith e eu, que a mãe dela e Laurence agiram brutalmente.

Jacques-Alain — De todo modo, houve um período em torno da dissolução em que Laurence tinha muita raiva do dr. Lacan e de mim.

Gloria — Laurence tinha um ano a menos que eu. Quando completei vinte anos, ela tinha 19. Eu a vi passar toda a sua vida adorando o dr. Lacan, falando maldades do dr. Lacan, adorando o dr. Lacan... Era isso o tempo todo. Comigo, não era a mesma coisa. Quando ela veio à Espanha, falamos muito da dissolução e de tudo isso, mas não há surdo pior do que aquele que não quer ouvir. Mas sei que gostei dela até o último instante.

Jacques-Alain — Eu também. Depois da morte do dr. Lacan, ela se tornou muito amiga de Élisabeth Roudinesco.

Gloria — Quando Laurence dizia alguma coisa, como ela fazia parte da família, acreditava-se nela. Muitos acreditaram. Ela se vingava do dr. Lacan. Era como a mãe de Judith: "ninguém pode me impedir de dizer, quer isso agrade a Judith" ou não. Desse modo Sylvia dava o troco ao seu marido. Isso dizia respeito apenas a ela. Eu podia ficar chocada ao ouvir isso, mas podia entender, porque ela sofreu muito com o marido.

Jacques-Alain — Ela sofreu muito? Infidelidades do dr. Lacan? Ela parecia suportar muito bem.

Gloria — Mas uma coisa não impede a outra. Há um momento em que não se aceita mais.

Jacques-Alain — Lacan diz em algum lugar que a mulher histérica fica muito aliviada que outra se ocupe do serviço sexual de seu marido. Pelo menos, eu os conheci quando mantinham relações muito boas. Em 1964, eu estive com eles todos os dias durante o mês de agosto, eles estavam perfeitamente bem juntos, nunca os vi discutir.

Gloria — Ele morreu em 1981, hein!

Judith — Foi Parisot que ela não suportou.

Gloria — Com certeza. Foi isso que destruiu tudo. Estou convencida de que foi quando o dr. Lacan levou as coisas que escrevia para ler para Thérèse Parisot. Sylvia não suportou isso.

Jacques-Alain — Quando foi?

Judith — Em 1969, eu acho.

Gloria — Ela queria que seu pai se divorciasse de sua mãe, mas nunca conseguiu. Até o último instante, ele pensou que as coisas se arranjariam entre Sylvia e ele. Ele gostava da paz e teria preferido que elas fossem boas amigas, desde que não enchessem o saco. Por exemplo, Catherine Millot, eu nunca ouvi Sylvia falar mal dela. Ele sabia o que queria, eram os outros à sua volta que não sabiam o que queriam.

Jacques-Alain — Eu tinha esquecido desse momento em que Sylvia não quis fazer o almoço e o expulsou. Eu saí com ele do nº 3 da rue de Lille e fomos ao restaurante. Eu lhe disse: "O senhor vai ver o que serão essas mulheres na sua vida". Ele estava com a cabeça voltada para o prato, levantou os olhos, sorriu e me respondeu: "No fundo, nem tanto assim". Era muito simpático.

Gloria — Não, nem tanto. Ele se casou com sua mãe porque ele a amava. Ele amou muitas, apaixonava-se facilmente. Um dia, Sibylle me disse: "Marie-Louise Blondin, minha mãe, disse para todo mundo que a única mulher que o dr. Lacan manteve na vida dele foi você". Eu acho que a preferida sempre foi Sylvia.

Jacques-Alain — Ao mesmo tempo, você via muito a Sylvia, mas...

Gloria — Ela foi meu exemplo. Se eu sei me vestir um pouco, foi graças a ela. Ela me ensinou como me vestir, como se apresentam os homens para as mulheres, os velhos para os jovens, ela me ensinou tudo.

Jacques-Alain — ... mas em assuntos íntimos, você era muito mais cúmplice do dr. Lacan.

Gloria — Não, eu era muito mais cúmplice dela, até o dia em que ela disse para ele que eu ensaiava as coisas.

Jacques-Alain — Então aí você ficou ressentida?

Gloria — Nem assim. Ele veio me dizer: "Minha Glorinha, eu gostaria muito que a Senhora não soubesse de tudo". Eu não concordava. Quantas vezes disse a sua mãe: "Se há alguém que deve deixar a casa, é ele, se não está contente. Você fica, não deixe Guitrancourt". Mas sua mãe sempre fez chantagem no dia a dia. Se havia uma coisa que não dava certo com o dr. Lacan, era a chantagem.

Jacques-Alain — Sim, não se ameaça, se faz.

Gloria — É o que eu chamo ser reto como uma espada de Toledo.

Jacques-Alain — Essa expressão existe em espanhol?

Gloria — Eu comparava o dr. Lacan a uma espada de Toledo. Não haverá outro igual. Ele não passou a vida cuidando apenas de seu umbigo.

Jacques-Alain — Vamos parar por aqui. Mas ainda tem uma perguntinha que eu gostaria de lhe fazer: você viu passar na rue de Lille aquela que se tornou Marie de la Trinité?

Gloria — Não, mas eu conheci padres. Tinha um que, eu acho, se chamava padre Boure. Eu ria porque ele disse que, quando olhava para mim, havia uma auréola de santidade em torno de mim. Seu pai saiu do consultório rindo muito. Mas a irmã Marie de la Trinité, eu não sei. Não sei o que aconteceu com as anotações sobre ela. Eu as procurei por toda parte.

Jacques-Alain — Alguém lhe perguntou sobre elas?

Gloria — Ah sim! Mesmo antes da morte do dr. Lacan, começaram a pedir seus papéis. Ele tinha um monte de cadernos. Mas onde foram parar, eu não sei.

Jacques-Alain — Outra pergunta. Estou muito curioso para saber o que você viu, soube, das condutas suspeitas de Judith, Laurence, Diego, com a FLN durante a guerra da Argélia.

Gloria — Eu estava com eles. Judith trouxe Boumaza em casa, no nº 10 da rue Notre-Dame-des-Champs, ele acabara de fugir da Santé.[3] De todo modo, eu tinha muitas armas na minha casa. Quando Abdou partiu com o presidente Kabila em viagem oficial para a Argélia, eu disse a ele: "Pergunte o que aconteceu com Boumaza". Eles estavam na mesa oficial com Bouteflika e ele disse: "Aqui está Boumaza". Boumaza tornou-se o presidente da Assembleia Nacional, o segundo homem do Estado. Quando Abdou lhe disse: "Eu sou o marido de Gloria González", Boumaza começou a contar sua vida: se a Argélia existia, era graças a mim. Ele me escreveu uma carta dizendo que nunca me esqueceria.

25 de dezembro de 2009

Nota bene. Thibaut Lacan esclarece que não foi ele quem herdou o vaso Ming.

---

3. Prison de la Santé, centro penitenciário francês, localizado em Paris. (N. T.)

ALICIA, JESÚS & MAÏTÉ ESCOBES

O dr. Lacan em Guitrancourt

Jacques-Alain Miller — Caros Jesús e Alicia, vocês chegaram a Guitrancourt em 1962, com Maïté. A segunda filha de vocês, Élisabeth, nasceu aqui. Vocês trabalharam para o dr. Lacan até a morte dele. Eu gostaria que vocês revivessem o personagem tal qual vocês o conheceram.

Alicia Escobes — É difícil.

Jacques-Alain — Oh! Eu não lhes peço um retrato, mas sim anedotas, como lhes vierem à memória. Vocês me disseram, certa vez, que o dr. Lacan exalava um cheiro requintado, que estava em sua pele e na sua roupa. É verdade? Ou era a maneira de vocês dizerem que ele era uma espécie de santo para vocês?

Alicia — Ah sim! É bem verdade, em relação à roupa e tudo mais. Ele cheirava bem.

Maïté Escobes, esposa de Malek — É verdade. Eu era criança, mas tenho um olfato bem desenvolvido e é uma lembrança que guardei. Ele cheirava a sabonete de Guerlain, "Flores dos Alpes" ou algo assim. Esse cheiro estava nele o tempo todo, e nas suas roupas.

Alicia — Por outro lado, no inverno, quando chegava de Paris, ele tinha um casaco de astracã e um chapéu que tinham um cheiro de floresta muito forte. Uma vez a gente disse isso a ele, pois aquele cheiro não era bom. Habitualmente, seu cheiro exprimia felicidade, confiança, serenidade, contato.

Maïté — Era reconfortante.

Alicia — Tinha um efeito calmante.

O dia das ervilhas

Jacques-Alain — Vocês passavam a semana sem ele, exceto os finais de semana. Quando ele chegava, vocês não tinham medo do patrão?

Alicia — Não, pelo contrário, era um prazer fazer bem as coisas. Claro, havia pequenos detalhes.

Jacques-Alain — Digam os pequenos detalhes.

Alicia — Uma vez, havia convidados, eu servi ervilhas, ele deu um soco na mesa e todas as ervilhas saltaram.

Jacques-Alain — Porque ele não estava contente com as ervilhas?

Alicia — [faz "não" com a cabeça]

Jacques-Alain — Por causa da conversa na mesa?

Alicia — Acho que sim.

Maïté — Mamãe constatou que todas as ervilhas tinham saltado. Isso a impressionou.

Jacques-Alain — Era o início da vida de vocês aqui?

Alicia — Isso. Eu ainda não o conhecia. Foi pouco a pouco que a gente pôde ter um contato, eu podia ter um pouco mais de confiança.

Jacques-Alain — Quando você viu o dr. Lacan pela primeira vez?

Alicia — Foi no dia das ervilhas. Foi ali que eu o servi pela primeira vez. O dia do soco na mesa.

Aprendizagens

Maïté — Você me contou que foi Sylvia que lhe ensinou a cozinhar, como pôr a mesa, como servir e tudo mais.

Alicia — Tudo que aprendi foi com Sylvia. A cozinha era novidade para mim porque eu era costureira.

Maïté — E você, papai, você se virou sozinho para aprender jardinagem.

Jesús Escobes — Eu era pedreiro. Então, fiz uma formação de horticultura em Versalhes.

Jacques-Alain — O dr. Lacan se interessava por jardim?

Jesús — Sim.

Maïté — Uma vez, papai, você nos fez rir porque ele lhe perguntou onde cresciam as batatas.

Jesús — Ele veio colher na horta. Aconselharam-no a fazer o exercício: "Como você tem uma horta, você pode trabalhar a terra". Então ele veio cavar duas ou três vezes e não voltou mais.

Jacques-Alain — Alicia não entendia de cozinha, Jesús não entendia de jardinagem, vocês aprenderam na prática.

Jesús Escobes — Mesmo assim, eu estive em Versalhes por três anos.

Raivas

Jacques-Alain — Os acessos de raiva do dr. Lacan ficaram famosos. Gloria fala muito deles.

Alicia — Para mim o dr. Lacan era uma pessoa que tinha seu caráter. Eu também, eu tenho caráter! Havia uma cumplicidade entre nós. A gente se entendia mutuamente.

Jacques-Alain — Como assim?

Alicia — Não precisava me dizer. Quando ele me pedia alguma coisa, eu já sabia.

Jacques-Alain — Que tipo de coisas?

Alicia — Quando havia convidados, colocávamos lenços umedecidos. De repente, não tinha mais o seu lenço umedecido, eu tinha esquecido. Então ele dizia: "Oh, oh!". Eu chegava sem que ele me pedisse nada.

Maïté — Era telepático.

Jacques-Alain — Aqui ele também ficava com raiva?

Alicia — Contra mim? Não, nunca.

Maïté — Papai o viu tendo um ataque de raiva. Quando tinham pedreiras e havia grandes explosões, ele pediu para você acompanhá-lo nos escritórios.

Jesús — Ele jogou tudo fora. Ele pegou tudo que tinha no escritório, ele jogou fora. Ele disse: "Basta, esse barulho".

Jacques-Alain — Eram as pedreiras da fábrica de cimento Lafarge.

Maïté — Sim e, na época, elas estavam muito próximas. Ficavam logo atrás do cemitério e as explosões sacudiam tudo. Então, ele explodiu lá.

Alicia — Agora a pedreira está mais longe e eles não têm o direito de fazer isso o tempo todo, a qualquer momento. Eles devem fazê-lo em períodos bem específicos.

Maïté — Agora tornou-se um combate político e ecológico.

Jacques-Alain — Você tinha quantos anos quando chegou em Guitrancourt?

Alicia — Chegamos em 1962, eu tinha 22 anos. Eu e Judith tínhamos um ano de diferença. Eu tinha um ano a mais.

Jacques-Alain — Eu vim aqui pela primeira vez em 1964, eu tinha vinte anos.

Maïté — Eu tinha quatro anos. Naquele ano, meus pais sofreram um acidente de carro.

Alicia — Paramos na porta de Saint-Cloud para colocar você atrás porque íamos de carro para a Espanha. Ali, sofremos um acidente. Jésus quebrou uma clavícula. Eu, eles me encontraram do lado de fora com traumatismo craniano. E Maïté no meio da estrada. Levaram-nos ao hospital. Tiraram radiografia do meu quadril. O dr. Lacan veio nos ver.

Maïté — Sim, quando ele chegou no quarto da mamãe, insistiu para ver as radiografias. Ele percebeu que eles não tiraram radiografias da cabeça dela. Ficou com raiva, gritou e disse: "Eu quero as radiografias imediatamente. É inadmissível!". Então, foi a maior confusão no serviço. O dr. Lacan viu as radiografias, deu suas instruções e foi embora.

Jacques-Alain — Esse acidente te marcou?

Alicia — Não, porque graças ao dr. Lacan eles fizeram o que foi preciso.

Muito amigo de Lacan

Maïté — Ele sempre fazia o que precisava ser feito. Um dia eu não estava bem, porque na escola as crianças me diziam o tempo todo que eu era a espanhola, "*l'espingouin*[4] que vem comer o pão dos franceses". Eu não estava bem, por causa disso. [Para a mãe:] O dr. Lacan leu em seu rosto (porque ele lia em seu rosto se você estava bem ou se você não estava bem) que você estava contrariada, ele lhe interrogou, você explicou o porquê. Ele perguntou então para mamãe se eu podia subir no ateliê e se ele podia falar comigo. Mamãe disse sim. Então, eu fui vê-lo no ateliê. Eu estava sentada num sofá grande, bem na sua frente. E então ele me fez duas ou três perguntas. Conversamos. Houve grandes momentos de silêncio. Eu também, momentos de silêncio.

Jacques-Alain — Quantos anos você tinha?

Maïté — Seis ou sete anos.

4. Gíria pejorativa que une "espanhol" e "pinguim", fazendo alusão ao "cacarejar" incompreensível dos pinguins. (N. T.)

Alicia — Cinco anos.

Maïté — Então ficamos um tempo no ateliê e, depois, descemos juntos, já bem amigos.

Jacques-Alain — Ele se fez de amigo?

Maïté — Não fiquei muito impressionada, apesar da aura particular que ele tinha. Eu pude constatá-la posteriormente quando viajávamos com papai, e que eu tive a sorte de poder ir com eles.

Jacques-Alain — O que você via?

Maïté — No ateliê estava tudo bem, pois ele estava no meu universo. Eu era uma criança, eu não sabia exatamente quem ele era. Então, para mim, era alguém da Prévôté. Mas em seguida, quando viajávamos com papai, íamos para lugares públicos e que ele estava ali, eu sentia que ele tinha uma presença especial. E então, estávamos seguros. Ele era muito imponente. Quando estávamos ao seu lado, eu ficava tranquila, segura. Tínhamos a impressão de que com ele ali nada podia nos acontecer. Por causa de sua imponência, as pessoas o respeitavam, mesmo se elas não o conhecessem. Eles se instalavam ao seu redor com respeito. Com papai, frequentemente viajávamos os três com o dr. Lacan, quando íamos a Paris.

Jacques-Alain — Aonde vocês iam?

Maïté — Acompanhávamos no aeroporto. Às vezes papai lhe trazia livros porque o dr. Lacan telefonava, ele precisava de um livro que ele havia esquecido aqui. Consequentemente, era preciso ir a Paris, às vezes você ia sozinho. Ele o convidou para ir ao restaurante.

Jesús — Sim, fomos ao Port de Normandie, boulevard Saint-Germain, e comemos juntos. No final da refeição, imediatamente, ele pediu para mim *"café, bebida e charuto!"*, como na Espanha. E para ele também.

Maïté — Você tem que contar de quando ficou brava com o dr. Lacan.

Alicia — Ele disse que não vinha para o Natal. Então, organizamos a refeição de Natal com nossos amigos, em nossa casa. E eis que o dr. Lacan chega com Catherine Millot. Tudo virou de cabeça para baixo. Eu precisei fazer as compras e tudo o mais. Durante a refeição, eu ouvi que o dr. Lacan dizia à Catherine: "Eles acreditam que podem fazer qualquer coisa!" ou "Eles acham que estão na casa deles". Quando ouvi isso, eu lhe disse: "Não, a gente não está na sua casa, a gente está em nossa casa". Fiquei furiosa, lembro-me disso. Foi um pouco perturbador. Mas o dr. Lacan foi muito gentil, ele não levou a mal. Aliás, ele estava o tempo todo contente.

Jacques-Alain — Você não facilitava. Nesse aspecto, você é como a Gloria.

Alicia — Gloria também era um pouquinho assim.

Jacques-Alain — Vocês não se viram muito, Gloria e você. Gloria estava em Paris e você em Guitrancourt.

Alicia — Em geral, ela não vinha.

Maïté — Papai convivia mais com Gloria porque ele ia mais para Paris.

O tempo todo contente

Alicia — Depois, teve a sua festa de dezoito anos.

Maïté — Era meu aniversário e, então, mamãe disse para ele vir. Ele nos deixou a casinha perto da piscina. Colocamos um pouco de música, e ele veio me convidar para dançar. Ele dançava muito bem. Notei que ele cheirava bem e que tinha as mãos macias. O resto do tempo, ele estava em seus pensamentos. Quando eu o via andando pela casa ou no jardim ele podia não me ver, estava lá com seus pensamentos.

Jacques-Alain — Sim, eu não vi passarem tantos convidados. Para ele, Guitrancourt era um lugar de paz e de recolhimento íntimo. Por outro lado, vi que ele recebia pacientes aos sábados de manhã.

Alicia — Eu precisava abrir a porta, telefonar avisando que tinha uma pessoa e, depois, ele a deixava entrar. Eles não deveriam estar todos juntos. Era um vaivém.

Jacques-Alain — Ele recebia, particularmente, Jean Oury e as pessoas da clínica de Laborde.

Maïté — Teve a atriz que veio com seu lindo chapéu.

Alicia — Audrey Hepburn.

Jacques-Alain — Foi no final dos anos 1970. Seu marido era médico, ele queria conhecer o dr. Lacan. Foi você quem serviu?

Alicia — Sim. A truta do dr. Lacan era eu que preparava. Eu a cortava.

Jacques-Alain — Ele dava indicações sobre a composição das refeições?

Alicia — Não, de forma alguma. Eu podia trazer qualquer coisa. Se eu via alguma coisa que me agradava, eu comprava. Ele estava contente o tempo todo.

Jacques-Alain — Eu entrevistei Sandra ontem à noite, e disse a ela que hoje ia ver você. Ela me disse: "Você precisa perguntar para Alicia a receita do prato preferido do dr. Lacan".

Alicia — Não sei dizer qual era seu prato preferido. Ele gostava do que eu preparava. Quando cheguei, era Sylvia quem fazia as compras, porque eu não sabia nada. Mas pouco a pouco aprendi, assisti muito à televisão para fazer as refeições.

Jacques-Alain — Você tinha carta branca.

Alicia — Carta branca. Toda vez que eu via uma fruta que eu não conhecia, comprava. Ele quis me pagar uma escola de culinária, mas eu disse não. Pouco a pouco, aprendi os hábitos dos quais ele gostava.

Jacques-Alain — No começo você não era tão boa?

Alicia — Nunca recebi críticas. Não eram apenas as refeições. Quando ele se levantava, eu dava o café da manhã. Sylvia e o dr. Lacan o tomavam na Orangerie. E depois ele ia para o ateliê. Eu preparava o aperitivo, o chá, e tudo isso no ateliê. Acontecia de ele trabalhar ainda até meia-noite. Não nos conhecíamos tão bem no início, eu e o dr. Lacan, mas, de repente, nos entendemos.

Ele começou a falar comigo. De manhã ele me dizia coisas, e isso me abriu a mente. Foi uma intimidade que tivemos. O que eu mais gostei é que ele não dizia: "Eu sou o patrão". Trabalhávamos, mas não era uma vida de operário. Éramos como as outras pessoas. Tínhamos uma liberdade. Eu podia receber quem eu quisesse. Tínhamos um contato humano. Agora eu tenho dificuldade de me exprimir, mas isso permanece o tempo todo na minha memória.

Sozinho

Jesús — Em 1962, quando ele estava escrevendo os *Escritos*, ele ficou aqui durante um bom tempo, sozinho conosco. Ele ficou pelo menos durante três meses.

Jacques-Alain — Se era 1962, me espanta que ele já estivesse trabalhando nos *Escritos*. Creio que nessa data, em vez disso, ele trabalhava em um manuscrito que encontrei em seus documentos, "Pôr em questão o psicanalista". Se foi 1965, então eram os *Escritos*.

Alicia — Ele trabalhava sozinho naquele momento. Ele ficou de fevereiro até abril.

Jacques-Alain — Ele não recebeu pacientes durante aquele tempo?

Alicia — Não. Quando não queria ficar sozinho, ele vinha à nossa casa. Ele sempre vinha na hora do jantar, se sentava, ficava ali, e lia. Se era a hora do jantar, ele não se mexia. Eu dizia: "Você quer jantar com a gente?". Então ele se levantava, íamos para a mesa e comíamos em família com ele.

Jesús — Um dia, enquanto passeávamos, ele me disse: "Desde que o Império Romano caiu, o mundo não é mais mundo".

Maïté — Mudando de assunto, me vem à mente outra história. Quando ele ia daqui até a piscina, Justine às vezes latia. Um dia, o dr. Lacan perguntou para papai: "O que ela disse?".

Jesús — E eu lhe respondi: "Eu não falo a língua dos cachorros".

Carros

Alicia — Ah sim, outro caso. Normalmente, Jesús buscava o dr. Lacan para vir aqui às sextas-feiras à noite. Judith me telefonava para dizer a Jesús para ir buscá-lo. Mas Jesús foi operado. Ele não podia ir lá. "Ah, mas você pode vir, Alicia".

Jacques-Alain — Quem disse isso?

Alicia — Judith, por telefone. Eu não conhecia nada do itinerário. Peguei o carro e fui buscá-lo. Ele estava pronto, entramos no carro. Quando atravessávamos o Sena, ele disse: "Por que você vai pegar essa ponte?". Eu disse: "Eu vim buscá-lo, mas vou pelo caminho que conheço. Eu não vou por ali. Eu não conheço". Ele não disse mais nada.

Maïté — O dr. Lacan ao volante era algo especial. Na estrada, ele sempre dirigia entre duas vias. Eu tinha medo. Você se lembra de como ele dirigia, o dr. Lacan?

Jesús — Ah sim, ele não respeitava nada.

Maïté — Uma vez você lhe disse que se fosse ele quem dirigiria, você voltaria.

Jesús — Eu disse: "Se o senhor dirigir, eu pego o trem na estação Saint-Lazare".

Alicia — Ele sofreu um acidente grave no cruzamento da rodovia. Foi em 1979.

Jacques-Alain — Ele estava com Pierre Soury. A dianteira do carro foi completamente esmagada, como um acordeão, e os dois saíram intactos. Ele me telefonou para que eu o levasse para Guitrancourt, e eu lhe respondi que tinha outras coisas para fazer. Então foi ele quem dirigiu o carro. Ele podia ter se matado naquele dia. A partir daí, Judith insistiu para que ele parasse de dirigir.

Maïté — Sim, ele estava muito distraído em seus pensamentos, ele não viu a saída.

Jacques-Alain — Ele tinha acabado de perder a saída da rodovia em direção a Guitrancourt e girou o volante bruscamente para alcançar a saída; o carro afundou a barreira.

Casamento

Alicia — Um dia, você chegou para o Natal.

Jacques-Alain — Sim, foi o Natal de 1964. Eu estava sozinho em Paris e Sylvia e Judith me convidaram para passar o Natal aqui. No caminho, parei no *Drugstore* para não chegar de mãos vazias. Comprei copinhos de vodca que ainda estão aí.

Alicia — Quando Sylvia vinha aqui, sentávamo-nos depois do almoço, tomávamos um copinho de vodca e jogávamos cartas. Aquela que ganhasse, pegava um bilhete da loteria para as duas.

Maïté — Você se lembra disso, papai?

Jesús — Não, nem um pouco. Por outro lado, eu me lembro bem da chegada de Jacques-Alain. Havia a sra. Lacan. Eu lhe disse: "Esse garoto, ele vai se casar com Judith".

Alicia — Sabia, era uma intuição.

Jacques-Alain — Eu não acredito!

Maïté — Isso sempre me impressionou, as fotos do casamento de vocês. Havia apenas uma ou duas.

Jacques-Alain — Foi um casamento pequeno. Éramos doze.

Maïté — Mamãe disse: "Olhe isso, é o casamento de Judith e de Jacques-Alain". Eu disse: "Mas não, não é possível. Há muito pouca gente". Era uma foto tirada no ateliê. Víamos a mesa inteira. Eu disse: "Não, isso não é um casamento".

Quatro gerações

Maïté — Você chegou com 22 anos, você passou três quartos da sua vida aqui.

Alicia — Eu conheci quatro gerações. Sylvia. Depois Judith e Laurence. Os filhos de Judith e Laurence. E os filhos dos filhos de Judith e Laurence. Quatro gerações. Eu vivi bem.

Jacques-Alain — Você conheceu os outros filhos do dr. Lacan?

Alicia — Eu conheci Thibaut, Sibylle.

Jesús — Caroline.

Alicia — E os netos.

Maïté — Cyril, ele até escreveu um livro. Um dia, a gente foi brincar no jardim, ele caiu dentro do tanque, e eu o tirei da água. Então, fui acolhida como uma grande salvadora. Eu não me lembro de tê-los visto com frequência. Eu me lembro um pouco de Thibaut porque ele parecia tanto com o dr. Lacan, o rosto.

Alicia — No começo, Thibaut vinha quase o tempo todo com Sylvia e o dr. Lacan. Depois, Sibylle veio um pouco, mas ela não nos tratava bem. Tínhamos que tirar suas botas quando ela voltava de seu passeio. Então Sylvia dizia: "Ah não, não faça isso. Ela tem que tirar as botas sozinha".

A jarra de leite

Jacques-Alain — Durante os dois últimos anos de vida dele, como foram as coisas para você?

Alicia — Quando ele começou a ficar doente, foi duro. Fiquei quase o tempo todo com ele. Depois, eu o deixava enquanto fazia o almoço. E começava de novo.

Maïté — Ele queria que você estivesse sempre com ele. Ele queria uma companhia, na verdade.

Alicia — E, às vezes, ele vinha na nossa casa e tínhamos que ficar ao seu lado.

Jacques-Alain — Vocês ficaram até o final.

Alicia — Ah sim. Eu lhe prestei os últimos serviços. No dia em que ele se foi, servimos alguma coisa para as pessoas aqui.

Jacques-Alain — Você quer dizer no dia do enterro?

Alicia — Sim. Preparei tudo, as taças, o café. Sylvia veio, ela queria me ajudar com o serviço. Então eu lhe disse: "Ah não! O serviço será meu até o final". Mas esqueci de colocar o leite na jarra. Outro dia, pensei: eu o servi até o fim e, no dia em que ele se foi, esqueci o leite. A jarra de leite, foi a única coisa que esqueci. Era a jarra que eu levava todas as manhãs para ele.

Guitrancourt, 16 de maio de 2021

CATHERINE MILLOT

O dr. Lacan e seu amigo Jacques Aubert

MINHA PRIMEIRA LEMBRANÇA de Jacques Aubert remonta a uma noite de junho de 1975. Lacan nos havia reunido, bem como à mulher de Aubert, Venette, no terraço de um restaurante perto da ponte Louis-Philippe. É a lembrança de um momento feliz, fazia um tempo bom e foi como uma amizade à primeira vista. A gentileza, a perfeita simplicidade de Jacques Aubert, que Venette compartilhava, tornavam as trocas imediatamente fáceis e calorosas. Lacan estava com um excelente humor, claramente feliz com aquela companhia. Era o início de uma relação muito próxima e muito afetuosa entre ele e Jacques Aubert. Não sei mais se esse jantar aconteceu antes ou depois do Simpósio Joyce, na Sorbonne, aberto por Lacan a pedido de Jacques Aubert, em 16 de junho de 1975. Lacan intitulou sua comunicação: "Joyce, o sintoma".[1] Como se sabe, ele fez disso o tema de seu Seminário, no outono seguinte, sob o título *O sinthoma*.

Joyce deu o que fazer a Lacan, pelo menos tanto quanto os nós borromeanos que já o incomodavam havia alguns anos. Ele manifestava isso a cada passo durante esse Seminário. Toda sessão, ele passava dos nós a Joyce e de Joyce aos nós e mostrava suas tentativas de encontrar neles o "suporte", ou ainda o "apoio", nos termos dele, para pensar (ele não dizia teorizar), buscando o "*appensamento*" que lhe permitia abordar Joyce. Até então, ele dizia, como Picasso, que não procurava, encontrava. Com Joyce e os nós, ele se limitava a girar em torno, *circare*. Foi bem no final de seu Seminário que ele

1. J. Lacan, "Joyce, o sintoma". In *O Seminário*, livro 23: *O sinthoma*. Texto estabelecido por Jacques-Alain Miller. Rio de Janeiro: Zahar, 2007, pp. 157-65.

encontrou a articulação luminosa entre os dois, o ego de Joyce, suportado pela sua escrita, corrigindo, como quarto [nó], a falha do nó a três, do real, do simbólico e do imaginário. Articulação que revolucionará tanto a clínica quanto o lugar e a função do complexo de Édipo na teoria.

Assim como os nós, Joyce foi para ele uma das figuras do real, e para tentar superá-lo, ele recorria constantemente a Jacques Aubert. Digo "constantemente" porque ele o solicitava o tempo todo, e Jacques Aubert o alimentava incessantemente com novas obras sobre Joyce, sobretudo com os trabalhos daqueles universitários que Joyce pretendia manter ocupados durante alguns séculos, o que estava bem encaminhado. Nos finais de semana, Lacan trabalhava na cama, de manhã. Os volumes se acumulavam ao seu redor, sobre a cama e sobre as mesas vizinhas. Ele lia vários de uma só vez, indo de um a outro. A maioria deles era em inglês, língua que Lacan aprendeu no final da vida, simultaneamente ao chinês, no Langues Orientales,[2] defronte ao nº 5 da rue de Lille. Ele não falava, mas lia com fluência.

Jacques Aubert ficava em Paris uma parte da semana, ele morava em um apartamento emprestado por um amigo, na rue de Pontoise. Na época, não era tão simples entrar em contato com alguém, sobretudo porque o telefone era uma raridade em Paris. Eu não sei mais se Jacques Aubert tinha telefone na rue de Pontoise. Em todo caso, acontecia que Lacan, em desespero de causa, aguardava o retorno dele à noite, sentado nos degraus da escada. Assim como para todas as coisas, ele precisava obter imediatamente o que desejava. O telefone celular é uma invenção que o teria enchido de satisfação. Ainda estávamos longe disso. Na falta de melhores recursos, ele enviava aos seus interlocutores mensagens pelo correio pneumático.

À noite, com frequência nos encontrávamos com Jacques Aubert, quando ele estava em Paris. Para além de suas sessões de trabalho, Lacan também jantava sozinho com ele, particularmente quando eu estava em aula em Vincennes. Um jantar memorável aconteceu no restaurante Le Bistroquet, no quai du Louvre, após a conferência de Jacques Aubert no

---

2. Institut National des Langues et Civilisation Orientales, instituição de ensino e pesquisa francesa, criada em 1795, que ensina idiomas da Europa Central, África, Ásia, América e Oceania. (N. T.)

Hôtel-Dieu, em março de 1976, conferência incluída em *Joyce avec Lacan*.[3] Philippe Sollers estava presente, tanto na conferência quanto no jantar, e depois deu vários testemunhos dessa noite. Durante o jantar, falou-se de Aragon e de Elsa. De repente, Lacan proferiu: "Quando um homem não é mais um homem, sua mulher o esmaga". Manifestei um espanto próximo da estupefação; hoje penso que ele tinha razão! Sollers inverteu essa proposição em *Femmes:* "É curioso quando uma mulher deixa de ser uma mulher... É curioso como ela pode esmagar o homem que tem nas mãos".[4] Resumindo, como na famosa anedota[5] dos *Escritos*, chegamos a "Homens" ou a "Mulheres". No final da conferência de Aubert, Lacan, sentado no chão por causa da multidão, teve dificuldade de se levantar e Sollers o ajudou. Sylvia, que estava presente, então lhe lançou: "Mas deixe-o aí, agora ele é grande!".[6] Sollers comentou várias vezes esse apóstrofo que ele achava depreciativo, prefigurando o tema do jantar, comentários que Jacques-Alain Miller retomou, dando outra interpretação para aquele episódio: "Quem fala? Vejamos, é 'a verdadeira mulher', aquela que se define por não ser a mãe e que, em vez de 'colocar de pé', daria muito mais uma rasteira. Em suma, a mãe de Lacan é você, Philippe. Ela, Sylvia, é Medeia".[7] Mas talvez Sollers estivesse dizendo exatamente isso.

"Ao mesmo tempo", Lacan solicitou que Jacques Aubert o acompanhasse a uma conferência que Olivier de Flournoy o convidou a dar em Genebra. Mesmo para deslocamentos curtos, Lacan detestava estar sozinho. Mas nesse caso ele também se certificou de ter Aubert à disposição, a fim de prosseguir nos diálogos sobre Joyce. Essa conferência aconteceu em 4 de outubro, isto é, bem no início de seu Seminário *O sinthoma*.

A relação entre eles foi muito além da duração do Seminário. Jacques Aubert era alguém muito cativante. Evoquei sua gentileza e sua simplici-

---

3. J. Aubert, "Galeries pour un portrait". In: J. Aubert (Org.), *Joyce avec Lacan*. Paris: Navarin, 1987, pp. 69-84.

4. Cf. J. Lacan, citado em Philippe Sollers, *Femmes*. Paris: Gallimard, 1983, p. 298.

5. Cf. J. Lacan, "A instância da letra no inconsciente ou a razão desde Freud". In: *Escritos*. Rio de Janeiro: Zahar, p. 503.

6. P. Sollers, *Lacan même*. Paris: Navarin, 2005, p. 41.

7. J.-A. Miller, "Nota passo a passo". In: J. Lacan, *O Seminário*, livro 23: *O sinthoma*, op. cit., p. 200.

dade, mas é muito pouco para qualificar uma doçura, uma equanimidade, uma atenção para com os outros que eram excepcionais. Na verdade, era uma pessoa cuja ausência de qualquer agressividade tornava singular, o que não lhe tirava a firmeza. A gentileza também era compartilhada com as mulheres, fosse Venette, que morreu cedo de um câncer, ou Dany, que ele conheceu em sua juventude e reencontrou quando ficou viúvo.

Depois da morte de Lacan, ele participou desde o início da Escola da Causa freudiana. Ele esteve na origem de um dos primeiros cartéis que se propôs a trabalhar sobre Joyce. Éramos cinco, como deve ser, Jean-Michel Rabaté, Annie Tardits, Jean-Guy Godin e eu, Jacques Aubert era nosso Mais-um. Esse cartel mostrou-se tão agradável e tão fecundo que nós o prolongamos muito além dos dois anos regulamentares. Os trabalhos sobre Joyce aos quais ele deu origem foram reunidos sob o título *Joyce com Lacan*, e publicados pela Navarin. A coletânea também incluía as duas versões da conferência de abertura de Lacan no Simpósio Joyce, da Sorbonne, bem como a transcrição de duas sessões do Seminário *O sinthoma*, uma das quais incluía a intervenção feita por Jacques Aubert. Ali encontra-se também sua conferência no Hôtel-Dieu. Eu havia tomado as epifanias de Joyce como tema de trabalho. O texto que resultou disso foi o primeiro do conjunto, editado por Sollers na sua coleção L'Infini, e o intitulei *La Vocation de l'écrivain*.[8] Durante esse cartel, escrevi um segundo texto que devia ter prioridade nessa coleção, sobre a *Lettre de Lord Chandos*, de Hofmannsthal.[9] Nesse cartel, encontrei a inspiração e o apoio para iniciar um trabalho de escrita que continua até hoje e que diz respeito à tentativa bem joyciana de decifrar o enigma de um certo tipo de experiência "espiritual".

O grupinho que formamos em torno de Joyce continuou em relações amigáveis. A fidelidade de Jacques Aubert teve muito a ver com isso. Por duas vezes, ele convidou todos para essas grandes missas joycianas cuja quinta edição foi inaugurada por Lacan. Fomos então juntos para Frankfurt, em 1984, depois a Veneza, em 1988, para os 9º e 11º Simpósios. Eu es-

8. C. Millot, *La Vocation de l'écrivain*. Paris: Gallimard, 1991.
9. H. Von Hofmannsthal, *Lettre de Lord Chandos et autres textes*. Paris: Gallimard, 1992.

tava honrada e tocada, ao mesmo tempo, por esses convites que devíamos a Jacques Aubert, não sem alguma sensação de impostura, tingida de diversão, ao me encontrar no meio de tantos joycianos eminentes, enquanto meu conhecimento da obra de Joyce era tão escasso!

Aubert nos convidou, juntamente com Tiphaine Samoyault, para a gravação de um programa da France Culture, por ocasião do lançamento da nova tradução de *Ulysses* organizada por ele. Ele também nos fez o gesto amigo e nos deu a honra de mencionar nosso trabalho na edição crítica das obras de Joyce na Pléiade, citando, por exemplo, meu texto sobre as epifanias na introdução do volume dedicado a *Ulysses*. Ele era generoso e fiel e regularmente nos reunia para jantar em Paris, na casa de sua mulher Dany, ela também muito hospitaleira.

Em 2015, quando terminei de escrever *A vida com Lacan*,[10] antes de entregar o manuscrito para Sollers, eu lhe pedi para fazer uma leitura. Sua amizade profunda em relação a Lacan, aos meus olhos, o qualificava para me entregar o *nihil obstat* do qual eu sentia a necessidade para essa publicação. Nessa ocasião, havíamos almoçado juntos. Ele evocou algumas lembranças memoráveis de suas relações com Lacan, os modos tão originais e tocantes que ele tinha. Por exemplo um dia em que Lacan, levando-o na estação de Lyon para pegar seu trem para voltar para casa, disse-lhe, deixando-o, que precisava ver um paciente, mas que voltaria para se despedir antes que o trem partisse. Jacques Aubert, tomando esse anúncio apenas como um gesto formal de cortesia, pegou o trem anterior, pois Lacan o deixou na estação com mais de uma hora de antecedência. Quando chegou em sua casa, em Lyon, Venette, sua mulher, disse que Lacan havia ligado várias vezes, cheio de preocupação por não o ter encontrado no trem que ele deveria pegar. Ele percorrera, em vão, toda a extensão do trem. Retomei essa anedota imediatamente em meu manuscrito.

Nos últimos anos, Jacques Aubert não vinha mais a Paris. Dany, que lutava havia muito tempo contra um câncer, adoeceu novamente. A última vez que o vi, foi no funeral dela, em 2018, no Père Lachaise.

---

10. C. Millot, *A vida com Lacan*. Rio de Janeiro: Zahar, 2017.

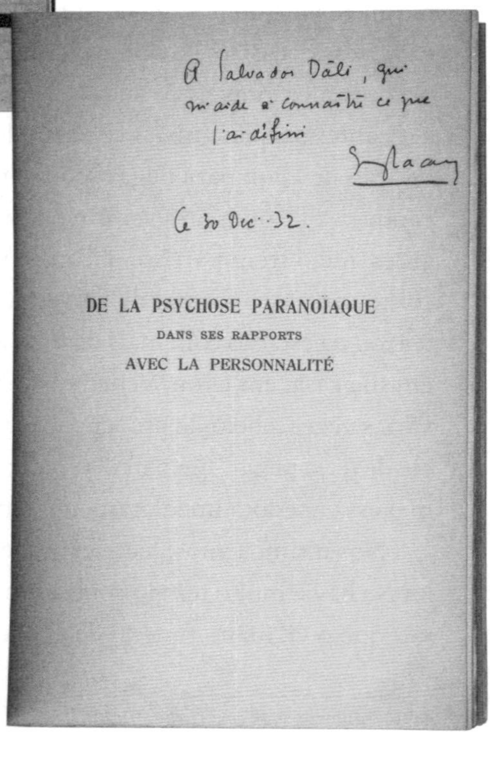

Fotografias do exemplar original da tese de Jacques Lacan, anotada e ilustrada por Dalí e com dedicatória de Lacan, 1932.

BERNARD CLAVREUIL

O dr. Lacan e seu livreiro

Jacques-Alain Miller — Esse exemplar da tese do dr. Lacan, anotado e ilustrado por Dalí, o senhor o guardou para sua biblioteca pessoal e, apesar dos meus esforços, não quis vendê-lo para mim. Mas imaginemos que tenha que valorizar esse item para um cliente, explicar-lhe o que é esse exemplar.

Bernard Clavreuil — Antes de mais nada, eu responderia que não apresento qualquer livro para qualquer um. Aliás, o senhor sabe bem disso. É a primeira coisa. Inicialmente, será preciso que esse eventual cliente entenda, saiba quem é Jacques Lacan, e entenda o que vou mostrar para ele, ou seja, a relação entre Salvador Dalí e Lacan. É sobretudo por isso que guardei esse volume há muitos anos. Além do senhor, caro amigo, não conheço um amador que possa realmente entender o interesse excepcional desse volume. Creio que o dr. Lacan encontrou Dalí pela primeira vez em 1933, alguns meses após a publicação de sua tese, enviada para Dalí em 30 de dezembro de 1932. Em 1929, Dalí se juntou aos surrealistas e desenvolveu o método crítico-paranoico. E em sua dedicatória ao pintor, o dr. Lacan reconhece sua dívida para com ele: "Para Salvador Dalí, que me ajuda a conhecer o que eu defini. Jacques Lacan, 30 de dez. de 1932."

Jacques-Alain Miller — Há quanto tempo o senhor tem então esse livro?

Bernard Clavreuil — Quarenta anos. O sentimento que tenho por esse livro vem, inicialmente, da amizade que eu mantinha com a filha de Paul Éluard. Também diz respeito à minha vida e às amizades que eu fiz. Única filha de Paul, Cécile Éluard é a filha que ele teve com sua primeira mulher,

Gala. Depois da separação de seus pais, as relações entre a mãe e a filha ficaram bastante difíceis.

Jacques-Alain Miller — Ela tomou o partido do pai?

Bernard Clavreuil — É mais complicado do que isso. Não havia nem mesmo partido. Depois veio a guerra e Gala foi viver nos Estados Unidos com Dalí.

Jacques-Alain Miller — Cécile Éluard vivia com o pai ou com a mãe?

Bernard Clavreuil — Ela era mais próxima de seu pai, os Dalí viviam suas vidas e não se ocupavam muito da garotinha e da jovem que, em seguida, ela se tornou.

Jacques-Alain Miller — O senhor conheceu Paul Éluard?

Bernard Clavreuil — Não, eu não conheci Paul Éluard. As relações dele com a livraria vêm de Lucien Scheler, meu antecessor. Durante a guerra, Paul Éluard ficou escondido por alguns meses aqui mesmo no nº 19 da rue de Tournon, no apartamento que existe até hoje, numa água-furtada, e onde vivia a família Scheler.

Jacques-Alain Miller — É o poeta preferido de Bruno, Éluard.

Bernard Clavreuil — Por outro lado, eu conheci muito bem, e foi através dele que Éluard e Scheler se conheceram, o padrasto de dois meninos que ficaram em minha memória de juventude, os irmãos Lanzmann, Jacques e Claude. Eles vinham aqui regularmente. Eram filhos de uma mulher formidável, Paulette, que se casou com um senhor que se chamava Monny de Boully, um iugoslavo que veio viver na França nos anos de 1925 e que se aproximou do movimento surrealista. Eu o conheci porque ele morreu bem velho. No final de sua vida, ele tinha uma barraca no mercado das pulgas. Era um tipo absolutamente prodigioso, engraçado, adorável, inteligente. Ele é o padrasto de Jacques e Claude Lanzmann.

Jacques-Alain Miller — O senhor conheceu a irmã dos Lanzmann?

Bernard Clavreuil — Não, somente a mãe deles.

Jacques-Alain Miller — E a irmã?

Bernard Clavreuil — Ah não, de modo algum.

Jacques-Alain Miller — Ela era atriz e atuava com o nome de Évelyne Rey. Ela era amante de Deleuze e de Sartre. Eu vi uma vez a apresentação de *Les séquestrés d'Altona,* em 1960; eu tinha dezesseis anos e, como devia entrevistar Reggiani, que atuava nessa peça, tive acesso aos bastidores. Então eu assisti a Évelyne Rey dos bastidores. Ela era tão bonita.

Bernard Clavreuil — Então era a irmã deles! Sim, eu me lembro muito bem de Évelyne Rey porque eu vi *Les Séquestrés d'Altona*. Ela era loira!

Jacques-Alain Miller — Ela tinha um decote que mostrava a parte de cima de seus seios e o fato de que ela ficava arrepiada... Eu nunca esqueci isso.

Bernard Clavreuil — Felizmente temos lembranças de imagens como essa!

Jacques-Alain Miller — Évelyne Rey se suicidou, foi realmente uma perda para o teatro e para a beleza francesa.

Bernard Clavreuil — Paulette de Boully não deixou Paris durante toda a Ocupação, mesmo sendo judia, muito bonita, com grandes olhos pretos, com um rosto muito expressivo. Os meninos foram para Auvergne.

Jacques-Alain — Foi somente lendo o livro de Claude Lanzmann, *Le Lièvre de Patagonie,* que eu soube que Évelyne Rey era irmã dele, eu nunca teria imaginado isso.

Bernard Clavreuil — Antes da guerra, Monny fazia a praça vendendo obras antigas em livrarias, uma profissão que hoje não existe mais. Os vendedores eram, frequentemente, homens muito finos, muito cultos. Eles conheciam toda livraria parisiense. Muitas vezes passavam de bicicleta, da margem direita à margem esquerda, propondo para Scheler, na rue de Tournon, um livro que acabara de chegar à Blaizot, na rue du Faubourg Saint-Honoré. Confiávamos nele, ele ganhava uma porcentagem sobre a venda do livro e o entregava ao livreiro. Esse sistema durou muito tempo e havia vendedores que conheciam nossos gostos.

Jacques-Alain Miller — O dr. Lacan tinha um livreiro, sempre o mesmo, que ia vê-lo quando ele terminava seu expediente. Ele não tinha uma loja, acho. Por conhecer seus gostos, propunha-lhe alguns títulos. Mas o mais frequente eram coisas absolutamente extravagantes, das quais, mesmo assim, o dr. Lacan comprava uma parte. Ele fez, ocasionalmente, seminários sobre os livros que havia comprado desse livreiro na semana anterior e com o qual ele tinha discussões homéricas.

Bernard Clavreuil — Se encontrar o nome dele, eu me divertiria em conhecê-lo, pois há uma chance de eu tê-lo encontrado…

Jacques-Alain Miller — Eu não assisti a esses debates, foi Gloria quem me contou e eu imaginava esse livreiro, que vendia para Lacan como uma espécie de sobrinho de Rameau.

Bernard Clavreuil — Dentre os grandes vendedores, havia o irmão de Clouzot.

Jacques-Alain Miller — O cineasta?

Bernard Clavreuil — Sim, o irmão do cineasta. Ele fez a praça vendendo livros a vida toda.

Jacques-Alain Miller — É preciso conhecer o gosto dos livreiros, é uma espécie de cafetão do livro. Os livros consentem.

Bernard Clavreuil — E os dois protagonistas também: o vendedor e o comprador.

Jacques-Alain Miller — O livro tem apenas que se comportar!

Bernard Clavreuil — Monny de Boully, padrasto dos Lanzmann, antes de ter uma barraca de antiguidades no mercado das pulgas, também vendeu livros. Na sua juventude, ele tramava, se ouso dizer, com os surrealistas e conhecia todos. Éluard era um excelente bibliófilo, ele também fazia um pouco a praça e podia vender alguns de seus livros sem remorsos. Paul era alguém que conhecia admiravelmente os livros antigos e tinha uma bela coleção. Hoje, encontramos livros com seu *ex-libris*.

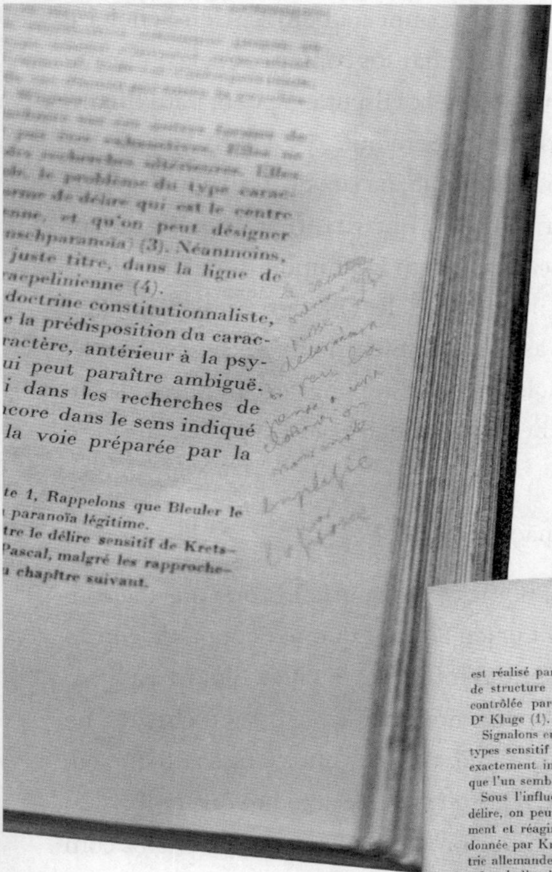

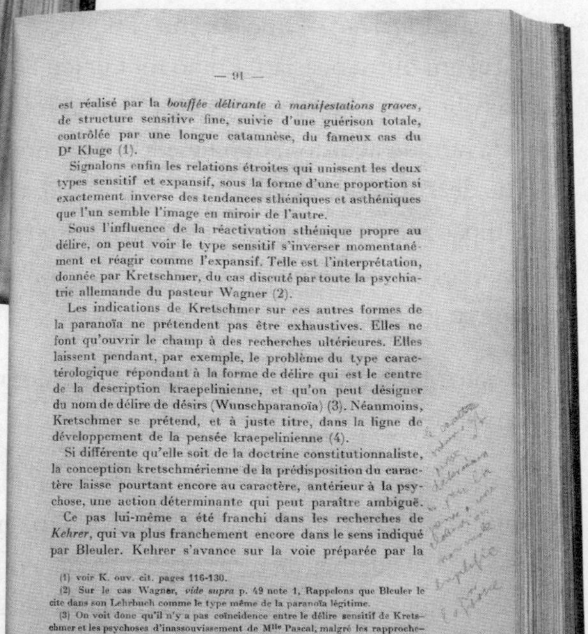

— 91 —

est réalisé par la *bouffée délirante à manifestations graves*, de structure sensitive fine, suivie d'une guérison totale, contrôlée par une longue catamnèse, du fameux cas du Dr Kluge (1).

Signalons enfin les relations étroites qui unissent les deux types sensitif et expansif, sous la forme d'une proportion si exactement inverse des tendances sthéniques et asthéniques que l'un semble l'image en miroir de l'autre.

Sous l'influence de la réactivation sthénique propre au délire, on peut voir le type sensitif s'inverser momentanément et réagir comme l'expansif. Telle est l'interprétation, donnée par Kretschmer, du cas discuté par toute la psychiatrie allemande du pasteur Wagner (2).

Les indications de Kretschmer sur ces autres formes de la paranoïa ne prétendent pas être exhaustives. Elles ne font qu'ouvrir le champ à des recherches ultérieures. Elles laissent pendant, par exemple, le problème du type caractérologique répondant à la forme de délire qui est le centre de la description kraepelinienne, et qu'on peut désigner du nom de délire de désirs (Wunschparanoïa) (3). Néanmoins, Kretschmer se prétend, et à juste titre, dans la ligne de développement de la pensée kraepelinienne (4).

Si différente qu'elle soit de la doctrine constitutionnaliste, la conception kretschmérienne de la prédisposition du caractère laisse pourtant encore au caractère, antérieur à la psychose, une action déterminante qui peut paraître ambiguë.

Ce pas lui-même a été franchi dans les recherches de *Kehrer*, qui va plus franchement encore dans le sens indiqué par Bleuler. Kehrer s'avance sur la voie préparée par la

(1) voir K. ouv. cit. pages 116-130.

(2) Sur le cas Wagner, *vide supra* p. 49 note 1, Rappelons que Bleuler le cite dans son Lehrbuch comme le type même de la paranoïa légitime.

(3) On voit donc qu'il n'y a pas coïncidence entre le délire sensitif de Kretschmer et les psychoses d'inassouvissement de Mlle Pascal, malgré les rapprochements qu'elle-même en a tenté dans les art. cités au chapitre suivant.

(4) K., ouv. cit., p. 184.

Como vendedor, Monny de Boully conhecia bem Lucien Scheler e suas ideias progressistas. Ele sabia que podíamos contar com ele. Durante a Ocupação, perguntou um dia para Lucien: "Escuta, o poeta Paul Éluard deve se esconder, porque vão procurá-lo. Será que...?" "Claro, que ele venha". Paul e Nusch chegaram no mesmo dia, na rue de Tournon. A partir daí, as relações de Lucien Scheler com Paul Éluard tornaram-se fraternas. Depois da morte de Nusch, Paul casou-se com Dominique, que tinha mais ou menos a mesma idade de Cécile, a filha dele. Quando Gallimard falou com Cécile Éluard para publicar as obras de Éluard na coleção da Pléiade, Cécile disse imediatamente: "Lucien Scheler, bibliógrafo, livreiro, ele conheceu bem meu pai e conhece bem a obra dele. Ele é capaz de dirigir a edição na Pléiade".

Jacques-Alain Miller — É Lucien, não é Thomas?

Bernard Clavreuil — Lucien, sim. Thomas é uma outra história que lhe contarei em outra ocasião. Então foi Lucien Scheler que se ocupou da edição das obras de Éluard na Pléiade. As duas mulheres, a viúva Éluard e a filha, estavam de acordo. Foi naquela época, nos anos 1960, que eu cheguei na rue de Tournon. Cécile, nascida em 1916, tinha 25 anos a mais do que eu. Simpatizamos. Foi alguém de quem gostei muito e acredito que tenha sido recíproco. Aconteceu de repente, foi recíproco. O jovem que eu era fez com que tudo isso fosse simples.

Jacques-Alain Miller — Então foi Cécile Éluard quem lhe transmitiu a tese de Lacan.

Bernard Clavreuil — Cécile vendeu, ocasionalmente, tanto coisas da herança vinda de seu pai quanto, mais tarde, de sua mãe. E a tese de Lacan chegou para Cécile depois da morte de sua mãe. Foi durante um jantar na casa de Cécile que ela me propôs, e eu comprei dela esse livro.

Christiane Alberti — Há então um duplo motivo, do lado de Éluard e do lado de Lacan.

Jacques-Alain Miller — Ela sabia que o senhor se interessava por Lacan?

Bernard Clavreuil — Não se pode dizer que eu me interessava por Lacan. Mas aconteceu que quando entrei na rue de Tournon, o gosto de Lucien Scheler pela história das ideias colocou em evidência, para mim, que todas as grandes descobertas foram impressas, isto pode parecer óbvio, mas eu nunca havia pensado nisso. E tornou-se a paixão da minha vida eu poder ser aquele que podia propor a alguém a edição original de um de seus textos. Então, Lacan, evidentemente… E então, um dia, eu o vi chegar aqui.

Christiane Alberti — Onde o viu antes, em foto?

Bernard Clavreuil — Na televisão…

Jacques-Alain Miller — Ele não apareceu na televisão com frequência!

Bernard Clavreuil — Sim, talvez em um jornal.

Jacques-Alain Miller — Ele estava muito pouco nas mídias.

Bernard Clavreuil — É verdade. De qualquer forma, acho que conhecíamos seu rosto. Quem o encontrou não esquece o seu rosto.

Jacques-Alain Miller — Então, o primeiro encontro…

Bernard Clavreuil — Um dia ele veio, muito gentilmente, muito simplesmente. Ele foi enviado por um grande amigo, que morreu muito jovem, ele tinha uma bela livraria que ainda existe, na rue Jacob…

Jacques-Alain Miller — Alain Brieux.

Bernard Clavreuil — Isso. Alain era um grande amigo. Ele tinha uns dez anos a mais do que eu. Isso fazia diferença quando tínhamos 25 anos, ele tinha 35 e era bem-sucedido, mas nós simpatizamos.

Jacques-Alain Miller — Ele também vendia aparelhos.

Bernard Clavreuil — Sim, absolutamente, ele trabalhava muito com antiguidades. Nessa profissão, frequentamos os colegas, mas não simpatizamos com todos. Alain era um personagem brilhante. Ele não se chamava de fato Brieux. Era filho de um dramaturgo cujo nome ele assumiu.

Jacques-Alain — Então por que ele não se chamava Brieux?

Bernard Clavreuil — Porque seu pai não o reconheceu! O pai engravidou uma mulher que era costureira em famílias burguesas. Eu conheci bem a mãe de Alain, que era muito agradável; eu quero contar-lhe isso para dizer o que era também o Alain, pois também era certamente por isso que Lacan gostava dele. Durante a Ocupação, a mãe de Alain trabalhava na casa de Desnos, num prédio muito bonito da rue Mazarine e, Alain, que tinha uns quinze anos, passava para buscar sua mãe no final da tarde. Desnos rapidamente entendeu que podia contar com o jovem e o encarregou da distribuição de panfletos. Alain deve ter falado de Desnos para o dr. Lacan, e acho que foi assim…

Jacques-Alain Miller — Que o laço se enodou…

Bernard Clavreuil — Isso, entre Lacan e Brieux. Quando eu disse "um livreiro", o senhor, imediatamente, citou Brieux. Como gosto de Brieux e é recíproco, acho, Alain disse um dia ao seu sogro: "Você deveria subir na rue de Tournon", foi assim que ele veio.

Christiane Alberti — Foi em que ano?

Bernard Clavreuil — Ah… não duraram muito tempo essas visitas, mas de qualquer modo foi por volta dos anos 1970.

Jacques-Alain Miller — Como eram essas visitas?

Bernard Clavreuil — Bem inesperadas, improvisadas. Ele estava sempre apressado. Minha lembrança é que ele estava sempre apressado, ficando muito pouco tempo, conversando gentilmente.

Jacques-Alain Miller — Ele procurava um livro em particular ou ele flanava?

Bernard Clavreuil — Não, ele flanava.

Jacques-Alain Miller — Sobre Lacan, "o homem apressado", France Jaigu me contou uma pequena anedota que o coloca em cena com Lacan. Um dia ele veio e teria lhe dito: "Estou com pressa, tenho alguém no divã" [*risos*].

Bernard Clavreuil — Eu não queria falar disso, mas é verdade [*risos*].

Jacques-Alain Miller — O que o senhor então concluiu, que tinha alguém deitado no divã dele falando sozinho?

Bernard Clavreuil — Sim!

Jacques-Alain Miller — [*Risos*]... e que não se deu conta de que Lacan...

Bernard Clavreuil — E Lacan: "Eu preciso me apressar!". [*Risos*] É engraçado, eu não queria ter falado disso, porque é um pouco...

Jacques-Alain Miller — Escuta, o senhor é como o dr. Lacan, que dizia: "Eu sempre digo a verdade: não toda".

Bernard Clavreuil — Não toda, é isto! O que posso lhe dizer é que me lembro muito bem daquele dia! Ele estava com os cabelos azulados, porque ele os pintava, tinha feito um permanente! Estava com um casaco de vison que ia até os pés, muito escuro, um lindo vison! Depois de ter-me dito isso, desceu a rue de Tournon, correndo. Ele não era mais muito jovem, mas se apressou [*risos*].

Jacques-Alain Miller — Correndo com quase setenta anos?

Bernard Clavreuil — Quando ele nasceu?

Jacques-Alain Miller — 1901.

Bernard Clavreuil — Sessenta e nove anos. Correndo, andando rápido. Eu tenho oitenta anos e sou capaz de andar rápido!

Jacques-Alain Miller — Ele era alerta. E então, naquele dia em que ele estava tão apressado, ele procurava algo em particular?

Bernard Clavreuil — Claro. Mas ele não vinha para procurar alguma coisa. Ele vinha para ver um livreiro, conversar dez minutos, quinze minutos, porque tudo isso acontecia muito rápido.

Jacques-Alain Miller — O senhor e ele tinham sessões curtas! [*Risos*]

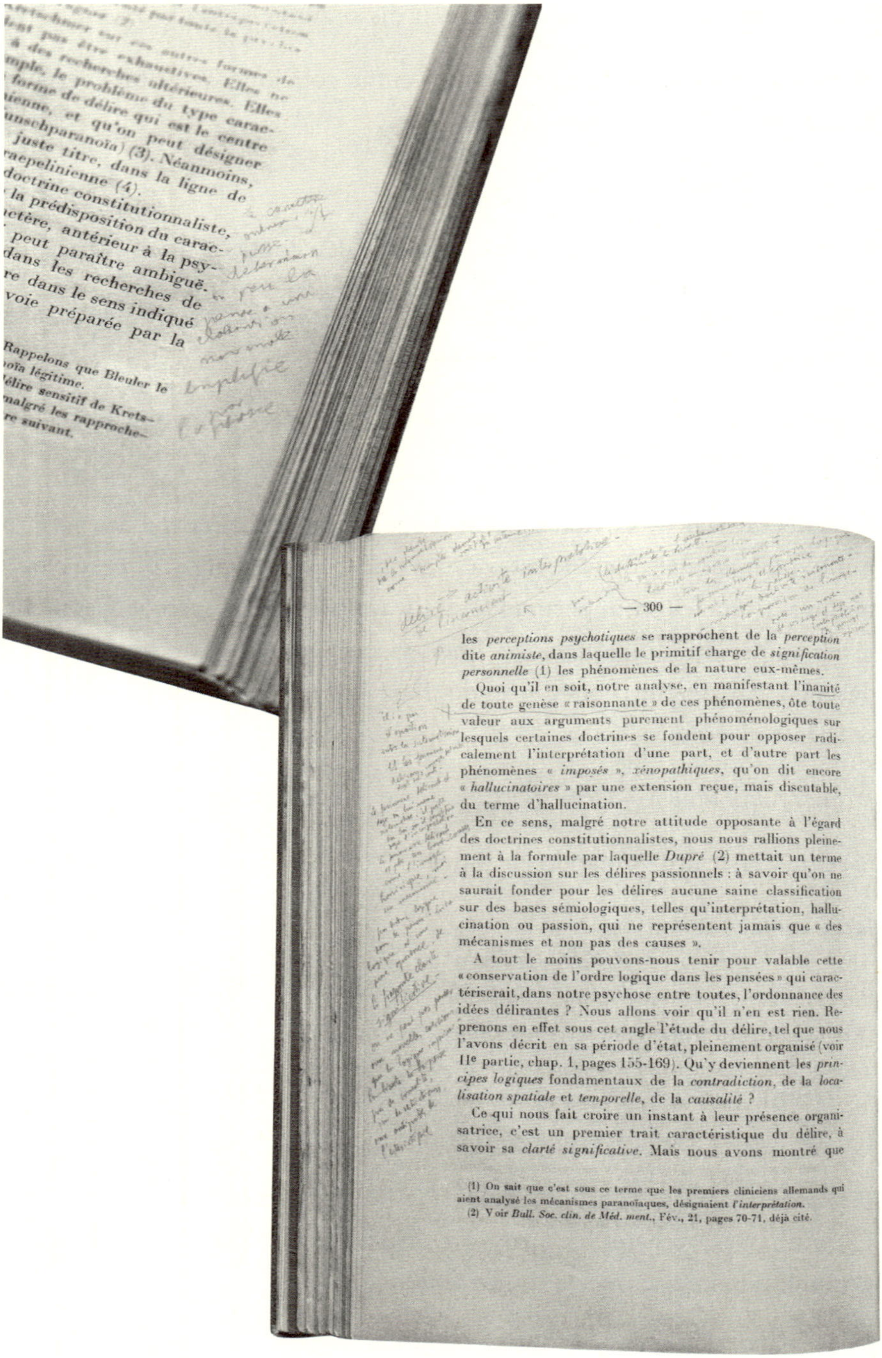

— 300 —

les *perceptions psychotiques* se rapprochent de la *perception* dite *animiste*, dans laquelle le primitif charge de *signification personnelle* (1) les phénomènes de la nature eux-mêmes.

Quoi qu'il en soit, notre analyse, en manifestant l'inanité de toute genèse « raisonnante » de ces phénomènes, ôte toute valeur aux arguments purement phénoménologiques sur lesquels certaines doctrines se fondent pour opposer radicalement l'interprétation d'une part, et d'autre part les phénomènes « *imposés* », *xénopathiques*, qu'on dit encore « *hallucinatoires* » par une extension reçue, mais discutable, du terme d'hallucination.

En ce sens, malgré notre attitude opposante à l'égard des doctrines constitutionnalistes, nous nous rallions pleinement à la formule par laquelle *Dupré* (2) mettait un terme à la discussion sur les délires passionnels : à savoir qu'on ne saurait fonder pour les délires aucune saine classification sur des bases sémiologiques, telles qu'interprétation, hallucination ou passion, qui ne représentent jamais que « des mécanismes et non pas des causes ».

A tout le moins pouvons-nous tenir pour valable cette « conservation de l'ordre logique dans les pensées » qui caractériserait, dans notre psychose entre toutes, l'ordonnance des idées délirantes ? Nous allons voir qu'il n'en est rien. Reprenons en effet sous cet angle l'étude du délire, tel que nous l'avons décrit en sa période d'état, pleinement organisé (voir IIe partie, chap. 1, pages 155-169). Qu'y deviennent les *principes logiques* fondamentaux de la *contradiction*, de la *localisation spatiale* et *temporelle*, de la *causalité* ?

Ce qui nous fait croire un instant à leur présence organisatrice, c'est un premier trait caractéristique du délire, à savoir sa *clarté significative*. Mais nous avons montré que

(1) On sait que c'est sous ce terme que les premiers cliniciens allemands qui aient analysé les mécanismes paranoïaques, désignaient *l'interprétation*.
(2) Voir *Bull. Soc. clin. de Méd. ment.*, Fév., 21, pages 70-71, déjà cité.

Bernard Clavreuil — Eu o via chegar, com seus olhos formidáveis e aquela cabeleira um pouco ridícula, azul [*risos*], muito azul. Sinto muito dizer-lhe isso, é a lembrança que tenho.

Jacques-Alain Miller — Ele sabia que o senhor tinha o exemplar de Dalí?

Bernard Clavreuil — Não.

Jacques-Alain Miller — O senhor não lhe disse?

Bernard Clavreuil — Nunca.

Jacques-Alain Miller — Por quê? Porque ele o arrancaria do senhor?

Bernard Clavreuil — Ele não poderia arrancá-lo de mim.

Jacques-Alain Miller — Aqui, de novo, você não diz realmente toda a verdade!

Bernard Clavreuil — Não, não, eu nunca falei com ele sobre isso.

Jacques-Alain Miller — Foi calculado de sua parte não dizer a ele?

Bernard Clavreuil — Não, mas era meu livro, era meu. Hoje ele está aqui porque eu o desci para as fotos, mas o senhor sabe muito bem que ele está em minha casa, na minha biblioteca pessoal.

Jacques-Alain Miller — O senhor não teve o prazer de lhe dizer que tinha esse livro e mostrar-lhe o que Dalí desenhou nele?

Bernard Clavreuil — [*Silêncio.*]

Jacques-Alain Miller — Acho que não.

Bernard Clavreuil — O livro não pertence mais a Dalí, ele havia sido dado. Ele o guardou por muito tempo, mas quando Gala o deu, Dalí ainda era vivo.

Jacques-Alain Miller — Quer que eu veja na internet? Eu lhe direi.

Bernard Clavreuil — [*Para Bruno,*[1] *mostrando-lhe o livro*] Você quer vê-lo, pegá-lo na mão? Está com medo. Vamos, não tenha medo. É um livro. Essa tese foi feita para ser lida e ela o foi.

1. Bruno Miller é filho de Luc Miller e neto de Judith e Jacques-Alain Miller.

pathiques manifestes, tics de la face, mimique
dont le mari d'Aimée, présent à la scène, nous
l'existence habituelle.

La sœur d'Aimée nous exprima avant tout
sans mesure d'une éventuelle libération de notre
ellen 'aurait vu rien de moins qu'une menace imm
sa propre vie ainsi que pour celles du mari et de l'
en vint ainsi à des supplications que rien d'ailleu
sitait, pour que fût obvié à de si grands maux.
ces propos par un tableau apologétique de son
envers la malade, de la vigilance sans défaut d
fait preuve auprès d'elle, enfin des angoisses qui
les siennes. L'ensemble, par son ton de plaidoye
ne laissait pas de révéler quelque incertitude de la

Christiane Alberti — A dedicatória é maravilhosa!

Bernard Clavreuil — É isso! O sentido da dedicatória!

Christiane Alberti — Ela data de 30 de dezembro de 1932.

Bernard Clavreuil — Sabe a data de publicação?

Jacques-Alain — 1932, então é o mesmo ano. Ele o enviou a Dalí imediatamente.

Bernard Clavreuil — Dezembro de 1932. Ele o enviou a Dalí imediatamente.

Jacques-Alain Miller — Ele desenhou então aqui e ali?

Christiane Alberti — Há anotações.

Bernard Clavreuil — Sim e, às vezes, um desenhinho. [*Procura um de uma mulher nua.*] Vamos virar as páginas para encontrá-los.

Jacques-Alain Miller — Lacan foi editá-lo no Le François.

Bernard Clavreuil — Ah justamente, eu ia falar sobre isso. Ainda é uma outra história.

Jacques-Alain Miller — Le François ficava na place de l'Odéon.

Bernard Clavreuil — Quando eu vejo que hoje é um bistrô, isso me deixa desesperado.

Jacques-Alain Miller — Passou para as mãos do café americano, Starbucks.

Bernard Clavreuil — A livraria Le François era um nome na época em que havia verdadeiras livrarias especializadas, como Le François, Maloine ao lado, Masson na frente. Tudo isso faz parte da minha vida, porque fui criado neste bairro.

Jacques-Alain Miller — Onde?

Bernard Clavreuil — Rue Guénégaud, mas a livraria do meu pai era na rue Saint-André des Arts. Esqueci que ao lado da Le François havia uma outra livraria médica, cujo nome faz parte da minha família: a livraria Amédée Legrand era uma livraria muito importante no campo médico. Todas essas livrarias também eram editoras.

Jacques-Alain Miller — Em qual época?

Bernard Clavreuil — Nos anos 1930, antes da guerra e até os anos 1950. Com meu pai, minha mãe, conhecíamos os Le François, os Maloine. Todas essas pessoas se conheciam.

Jacques-Alain Miller — É um vilarejo.

Bernard Clavreuil — É um vilarejo. Nos anos 1985, uma das filhas do Le François casou-se com o dr. Davaine. O nome Davaine lhe diz algo na medicina?

Jacques-Alain Miller — É um pseudônimo que meu irmão utilizou para escrever artigos de crítica pictórica.

Bernard Clavreuil — Davaine deixou um nome na medicina, não sei mais o que ele descobriu. Era uma grande família de médicos do final do século XIX. Elas eram duas irmãs e herdaram do pai a livraria Le François.

Jacques-Alain Miller — Devia haver ali um estoque de teses de Lacan.

Bernard Clavreuil — É isso aí, o senhor disse tudo! Fui eu que comprei novamente o estoque da livraria Le François. Ainda tenho na Borgonha, em minha casa…

Jacques-Alain Miller — Teses de Lacan?

Bernard Clavreuil — Ah não, acabou, eu vendi tudo. Mas eu havia encontrado o que sobrou do estoque de teses de Lacan. E durante anos eu mantive uma ficha no catálogo…

Jacques-Alain Miller — O senhor viveu da tese de Lacan! [*Risos*]

Bernard Clavreuil — Eu vou lhes contar tudo sobre o sistema dos livreiros. Temos um catálogo de controle e quando o livro é vendido, a gente risca sua descrição. Mas quando, como no exemplo da tese de Jacques Lacan, possuímos vários exemplares, anotamos o número na margem direita do catálogo: 6 exemplares, 12 exemplares ou 25 exemplares, como foi, talvez, o caso da tese de Lacan. À medida que as vendas são feitas, fazemos um risco transversal na margem esquerda que permite contar o número de exemplares disponíveis, e somente quando o último exemplar é encomendado é que a ficha é riscada.

Christiane Alberti — O senhor vai nos mostrar a ficha!

Bernard Clavreuil — Eu não sei em qual catálogo isso se encontra, mas, de qualquer forma, é depois de 1985. Eu vendia isso para as universidades americanas.

Christiane Alberti — Quem procurava a tese de Lacan?

Bernard Clavreuil — Quem não teve uma na época.

Christiane Alberti — Os franceses?

Bernard Clavreuil — Muito pouco, mas sim, eu vendi para clientes franceses, mas sobretudo para as bibliotecas universitárias americanas.

Jacques-Alain Miller — Como sabe, tenho três exemplares. Um que eu comprei, antigamente, enquanto estudante. Um dado por um companheiro da Escola normal, Pierre Macherey, de quem gosto muito. Não sei se ele gostava tanto de mim ou se era a tese que não lhe interessava, de qualquer forma ele me deu o seu exemplar, que ainda está com a etiqueta. E eu encontrei as provas da tese nos documentos do dr. Lacan.

Bernard Clavreuil — Ah, isso é bom.

Jacques-Alain Miller — Sabe disso, já que eu lhe pedi um conselho e, graças ao senhor, fizemos uma caixa para essas provas.

Bernard Clavreuil — O senhor notou que ele mandou imprimir em um papel muito bonito, porque naquela época, em 1932-3, eu lhe asseguro que os papéis não eram bonitos! Aqui o papel é bastante forte. Eu também encontrei na Le François quatro ou cinco exemplares da tese de Marie Curie, embora não tenha sido editado por lá, mas na Gauthier-Villars. Uma tese raríssima.

Jacques-Alain Miller — O senhor sabe que a tese do dr. Lacan foi finalmente reeditada. Ele não queria, de jeito nenhum. A Seuil insistia para que ele a reeditasse, mas o dr. Lacan não queria ouvir falar disso, dizendo que estava tudo errado em sua tese e que ele não queria colocá-la para circular. Minhas objeções finalmente o convenceram. Então eu a reeditei, acrescentando três escritos da época e uma bibliografia de seus escritos psiquiátricos. Em vista disso, ele escreveu algumas linhas para dizer que não era sem reticência que ela estava sendo reeditada. E já foi alguma coisa, pois, quando editei pela Navarin textos institucionais das suas brigas em 1953, eu lhe pedi um prefácio e ele começa por: "Tudo o que está aqui publicado me horroriza" [*risos*].

Christiane Alberti — Lacan gostava dos livros raros. Ele gostava de tê-los como objetos ou ele os lia?

Bernard Clavreuil — Não como objetos, era preciso ter sempre um interesse.

Christiane Alberti — Não era para colecioná-los?

Bernard Clavreuil — Também. Ele comprou de mim livros sobre os nós. Eu disse que eu conheci Lacan nos anos 1970. Eu lhe vendi um *Ars conjectandi*, de Bernoulli, mais ou menos naqueles anos.

Christiane Alberti — O senhor falava do gosto dele pelos livros raros.

Bernard Clavreuil — Do meu ponto de vista, como todos os clientes que conheci naquela época, eu não diria que Jacques Lacan tinha gosto pelo livro raro. Assim eu via François Jacob todos os sábados. Ele falava comigo — você imagina a sorte, eu tinha 25 anos! — ele passava uma hora comigo, falava e escutava.

Christiane Alberti — Que sorte!

Bernard Clavreuil — Que alma esse homem tinha! O senhor o conheceu?

Jacques-Alain Miller — Não, infelizmente. Eu conheci apenas sua filha.

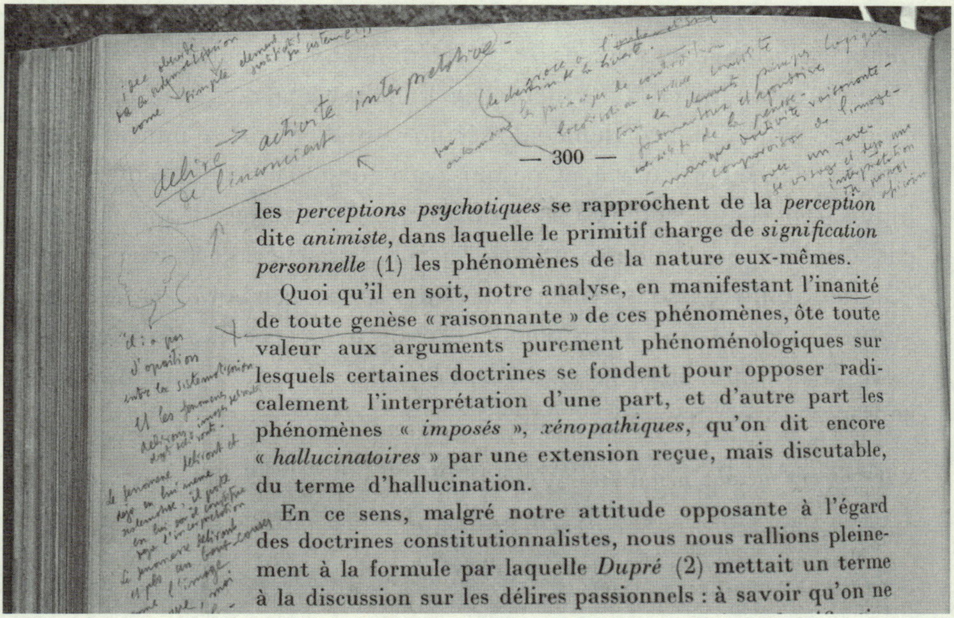
— 300 —

les *perceptions psychotiques* se rapprochent de la *perception* dite *animiste*, dans laquelle le primitif charge de *signification personnelle* (1) les phénomènes de la nature eux-mêmes.

Quoi qu'il en soit, notre analyse, en manifestant l'inanité de toute genèse « raisonnante » de ces phénomènes, ôte toute valeur aux arguments purement phénoménologiques sur lesquels certaines doctrines se fondent pour opposer radicalement l'interprétation d'une part, et d'autre part les phénomènes « *imposés* », *xénopathiques*, qu'on dit encore « *hallucinatoires* » par une extension reçue, mais discutable, du terme d'hallucination.

En ce sens, malgré notre attitude opposante à l'égard des doctrines constitutionnalistes, nous nous rallions pleinement à la formule par laquelle *Dupré* (2) mettait un terme à la discussion sur les délires passionnels : à savoir qu'on ne

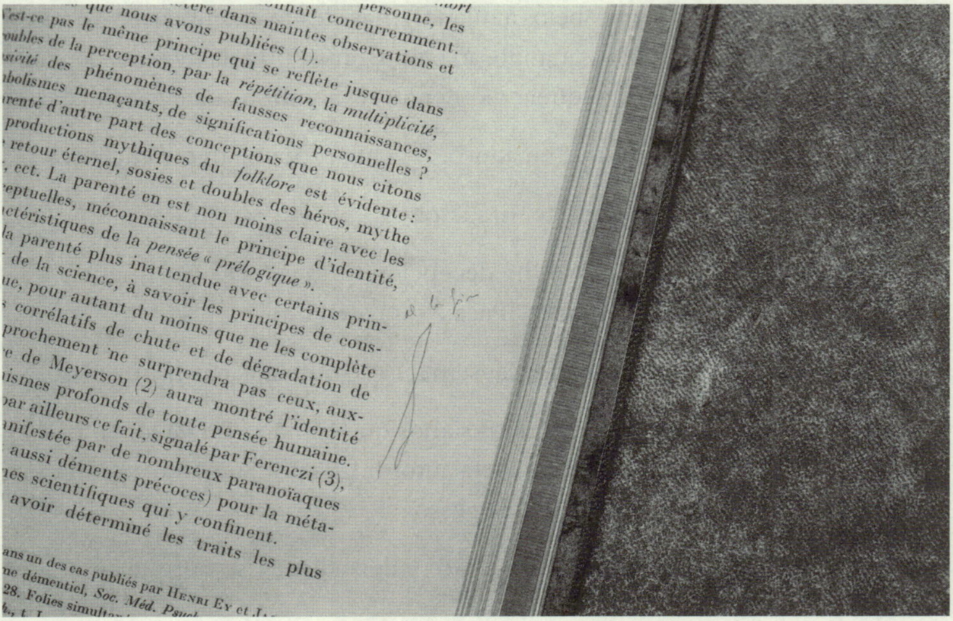
-est-ce pas le même principe qui se reflète jusque dans
-oubles de la perception, par la *répétition*, la *multiplicité*,
-ssivité des phénomènes de fausses reconnaissances,
-mbolismes menaçants, de significations personnelles ?
-arenté d'autre part des conceptions que nous citons
-productions mythiques du *folklore* est évidente :
-retour éternel, sosies et doubles des héros, mythe
-, ect. La parenté en est non moins claire avec les
-ceptuelles, méconnaissant le principe d'identité,
-actéristiques de la *pensée* « *prélogique* ».
-la parenté plus inattendue avec certains prin-
-de la science, à savoir les principes de cons-
-ue, pour autant du moins que ne les complète
-s corrélatifs de chute et de dégradation de
-prochement ne surprendra pas ceux, aux-
-re de Meyerson (2) aura montré l'identité
-ismes profonds de toute pensée humaine.
-par ailleurs ce fait, signalé par Ferenczi (3),
-nifestée par de nombreux paranoïaques
-aussi déments précoces) pour la méta-
-nes scientifiques qui y confinent.
-avoir déterminé les traits les plus

-ans un des cas publiés par Henri Ey et J...
-ne démentiel, *Soc. Méd. Psych.*...
-28. Folies simultan...

Bernard Clavreuil — Eu não conheço a filha dele. Mas ele, ele era uma maravilha! Aliás, eu comprei seus livros, sua mulher vendeu-me a biblioteca. Naquela época, eu era uma mente jovem que se agarrava em tudo, por exemplo a um químico alemão do século XVIII de quem eu nunca havia ouvido falar. Eu procurava, eu pesquisava a questão e via que o livro era muito importante, então eu fazia uma ficha. Alguns dias depois, Lacan passava. Ele me falava desse químico, eu ia nas prateleiras e tirava o livro: "Como! Conhece isso, sr. Clavreuil!". Eu o conhecia há quinze dias! De alguma maneira, isso o surpreendia. Acredito que as coisas funcionam assim. Para mim, era uma época formidável. Fiz minhas humanidades aqui, com essas pessoas aí.

Christiane Alberti — O que mais lhe impressionou em Lacan?

Jacques-Alain Miller — Seu casaco de vison!

Bernard Clavreuil — Não [*risos*], isso era seu lado ator, eu imagino. O que mais me impressionou em Lacan? Algo me vem espontaneamente à cabeça, mas antes de dizê-lo eu reflito muito, porque talvez isso vá lhes parecer... Era sua sinceridade. Isto é, ele não brincava. Ele chegava aqui com seu casaco de vison e seus cabelos azulados, mas ele era autêntico. Às vezes ele ficava surpreso, eu acho, quando, ao empurrar a porta da livraria, deparava com um jovem que, naquele momento, respondia à sua curiosidade.

Jacques-Alain Miller — É o que eu adoro. A gente procura algo e encontra.

Bernard Clavreuil — E isso existe! Era isso!

Jacques-Alain Miller — Isso vai lhe decepcionar, mas, ocasionalmente, a Amazon me dá o mesmo prazer "Peça e será atendido".

Bernard Clavreuil — Com certeza! Mas sem relação humana, não há mais isso.

Jacques-Alain Miller — Durante os três anos que eu não vim vê-lo, eu não comprei nada antigo, exceto essa carta autografada por Stendhal, pois não teria me ocorrido comprar de outra pessoa.

Bernard Clavreuil — É muito gentil. Não se deve dizer isso porque eu não sou o único.

[*Jacques-Alain Miller folheia o livro para encontrar o pequeno desenho de Dalí.*]

Jacques-Alain Miller — Está aqui. É genial. É um desenho de mulher.

Bernard Clavreuil — Sim, um desenho de mulher.

Christiane Alberti — Seria o único desenho? Ele é maravilhoso.

Bernard Clavreuil — Sim, sim.

Jacques-Alain Miller — Eu vou anotar assim: desenho de mulher, página 230 da tese. [*Para Christiane Alberti*] Você tem um exemplar original?

Christiane Alberti — Não.

Bernard Clavreuil — Ah, se tivesse me pedido há 35 anos! [*Risos*]

[*Christiane Alberti pergunta para Bernard Clavreuil sobre a história da livraria.*]

Bernard Clavreuil — Meus avós se instalaram aqui, na rue de Tournon, em 1910. Antes eles eram livreiros na rue Furstemberg, e eles moraram no nº 20 da rue Jacob, no prédio onde vive Natalie Clifford Barney.

Christiane Alberti — Com qual nome?

Bernard Clavreuil — Clavreuil. Houve a guerra de 1914. Meu avô foi para a guerra. Minha avó manteve a livraria sozinha até 1917. Em 1917, os negócios não iam bem, ela guardou o estoque, colocou-o em um depósito e vendeu a livraria. Ela se tornou funcionária pública, entrou em um ministério. Meu avô só voltou em 1919. Naquele momento, ele se instalou no nº 57 da rue de Seine, um pouco mais abaixo. Minha avó vendeu a livraria para uma jovem chamada sra. Thomas, que conheceu Lucien Scheler, que se tornaria seu marido.

Jacques-Alain Miller — Eu sempre achei que Thomas Scheler fosse alguém!

Bernard Clavreuil — Todo mundo acha! Mas não, de modo algum, eram sra. Thomas e sr. Scheler. As coisas aconteceram de tal forma que, por uma combinação de circunstâncias, Scheler sendo muito amigo dos meus pais, eu peguei novamente a livraria Lucien Scheler.

Jacques-Alain Miller — Toda sua atividade independente foi feita sob a chefia de Thomas Scheler e você só mudou para Bernard Clavreuil…

Bernard Clavreuil — … somente quando a Livraria Clavreuil fechou.

Jacques-Alain Miller — A Livraria Clavreuil?

Bernard Clavreuil — A Livraria Clavreuil, na rue Saint-André des Arts. Depois do meu pai, ela foi mantida pelo meu irmão mais velho, mas ele morreu com 65 anos.

Jacques-Alain Miller — Ele fazia história, se eu não me engano.

Bernard Clavreuil — Exatamente.

Jacques-Alain Miller — Eu fui lá antigamente para comprar…

Bernard Clavreuil — Como todo mundo! Todo mundo passava pela rue Saint-André des Arts.

Jacques-Alain Miller — Na entrevista, o senhor falava o tempo todo de Lucien Scheler, eu me dizia: "Mas onde está Thomas Scheler?". Isso faz pensar nas histórias de Canguilhem, o senhor o conheceu?

Bernard Clavreuil — Sim!

Jacques-Alain Miller — Canguilhem, era o tempo todo: "Ah! Sr. Miller, não se deve confundir Fulano, o pai e Fulano, o filho".

Bernard Clavreuil — Eu já lhe disse o que era ser um jovem que se encontrava diante de nomes absolutamente desconhecidos, cientistas alemães ou italianos. Era preciso que ele se virasse, fizesse fichas, fichas…

Jacques-Alain Miller — Quais línguas você domina?

Bernard Clavreuil — Eu me virei a vida toda. Eu fiz alemão e inglês e latim no liceu.

Jacques-Alain Miller — E com isso você cobriu tudo, inclusive o russo?

Bernard Clavreuil — O russo não. Tínhamos muito poucos livros em cirílico e, aliás, ainda temos bem pouco. Você se lembra da Galerie du Point Cardinal? É o último lugar onde Max Ernst foi editado, assim como a mulher de Max Ernst, Dorothea Tanning. Era uma galeria muito contemporânea, importante. Fazia apenas dois dias que eu tinha chegado na livraria e Scheler me disse: "Você vem comigo esta noite". Ali também era um vilarejo, o bairro. Eu conhecia o diretor da galeria, que era um amigo dos meus pais e de Lucien. Então, não chego num terreno totalmente desconhecido, mas era ainda assim um menininho. Havia um mezanino em cima da galeria e um balcão muito grande em que se encontravam gravuras. E ali, um senhor que era deficiente, com uma cara muito bonita. Scheler me apresenta o sr. Hartung. Imaginem, sobre a mesa havia umas vinte gravuras. Scheler me diz: "Eu o trouxe porque eu queria seu olho e eu gostaria que escolhesse, em ordem, aquelas que mais lhe agradam". Eram obras de Hartung! Eu não sabia quem era Hartung e me obrigavam ali a assumir o papel de conhecedor, a dizer: "Prefiro essa e não aquela!". Acho que foi a maior aprendizagem que se pode dar a uma criança: "Confiamos em você, diga o que você pensa!".

Jacques-Alain Miller — É muito lacaniano o que acaba de dizer. O dr. Lacan sempre tratava as crianças como sujeitos de pleno exercício.

Bernard Clavreuil — Ainda me emociona, eu nunca esqueci isso. Que aqueles homens que estavam ali perguntam para um garoto de vinte anos: "Organize-os pela sua ordem de preferência". Não dizem "Gosta deste ou daquele?", mas "Organize-os por ordem de preferência". Então eu tenho que preferir alguma coisa.

Há muito tempo eu tenho uma paixão pela cidade de Roma e tive vontade de fazer um catálogo sobre Roma. Mas, dada a imensidão do empreendimento, eu refleti e me reorientei para os franceses em Roma. No século XV, os impressores franceses vão embora, instalam-se em Roma e imprimem incunábulos. Em seguida, no século XVI, são realizadas encadernações absolutamente maravilhosas, em Roma, por encadernadores franceses. Eu quis conhecer artesãos, artistas e escritores franceses que se instalaram em Roma para trabalhar na Cidade Eterna.

Jacques-Alain Miller — Poussin?

Bernard Clavreuil — Poussin, evidentemente. Ele ilustrou livros.

Jacques-Alain Miller — Isto não é mostrado nas exposições.

Bernard Clavreuil — É uma pena! Tendo terminado as fichas, eu disse a mim mesmo que era preciso fazer um catálogo, mas eu não estava com vontade de vender esses livros. E eu encontrei um aficcionado francês que comprou de mim o conjunto. E então, com a chegada da idade, eu vi que os herdeiros daquele senhor estavam colocando meus livros à venda. Foi dilacerante. Tudo o que eu fiz acabou sendo disperso, a torto e a direito. Doeu. Felizmente, o catálogo se mantém e tornou-se uma documentação utilizada pelos especialistas.

Jacques-Alain Miller — Há quanto tempo aconteceu essa venda?

Bernard Clavreuil — Há uns dez anos. Havia Stendhal, Chateaubriand!

Jacques-Alain Miller — Adoraria ter comprado o original das *Promenades dans Rome.*

Bernard Clavreuil — À venda! Senão, seria preciso comprar tudo e eu ficaria feliz que fosse você. Como foi formidável! Se gostamos de Roma…

Jacques-Alain Miller — O dr. Lacan adorava Roma.

Bernard — Você sabia que, quando vou para lá, eu sei onde ficam os ateliês dos impressores e dos encadernadores? As casas ainda estão lá.

Jacques-Alain Miller — Então, aproveitando, a gente vai falar dos livros que são nossos.

Bernard Clavreuil — Eu adoro a expressão!

Abril de 2021

Pontuações

BARBARA CASSIN

O *Misfit* e o *Kairós*

Christiane Alberti e Deborah Gutermann-Jacquet — Você se encontrou com Lacan por pelo menos um ano, você frequentou regularmente a rue de Lille. O que você teria vontade de nos dizer sobre o homem Lacan e sobre seu encontro com ele?

Barbara Cassin — Eu era muito jovem e não sabia muita coisa da psicanálise. Era simplesmente professora de adolescentes psicóticos e tinha muitos amigos analistas. Eu também participei da criação do Departamento de Psicanálise da Paris 8. Tudo isso, no entanto, não me tornava expert em Lacan. Na verdade, penso que Lacan tinha certo número de analisantes com os quais eu trabalhava, particularmente com quem eu estudava grego: eu lia com eles a *Teogonia* de Hesíodo, *Parmênides* de Platão e, depois, Górgias. Eles devem ter falado com ele sobre o que eu lhes contava, da doxografia pela qual eu me interessava e a propósito da qual Lacan me telefonou um dia, um domingo. Quando me ligaram no domingo, dizendo-me "O doutor vai falar com você", isto não me soou estranho, pois eu fazia parte de uma família de médicos. Esse encontro telefônico foi muito estranho, colocado sob o signo do *Misfit* e do *Kairós*. Eu lhe disse: "Oi, como vai você?", e ele me respondeu: "Que gentileza me reconhecer!". Evidentemente, achei que fosse meu tio Jacques Caroli… Por isso fiquei bastante surpresa. Foi então que ele me pediu para ir falar com ele sobre doxografia porque, sem dúvida, o tema se inscrevia num momento preciso de questionamento em relação à sua Escola. Talvez ele desejasse considerar uma mudança, um

---

Barbara Cassin é filóloga, filósofa e membro da Academia Francesa.

fim? Acho que o intrigava o fato de que tenha havido escolas gregas de filosofia, que elas tivessem, ao mesmo tempo, se misturado, se separado, se matado. Então fui vê-lo. Já não me lembro exatamente, porém creio que era uma vez por semana, ou talvez a cada quinze dias. De forma fixa. Realmente esqueci. Em contrapartida, lembro-me de como eu me vestia. [*Risos.*] Eu usava uma saia pregueada de *pied-de-poule* mostarda e preta, um pulôver mostarda que tenho até hoje! No início, eu me preparava muito, porque estava intrigada, intimidada, estupefata... Eu tinha uma aula particular — queria ter a melhor aula particular possível. E aqui, na minha lembrança, no início, ele me olhava, me escutava.

Ele estava no consultório dele, como isso se passava?

Sim, ele estava em seu consultório, e eu, sentada. Ele se sentava de lado para mim. E então, depois de certo tempo, ele se pôs de costas. Realmente, eu tinha a impressão de que não me escutava mais e que esperava o tempo passar. Aliás, não sei qual tempo! Ele mexia em seus nós, assim, na frente dele. Tudo era absolutamente estranho. Eu não me dava conta de que ele estava doente, mas acho que estava. E isso terminou com um *Kairós/Misfit* antagonista. Ele me disse: "Vá ver Gloria", e eu não sei como isso saiu, mas respondi: "Ah, você vai me pagar?". [*Risos.*] Ele ficou surpreso e me perguntou: "Você é mesmo Stéphanie Gillot?". Não, não sou! Então levantei-me e fui embora para nunca mais voltar, achando que tínhamos voltado ao ponto de partida.

Você pensou que isso podia ser uma interpretação?

Não, eu não pensei que isso podia ser uma interpretação voluntária. Eu achava que o mundo tinha nos interpretado, que era um *acting-out* do mundo, não de Lacan.

E de volta ao ponto de partida. Qual é o traço de Lacan que mais lhe tocou, que você reteve da pessoa dele ou da maneira como se relacionava com você?

Quando eu ia vê-lo, a situação era extraordinária e, ao mesmo tempo, completamente normal. Acho que ele já estava doente no final do ano, mas isso não me veio à cabeça, eu tinha muito respeito, só se revelou retrospectivamente. Eu me sentia muito mais à vontade do que teria imaginado, eu achava isso tão bom, ter algo para ensinar a ele. Desejava compartilhar com ele minhas surpresas em relação à filosofia grega. Tudo era *borderline*, eu mesma em relação à filosofia grega, em relação ao que habitualmente se ensinava. Havia uma espécie de admiração recíproca que não era nem fingida, nem exibida. Quando via Lacan em seus Seminários, ele era, para mim, alguém que encenava excessivamente, que exagerava. Lacan mais Lacan que Lacan, Brigitte Bardot com a voz de Delphine Seyrig. Mas ali não era nem um pouco o caso.

Eu não me perguntei se havia confusão com uma análise. Nunca achei que ele pudesse pensar que eu estava em análise com ele. Realmente não. Em contrapartida, o que eu ainda assim constatava é que o que eu dizia aos meus amigos ou aos meus companheiros analistas na época transmitia essa ideia. Isso me retornava como pergunta. Havia partilha, uma estranha partilha.

No seu desejo de lhe transmitir, ensinar alguma coisa, você já estava no que era mais importante para você: o trabalho de tradução, no sentido mais extenso do termo, um desejo muito forte de fazer passar para os outros o que você tem de mais íntimo na relação com a língua.

Sim. Ali, era realmente da ordem da percepção. A relação era heterodoxa, o que era, ao mesmo tempo, fascinante, prazeroso, agradável e fonte de alegria.

Quando você fala, em sua autobiografia,[1] *do lugar que ele teve em seus trabalhos, é sempre a partir de uma frase. Há, ao mesmo tempo, a frase sobre os sofistas e a frase sobre a equivocidade da língua. Então, para você, é realmente uma frase marcante?*

Sim. É verdade que são frases substanciais. De qualquer forma, isso tem a ver com a análise. Não que eu imaginasse estar em análise com ele, como

1. B. Cassin, *Le Bonheur, sa dent douce à la mort*. Paris: Fayard, 2020.

eu ia dizendo, mas que uma frase se engancha em todo um pedaço de pensamento e de vida, isso sim. Eu me dei conta disso como professora de adolescentes psicóticos. Percebi isso toda vez que eu tive contato com a psicose. Aliás, também narro isso nos ensaios, especialmente naquele que encerra *Jacques, o Sofista*.

Em sua autobiografia, você evoca "os sofistas lacanianos", "aqueles que falam para não dizer nada, pelo prazer de falar", assim como a outra vertente do sofisma: a dimensão da literalidade, a maneira de tomar as palavras. Que associação!

A ligação entre os dois é Aristóteles, para quem os que tomam a palavra literalmente são sofistas. E com eles, segundo Aristóteles, não se pode falar.

E quanto àqueles que falam para não dizer nada e pelo prazer de falar?

São eles.

Tende-se muito mais a pensar que os psicanalistas não falam, que eles não dizem nada ou retêm a fala, em vez de falar para não dizer nada?

Se eles não falam, a maneira como ouvem é sofística. A atenção ao significante, à letra, e não ao significado ou ao sentido, é sofística. O importante é que falar para não dizer nada é realmente falar. É bem disso que se trata. Para um psicanalista, é realmente isso. Não temos nada a dizer, mas dizemos.

É falar sem se preocupar com a significação a priori.

Sim, sem *querer dizer.* Deixar as palavras dizerem, deixar a língua falar. É aí que encontramos a equivocidade e o significante. É o que fazem, justamente, os sofistas: eles tomam a palavra literalmente, e isso é insuportável para Aristóteles, uma vez que é insuportável para a decisão do sentido, que exige a univocidade. De acordo com Aristóteles, falar é dizer algo; dizer algo é significar algo; significar algo é significar uma única e mesma coisa para todos. Eis o que funda o princípio da não contradição. De fato, o texto mais explicativo que pude escrever sobre isso é *La Décision du sens: Le livre* Gamma *de la* Métaphysique *d'Aristote*.[2] É com a decisão do sentido e os esquemas daí resultantes que vemos realmente em que ponto se situam os sofistas em relação ao sentido aristotélico. Os psicanalistas ocupam a mesma posição. É muito importante. Eu entendi isso cedo. Além disso, *Le livre* Gamma *de la* Métaphysique foi o que me fez, por exemplo, encontrar Alain Badiou. Foi isso que o interessou no que eu escrevia. Por outro lado, é verdade que eu não poderia ter escrito esse livro se não tivesse trabalhado com os psicóticos.

Esse encontro lançou você nessa via, ele foi determinante?

Foi um momento muito importante para mim. Se examino quais são os momentos externos, os acidentes, o que poderia não ter acontecido, o que aconteceu e que, realmente, me fez pensar, houve isso. Há: ser professora de adolescentes psicóticos, encontrar a psicose não sendo eu nem analisada nem analisante e ainda assim precisar suportar isso. Talvez seja algo imensamente pesado quando se tem 23 ou 25 anos. Relatei um momento muito forte, o da morte de uma criança que se afogou. Foi muito duro. É algo que o obriga a não ser estacionário naquilo que sabe, mas sim mover-se o tempo todo. Mover-se para enfrentar, para, ao contrário, deixar as coisas acontecerem, para se permitir inventar uma continuação. É absolutamente extraordinário. É para mim um grande momento da vida, se quiserem. Um grande momento, um outro grande encontro, foi aquele que aconteceu durante a comissão da verdade e reconciliação na África do Sul. Um encontro de fala que interroga em que consiste falar e que, de certa maneira, falar seja suficiente, isto dá lugar a uma *full disclosure*. Esses dois procedimentos de fala: de um lado, aquele que o obriga a lidar com a psicose quando não está particularmente armado, quando não há distanciamento e é preciso inventar o seu tipo de participação; e, de outro lado, aquele com a comissão da verdade e reconciliação, que diz o horror e cuida porque diz a verdade na cara e a compartilha. Que isso tudo seja verdadeiramente político é, para mim, algo excepcional.

2. B. Cassin e M. Narcy, *La Décision du sens: Le livre* Gamma *de la* Métaphysique *d'Aristote*. Paris: Vrin, 1989.

Atualmente, há desafios muito precisos sobre a tradução. Em relação ao fato de que uma língua nunca é definida de maneira absoluta e, pelo contrário, o que constitui sua norma é o plural, a diversidade. Hoje você não hesita em se engajar para defender as línguas regionais. Você poderia nos dizer algumas palavras sobre isso?

Tudo isso está ligado ao fato de que a tradução, tal como a defini, é lidar com as diferenças. Sem elas, não há identidade. Minha primeira convicção é que são necessárias pelo menos duas línguas para sabermos que falamos uma. A partir desse momento, eu pego os problemas, simplifico-os ou complexifico-os, como quiserem, por meio das línguas. Com amigos, fundei uma associação que se chama Les Maisons de la Sagesse — Traduire. E meu último livro,[3] escrito com Danièle Wozny, trata da dimensão política dessa questão, dos migrantes que chegam, aqueles que tentam se instalar, e dos fundamentalismos que nos impedem de nos comunicar. No cerne desses três dispositivos está a tradução, isto é, o fato de que se fala *em língua* e *em línguas*. A chave disso tudo é o *Dicionário dos intraduzíveis*,[4] que é absolutamente não grego, bárbaro. O *logos* é um universal muito perverso. É o universal de alguém: dos gregos e de nós depois deles. O *Dicionário dos intraduzíveis* se interessa pelo fato de que as línguas não podem ser sobrepostas, não apenas no plano semântico, mas também no plano sintático e gramatical. As línguas são mundos, elas abrem mundos. E o mundo não está aberto da mesma forma se lhe digo "Bom dia" ou *Salam* ou *Shalom*, nem *Khaire*, em grego antigo, que quer dizer "regozije-se", "goze". Ou ainda *Vale*: "cuide-se". Foi em torno disso tudo que dei continuidade a uma reflexão material, fiz exposições, como a do Mucem[5] *Après Babel, traduire*. E o *Dicionário dos intraduzíveis* se encontra traduzido em uma dezena de línguas. Mas ele não é traduzido, é reinventado. A edição americana não é uma tradução da francesa, não mais do que a ucraniana, ou a árabe. A

3. B. Cassin e D. Wozny, *Les Maisons de la sagesse: traduire. Une nouvelle aventure*. Montrouge: Bayard, 2021.
4. B. Cassin (Org.), *Vocabulaire européen des philosophies: Dictionnaire des intraduisibles*. Paris: Seuil, 2019.
5. Mucem: Musée des Civilisations de l'Europe et de la Méditerranée.

intenção é outra, mais própria à língua e à situação, com acréscimos e transformações. Seriam apenas exemplos, que não são transponíveis. E Deus sabe que os exemplos são importantes; os casos, é o que conta. É também a relação com a psicanálise. A certeza de que, talvez como a tradução, o caso seja o que salva. O que importa *e* o que salva. Entender o caso.

Contra o universal.

Contra o universal, que é sempre o de alguém e, desde então, sempre pré-fabricado. A partir do momento em que é fabricado, ele se torna pré-fabricado.

É a partir desse pressuposto que você encontra a questão do feminino? Nessa vertente do logos *e do que se opõe a ele?*

Sim, enfim, a eterna ironia da comunidade, estou meio cansada disso! [*Risos.*] Lacan me trouxe *Mais, ainda*. Lembro-me *ainda* de onde eu o li: foi na Bretanha, era verão, e eu ia me aninhar num arbusto de frente para o mar para não ser perturbada, como faria com um romance policial! Chamavam-me para comer: Ah não! *Mais, ainda* foi para mim uma grande descoberta. Eu não digo que Lacan seja um feminista radical, longe de mim essa ideia…

Você não diria isso?

Não, claro que não. Penso que ele compartilha muitos estereótipos, mais ou menos despercebidos por ele, e que há também alguns em *Mais, ainda*. Mas são simplesmente dinamitáveis por ele. Está aí o interesse. Reduzi a sexualidade feminina segundo Lacan ao *Tratado do não ser* de Górgias: ela não goza; se ela goza, ela não sabe; se ela goza e sabe, não pode dizê-lo. Nada é; se *é*, é incognoscível; se é e se é cognoscível, é incomunicável. A estrutura em recuo, como na história do caldeirão em Freud, é típica do *Tratado do não ser.*

O que lhe interessou em Mais, ainda *sobre a questão da mulher?*

Tudo. Frase após frase. Tudo o que isso me proporcionava, que fosse um homem, um psicanalista, quem falasse daquele modo. No entanto, isso não faz dele um feminista.

Você o lê sempre com a filosofia?

Eu o leio comigo.

Mas Lacan trabalhou a filosofia e fez dela um objeto muito particular, sem dúvida também para os filósofos, não? É sempre possível fazer uma leitura filosófica ou, por vezes, isso é um obstáculo?

A constante na minha leitura de Lacan falando de um filósofo é que ela começa sempre por: "Mas que estúpido, ele não entendeu nada, não é possível! Demócrito não é isso...". E depois: "Mas ele tem razão, ele viu algo". Ele viu algo e o que ele viu é verdade. Enfim, *é verdade*, de qualquer forma é apaixonante. É o caso dos pré-socráticos. Penso que ele é o único moderno que leu corretamente Demócrito. Tudo o que ele disse sobre o tema é genial. Isso vai ao encontro do que Heinz Wismann diz, e provavelmente ele não leu Lacan, exceto por meu intermédio. É de uma precisão estrondosa! Mas isso não impede que eu tenha começado me dizendo: "Mas o que ele está falando?". Até que eu digo: "Meu Deus, mas é claro". Há um efeito assim com Lacan e os filósofos. Então, se você preferir, eu o leio como filósofa, mas o leio como filósofa capaz de ser surpreendida. De ouvir o que é dito. Entedia-me quando se retomam ideias demasiadamente preconcebidas. O que também acontece com ele.

Passado o momento em que você diz "Ele não entendeu nada", você fica aberta a essa surpresa porque tem uma transferência com Lacan, positiva, inegável.

Há muito para aprender com ele, é claro. E não apenas para aprender. Como dizer? Isto "abre". Também encontrei pessoas que me abriram textos. Penso, por exemplo, em Diana Rabinovich, que acaba de morrer, em Buenos Aires, e que me abriu "O aturdito". Havia frases que eu compreendia ou que talvez eu compreendesse melhor do que ela porque eu tinha outra experiência de grego. Mas creio que não havia uma palavra que ela não compreendesse. Era extraordinário. Françoise Gorog também. Nós trabalhamos muito, as três e com Alain Badiou. Para mim, é sempre um grande prazer quando conseguem me explicar um texto. Adoro isso, adoro explicar textos e adoro que me expliquem.

Alguns neologismos de Lacan, como aquele da varidade,[6] *tiveram uma ressonância importante em seus trabalhos. Você poderia nos falar sobre isso?*

Varidade é importante, foi-me dado por Françoise Gorog. *Amódio*[7] também. Eu tinha trabalhado sobre ele havia muito tempo, sobre Hélène, que é também o nome de minha mãe. Lembro-me de que quando morreu André Rondepierre, de quem eu era muito próxima, René Major me disse: "Você está muito triste, você tem muitos pais assim?". E eu falei: "Não, eu tenho muitas *mães*". Ele veio me ver pouco tempo depois, dizendo: "Eu faria uma *tranche* [de análise] com você". Como ele pôde pensar que eu era analista? Sempre estive perto da coisa, você vê! [*Risos.*] Era muito engraçado. Fiquei muito surpresa, porque eu fiz análise.

Você o interpretou.

Ou também me interpretei. Interpretei completamente a observação dele e interpretei-me, interpretando-o. Minha relação com a análise é sempre bastante estranha, porque estou muito próxima e muito distante dela. Muito próxima da análise lacaniana, pois qualquer outra realmente não me interessaria. Sou muito resistente a certo número de conceitos lacanianos: não tenho vontade de entrar na história dos nós, de Pierre Soury, Michel Thomé, tudo isso. Vi todos enlouquecerem com esses negócios aí! Tenho a lembrança de um colóquio sobre a falta: "Nada falta, nem mesmo a falta". São frases de matar! [*Risos.*] No fundo, trabalhei muito, conheci pessoas cujas palavras podiam fazer viver e matar, é apaixonante.

Aliás, O Seminário *de Lacan, que tem a reputação de ser tão difícil, continua a ser um best-seller de livraria. Isso indica, imediatamente, que é um texto que suscita o desejo de saber, de aprender, de trabalhar.*

---

6. J. Lacan, *O Seminário*, livro 24*: L'Insu que sait de l'une-bévue s'aile à mourre.* Inédito. Lição de 19 abr. 1977. *Ornicar?*, n. 17/18, primavera 1979, p. 14. [No original *varité*: neologismo inventado por Lacan que indica a variabilidade da verdade. (N. T.)]

7. J. Lacan, *O Seminário*, livro 20: *Mais, ainda*. Texto estabelecido por J.-A. Miller. Rio de Janeiro: Zahar, 1985, p. 122.

Certíssimo, é um texto que não cessa de surpreender. E, ao mesmo tempo, é aquele que me ensinou a ler exatamente como leio de verdade a filosofia, ou seja: *fchjitt*, se isso me para, eu paro. Mas se não entendo, continuo.

Como traduzir fchjitt *para nossa entrevista?*

É preciso lê-lo como "um peido veloz". [*Risos.*] Tenho a lembrança de amigos filósofos que, como eu, têm o hábito de decifrar palavra após palavra, letra após letra, branco após branco, e que queriam ler Hegel dessa forma. Obviamente não conseguiam. Não é possível. Hegel se lê: *fchijtt*. Para mim, Lacan é igual.

É uma leitura erótica.

Sim, creio, é isso. Foram suas questões que me deram vontade de responder.

Junho de 2021

ÉRIC MARTY

O discurso de Viena

> *"Across the water way lay the half-destroyed Diana baths and in the distance the great black circle of the Prater Wheel, stationary above the ruined houses."*[1]
>
> GRAHAM GREENE, *The Third Man*

Quem foi uma única vez a Viena

Quem foi uma única vez a Viena não pode evitar pensar em pelo menos duas coisas: no filme de Carol Reed, intitulado *O terceiro homem* (1949), cujo cenário é a cidade vienense, e na conferência dada por Jacques Lacan na clínica neuropsiquiátrica local, em 7 de novembro de 1955, intitulada "A coisa freudiana", a convite do professor Hans Hoff, a qual ele registrou em um texto deslumbrante, publicado no primeiro fascículo da *L'Évolution psychiatrique*, em 1956, ano também do centenário do nascimento de Freud. É também possível, se seus amigos o guiarem até uma das principais praças da cidade, em frente à prefeitura, que uma forma de alucinação bastante comum faça o turista esclarecido ver surgir de repente, na sacada do edifício, a imagem de Hitler prestes a tomar a palavra para pregar, como se

---

Éric Marty é escritor, ensaísta e professor de literatura contemporânea na Universidade de Paris.

1. Em tradução livre: "Na margem oposta jaziam os Banhos de Diana, meio destruídos, e de longe via-se, imóvel, por cima das casas em ruínas, o círculo negro da Roda-Gigante do Prater". Ed. bras.: *O terceiro homem*. Porto Alegre: L&PM, 2007. (N. T.)

esta sacada — chamada de "a sacada de Hitler" (*Hitler-Balkon*) — carregasse para sempre a viva efígie daquele que a inaugurou.

Lacan não foi ouvido em Viena. Ele não é o único cuja conferência não pôde chegar ao seu público. Lembremos do mal-entendido burlesco que obriga Holly Martins, em *O terceiro homem*, depois de uma travessia motorizada da cidade em alta velocidade, a ter uma conversa sobre "o romance moderno", ele que é apenas um escritor sem obra, autor de alguns contos de caubói. Lembremos dessa cena na qual, perante as insaciáveis interpelações sobre James Joyce ou o *stream of consciousness*, ouvintes ávidos de saber, de cultura, daquilo que os anglo-saxões chamam de *knowledge*, ele responde impávido, com um escândalo que somente um ator de vanguarda ou um situacionista seria capaz de produzir, citando com a arrogância do provocador um nome desconhecido, o qual ele coloca acima de todos os outros, um tal Zane Grey, cujo nome todos rabiscam, incertos da ortografia ("*How do you spell Zane?*"), e que de fato é apenas um escritor medíocre de westerns.

Essa paródia de conferência é bastante semelhante àquela — considerada por Barthes como alegórica da posição do conferencista[2] — realizada por Harpo Marx em *Uma noite na ópera*. Harpo Marx, o "Mudo", do qual Lacan, em *A ética da psicanálise*, fazia a imagem mais exata da Coisa, a coisa freudiana, aquela que fala sendo precisamente muda, aquela que está no centro do que tinha ou não a dizer aos vienenses em novembro de 1955: "Esse mudo, sozinho, é suficiente para suportar a atmosfera de questionamento e de aniquilamento radical que constitui a trama da formidável farsa dos Marx e do jogo de *jokes* não descontínuo que confere todo o valor de seu exercício".[3] Em *O terceiro homem*, o fracasso da conferência feita em Viena perante um auditório sem dúvida bastante parecido com aquele com quem Lacan deveria cruzar alguns anos mais tarde, tomado pelo mesmo "mal-entendido" — o de querer que o orador diga "o verdadeiro sobre o

---

2. R. Barthes, "Écrivains, intellectuels, professeurs". In: *Œuvres complètes*, t. III. Texto estabelecido por É. Marty. Paris: Seuil, 2002, pp. 890-1.

3. J. Lacan, *O Seminário*, livro 7: *A ética da psicanálise*. Texto estabelecido por J.-A. Miller, Rio de Janeiro: Zahar, 2008, p. 71.

verdadeiro"[4] —, esse fracasso é, portanto, o objeto de uma dupla revelação. À questão final de um inquietante romeno, Popescu, acompanhado de dois assassinos, que no momento da debandada do público lhe pergunta se ele está escrevendo um novo livro, Holly Martins responde com uma *mise en abyme* inesperada, replicando que o título é, justamente, *O terceiro homem*, um modo *também* de fazer surgir o Outro, o terceiro ladrão ainda anônimo, em busca daquele que parece ser o herói do filme e que se revelará ser Harry Lime, o amigo que ele pensava estar morto, cujo enterro julgara ter assistido em uma cena anterior. A segunda revelação se situa imediatamente após, quando Martins, perseguido pelos assassinos em uma escada — cujas quatro espirais filmadas em câmera baixa aspiram o olhar —, entra em um cômodo obscuro onde sons informes podem levar a crer na presença de um bebê recém-nascido, mas que na verdade abriga um estranho papagaio branco que beliscará o indicador direito de Holly: mordida bem-vinda e por meio da qual o personagem será, de algum modo, prevenido de que não há nada a esperar do discurso, nem sob a forma de sua negação, nem sob a forma de sua traição, a traição do terceiro homem, da qual somente restará como testemunha uma bandagem, curativo como marca de um real que repugna qualquer discurso. Bandagem que é a moral do filme.

É mais ou menos o mesmo que se dá com "A coisa freudiana". O que ele ia fazer em Viena?, poder-se-ia perguntar sobre Lacan. E a resposta seria que, assim como para Holly Martins, não se tratava de falar com os vienenses. Em 1955, sem dúvida, a cidade acabava de encontrar uma forma de realidade autônoma, não era mais controlada pelas quatro potências — Estados Unidos, Inglaterra, URSS e França — como nos tempos ainda recentes de *O terceiro homem*; e, aliás, Lacan não deixa, desde as primeiras linhas de sua "conversa", de cumprimentar a então mais recente reabertura da Ópera de Viena, após dez anos de fechamento — *captatio benevolentiae* —, com, cabe notar, o *Fidelio* de Beethoven. Mas os vienenses de Lacan, dos quais ao menos um será comparado a um "guarda-costas" e cujo conjunto, para

4. J. Lacan, "A ciência e a verdade". In: *Escritos,* Rio de Janeiro: Zahar, 1998, p. 882.

a maioria, representa "a escória mais rasteira do mundo psicanalítico",[5] dito de outra forma, suas profundezas, lembram aqueles rostos pálidos, fechados, primitivos, hostis do filme de Carol Reed, cujo expressionismo da fotografia — próximo do *Mabuse* de Lang — constitui o silêncio deles em um monstruoso mutismo. Como em *O terceiro homem*, se o espaço urbano vienense não está mais em ruínas, ele é, como dirá Lacan dez anos depois ao rememorar na conferência, "o lugar de um lugar deserto".[6] Esse *deserto* é, para Lacan, desde o preâmbulo, a ocasião para introduzir muito particularmente o escândalo simbólico das falhas relativas à colocação da "placa comemorativa" na moradia vienense de Freud: modo muito particular no sentido de uma preterição. Pois, de fato, se não é tanto contra os vienenses — que, no entanto, efetivamente falharam na homenagem — que Lacan formula críticas, e sim contra a Associação Internacional de Psicanálise (IPA), a qual, diz ele, reúne cruelmente "aqueles que vivem de seu apadrinhamento"[7] e que por sua ausência a renegaram, essa aparente mansidão é apenas um simulacro da absolvição: Viena não teve, na realidade, nem mesmo o prestígio da traição, como se no fundo não fosse agora mais do que um não lugar. Pior, como se Viena, finalmente, tivesse sido sempre, pelo menos "onde Freud, por sua tradição, foi apenas hóspede passageiro",[8] escreve Lacan.

Qual tradição? A tradição que faz do povo judeu o único povo que se apoia em si mesmo, para quem o chão pertence a Deus, chão ao qual ele regressa regularmente e que não pode ser adquirido, como lembra Jacques Derrida em *Glas*, acatando o discurso de Hegel sobre os judeus.[9] A tradição diaspórica. Eis exatamente a que visa Lacan, dissociando Freud de qualquer

---

5. Ibid., p. 880.
6. Ibid.
7. J. Lacan. "A coisa freudiana ou Sentido do retorno a Freud em psicanálise". In: *Escritos*, op. cit., p. 403.
8. Ibid.
9. "Uma expropriação radical que constitui a propriedade em gerência ou em gestão, a posse em empréstimo e, então, o nome como mandatário" (G. W. F. Hegel, *L'Esprit du christianisme et son destin*. Paris: Vrin, 2003, p. 58, apud J. Derrida, *Glas*. Paris: Galilée, 1974, p. 63 a e cf. p. 64 a).

laço e enraizamento com sua cidade. Essa Viena que Lacan apaga, não apenas por sua extrema indiferença à eventual traição desta em relação a um dos seus, mas porque ela não pode nem mesmo reivindicar ser a terra natal daquele que dela foi exilado no dia 4 de junho de 1938, porque era judeu.

Então não são os vienenses

Não são, portanto, os vienenses que Lacan interpela, para além da sinceridade cortês dos agradecimentos que endereça a seus anfitriões, àqueles que o convidaram ou o acolheram, ao professor Hoff, ao doutor Arnold ou ao sr. Igor Caruso. Nos comentários irônicos e amargos que ele faz no dia 1º de dezembro de 1965, por ocasião da primeira sessão do Seminário intitulado "O objeto da psicanálise", publicada nos *Escritos* sob o título "A ciência e a verdade", Lacan confirma que seus interlocutores não estavam na sala de conferência. "Eu estava falando por falar",[10] diz ele, evocando o dia 7 de novembro de 1955. E para aquele auditório, cuja "surdez revelou-se peculiar",[11] o apólogo e a prosopopeia que constituíam o centro de sua conversa eram, na verdade, "vãos".[12] "Falar por falar" não significa que se tratava de "palavras ao vento", mas sobretudo de falas destinadas a viajar, digamos, por correio aéreo. Isto é, destinadas a atravessar o Atlântico, pois é o que Lacan chama de "confins de nosso mundo",[13] o qual se trata de provocar com uma fala — a da verdade — de fato, não localizável.

Os Estados Unidos, já que é preciso chamá-los pelo seu nome, desde os primeiros minutos da declaração, são convocados de maneira muito violenta, na qual, aliás, a questão da diáspora é objeto de um lembrete ainda mais cortante, porque a palavra "judeu" não é pronunciada, nem mesmo a propósito de Freud e de sua tradição. A tese de Lacan é que os

10. J. Lacan, "A ciência e a verdade", op. cit., p. 880.
11. Ibid., p. 881.
12. Ibid., p. 882.
13. J. Lacan, "A coisa freudiana...", op. cit., p. 403. A expressão que designa então os Estados Unidos retoma a fórmula presente em *A Odisseia* de Homero.

psicanalistas judeus, fugindo da Áustria e da Alemanha nazista para a América do Norte, confrontaram-se com um território onde a história encontra o seu limite ao ser "negada na vontade categórica":[14] a-historicismo de cultura, portanto, mas que é um a-historicismo ativo, violento, uma vez que define, além do mais, "a assimilação necessária para que se seja reconhecido".[15] Desse modo a cultura americana se define para Lacan, como algo não apenas fundado em uma negação da história como fato antropológico, mas fazendo dessa negação a condição mesma do acolhimento aos recém-chegados, intimados a esquecer a história, na medida em que ela participaria de forma determinante no sentido do mundo. O cenário proposto por Lacan é o de uma transação que "esse grupo de emigrantes" teve que operar: conservar o *estigma* de sua diferença, cedendo em relação ao princípio desta diferença, já que esse princípio — a história — era precisamente o que o processo da assimilação americana não podia admitir. Cenário de uma transação complexa — própria de uma cena bíblica — na qual a função da diferença se perde no imaginário (Lacan fala de "miragem interna"), apagando os princípios de uma doutrina cuja história é o alimento. Mas na qual o apagamento é também um modo de apagar a si mesmo para então subjugar sua função à *demanda*: a degradação do sujeito é, dessa forma, aquela que acompanha o declínio da prática psicanalítica nos Estados Unidos, subjugada ao *American way of life*: "Como não deslizar daí para tornarem-se administradores de almas, num contexto social que lhes requer esse ofício?".[16]

Essa interpelação feita a uma terra distante, poder-se-ia dizer essa *interpretação*, é ainda mais significativa porque, em um segundo tempo, é sustentada por uma fala que uma espécie de consenso hoje reconhece como provavelmente apócrifa,[17] uma fala atribuída por Lacan a Freud, e que ele obtém, segundo diz, da boca de Jung. É a famosa fala de Freud —

---

14. Ibid.
15. Ibid.
16. Ibid., p. 404.
17. Cf. N. Jaudel, *A lenda negra de Jacques Lacan. Elisabeth Roudinesco e seu método histórico*, Rio de Janeiro: Contra Capa, 2016. Col. Opção Lacaniana v. 12, trad. Teresinha N. M. Prado.

ainda mais famosa porque talvez ele não a tenha pronunciado — ao ver a estátua da Liberdade em Nova York, em 29 de agosto de 1909: "Eles não sabem que lhes estamos trazendo a peste".[18] A interpretação da transação americana torna-se ainda mais interessante porque a palavra de Freud a sustenta de um modo subtrativo, objeto de uma segunda interpretação. Se os emigrantes cederam à tentação da negação (abandonar o princípio da diferença por uma diferença sem princípio), Freud terá cedido à tentação da *hybris*; e Nêmesis, a deusa do neoliberalismo, do equilíbrio das leis do mercado, antes de integrar os psicanalistas no jogo do *free market* e da livre-iniciativa, terá tido a lógica prévia de tomar seu profeta "ao pé da letra de seu dito", juntando a ele, acrescenta Lacan, "uma passagem de volta na primeira classe".[19]

Tal é então o sentido de *um retorno a Freud*, aquele que o próprio Lacan dá como seu sentido último, a saber, o de uma inversão. Inversão do que é a psicanálise em 1955. O retorno não é um retorno para trás e, porque ele segue o caminho de uma leitura obstinada da obra freudiana, ele é, sem paradoxo, um retorno para adiante, a exemplo da repetição em Kierkegaard. São muitos aqueles que leram de maneira idiossincrática o lugar negativo que "os Estados Unidos da América do Norte" ocupavam para Lacan nesse retorno a Freud como remanescência de uma execração antimoderna dos americanos, ligada às convivências maurassianas de sua juventude. No entanto, a leitura da conferência de Adorno sobre a mesma questão, "A psicanálise revisada" (*Die Revidierte Psychoanalyse*),[20] feita em São Francisco em 1946, após oito anos de exílio longe da Europa, evidentemente põe termo à redução biográfica. A violência de Adorno é a mesma que a de Lacan. De forma alguma antimoderna, mas, ao contrário, opondo a modernidade europeia tanto à *ego psychology* quanto à leitura culturalista ou sociológica do inconsciente freudiano,[21] transformando

---

18. J. Lacan, "A coisa freudiana...", op. cit., p. 404.

19. Ibid.

20. T. W. Adorno, *La Psychanalyse révisée*, suivi de J. Le Rider. *L'Allié incommode*. Paris: Éditions de l'Olivier, 2007.

21. Encontramos as mesmas palavras em Lacan quando ele pede para se resguardar "da objetivação psicossociológica" ("A coisa freudiana...", op. cit., p. 436).

a subversão freudiana em uma "assistência social superior" que a torna universalmente aceitável, tendendo ao conformismo, ao reducionismo, ao mercantilismo; desvalorizando os fenômenos estruturais do Édipo em prol de uma atenção para com os processos repetidos dos traumas sociais, de uma consideração empírica e sumária do meio, das condições de vida; leitura conduzida por uma aspiração a uma sociedade sem conflitos, em que as performances — a *agency* individual — visam a um estado interior no qual todas as "aptidões são plenamente utilizáveis" em um modelo socioeconômico do pleno emprego, no qual o sistema de concorrência, ao permitir o sucesso individual e a adaptação social, faz da castração um simples obstáculo a uma resolução saudável dos conflitos do eu, e no qual o terapeuta tem como missão superar o negativo, "tratando as relações desumanas como se elas já fossem humanas".[22]

Assim como a conferência de Lacan em Viena, a de Adorno, em 26 de abril de 1946, não encontrou verdadeiramente ouvidos para escutá-la. Ele tirará a conclusão radical dessa outra surdez recusando-se a publicar a conferência na língua na qual ela foi pronunciada, o inglês, preferindo o alemão para a revista *Psyche*, em 1952.

Mas o paralelo entre Lacan e Adorno pode ser prolongado mais profundamente: Erich Fromm — psicanalista judeu alemão, exilado nos Estados Unidos —, verdadeiro alvo de Adorno,[23] é o equivalente do Heinz Hartmann — psicanalista judeu austríaco que seguiu o mesmo caminho — que está no centro da segunda prosopopeia de Lacan em "A coisa freudiana",[24] a do púlpito, verdadeiro festival de *jokes* não descontínuo, à maneira dos *Marx Brothers*, na qual, se o púlpito é o eu do sujeito, então pode-se compreender, com efeito, que a sacada da prefeitura de Viena seja a sacada de Hitler, assim como a corcunda de *O corcunda* (1857), de Paul Féval, ao qual Lacan alude,[25] é a escrivaninha dos especuladores da época de Law, e pode

22. T. Adorno, *La Psychanalyse révisée*, op. cit., p. 39.
23. J. Le Rider, *L'Allié incommode*, op. cit., pp. 55-9.
24. J. Lacan, "A coisa freudiana...", op. cit., p. 423.
25. "O pequeno corcunda da rue Quincampoix" (ibid., p. 423). Sobre esse ponto, ver J.-A. Miller. "La Cause et l'effet en psychanalyse". *Ornicar?*, n. 54, pp. 12-3, out. 2020.

ser a do analista: "Uma transferência assinada sobre ela é uma garantia de fortuna", replica, indicando sua gibosidade, o Corcunda, personagem interpretado por Jean Marais na adaptação feita por Hunebelle em 1960; ou que a barba falsa encharcada da qual ele bebe sofregamente, como substituto de uma fala impossível, seja o eu do Mudo, Harpo Marx, marcado pelo sorriso do qual, segundo Lacan, "não se sabe se é aquele da mais extrema perversidade ou da mais completa palermice".[26]

O que finalmente associa o ponto de vista de Adorno ao de Lacan é uma mesma interpretação da catástrofe, a qual consiste no apagamento, pelos emigrantes vienenses ou alemães — Erich Fromm e Heinz Hartmann —, do que está no centro da "descoberta" freudiana, a saber, a pulsão de morte. Apagamento da pulsão de morte em seu papel determinante para compreender a lógica da descoberta freudiana e cujos desafios foram tão poderosamente fornecidos em *Mais além do princípio de prazer* (1920). Lógica ao mesmo tempo subversiva, pela perturbação sem recurso que a pulsão de morte inscreve nos assuntos do mundo e na hipótese de êxito de uma psicanálise adaptativa; mas também uma lógica cruel, na medida trágica dos desafios da psicanálise e que confere um papel à *verdade*, um novo papel histórico que a filosofia abandonou,[27] e cuja primeira prosopopeia da conferência, aquela do "Eu, a verdade, falo",[28] assim como os alexandrinos dissimulados da peroração sobre Diana e Acteon, aparece então como testemunha fundamental, aquela que responde. Para Adorno, essa eliminação da pulsão de morte[29] se inscreve em uma crítica extraordinariamente violenta da cultura americana, mas igualmente na perturbação que constituiu para ele o acontecimento maior de Auschwitz. O mesmo é válido para Lacan, que acentua ainda as consequências disto para a prática psicanalítica, petrificada pelos desafios de *success* e *happiness*.[30] Nas notas

26. Respectivamente: R. Barthes, "Écrivains, intellectuels, professeurs", op. cit., p. 890; J. Lacan, *O Seminário*, livro 7: *A ética da psicanálise*, op. cit., p. 71.
27. J. Lacan, "A coisa freudiana...", op. cit., pp. 410-2.
28. Ibid., p. 410.
29. J. Le Rider, *L'Allié incommode*, op. cit., pp. 69-75.
30. J. Lacan, "A coisa freudiana...", op. cit., p. 417.

preparatórias para sua conferência, Lacan, inclusive, associa a sua própria crítica da *ego psychology* americana à especificação do caráter imaginário do eu, permitido, precisamente, pela introdução da pulsão de morte, evidenciada por *Além do princípio do prazer*.[31]

A descoberta freudiana supõe que existe o verdadeiro,[32] explica Lacan; Adorno também inscreve na dureza do ethos freudiano — que ele situa ao lado de Hobbes e de Sade, e que poderia passar por um pessimismo reacionário — a coragem de "verdade" necessária para se colocar ao abrigo da "ideologia oficialmente aprovada e respeitável",[33] a do paraíso americano.

No entanto, os americanos...

No entanto, os americanos, vienenses ou alemães, judeus ou não, psicanalistas ou não, não parecem ser verdadeiros interlocutores para Lacan, ainda que ele os tome, à sua maneira, como testemunhas de seu discurso. Esse discurso tem vários objetos, a questão da verdade, o náufrago da filosofia, a questão do sujeito, do eu, do papel da resistência e das defesas na terapia, do signo e do significante, da psicologia adaptativa, do outro, do espelho, do lugar do analista como lugar do morto, da lei simbólica, da transferência. Mas, primeiro, a questão da verdade. Para começar, uma vez que o retorno a Freud, do qual Lacan se faz aqui o anunciador, é um retorno ao sentido de Freud, na medida em que Freud é aquele que "questiona a verdade";[34] e para concluir, na medida em que Diana é por ele escolhida como porta-voz, sob a forma de uma quadra em alexandrinos endereçada a Acteon — o analista —, de quem é subtraído o domínio do saber, na lógica de uma oposição entre verdade e saber oposição cujo papel da

31. J. Lacan, "Notes en allemand préparatoires à la conférence sur la Chose freudienne". *Ornicar?*, n. 42, p. 9, outono 1987-8.
32. J. Lacan, "A coisa freudiana...", op. cit., p. 408.
33. T. W. Adorno, "La psychanalyse révisée", op. cit., p. 39.
34. J. Lacan, "A coisa freudiana...", op. cit., p. 406.

coisa freudiana é desenrolar a lógica, e que poderia resumir-se sumariamente assim: a verdade jaz no ponto em que o sujeito recusa saber, bê-á-bá da psicanálise como práxis.

Ao mesmo tempo que critica Nietzsche ("o trânsito da fancaria nietzschiana da mentira da vida"[35]), há na conferência lacaniana alguma coisa profundamente nietzschiana; não, claro, na denúncia da mentira da vida, mas na denúncia da mentira da filosofia, no que se poderia chamar de uma antifilosofia.[36] A referência filosófica na qual o adversário se ofusca, "O senhor se entrega à filosofia",[37] é uma referência de antifilósofo. Mas é verdade que, ao lado de Nietzsche, no que diz respeito à crítica, para uma forma de alacridade e até mesmo de vociferação (Lacan, em uma sessão de seu Seminário *O ato psicanalítico*, em 19 de junho de 1968, qualificará de "grito"[38] sua prosopopeia da verdade). Por outro lado, há Diderot ou Voltaire, no que diz respeito ao riso.

A certa altura de sua conferência, que se pode considerar como central, mesmo não estando no centro de seu texto, Lacan de repente diz algo *em voz alta*, como se anteriormente sua declaração fosse apenas um murmúrio, como um monólogo interior: "Sem dúvida quero rir".[39] Este "Sem dúvida quero rir" interrompe alguma coisa, como uma pausa no *fiumen orationis* do discurso, sua linearidade, não para o fragmentar ou disseminar, mas para introduzir nele um suspiro: esse suspiro, o equivalente a uma semí-

35. Ibid.

36. Sobre esse ponto, remeto ao meu artigo "Folie, philosophie, antiphilosophie". *L'Infini*, n. 143, outono 2018.

37. J. Lacan, "A coisa freudiana...", op. cit., p. 407.

38. "[Era] um grito [muito mais] da ordem do grito que Münch tão bem figurou em uma famosa gravura, essa boca retorcida na qual vemos surgir o aniquilamento sublime de toda uma paisagem" (J. Lacan, *O Seminário*, livro 15: *O ato psicanalítico*. Inédito, lição de 6 mar. 1968).

39. J. Lacan, "A coisa freudiana...", op. cit., p. 427. [Na edição brasileira, a frase *Sans doute veux-je rire* foi traduzida por: "É claro que estou brincando". Optou-se por manter a tradução "Sem dúvida, quero rir", pois ela remete à ideia do riso (*rire*), mencionada por Éric Marty no parágrafo precedente, e porque a sequência do texto recai sobre a questão do riso (N. T.)].

nima na música, espécie de barulho, *s'...ou pire*[40] do verbo "s'...uspirar",[41] como soa o título do *Seminário 19*, *...ou pire*, ...ou pior, cuja primeira lição retoma a temática profunda da conferência de Viena — não há metalinguagem — e cujo último sentido é que esse axioma "foraclui na linguagem que exista discordância".[42]

Em voz alta, porque esse enunciado — "Sem dúvida quero rir" — quebra, efetivamente, um silêncio até então conservado cuidadosamente por meio de diversos simulacros. O silêncio rompido é aquele que diz respeito ao destinatário dessa fala. Entendemos que ele não se dirigia ao público presente na sala de conferência ("Eu estava falando por falar"), nem àqueles que tomava como testemunha ("os americanos"), e, essa frase curta, escapada como um parêntese da articulação teórica da declaração, nos indica que Lacan se dirigia aqui a si mesmo: *a dúvida* interroga o locutor sobre o sentido de sua afirmação. Aqui, o locutor deve admitir que ri sozinho e que não está convicto do fato de rir. Esse riso não comunicativo, não é contagioso, fica no canto da boca: "Sem dúvida quero rir". A ausência de metalinguagem tem isso de cruel, na medida em que ela deixa incerto o sentido, o efeito, a natureza, as causas e consequências do discurso. Há um riso lacaniano e que não é nem o riso de Bataille, nem o riso (memorável) de Foucault, nem o riso deleuziano, nem o riso sádico. Riso tomado na dúvida de sua realidade, como no sonho desperto, mais próximo talvez, então, de certos momentos da prosa de Mallarmé em suas *Divagações*,[43] que são, como sugere o título da coletânea do poeta, *delírios*. Tal é a função da longuíssima prosopopeia do púlpito em "A coisa freudiana", um delírio pelo qual o locutor somente pode tomar partido, dando um lance maior para não sair de lá, pois não há metalinguagem, e cujo único comentário,

40. Em francês, *s'...ou pire* tem homofonia com o verbo *soupirer* (suspirar). Homofonia que, em francês, faz ouvir o significante *pire* (pior). (N. T.)

41. J. Lacan, *O Seminário*, livro 19: ... *ou pior*. Texto estabelecido por J.-A. Miller. Rio de Janeiro: Zahar, 2012, p. 231.

42. Ibid., p. 12.

43. S. Mallarmé, *Igitur. Divagations. Un Coup de dé*. Paris: Gallimard, 2003. Este conjunto de textos em prosa (1897), a meio caminho entre o poema, o ensaio e a crítica, é sem dúvida alguma aquele em que Mallarmé mais se aproxima do estilo de Lacan.

"Sem dúvida quero rir", nos diz que ele (o delírio) é diferente de um jogo retórico, pois com a retórica a metalinguagem está em toda parte.

Se o delírio do púlpito tivesse tido apenas uma função pragmática, a de suspender as resistências do auditório, como Lacan parece sugerir, então o vertiginoso rebote da prosopopeia teria sido suficiente para tornar essa função inoperante. Com efeito, o argumento segundo o qual Lacan, ao fazer falar o eu do púlpito, em vez de seu próprio eu, teria evitado produzir uma interferência entre sua própria pessoa e a de Freud[44] não se sustenta. Ou se sustenta apenas por um instante, quando, ao cessar de rir sozinho, ele se dirige ao público por meio de um "vocês" audível. Não se sustenta pois, ao denunciar essa função de simulacro do púlpito que dissimularia o "eu" de Lacan, para melhor transmitir seu discurso ao público, para melhor fazê-lo engolir, ele destrói imediatamente a eficácia supostamente esperada: o auditório é um auditório de tolos. Mas ele não se sustenta sobretudo porque é contestado pela concepção lacaniana do "eu" e das "resistências": "é despedaçado que ele toma a palavra, e é inteiro que ele se presta a não ouvir".[45] O eu do púlpito e a prosopopeia que ele faz não são um instrumento de sedução visando a suspender as resistências do auditório. Aliás, no comentário que propõe dez anos depois da recepção de seu discurso, ele coloca em evidência que a hipótese de ser ouvido era uma hipótese desesperada: "Não que a coisa (a *Coisa* que aparece no título) tenha chocado esse auditório [...]. A coisa, esta palavra não é bonita, disseram-me textualmente; será que ele não está simplesmente acabando com ela, com esta aventura dos finais dos refinamentos da unidade da psicologia, onde, é claro, não há quem pense em coisificar, ora! fiar-se em quem?";[46] e Lacan acrescenta a declaração que já citamos: "Isso prova o quanto ambos eram vãos, meu apólogo e sua prosopopeia".

---

44. "Ele [o púlpito] apresenta em relação ao *eu* a vantagem de não ser um meio de resistência, e foi exatamente por isso que o escolhi para apoiar meu discurso e aliviar proporcionalmente o que uma interferência maior de meu *eu* na fala de Freud teria provocado de resistência em vocês" (J. Lacan, "A coisa freudiana...", op. cit., p. 427).
45. Ibid., p. 428.
46. J. Lacan, "A ciência e a verdade", op. cit., pp. 881-2.

"Sem dúvida quero rir" pode então ser interpretado nos mesmos termos que enuncia Jacques-Alain Miller, comentando o "Estou falando com as paredes" de Lacan: "Isto quer dizer: 'Nem com vocês, nem com o Outro maiúsculo. Estou falando sozinho. É precisamente isso que lhes interessa. Cabe a vocês me interpretar'.".[47]

Em Viena, Lacan nem sequer falou com as paredes: ele falou "ao vento".

47. Jacques-Alain Miller, na quarta-capa a J. Lacan, *Estou falando com as paredes*. Rio de Janeiro: Zahar, 2011.

ALAIN GROSRICHARD

Sapere aude!

Questões de Escola[1]

Fim de novembro de 1785. Preso na Bastilha durante quase dois anos, Sade termina de transcrever novamente, na longa tira de papel que lhe serve de apoio,[2] a conclusão do rascunho de sua primeira obra importante: *Os 120 dias de Sodoma ou A Escola da Libertinagem.*

Julgando apenas pela primeira parte do título (frequentemente a única que aparece na capa das edições de bolso), o fã de romances históricos sem

---

Alain Grosrichard é membro da Escola da Causa Freudiana, professor honorário de literatura na Universidade de Genebra.

1. As condições particulares nas quais as páginas que se seguem foram escritas não permitiram ao autor ter acesso às fontes que sua biblioteca lhe teria oferecido; tudo o que ela continha de saberes foi, exceto raras exceções, jogado desordenadamente em caixas, antes de ser transferido para o fundo de um porão. A internet lhe serviu como último recurso, como complemento de algumas lembranças de leitura encontradas em um caderno escolar. Portanto, ele teve que renunciar a acompanhar o texto com notas eruditas, normalmente exigidas por um autêntico pesquisador (no mínimo cinco por página), para que suas elucubrações sejam qualificadas pelos pares como "contribuição científica". No entanto, ele se consolou dizendo que a matéria da qual trata aqui o autorizaria a fazer sua a reflexão sobre Lacan registrada em algum lugar em "Kant com Sade": "Ser erudito por postura é atrair para si os eruditos, e os eruditos, nesse campo, são a entrada dos *clowns*" (In: *Escritos*, Rio de Janeiro: Zahar, 1998, p. 795). Acrescentemos que o texto é a transcrição de uma conferência — ou melhor, de uma conversa — feita não sei quando, diante de um público de estudantes pouco familiarizados com as coisas do inconsciente. Então, não será surpresa encontrar nele traços de oralidade, especialmente no final.

2. "Na verdade, o manuscrito se apresenta, observa Michel Delon, como uma série de pequenas folhas de doze centímetros de largura, coladas de ponta a ponta, para formar uma longa faixa de 12,10 metros enrolada e facilmente camuflável pelo prisioneiro. Sade a abandonou em sua cela, de onde foi brutalmente retirado na noite do dia 3 para 4 de julho de 1789, para ser transferido ao convento de Charenton" (Sade, *Œuvres*, t. 1. Edição estabelecida por Michel Delon. Paris: Gallimard, 1990, p. 1123).

dúvida imaginará que se trata de alguma coisa do gênero, mutatis mutandis, *Os últimos dias de Pompeia.*

Lastimável mal-entendido que Sade quis claramente evitar, destacando de saída a vocação pedagógica da obra, bem como o tipo de ensino ministrado em sua *Escola.*

Pode-se também esperar que as 120 jornadas sejam algumas jornadas de estudo, destinadas a fornecer ao leitor da época todos os esclarecimentos desejáveis sobre as práticas qualificadas como infames nos meios obscurantistas. Sem dúvida, os anos em colégio de padres provavelmente permitiram que esse leitor tivesse uma vaga ideia sobre o tema. Mas ter descoberto em tenra idade o que se escondia sob a batina de seu professor deu-lhe, na melhor das hipóteses, apenas um gostinho rapidamente recalcado das delícias que essas práticas oferecem àquele que experimentou suas múltiplas variantes, até em suas combinações mais complexas. É na sua integralidade que *A Escola da Libertinagem* lhe propõe assistir, e até participar à sua maneira. A formação personalizada que ele receberá ali removerá seus últimos preconceitos que o impediram de satisfazer plenamente seu apetite de saber. Não há dúvida de que, no final do curso, o aluno terá alcançado um nível de especialização muito superior ao de um simples bacharelado, mesmo o mais desenfreado. Ele daria lições até mesmo ao famoso Dom Bougre, *Le Portier des Chartreux*, que, no entanto, não era um coroinha.

Para chegar a esse ponto, ainda lhe será preciso ter colocado algo de seu, tanto com coragem quanto com perseverança. Porque, embora o autor tenha empenhado esforço de imaginação para tornar atraentes os saberes fornecidos nessas jornadas de estudo, algumas matérias fundamentais inscritas no programa correm o risco de não ser do gosto do iniciante, alimentado desde a infância com hóstia e palavras do Evangelho. Que ele não faça disso um pretexto para ceder covardemente quanto ao seu desejo de saber mais! Em vez de desistir e ir mergulhar novamente de maneira preguiçosa nas trevas do preconceito, que ele se mostre, pelo contrário, à altura do que o exige o *Sapere aude!* que Kant acabava de estabelecer como lema do Iluminismo.

Foi de fato em dezembro de 1784 que surgiu, em uma revista berlinense, sua resposta à pergunta que provocava debate havia algum tempo: *Was ist Aufklärung?* O que é o Iluminismo? Nela, Kant convidava seus contemporâneos a sair do estado de menoridade no qual continuavam a se comprazer, por preguiça ou covardia. Todo homem normalmente constituído tem o direito, lembrava ele, e por conseguinte o dever de exercer livremente sua faculdade de julgar para decidir por si mesmo o que lhe importa saber, sem medo de submeter à crítica as ideias prontas que os servidores zelosos das autoridades teológicas e políticas lhe servem. Depois de muitos outros, ao retomar o antigo preceito de Horácio,[3] ele lançava a qualquer um que ainda hesitasse em dar o salto: "*Sapere aude!* Tem a coragem de te servir de teu *próprio* entendimento! Eis o lema do Iluminismo".

Cruelmente privado por seus carcereiros de tudo o que poderia lhe interessar sobre as recentes publicações, o filósofo da Bastilha não tinha lido, evidentemente, o texto de seu eminente colega de Königsberg. Se estivesse ciente disso, não teria hesitado em inscrever na fachada de sua *Escola* esse mesmo *Sapere aude!*, tomado de empréstimo a Horácio. Mas seria para propor aos seus futuros alunos uma interpretação que, mais fiel ao latim do poeta, é apenas parcialmente compatível com a de Kant.

Eu até mesmo ousaria afirmar, autorizando-me no que escrevia Lacan em seu artigo de 1963, que já ali "Sade é o passo inaugural de uma subversão da qual [...] Kant é o ponto decisivo".[4] Exceto que foi servindo-se de um Sade convertido por seus cuidados em puro sujeito da lei moral que Lacan conseguiu fazer com que Kant confessasse (não sem suscitar protestos indignados pelas bandas da Sorbonne) a verdade oculta de seu imperativo categórico. A subversão do lema kantiano que opera em *A Escola da Libertinagem* é de outra ordem. Ela diz respeito ao sujeito "patológico". E, para colocá-la em evidência, não há melhor instrumento de tortura que o *Dictionnaire Latin-Français* do bom e velho padre Gaffiot.

---

3. Cf. Horácio, *Épîtres*, I, I, verso 40. Texto estabelecido e trad. François Villeneuve. Paris: Les Belles Lettres, 1955.

4. J. Lacan, "Kant com Sade", op. cit., p. 776.

Tem-se o costume de traduzir em francês esse *Sapere aude!* por "Ousa saber!". Que seja. Mas de qual saber se fala? Servindo-me do meu próprio entendimento, como Kant o quer, devo fixar-me o objetivo de me tornar uma enciclopédia viva, ou melhor, um homem de ciência (*scientia*)? Nesse caso, o verbo *scire* seria mais apropriado do que *sapere*, que não se refere a um saber concebido como acúmulo de conhecimentos, nem como uma ciência verdadeiramente constituída, tal como a física matemática.

Sapere, no seu sentido derivado, designa esse saber viver no qual o sábio se reconhece (*sapiens*, equivalente do *sophos* grego) e, particularmente, o sábio epicurista. Horácio faz alusão a esse saber (*sapientia*) nas *Epístolas*, livro em que se dirige ao seu amigo Lollius. "Tu te abandonaste demasiada e preguiçosamente às paixões que não são mais da tua idade", repreende-o, "e os prazeres que tu obténs cedendo não podem fazer de ti um homem feliz. Sempre misturados ou seguidos de dor, são apenas prazeres impuros. Ninguém pode gozá-los impunemente. Apressa-te então a seguir o meu conselho: '*Sapere aude!*'." Dacier, em sua edição das *Œuvres* de Horácio (1717), que durante muito tempo foi a autoridade no século XVIII, traduzia assim: "Tem a coragem de ser virtuoso!". Certamente Sade teria visto aí um contrassenso imperdoável, por cujas consequências a infortunada Justine iria pagar com sua vida. Sem dúvida ele teria preferido a tradução moderna do sr. Villeneuve: "Tem finalmente a coragem de ser sábio!".[5] Com a condição de chegar a um acordo sobre a maneira de ser.

Para um discípulo de Epicuro, ser sábio não é se recusar a desfrutar os prazeres da vida. É abster-se daqueles que, procurados sem discernimento, estragam a vida, envenenando-a. Em relação a isso, os prazeres da boca são particularmente temíveis. Também quando se coloca à mesa, o sábio deve ser capaz de distinguir entre o que é bom ou ruim para ele. Ora, não é se servindo de seu próprio entendimento que ele será capaz de fazer um julgamento sobre os diferentes pratos que estão no cardápio. Antes de concluir "Isto é bom para mim, aquilo é repugnante à minha natureza", é preciso ter experimentado, nem que seja com a ponta da língua. Eis

5. Horace, *Épîtres*, op. cit., p. 47.

por que o sábio epicurista, longe de se comportar como um porco, como gostavam de acusá-lo, é um modelo de *homo sapiens*, em outras palavras, um homem de bom gosto. Gaffiot confirmaria isso ao nos lembrar que, no sentido original, o latim *sapere* significa saborear, apreciar o sabor (*sapor*) de uma refeição, que pode revelar-se sápida (*sapidus*) ou insípida.

"*Ousa saborear!* Tem coragem de te servir de tua própria língua!" é então uma versão perfeitamente correta, filosoficamente falando, do lema do Iluminismo. Ela conviria ainda mais àquele que se chama Sade porque *sapidus*, do latim, deu origem a *sade*, adjetivo que, no francês antigo, significava "o que agrada ao gosto", ao contrário de *maussade*, único em uso para designar o que tem gosto ruim ou má aparência. Observação saborosa, já que é justamente essa versão que o autor de *A Escola da Libertinagem* retém, no momento de indicar ao seu leitor como se faz para degustar a obra em filosofia:

> Está aqui a história de uma refeição magnífica em que seiscentos pratos diversos são oferecidos ao teu apetite. Comerás todos? Não, sem dúvida, mas esse número prodigioso estende os limites de tua escolha, e, contente com esse aumento de faculdades, tu não te atrevas a dar bronca no anfitrião que te regala. Faz como aqui: escolhe e deixa o resto, sem declamar contra esse resto somente porque ele não tem o talento de te agradar. Pensa que ele agradará a outros, e sê filósofo.[6]

Esse chamado à tolerância teria sido aprovado por Kant, para quem o juízo do gosto, em matéria de gastronomia, não pode se pretender universal, considerando que ele decorre exclusivamente da sensibilidade. Em contrapartida, uma vez desafiado a honrar o *Sapere aude!* na versão sadiana, ele certamente teria tremido de desgosto, vendo ser-lhe oferecido um dos seiscentos pratos diversos — todos escandalosamente picantes e alguns até mesmo servidos em um penico, com um copo de sangue para ajudar a descer — que seu anfitrião, preocupado em não

6. Sade, *Œuvres*, t. 1, op. cit., p. 69.

deixar nada a desejar para esse fino gourmet que era seu hóspede, havia passado meses fervilhando no fogão de suas fantasias. Kant teria recusado firmemente o convite: "Eu sei bem, marquês, que todos os gostos estão na natureza e que cada um tem seu prazer onde o encontra. Mas o prazer também tem seus limites, que a própria natureza, *Epicuro dixit*, nos proíbe transgredir".

"Deixe isso para outros, professor!", Sade teria retorquido. Saiba que em minha *Escola* se aprendem, ao contrário, trabalhos práticos comprovados, pois se o prazer tem seus limites, é ousando ir além deles que cada um encontrará o tipo de gozo que lhe é próprio. Um gozo incomparável àqueles compartilhados, no leito conjugal, entre sujeitos supostamente bem-educados. No entanto, desse gozo que o singulariza, ninguém pode saber nada até que lhe seja oferecida a ocasião de prová-lo, porque ele é inconfessável, e primeiramente para si mesmo. Para confessar, é preciso que o aspirante à sabedoria se coloque à mesa e prove sucessivamente todos os pratos que lhe serão servidos. É possível que a revelação demore muito tempo para chegar, mas, mesmo que se sinta alguma impaciência, não se deve desesperar da providência sadiana! Chegará o momento abençoado em que ele vai se deparar repentinamente — luz! — com a especialidade da casa que será, para ele, e apenas para ele, a "surpresa do chefe".

Do chefe, ou melhor, desse fabuloso *maître-queux*[7] (a homofonia faz sentido, tratando-se de um daqueles livros que Jean-Jacques julgava "incômodos porque só podem ser lidos com uma das mãos"[8]). Além disso, ele próprio goza antecipadamente a cada prato que inventa, nele representando o efeito produzido por seu próprio fantasma sobre o corpo emocionado de um de seus leitores, o qual não deixará de descobrir a verdade escondida do dele: "Mais um que encontrou sua felicidade!", regozijar-se-á, antes de retomar a pluma e colocar-se no dever de preparar

7. *Maître-queux* significa cozinheiro. Manteve-se contudo a palavra francesa, já que o *queux* é homófono a *queue* (rabo, cauda de animal), servindo como termo para designar o pênis. Da mesma forma a palavra *maître* faz homofonia com *mettre*, que significa meter, pôr, colocar. (N. T.)

8. J.-J. Rousseau, *Les Confessions*, livro I. Paris: Flammarion, 2002, p. 68.

para outro leitor uma nova página excessivamente gratinada. De fato, todas elas o são, e cada vez mais, à medida que a refeição magnificamente sadiana se realiza.

Pois vocês terão adivinhado, caros amigos, que cerca dos seiscentos serviços dessa formidável orgia são tantas sevícias contranatura infligidas aos jovens recrutas de um sexo e de outro, selecionados com o maior cuidado dentre aquilo que é oferecido de mais apetitoso pelo mercado da carne fresca. Administradas por trás (muito mais do que pela frente) durante as primeiras sessões de trabalhos práticos, essas sevícias devem permitir ao leitor assimilar as noções teóricas de base contidas no curso magistral. No entanto, essas lições introdutórias são apenas simples aperitivos quando comparadas aos pratos principais que ele deve esperar quando lhe propuserem ir ao cerne da questão. Modo de dizer, pois espera-se que, esgotado, tal sujeito, repetidamente colocado como espetinho durante as sessões anteriores, estará mais morto do que vivo. Vendo-o servido assim cozido, certamente algumas almas sensíveis serão tentadas a subtrair-se do *Sapere aude!* que as ordena a provar esse ápice da gastronomia sadiana.

O *maître-queux*, entretanto, tomou a precaução de adverti-los: "É agora, amigo leitor, que é preciso dispor teu coração e teu espírito ao relato mais impuro já feito desde que o mundo existe, livro igual não se encontra nem nos antigos nem nos modernos", anuncia ele, parodiando, propositadamente, o Preâmbulo das *Confissões* de Jean-Jacques, o mestre de tais almas sensíveis.

> Imagina que todo o gozo honesto ou prescrito por esse animal do qual tu falas incessantemente sem o conhecer e que tu chamas de natureza, que esses gozos, eu digo, serão expressamente excluídos desta coleção, e quando tu os encontrares assim, porventura, será somente na medida em que eles estiverem acompanhados de algum crime ou coloridos de alguma infâmia. Sem dúvida, muitos de todos esses desvios que tu verás retratados te irão desagradar, sabemos, mas encontrarás alguns que te esquentarão a ponto de te custar a porra, e eis tudo de que precisamos. Se não tivéssemos tudo dito, tudo analisado, como gostarias que adivinhássemos o que te convém?

> Cabe-te tomá-lo e deixar o resto; algum outro fará o mesmo; e pouco a pouco tudo encontrará o seu lugar.[9]

Línguas maldosas se queixarão de fome, reprovando-o por deixar inacabado o catálogo das perversões que ele afirma ser exaustivo. Mas mesmo que o tivesse concluído, pretender fazer dele o precursor de Freud, seria ainda assim um disparate, denunciado por Lacan, que preferia comparar a alcova sadiana a um desses lugares que os mestres da sabedoria antiga ilustraram por meio de seus nomes, onde "se prepara a ciência retificando a posição da ética. Nisso, sim, um aplanamento que tem que caminhar cem anos nas profundezas do gosto para que a via de Freud seja viável".[10]

ORA, o que vale para *A filosofia na alcova*, já não vale para *A Escola da Libertinagem*? Se o *Sapere aude!* kantiano soa como uma injunção para retificar sua posição ética, quando endereçada a qualquer um ela é muito covarde para obedecer a outros diretores de consciência; a versão dada por Sade não convida a uma retificação de outro modo, mais radical? A cantina fantástica da *Escola da Libertinagem* já não os convida a ousar explorar as profundezas do gosto, até nos seus abismos mais nojentos? Essa limpeza de ideias preconcebidas — do tipo "só se sente bem (*wohl*) no Bem (*Gut*)"— que operará em 1795 na alcova sadiana certamente deixará espaço aberto para a nova ideia segundo a qual é no mau que se encontra a felicidade. Mas essa limpeza não havia começado dez anos mais cedo, quando Sade, fazendo tábula rasa dos sacrossantos cânones da gastronomia tradicional, elaborava, endereçada aos seus leitores, uma fisiologia do gosto revolucionário fundamentada neste axioma: "Só nos regalamos de verdade com o que fede a merda"?

Ezequiel conta que um anjo veio até ele segurando um pergaminho na mão. O anjo o desenrolou. O que estava escrito nas duas faces da longa

9. Sade, *Œuvres*, t. 1, op. cit., p. 69.
10. J. Lacan, "Kant com Sade", op. cit., p. 776.

faixa de pergaminho eram apenas queixas, gritos e gemidos. O anjo disse: "Filho do homem, come o que encontras, come este pergaminho, e vai, fala com a casa de Israel!'. Eu abri a boca e ele me fez comer este pergaminho, [...] e foi doce como mel em minha boca".[11]

Sade não era um anjo, é o mínimo que se pode dizer. Se ele tivesse tido a ambição de desempenhar esse papel, teria sido o de anjo caído, que impulsionou nossos ancestrais à infração, ousando provar o fruto proibido, o *Noli sapere* de seu pretenso Criador — dito de outra forma, desse hipócrita que chamamos de Deus, que, se existisse, mereceria muito mais ser chamado "o Ser supremo em maldade". Mas, convencido de que um Outro malvado também não existe, o divino marquês não faz aqui como se ele existisse? Não o erige como sujeito suposto saber tudo sobre o modo de gozar inconfessável de cada um de seus semelhantes? A começar pelos modelos de virtude que se precipitam ao confessionário assim que uma ideia porca lhes aflora ao espírito, com medo de ser privados das insípidas delícias prometidas aos justos nesse nada que eles chamam de paraíso. Já que eles aspiram a ser enviados ao sétimo céu, esses obcecados pela mesa santa fariam melhor se se inspirassem a mudar de cantina para experimentar a d'*A Escola da Libertinagem*. O *maître-queux* se apressaria em lhes desenrolar o longo cardápio de doze metros reservado aos seus alunos:

— Come isso, meu bom-homem! Quê? Tu te fazes de difícil? *Sapere aude!* Ousa ao menos prová-lo! Surpreendendo-te em aliviar-te sem cerimônia, tu gozarás de saber, que tipo de patife fodido tu és, sem saber.

— Eu! Doce Jesus...

— Cala-te e come!

Improvável diálogo, já que o prisioneiro da Bastilha, condenado à solidão, não tinha ninguém com quem falar. Se lhe acontecia de falar bem alto, era com as paredes de sua cela. Contudo, a experiência mostra que

11. Ezequiel, 2,9-10; 3,1-4.

quando estamos sozinhos e nos pomos a falar com as paredes, o eco de nossa voz, ao retornar aos ouvidos, pode suscitar reflexões interessantes. O próprio Lacan vivencia isso no dia 6 de janeiro de 1972, diante de um auditório de residentes em psiquiatria vindos à capela do hospital Sainte-Anne para escutá-lo falar sobre o "Saber do psicanalista". Para escutá-lo falar, sim. Mas não com eles. Eles não imaginavam, pobres ingênuos, que era com as paredes da capela que ele não havia cessado de falar desde o início da conversa. Até o momento em que... Boom! — a explosão de uma bomba lançada do lado de fora por algum interno brincalhão lembrou-lhe a realidade, e o orador solitário fez em voz alta esta reflexão: "Agora sei com quem vim falar, com quem sempre falei em Sainte-Anne: com as paredes". Ah, é? Primeira novidade! Voz de alguém na plateia: "Deveríamos sair, se o senhor quer falar com as paredes". Lacan: "Quem está falando comigo?". Sem resposta. Mas presumo que não se maldizia menos, do lado dos psiquiatras: "Droga! Aí está ele em seu delírio...". "Com certeza ele pegou uma terrível foraclusão do Nome-do-Pai!". "O que me surpreende é que ele fala muito mais com Sainte-Anne do que com a Virgem Maria...". "A não ser que ele esteja se dedicando a uma autoapresentação de pacientes...". Então Lacan, colocando fim àquelas supostas especulações: "Agora é que poderei fazer um comentário: é que, ao falar com as paredes, isso interessa a algumas pessoas".[12]

De fato, a sequência da sessão confirmará que essas paredes, quando é um Lacan que fala com elas, fazem refletir seriamente. Não apenas ele pessoalmente, mas alguns de seus alunos, dos quais "não se pode dizer que eles se privem de refletir"[13] — de refletir suas reflexões, com o risco de se transformar em *muroirs*[14] deformados, oferecendo sobre seu ensino apenas perspectivas depravadas.

12. J. Lacan, *Estou falando com as paredes*. Texto estabelecido por J.-A. Miller. Rio de Janeiro: Zahar, 2011, p. 80.
13. Ibid., p. 99.
14. *Muroirs:* fusão de *mur* (parede) e *miroirs* (espelhos). (N. T.)

Fui um desses alunos. Ainda o sou? Se ele retornasse hoje à vida e o presente papel lhe caísse sob os olhos, iria ele ainda me reconhecer como um daqueles antigos alunos que, por iniciativa de Miller, Milner e Regnault, se atribuíram a tarefa, cada um de acordo com suas competências, de pensar sobre suas reflexões e lhe reenviar, sob uma forma invertida, a sua própria mensagem, que passava por obscura, no entanto era clara e distinta aos nossos olhos? Uma coisa é certa: quando se fez a formação em sua escola, a pessoa não se desliga dela jamais. Não é possível tornar-se "antigo aluno". É-se um perpétuo repetente, continua-se o "bacharel" ao qual ele se dirigia em janeiro de 1968, em sua introdução ao *Scilicet*, revista da Escola Freudiana de Paris, fundada por ele quatro anos antes.

"*Scilicet*: tu podes saber, eis o sentido deste título", anunciava ele a este bacharel. "Podes saber agora que fracassei em um ensino que por doze anos dirigiu-se apenas a psicanalistas".[15] Mas ele havia extraído uma lição desse fracasso. Ao aceitar o convite para manter seu Seminário na École Normale, e para abri-lo a quem quisesse escutá-lo, ele queria dizer àqueles asnos de psicanalistas que eles não eram mais — tal como foram por doze anos — os únicos sujeitos supostos saber o que Lacan ensinava. *Scilicet*: tu também, "bacharel", tu podes saber o que eu ensino, lançava ele a cada um de nós. Tu podes, mesmo se não passaste pelo divã. Servindo-te de teu próprio entendimento, não apenas te é possível saber, mas te é lícito [*licet*], não importa o que digam os pretensos guardiões da ortodoxia lacaniana. E já que te é permitido saber, emancipa-te das palmatórias e sai da menoridade na qual querem te manter. Eles te tratarão como herege, te acusarão de me logicizar, de me formalizar, de me reestruturar a teu gosto, de fazer de mim a presa de tua pulsão epistemofílica? Pouco importa! Coragem, bom homem. Sê herético: é o preço do combate do Iluminismo.

Entendido assim como convite a transgredir uma interdição colocada sobre o acesso ao saber inconsciente, este *Scilicet* ganha valor de palavra de ordem, da qual Kant poderia ter feito o lema do Iluminismo, assim como

15. J. Lacan, "Introdução de *Scilicet* no título da revista da Escola Freudiana de Paris". In: *Outros escritos*. Rio de Janeiro: Zahar, 2003, p. 288.

Sapere aude! Ousa saber! Resta examinar se a versão sadiana desse mesmo lema — "Ousa te servir de tua própria língua!" — que me propus a exibir na fachada da *Escola da Libertinagem* não teria também seu lugar na fachada da Escola de Lacan.

"Uma língua", escrevia ele no número 4 de *Scilicet*, "não é nada além da integral dos equívocos que sua história deixou persistirem nela".[16] A palavra "língua" é, ela mesma, um exemplo entre mil outros dos equívocos que ela esconde e que a constituem. E como "temos sempre que saber aproveitar os equívocos",[17] não me privei disso. A imagem da "magnífica refeição" utilizada por Sade para expor ao seu leitor o manual de uso de sua obra (que nada mais é do que um modo de gozar) me dá a oportunidade. Jogando com a equivocidade da língua (da palavra, assim como da coisa), eu estaria tentado a utilizar essa mesma imagem para ilustrar o que creio saber do desenrolar de uma análise e do tipo de surpresa que ela reserva.

Há, contudo, uma diferença de tamanho entre as duas Escolas. Aqui, como ali, o sujeito é certamente convidado a se servir de sua própria língua sem retenção ou repugnância, qualquer que seja o gosto do pedaço — *mets* [comida] ou *mot* [palavra] — que lhe venha à boca. Mas em Sade, uma vez deparado com o que ignorava ser para ele o filé-mignon, esse pedaço só se revelará como objeto de seu gozo se ele aceitar engoli-lo, e sentir, em seguida, dificuldade para digeri-lo. Resumindo, em Sade o sujeito é um *comesser* [*mangêtre*], ao passo que em Lacan trata-se de um *falasser* [*parlêtre*]. Se o *falasser* é convidado a se servir de sua própria língua, sem se preocupar em falá-la devidamente nem em se deixar conter por qualquer decência, é, afinal, ao acaso, em especial de uma palavra equívoca ou de um lapso,

16. J. Lacan, "O aturdito". In: *Outros escritos*, op. cit., p. 492.
17. J. Lacan, *O Seminário*, livro 17: *O avesso da psicanálise*. Rio de Janeiro: Zahar, 1992, p. 16. Não era o ponto de vista de Boileau, na sua *Sátira* XII (sobre o Equívoco): "Da linguagem francesa bizarra hermafrodita./ De que gênero fazer-te, maldita equivocidade/ Ou maldito? [...]/ Deixe-me; vai enfeitiçar teus vãos encantos/ Os olhos falsos e corrompidos de teus amantes duvidosos,/ E não me venha de tua sombra grosseira/ Envolver meu estilo, amigo da luz...".

por "entregar o ouro". Ouro que não pousará na orelha de um surdo, pois é a orelha de um psicanalista. Este — por menos que o lapso em questão faça par com qualquer agitação somática, provando que o corpo está em jogo — não deixará de achar-lhe um gosto muito *pronunciado* do objeto *a*. E deixará seu *falasser* ouvir isso, nem que seja por um discreto humm de gula. Pois é justo que ele também tenha direito à sua pequena parte de gozo.

MAS, para ousar me servir de minha *própria* língua, ainda é preciso que eu fale uma língua que me seja própria. Ora, o que se aprende na escola de Lacan é que o quinhão de um *falasser*, o que quer que ele ouse dizer e seja qual for o idioma no qual o enuncie, é que só pode dizê-lo tomando de empréstimo, da língua do Outro, os significantes aos quais está assujeitado desde que fala. É por isso que seu gozo, no que ele tem de real e de mais singular, provém do inexprimível. Ele pode gozar de falar disso por quanto tempo quiser, não cessará de fazer rodeios: a palavra que o nomeará sempre irá faltar. Ela permanecerá para como "esse *eu não sei o quê* que não tem mais nome em nenhuma língua" que outrora o bispo de Meaux evocava diante da Corte, pregando-lhe o *Sermão sobre a morte*.

Claro, fica a critério de quem ansiaria saber mais sobre esse *eu não sei o quê*, transportar-se em sonho para a *Escola da Libertinagem*. O patrão ficará contente de enumerar-lhe os nomes dos seiscentos pratos suscetíveis de saciar de uma tacada a pulsão devoradora de qualquer *comesser*, ele mesmo dotado de um apetite de ogro. Mas seu sonho rapidamente se transformará em pesadelo quando ele perceber que o sujeito na mesa ao lado não é outro senão o infeliz Tiestes, a ponto de receber de seu irmão canalha um copo cheio do sangue de seu filho degolado. E ainda que fosse só isso. Imaginem sua cabeça ao descobrir — horror! — que o guisado de criança que acabam de lhe servir é composto de pedaços da carne dele!

Vocês riem? Não há realmente do quê. Pois saibam: esse é o tipo de banquete que o Significante promete às marionetes que somos nós, os seus sujeitos. No entanto, teríamos sido claramente advertidos, se tivéssemos tido a prudência de questionar, senão o próprio Significante, que é um mestre taciturno, pelo menos aquele que passou sua vida a questioná-lo por nós, e a se fazer seu intérprete, emprestando-lhe sua voz. Infelizmente, desde que ele se juntou à morada de Hades — faz apenas quarenta anos —, sua voz está morta, sem esperança de retornar. Felizmente, a resposta do Significante que essa voz nos transmitia não está perdida, pois o escriba que foi também esse intérprete nos deu a ler. Algo que, tratando-se do destino, não tem nada de paliativo. Não dizemos, de tudo o que deve nos acontecer de bem ou de mal neste submundo, *estava escrito*?

Não necessariamente escrito no alto, nesse "grande pergaminho que contém verdade, que só contém verdade e que contém toda verdade", como não cessava de repetir a todo instante o Jacques de Diderot diante de seu mestre. Ou seu semblante de mestre, pois seu único e verdadeiro mestre, dele como de todo *falasser*, era o Significante. Com esse mestre não há o que discutir. O que quer que façam ou digam, esses sujeitos não podem deixar de obedecê-lo, a despeito de si mesmos, cega e literalmente. De maneira que, se estivesse escrito no grande pergaminho "Jacques quebrará o pescoço tal dia", Jacques não deixaria, automaticamente, de quebrar o pescoço naquele dia. Pois se ele não quebrasse o pescoço tal dia, o que estava escrito lá em cima não seria a verdade.

A menos que — hipótese a se considerar seriamente — uma parte do que estava escrito sobre aquele dia tivesse sido apagada e substituída por outro texto, outra frase, outra palavra, ou mesmo uma só letra nessa palavra. Uma só letra substituída por outra e o destino de Jacques teria sido diferente, para melhor ou para pior. Para melhor, quanto a Jacques, pois uma letra só e, em vez de quebrar o pescoço [*cou*], ele teria somente quebrado o colo [*col*] (entendam que é o colo do fêmur, o que é incapacitante, mas nós superamos) ou vulgarmente quebrado o cu [*cul*], para tentar fazer seu mestre compreender por que era impossível que ele quebrasse o pescoço naquele dia. Em contrapartida, como Jacques está ligado de perto ou de longe a toda uma série de outros *falasseres* como ele, quem sabe se a substituição de uma letra por outra não teria tido para eles as piores consequências? Talvez toda a face da Terra tivesse mudado, assim como poderia ter sido mudada pelo "nariz de Cleópatra, se ele fosse mais curto".[18] Contudo, nada proíbe de supor que, no final da cadeia, os efeitos em cascata acabariam atingindo os altos postos do poder, cegando um chefe da polícia, dando um golpe fatal nas ambições de um todo-poderoso ministro, semeando a discórdia no seio do casal real. Dali até que uma revolução estourasse, era um pulo, e todo um povo de *falasseres* esfomeados teria sitiado o palácio, vociferando: "Pão! Pão! Nós queremos pão!". Uma história bastante extraordinária, não?

Sim, mas por qual mistério, vocês irão me perguntar, seria operada essa fatal substituição de letras no que estava escrito lá em cima? A explicação é simples, teria observado Jacques: é que estava escrito lá em cima que isso seria reescrito. Mas reescrito por quem e com qual intenção? Pelo bom Deus? Tendo em conta as consequências trágicas que eventualmente se teriam seguido, o bom Deus me parece fora de questão. Um propósito tão funesto não é digno d'Ele. Então, por quem? Precisaria ser um sagrado detetive para ter a sorte de encontrar a palavra do enigma. Eu teria uma pista para lhes sugerir. Mas é tempo de concluir, e eu já me perdi suficientemente. A culpa é de Diderot. Quando ele se põe a falar, nunca se sabe onde vai nem quando se vai terminar... Onde eu estava?

Uma voz: — Nesse prato de ensopado...

— Obrigado. Vejam, isso poderia ser um refogado ou uma criança salteada, se preferem assim. Ao gosto de cada um. O essencial é que seja de criança. De bebê, de preferência. Em todo caso, da criança de antes do estádio do espelho. E sobretudo cortada em pedaços. Eis o banquete que será nosso destino, caros amigos. Eu não invento nada. A prova: estava escrito nos *Escritos*. Ouçam é o Significante que nos responde pela boca de seu intérprete:

---

18. B. Pascal, *Pensées*, n. 162. Paris: Léon Brunschvicg, 1897.

> Acreditas agir quando te agito ao sabor dos laços com que ato teus desejos. Assim, estes crescem como forças e se multiplicam em objetos que te reconduzem ao despedaçamento de tua infância dilacerada. Pois bem, é isso que será teu destino...

> Droga! Pior para mim. Eu retomo:

> ... Pois bem, é isso que será teu festim até o retorno do convidado de pedra que serei para ti, posto que me evocas.[19]

Isso faz refletir, hein?, esse *destin* [destino] que rima com *festin* [festim]. Certamente, é possível que o estilo grave e nobre dessa voz do além em nada pareça ultrapassado para alguns dentre vocês. Ou que algum espírito forte, a quem seu lado teatral não terá escapado, sinta uma vontade furiosa de rir no nariz deste Significante que se toma como estátua do Comendador. Não importa: se essa resposta do Significante àquele que o interroga não é do seu agrado, seu intérprete lhes propõe na mesma página uma versão mais concisa para atirar ao seu vizinho de mesa em vias de atacar seu filho ensopado:

"Coma teu *Dasein*."

Outro lema para inscrever sobre a fachada das duas Escolas? São vocês quem julgam, meus jovens amigos. Eu vos agradeço por sua atenção.

Perguntas?... Sim? Ali...

Pergunta: É a propósito do que você disse quanto aos efeitos dessa letra substituída por outra. Eu pensei ter ouvido que o povo exigia Dupin, que ele queria Dupin, Dupin... Estou enganado?

---

19. J. Lacan, "O seminário sobre 'A carta roubada'". In: *Escritos*. Rio de Janeiro: Zahar, 1998, p. 45.

Resposta: Você entendeu bem. "*Du pain* [pão]! Nós queremos pão!", foi o que eu disse.

Pergunta: De onde eu concluí que esse negócio não deixava de ter relação com a história de "A carta roubada". O que o povo queria é que aquele que se chama Dupin fosse encarregado da investigação…

Resposta: Ah? Você fala do famoso detetive? Dupin sem *a*?

Pergunta: Bem, sim. O cara dos óculos verdes.

Resposta: Era preciso dizê-lo! Como que uma letra a mais ou a menos… Em todo caso, eu o felicito por essa interpretação, na medida em que ela vem a calhar. Imaginem que a redação de *Ornicar?*, sabendo que eu tive a oportunidade de conhecer o dr. Lacan, me sugeriu contar duas ou três anedotas engraçadas referentes a sua pessoa. Eu preferi falar da teoria, como vocês puderam constatar. Aliás, você acaba de me dar a oportunidade de lembrar que o dr. Lacan um dia me tomou por um fã de… Adivinhem quem? De Dupin. Perfeitamente. Oh, eu não estou muito orgulhoso, você compreende por quê. Enfim, eis aqui os fatos.

Essa lembrança remonta à época em que Lacan, atingido pela excomunhão maior por parte das autoridades da IPA, encontrara asilo para dar seu Seminário entre os muros da École Normale. Toda quarta-feira, entre meio-dia e catorze horas, a sala Dussane ficava lotada. Todos que contavam ou se tomavam por alguém no remanso da cultura se obrigavam a estar lá. Eu também estava lá, e confesso que, como os outros que assistiam a ele, nem sempre eu compreendia muita coisa do que escutava. Minha sorte era poder em seguida me beneficiar dos esclarecimentos de meus amigos e camaradas, membros de nosso Círculo de Epistemologia. Uma noite, nós convidamos Lacan para nos visitar na École, assim, amigavelmente, para conversar, para lhe falar da maneira como recebíamos seu ensino. E a noite já estava muito avançada quando o acompanhamos, sempre conversando, até a rue de Lille — não sem uma parada no café do Odéon, onde ele nos ofereceu uma taça de Dom Pérignon. Vale dizer que ele não era para nós, seus aluninhos, essa espécie de guru, esnobe, um pouco *blasé*, e cujo sucesso se fazia apenas pelos trocadilhos e o cigarro torto, que nós nos divertíamos em pintar diante da opinião dita esclarecida.

Em uma daquelas quartas-feiras de Seminário (era em 1965 ou 1966? Jacques-Alain talvez possa me refrescar a memória), a sessão tomou uma direção um tanto incomum. Lacan falava havia cerca de meia hora, microfone de lapela fixado à gola do casaco, quando eu acreditei perceber, acompanhando sua voz *pianíssimo*, o que me parecia uma ária do *Messias*, ou ao menos de música sacra. Ninguém no público parecia ter prestado atenção. Mas, pouco a pouco, o volume desse fundo musical foi se *rinforzendo*, a ponto de cobrir, *fortíssimo*, a voz de Lacan e a deixar praticamente inaudível, sem que ninguém na multidão de todos os seus seminaristas ousasse tomar a iniciativa de o assinalar. Mesmo assim, aqui ou ali, havia algumas trocas de olhares furtivos, vagamente inquietos. Ainda mais que, por baixo do tablado, começaram a escapar jorros de vapor que talvez se pudesse pensar que fosse de um incenso. Tanto que Lacan, que até então não havia parado de falar, logo se viu cercado por uma nuvem através da qual era preciso ter bons olhos para divisar sua sombra. Evidentemente a situação não podia seguir assim, e a sessão foi momentaneamente interrompida.

Naquele tempo eu era pensionário na École. Na noite daquela mesma quarta-feira, enquanto eu estava trabalhando no meu quarto, um camarada bate à minha porta: "Estão chamando você ao telefone". O aparelho se localizava no corredor. Fui até lá: "Alô? Grosrichard? Aqui é Lacan". Lacan? O que queria ele àquela hora, tão tarde? "Encontre-me o cara que me fez essa brincadeira. E traga-o para mim". Eu balbuciei: "É... Quer dizer que...". "Eu conto com você". "É... Bem, está certo". "Muito gentil da sua parte". E desligou.

Eu fiquei em palpos de aranha. Coloque-se no meu lugar. Lacan contava comigo para conduzir uma investigação que, se desse certo, me levaria a denunciar um colega, culpado do que podia passar por um crime de lesa-majestade, expondo-o a um castigo tão impiedoso quanto merecido.

Ora, eu não tinha de ir muito longe para desmascarar o culpado e encerrar minha investigação de forma brilhante. Tratava-se do meu vizinho de quarto, um físico muito simpático chamado D*, que tinha um só defeito: ter instalado no seu quarto um fliperama, o que o tornava muito barulhento. Mas era um ás na manipulação à distância de toda espécie de sistemas eletromecânicos. Recentemente, ele dera a prova disso se apoderando, a partir de seu quarto, dos comandos do elevador, ou talvez do elevador de carga, que nós usávamos para subir ao primeiro andar, onde se encontra a biblioteca. Nosso diretor, o sr. Flacelière — um eminente helenista, autor de uma *Sabedoria de Plutarco* (o que não o impediu de colocar Lacan porta afora da École alguns anos mais tarde) —, tivera a feliz ideia de convidar o ministro da Educação do Senegal, acompanhado de uma pequena delegação de subordinados boas-pintas, para visitar a referida biblioteca. Todos esses importantes personagens puderam apreciar à vontade a qualidade da formação científica dispensada na École, pois eles passaram uma parte da manhã a descer e subir como ludiões entre o térreo e o segundo andar, presos no elevador sem poder sair.

Nenhuma dúvida possível, então: o autor da brincadeira com Lacan só podia ser o bravo D*. Aos seus olhos de homem de ciência, aquelas grandes missas da quarta-feira deviam parecer o cúmulo da mistificação. Portanto, ele decidira significá-las para Lacan, parasitando o microfone com uma música vinda do céu e desencadeando à distância, em plena cerimônia, as bombas de fumaça. Não tendo uma vocação de policial e muito menos de delator, compreende-se que eu hesitei em ir encontrá-lo para informar que Lacan me dera um mandato para o levar, não com os pés e as mãos amarradas, mas como se fosse. Eu o fiz, covardemente persuadido de que ele se recusaria a me seguir e me diria para ir informar a Lacan que ele estava muito contente de o mandar à merda. No entanto, para minha grande surpresa, D* aceitou me acompanhar sem a mínima resistência, e até mesmo com certa prontidão.

Nós chegamos à rue de Lille. Cinco ou seis pessoas aguardavam sua vez diante da porta do consultório. Eu explico a Gloria, a fiel secretária, o motivo de nossa presença. Ela avisa Lacan. Alguns instantes depois, sua porta se abre. Lacan me saúda. Eu lhe apresento D*. Lacan o faz entrar. A porta do consultório se fecha e eu retomo o caminho da École, inseguro quanto a meu papel indigno, me dizendo: o infeliz, eu não gostaria de estar no lugar dele...

Eu me enganava. Na volta, D* me fez um relatório entusiasmado dos momentos que acabava de passar na companhia de sua vítima. "Ele é realmente simpático, o teu Lacan." Eu não me lembro mais do teor exato do que eles se disseram. Do que eu estou certo é que não foi uma sessão breve e que eles saíram contentes, tanto um quanto o outro, de sua entrevista. Sem dúvida Lacan aprendera bastante sobre os segredos de fabricação dos futuros dispositivos tecnológicos que começavam a invadir a aletosfera. Ele nunca mais falou comigo sobre isso, considerando a evidência de que os segredos que lhe confiamos, mesmo daquela ordem, não saem de seu consultório. Questão de ética. É tudo por sua honra.

Eis minha anedota. Eu teria outras para contar. Mas vou guardá-las para 2031.

NATHALIE JAUDEL

Contralenda

Christiane Alberti e Deborah Gutermann-Jacquet — Quem você era quando decidiu escrever esse livro?

Nathalie Jaudel — Na época, eu não tinha nenhuma ideia do homem que era Lacan. Isso não me interessava. Em 2009, havia oito anos que eu me demitira dos tribunais de Paris para me tornar psicanalista. Eu seguia o curso de Jacques-Alain Miller e trabalhava em cartel. Tentava ler Freud e Lacan. Mas não havia lido biografias de Freud. Dediquei-me um ano para escrever sobre a questão do método histórico. No início, isso representava um terço do livro que, em seguida, se reduziu a uma dezena de páginas. Então eu li gramáticos, linguistas e também vários livros e centenas de artigos de imprensa sobre Lacan, assim como certo número de outros livros de Roudinesco. A ideia era ressituá-la no seio da *lenda negra* no sentido lato. A primeira versão do livro deve ter sido concluída em 2011. Em seguida, eu reformulei o manuscrito e escrevi as duas últimas partes. Foi um trabalho considerável.

Qual afeto acompanhou você na redação?

Houve grandes momentos de entusiasmo. Creio que um dos mais fortes foi quando descobri o que, na realidade, era a história dos produtores de vina-

---

Nathalie Jaudel é psicanalista, membro da Escola da Causa Freudiana. Autora de La Légende noire de Jacques Lacan: Élisabeth Roudinesco et sa méthode historique. *Paris: Navarin; Le Champ Freudien, 2014. [Ed. bras.:* A lenda negra de Jacques Lacan: Élisabeth Roudinesco e o seu método histórico. *Rio de Janeiro: Contra Capa, 2016. Col. Opção Lacaniana v. 12, trad. Teresinha N. M. Prado.]*

gre: quando, de repente, graças à pesquisa sobre os documentos digitais, eu acabei encontrando a história de Demachy/Domachy e a adulteração em torno do *grande segredo* dos produtores de vinagre de Orléans. Eu disse para mim mesma que eu encontrei como demonstrar isto, pelo fato de que, para Roudinesco, Lacan era uma fraude, uma merda. Realmente, havia algo ali que dizia a verdade acerca de sua posição subjetiva em relação ao seu objeto de estudo.

Historicamente, é o momento em que você demonstra que ela não é coerente. É um momento muito forte do livro. Talvez você possa explicar, para quem não leu o livro, o que você descobriu?

A biografia de Lacan escrita por Élisabeth Roudinesco começa com a frase: "Era uma vez uma família de produtores de vinagre de Orléans". De fato, Lacan descendia pelo lado materno de uma família de produtores de vinagre de Orléans, a família Dessaux. Imediatamente ela evoca o que chama "a lenda negra" desses produtores de vinagre, de onde vem o título do meu livro. Roudinesco afirma assim que, no século XIX, um grande especialista em vinagres e produtor de vinagre, que se chamava Domachy — que ela ortografa com um *o* —, explicou que a qualidade do vinagre de Orléans devia-se ao emprego de um ingrediente secreto: excrementos humanos. Um pouco ao acaso, de tanto pesquisar e porque eu não encontrava nada sobre esse D*o*machy, acabei encontrando no site da Gallica que havia, na realidade, um livro sobre os produtores de vinagre de Orléans atribuído a certo Demachy, com um *e*, e não com um *o*. Este sr. Demachy mencionava a existência do *grande segredo*, mas não era em Orléans e sim em Brest, no século XVIII, que de fato teriam fabricado vinagre desse modo para desinfetar barcos. As afirmações foram muito violentamente contestadas pelos especialistas sobre a questão que o sucederam. No fundo, era uma espécie de mito, em caso algum um grande segredo. O *segredo* dos produtores de vinagre, se havia um segredo, era que eles mantinham a qualidade do vinagre retirando uma medida de um barril de vinagre muito bom e substituindo-a por uma medida de vinho muito bom. Era o segredo de fábrica deles, e não foi especialmente bem guardado.

Para uma universitária que fazia uso recorrente de notas de rodapé, era curioso não ter ali nenhuma nota. Tudo isso me intrigou. "O que é essa história? De onde ela tira isso e o que ela quis dizer? Por que começa o livro com a fraude e o lixo?". Imediatamente depois, ela diz que a família de Lacan, ao deixar Orléans, veio se instalar no boulevard Beaumarchais, não longe de onde? Do prédio em que Joseph Cagliostro viveu, isto é, um mago, um personagem sulfuroso e pouco recomendável, envolvido com o ocultismo.

Uma figura de feitiçaria?

Isso.

O que será uma biografia para um psicanalista? Pode-se falar da escrita de uma vida? Como contraexemplo ao livro de Roudinesco, você cita o Michelet *de Barthes, esse retrato feito de fragmentos de imagens, pedaços,* S_1 *fragmentados. Mas em Lacan há também a ideia de que a lógica de um pensamento, o rigor de um pensamento pode passar para a vida. Ele diz, assim, sobre Sade que não é enganado por sua fantasia, na medida em que a primazia de seu pensamento passa pela lógica de sua vida. De certa maneira, a lógica da vida de Sade esclarece sua biografia. É um relato em que o real se enreda com a história. Mesmo que você faça valer a dimensão de descontinuidade, não se poderia dizer que há também, do ponto de vista da psicanálise, um fio condutor de uma vida, um contínuo da vida que se pode encontrar, como na análise? A posteriori, que ideia você tem de Lacan e da lógica de sua vida? Qual seria o Lacan de Nathalie Jaudel?*

O que me chocou na maneira como Roudinesco abordava Lacan foi o fato de que ela fazia prevalecer a lógica do *automaton* sobre a *tiquê*. Isto é, fazia prevalecer a vertente Jacques-o-fatalista: tudo estava escrito num grande pergaminho; os significantes-mestres de sua história teriam lhe construído um destino do qual ele nunca se afastou. Ele teria se submetido à mediocridade das paixões comuns, teria sido ávido de poder e desesperado por não ter obtido o reconhecimento visado. Logo me pareceu que ela passava ao largo de Lacan, que ela o perdia. Era possível imputar-lhe certo número de paixões, eventualmente criticáveis, mas não essas. Se havia, finalmente, um fio para puxar, era o da afirmação esplendorosa de sua singularidade, do início ao final da vida. É aí que a lógica de seu modo de existência encontra a lógica de seu ensino. Para mim, Lacan é isto: um homem que se dedicou a encarnar uma forma de real ao longo de sua existência. Eu vou dar um exemplo. Maria Pierrakos, que era a estenógrafa do Seminário e autora da *La "Tapeuse" de Lacan*,[1] que se tornou ela própria psicanalista, explica a que ponto Lacan era desdenhoso e a maltratava. Ela dá uma amostra que me parece muito característica. Um dia, na saída do Seminário, o marido de Maria Pierrakos vem buscá-la. Ela o apresenta a Lacan. O marido diz "Bom dia, eu sou o marido da senhora". Lacan se recusou a apertar-lhe a mão e virou-se de costas. Então, obviamente, Maria Pierrakos interpreta isso como uma marca de desdém em relação à arraia-miúda. Mas, se Lacan se virou, talvez tenha sido porque ele não lidava com um sujeito, mas com o *marido da senhora*. Eu acho que é um exemplo muito bom da maneira que ele tinha de encarnar o que era impossível de suportar. Depois, pode-se perguntar se foi apropriado ou não. Mas eu tenho certeza de que foi uma interpretação.

O que você extraiu como fio condutor se manifestou em outros aspectos?

Penso, por exemplo, na maneira como ele tratava seus alunos: sempre dava um jeito de desestabilizar as pessoas para que nenhuma posição estivesse garantida, jogava casca de banana sob os pés de um, dava uma rasteira em outro, fazia de maneira que os lugares nunca estivessem assegurados e que ninguém tivesse a ideia de que era o único amado, o preferido, o aluno de..., o *único*. Sempre o apresentam como um pensador, mas eu tenho a impressão de que ele sempre tentou descompletar sua Escola, escapar permanentemente da posição de exceção, no sentido da lógica do conjunto fechado por uma exceção, para ser muito mais uma exceção do lado do incomparável, dos "esparsos disparatados".[2] Não estou certa de que se possa dizer que isso funcionou. Mas, realmente, sente-se esse esforço.

---

1. M. Pierrakos, *La "Tapeuse" de Lacan: Souvenirs d'une sténotypiste fâchée. Réflexions d'une psychanalyste navrée*. Paris: L'Harmattan, 2003.
2. J. Lacan, "Prefácio à edição inglesa do *Seminário 11*". In.: *Outros escritos*. Rio de Janeiro: Zahar, 2003, p. 569.

O que você diz lembra a famosa distinção, ou ausência de distinção, entre o homem e sua obra.

Continuo pensando que eu não sei grande coisa do homem. Ele entregou extraordinariamente pouco de sua história pessoal. Há a frase em que ele amaldiçoa seu avô, a partir da qual Roudinesco constrói todo um mundo. Talvez quem dê uma ideia mais precisa de quem podia ser Lacan-o-companheiro, porque se aproximou dele e o conheceu bem, seja Catherine Millot. Mas, ainda assim, ele é alguém que tentava dar também o menor alcance possível a uma psicobiografia de sua pessoa, e ele mesmo se preocupava extraordinariamente pouco com a psicobiografia de autores sobre os quais trabalhava. Quando se começa a exagerar o rumor sobre relações amorosas potenciais entre Freud e a cunhada, ele diz: "E daí?"— e acrescenta: "Verdade é irmã de gozo". Quanto a Élisabeth Roudinesco, ela vai à Áustria para ver se os quartos nos quais Freud e a cunhada se instalaram se comunicavam ou não! É um absurdo. Finalmente, o próprio Lacan deu o fio lógico de sua vida: "Uma vida querendo ser Outro, apesar da Lei".[3] Ser Outro, na vertente feminina, não na do Pai da horda.

Sobre a análise dele, ele também entregou muito poucas coisas.

Bem poucas. Há o episódio sobre o túnel e o caminhão que Catherine Millot teria contado para Roudinesco e que ilustra a relação transferencial entre Loewenstein e ele: Lacan está ao volante, vê um caminhão chegar de frente e não se mexe. É o caminhão que acaba se desviando.

Há também, sobre sua personalidade, o que Jacques-Alain Miller assinala em seu curso Vida de Lacan.

Sim. Em seu curso, J.-A. Miller revela certo número de elementos muito divertidos e muito esclarecedores. Lacan não suportava os semáforos vermelhos, nem as placas de parar. Indo de carro para a Bélgica com sua filha Judith, ela pega os caminhos vicinais para evitar todos os sinais. E, de

3. Cf. J. Lacan, "O Outro falta". In: *Nos confins do Seminário.* Rio de Janeiro: Zahar, 2022, p. 62.

repente, uma cancela se abaixa com um grande alarme, e Lacan diz: "Só para me incomodar!". Roudinesco faz dele um arrogante, um ambicioso decepcionado. Eu não acredito que isso corresponda ao personagem. Ele era demasiado "aristocrata", demasiado senhor feudal, demasiado próximo dessa "Moral do Grande Século", que Paul Bénichou tão bem descreveu, para querer as quinquilharias — as legiões de honra, os assentos na Academia Francesa — de todo mundo. De certa maneira, não se trata de opor as qualidades aos defeitos, mas de mostrar que ela se engana com os defeitos, que deixa de lado o homem que ele foi. É um pouco como a tirada de Cyrano Bergerac: "Em suma, seria possível dizer muitas outras coisas". Fazer um retrato um pouco mais verídico não passa pela glorificação, mas pela tentativa de pegar o que ele realmente era, e não o que se imagina dele, conforme a doxa sobre os grandes homens.

Você diz que sabe muito poucas coisas sobre a pessoa Lacan, mas você tem uma ideia muito precisa.

Se eu posso ter uma ideia do que ele realmente era é em grande medida graças a Vida de Lacan. Isso orientou muito meu trabalho. J.-A. Miller deu esse curso quando eu estava escrevendo. E, no fundo, a bússola que ele me deu é essa. Ele não fez uma hagiografia, mas um retrato próximo do *Michelet* de Barthes, ele captura clarões a partir dos quais tece uma lógica. Mas essa lógica não visa encontrar no final elementos que se colocaram no início. Trata-se muito mais de tentar fazer um retrato a partir de elementos esparsos e diversos por meio de um retrato chinês.[4] Nada impede que disso emerja uma lógica, mas não é a lógica de todo mundo. Transportar Lacan para o que é comum é lhe fazer uma injúria. Isso não quer dizer que ele era admirável e dotado de todas as virtudes, longe disso. Mas ele não era comum. Não tinha as ambições mesquinhas de qualquer pessoa. Perder isso é perdê-lo.

---

4. Um *portrait chinois* é um jogo literário, como o questionário de Proust, que consiste em detectar, por meio de perguntas, certos aspectos da personalidade de um indivíduo ou identificar seus gostos ou preferências pessoais. (N. T.)

Você evoca igualmente o problema ético e metodológico colocado pela obra de uma historiadora que faz um trabalho de memória.

O que é aqui criticável é escrever um livro memorial justificando sua própria elaboração em nome do fato de que ela também é historiadora e afirmando ser um livro de história. É exatamente a armadilha que Derrida lhe sinalizou e que ela testemunhou em *Genealogias*. Ele lhe perguntou: "Já que se trata de uma história na qual você se misturou, você vai escrever na primeira pessoa?". Se seu livro tivesse sido escrito na primeira pessoa, se ela o tivesse intitulado *Minhas lembranças de Jacques Lacan*, o resultado não teria sido criticado pelos mesmos critérios. O que é criticável, me parece, é orgulhar-se da objetividade de historiadora para contar uma história eminentemente pessoal. Ela se recusa a dizer *Eu*, mas as marcas de sua enunciação *amodiada* estão por toda parte. Na escolha das palavras e dos testemunhos, nas expressões gramaticais, na construção. Ela está inteiramente envolvida e não assume isso. E o emprego do imperfeito, que ela afirma ter lhe permitido o distanciamento, não resolve nada. O distanciamento temporal não tem nada a ver com o distanciamento subjetivo, mesmo que ele se mantenha relativo, o que se espera de um historiador.

Dito isso, a objetividade em história não existe, e muito raros são os historiadores franceses que utilizam o Je. *No entanto, eles assumem que o ponto de vista empregado não é objetivo. Mas você mostra, para além da questão da enunciação, que há nela um manejo específico e duvidoso das fontes, como ilustra o caso Demachy.*

Perfeitamente. Eu não digo que ela poderia ter alcançado a objetividade, nem que eu conseguiria fazer melhor do que ela. O que eu tento mostrar com a intervenção de Derrida é que lhe foi indicado desde o início que sua implicação pessoal nessa história colocava um problema sério. Eu vou dar apenas um exemplo. Ela monta um dispositivo muito amplo para demonstrar que a elaboração da teoria do Nome-do-Pai se articula com a vida de Lacan, especialmente porque ele detestava seu pai e todos os homens de sua família, e também porque ele não pôde dar seu sobrenome imediatamente para a filha, nascida durante a guerra, enquanto Sylvia Bataille ainda mantinha os laços do casamento anterior. Mas ela se vê obrigada a ignorar um dos únicos traços escritos que existe sobre a relação entre Lacan e seus pais, a saber, a dedicatória que ele lhes fez em sua tese: "Para papai e mamãe, esta grande obra daquele que permanece — em algum lugar neles e em algum lugar nele — seu menininho". Mencioná-la iria contra sua construção, então ela não menciona.

Quanto à objetividade do historiador, que esse impossível seja reconhecido há muito tempo é uma coisa. Mas que o historiador seja animado pelas intenções maliciosas é outra coisa. Não se trata simplesmente de falar de determinado lugar, mas de ser apanhado pela sua subjetividade. Isso me faz pensar nas discussões que houve há alguns anos sobre dois biógrafos de Felipe II da Espanha. Recordava-se que um historiador americano, no ano da representação do *Don Carlos*, de Verdi, disse, sobre Felipe II, "que se sentia habilitado para afirmar que, se Felipe possuía uma única virtude, descobri-la escaparia às pesquisas conscienciosas. E que se houvesse vícios dos quais estivesse livre era porque não é dado a nenhum homem atingir a perfeição". Os historiadores de hoje tentam não escrever biografias dessa maneira.

O que você diria, alguns anos após a escrita, sobre o que resta dessa experiência? O que lhe resta dela para você mesma e o que resta/permanece de Lacan?

Para mim mesma, uma dívida considerável em relação a J.-A. Miller. Eu estou contente que a biografia de Élisabeth Roudinesco não seja a única referência, que possamos ter acesso a um outro retrato, mais próximo, eu espero, de quem ele era. Mas eu aguardo impaciente que "Vida de Lacan" seja publicado. Há neste curso uma reflexão muito profunda sobre o que faz a unidade de uma vida, sua lógica.

E eu acrescentarei que, no final das contas, esse trabalho me fez lamentar não ter conhecido Lacan. Embora atender a esse requisito não fosse fácil!

Junho de 2021

"O leão dá o bote de uma só vez". Quadro de Paz Corona (2021), a partir de uma fotografia de Jacques Lacan tirada por Catherine Basch aos nove anos.

Algumas referências

Inventário parcial e portanto fragmentado de obras, filmes e mídias consagrados muito mais à pessoa de Lacan do que a sua teoria. Alguns colegas se divertiram, propondo comentários críticos sob a forma de notícias em três linhas de Félix Fénéon.

Livros & artigos

Jacques-Alain Miller & Judith Miller

MILLER, Jacques-Alain. *Entretien sur Le Séminaire avec François Ansermet*. Paris: Navarin, 1985.

Esta entrevista é para interrogar Jacques-Alain Miller sobre o estabelecimento do *Seminário*: como transcrição, como formatação, como transferência de leitura, como escrita a partir de um original falado, por querer, ali, não "contar para nada"? A história, ao contrário, diz o seu lugar. Inclusive Lacan, que em vida reconhecia no posfácio do *Seminário* 11: "O que se lê passa-através da escrita, ali permanecendo indene". (François Ansermet)

MILLER, Jacques-Alain, e 84 amigos. *Qui sont vos psychanalystes?*. Paris: Seuil, 2002.

Um baú de tesouros no qual cada autor diz alguma coisa sobre a paixão que o levou ali — uma mulher muito bonita tornou-se uma estátua, outra preferia Deus, um homem queria se tornar papa, um astro da mídia testou o Viagra para uma revista de grande tiragem… leveza do ser! (Philippe Hellebois)

MILLER, Jacques-Alain. "Lacan et la politique". Entrevista com Jean-Pierre Clero e Lynda Lotte. *Cités. Philosophie, Politique, Histoire*, n. 16, pp. 105-23, out. 2003. Disponível em: <cairn.info>.

MILLER, Jacques-Alain. *Le Neveu de Lacan: Satire*. Lagrasse: Verdier, 2003.

MILLER, Jacques-Alain. "Lacan seul contre tous". *Le Point*, número especial, n. 7, pp. 97-9, mar.-abr. 2006.

MILLER, Jacques-Alain. *Vie de Lacan*. Paris: Navarin, 2011. Cf. também: "Vie de Lacan". *La Cause Freudienne*, n. 79, pp. 305-43, out. 2011. Disponível em: <cairn.info>.

MILLER, Jacques-Alain. "L'Orientation lacanienne: Vie de Lacan". Lição proferida no Departamento de Psicanálise da Universidade Paris 8, 2010. Inédito.

Depois de ter consagrado sua vida a desfalcar a pessoa de Lacan para explorar a via do matema, Jacques-Alain Miller assume o desafio de delimitar a diferença absoluta desse rebelde contra o universal e de torná-lo vivo para nós, em catorze lições. (Nathalie Jaudel)

MILLER, Jacques-Alain; SOLLERS, PHILIPPE. *Soirée Lacan*. Paris: Navarin, 2011.

MILLER, Judith. *Album Jacques Lacan: Visages de mon père*. Paris: Seuil, 1991.
Lacan tal como ele era, para além de qualquer biografia, seu próprio real. Lacan vivo, presente, embora não o seja mais, é seu olhar. Único, intenso, reconhecível em cada uma de suas faces, em qualquer idade e qualquer lugar. (Philippe Hellebois)

Obras coletivas

COLETÂNEA. *Connaissez-vous Lacan?*. Paris: Seuil, 1992.
Conhecer Lacan por intermédio de seus amigos, seus analisantes, seus leitores, sua clínica, seus saberes. Em sua relação com Freud e com os psicanalistas que ele amava. Em sua generosidade inigualável. Em suas estocadas de gênio. Conhecê-lo por meio de autores singulares, sem qualquer sistema, por meio de encontros. O avesso da biografia de Lacan. (Éric Laurent)

COLETÂNEA. *Lacan avec les philosophes*. Paris: Presses Universitaires de Paris Nanterre, 2020.

ARNOUX, Danielle; BERREBI, Émilie; BOUDET, Monique; GERMONT, Janine. *Lacan 66: Réception des* Écrits. Paris: Epel, 2016.

DIDIER-WEILL, Alain (Org.). *Quartier Lacan*. Paris: Denoël, 2001.
Série de entrevistas com os veteranos da EEP que, embora não fossem amigos da ECF, não deixaram de ser, essencialmente, amigos de Lacan, bem como analisantes aplicados — e que se esforçam em transmitir a vivacidade de uma prática sem igual. (Nathalie Jaudel)

DE HALLEUX, Bruno (Org.). *Le Désir de Lacan*. Paris: Presses Psychanalytiques de Paris, 2021.

DIDIER-WEILL, Alain; SAFOUAN, Moustapha (Orgs.). *Travailler avec Lacan*. Paris: Aubier, 2008.
Os quinze textos aqui reunidos testemunham o que foi, para cada um, o vigor de seu encontro com Lacan, choque de um real frequentemente recoberto de interpretações sobre este "grande homem", "a intensidade" de sua presença ou "o excesso de transferência" do qual ele gozava — as negações florescem, o *amódio* é frequentemente perceptível. Quarenta anos mais tarde, estas "opiniões" são mais "equilibradas", deveriam ser? (Monique Amirault)

IZCOVICH, Luis (Org.). *La Pratique de Lacan*. Paris: Stilus, 2020.

LAUFER, Laurie (Org.). *Lettres à Lacan*. Vincennes: Thierry Marchaisse, 2018.

LEBOVITS-QUENEHEN, Anaëlle (Org.). *Pourquoi Lacan*. Paris: Presses Psychanalytiques de Paris, 2021.

Um porquê que não coloca nenhuma questão. Uma afirmação que pede uma interpretação. Quer seja um texto, um testemunho, uma obra de arte ou uma conversa. Como aquela que Jacques-Alain Miller concedeu na mesma ocasião, tarde da noite, sobre "seu demônio de Lacan". (Deborah Gutermann-Jacquet)

LE GAUFEY, Guy (Org.). *Index des noms propres et titres d'ouvrages dans l'ensemble des Séminaires de Jacques Lacan*. Paris: Epel, 1998.

MILLER, Gérard (Org.). *Lacan*. Paris: Bordas, 1993.

Não é um manual, mas um livro prático, concreto, muito útil. Uma única lição: leitor, você pode saber o que Lacan escreveu voltando aos seus escritos, aos Seminários. Trata-se apenas de lê-lo. Surpresa e prazer. (Christiane Alberti)

MOUVEMENT DU COÛT FREUDIEN. *Lacan, psychanalyste*. Marselha: Éditions du Hasard, 2002.

Autores diversos

ALLOUCH, Jean. *— Allô, Lacan? — Certainement pas*. Paris: Epel, 1998.

Miscelânia de baixa qualidade, própria para deliciar tanto os prós como os contras. E o que ele apresenta aí? Não muita coisa. (Nathalie Jaudel)

ALLOUCH, Jean. *Transmaître: Jacques Lacan et son élève hérisson*. Paris: Epel, 2020.

ALTHUSSER, Louis. *Écrits sur la psychanalyse: Freud et Lacan*. Paris: Stock/ IMEC, 1993.

ATTAL, José. *La Non-Excommunication de Jacques Lacan: Quand la psychanalyse a perdu Spinoza*. Paris: L'Unebévue, 2010.

Mesmo que sua reflexão sobre os laços de Freud e Lacan (e Althusser) com Spinoza lhe sirva de pretexto para recusar com pavor as posições de Jacques-Alain Miller sobre a estratégia de orientação lacaniana, a obra apresenta muitas referências sobre as relações entre psicanálise e judaísmo. (Nathalie Jaudel)

AUDI, Paul. *Lacan ironiste*. Milão: Mimesis, 2015.

BADIOU, Alain; ROUDINESCO, Élisabeth. *Jacques Lacan, passé présent: Dialogue*. Paris: Seuil, 2012.

Uma — historiadora autoproclamada da psicanálise — vê em Lacan apenas aquele que soube recorrer às disciplinas ignoradas por seus antecessores, sem identificar que essas referências reinventam a descoberta do inconsciente. O outro — filósofo conhecido por seu gosto pela lógica — entra no jogo. Mas o que ele foi fazer nessa triste confusão? (Hervé Castanet)

BAÑOS ORELLANA, Jorge. *Jacques-Marie Lacan: 1901-1932. Bildungsroman*. Paris: Epel, 2018.

BAÑOS ORELLANA, Jorge. *L'Écritoire de Lacan*, seguido de *Jacques Lacan s'analysant*, de Jean Allouch. Paris: Epel, 2002.

BÉNABOU, Marcel; CORNAZ, Laurent; DE LIÈGE, Dominique; PÉLISSIER, Yan. *789 néologismes de Jacques Lacan*. Paris: Epel, 2002.
Parlância do Lacan *langageiro*, entre outros, reunidos por um *trumain* sem *s'uspirar* [*s'oupirer*], ou seja, sem ter sua *jaclaque*. *Prazerógeno*, em suma. (Deborah Gutermann-Jacquet)

BERCHERIE, Paul. *Lacan*. Paris: L'Harmattan, 2004.

BLOCH, Oscar; VON WARTBURG, Walther. *Dictionnaire étymologique de la langue française*. Paris: PUF, 2008.
O "Bloch & Von Warburg", como designa Lacan por metonímia, o excelente *Dicionário etimológico da língua francesa* que ele teria levado consigo para uma ilha deserta. Serve-se dele frequentemente para fundamentar suas declarações, e o Bloch & Von Warburg, por sua vez, naturalmente esclarece as dele. Em uma ilha deserta (ou em outro lugar), temos aqui um dos tesouros dos lacanianos. (Anaëlle Lebovits-Quenehen)

BORCH-JACOBSEN, Mikkel. *Lacan, le maître absolu*. Paris: Flammarion, 2015.

CASSIN, Barbara. *Jacques le Sophiste: Lacan, logos et psychanalyse*. Paris: Epel, 2012.
Barbara gostava dos logólogos [*logologues*]. Ela encontrou Jacques e o nomeou "Jacques, o sofista". Ela captou seu *ab-sentido*, como mulher, e como ria também com Demócrito, ela adorava o que Jacques sabia sobre a letra, sobre o "den". Badiou acreditava que sempre havia sentido nisto! (Philippe La Sagna)

CASTATNET, Hervé. *Comprendre Lacan*. Paris: Max Milo, 2013.

CHAPSAL, Madeleine. *Envoyez la petite musique...* Paris: Grasset, 1984.

CLÉMENT, Catherine. *Vies et légendes de Jacques Lacan*. Paris: Grasset, 1981.
Para se opor ao número 6 de *Actuel* e ao primeiro panfleto antilacaniano, *L'Effet 'Yau de poêle*, a antropóloga pinta um retrato bastante benigno e vantajoso da teoria de Lacan como xamã — *what else*? —, mas um xamã "heroico", "teimoso" e "muito "francês". (Nathalie Jaudel)

DIATKINE, Gilbert. *Jacques Lacan*. Paris: PUF, 1998.

DOR, Joël. *Thésaurus Lacan*, vol. II. *Nouvelle bibliographie des travaux de Jacques Lacan*. Paris: Epel, 1994.

DORGEUILLE, Claude. *La Seconde mort de Jacques Lacan: Histoire d'une crise. Octobre 1980-juin 1981*. Paris: Actualité Freudienne, 2000.

GEBLESCO, Élisabeth. *Un Amour de transfert: Journal de mon contrôle avec Lacan (1974-1981)*. Paris: Epel, 2008.
"Isto vai muito além de uma transferência, de seu próprio desejo de ser o objeto do desejo do outro, eu, neste caso." Élisabeth Geblesco desejava que esse arquivo servisse um dia para a história da psicanálise. Isso não significa que ele tenha sido entregue tal como era aos leitores, como decidiram seus familiares depois de sua morte. No dia seguinte à morte de Lacan, ela escreveu: "Dá-lhe senhor, a descoberta e a posse do sentido do sentido". (Philippe de Georges)

GIROUD, Françoise. *Leçons particulières*. Paris: Fayard, 1990.
Na véspera de seus cinquenta anos, a fundadora do *L'Express* ultrapassa o limiar do nº 5 da rue de Lille. A homenagem — como o encontro — é muito contundente: "Graças a ele, eu percebi que eu andava com o pé direito no sapato esquerdo e o pé esquerdo no sapato direito". (France Jaigu)

GODIN, Jean-Guy. *Jacques Lacan, 5 rue de Lille*. Paris: Seuil, 1990. [Ed. bras.: *Jacques Lacan, 5 rue de Lille*. Rio de Janeiro: Zahar, 1990.]
O relato da cura de um analista que, embora mais interessado no manejo da transferência do que em seu próprio sintoma, não deixa de oferecer ideias gerais esclarecedoras sobre uma prática intransigente e animada pela "ética bizarra que não está nem aí para a moral". (Nathalie Jaudel)

GRANON-LAFONT, Jeanne. *La Topologie ordinaire de Jacques Lacan*. Toulouse: Érès, 1985.

HADDAD, Gérard. *Le Jour où Lacan m'a adopté*. Paris: Le Livre de Poche, 2005.
Este se pensa não como eleito, mas como adotado. Ele começa sua análise, diz-lhe Lacan, pelo ponto em que, na melhor das hipóteses, elas terminam: aqui está ele, diante do Templo de Jerusalém, confessando seu desejo de ver o conteúdo da Arca. Do marxismo e da agronomia, ele passou então pela psiquiatria e pela psicanálise para voltar ao judaísmo. (Philippe de Georges)

JAEGLÉ, Claude. *Portrait silencieux de Jacques Lacan*. Paris: PUF, 2010.
A partir dos registros do Seminário, um profano de ouvido aguçado traça o retrato de um homem que sofre por não conseguir se fazer ouvir e cuja "voz nunca pronuncia um saber arrefecido numa lição". (Nathalie Jaudel)

JAUDEL, Nathalie. *La Légende noire de Jacques Lacan: Élisabeth Roudinesco et sa méthode historique*. Paris: Navarin/ Le Champ Freudien, 2014.

KING, Pamela. L'American way of life: *Lacan et les débuts de l'*Ego Psychology. Fontenay-le-Comte: Lussaud, 2013.

KRUTZEN, Henry. *Jacques Lacan: Séminaire 1952-1980. Index référentiel*. Paris: Economica, 2009.
Qual leitora ou leitor de Lacan não foi marcado para sempre pelo momento em que lhe foi revelada a existência do Krutzen? Então era isso... Cabe a ela ou ele verificar que, sem o fio de uma orientação segura, o precioso vade-mécum se iguala ao labirinto que ele contém. (Nathalie Georges-Lambrichs)

LACAN, Sibylle. *Un Père: Puzzle*. Paris: Gallimard, 1997.

LAURENT, Éric. "Lacan analysant". *La Cause Freudienne*, n. 74, pp. 16-9, mar. 2010. Disponível em: <cairn.info>.

LEBRUN, Jacques. *Le Pur Amour de Platon à Lacan*. Paris: Seuil, 2002.

LEMAIRE, Anika. *Jacques Lacan*. Bruxelas: Mardaga, 1997.

LOO, Janine. *Entrelacs: Mon ami le séducteur*. Texto e ilustrações com duas cartas de Jacques Lacan. Paris: Epel, 2002.

MARINI, Marcelle. *Lacan*. Paris: Belfond, 1986.

MELMAN, Charles. *Lacan tout contre Freud*. Toulouse: Érès, 2017.

MELMAN, Charles. *Une enquête chez Lacan: Interrogations sur son enseignement menées de l'intérieur*. Toulouse: Érès, 2012.

MILLOT, Catherine. *La Vie avec Lacan*. Paris: Gallimard, 2016. [Ed. bras.: *A vida com Lacan*. Rio de Janeiro: Zahar, 2017.]
Havia ele, havia ela. Não havia nós. O melhor ensaio sobre o *apartismo* de Lacan. Viático indispensável para qualquer sujeito que quer fazer casal. (Christiane Alberti)

MILNER, Jean-Claude. *L'Œuvre claire: Lacan, la science, la philosophie*. Paris: Seuil, 1995.

MILNER, Jean-Claude. *Le Périple structural: Figures et paradigme*. Lagrasse: Verdier, 2008.

PERRIER, François. *Voyages extraordinaires en Translacanie*. Paris: Lieu Commun, 1985.
Roudinesco aproveitou a ocasião desse panfleto satírico de um antigo membro da "Troika", denunciando o incesto, a perversão, os roubos, as "metástases do des-ser" de seu mestre tão amado — antes de contar como as "estruturas psicóticas fêmeas" do Quarto Grupo lhes tomaram o lugar. (Nathalie Jaudel)

PIERRAKOS, Maria. *La "Tapeuse" de Lacan: Souvenirs d'une sténotypiste fâchée. Réflexions d'une psychanalyste navrée*. Paris: L'Harmattan, 2003.
As memórias cáusticas da estenógrafa do Seminário que se tornou psicanalista, que se aproveita sem qualquer vergonha da sombra lançada pelo grande homem que ela critica severamente para assegurar sua própria glória. (Nathalie Jaudel)

PORGE, Erik. *Jacques Lacan, un psychanalyste: Parcours d'un enseignement*. Toulouse: Érès, 2014.

REGNAULT, François. *La Doctrine inouïe: Dix leçons sur le théâtre classique français*. Paris: Hatier, 1996.
Luminosas, jubilatórias, únicas em seu gênero, características do gosto francês. Um alexandrino, de seres que se amam até…, a experiência infinita da língua. Graça e verdade. (Christiane Alberti)

REGNAULT, François. *Conférences d'esthétique lacanienne*. Paris: Agalma, 1997.
Para se orientar sobre as questões da arte e sobre a arte de interpretar tão bem. Desejo de analisar, desejo do analista, uma bússola: só há psicanalista aplicado a um "sujeito que fala e que ouve". (Christiane Alberti)

REY, Pierre. *Une saison chez Lacan*. Paris: Points, 2014.
Um relato que não obedece em nada "às leis da cronologia ou da primazia da anedota": embora "invisível", o doutor Lacan permanece o ponto central, "causa e efeito da escrita", como a agulha de *A rendeira* de Vermeer. (France Jaigu)

ROUBAUD, Jacques. *Ma vie avec le docteur Lacan*. Bordéus: Éditions de l'Attente, 2004.
Eis um curto livro com mais branco do que texto, mas adaptado ao objeto que Lacan fez o autor reencontrar: "Lembro-me apenas do silêncio!". Então este *Che vuoi*? O Outro falta e isso é sempre engraçado. (Philippe Hellebois)

ROUDINESCO, Élisabeth. *Jacques Lacan: Esquisse d'une vie, histoire d'un système de pensée*. Paris: Fayard, 1993. [Ed. bras.: *Jacques Lacan: Esboço de uma vida, história de um sistema de pensamento*. São Paulo: Companhia das Letras, 2008.]
Ler a obra de Nathalie Jaudel, *La Légende noire de Jacques Lacan: Élisabeth Roudinesco et sa méthode historique*…

ROUDINESCO, Élisabeth. *Lacan, envers et contre tout*. Paris: Seuil, 2011. [Ed. bras.: *Lacan, a despeito de tudo e de todos*. Rio de Janeiro: Zahar, 2011.]

ROUSTAND, François. *Lacan: De l'équivoque à l'impasse*. Paris: Payot, 2009.
Após ter se declarado cristão indiferente à Igreja e aos seus rituais, o ex-jesuíta compromete-se, vinte anos mais tarde, a desconstruir a obra do "papa" Lacan. Tendo se tornado hipnotizador, ele faz da psicanálise um delírio apartado do afeto e da vida — e de Lacan seu mestre em sugestão. (Nathalie Jaudel)

SCHNEIDER, Michel. *Lacan les années fauve*. Paris: PUF, 2010.
Coletânea de artigos de-alguém-que-não-se-deixa-fazer-de-trouxa e que se parabeniza, depois de ter se liberado das garras de Mao, de ter escapado de novo da "fauvitude" do doutor Lacan, de sua sala de espera em forma de "estação de triagem", de sua "*libido dominandi*". Se ele se debruçar sobre a teoria, a obra cai de suas mãos. (Nathalie Jaudel)

SCHNEIDERMAN, Stuart. *Jacques Lacan maître zen?*. Paris: PUF, 1986.

SOLER, Colette. *Ce que Lacan disait des femmes*. Paris: Éditions du Champ Lacanien, 2003. [Ed. bras.: *O que Lacan dizia das mulheres*. Rio de Janeiro: Zahar, 2005.]

SOLLERS, Philippe. "Jacques Lacan, récit d'une relation 'épisodique et intense'". Entrevista com Sophie Barrau. *Revue Française de Psychanalyse*, v. 66, n. 1, pp. 253--63, jan.-mar. 2002. Disponível em: <cairn.info>.

SOLLERS, Philippe. *Lacan même*. Paris: Navarin, 2005.
O autor não faz mistério da dileção que Lacan teve por ele, sua presença, as conversas a sós no La Frégate ou em outro lugar. Nada a esconder nem a revelar: uma vez caídas as máscaras, surge a linha litoral que *separte* uma solidão e uma outra. (Nathalie Georges-Lambrichs)

WEYERGANS, François. *Le Pitre*. Paris: Gallimard, 1973.
Dizer qualquer coisa? Ainda que isso me pareça incongruente? Resposta do grão-vizir: O idiota de qual grua? Eu fui surpreendido. (Yves Depelsenaire)

Números de periódicos dedicados a Lacan

Les Cahiers pour l'Analyse, n. 1, 10 jan.-fev. 1966 a inverno 1969.

L'Arc. n. 58, *Lacan*, jan. 1974. (Reed. CLÉMENT, Catherine et al. *Jacques Lacan*. Paris: Inculte, 2008.)

Cahiers Cistre, n. 3, *Lacan*, nov. 1977.

Esquisses Psychanalytiques, n 15, *Jacques Lacan*, primavera 1991.

Passages, n. 57, *Faut-il haïr Lacan?*, 1993.

L'Évolution Psychiatrique, v. 66, n. 2, *Lacan aurait cent ans*, abr.-jun. 2001.

Quarto, n. 75, *Sur les* Autres écrits *de Jacques Lacan*, jan. 2002.

Cités. Philosophie, politique, histoire, n. 16, *Jacques Lacan: Psychanalyse et politique*, out. 2003.

Quarto, n. 100, *Avec Lacan*, set. 2011.

La Cause Freudienne, n. 79, *Lacan au miroir des sorcières*, out. 2011. Disponível em: <cairn.info>.
Para o centenário, a revista da ECF homenageou Lacan com um espelho facetado, pontuado pela Vida que inspirou Jacques-Alain Miller. Decifra-se, retroativamente, seu desejo incessante de imprimir na espiral, onde sua época o conduzia, o selo da aventura freudiana. (Nathalie Georges-Lambrichs)

Quarto, n. 118, *Lire Lacan*, mar. 2018.

Figures de la Psychanalyse, n. 38, *L'Expérience lacanienne*, jan. 2020.

Documentários

JACQUOT, Benoît. *Jacques Lacan: Psychanalyse*, I & II. Documentário. França, 1974. Disponível em: <www.ina.fr>.

KAPNIST, Élisabeth. *Jacques Lacan, la psychanalyse réinventée*. Documentário. França, 2001.

MILLER, Gérard. *Rendez-vous chez Lacan*. Documentário. França, 2012.

WEISS, Emil. *Quartier Lacan*. Documentário. França, 1996.

Podcasts

Radio Lacan

Disponíveis em: <RadioLacan.com>

MILLER, Jacques-Alain. *39º de fièvre lu par Jacques-Alain Miller*. Radio Lacan, 9 set. 2011.

ANGOT, Christine. *Leitura do texto de Jacques Lacan "Homenagem a Marguerite Duras pelo arrebatamento de LolV. Stein"*. Radio Lacan, 29 dez. 2012.

France Inter

Disponíveis em: <www.radiofrance.fr>

MAHJOUB, Lilia; CASTRO, Roland. *N'est pas fou qui veut "La psychanalyse selon Jacques Lacan"*. Entrevista com Ophélie Vivier. France Inter, 9 ago 2015.

DROUELLE, Fabrice; MILLER, Gérard. *Affaires sensibles "Lacan, idole ou démon"*. France Inter, 30 jan. 2015.

France Culture

Disponíveis em: <www.radiofrance.fr>

GARRIGOU-LAGRANGE, Matthieu. *Une vie, une œuvre "Jacques Lacan (1901-1981)"*. France Culture, 3 set. 2011.

MILLER, Jacques-Alain. *Les nuits de France Culture "Jacques Lacan: 'J'ai été appelé à une position d'enseignement de la psychanalyse'"*. Entrevista com Philippe Garbit. France Culture, 2 abr. 2001.

MILLER, Jacques-Alain. *Histoire de… psychanalyse*. Série de vinte emissões. France Culture, 30 maio-24 jun. 2005.

MILLER, Jacques-Alain. *Les matins d'été. Spéciale Jacques Lacan*. Entrevista com Martin Quenehen. France Culture, 10 ago. 2011.

MILLER, Jacques-Alain. *À voix nue*. Série de cinco entrevistas com Martin Quenehen. France Culture, 17-21 out. 2011.

MILLER, Jacques-Alain; JACQUOT, Benoît. *Hors-champs. Jacques Lacan: Encore*. Entrevista com Laure Adler. France Culture, 27 set. 2011.

MILLER, Jacques-Alain; LEGUIL, Clotilde. *Les Chemins de la Philosophie: "Lacan: le désir dans tous ses états"*. Entrevista com Adèle van Reeth e Philippe Petit. France Culture, 12 jul. 2013.

SOLER, Colette; ASSOUN, Paul-Laurent; CLÉRO, Jean-Pierre; MARTY, Éric. *Les Chemins de la Philosophie: "Parlez-vous Lacan"*. Série de quatro entrevistas com Adèle van Reeth. France Culture, 26-29 mar. 2018.

Vídeos

CAILLOIS, Roger. Archives du XXe siècle "Roger Caillois à propos de Lacan et Breton". 18 abr. 1977. Disponível em: <www.ina.fr>.

CLÉMENT, Catherine. *Portrait Lacan*. Perfil no noticiário de 20h de *Antenne 2*, 10 set. 1981. Disponível em: <www.ina.fr>.

CLÉMENT, Catherine et al. *Soirée Lacan*. École Normale Supérieure, 9 set. 2011. Disponível em: <www.savoirs.ens.fr>.

GUY, Alain; YHUEL, Isabelle. *Une vie, une œuvre "Jacques Lacan (1901-1981)"*. France Culture, 10 out. 1996. Disponível em: <www.youtube.com/watch?v=tYtIJBW8tcg>.

MILLER, Jacques-Alain. *Présentation de Le Séminaire livre XIX:...ou pire; Je parle aux murs"; "Vie de Lacan" à la librairie Mollat"*, 2011. Disponível em: <https://vimeo.com/35940112>.

Áudios de Jacques Lacan disponíveis no site da Radio Lacan

"Petit discours à l'ORTF". Entrevista com Georges Charbonier. ORTF, 2 dez. 1966.

"Hommage à Lewis Carroll". France Culture, 31 dez. 1966.

Le Séminaire, livre XVII. "L'envers de la psychanalyse", lição de 9 abr. 1970.

"Radiophonie". Entrevista com Robert Georgin. RTB & ORTF, jun. 1970.

Le Séminaire, livre XX. "Encore", lição de 21 nov. 1972.

"Intervention de Jacques Lacan en décembre 1973". France Culture, dez. 1973.

"Télévision". Entrevista com Jacques-Alain Miller, ORTF, 9 e 16 mar. 1974.

"La troisième (fragment)". 1º nov. 1974.

Le Séminaire, livre XXI. "Les non-dupes errent", lição de 13 nov. 1973.

Le Séminaire, livre XXIV. "L'Insu que sait de l'une-bévue s'aile à mourre", lições de 14 dez. 1976 e 11 jan. 1977.

Pelo mundo

Em espanhol

ABRAHAM, Tomás. *La guerra del amor.* Madri: Dilema, 1992.
O amor, a história e a cultura se entrelaçam no teatro. Para isso o autor toma *Um* Lacan, porque ele não conhece Lacan*s:* aquele que o tocou a partir da filosofia para falar do amor. (Fabián Naparstek)

CHORNE, Myriam; DESSAL, Gustavo (Orgs.). *Jacques Lacan: El psicoanálisis y su aporte a la cultura contemporánea*. Madri: Fonde de Cultura Económica, 2017.

GEORGIN, Robert. *Lacan*. Buenos Aires: Editorial Nueva Vision, 1988.

SOLANO-SUÁREZ, Esthela. *Tres segundos con Lacan*. Madri: Gredos, 2021.
Três segundos para dizer: "Eu sonhei com uma mulher que vinha [*venait*] a Paris...". Seu analista responde: "É isto". Então ele abre a porta e ela sai. Se ela tivesse continuado seu relato, teria contado uma série de aventuras vividas em Paris. Mas não, nada disso. O sonho é o de uma mulher que vinha [*venait*] a Paris. Atravessando o pátio, ouve o que ela acabou de dizer "Uma mulher que quer [*veut*], nasce [*naît*] em Paris". (Vicente Palomera)

VÉLEZ, Irma. "Cartas a Angélica y otros. Victoria Ocampo". *Revista de Crítica Literaria Latinoamericana*, v. 27, n. 53, 2001.
O encontro de uma mulher escritora com Lacan em Paris. O meio intelectual dos anos 1930. Com um pincel de luz, ela traça seu desenho: inteligente, ambicioso, de uma energia que o devora física e moralmente. Ele trabalha no hospital, eu me pergunto em que momento ele dorme ou come. (Silvia Baudini)

Em italiano

La Psicoanalisi, n. 10, *Lacan*, jul.-dez. 1991.
Número publicado para o segundo aniversário da morte de Lacan, contém duas partes: uma sobre "Jacques Lacan, uomo, psicoanalista" e outra sobre "Sull'insegnamento di Jacques Lacan". (Antonio di Ciaccia)

daí o texto de: ECO, Umberto, "Ricordo diun seduttore".
A história de amor de um homem talentoso, reputado como o maior antilacaniano da Itália, seduzido por Lacan que, durante uma conferência na universidade de Milão, o convida publicamente para jantar. Visto que ele recusa, Lacan reitera o convite e adia sua viagem de retorno para almoçar com ele no dia seguinte. (Antonio Di Ciaccia)

DI CIACCIA, Antonio; RECALCATI, Massimo. *Jacques Lacan*. Milão: Bruno Mondadori, 2000.

PALOMBI, Fabrizio. *Jacques Lacan*. Roma: Carocci, 2019.

TARIZZO, Davide. *Introduzione a Lacan*. Roma/ Bari: Laterza, 2014.

VEGETTI FINZI, Silvia. *Storia della psicoanalisi: Autori opere teorie, 1895-1990*. Milão: Mondadori, 2017.

Em português

CESAROTTO, Oscar; SOUZA LEITE, Márcio Peter de. *Jacques Lacan: Uma biografia intelectual*. São Paulo: Iluminuras, 2010.

MILAN, Betty. *O papagaio e o doutor*. Rio de Janeiro: Record, 2019.

MILAN, Betty. *Lacan. Ainda. Testemunho de uma análise*. Rio de Janeiro: Zahar, 2021.
Dois livros inspirados pela cura, cujo parceiro-analista foi o doutor Lacan. Um romance em 1998 e, com 33 anos de intervalo, um livro-testemunho desse percurso analítico de quarenta anos. Mas por que diabos comprometer-se a escrever uma caricatura de seu analista? (Angelina Harari)

SAFATLE, Vladimir. *Lacan*. São Paulo: Publifolha, 2007.

Em inglês

Lacanian Ink, n. 39. *La Vie de Lacan*, primavera 2012.

MATHEWS, Peter D. *Lacan the Charlatan*. Cham: Springer Nature Switzerland AG, 2020.
Ainda que este livro — pela própria confissão de seu autor — não tenha nada de "lacaniano", Mathews consegue uma proeza: apoiando-se no significante "charlatão", aposto a Lacan por seus detratores, ele desvenda a "preformação" e a "ironia" de um estilo para valorizar a coerência de um ensino. (Philip Dravers)

SCHNEIDERMAN, Stuart. *Jacques Lacan: The Death of an Intellectual Hero*. Cambridge: Harvard University Press, 1983.
O autor foi um dos raros americanos que atravessou o Atlântico para fazer análise com Lacan nos anos 1970. Quando publicada, a obra de Stuart Schneiderman foi festejada pelo *New York Times*. O relato de um encontro que carrega o traço de uma transferência potente e complexa. (Cyrus Saint Amand Poliakoff)

Campo Freudiano no Brasil

- **Os complexos familiares**
- **Nos confins do Seminário**
- **Escritos**
- **Estou falando com as paredes**
- **Meu ensino**
- **O mito individual do neurótico**
- **Nomes-do-Pai**
- **Outros escritos**
- **O Seminário**

  Livro 1: **Os escritos técnicos de Freud**

  Livro 2: **O eu na teoria de Freud e na técnica da psicanálise**

  Livro 3: **As psicoses**

  Livro 4: **A relação de objeto**

  Livro 5: **As formações do inconsciente**

  Livro 6: **O desejo e sua interpretação**

  Livro 7: **A ética da psicanálise**

  Livro 8: **A transferência**

  Livro 10: **A angústia**

  Livro 11: **Os quatro conceitos fundamentais da psicanálise**

  Livro 16: **De um Outro ao outro**

  Livro 17: **O avesso da psicanálise**

  Livro 18: **De um discurso que não fosse semblante**

  Livro 19: **... ou pior**

  Livro 20: **Mais, ainda**

  Livro 23: **O sinthoma**
- **Televisão**
- **O triunfo da religião**

  Jacques Lacan

- **A terceira | Teoria de lalíngua**

  Jacques Lacan | Jacques-Alain Miller

- **A batalha do autismo**

  Éric Laurent

- **Lacan elucidado**
- **Matemas I**
- **O osso de uma análise**
- **Percurso de Lacan**
- **Perspectivas do Seminário 23 de Lacan**
- **Perspectivas dos Escritos e Outros escritos de Lacan**

  Jacques-Alain Miller

- **A inibição intelectual na psicanálise**

  Ana Lydia Santiago

ESTA OBRA FOI COMPOSTA POR MARI TABOADA EM DANTE PRO E IMPRESSA EM OFSETE PELA GRÁFICA BARTIRA SOBRE PAPEL PÓLEN SOFT DA SUZANO S.A. PARA A EDITORA SCHWARCZ EM DEZEMBRO DE 2022

FSC
www.fsc.org
MISTO
Papel produzido a partir de fontes responsáveis
FSC® C105484

A marca FSC® é a garantia de que a madeira utilizada na fabricação do papel deste livro provém de florestas que foram gerenciadas de maneira ambientalmente correta, socialmente justa e economicamente viável, além de outras fontes de origem controlada.